Java-Kompendium

Professionell Java Programmieren Lernen

Markus Neumann

Bibliografische Information der Deutschen Nationalbibliothek
Die Deutsche Nationalbibliothek verzeichnet diese Publikation in der Deutschen Nationalbibliografie; detaillierte bibliografische Informationen sind im Internet über http://dnb.d-nb.de abrufbar.

www.bmu-verlag.de
support@bmu-verlag.de

Lektorat: Matthias Kaiser
Einbandgestaltung: Pro ebookcovers Angie
Druck und Bindung: Wydawnictwo Poligraf sp. zo.o. (Polen)

Taschenbuch-ISBN: 978-3-96645-053-9
Hardcover-ISBN: 978-3-96645-054-6
E-Book-ISBN: 978-3-96645-052-2

Java-Kompendium

Inhaltsverzeichnis

Alle Programmcodes und Schaltpläne aus diesem Buch stehen kostenfrei zum Download bereit. Dadurch müssen Sie Code nicht abtippen.

Außerdem erhalten Sie die eBook Ausgabe zum Buch im PDF Format kostenlos auf unserer Website:

Kapitel 1

Einleitung

Gute Kenntnisse im Bereich der Informatik werden immer wichtiger. Diese spielen zum einen eine wichtige Rolle, um sich in einer Welt mit immer weiter voranschreitender Digitalisierung zurechtzufinden. Zum anderen haben sie einen erheblichen Einfluss auf den beruflichen Erfolg. Gute Programmierkenntnisse gewinnen in vielen verschiedenen Berufen an Bedeutung und stellen immer häufiger eines der zentralen Einstellungskriterien dar. Es kommt hinzu, dass sich Berufe im Bereich der Informatik häufig durch eine sehr gute Vergütung auszeichnen. Daher lohnt es sich auch in finanzieller Hinsicht, das Programmieren zu erlernen.

Um sich die entsprechenden Kenntnisse anzueignen, gibt es mehrere Möglichkeiten. Eine davon stellt dieses Buch dar. Es vermittelt umfassende Programmierkenntnisse von Grund auf. Dafür sind keinerlei Vorkenntnisse notwendig. Es gibt Fachkräften verschiedener Berufsgruppen die Möglichkeit, sich weiterzubilden. Außerdem stellt es einen guten Einstieg dar, wenn man später ein Studium oder eine Ausbildung im IT-Bereich aufnehmen will. Auch wer sich gerne in der Freizeit mit diesem Thema befasst, findet hier alle notwendigen Informationen. Dieses Buch vermittelt alle Kenntnisse, die für die Gestaltung fortgeschrittener Programme notwendig sind..

Wer mit dem Programmieren beginnen will, muss sich zunächst für eine Programmiersprache entscheiden. Dieses Buch befasst sich mit der Sprache Java. Diese zeichnet sich durch umfangreiche Anwendungsmöglichkeiten aus. Früher kam Java in erster Linie für die Gestaltung dynamischer Internetseiten zum Einsatz. Allerdings hat die Verwendung in diesem Bereich stark abgenommen. Aktuell liegt der Schwerpunkt bei der Gestaltung von Desktop-Anwendungen und Smartphone-Apps. Java eignet sich jedoch noch für einige weitere Aufgaben hervorragend. Diese umfangreichen Anwendungsmöglichkeiten führten dazu, dass sich Java zu einer der am häufigsten verwendeten Programmiersprachen entwickelte. Daher ist diese Sprache bestens geeignet, um mit dem Programmieren zu beginnen.

1.1 Die Entstehung von Java

Die Programmiersprache Java entstand zu Beginn der 90er Jahre. Das heißt, dass es sich hierbei weder um eine ganz neue noch um eine alte Programmiersprache handelt. Sie ist bereits gut etabliert, doch erfüllt sie auch die Anforderungen der modernen Informatik. Das führt dazu, dass viele Programmierer sie gerne für ihre Projekte verwenden.

Die Entstehung geht auf das sogenannte Green Project zurück. 1991 beauftragte der bekannte Softwarehersteller Sun Microsystems den Programmierer James Gosling damit, ein Team zusammenzustellen, um eine neue Programmiersprache zu entwickeln. Darüber hinaus sollte für die Ausführung der entsprechenden Programme eine vollständige Betriebssystemumgebung entstehen, die auch eine virtuelle CPU umfasste. Dieses Projekt erhielt zunächst die Bezeichnung Oak – als Abkürzung für Object Application Kernel. Da es sich hierbei um den englischen Ausdruck für Eiche handelt, gibt es auch die Legende, dass die Programmierer diesen Namen aufgrund eines Baumes wählten, der von ihrem Büro aus zu sehen war. Allerdings kam es bald darauf zu einer Namensänderung, da ein anderes Unternehmen bereits die Rechte für diesen Begriff innehatte. Das Team wählte als neue Bezeichnung Java. Diese geht nicht auf die asiatische Insel mit dem gleichen Namen zurück, sondern auf den Lieblingskaffee der Entwickler: die Java-Bohne. Das ist daran ersichtlich, dass es sich beim Logo der Programmiersprache um eine Kaffeetasse handelt.

Hinsichtlich der Syntax orientiert sich Java sehr stark an der Programmiersprache C. Dabei handelt es sich um eine der ältesten noch heute verwendeten Programmiersprachen. Viele Funktionen und Fähigkeiten sind dabei identisch. Ein großer Unterschied zu C besteht jedoch darin, dass Java eine objektorientierte Programmiersprache ist. Was das genau bedeutet, wird später in diesem Buch noch erklärt. Daher stellt auch die erste objektorientierte Programmiersprache – Smalltalk – eine wichtige Grundlage von Java dar.

Nach etwa 18 Monaten Entwicklungszeit stellten die Entwickler bereits die erste Java-Anwendung vor. Diese trug die Bezeichnung *7, was als Star Seven ausgesprochen wird. Dabei handelte es sich um eine grafische Benutzeroberfläche, mit der sich per Touchscreen verschiedene technische Geräte steuern ließen. Das Ziel bestand darin, diese Anwendung für die Steuerung intelligenter Haushaltsgeräte zu verwenden. Obwohl die Präsentation ein voller Erfolg war und Sun das Entwicklerteam aufstockte, kam es schon bald darauf zu Problemen. Da die Entwicklung intelligenter Haushaltsgeräte nicht wie geplant voranschritt, war auch kein System für die Steuerung notwendig. Das Projekt stand deshalb bereits kurz vor dem Aus.

Allerdings gewann zu dieser Zeit das Internet immer mehr an Bedeutung. Sun erkannte, dass Java auch hierfür ein enormes Potenzial bot. Daher änderte sich der Verwendungszweck deutlich: Java diente fortan in erster Linie der Erstellung dynamischer Internetseiten. Der Durchbruch war erreicht, als der Netscape Navigator, bei dem es sich damals um den am weitesten verbreiteten Webbrowser handelte, die Java-Technologie implementierte. Java wurde daher zu einer der wesentlichen Programmiersprachen im Bereich der Webentwicklung. Mit dem Siegeszug des Internets stieg auch deren Verwendung deutlich an.

1.2 Die Java-Technologie: Programmiersprache, Compiler und Laufzeitumgebung

Der Begriff Java steht in der Informatik für verschiedene Elemente: für die Programmiersprache Java, die dieses Buch vorstellt, für das Java Development Kit (JDK) und für die Java-Laufzeitumgebung (JRE – Java Runtime Environment). Alle drei Elemente gehören jedoch zusammen. Gemeinsam stellen sie die Java-Technologie dar. Dieser Abschnitt soll daher kurz vorstellen, welche Aufgabe die einzelnen Elemente haben und wie das Zusammenspiel aussieht.

Im Zentrum dieses Buchs steht die Programmiersprache Java. Daher soll diese an erster Stelle vorgestellt werden. Hierbei handelt es sich zum einen um eine Ansammlung verschiedener Befehle. Zum anderen gibt die Sprache feste Regeln für den Aufbau eines Programms vor. Diese werden als Syntax bezeichnet. Anhand der Befehle und der Syntax-Regeln kann man ein Java-Programm schreiben. Dabei handelt es sich jedoch zunächst ausschließlich um ein Dokument in Textformat.

Das JDK ist ein Softwarepaket, das ausschließlich für Java-Entwickler notwendig ist. Gewöhnliche Anwender müssen dieses nicht installieren, um ein Java-Programm auszuführen. Die Aufgabe dieses Pakets besteht darin, den Programmcode aufzubereiten, sodass daraus später ein lauffähiges Programm entsteht.

Die Java-Laufzeitumgebung ist der dritte Bestandteil der Java-Technologie. Diese ist erforderlich, um ein Java-Programm auszuführen. Daher muss sie jeder Anwender auf seinem Computer installieren. Da Java jedoch sehr weit verbreitet ist, zählt JRE zum Standard und ist auf den meisten Betriebssystemen bereits vorinstalliert. Daher ist es in der Regel nicht notwendig, sich darum zu kümmern. Das ist die Grundlage für eine breite Verwendung. Die Ausführung übernimmt die Java Virtual Machine (JVM). Dieses Paket ist für alle gängigen Betriebssysteme erhältlich.

Um die Besonderheiten der Programmiersprache Java zu verstehen, ist es notwendig, kurz auf die allgemeine Funktionsweise eines Computerprogramms einzugehen. Wenn man dieses schreibt, besteht es zunächst nur aus Text. Beim Anklicken der entsprechenden Programmdatei wird diese noch nicht ausgeführt. In der Regel öffnet sich in diesem Fall ein Texteditor, der den entsprechenden Quelltext anzeigt.

Damit es zu einer Ausführung kommt, ist es notwendig, das Programm zunächst in die Maschinensprache zu übersetzen. Dabei handelt es sich um eine Abfolge einzelner Befehle, die an den Prozessor übermittelt werden, damit dieser sie ausführt. Diese bestehen wiederum aus einer Abfolge einer bestimmten Anzahl einzelner Bits. Wie viele Bits pro Befehl enthalten sind, hängt von der Prozessorarchitektur ab. Heutzutage sind 64-Bit-Prozessoren üblich. Das bedeutet, dass jeder Befehl eine Länge von 64 Bit aufweist. Bei älteren Rechnern sind die Werte jedoch deutlich geringer. Daraus wird bereits ersichtlich, dass die Maschinensprache stets von der Prozessorarchitektur abhängt. Doch auch das verwendete Betriebssystem spielt eine Rolle. Das hat zur Folge, dass der Übersetzungsprozess stets an diesen Faktoren ausgerichtet sein muss.

Wenn man nun das Programm ausführen will, hat man zwei verschiedene Möglichkeiten, um diesen Übersetzungsprozess durchzuführen. Eine Alternative besteht darin, das Programm zu kompilieren. Das bedeutet, dass man nach der Fertigstellung des Programmcodes diesen mit einer Software, die als Compiler bezeichnet wird, übersetzt. Auf diese Weise entsteht ein ausführbares Programm in Maschinensprache. Wenn man die entsprechende Datei anklickt, wird sie unmittelbar ausgeführt.

Die andere Alternative besteht darin, einen Interpreter zu verwenden. Auch diese Software übersetzt den Programmcode in die Maschinensprache. Allerdings erzeugt sie dabei keine ausführbare Datei. Die Befehle werden sofort nach der Übersetzung an den Prozessor übermittelt und nicht gespeichert. Das bedeutet, dass der Übersetzungsprozess jedes Mal aufs Neue stattfindet, wenn man das Programm ausführt.

Welche dieser beiden Alternativen zum Einsatz kommt, kann man nicht frei wählen. Das hängt immer von der verwendeten Programmiersprache ab. Beide Möglichkeiten bringen einige Vor- und Nachteile mit sich. Ausführbare Programme bringen den Vorteil mit sich, dass sie bereits in übersetzter Form vorliegen und somit direkt ausgeführt werden können. Das führt neben einer hohen Nutzerfreundlichkeit zu einer hohen Effizienz. Interpretierte Programme müssen hingegen jedes Mal aufs Neue übersetzt werden. Das beeinträchtigt die Performance deutlich. Insbesondere bei Programmen mit umfangreichen Rechenprozessen wirkt sich das nachteilig aus.

Es wurde bereits angesprochen, dass die Maschinensprache stets von der Rechnerarchitektur und vom Betriebssystem abhängt. Das bedeutet, dass ein ausführbares Programm, das für einen bestimmten Rechner erstellt wurde, nur auf gleichartigen Systemen ausführbar ist. Wenn man beispielsweise ein anderes Betriebssystem verwendet, wäre es notwendig, das Programm neu zu kompilieren. Für den Endanwender, der diese Aufgabe normalerweise nicht ausführen kann, bedeutet dies, dass die Verwendung hier nicht möglich ist. Interpretierte Programme bestehen jedoch lediglich aus dem Programmcode. Die Übersetzung übernimmt der Interpreter, der stets auf das verwendete System ausgerichtet ist. Voraussetzung für die Verwendung ist lediglich, dass der Anwender diese Software installiert hat. Das stellt jedoch normalerweise kein Problem dar, da sie für alle gängigen Programmiersprachen in Versionen für unterschiedliche Betriebssysteme verfügbar ist. Das bedeutet, dass interpretierte Programme plattformunabhängig sind.

Java wählt in dieser Hinsicht einen Mittelweg und versucht dabei, die Vorteile beider Alternativen so gut wie möglich zu nutzen. Wenn man ein Java-Programm schreibt und daraufhin ausführen will, muss man es kompilieren. Der Compiler übersetzt es jedoch nicht in die Maschinensprache, sondern in eine Zwischensprache – den sogenannten Java-Bytecode. Dieser ist der Maschinensprache bereits sehr ähnlich. Plattformspezifische Anweisungen werden hierbei jedoch noch allgemein gehalten. Diese werden erst im Rahmen der Interpretierung durch JRE hinzugefügt. Daher kann man das entsprechende Programm auf verschiedenen Betriebssystemen verwenden, sodass man vom wesentlichen Vorteil einer interpretierten Sprache profitiert. Wenn die Java-Laufzeitumgebung das Programm dann ausführt, ist jedoch bereits der größte Teil des Übersetzungsprozesses erledigt. Es sind nur noch wenige plattformspezifische Details zu erledigen. Daher ist dafür deutlich weniger Rechenleistung notwendig als bei gewöhnlichen interpretierten Sprachen. Die Effizienz ist deshalb beinahe die gleiche wie bei einem kompilierten Programm.

1.3 Programmieren lernen mit Java

Wenn man gerade mit dem Programmieren beginnt, ist es notwendig, hierfür eine passende Programmiersprache auszuwählen. Diese Entscheidung hat einen großen Einfluss darauf, wie schnell man dabei Fortschritte erzielt und welche Möglichkeiten später für die Anwendung bestehen. Daher soll dieser Abschnitt kurz darauf eingehen, weshalb es sinnvoll ist, das Programmieren mit Java zu lernen.

Ein wesentlicher Punkt, der für Java spricht, ist die große Verbreitung dieser Sprache. Hierbei handelt es sich um eine der am weitesten verbreiteten Programmiersprachen weltweit. Es ist möglich, viele verschiedene Anwendungen mit Java zu programmieren – von Desktop-Programmen für den PC bis hin zu Smartphone-Apps. Gerade der letzte Punkt zeigt auch, dass Java für ganz neue Entwicklungen zum Einsatz kommt. Daher handelt es sich hierbei um eine sehr zukunftsträchtige Programmiersprache.

Auch der objektorientierte Ansatz zeigt, dass es sich bei Java um eine moderne Programmiersprache handelt. Diese Technik erlaubt nicht nur eine hohe Effizienz beim Programmieren. Darüber hinaus sind die Strukturen damit deutlich einfacher zu verstehen. Aus diesem Grund kommt die objektorientierte Programmierung heutzutage bei vielen Projekten zum Einsatz. Daher ist es sinnvoll, sich bereits frühzeitig in dieses Thema einzuarbeiten.

Sehr kontrovers wird das Thema diskutiert, ob eine strenge Syntax mit festen Regeln hilfreich für Programmieranfänger ist. Es gibt Sprachen wie beispielsweise Python, die hierbei keine strengen Regeln vorgeben. Das sorgt am Anfang für schnelle Fortschritte. Java ist hierbei hingegen sehr strikt. Das ist insbesondere beim Umgang mit verschiedenen Datentypen von großer Bedeutung. Auf der einen Seite mag es am Anfang etwas länger dauern, bis man diese Aspekte versteht und umsetzen kann. Später ist dies jedoch sehr hilfreich. Wenn man mit anderen Sprachen ohne strenge Typisierung beginnt, muss man sich bei anspruchsvolleren Anwendungen ebenfalls in dieses Thema einarbeiten. Zu diesem Zeitpunkt fällt das häufig jedoch schwerer, als wenn man sich bereits von Anfang an daran gewöhnt.

Schließlich gehört Java zur sogenannten C-Familie. Viele Programmiersprachen orientieren sich hinsichtlich ihrer Syntax und ihrer Befehle an C. Beispiele hierfür sind neben Java C++, C#, Perl, PHP und einige weitere Sprachen. Daher bestehen hierbei große Ähnlichkeiten. Wenn man später einmal andere Anwendungen programmieren will, für die die Verwendung einer anderen Programmiersprache sinnvoll ist, ist der Umstieg daher recht einfach. Aus diesem Grund ist es empfehlenswert, mit einer Sprache aus der C-Familie zu beginnen – beispielsweise mit Java.

Kapitel 2

Notwendige Programme für das Programmieren in Java

Bereits in der Einleitung wurde erwähnt, dass für die Erzeugung eines Java-Programms einige zusätzliche Software erforderlich ist. Dabei ist insbesondere das Java Development Kit (JDK) von großer Bedeutung. Ohne dieses kann man kein Java-Programm ausführen. Bevor man das erste Programm schreibt, ist es daher sinnvoll, diese Software zu installieren.

Das ist jedoch nicht die einzige Vorbereitungsmaßnahme, die wir treffen müssen. Darüber hinaus ist ein Programm erforderlich, mit dem wir den Quellcode verfassen. Des Weiteren verwenden wir eine integrierte Entwicklungsumgebung (IDE – Integrated Development Environment). Diese vereinfacht die Programmentwicklung und ist daher sehr hilfreich.

Die folgenden Abschnitte stellen daher vor, wie wir unseren Rechner vorbereiten müssen. Darin wird erklärt, wo die benötigten Programme erhältlich sind und was bei der Installation zu beachten ist. Dabei kommt ausschließlich Gratis-Software zum Einsatz, die wir ohne die Entrichtung von Lizenzgebühren verwenden dürfen. Daher fallen hierfür keine weiteren Kosten an.

2.1 Ein Texteditor für die Erstellung des Programmcodes

Wenn wir ein Programm in Java schreiben, fügen wir die entsprechenden Befehle in Textform ein. Das bedeutet, dass wir eine passende Software benötigen, die es uns erlaubt, diesen Text zu schreiben. Nun könnte man auf die Idee kommen, hierfür ein Textverarbeitungsprogramm wie Word zu verwenden. Dieses ist zum Programmieren jedoch vollkommen ungeeignet, da es neben dem eigentlichen Inhalt noch viele weitere Informationen zum Layout in den entsprechenden Dateien abspeichert. Daher kann der Compiler die entsprechenden Dateien nicht verarbeiten.

Für die Erstellung des Programmcodes benötigen wir einen sogenannten Texteditor. Dieser speichert lediglich den Text ab, den wir beim Programmieren eingeben. Außerdem erlaubt es die Software, ein passendes Dateiformat zu wählen. Auch das ist eine wichtige Voraussetzung dafür, dass wir das Programm später kompilieren können.

Ein einfacher Texteditor ist auf den meisten Betriebssystemen bereits vorinstalliert. Unter Windows ist dies beispielsweise der Microsoft Editor – auch bekannt unter der Bezeichnung Notepad. Dieser eignet sich zwar prinzipiell zum Programmieren. Allerdings ist er in seinem Funktionsumfang so stark eingeschränkt, dass es empfehlenswert ist, ein etwas hochwertigeres Programm zu verwenden. Leser, die für die Bearbeitung dieses Lehrbuchs einen Linux-Rechner verwenden, können diesen Abschnitt jedoch überspringen. Bei allen gängigen Distributionen ist bereits ein Texteditor enthalten, der für unsere Anwendungen vollkommen ausreicht – beispielsweise GEdit unter Ubuntu oder Kate unter KDE.

Eine der wesentlichen Vorteile eines höherwertigen Texteditors besteht darin, dass er den Code deutlich übersichtlicher gestaltet. Beispielsweise rückt er zusammengehörige Blöcke automatisch ein und gestaltet unterschiedliche Schlüsselbegriffe in verschiedenen Farben.

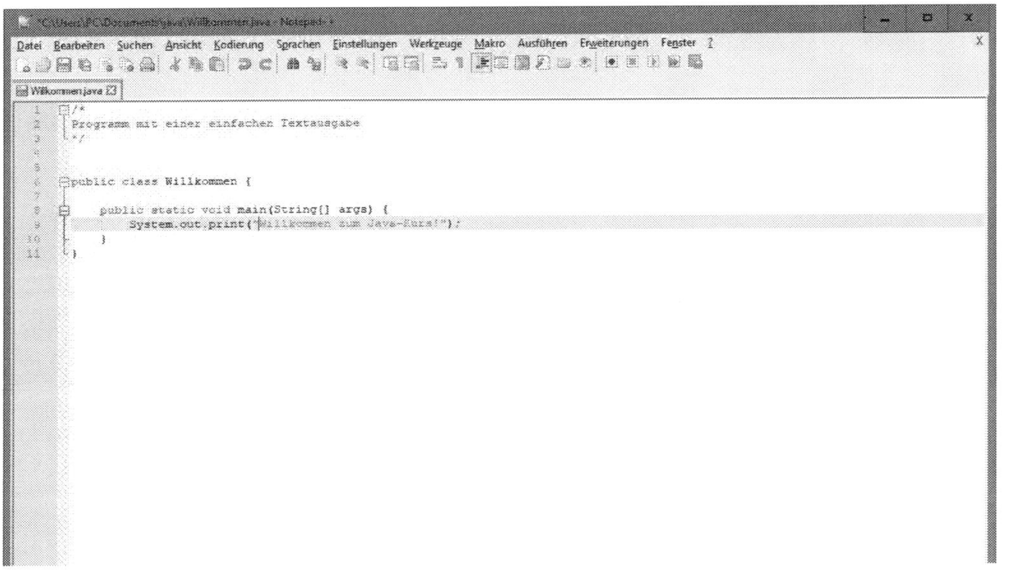

Abb. 2.1 Die Darstellung des Programmcodes in einem Texteditor

Bei längeren Programmen wirkt sich auch die seitliche Nummerierung der Zeilen sehr positiv aus. Das erleichtert es, den Überblick zu behalten. Außerdem lassen sich Programmblöcke, die man im Moment nicht bearbeiten will, einklappen. Das erhöht die Übersichtlichkeit deutlich.

Es gibt unzählige Angebote für praktische Texteditoren. Viele von ihnen sind kostenfrei erhältlich. Dennoch zeichnen sie sich durch einen hohen Funktionsumfang aus. In diesem Buch verwenden wir den Texteditor Notepad++. Hierbei handelt es sich um eine Open Source Software, sodass es möglich ist, sie ohne die Entrichtung einer Lizenzgebühr zu verwenden. Sie steht unter folgendem Link zum Download bereit: https://notepad-plus-plus.org/download/. Es ist jedoch auch möglich, selbst einen anderen Texteditor zu suchen und diesen zu installieren. Die Aufgaben in diesem Buch lassen sich damit ebenfalls bearbeiten.

2.2 Java Development Kit: wichtiges Werkzeug zum Programmieren

Im Einleitungskapitel zu diesem Buch wurde bereits angesprochen, dass es vor der Ausführung eines Java-Programms notwendig ist, dieses zu kompilieren. Dafür ist ein Compiler notwendig. Diese Software müssen wir daher ebenfalls auf unserem Rechner installieren. Sie ist im Java Development Kit enthalten.

Um das Entwicklungs-Kit herunterzuladen, besuchen wir folgende Seite:

https://www.oracle.com/technetwork/java/javase/downloads/index.html

Abb. 2.2 Die Downloadseite für JDK

Hier finden wir im oberen Bereich stets einen Link für den Download der aktuellen JDK-Version. Diesen klicken wir an. Daraufhin erscheint eine neue Seite. Hier müssen wir zum einen die Lizenzbedingungen akzeptieren und zum anderen eine passende Version für das verwendete Betriebssystem auswählen.

Wenn man die entsprechende Datei heruntergeladen hat, öffnet sich der Installationsassistent. Hierbei kann man stets die Standardeinstellungen übernehmen. Lediglich an der Stelle, an der der Assistent nach dem Installationsverzeichnis fragt, ist es wichtig, sich den Pfad zu merken – insbesondere wenn man hier ein anderes Verzeichnis als vorgeschlagen auswählt.

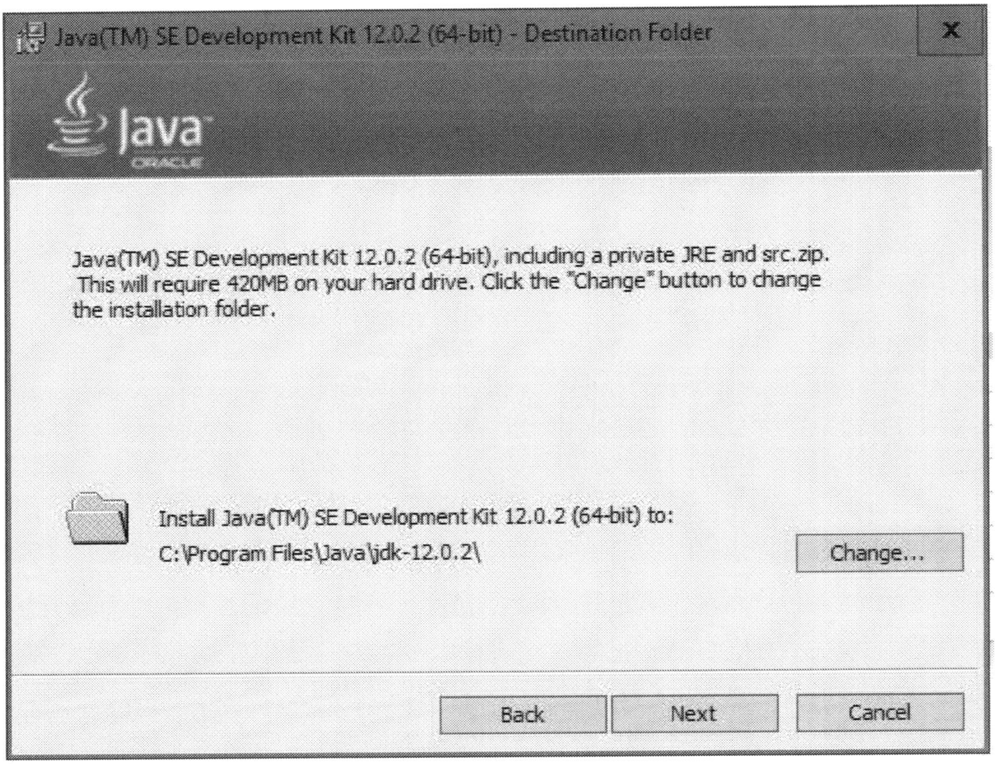

Abb. 2.3 Hier ist es wichtig, sich den Installationspfad zu merken

2.3 Vorbereitungsmaßnahmen für die Verwendung von JDK

Um zu überprüfen, ob JDK ordnungsgemäß installiert wurde, ist es sinnvoll, den Kommandozeileninterpreter zu öffnen. Dazu müssen wir im Windows-Startmenü den Ordner Windows-System und daraufhin den Begriff Eingabeaufforderung auswählen. Unter Linux ist die entsprechende Funktion unter dem Begriff Terminal verfügbar.

Um die Installation zu überprüfen, fragen wir die installierte JDK-Version ab. Das erfolgt mit folgendem Begriff:

```
javac -version
```

In der Regel erscheint nun jedoch eine Fehlermeldung, die besagt, dass der Begriff entweder falsch geschrieben oder nicht gefunden wurde.

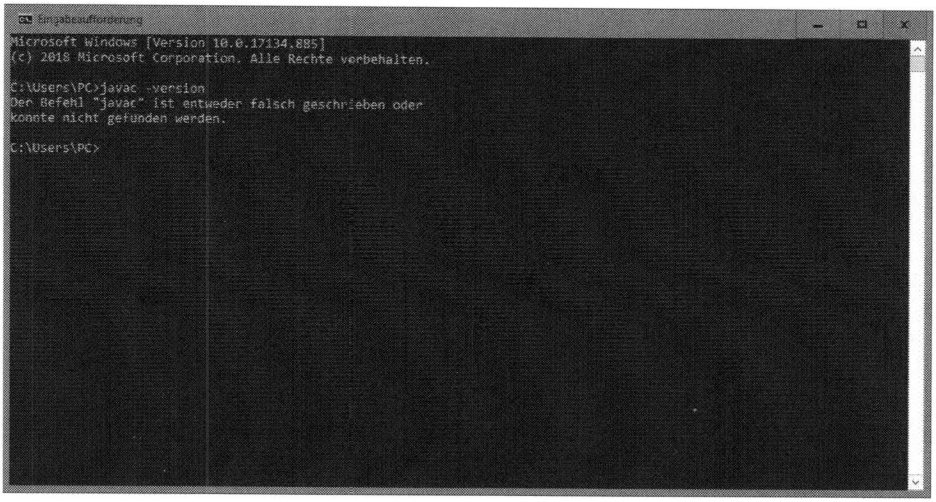

Abb. 2.4 Die Fehlermeldung bei der Abfrage der Version

Das muss jedoch noch nicht heißen, dass die Installation fehlgeschlagen ist. Um dies zu überprüfen, wechseln wir in das Verzeichnis, in dem wir JDK installiert haben. Dazu müssen wir zunächst in das Stammverzeichnis wechseln. Das erledigen wir, indem wir so oft cd.. eingeben und mit der Eingabetaste bestätigen, bis in der Zeile für die Eingabe nur noch der Ausdruck C:\> erscheint. Danach geben wir wieder das Kommando cd ein, gefolgt vom Pfadnamen für die Installation, den wir im vorherigen Abschnitt ausgewählt haben – allerdings ohne den vorangestellten Ausdruck C:\, der das Laufwerk vorgibt. Daran hängen wir den Ausdruck \bin an, um in das gewünschte Verzeichnis zu gelangen. Nun kann man den Befehl für die Versionsabfrage nochmals wiederholen. Jetzt sollte der Kommandozeileninterpreter die verwendete Version anzeigen:

Abb. 2.5 Die erfolgreiche Abfrage der Version

Das zeigt, dass das JDK richtig installiert wurde. Wenn wir uns im richtigen Verzeichnis befinden, können wir das Programm nutzen. Daraus ergibt sich jedoch ein Problem. Wenn wir ein Programm schreiben, speichern wir dieses in der Regel nicht im Installationsverzeichnis vom JDK. Allerdings ist nur hier der Zugriff auf den Compiler möglich. Wenn wir alle Programme hier abspeichern, würde das die Übersichtlichkeit stark einschränken. Daher besteht der nächste Schritt darin, das JDK aus jedem beliebigen Verzeichnis verfügbar zu machen.

Zu diesem Zweck müssen wir unter Windows eine Umgebungsvariable hinzufügen. Hierfür gibt es mehrere Möglichkeiten. Eine Vorgehensweise besteht darin, in die Windows-Suchfunktion den Begriff „Erweiterte Systemeinstellungen" einzugeben. Alternativ kann man auch das Zahnrad im Startmenü anklicken und danach die erweiterten Einstellungen auswählen. Daraufhin öffnet sich folgendes Fenster:

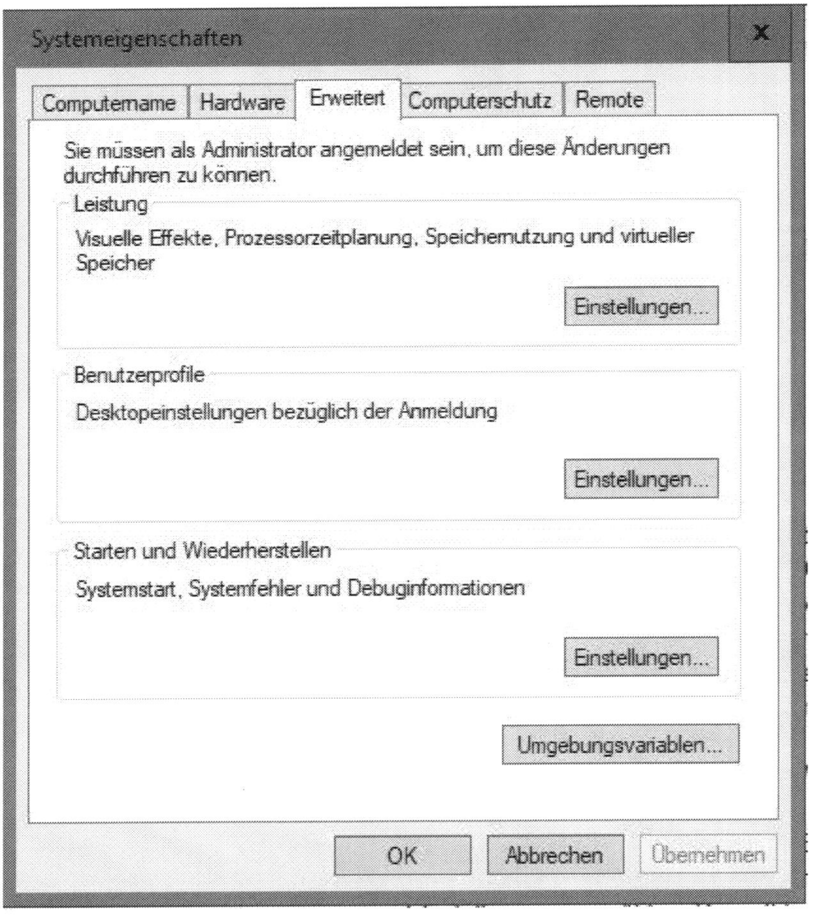

Abb. 2.6 Die erweiterten Systemeinstellungen

Hier klicken wir nun im unteren Bereich auf den Begriff „Umgebungsvariablen". Daraufhin öffnet sich ein neues Fenster:

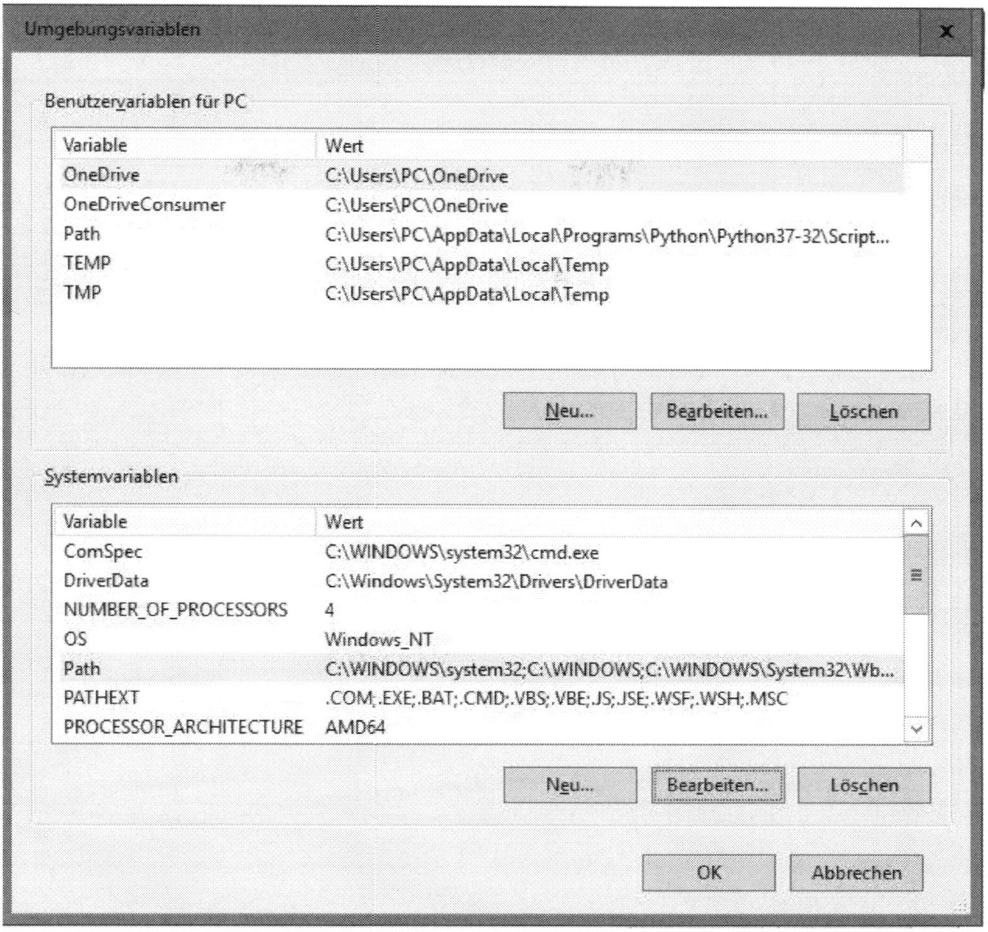

Abb. 2.7 Die vorhandenen Systemvariablen

Hier erscheinen nun zwei Listen. Wir benötigen lediglich den unteren Bereich mit der Aufschrift Systemvariablen. In der Regel ist hierbei bereits ein Eintrag mit der Bezeichnung Path vorhanden. Diesen wählen wir aus und klicken auf Bearbeiten (Sollte dieser Eintrag noch nicht vorhanden sein, müssen wir in diesem Fall auf „Neu" klicken und eine Variable mit der Bezeichnung „Path" erstellen). Daraufhin öffnet sich ein neues Fenster, in dem die bereits vorhandenen Pfadvariablen aufgeführt sind. Hier klicken wir nun auf „Neu" und fügen den Pfadnamen der Installationsdatei mit dem Zusatz \bin hinzu. In unserem Beispiel sieht der Eintrag demnach so aus:

```
C:\program files\java\jdk-12.0.2\bin
```

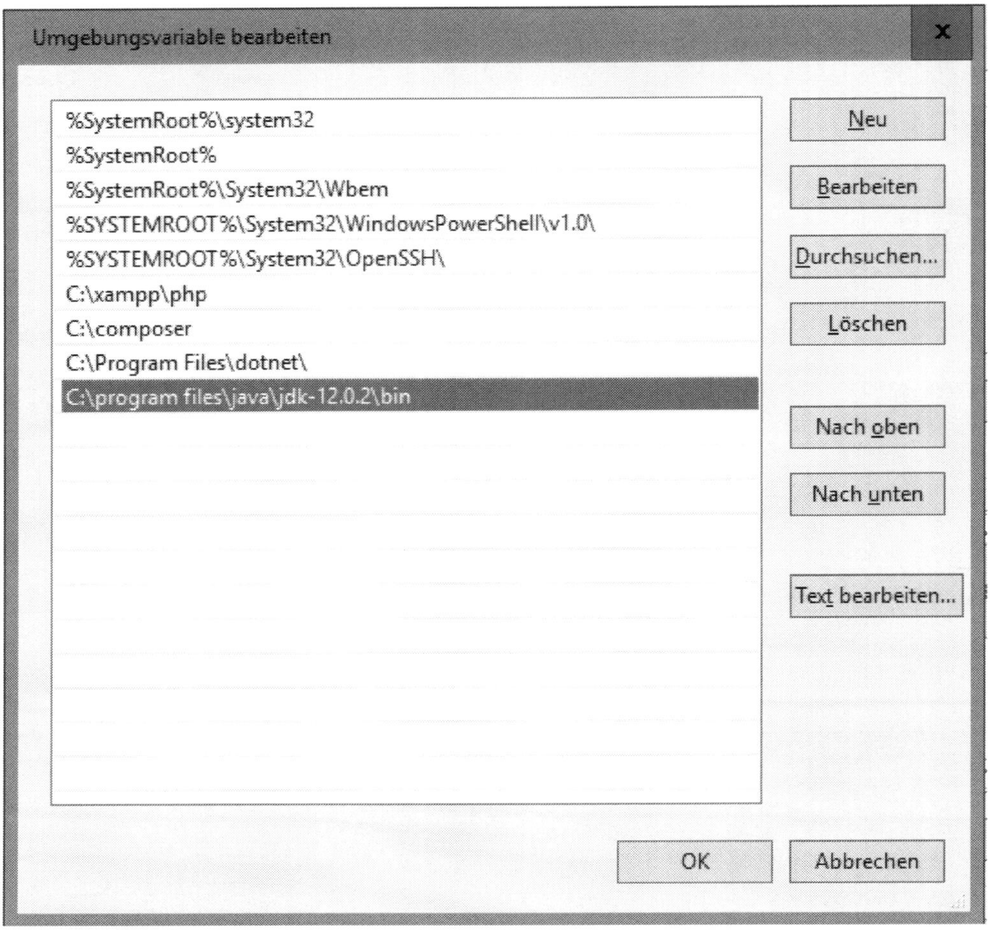

Abb. 2.8 Die neu hinzugefügte Umgebungsvariable

Nun muss man nur noch alle Fenster mit OK bestätigen. Um auszuprobieren, ob diese Anpassung erfolgreich verlief, müssen wir den Kommandozeileninterpreter schließen und daraufhin neu öffnen. Nun sollte es möglich sein die JDK-Version in jedem beliebigen Verzeichnis abzufragen:

Abb. 2.9 Nun ist das JDK in jedem beliebigen Verzeichnis verfügbar

2.4 Die IDE installieren

Für die Gestaltung eines Java-Programms ist es möglich, dieses in einem Texteditor zu schreiben. Danach müssen wir zum Kommandozeileninterpreter wechseln und es kompilieren. Daraufhin können wir das Programm dort auch ausführen. Hierbei handelt es sich um die traditionelle Vorgehensweise. Die ersten Java-Programme, die wir im nächsten Kapitel gestalten werden, erstellen wir auf diese Weise. Allerdings ist mittlerweile die Verwendung einer IDE gebräuchlich. Diese übernimmt die Funktion des Texteditors, sodass wir hier den Programmcode erstellen können. Allerdings hat sie auch Zugriff auf den Compiler. Daher können wir unsere Programme direkt in der IDE kompilieren. Das erleichtert den Entwicklungsprozess erheblich. Außerdem bietet sie noch viele weitere hilfreiche Funktionen. Daher soll die traditionelle Vorgehensweise nur im folgenden Kapitel zum Einsatz kommen. Danach lernen wir die Verwendung der IDE kennen und nutzen diese für alle weiteren Programme.

Auch hinsichtlich der Auswahl einer passenden IDE gibt es sehr viele Auswahlmöglichkeiten. Die meisten dieser Programme sind ebenfalls gratis erhältlich. Es gibt zahlreiche Angebote, die das Programmieren mit Java unterstützen. Allerdings bestehen dabei große Unterschiede. Zahlreiche IDEs sind eigentlich auf eine andere Programmiersprache ausgerichtet. Die Unterstützung von Java wurde dabei nur nachträglich hinzugefügt. Das hat zur Folge, dass hierfür viele nützliche Funktionen nicht verfügbar sind.

Wenn wir uns auf das Programmieren mit Java konzentrieren möchten, ist es daher sinnvoll, eine IDE auszuwählen, die speziell für diese Programmiersprache entworfen wurde. Hierfür gibt es im Wesentlichen zwei verschiedene Angebote: Eclipse und Net-

Beans. Für dieses Lehrbuch kommen beide Alternativen infrage. Da es jedoch notwendig ist, eine Entscheidung zu treffen, soll die IDE NetBeans verwendet werden. Diese wurde für lange Zeit von Sun und später von Oracle entwickelt. Sie stammte daher vom gleichen Anbieter wie die Programmiersprache selbst. Das führte zu einer besonders engen Verbindung. Außerdem sind viele Java-Tutorials, die von Oracle stammen, auf die Verwendung von NetBeans ausgerichtet. Das kann sehr hilfreich sein. Mittlerweile hat Oracle dieses Projekt allerdings an Apache abgegeben.

Für den Download öffnen wir folgenden Link:

https://netbeans.apache.org/download/nb111/nb111.html

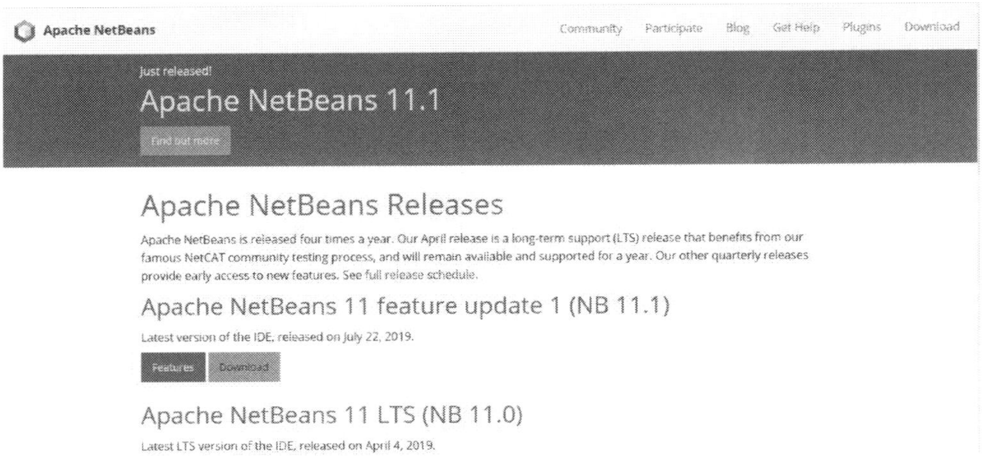

Abb. 2.10 Die Downloadseite für NetBeans

Wenn wir den Download-Button anklicken, werden wir zunächst zu einer weiteren Seite weitergeleitet, auf der wir eine passende Version für das verwendete Betriebssystem auswählen können. Für die Installation können wir einfach den Anweisungen des Assistenten folgen. Dieser sucht auch automatisch nach dem eben installierten JDK, um die Anwendung zu verknüpfen.

Kapitel 3
Die ersten Schritte mit Java

Nachdem alle Vorbereitungsmaßnahmen abgeschlossen sind, können wir nun damit beginnen, unser erstes Java-Programm zu schreiben. Damit der Einstieg so leicht wie möglich ist, soll dies nur eine sehr einfache Funktion haben: Es soll einen Text ausgeben.

Dazu ist selbstverständlich ein geeigneter Ausgabebefehl notwendig. Darüber hinaus müssen wir jedoch darauf achten, die vorgegebenen Strukturen einzuhalten. Jedes Java-Programm muss bestimmte Grundelemente enthalten, damit man es kompilieren kann. Dieses Kapitel stellt nicht nur vor, wie das Programm aufgebaut ist und welche Bedeutung die einzelnen Elemente haben. Darüber hinaus lernen wir, wie wir das Programm kompilieren und ausführen.

3.1 Hallo Welt – das erste eigene Programm schreiben

Einen Text auszugeben, ist wohl die einfachste Funktion, die ein Computerprogramm ausführen kann. Aus diesem Grund beginnen beinahe alle Lehrbücher für Programmier-Anfänger mit dieser Aufgabe. In vielen Beispielen lautet der Text, den das Programm ausgeben soll „Hallo Welt!“ – beziehungsweise in englischsprachigen Lehrbüchern „Hello World!“. Deshalb hat sich für dieses einfache Beispiel der Begriff Hallo-Welt-Programm eingebürgert.

Bei diesem Programm steht selbstverständlich der Ausgabebefehl im Mittelpunkt. Dieser sieht in Java so aus:

```
System.out.print("Hallo Welt!");
```

Der eigentliche Befehl für die Ausgabe des Texts lautet print. Allerdings kann dieser nicht alleine stehen. In Java sind alle Befehle in sogenannten Klassen angeordnet, die die einzelnen Funktionen zusammenfassen. Die Klasse, in der sich der `print`-Befehl befindet, trägt den Namen System. Dabei ist es wichtig, darauf zu achten, dass diese stets mit einem Großbuchstaben beginnen muss. Danach folgen ein Punkt und der Begriff `out`. Dieser sorgt für eine weitere Unterteilung. Erst danach kann man den eigentlichen Befehl anfügen.

Der Text, den wir ausgeben wollen, steht immer in einer Klammer nach dem `print`-Befehl. Das macht deutlich, dass sich der entsprechende Inhalt auf dieses Kommando bezieht. Wenn wir hier einen Text ausgeben möchten, müssen wir diesen stets in Anführungszeichen setzen. Nach dem Ausdruck folgt ein Semikolon. In Java ist es notwendig, jeden Befehl mit diesem Zeichen abzuschließen.

Damit haben wir bereits den Befehl für die Ausgabe erstellt. Allerdings ist es nicht möglich, diesen alleine auszuführen. Es ist notwendig, ihn in verschiedene strukturelle Elemente einzubinden, über die jedes Java-Programm verfügen muss. Am Anfang stehen hierbei immer die Begriffe public und class. Der erste von ihnen sagt aus, dass der Zugang von jedem beliebigen Bereich aus möglich ist. Das ist eine wichtige Voraussetzung dafür, dass wir später mit dem Kommandozeileninterpreter auf das Programm zugreifen können, um es auszuführen.

Der zweite Ausdruck ist notwendig, um eine neue Klasse zu erzeugen. Dabei handelt es sich um das grundlegende Strukturelement der objektorientierten Programmierung. Was das genau bedeutet, wird später in diesem Buch noch erklärt. Bislang ist es lediglich notwendig zu wissen, dass jedes Java-Programm in einer Klasse stehen muss. Hierfür können wir einen beliebigen Namen auswählen. Zulässig sind dabei jedoch nur Buchstaben, Zahlen, der Unterstrich und das Dollarzeichen. Leerzeichen dürfen darin nicht enthalten sein und außerdem ist es verboten, die Bezeichnung mit einer Zahl zu beginnen. Des Weiteren ist es nicht erlaubt, reservierte Schlüsselbegriffe (wie beispielsweise `public`) zu verwenden. Es ist üblich, Klassennamen stets mit einem Großbuchstaben zu beginnen. Wenn wir unsere Klasse passend zur Programmfunktion `HalloWelt` nennen, ergibt sich daraus folgender Ausdruck:

```
public class HalloWelt {
```

Der Inhalt der Klasse steht stets in einer geschweiften Klammer. Danach folgt folgender Ausdruck:

```
public static void main(String[] args) {
```

Der Begriff main öffnet das Hauptprogramm, das stets den Einstiegspunkt für die Ausführung darstellt. Der Begriff `public` wurde bereits erklärt. Die anderen Begriffe sollen an dieser Stelle noch nicht genau erläutert werden – das geschieht im weiteren Verlauf des Buchs. Es ist nur wichtig, das Hauptprogramm stets mit dieser Zeile einzuleiten. Der Inhalt steht dann wieder in einer geschweiften Klammer. Damit ist das erste Programm bereits erstellt. Der komplette Code dafür sieht so aus:

```
public class HalloWelt {
    public static void main(String[] args) {
        System.out.print("Hallo Welt!");
    }
}
```

Nun müssen wir das Programm nur noch abspeichern. Dabei ist es wichtig, darauf zu achten, dass der Dateiname genau dem Namen der Klasse entspricht, die das Hauptprogramm umschließt. Ist das nicht der Fall, lässt sich das Programm nicht kompilieren. Als Dateiendung wählen wir hierfür stets `.java`. Daraus folgt, dass wir die Datei unter dem Namen `HalloWelt.java` abspeichern müssen.

3.2 So lässt sich das Programm ausführen

Bislang existiert unser erstes Java-Programm nur in Textform. Das Ziel besteht jedoch stets darin, die Programme auszuführen, damit sie alle Aktionen, die wir darin vorgegeben haben, durchführen. Zu diesem Zweck müssen wir wieder den Kommandozeileninterpreter öffnen. Mit dem bereits bekannten Befehl **cd** wechseln wir daraufhin in das Verzeichnis, in dem wir das Programm abgespeichert haben. Der Pfad kann dabei von Anwender zu Anwender verschieden sein – je nachdem, für welche Verzeichnisstruktur er sich entschieden hat.

Nachdem wir uns im richtigen Verzeichnis befinden, müssen wir das Programm kompilieren. Dafür ist der Befehl javac erforderlich. Danach müssen wir den Namen unserer Datei inklusive ihrer Endung schreiben. Um das erste Programm zu kompilieren, verwenden wir daher folgenden Befehl:

javac HalloWelt.java

Nachdem wir dieses Kommando eingegeben haben, kommt es zunächst zu einer kleinen Wartezeit. Das zeigt bereits, dass es sich bei der Kompilierung um einen sehr rechenintensiven Prozess handelt – selbst bei diesem sehr einfachen Programm. Danach erscheint wieder die Zeile für die Eingabe weiterer Befehle. Es scheint daher auf den ersten Blick, als sei nichts passiert. Wenn wir jedoch den Ordner öffnen, in dem wir das Programm abgespeichert haben, erkennen wir, dass dieses Kommando doch eine Wirkung hatte. Hier ist nun eine neue Datei entstanden, die den Namen **HalloWelt.class** trägt. Dabei handelt es sich um das kompilierte Programm.

Dieses können wir im nächsten Schritt nun ausführen. Dafür müssen wir zunächst den Befehl **java** eingeben. Danach folgt wieder der Dateiname. In diesem Fall müssen wir diesen jedoch ohne eine Dateiendung nennen. Das entsprechende Kommando sieht dann so aus:

java HalloWelt

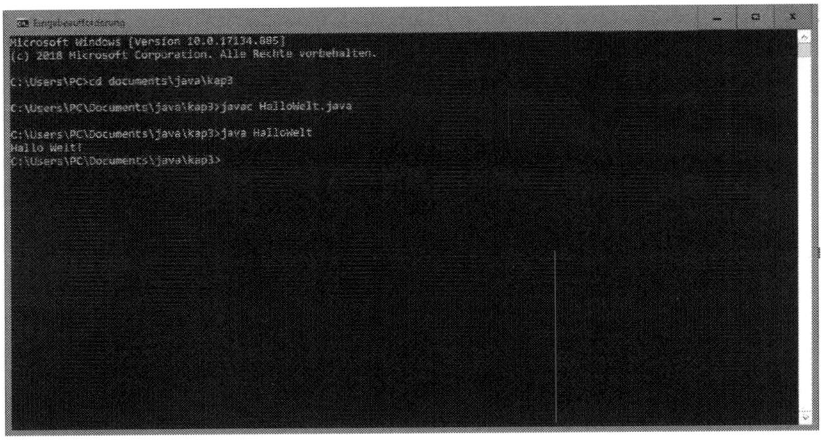

Abb. 3.1 Die Kompilierung und die Ausführung des Programms

Wenn wir diesen Befehl eingeben, erscheint im Kommandozeileninterpreter der Text, den wir in unser Programm geschrieben haben. Das zeigt, dass es perfekt funktioniert und seine Aufgabe erfüllt. Damit ist unser erstes Java-Programm bereits abgeschlossen.

3.3 Kommentare: weitere Informationen zum Programmcode hinzufügen

Der Code eines Computerprogramms ist nicht immer einfach zu verstehen. Wenn beispielsweise nach einiger Zeit ein Programmierer ein Programm überarbeitet, das er nicht selbst erstellt hat, fällt es häufig schwer, die Funktionsweise zu verstehen. Um dieses Problem zu verhindern, ist es möglich, sogenannte Kommentare einzufügen. Dabei handelt es sich um einfachen Text, den man für die Weitergabe wichtiger Informationen verwenden kann – beispielsweise um die Funktionsweise eines Programms zu erklären. Allerdings verfügt dieser Text über eine besondere Kennzeichnung. Diese macht deutlich, dass er nicht zum eigentlichen Code gehört. Daher wird er bei der Kompilierung nicht beachtet. Er ist lediglich im Quellcode zu erkennen.

Java kennt verschiedene Arten von Kommentaren. Für einzeilige Kommentare kommt ein doppelter Schrägstrich (//) zum Einsatz. Alles, was in dieser Zeile nach dieser Kennzeichnung steht, wird als Kommentar behandelt. Längere Kommentare werden mit einem Schrägstrich und einem anschließenden Sternsymbol (/*) geöffnet. Um sie zu beenden, verwendet man die gleichen Zeichen – allerdings in der umgekehrten Reihenfolge (*/).

Darüber hinaus gibt es in Java noch eine besondere Form des Kommentars – den Dokumentationskommentar. Dieser wird mit einem Schrägstrich und dem doppelten Sternsymbol (/**) geöffnet. Um ihn zu schließen, verwenden wir die gleiche Zeichenfolge wie bei gewöhnlichen Kommentaren. Wenn wir das Programm kompilieren und ausführen verhalten sich Dokumentationskommentare genau gleich wie gewöhnliche Kommentare. Allerdings bieten sie noch eine weitere Möglichkeit: Sie erlauben es, eine Dokumentation zu erstellen. Hierfür gibt es ein spezielles Programm, das den Namen javadoc trägt. Dieses liest den Programmcode aus und stellt dessen Struktur dar. Zu diesem Zweck erstellt es ein HTML-Dokument, das man mit einem beliebigen Webbrowser betrachten kann. Dabei gibt es alle Dokumentationskommentare an, sodass ersichtlich wird, welche Aufgabe die einzelnen Teile erfüllen. Wenn man diese Funktion nutzen will, ist es üblich, die entsprechenden Dokumentationskommentare vor Klassen, Attributen und Methoden anzubringen.

Wenn wir unser erstes Programm mit Kommentaren ausstatten, könnte es so aussehen:

```
/*
Dieses Programm ist das erste Beispiel in unserem Java-Lehrbuch.
Es soll die Ausgabe einer einfachen Textnachricht erklären.
*/
/**
Die Klasse HalloWelt gibt eine Textnachricht aus.
*/
public class HalloWelt {
    public static void main(String[] args) {
    //Hier steht unser Text.
        System.out.print("Hallo Welt!");
    }
}
```

Mit diesem Code können wir nun einmal das javadoc-Programm ausprobieren. Dieses ist bereits im JDK enthalten, sodass wir es nicht installieren müssen. Um es zu verwenden geben wir im Kommandozeileninterpreter einfach den Begriff **javadoc** gefolgt vom Dateinamen ein. Hierfür müssen wir uns selbstverständlich im richtigen Verzeichnis befinden. Wenn wir daraufhin das Verzeichnis öffnen, sehen wir, dass eine Vielzahl an neuen Dateien entstanden ist. Wenn wir nun die Datei HalloWelt.html anklicken, öffnet sich folgende Seite:

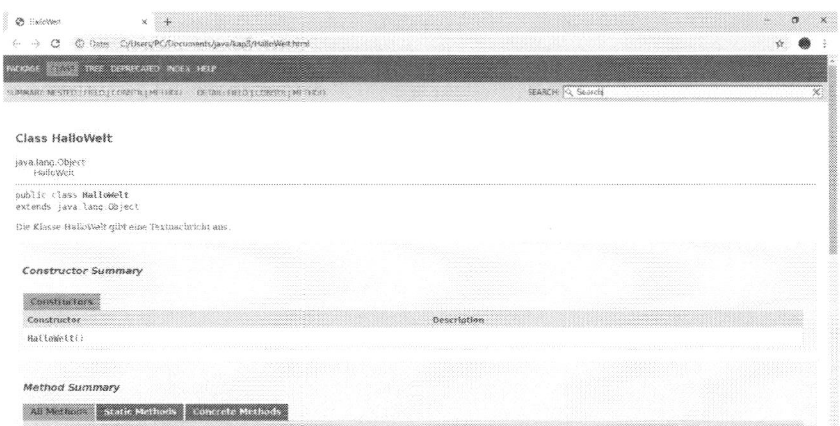

Abb. 3.2 Die automatisch generierte Dokumentation zu unserer Datei

Hier erkennen wir, dass die HTML-Datei nicht nur die Struktur unseres Programms abbildet. Darüber hinaus erscheint hier unser javadoc-Kommentar.

Kommentare können zwar hilfreich sein, doch nimmt ihre Verwendung immer weiter ab. Der Grund dafür besteht darin, dass es mittlerweile als guter Stil angesehen wird, den Programmcode so zu schreiben, dass er selbsterklärend ist. Das macht Kommentare überflüssig. Dennoch ist es wichtig, diese Funktionsweise kurz vorzustellen. In der Informatik muss man immer wieder mit Code arbeiten, den andere Programmierer erstellt haben. Dabei trifft man häufig auf Kommentare. In diesen Fällen ist es wichtig, zu wissen, dass diese keine Auswirkung auf die Funktionen des Programms haben.

Während Kommentare im fertigen Programm mittlerweile nicht mehr üblich sind, kommen sie während der Erstellung nach wie vor häufig zum Einsatz. Beispielsweise ist es möglich, hier einen kurzen Vermerk anzubringen, wenn man eine bestimmte Aufgabe erst später erledigen will. Außerdem ist es möglich, dass ein Bereich noch Fehler oder Verweise zu noch nicht erstellten Methoden enthält. Das macht es unmöglich, das Programm zu kompilieren. Wenn man den entsprechenden Code jedoch als Kommentar kennzeichnet, ist die Ausführung möglich. Diese Technik wird als Auskommentieren bezeichnet.

3.4 Übungsaufgabe: Erste Java-Programme selbst gestalten

Am Ende der meisten Kapitel befindet sich eine kleine Übungsaufgabe. Diese gibt dem Leser die Möglichkeit, den Stoff zu wiederholen und selbst anzuwenden. Das vertieft den Lerneffekt deutlich und führt dazu, dass sich die Inhalte besser einprägen. Daher ist es empfehlenswert, diese Aufgaben zu bearbeiten.

Ihr Schwerpunkt liegt stets auf den Techniken, die im jeweiligen Kapitel vermittelt wurden. Doch werden auch alle zuvor erlernten Befehle als bekannt vorausgesetzt. In seltenen Fällen sind für die Bearbeitung auch neue Kenntnisse erforderlich. Diese werden dann stets in der entsprechenden Aufgabe erklärt.

Das Ziel dieser Übungsaufgaben besteht darin, dass der Leser diese selbstständig löst. Selbst wenn das nicht auf Anhieb gelingen sollte, ist es sinnvoll, es noch ein weiteres Mal zu probieren. Zum Abschluss wird dennoch stets eine Musterlösung angegeben. Diese dient in erster Linie dazu, sie mit der eigenen Lösung zu vergleichen. Nur wenn man selbst überhaupt nicht weiterkommt, ist es sinnvoll, hier nachzuschauen.

In der Informatik gibt es in der Regel nicht nur einen einzigen Lösungsweg. Häufig bestehen viele verschiedene Alternativen, um die gewünschte Funktionsweise zu erreichen. Das heißt, dass auch die hier angegebene Musterlösung nicht die einzige Möglichkeit darstellen muss. Wenn das Programm, das Sie entwickelt haben, die

Anforderungen der Aufgabe erfüllt, handelt es sich dabei um eine korrekte Lösung – selbst wenn der Code von der hier angegebenen Musterlösung abweicht.

Für dieses Kapitel müssen Sie nur zwei kleine Aufgaben lösen, diese wiederholen die Inhalte, die soeben vermittelt wurden:

1. Erstellen Sie ein Programm, das den Anwender zu unserem Java-Kurs begrüßt. Kompilieren Sie den Code und führen Sie ihn aus.
2. Fügen Sie in das Programm zwei Kommentare ein. Verwenden Sie hierfür unterschiedliche Auszeichnungsarten.

Lösungen:

1.

```
public class Aufgabe1 {
    public static void main(String[] args) {
        System.out.print("Willkommen zum Java-Kurs!");
    }
}
```

2.

```
/*
Übungsaufgabe für die Verwendung von Kommentaren
*/
public class Aufgabe2 {
    public static void main(String[] args) {
    //Der print-Befehl gibt unsere Nachricht aus.
        System.out.print("Willkommen zum Java-Kurs!");
    }
}
```

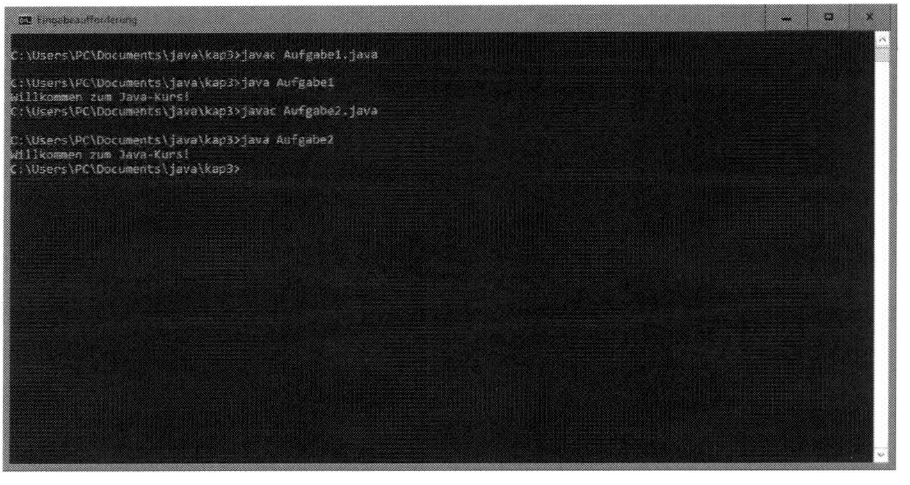

Abb. 3.3 Die Ausgabe ist bei beiden Programmen identisch

Alle Programmcodes und Schaltpläne aus diesem Buch stehen kostenfrei zum Download bereit. Dadurch müssen Sie Code nicht abtippen.

Außerdem erhalten Sie die eBook Ausgabe zum Buch im PDF Format kostenlos auf unserer Website:

Kapitel 4

IDE: Mehr Effizienz beim Programmieren

Das vorherige Kapitel hat gezeigt, dass es bei der herkömmlichen Vorgehensweise recht kompliziert ist, ein Programm zu kompilieren und auszuführen. Deutlich einfacher wird diese Aufgabe, wenn wir hierfür eine IDE verwenden. In Kapitel 2 haben wir bereits eine passende Software für das Programmieren mit Java installiert: NetBeans. In diesem Kapitel lernen wir nun, diese anzuwenden.

4.1 Was ist eine IDE und welche Vorteile bietet sie?

Der Begriff IDE steht für Integrated Development Environment. Auf Deutsch bedeutet dieser Ausdruck integrierte Entwicklungsumgebung. Bereits der Begriff vermittelt, dass wir hier alle Instrumente, die wir zum Programmieren mit Java benötigen, vorfinden.

Einer der wesentlichen Vorteile einer IDE besteht darin, dass diese als Texteditor dient und außerdem Zugriff auf den Compiler bietet. Daher ist die Ausführung mit nur einem Mausklick möglich. Die Zeitersparnis mag dabei im Einzelfall zwar nur bei wenigen Sekunden liegen. Wenn man später jedoch ein größeres Projekt entwickelt, ist es notwendig, diese Aufgabe viele Hundert Male durchzuführen. Aufgrund der häufigen Wiederholungen steigert die Verwendung einer IDE die Effizienz bei der Arbeit deutlich.

Darüber hinaus sind hier noch einige weitere nützliche Werkzeuge integriert. Beispielsweise ist es möglich, einige häufig verwendete Kommandos automatisch einzufügen. Das kann die Arbeit beschleunigen. Außerdem erleichtert dieses Programm die Gestaltung von Fenstern. Das erlaubt es, benutzerfreundliche Programme zu gestalten, die wir nicht mehr über den Kommandozeileninterpreter ausführen müssen. Schließlich verfügt die IDE über spezielle Debugging-Funktionen. Damit kann man einen Fehler im Programm schnell finden.

All diese Gründe sprechen dafür, eine IDE für das Programmieren zu verwenden. Das vorherige Kapitel sollte nur den Ablauf beim Kompilieren und Ausführen des Programms erklären. Da diese Vorgehensweise jedoch recht ineffizient ist, wenden wir diese nun nicht weiter an, sondern verwenden hierfür die IDE NetBeans.

4.2 Ein Programm mit NetBeans schreiben und ausführen

Im nächsten Schritt wollen wir nun unser erstes Programm mit der IDE NetBeans schreiben. Dieses verwendet den gleichen Programmcode wie unser Hallo-Welt-Programm aus dem vorherigen Kapitel. Es geht hierbei also nicht darum, neue Kommandos kennenzulernen, sondern die Funktionsweise der IDE vorzustellen.

Zu diesem Zweck ist es notwendig, die Software, die wir bereits in Kapitel 2 installiert haben, zu öffnen. Dabei erscheint folgende Startseite:

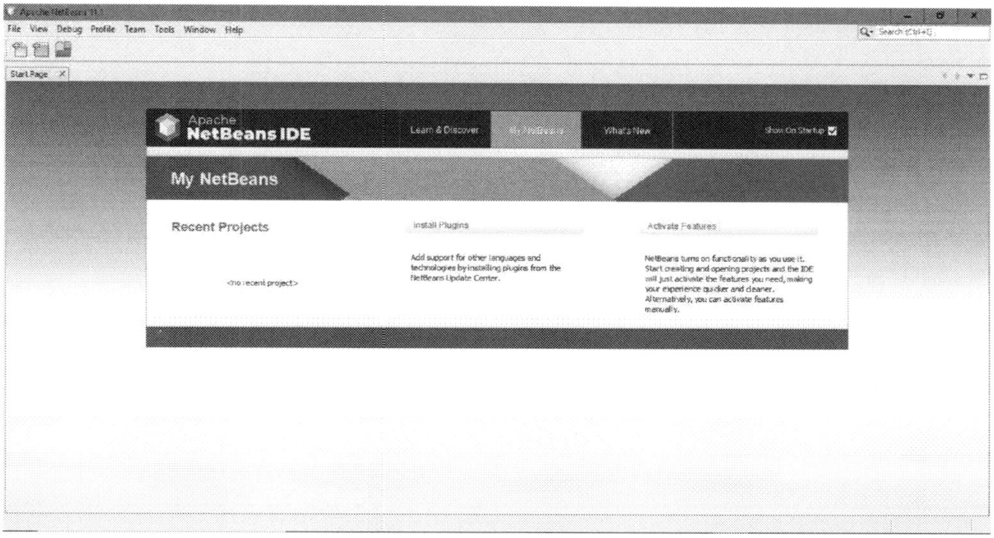

Abb. 4.1 Die Startseite von NetBeans

Bevor wir unser erstes Programm mit der IDE erstellen, soll noch darauf hingewiesen werden, dass diese auch einige interessante Materialien enthält. Um diese zu erreichen, muss man auf die Schaltfläche „Learn & Discover" klicken. Hier kann man beispielsweise eine kleine Tour durchführen, die die wesentlichen Funktionen der IDE vorstellt. Außerdem stehen einige Tutorials zur Verfügung.

Um mit dem Programmieren zu beginnen, ist es notwendig, zunächst in der Menüleiste auf den Begriff „File" zu klicken. Danach wählen wir „New Project" aus. Daraufhin öffnet sich ein neues Fenster.

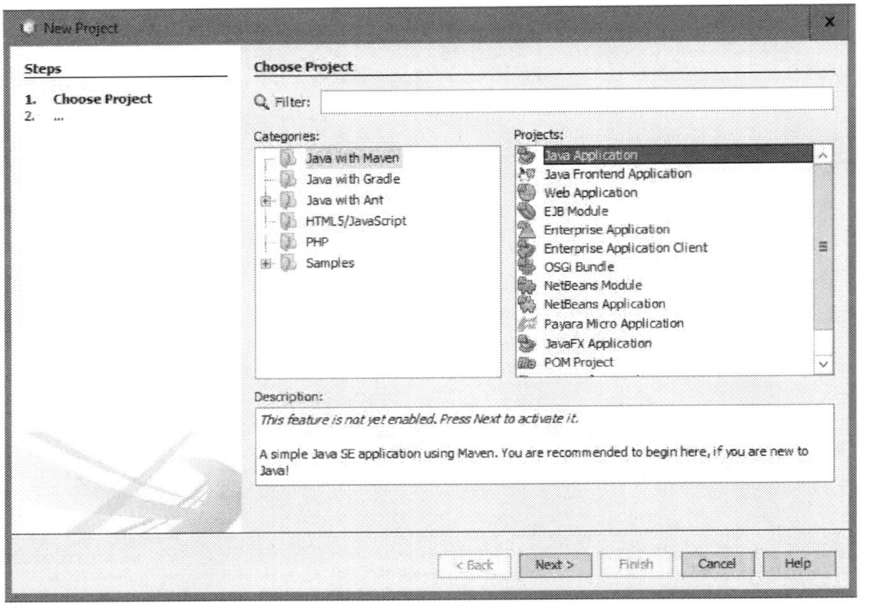

Abb. 4.2 Das Fenster für das Erstellen eines neuen Projekts

Hier wählen wir die „Java Application" aus und klicken daraufhin auf „Next". Nun öffnet sich ein neues Fenster. Wenn wir NetBeans zum ersten Mal verwenden, erscheint ein Hinweis, dass es notwendig ist, den Support für Java SE herunterzuladen und zu aktivieren. Bis die entsprechende Meldung angezeigt wird, können einige Sekunden vergehen.

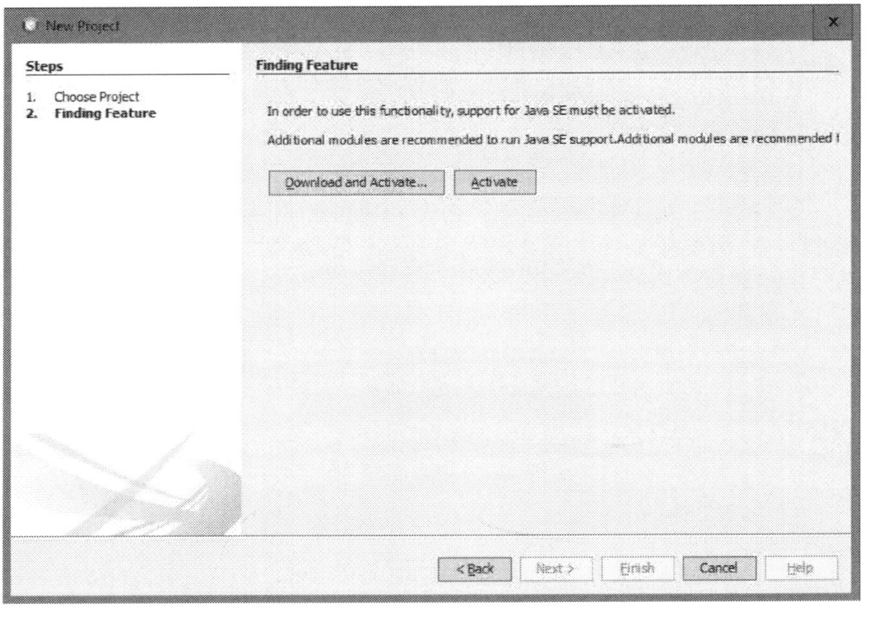

Abb. 4.3 Die Aufforderung zur Aktivierung des Java SE Supports

Wenn wir hier auf die Schaltfläche „Download and Activate" klicken, öffnet sich ein neues Fenster. Hier können wir die einfach die Standardeinstellungen übernehmen und die Lizenzbedingungen akzeptieren. Nachdem der Aktivierungsprozess abgeschlossen ist, müssen wir dem Projekt einen Namen geben. Hierfür wählen wir die Bezeichnung **HalloWelt** aus. Die übrigen Eingaben lassen wir unverändert.

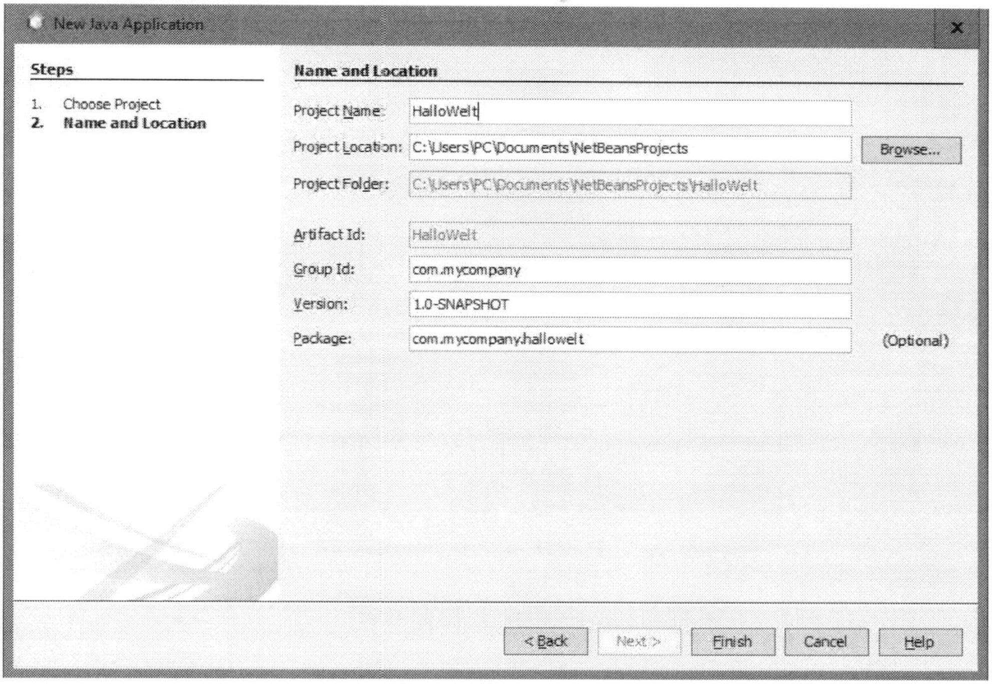

Abb. 4.4 Die Vorgaben für das neue Projekt

Daraufhin kehren wir wieder zum Hauptfenster der IDE zurück. Die Startseite, die bereits zu Beginn angezeigt wurde, nimmt nun allerdings nicht mehr das komplette Fenster ein. Links davon erscheinen zwei weitere Bereiche. Für uns von Interesse ist dabei der obere Teil, der unter dem Begriff Projects erscheint. Hier ist nun unser Projekt HalloWelt aufgelistet. Wenn wir auf das Pluszeichen neben dem Projektnamen klicken, werden mehrere Ordner angezeigt. Der erste von ihnen trägt die Bezeichnung „Source Packages". Auch hier klicken wir wieder auf das Pluszeichen, das sich daneben befindet. Nun erscheint ein Eintrag mit dem Titel „com.mycompany.hallowelt". Diesen klicken wir mit der rechten Maustaste an. Daraufhin wählen wir „New" und anschließend „Java class" aus.

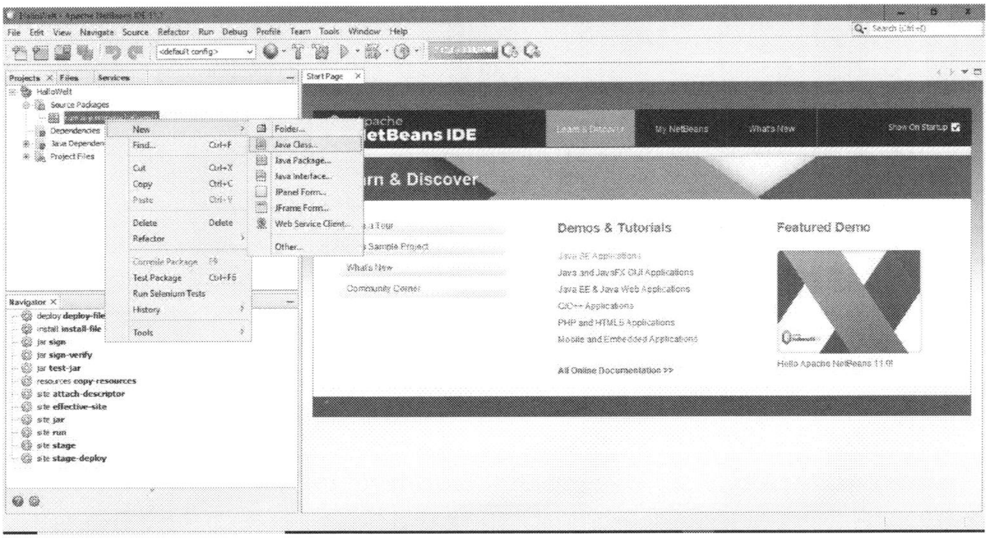

Abb. 4.5 Das erstellen einer neuen Java-Klasse

Daraufhin öffnet sich ein Fenster, in dem wir den Namen der neuen Klasse vorgeben müssen. Hierbei wählen wir wie im vorherigen Kapitel die Bezeichnung `HalloWelt`. Wenn wir diese Eingabe bestätigen, kehren wir wieder zum Hauptfenster zurück. Hier ist nun eine neue Datei entstanden, die den Namen HalloWelt.java trägt. Darin ist bereits etwas Programmcode aufgeführt. Hier stehen einige erklärende Kommentare. Außerdem ist ein Befehl mit der Bezeichnung package vorhanden. Dieser bindet weiterführende Ressourcen der IDE ein und hat nur eine interne Bedeutung für die Organisation des Projekts. Für das eigentliche Programm spielt er jedoch keine Rolle. Daher werden wir in künftig auch nicht mehr in unserem Programmcode erwähnen. Dennoch darf er nicht gelöscht werden. Es ist einfach notwendig, ihn unverändert im Programm zu belassen.

Zum Abschluss erscheint bereits die Klassendefinition für die Klasse `HalloWelt`. Im vorherigen Kapitel mussten wir diese noch von Hand schreiben. Die IDE fügt sie nun jedoch bereits automatisch ein.

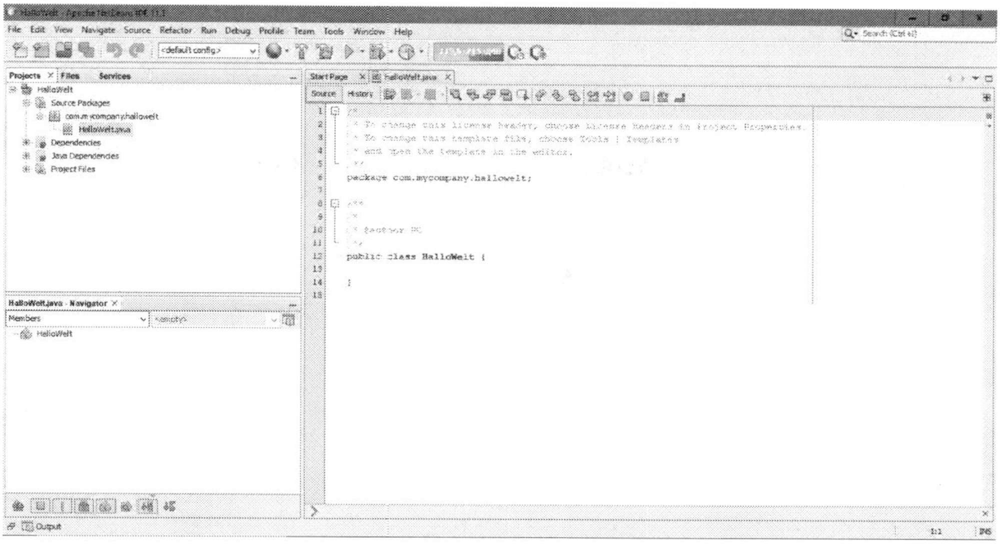

Abb. 4.6 Das Fenster zum Bearbeiten des Programmcodes

In diese Klasse fügen wir nun den gleichen Code ein, wie im vorherigen Kapitel. Damit ist das Programm bereits abgeschlossen. Im nächsten Schritt möchten wir es dann innerhalb der IDE ausführen.

Zunächst müssen wir den Programmcode jedoch abspeichern. Hierfür stehen mehrere Alternativen zur Auswahl. Zum einen können wir in der Menüleiste den Begriff „File“ und daraufhin „Save“ anklicken. Etwas schneller geht es jedoch, wenn wir das Disketten-Symbol in der Werkzeugleiste verwenden. Da wir beim Programmieren jedoch stets die Tastatur verwenden, besteht die praktischste Alternative darin, den Shortcut Strg+S zu verwenden. Damit erledigen wir diese Aufgabe in Sekundenbruchteilen.

Danach können wir einfach auf das grüne Dreieck in der Werkzeugleiste klicken. Alternativ dazu ist es möglich, in der Menüleiste den Begriff „Run“ und daraufhin „Run Project (HalloWelt)“ anzuklicken. Eine noch einfachere Möglichkeit besteht darin, die F6-Taste zu verwenden.

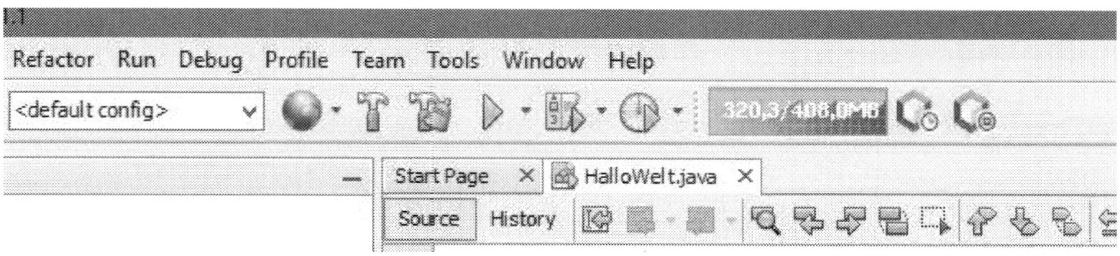

Abb. 4.7 Für das Kompilieren und Ausführen des Programms genügt ein Klick auf das grüne Dreieck in der Werkzeugleiste

Bei der ersten Ausführung erscheint nun noch ein weiteres Fenster. Hierbei müssen wir das Main-Programm des Projekts auswählen. Hierfür können wir einfach den entsprechenden Eintrag aus der Liste, die hier angezeigt wird, auswählen.

Daraufhin erscheint unten im Fenster ein neuer Bereich. Dieser zeigt nach einer kurzen Wartezeit unsere Textausgabe an und gibt außerdem die Nachricht für eine korrekte Ausführung des Programms aus.

Abb. 4.8 Die Ausführung des Programms

Daran ist bereits einer der wesentlichen Vorteile der IDE ersichtlich. Um das Programm zu kompilieren und auszuführen ist nur ein einziger Mausklick oder eine einzige Taste notwendig. Das kann viel Zeit beim Programmieren sparen.

4.3 Weitere praktische Funktionen der IDE

Die bisher vorgestellten Funktionen sind bereits sehr hilfreich. NetBeans bietet jedoch noch viele weitere Hilfestellungen, die das Programmieren beschleunigen. Einige davon sollen hier kurz vorgestellt werden. Um diese zu demonstrieren, erstellen wir eine neue Java-Klasse.

Die Klassendefinition ist dabei bereits vorhanden. Nun müssen wir bei jedem Java-Programm die `main`-Methode einfügen. Diese wird mit den Begriffen `public static void main(String[] args)` eingeleitet. Es dauert nicht nur recht lange, diese einzutippen. Darüber hinaus kann dabei leicht ein Schreibfehler entstehen. Wenn wir NetBeans verwenden, geht das jedoch deutlich einfacher. Hier müssen wir einfach die Abkürzung psvm eingeben. Wenn wir danach die Tabulator-Taste drücken, fügt die IDE automatisch die entsprechende Bezeichnung ein. Außerdem öffnet sie gleich die dazugehörigen geschweiften Klammern.

In die `main`-Methode fügen wir den `print`-Befehl ein. Auch dieser ist mit recht viel Schreibarbeit verbunden. Da er häufig zum Einsatz kommt, bietet NetBeans auch hierfür eine Abkürzung an. Zu diesem Zweck geben wir sout ein und drücken daraufhin die Tabulator-Taste. Nun erscheint der komplette `print`-Befehl mit den Klammern und Anführungszeichen. Der Cursor befindet sich außerdem bereits genau an der richtigen Stelle, um den gewünschten Text einzugeben. Der einzige Unterschied besteht darin, dass hierbei nicht der gewöhnliche `print`-Befehl sondern der println-Befehl zum Einsatz kommt. Dieser erzeugt nach der Ausgabe zusätzlich einen Zeilenumbruch.

Alternativ dazu können wir den Befehl jedoch auch von Hand eintippen. Sobald wir einige Buchstaben eingegeben haben, öffnet sich eine Auswahlliste mit verschiedenen Befehlen, die mit den entsprechenden Buchstaben beginnen. Hier können wir einfach einen Befehl auswählen und mit der Enter-Taste bestätigen. Daraufhin erscheint er im Code. Das erleichtert nicht nur die Arbeit. Darüber hinaus ist das sehr hilfreich, wenn wir uns nicht mehr genau daran erinnern, wie das Kommando lautet, das wir verwenden wollen. Die Auswahlliste kann die Erinnerung auffrischen. Darüber hinaus ist eine kurze Erklärung zur Funktionsweise enthalten.

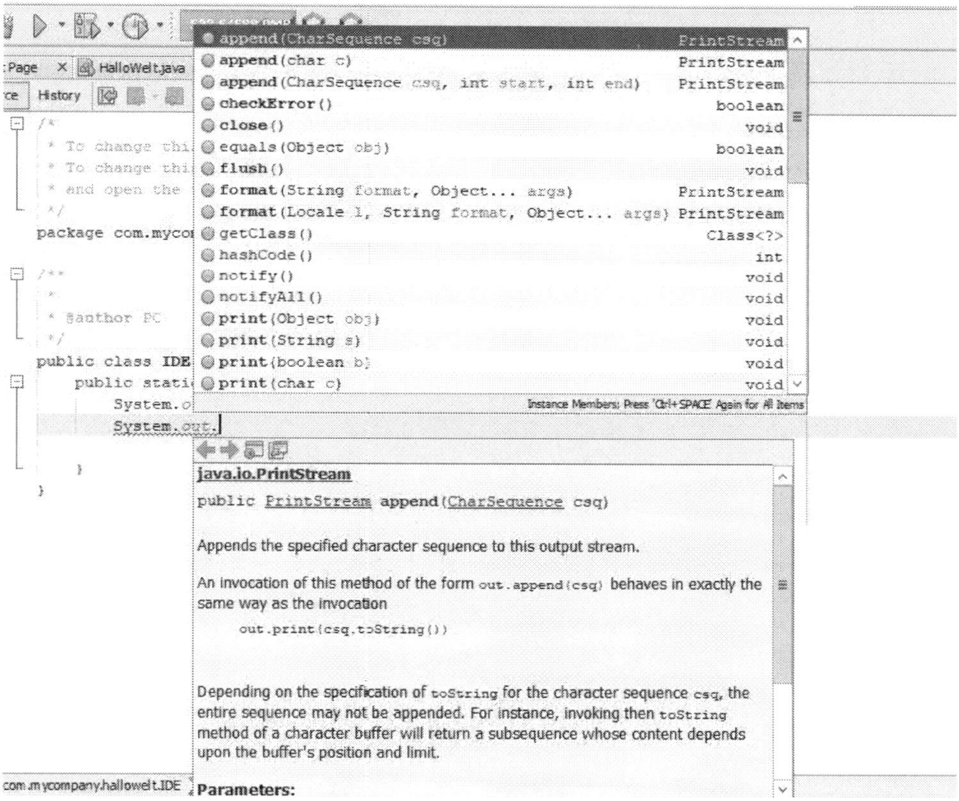

Abb. 4.9 Die Auswahlliste mit der Erklärung

Eine weitere wichtige Funktion ist das Debugging. Diese wird jedoch erst später vorgestellt. In Kapitel 12 lernen wir, wie es damit möglich ist, Fehler im Programm zu finden.

Bei den vorgestellten Werkzeugen handelt es sich nur um einen kleinen Teil der Möglichkeiten, die NetBeans für die effiziente Codeerstellung bietet. Hinzu kommen viele weitere Hilfsmittel. Diese alle vorzustellen, würde den Rahmen dieses Buchs sprengen. Es ist jedoch empfehlenswert, an dieser Stelle eine kurze Pause einzulegen, um sich mit den Funktionen der IDE vertraut zu machen. Auf diese Weise entdeckt man viele weitere praktische Möglichkeiten.

Alle Programmcodes und Schaltpläne aus diesem Buch stehen kostenfrei zum Download bereit. Dadurch müssen Sie Code nicht abtippen.

Außerdem erhalten Sie die eBook Ausgabe zum Buch im PDF Format kostenlos auf unserer Website:

https://bmu-verlag.de/java-kompendium/
Downloadcode: siehe Kapitel 28

Kapitel 5

Grundlegende Programmfunktionen: Variablen und Operatoren

Die ersten Programme, die wir in Java verfasst haben, führten lediglich eine Aktion durch: sie gaben einen Text aus. Hierfür ist es jedoch eigentlich nicht notwendig, ein Computerprogramm zu schreiben. Um einfache Texte zu verfassen, bestehen viele deutlich einfachere Möglichkeiten. Ein Computerprogramm zeichnet sich hingegen dadurch aus, dass es bestimmte Werte aufnehmen und mit diesen Berechnungen durchführen kann. In den nächsten Kapiteln lernen wir vielfältige Möglichkeiten kennen, um diese Werte zu beeinflussen.

Die Grundlage hierfür besteht jedoch immer darin, dass wir die Werte aufnehmen können und dass sie daraufhin für den weiteren Ablauf des Programms zur Verfügung stehen. Hierfür kommen Variablen zum Einsatz. Diese haben eine so grundlegende Bedeutung, dass kaum ein Computerprogramm, dessen Funktionen über einfache Textausgaben hinausgehen, ohne Variablen auskommt. Das folgende Kapitel stellt vor, wie wir diese nutzen.

5.1 Die Aufgabe von Variablen in der Informatik

Die meisten Leser kennen Variablen wahrscheinlich noch aus ihrer Schulzeit. Hier kamen sie im Mathematikunterricht insbesondere für Gleichungen zum Einsatz. Sie stehen dabei als Platzhalter für einen ganz bestimmten Wert, den es zu berechnen gilt. Auch in mathematischen Funktionen haben sie eine wichtige Aufgabe. Hier dienen sie ebenfalls als Platzhalter, der sich durch eine konkrete Zahl ersetzen lässt, um den Funktionswert an dieser Stelle zu ermitteln.

In der Informatik ist die Aufgabe der Variablen auf den ersten Blick recht ähnlich. Auch hier haben sie einen bestimmten Wert. Ein wichtiger Unterschied besteht jedoch darin, dass es sich hierbei nicht nur um Zahlen handeln kann. Variablen können auch Buchstaben, ganze Texte oder Wahrheitswerte aufnehmen. In unserem Programm steht eine Variable daher für einen konkreten Wert, den sie zum Zeitpunkt der Ausführung des entsprechenden Befehls einnimmt.

Wenn man die Variablen in der Informatik jedoch genauer betrachtet, gibt es einige Unterschiede zur Verwendung in der Mathematik. Der Wert, den eine Variable einnimmt, ist stets an einer bestimmten Stelle im Arbeitsspeicher abgespeichert. Die Variable selbst ist daher wie eine Adresse zu verstehen, die angibt, an welcher Position sich der Wert im Speicher befindet. Darüber hinaus gibt die Variable den verwendeten Datentyp an.

Um sich diese Funktionsweise bildlich vor Augen zu führen, kann man sich eine Kommode mit mehreren Schubladen vorstellen. Jede davon kann einen Gegenstand aufnehmen. Wenn wir darauf zugreifen möchten, müssen wir jedoch genau wissen, wo sich das gewünschte Objekt befindet. Zu diesem Zweck könnten wir eine Beschriftung an den einzelnen Schubladen anbringen. Diese entspricht dem Variablennamen. Auf diese Weise ist es ganz einfach möglich, auf den Inhalt zuzugreifen.

5.2 Variablen in das Java-Programm einfügen

Um eine Variable zu verwenden, müssen wir uns zunächst einen passenden Namen für sie überlegen. Hierfür kommen genau wie bei der Auswahl des Klassennamens Buchstaben, Ziffern, das Dollarzeichen sowie der Unterstrich infrage. Wichtig ist es jedoch, zu beachten, dass an erster Stelle des Bezeichners keine Ziffer stehen darf. Solange wir diese Regeln beachten, sind wir im Prinzip vollkommen frei bei der Auswahl des Variablennamens. Allerdings gibt es einige Konventionen, die wir dabei beachten sollten. Zwar wäre das Programm auch funktionsfähig, wenn wir uns nicht daran halten würden. Doch erleichtern diese Vorgaben das Verständnis des Programmcodes deutlich. Um Variablen von Klassen abzugrenzen, ist es üblich, sie mit einem Kleinbuchstaben zu beginnen. Darüber hinaus ist es wichtig, sprechende Bezeichnungen zu wählen, die deutlich machen, welchen Inhalt wir an der entsprechenden Stelle abspeichern möchten. Einzelne Buchstaben sollten wir nur in Ausnahmefällen verwenden (beispielsweise ist es üblich, als Zähler bei einer Schleife den Variablennamen `i` zu verwenden). Wenn unser Variablenname aus mehreren Wörtern zusammengesetzt ist, ist es für eine bessere Übersichtlichkeit sinnvoll, die nachfolgenden Begriffe jeweils mit einem Großbuchstaben zu beginnen – beispielsweise `anzahlProdukt` oder `mitarbeiterStundenlohn`.

Im ersten Schritt ist es notwendig, die Variable zu deklarieren. Dafür nennen wir zunächst ihren Typ und anschließend den Namen, den wir für sie ausgewählt haben. Im folgenden Abschnitt werden wir uns mit den verschiedenen Datentypen ausführlicher befassen. Für unser erstes Beispiel möchten wir eine ganze Zahl verwenden. Der passende Datentyp hierfür ist `int`. Wenn wir beispielsweise die Mitarbeiternummer eines Angestellten in einer Variablen abspeichern möchten, könnten wir hierfür folgenden Ausdruck verwenden:

```
int mitarbeiternummer;
```

Wichtig ist es, darauf zu achten, dass wir die Variablendeklaration wie jeden Befehl in Java mit einem Semikolon beenden müssen.

Der nächste Schritt besteht darin, die Variable zu initialisieren. Das bedeutet, dass wir ihr zum ersten Mal einen Wert zuweisen. Hierfür verwenden wir das Gleichheitszeichen. Zuerst nennen wir den Namen der Variablen, danach fügen wir das Gleichheitszeichen ein und zum Schluss nennen wir den Wert, den sie annehmen soll:

```
mitarbeiternummer = 1423;
```

In den meisten Fällen folgt die Initialisierung direkt auf die Deklaration der Variablen. Aus diesem Grund ist es auch möglich, diese beiden Aufgaben zusammenzufassen. Die folgende Codezeile hat genau den gleichen Effekt wie die beiden soeben vorgestellten Befehle:


```
int mitarbeiternummer = 1423;
```

Wenn wir mehrere Variablen gleichen Typs verwenden möchten, können wir diese auch gemeinsam deklarieren. Dazu müssen wir sie lediglich durch ein Komma voneinander trennen:

```
int mitarbeiternummer, alter;
```

Auch in diesem Fall können wir die Deklarierung und die Initialisierung zusammenfassen:

```
int mitarbeiternummer = 1423, alter = 28;
```

Nachdem wir die Variable deklariert und ihr einen Wert zugewiesen haben, ist es sinnvoll, diese auch im Programm auszugeben. Hierfür setzen wir den Variablennamen einfach in den `print`-Befehl ein. Dabei müssen wir lediglich darauf achten, dass wir ihn nicht in Anführungszeichen setzen:

```
System.out.print(mitarbeiternummer);
```

Mit diesen Befehlen können wir bereits ein kleines Programm schreiben, das eine Variable deklariert und initialisiert und ihren Wert daraufhin ausgibt. Dafür verwenden wir wieder die IDE NetBeans. Um die Übersichtlichkeit zu verbessern, ist es sinnvoll, für jedes Kapitel ein eigenes Projekt zu erzeugen. Für jedes einzelne Programm können wir dann eine neue Klasse hinzufügen. Der Code für unser erstes Beispiel für die Verwendung von Variablen sieht so aus:

```
public class Variablen1 {
    public static void main(String[] args) {
        int mitarbeiternummer = 1423;
        System.out.print("Mitarbeiternummer: ");
        System.out.print(mitarbeiternummer);
    }
}
```

Dieses Programm gibt zunächst einen beschreibenden Text aus, der deutlich macht, welche Bedeutung der Wert hat. Danach gibt es über einen weiteren `print`-Befehl den Wert der Variablen aus.

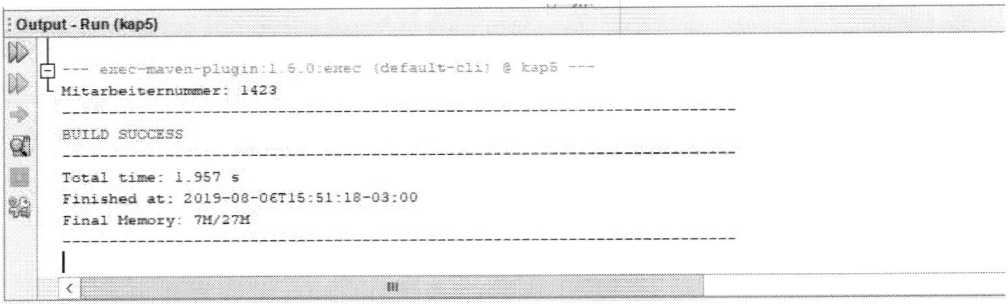

Abb. 5.1 Die Ausgabe des Variablenwerts

Im ersten Beispiel haben wir den Wert der Variablen direkt im Programmcode vorgegeben. Viele Computerprogramme zielen jedoch auf eine Interaktion mit dem Anwender ab. Dazu müssen wir es ihm ermöglichen, Eingaben durchzuführen. Den Wert, den er dabei eingibt, nehmen wir ebenfalls in einer Variablen auf.

Eingaben des Anwenders in einem Programm zu erlauben, ist in Java im Vergleich zu vielen anderen Programmiersprachen recht kompliziert. Da diese Funktion jedoch für viele Programme elementar ist, soll sie dennoch bereits jetzt vorgestellt werden. Dabei ist es jedoch lediglich wichtig, zu wissen, wie diese angewendet wird. Um die Details der Funktionsweise müssen wir uns vorerst nicht kümmern.

Eingaben des Anwenders einzulesen, ist nicht in den Standardfunktionen von Java enthalten. Daher besteht der erste Schritt darin, die entsprechende Bibliothek einzubinden. Dafür kommt folgender Befehl zum Einsatz:

```
import java.io.*;
```

Diesen fügen wir ganz oben vor dem Öffnen der Klasse ein. Außerdem ist es wichtig, die Zeile, in der wir die `main`-Methode öffnen, so abzuändern:

```
public static void main (String[] args)throws IOException{
```

Wenn wir dann einen Wert einlesen möchten, müssen wir zunächst einen Daten-Stream erzeugen. Hierzu dienen die beiden folgenden Befehle:

```
InputStreamReader isr = new InputStreamReader(System.in);
BufferedReader br = new BufferedReader(isr);
```

Danach können wir nun die Eingabe einfügen. Hierfür verwenden wir den Befehl `readLine`. Den Wert speichern wir dabei in der Variablen `eingabe` ab:

```
String eingabe = br.readLine();
```

Der `readLine`-Befehl gibt jedoch keine Zahlen, sondern Zeichenketten zurück. Daher können wir keine Variable vom Typ `int` verwenden. Für Zeichenketten kommt die Bezeichnung `String` zum Einsatz – immer mit einem Großbuchstaben beginnend. Mit diesen Befehlen können wir bereits ein Programm schreiben, das die Mitarbeiternummer vom Anwender abfragt und den entsprechenden Wert daraufhin ausgibt:

```
package com.mycompany.kap5;
import java.io.*;
public class Variablen2 {
    public static void main (String[] args)throws IOException{
        System.out.println("Geben Sie Ihre Mitarbeiternummer ein:");
        InputStreamReader isr = new InputStreamReader(System.in);
        BufferedReader br = new BufferedReader(isr);
        String eingabe = br.readLine();
        System.out.print("Der eingegebene Wert ist ");
        System.out.println(eingabe);
    }
}
```

Anmerkung: Wenn wir eine neue Java-Klasse zu einem bestehenden Projekt hinzufügen, wird beim Klick auf das grüne Dreieck (beziehungsweise auf den Run-Project-Befehl in der Menüleiste oder bei der Betätigung der F6-Taste) stets die Haupt-Datei des Projekts ausgeführt. Wollen wir hingegen die Datei ausführen, die aktuell in der Ide geöffnet ist, müssen wir entweder in der Menüleiste „Run" -> „Run File" auswählen oder die F6-Taste gemeinsam mit der Shift-Taste betätigen.

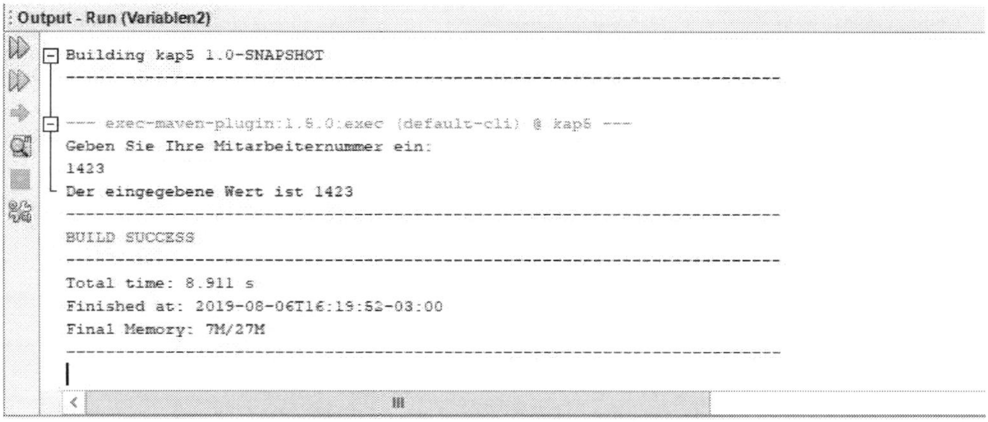

Abb. 5.2 Das Programm verwendet nun die Eingaben des Anwenders

5.3 Variablentypen: unterschiedliche Arten von Informationen abspeichern

Jede Programmiersprache verwendet verschiedene Datentypen. Das ist für eine effiziente Organisation des Speicherplatzes sehr wichtig. Wie diese unterschiedlichen Datentypen verwendet werden, ist jedoch von Programmiersprache zu Programmiersprache unterschiedlich. Java ist in dieser Hinsicht sehr strikt. Das bedeutet, dass es bei jeder Variable notwendig ist, den Datentyp genau vorzugeben. Dieser ist nicht veränderbar.

Um die Bedeutung des Datentyps zu verstehen, ist es notwendig, sich etwas genauer mit dem Speicher des Computers zu befassen. Hier werden lediglich binäre Informationen abgelegt, die aus einzelnen Bits bestehen. Das bedeutet, dass die grundlegenden Einheiten des Speichers nur zwei verschiedene Zustände kennen. Diese werden in der Informatik normalerweise mit den Symbolen 0 oder 1 dargestellt. Ein Byte könnte beispielsweise so aussehen 00110110. Erst unser Programm transformiert die binären Informationen in Werte wie Zahlen oder Buchstaben. Wenn wir nun ein einheitliches System verwenden, muss jeder Buchstabe und jede Zahl einen eigenen Binärcode aufweisen. Dafür wären sehr viele verschiedene Möglichkeiten notwendig. Das hätte zur Folge, dass für jede Information ein ausgesprochen langer Binärcode erforderlich wäre. Das würde jedoch sehr viel Speicherplatz beanspruchen. Deutlich effizienter ist es, für jeden Datentyp ein eigenes System zu verwenden. Um dem Binärcode eine Bedeutung zuzuweisen, ist es dafür jedoch notwendig, den Datentyp zu kennen.

Von großer Bedeutung sind hierbei die sogenannten primitiven Datentypen. Dabei handelt es sich um Variablen, die genau einen Wert aufnehmen können – eine Zahl, einen Buchstaben oder einen Wahrheitswert. Der für die jeweiligen primitiven Datentypen erforderliche Speicherplatz ist genau definiert und unveränderlich. Die folgende Tabelle zeigt, welche Typen wir in Java verwenden können:

Datentyp	**Speicherbedarf**	**Inhalt**
`boolean`	1 Byte	Wahrheitswerte: true, false
`char`	2 Byte	Unicode-Zeichen (Buchstaben, Ziffern und Sonderzeichen):
		'\u0000' bis '\uFFFF'
`byte`	1 Byte	Ganze Zahlen: –128 bis +127
`short`	2 Byte	Ganze Zahlen: –32 768 bis +32 767
`int`	4 Byte	Ganze Zahlen: –2 147 483 648 bis +2 147 483 647
`long`	8 Byte	Ganze Zahlen: –9 223 372 036 854 775 808 bis
		+9 223 372 036 854 775 807
`float`	4 Byte	Kommazahlen: ±1.4E-45 bis ±3.4028235E+38
`double`	8 Byte	Kommazahlen: ±4.9E-324 bis ±1.7976931348623157E+308

Die Tabelle zeigt, dass es sich bei den meisten primitiven Datentypen um Zahlen handelt. Diese können jedoch eine unterschiedliche Länge aufweisen. Das hat große Auswirkungen auf den benötigten Speicherplatz. Wenn wir in einem Programm nur sehr kleine Zahlen verwenden, können wir eine Variable vom Typ `byte` nutzen. Diese benötigt nur ein einziges Byte. Arbeiten wir hingegen mit sehr großen Zahlen, ist der

Typ `long` notwendig. Dieser benötigt bereits acht Bytes. Früher, als der Arbeitsspeicher der meisten Computer sehr gering war, war es von großer Bedeutung, sich genau zu überlegen, welche Länge die verwendeten Variablen benötigten. Das war für die Effizienz des Programms sehr wichtig. Aufgrund der üppigen Ausstattung moderner Computer ist dieser Aspekt mittlerweile jedoch zu vernachlässigen. Daher deklarieren wir ganze Zahlen fast immer mit dem Standardwert `int` – selbst wenn diese nur kleine Zahlen aufnehmen sollen. Auch bei Fließkommazahlen ist die Verwendung von `double` mittlerweile üblich.

Neben den primitiven Datentypen gibt es auch zusammengesetzte Datentypen. Das bedeutet, dass es sich hierbei um einen Zusammenschluss mehrerer primitiver Datentypen handelt. Die Besonderheit besteht hierbei darin, dass die Länge nicht fest vorgegeben ist. Sie kann häufig sogar während der Ausführung des Programms variieren. Einen zusammengesetzten Datentyp haben wir bereits im vorherigen Abschnitt verwendet: Zeichenketten. Diese kommen für Wörter und auch für längere Texte zum Einsatz. Das bedeutet, dass sie aus mehreren einzelnen Buchstaben, Leerzeichen und Satzzeichen bestehen. Es handelt sich dabei daher um eine Aneinanderreihung von `char`-Variablen. Diese müssen wir jedoch nicht alle einzeln deklarieren. Stattdessen verwenden wir den Datentyp `String`. Dieser kann viele Buchstaben gemeinsam aufnehmen.

Darüber hinaus gibt es noch viele weitere zusammengesetzte Datentypen – beispielsweise Arrays und Listen. Diese werden in Kapitel 6 noch ausführlich vorgestellt.

5.4 Grundlegende Operatoren für Java-Programme

Den wohl wichtigsten Operator für die Arbeit mit Variablen haben wir bereits verwendet: den Zuweisungsoperator. Dafür kommt das Gleichheitszeichen zum Einsatz. Damit können wir einer Variablen einen beliebigen Wert zuweisen – sofern er ihrem Variablentyp entspricht. Außerdem ist es möglich, innerhalb eines Programms die Zuweisung auch für die gleiche Variable mehrfach mit unterschiedlichen Werten zu wiederholen. Schließlich können wir der Variablen nicht nur einen numerischen Wert, sondern auch den Inhalt einer anderen Variablen zuweisen. Das zeigt das folgende Beispielprogramm:

```
public class Variablen3 {
    public static void main(String[] args) {
        int zahl1 = 4;
        int zahl2 = 5;
        System.out.println(zahl1);
        System.out.println(zahl2);
        zahl1 = 7;
        System.out.println(zahl1);
        zahl1 = 9;
        System.out.println(zahl1);
        zahl1 = zahl2;
```

```
        System.out.println(zahl2);
    }
}
```

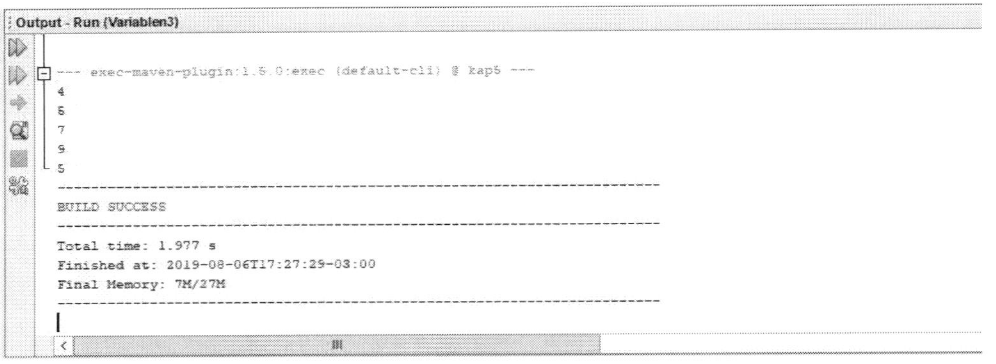

Abb. 5.3 Die Ausgabe der Werte

Dieser Operator weist der Variablen, die vor dem Gleichheitszeichen steht, den Wert zu, der danach folgt. Das ist ein wichtiger Unterschied zur mathematischen Verwendung des Gleichheitszeichens. Während in der Mathematik die Ausdrücke `x = 1` und `1 = x` vollkommen gleichbedeutend sind, bestehen in der Informatik erhebliche Unterschiede zwischen ihnen. Hier bedeutet das Gleichheitszeichen, dass dem Ausdruck, der links davon steht, der Wert, der sich auf der rechten Seite befindet, zugewiesen wird. Der erste der beiden Ausdrücke weist demnach der Variablen `x` den Wert 1 zu. Der zweite Befehl würde der Zahl 1 den Wert der Variablen `x` zuweisen. Das ist selbstverständlich nicht möglich, sodass dieser Ausdruck ungültig ist.

Neben dem Zuweisungsoperator verwenden wir in unseren Programmen auch häufig mathematische Operatoren. Damit lassen sich die vier Grundrechenarten durchführen. Für die Addition und für die Subtraktion kommen das Plus- und das Minuszeichen zum Einsatz. Für die Multiplikation verwenden wir das Sternsymbol (*) und für die Division den Schrägstrich (/). Die mathematischen Operatoren lassen sich sowohl auf Zahlen als auch auf Variablen anwenden. In unserem Programm könnten wir beispielsweise folgende Ausdrücke verwenden:

```
zahl1 = 5 + 7;
zahl2 = 6 - 3;
zahl3 = 3 * zahl1;
zahl4 = zahl3 / zahl1;
```

Häufig nehmen die Variablen bei einer Berechnung auch auf sich selbst Bezug. Wenn wir beispielsweise die Variable `zahl1` um 5 erhöhen möchten, könnten wir dafür folgenden Ausdruck verwenden:

```
zahl1 = zahl1 + 5;
```

Das bedeutet, dass wir zum bisherigen Wert der Variablen den Wert 5 addieren. Da derartige Ausdrücke sehr häufig vorkommen, gibt es hierfür eine kürzere Schreibweise:

```
zahl1 += 5;
```

Diese Schreibweise ist auch für andere Rechenarten zulässig:

```
zahl1 -= 5;
zahl1 *= 5;
zahl1 /= 5;
```

All diese Ausdrücke wenden die entsprechende Rechenoperation auf den bisherigen Wert der Variablen an.

Besonders häufig ist es notwendig, den Wert einer Variablen um 1 zu erhöhen. Daher unterstützt Java hierfür eine noch kürzere Schreibweise:

```
zahl1++;
```

Dieser Ausdruck ist gleichbedeutend zu `zahl1 += 1;` und zu `zahl1 = zahl1 + 1;` Analog dazu kann man auch den Wert um 1 erniedrigen:

```
zahl1--;
```

Es ist auch möglich, mehrere Rechenoperationen in einem Ausdruck zusammenzufassen. Java beachtet dabei die mathematische Regel „Punkt vor Strich". Das bedeutet, dass das Programm den Multiplikations- und den Division-Operator stets zuerst ausführt. Darüber hinaus lässt sich die Reihenfolge der Bearbeitung durch Klammern beeinflussen. Das zeigt das folgende Programmbeispiel:

```
public class Variablen4 {
    public static void main(String[] args) {
        int zahl1 = 3 + 5 * 2;
        int zahl2 = (3 + 5) * 2;
        System.out.println(zahl1);
        System.out.println(zahl2);
    }
}
```

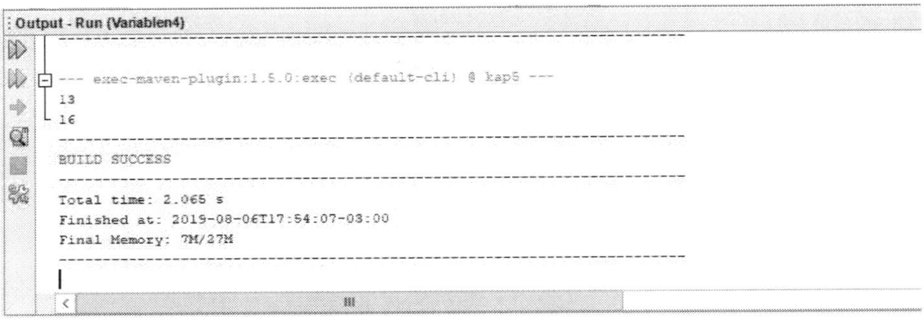

Abb. 5.4 Die Klammer beeinflusst das Rechenergebnis

Bislang haben wir die Operatoren nur auf Zahlen angewendet. Manche von ihnen können wir jedoch auch für Zeichenketten nutzen. Sehr häufig kommt beispielsweise die `String`-Konkatenation zum Einsatz. Diese verbindet zwei Zeichenketten. Hierfür verwenden wir ebenfalls das Pluszeichen:

```
public class Variablen5 {
    public static void main(String[] args) {
        String wort1 = "Hallo";
        String wort2 = "Welt";
        System.out.println(wort1 + wort2);
    }
}
```

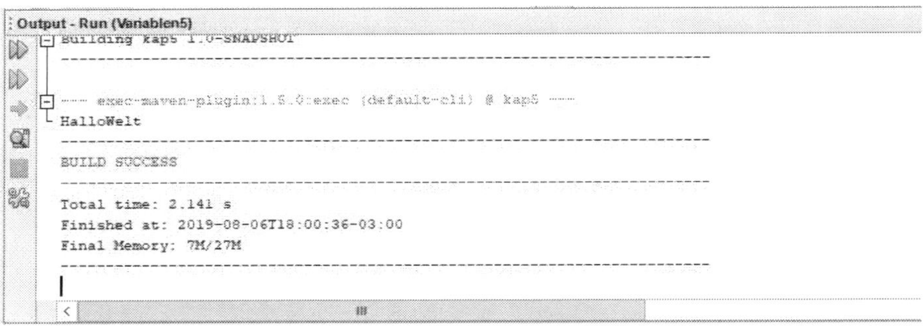

Abb. 5.5 Die Ausgabe der beiden Begriffe

Die Aneinanderreihung erfolgt dabei ohne Leerzeichen. Um die Wörter voneinander zu trennen, können wir dieses durch die `String`-Konkatenation ebenfalls hinzufügen:

```
System.out.println(wort1 + " " + wort2);
```

5.5 Datentypen verändern

Bei vielen primitiven Datentypen in Java handelt es sich um Zahlen. Oftmals wäre es möglich, für einen bestimmten Wert mehrere unterschiedliche Datentypen zu verwenden. Wenn wir beispielsweise den Wert der Zahl 5 aufnehmen möchten, können wir hierfür Variablen der Typen `byte`, `short`, `int` oder `long` verwenden. Selbst die Fließkommazahlen `float` und `double` kommen infrage.

Nun stellt sich jedoch die Frage, was passiert, wenn wir einer Variablen eines bestimmten Typs den Wert einer Variablen eines anderen Typs zuweisen. Dafür probieren wir das folgende Beispielprogramm aus:

```
public class Variablen6 {
    public static void main(String[] args) {
        byte b = 5;
        int i;
        i = b;
        System.out.println("Wert der Variablen: " + i);
    }
}
```

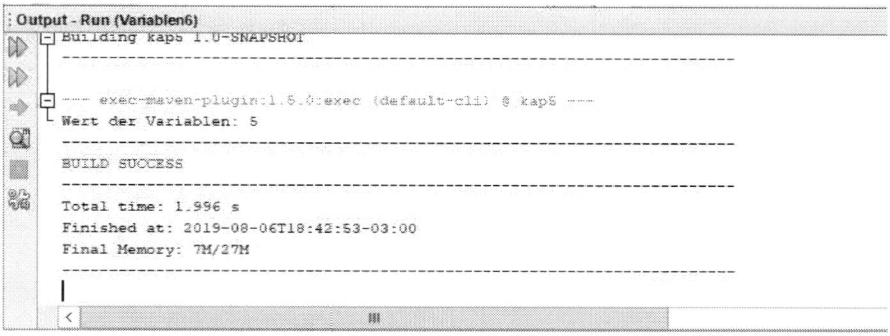

Abb. 5.6 Die Umwandlung eines byte-Werts in einen int-Wert funktioniert

Dieses Programm zeigt, dass es problemlos möglich ist, einer `int`-Variablen den Wert einer `byte`-Variablen zuzuweisen. Als nächstes erzeugen wir ein Programm, das den umgekehrten Weg geht:

```
public class Variablen6 {
    public static void main(String[] args) {
        int i = 5;
        byte b;
        b = i;
        System.out.println("Wert der Variablen: " + b);
    }
}
```

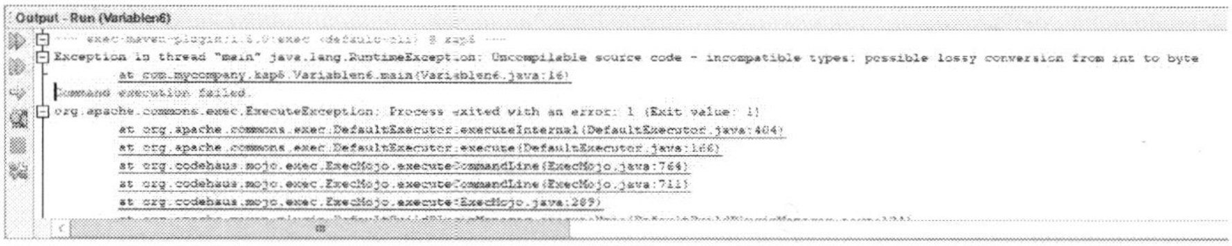

Abb. 5.7 In diesem Fall ist die Zuweisung nicht möglich

Wenn wir das Programm nun ausführen, erscheint eine Fehlermeldung. Diese gibt an, dass die verwendeten Datentypen nicht kompatibel sind.

Die Konvertierung in einen anderen Datentyp ist nur möglich, wenn wir dabei eine bestimmte Reihenfolge beachten. Diese sieht so aus:

```
byte → short → int → long → float → double
```

Die Konvertierung wird nur dann automatisch durchgeführt, wenn der Ausgangswert weiter links in dieser Reihe steht als das Konvertierungsziel. In umgekehrter Richtung ist dies nicht möglich. Daran erkennt man auch, dass man ganze Zahlen problemlos in Fließkommazahlen überführen kann.

Der Grund dafür besteht darin, dass hierbei der Wertebereich zunimmt. Ein `byte`-Wert umfasst wie bereits erwähnt die Zahlen zwischen -128 und 127. Da eine `short`-Variable bereits den Wertebereich zwischen –32 768 und +32 767 umfasst, ist sichergestellt, dass man damit den Wert einer `byte`-Variablen aufnehmen kann. Auch die übrigen Typen umfassen alle Werte der Variablentypen, die weiter vorne in der Liste stehen.

Wenn wir den umgekehrten Weg einschlagen möchten, müssen wir eine explizite Konvertierung vornehmen. Dazu schreiben wir den Typ, in den der Wert konvertiert werden soll, in eine Klammer vor der Variablen. Wenn wir das obige Programm entsprechend nachbessern, ist eine Ausführung möglich:

```
public class Variablen6 {
    public static void main(String[] args) {
        int i = 5;
        byte b;
        b = (byte)i;
        System.out.println("Wert der Variablen: " + b);
    }
}
```

Allerdings müssen wir bei solchen expliziten Konvertierungen vorsichtig sein. Dabei können Fehler auftreten. Das zeigt sich, wenn wir der Variablen `i` einen Wert zuweisen, der größer als der Wertebereich von `byte`-Variablen ist. Das zeigt das folgende Beispiel:

```
public class Variablen6 {
    public static void main(String[] args) {
        int i = 5564;
        byte b;
        b = (byte)i;
        System.out.println("Wert der Variablen: " + b);
    }
}
```

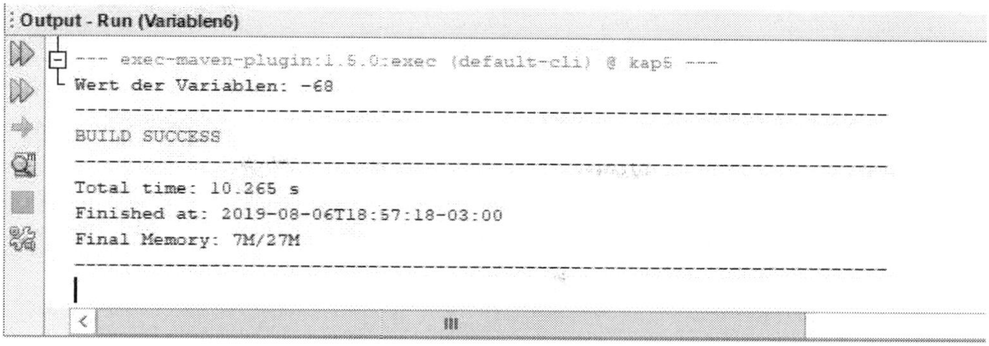

Abb. 5.8 Der Wert der Variablen b entspricht nun nicht mehr dem gewünschten Wert

Das Programm gibt nun als Wert die Zahl -68 aus. Das bedeutet, dass die Zahl nicht korrekt übermittelt wurde. Dieser Wert scheint jedoch auf den ersten Blick erstaunlich. Um ihn zu verstehen, ist es sinnvoll, sich nochmals die binären Strukturen dieser Zahlen anzuschauen. Wenn wir beispielsweise den Wert 1 mit 8 Bits (wie dies bei einer `byte`-Variablen der Fall ist) darstellen wollen, sieht dieser so aus:

```
00000001
```

Verwenden wir hingegen wie bei `int`-Variablen 32 Bits, sieht der Code so aus:

```
00000000 00000000 00000000 00000001
```

Auch bei den anderen Werten bis 127 unterscheidet sich die Schreibweise lediglich in den vorangestellten Nullstellen. Daher liegt es auf der Hand, dass bei der Umwandlung einer `int`-Variablen in eine `byte`-Variable nur die letzten acht Stellen des Binärcodes verwendet werden. Liegt die Zahl innerhalb des Wertebereichs der `byte`-Variablen, ist dadurch eine korrekte Umwandlung sichergestellt. Sobald dieser Bereich jedoch überschritten wird, ist das nicht mehr der Fall. Nun stellen die letzten acht Bits der Information eine Zahl dar, die nichts mehr mit dem Ausgangswert zu tun hat. In unserem Beispiel stehen die letzten acht Bits der Zahl 5564 beispielsweise für den Wert -68, sodass dieser ausgegeben wird.

Ein ähnliches Phänomen tritt auf, wenn wir eine Fließkommazahl in eine ganze Zahl überführen. In diesem Fall gehen die Nachkommastellen verloren:

```
public class Variablen6 {
    public static void main(String[] args) {
        double d = 3.14;
        int i;
        i = (int)d;
        System.out.println("Wert der Variablen: " + i);
    }
}
```

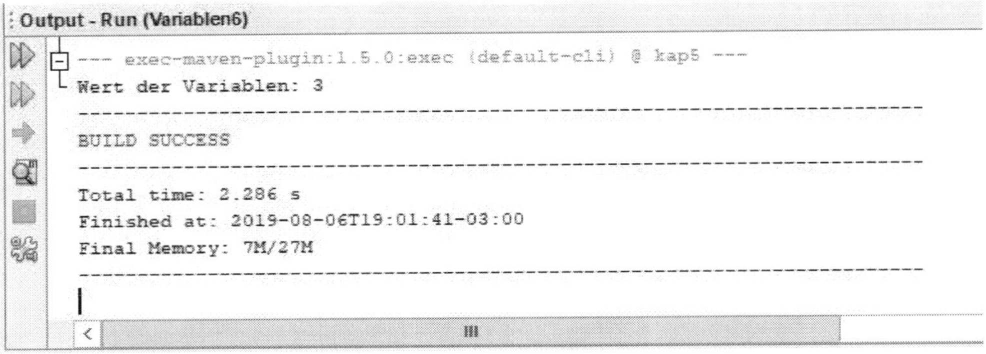

Abb. 5.9 Die Zahl verliert bei der Konvertierung ihre Nachkommastellen

Bisher haben wir nur Zahlen untereinander konvertiert. Es ist jedoch auch häufig notwendig, eine Zahl in eine Zeichenkette zu verwandeln. Diese Konvertierung wird häufig ebenfalls automatisch durchgeführt. In den letzten Programmen haben wir das sogar bereits angewendet. Der `print`-Befehl im letzten Programm lautete beispielsweise wie folgt:

```
System.out.println("Wert der Variablen: " + i);
```

Dabei haben wir das Pluszeichen auf eine Zeichenkette und eine `int`-Variable angewendet. Zeichenketten lassen sich jedoch nicht addieren. In diesem Fall führt das Pluszeichen zur String-Konkatenation. Diese wird jedoch stets auf zwei String-Werte angewendet. Das bedeutet, dass das Programm den Wert der Variablen `i` automatisch in eine Zeichenkette überführt. Das Programm interpretiert den Wert daher nicht mehr als Zahl, sondern als eine Verkettung einzelner Ziffern. Daher kann man keine mathematischen Berechnungen mehr damit durchführen.

Diese automatische Konvertierung findet jedoch nur bei der Konkatenation statt. Wenn wir einer `String`-Variablen eine `int`-Variable zuweisen, kommt es zu einem Fehler. Folgender Code wäre beispielsweise nicht zulässig:

```
int i = 4;
String s;
s = i;
```

In diesem Fall ist es auch nicht ausreichend, den gewünschten Datentyp vor die Variable zu schreiben. Der Grund hierfür ist wieder in der binären Darstellung der Werte zu suchen. String-Variablen bestehen aus einer Aneinanderreihung von `char`-Werten. Diese verwenden für die Darstellung der Ziffern einen ganz anderen Binärcode als `int`-Werte. Daher ist es hierbei nicht ausreichend, einfach einen Teil des Binärcodes zu verwenden, so wie das beispielsweise bei der Umwandlung eines int-Werts in einen `byte`-Wert der Fall war. Daher benötigen wir hierfür in Java spezielle Funktionen. Eine Möglichkeit hierfür wäre beispielsweise die `Integer.toString()`-Methode. Die Konvertierung sieht dann so aus:

```
int i = 4;
String s;
s = Integer.toString(i);
```

Manchmal ist auch der umgekehrte Weg notwendig. Das ist selbstverständlich nur möglich, wenn die Zeichenkette nur aus Ziffern besteht. In diesem Fall können wir die `Integer.parseInt()`-Methode verwenden:


```
String s = "12";
int i;
i = Integer.parseInt(s);
```

Diese Funktion kommt häufig bei der Verarbeitung von Eingaben durch den Anwender zum Einsatz. Es wurde bereits erwähnt, dass diese stets als Zeichenketten ausgewertet werden – selbst wenn der Nutzer nur Zahlen eingibt. Das bedeutet, dass wir damit keine Rechenaufgaben durchführen können. Daher müssen wir die Eingaben in Zahlen konvertieren. Das abschließende Beispielprogramm fordert den Anwender zur Eingabe von zwei Zahlen auf. Anschließend konvertiert es diese in Zahlen und addiert die Ergebnisse:

```
import java.io.*;
public class Variablen7 {
    public static void main(String[] args)throws IOException {
        InputStreamReader isr = new InputStreamReader(System.in);
        BufferedReader br = new BufferedReader(isr);
        System.out.println("Geben Sie den ersten Wert ein:");
        String eingabe1 = br.readLine();
        System.out.println("Geben Sie den zweiten Wert ein:");
        String eingabe2 = br.readLine();
        int zahl1 = Integer.parseInt(eingabe1);
        int zahl2 = Integer.parseInt(eingabe2);
        System.out.println("Ergebnis: " + (zahl1 + zahl2));
    }
}
```

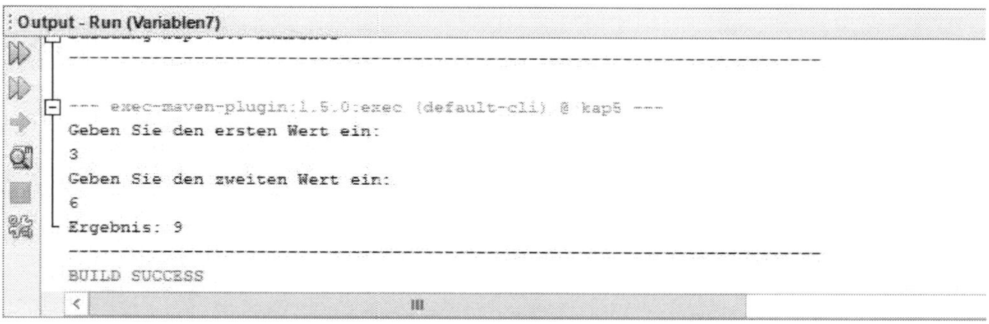

Abb. 5.10 Das Ergebnis der Addition

Im print-Befehl stellen wir die Addition der beiden Werte in eine Klammer. Tun wir dies nicht, führt das Programm eine `String`-Konkatenation durch. Das bedeutet, dass es einfach die beiden Ziffern hintereinander ausgibt. Wenn man die beiden

`String`-Variablen `eingabe1` und `eingabe2` ohne die Konvertierung verwenden würden, hätte das den gleichen Effekt.

5.6 Übungsaufgabe: Variablen und Operatoren verwenden

1. Erstellen Sie ein Programm, das drei Variablen für ganze Zahlen enthält. Diese sollen jedoch jeweils einen unterschiedlichen Typ verwenden. Geben sie einer von ihnen einen beliebigen Wert. Weisen Sie daraufhin den beiden anderen Variablen den Wert der ersten Variablen zu. Wählen Sie dafür Typen, die keine explizite Umformung des Variablentyps notwendig machen.
2. Schreiben Sie ein Programm, das den Anwender zur Eingabe einer Zahl auffordert. Das Programm soll daraufhin den doppelten Wert als Ergebnis ausgeben.

Lösungen:

1.

```
public class Aufgabe1 {
    public static void main(String[] args) {
        byte variable1 = 10;
        int variable2;
        long variable3;
        variable2 = variable1;
        variable3 = variable1;
        System.out.println("Variable2: " + variable2);
        System.out.println("Variable3: " + variable3);
    }
}
```


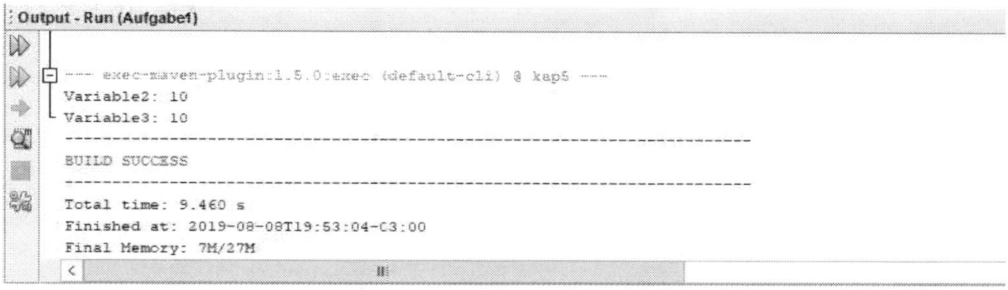

Abb. 5.11 Die Ausgabe der Werte

2.

```
import java.io.*;
public class Aufgabe2 {
    public static void main(String[] args)throws IOException {
        InputStreamReader isr = new InputStreamReader(System.in);
        BufferedReader br = new BufferedReader(isr);
        System.out.println("Geben Sie eine Zahl ein:");
        String eingabe = br.readLine();
        int zahl = Integer.parseInt(eingabe);
        System.out.println("Doppelter Wert: " + zahl * 2);
    }
}
```

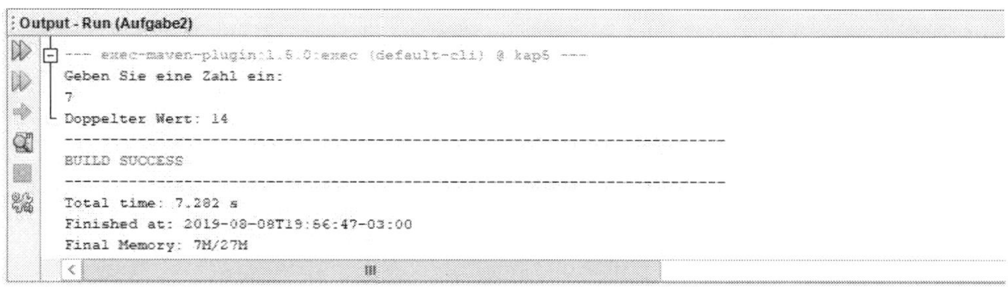

Abb. 5.12 Die Berechnung des doppelten Werts

Alle Programmcodes und Schaltpläne aus diesem Buch stehen kostenfrei zum Download bereit. Dadurch müssen Sie Code nicht abtippen.

Außerdem erhalten Sie die eBook Ausgabe zum Buch im PDF Format kostenlos auf unserer Website:

https://bmu-verlag.de/java-kompendium/
Downloadcode: siehe Kapitel 28

Kapitel 6

Zusammengesetzte Datentypen in Java

Wenn man im Alltag verschiedene Informationen erfasst, ist es üblich, ein Ordnungssystem zu verwenden. Hierfür bieten sich beispielsweise Listen, Tabellen, Aktenordner oder Karteikartensysteme an. All diese Möglichkeiten unterscheiden sich hinsichtlich der Strukturen und der Zugriffsmöglichkeiten, die sie für die Daten bieten. Sie haben jedoch die gemeinsame Eigenschaft, dass sie die Verwaltung der Informationen einfacher und übersichtlicher gestalten.

Im vorherigen Kapitel haben wir Variablen kennengelernt. Diese bieten sich dazu an, eine einzelne Information aufzunehmen. Doch auch in der Informatik ist es üblich, zusammengehörige Werte zusammenzufassen. Das erhöht nicht nur die Übersichtlichkeit. Darüber hinaus ist das die Grundvoraussetzung dafür, diese später automatisch verarbeiten zu können. Für diese Aufgabe kommen zusammengesetzte Datentypen zum Einsatz. Java erlaubt hierbei die Verwendung mehrerer unterschiedlicher Typen, die sich durch verschiedene Organisationsstrukturen auszeichnen. Das folgende Kapitel stellt vor, welche Möglichkeiten es hierfür gibt.

6.1 Arrays

Einer der am häufigsten verwendeten zusammengesetzten Datentypen ist das Array. Dieses kann man sich ähnlich wie eine Liste vorstellen. Die einzelnen Einträge sind dabei nummeriert. Das ermöglicht es, auf die Inhalte über die Indexnummer zuzugreifen. Die Werte haben hierbei daher keinen eigenen Variablennamen. Sie sind lediglich über den Namen des Arrays und über ihre spezifische Nummer gekennzeichnet.

Bei der Arbeit mit Arrays ist es wichtig, zwei grundlegende Aspekte zu berücksichtigen. Zum einen ist die Anzahl der Felder, die ein bestimmtes Array enthält, unveränderlich. Wir müssen diese stets zu Beginn angeben. Nachträgliche Änderungen sind dabei nicht möglich. Zum anderen muss jedes Array über einen Datentyp verfügen. Das bedeutet, dass es nur Werte dieses Typs aufnehmen kann.

Um das Array zu deklarieren, müssen wir daher wie bei gewöhnlichen Variablen zunächst den Typ angeben. Außerdem ist ein individueller Name erforderlich, der die gleichen Regeln wie bei Variablen befolgen muss. Um das Array von gewöhnlichen Variablen abzugrenzen, kommt eine eckige Klammer zum Einsatz. Mit den folgenden beiden Befehlen lässt sich beispielsweise ein Array für integer-Werte deklarieren:

```
int[] meinArray; oder int meinArray[];
```

Java unterstützt hierbei beide vorgestellten Alternativen. Die erste Schreibweise ist jedoch deutlich gebräuchlicher. Daher ist es empfehlenswert, diese Variante zu verwenden.

Wie bereits in den vorherigen Kapiteln erwähnt wurde, ist Java eine Programmiersprache, die sich stark an den Vorgaben der objektorientierten Programmierung orientiert. Das hat zur Folge, dass sie auch Arrays wie Objekte behandelt. Was es damit genau auf sich hat, stellt später das Kapitel 9 vor. Bislang ist es lediglich wichtig, zu wissen, dass wir Arrays genau wie alle übrigen Objekte mit dem Schlüsselbegriff `new` erzeugen müssen. Darüber hinaus müssen wir in einer eckigen Klammer angeben, wie viele Felder das neue Array umfassen soll. Wenn unser Array vier Felder enthalten soll, erzeugen wir es mit folgendem Befehl:

```
meinArray = new int[4];
```

Dabei ist es wichtig, darauf zu achten, dass wir hierbei den Datentyp erneut nennen müssen. Nun können wir den einzelnen Feldern bereits Werte zuweisen. Um auf sie zuzugreifen, müssen wir den Namen des Arrays und dann in einer eckigen Klammer die Indexnummer nennen. Dabei ist es wichtig, zu beachten, dass das erste Feld den Index 0 erhält. Um dieses mit einem Wert zu füllen, könnten wir beispielsweise folgendes Kommando verwenden:

```
meinArray[0] = 7;
```

Um die Inhalte der einzelnen Felder auszugeben, können wir die gleiche Vorgehensweise verwenden.Das ist jedoch recht umständlich. Es besteht jedoch auch die Möglichkeit, das komplette Array mit einem Befehl auszugeben. Wenn wir jedoch lediglich den Namen des Arrays in den `print`-Befehl schreiben, erscheinen nicht die gewünschten Inhalte. Hierfür müssen wir das Array zunächst umformen. Dazu verwenden wir den Befehl `Arrays.toString()`. In die Klammer schreiben wir den Namen des Arrays, das wir ausgeben möchten. Der komplette `print`-Befehl sieht dann so aus:

```
System.out.println(Arrays.toString(meinArray));
```

Dieser Befehl ist jedoch nicht im Standardwortschatz von Java enthalten. Daher müssen wir ihn zunächst importieren. Dazu schreiben wir folgende Zeile über das Programm:

```
import java.util.*;
```

Mit diesen Informationen können wir bereits ein Programm schreiben, das ein Array erzeugt, die Felder mit Inhalten füllt und diese daraufhin ausgibt. Außerdem gibt es das Array als Ganzes aus:

```
import java.util.*;
public class Array {
    public static void main(String[] args) {
        int[] meinArray;
        meinArray = new int[4];
        meinArray[0] = 7;
        meinArray[1] = 12;
        meinArray[2] = 6;
        meinArray[3] = 4;
        System.out.println("Feld 1: " + meinArray[0]);
        System.out.println("Feld 2: " + meinArray[1]);
        System.out.println("Feld 3: " + meinArray[2]);
        System.out.println("Feld 4: " + meinArray[3]);
        System.out.println("Gesamtes Array: " + Arrays.toString(meinArray));
    }
}
```


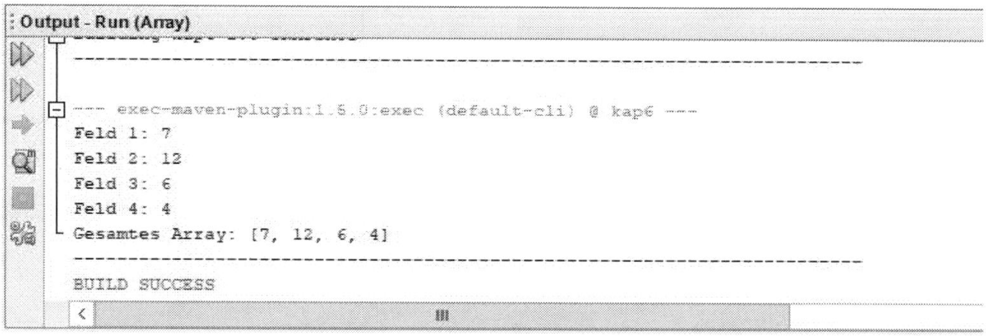

Abb. 6.1 Die Ausgabe der Array-Felder

Anmerkung: Im normalen Sprachgebrauch ist es üblich, die Nummerierung der Felder mit der Zahl 1 zu beginnen. Diese Bezeichnung stimmt jedoch nicht mit der Indexnummer überein.

Um das Array zu deklarieren, zu erzeugen und mit Inhalten zu füllen, war in diesem Programm sehr viel Code notwendig. Java bietet jedoch die Möglichkeit, all diese Schritte zusammenzufassen. Das führt zu einem deutlich kürzeren Programmcode:

```
int[] meinArray = new int[] {7, 12, 6, 4}
```

Es ist sogar möglich, auf den Begriff `new` und auf die Wiederholung des Datentyps zu verzichten. Die effizienteste Methode, um das Array zu erstellen, sieht demnach so aus:

```
int[] meinArray = {7, 12, 6, 4}
```

Die bisherigen Arrays lassen sich ähnlich verwenden wie eine Liste. Sie enthalten eine Aneinanderreihung von Feldern mit einzelnen Werten. Im Alltag tritt jedoch auch häufig die Situation auf, dass die Verwendung einer Tabelle sinnvoll ist. Das ist der Fall, wenn man die Werte in Gruppen zusammenfassen kann. Wenn man beispielsweise für mehrere Mitarbeiter den Vor- und den Nachnamen, die Mitarbeiternummer und den Stundenlohn festhalten will, bietet es sich an, eine Tabelle zu erstellen und jeden Mitarbeiter in eine eigene Spalte zu schreiben. Arrays ermöglichen ähnliche Strukturen. Für das genannte Beispiel würden sie sich jedoch nicht anbieten, da die Datentypen hierbei stets die gleichen sein müssen.

In diesem Fall müssen wir ein zweidimensionales Array erstellen. Zu diesem Zweck verwenden wir bei der Deklarierung zwei aufeinanderfolgende Klammern:

```
int [][] meinArray;
meinArray = new int[4][2];
```

In diesem Beispiel entsteht ein Array, das in der ersten Dimension wieder vier Felder enthält. Jedes von ihnen ist dann in zwei weitere Bereiche unterteilt. Der Zugriff auf die einzelnen Felder erfolgt durch die Nennung beider Indexnummern in zwei separaten eckigen Klammern:

```
meinArray[2][0] = 12;
```

Auch in diesem Fall können wir wieder die oben beschriebene Kurzschreibweise verwenden. Dafür schreiben wir die Werte der zweiten Dimension jeweils in eine eigene geschweifte Klammer. Diese stehen dann gemeinsam in einer übergeordneten geschweiften Klammer:

```
int[][] meinArray = {{3,7},{5,13},{12,2},{15,127}};
```

Für das folgende Programm erzeugen wir auf diese Weise ein zweidimensionales Array. Danach geben wir die Werte der zweiten Dimension jeweils gemeinsam in einer Zeile aus. Das macht die tabellenartige Struktur eines zweidimensionalen Arrays deutlich:

```
public class Array2 {
    public static void main(String[] args) {
        int[][] meinArray = {{3,7},{5,13},{12,2},{15,127}};
        System.out.println("Zeile 1: " + meinArray[0][0] +
        "   " + meinArray[0][1]);
        System.out.println("Zeile 2: " + meinArray[1][0] +
        "   " + meinArray[1][1]);
        System.out.println("Zeile 3: " + meinArray[2][0] +
        "   " + meinArray[2][1]);
        System.out.println("Zeile 4: " + meinArray[3][0] +
        "   " + meinArray[3][1]);
    }
}
```

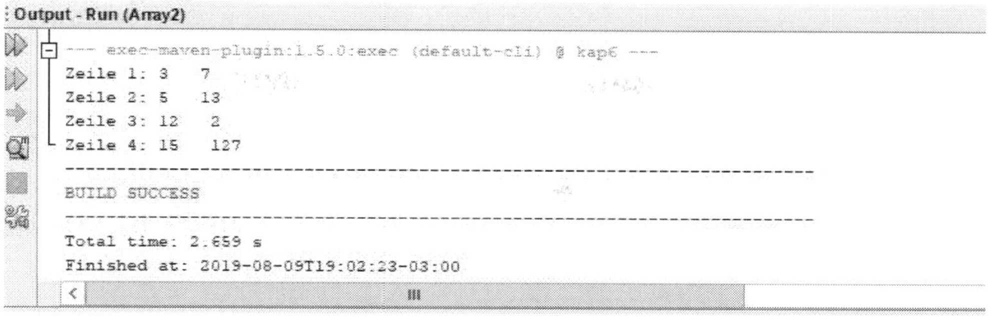

Abb. 6.2 Die Ausgabe des mehrdimensionalen Arrays

Nach dem gleichen Muster ist es möglich, noch beliebig viele weitere Dimensionen hinzuzufügen. Das ist jedoch nur für sehr komplexe Datenstrukturen notwendig. Mehr als zwei Dimensionen kommen nur recht selten zum Einsatz.

6.2 Strings

Im vorherigen Kapitel haben wir bereits kurz Zeichenketten angesprochen. Dabei handelt es sich genau genommen um keinen eigenen Datentyp. Vielmehr ist auch die Zeichenkette ein zusammengesetzter Datentyp. Allerdings ist er beinahe so in der Programmiersprache implementiert, als würde es sich dabei um einen primitiven Datentyp handeln. Der Grund dafür besteht wahrscheinlich darin, dass Strings ausgesprochen häufig zum Einsatz kommen. Daher ist eine einfache Anwendung sehr wichtig. Außerdem ist hierbei in den meisten Fällen lediglich der Inhalt als Ganzes von Bedeutung und nicht die einzelnen Felder.

Um eine Zeichenkette zu verwenden, muss man lediglich den Begriff `String` als Typ angeben. Danach kann man sie wie gewöhnliche Variablen nutzen. Allerdings ist es auch möglich, sie wie andere zusammengesetzte Datentypen mit dem Begriff `new` einzuführen:

```
String str = new String ("Hallo!");
```

Das stellt nicht die einzige Möglichkeit dar, um eine `String`-Variable zu erzeugen. Sie lässt sich auch aus Arrays des Datentyps `char` erstellen. Dafür sind folgende Befehle notwendig:

```
char[] charArray = {'H', 'a', 'l','l', 'o', '!'};
String str = new String (charArray);
```

Auf diese Weise entsteht eine identische Zeichenkette. In vielen Programmiersprachen ist es möglich, auf die einzelnen Zeichen einer `String`-Variablen über deren Indexnummer zuzugreifen. Das ist in Java jedoch nicht erlaubt.

Allerdings gibt es hierfür eine passende Methode, die wir auf die entsprechenden Variablen anwenden können. Diese trägt den Namen `charAt()`. Diese müssen wir nach einem Punkt an den Variablennamen anschließen. Danach folgt eine Klammer, in der die Indexnummer steht:

```
public class String1 {
    public static void main(String[] args) {
        String str = "Hallo!";
        char zeichen = str.charAt(1);
        System.out.println(zeichen);
    }
}
```

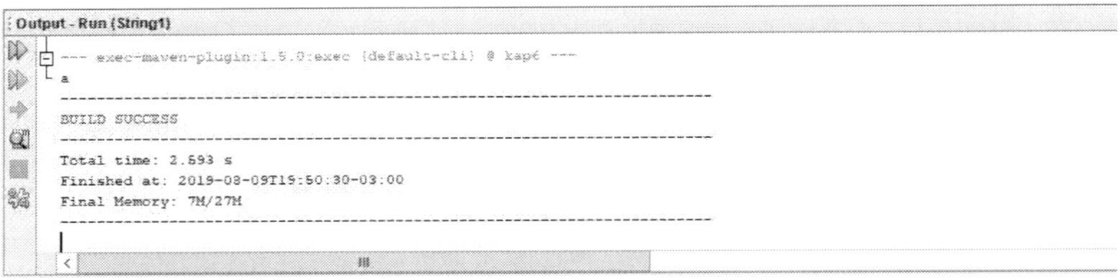

Abb. 6.3 Die Ausgabe eines einzelnen Buchstabens

Hierbei handelt es sich nur um ein Beispiel für die zahlreichen Methoden, die wir für die Arbeit mit Zeichenketten verwenden können. Es gibt noch viele weitere. Häufig kommt beispielsweise die `length()`-Methode zum Einsatz. Diese gibt die Länge der Zeichenkette an. Ein vollständiger Überblick über die Möglichkeiten ist unter folgendem Link zu finden:

https://www.w3schools.com/java/java_ref_string.asp

6.3 Java Collection: vielfältige weitere zusammengesetzte Datentypen

Das Array stellt die grundlegende Form dar, um zusammengehörige Daten aufzunehmen. Es hat eine fest vorgegebene Struktur, die nicht veränderbar ist. Das sorgt meistens für eine sehr effiziente Funktionsweise. Allerdings gibt es auch zahlreiche Fälle, in denen es sinnvoll ist, die Daten auf eine andere Weise zu strukturieren. Das ist insbesondere dann der Fall, wenn die Anzahl der einzelnen Elemente zum Zeitpunkt, zu dem das Programm entsteht, noch nicht definiert ist. Wenn das Programm beispielsweise die Eingaben des Anwenders aufnehmen und in einer zusammengehörigen Datenstruktur speichern soll, ist ein Array hierfür nur bedingt geeignet. Man könnte dabei selbstverständlich ein Array mit vielen Millionen Feldern gestalten. Doch einerseits würde das riesige Mengen an Speicherplatz einnehmen, sodass das Programm sehr ineffizient arbeiten würde. Andererseits wäre es trotzdem nicht gewährleistet, dass das Programm alle Eingaben aufnehmen kann. Aus diesem Grund ist es in diesem Fall sinnvoll, andere Datenstrukturen zu verwenden, bei denen die Anzahl der Felder nicht begrenzt ist und stets dynamisch angepasst wird.

Darüber hinaus gibt es weitere Gründe, die in bestimmten Anwendungsfällen gegen Arrays sprechen. Diese arbeiten sehr effizient, wenn die Indexnummer bereits bekannt ist und man damit direkt auf den Inhalt zugreifen kann. Wenn man die Nummer jedoch nicht kennt und einen bestimmten Eintrag sucht, ist es hingegen notwendig, das gesamte Array zu durchsuchen, bis man den richtigen Eintrag gefunden hat. Das kann insbesondere bei großen Datensätzen äußerst ineffizient sein. Daher wäre es für diesen Anwendungsfall sinnvoller, den Datensatz zu ordnen und auf diese Weise die Suche zu erleichtern. Das ist nur ein Anwendungsbeispiel dafür, dass in manchen Fällen andere Strukturen die Funktionalität des Programms verbessern können. Es gibt noch viele weitere. Daher ist es stets sinnvoll, die gewählte Datenstruktur an den gewünschten Verwendungszweck anzupassen.

Aus diesem Grund unterstützt Java noch zahlreiche weitere zusammengesetzte Datentypen. Früher kamen hierfür in erster Linie die Klassen Vector und Hashtable zum Einsatz. In älteren Programmen sind diese noch häufig zu finden. Da sie jedoch einige Probleme mit sich brachten, beschloss das Java-Entwicklerteam, mit der Einführung von JDK 1.2 auch ein neues System für zusammengesetzte Datensätze zu präsentieren. Dieses trägt den Namen Collection Framework. Dieses gibt die grundlegenden Strukturen für die darin enthaltenen zusammengesetzten Datentypen vor. Das Framework enthält außerdem mehrere konkrete Typen – beispielsweise Listen, Sets und Stacks. Diese werden dementsprechend zusammenfassend als Collections bezeichnet. Die folgenden Abschnitte präsentieren die wichtigsten Collections in Java.

6.4 Listen

Wenn man im Alltag Daten erfasst, verwendet man hierfür häufig eine Liste. Diese hat die Eigenschaft, dass sie sich beliebig erweitern lässt. Man kann immer noch einen weiteren Listenpunkt hinzufügen. Ist das Ende des Blatts erreicht, kann man ein weiteres Papier verwenden und die Liste auf diese Weise erweitern. Das stellt einen der zentralen Unterschiede zum Array dar, bei dem die Größe fest vorgegeben ist.

Das Java Collection Framework kennt unterschiedliche Typen von Listen. Die wohl am häufigsten verwendete von ihnen ist die `ArrayList`. Daher soll diese zu Beginn vorgestellt werden. Bei der `ArrayList` handelt es sich wie beim Array um eine nummerierte Aufzählung. Das bedeutet, dass wir auf die einzelnen Felder stets über deren Indexnummer zugreifen können. Es ist jedoch jederzeit möglich, ein weiteres Feld hinzuzufügen. Außerdem lässt sich ein Eintrag aus der Liste löschen.

Bei der Verwendung von Java Collections müssen wir beachten, dass diese nicht im Standard-Wortschatz enthalten sind. Daher müssen wir hierbei zu Beginn des Programms immer zunächst einen `import`-Befehl einfügen:

```
import java.util.*;
```

Um eine Liste in Java zu erzeugen, ist es zunächst notwendig, den Schlüsselbegriff `ArrayList` zu nennen. Danach folgt in spitzen Klammern der Datentyp, den die Einträge haben sollen. Wie bei Arrays folgen darauf ein Gleichheitszeichen und anschließend der Schlüsselbegriff `new`. Nun nennen wir die Klasse `ArrayList`. Danach ist es möglich in spitzen Klammern nochmals den Datentyp zu nennen. Obwohl man dies in vielen Programmen sieht, ist die doppelte Nennung nicht notwendig. Wir können auch einfach eine leere spitze Klammer einfügen. Anschließend fügen wir noch eine leere runde Klammer ein:

```
ArrayList<Integer> meineArrayList = new ArrayList<>();
```

Nun ist die Liste bereits erstellt und wir können verschiedene Elemente darin einfügen. Dafür verwenden wir den `add()`-Befehl. Diesen fügen wir nach einem Punkt an den Namen der Liste an. In der Klammer steht das Element, das wir zur Liste hinzufügen wollen:

```
meineArrayList.add(3);
```

Wenn wir die gesamte Listen ausgeben möchten, können wir hierfür einfach den Namen der Liste in den `print`-Befehl einfügen. In diesem Fall erscheinen alle Inhalte in einer eckigen Klammer. Wollen wir hingegen auf die einzelnen Felder zugreifen, verwenden wir den `get()`-Befehl. Auch diesen fügen wir nach einem Punkt an den Namen der Liste an. Danach folgt in einer runden Klammer die Indexnummer. Diese beginnt wie bei Arrays mit dem Wert 0. Die Reihenfolge in der Liste entspricht der Reihenfolge, mit der wir die einzelnen Werte eingefügt haben. Mit diesen Befehlen können wir bereits ein Programm schreiben, das eine Liste erstellt, mit einigen Werten füllt und diese dann ausgibt:

```
import java.util.*;
public class Listen1 {
    public static void main(String[] args) {
        ArrayList<Integer> meineArrayList = new ArrayList<>();
        meineArrayList.add(3);
        meineArrayList.add(34);
        meineArrayList.add(8);
        System.out.println("Gesamte Liste: " + meineArrayList);
        System.out.println("Feld 1: " + meineArrayList.get(0));
        System.out.println("Feld 2: " + meineArrayList.get(1));
        System.out.println("Feld 3: " + meineArrayList.get(2));
    }
}
```

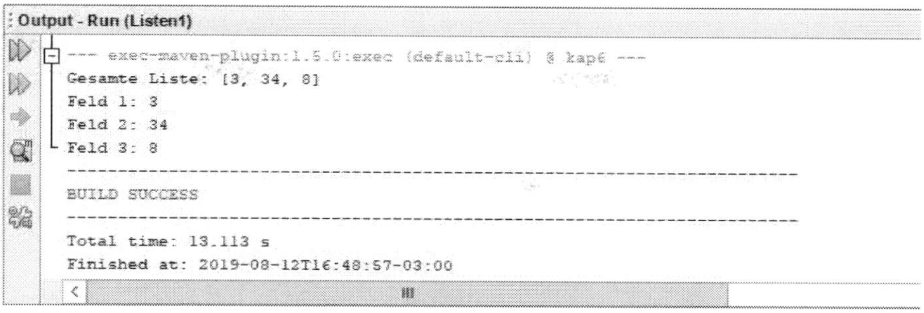

Abb. 6.4 Die Ausgabe der Werte der Liste

Bei der Verwendung des `add()`-Befehls ist es auch möglich, zwei Werte in die Klammer einzutragen. Der erste von ihnen muss stets eine ganze Zahl sein. Dieser gibt an, an welcher Stelle in der Liste das neue Element eingefügt werden soll. Danach steht ein Komma und anschließend der Wert, den das entsprechende Listenfeld erhalten soll. Wenn wir beispielsweise in das Feld mit der Indexnummer 2 den Wert 5 eintragen möchten, ist folgender Befehl notwendig:

```
meineArrayList.add(2,5);
```

Der Wert, der bisher in diesem Feld steht, wird dabei um eine Position nach hinten verschoben – genau wie alle übrigen Felder, die in der Liste nach der angeführten Position stehen. Wenn wir keine Angabe für die Position machen – wenn in der Klammer also nur ein Wert steht – wird das neue Feld wie im vorherigen Beispiel gesehen am Ende eingefügt.

Es gibt noch viele weitere Methoden, die für die Arbeit mit einer ArrayList nützlich sind. Wenn man beispielsweise ein bestimmtes Element aus der Liste löschen will, kommt dafür der `remove()`-Befehl zum Einsatz. In die Klammer müssen wir die Indexnummer des Elements schreiben, das wir löschen möchten. Wollen wir die gesamte Liste löschen, verwenden wir den `clear()`-Befehl. Diese beiden Kommandos könnten wir wie folgt anwenden:

```
meineArrayList.remove(2);
meineArrayList.clear();
```

Häufig ist es notwendig, die Größe der Liste abzufragen. Hierzu dient der `size()`-Befehl. Um die Anzahl der Einträge zu ermitteln, können wir diesen einer Variablen zuweisen:

```
int groesse;
groesse = meineArrayList.size();
```

Hierbei handelt es sich lediglich um die am häufigsten verwendeten Methoden für die Arbeit mit Listen. Es gibt jedoch noch viele weitere, die wir in unseren Programmen ebenfalls verwenden können.

Die Java Collections enthalten noch eine weitere Form der Liste: die `LinkedList`. Um diese zu erzeugen, müssen wir lediglich den Begriff `ArrayList` durch den Begriff `LinkedList` ersetzen:

```
LinkedList<Integer> meineLinkedList = new LinkedList<>();
```

Alle Methoden, die wir soeben für die `ArrayList` kennengelernt haben, können wir auch auf die `LinkedList` anwenden. Auf den ersten Blick ist die Verwendung daher sehr ähnlich. Die Implementierung dieser beiden Formen der Liste ist jedoch ganz unterschiedlich. Während bei einer `ArrayList` für die Verwaltung der Liste die Positionen aller Elemente abgespeichert werden, ist die `LinkedList` nicht mit einem derartigen zentralen Register ausgestattet. Hier enthält jedes Element die Informationen, an welcher Position im Speicher das vorhergehende und das nachfolgende Feld abgespeichert sind. Um die gesamte Liste zu erfassen, ist es notwendig, diese Feld für Feld durchzugehen.

Diese Form der Implementierung erhöht in den meisten Fällen den Rechenaufwand. Daher kommt die LinkedList nur recht selten zum Einsatz. Allerdings gibt es auch einige Anwendungen, in denen die `LinkedList` sehr effizient arbeitet. Das ist beispielsweise der Fall, wenn wir das erste Element der Liste entfernen möchten. Bei der `LinkedList` ist das ganz einfach: Hierbei müssen wir lediglich den Startpunkt auf das zweite Element setzen. Bei einer `ArrayList` müssen wir hingegen die Positionen aller nachfolgenden Elemente ändern. Auch wenn wir ein neues Element am Anfang der Liste einfügen, arbeitet die `LinkedList` effizienter. Wenn wir ein Programm schreiben, bei dem es häufig notwendig ist, das erste Element einer Liste zu entfernen oder einen neuen Inhalt am Anfang hinzuzufügen, bietet sich daher die Verwendung der `LinkedList` an.

Um derartige Anwendungen zu erleichtern, gibt es hierfür auch spezielle Methoden, die bei einer `ArrayList` nicht vorhanden sind. Ein Beispiel hierfür ist die `poll()`-Methode. Diese gibt den Inhalt des ersten Feldes zurück und löscht dieses gleichzeitig. Um diesen Befehl zu verwenden, müssen wir seinen Wert einer Variablen zuweisen:

```
int inhalt = meineLinkedList.poll();
```

Die `push()`-Methode fügt ein neues Element am Anfang der Liste hinzu:

```
meineLinkedList.push(7);
```

6.5 Sets

Eine weitere Möglichkeit, um mehrere Werte zusammenzufassen, stellt das Set dar. Dieses orientiert sich an der mathematischen Mengenlehre. Ein Set dient dazu, eine

Menge darzustellen. Die Methoden, die wir für das Set verwenden können, entsprechen ebenfalls den typischen mathematischen Operationen für Mengen.

Um ein Set zu erzeugen, gehen wir ähnlich vor, wie bei einer Liste. Es ist lediglich notwendig, den Begriff für die Art der Liste durch den Ausdruck `HashSet` zu ersetzen:

```
HashSet<Integer> meinSet = new HashSet<>();
```

Mathematische Mengen haben keine Reihenfolge und keine Ordnung. Sie sind lediglich dadurch bestimmt, welche Werte darin vertreten sind. Dementsprechend haben auch die Werte im Set keine Reihenfolge. Es ist beispielsweise nicht möglich, wie bei Listen mit dem `get()`-Befehl einen bestimmten Wert abzurufen. Wenn wir die Inhalte des Sets ausgeben, erscheinen diese zwar meistens in der gleichen Reihenfolge, in der wir sie per `add()`-Befehl zum Set hinzugefügt haben. Das ist jedoch nicht immer so.

Eine weitere wichtige Eigenschaft einer mathematischen Menge besteht darin, dass hier kein Wert doppelt auftreten darf. Auch diese Regel wurde bei der Entwicklung der Sets umgesetzt. Wenn wir per `add()`-Befehl einen Wert zum Set hinzufügen, der bereits darin enthalten ist, ignoriert das Programm diesen Eintrag:

```
import java.util.*;
public class Set {
    public static void main(String[] args) {
        HashSet<Integer> meinSet = new HashSet<>();
        meinSet.add(5);
        meinSet.add(7);
        meinSet.add(9);
        meinSet.add(7);
        System.out.println("Inhalt des Sets: " + meinSet);
    }
}
```

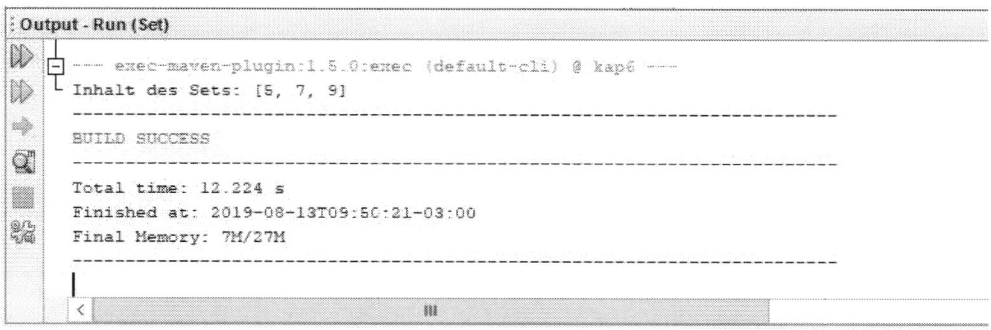

Abb. 6.5 Das Set enthält keine doppelten Werte

Die Methoden für die Arbeit mit Sets unterscheiden sich deutlich von den Möglichkeiten für Listen. Da die Werte hierbei keine Reihenfolge aufweisen, sind viele Befehle hierbei nicht sinnvoll anzuwenden. Stattdessen kommen hierbei Methoden zum Einsatz, die den Operationen in der mathematischen Mengenlehre entsprechen. Dabei sind insbesondere die Schnittmenge und die Vereinigungsmenge von Bedeutung.

Um die Schnittmenge zu erzeugen, benötigen wir zunächst zwei Sets mit den Ausgangswerten. Wenn wir diese unverändert lassen möchten und die Schnittmenge in einem neuen Set abspeichern wollen, müssen wir hierfür ein weiteres Set erstellen. Alternativ dazu wäre es möglich, eines der Ausgangs-Sets so zu verändern, dass es nach der entsprechenden Operation nicht mehr die ursprünglichen Werte sondern die Schnittmenge enthält.

In unserem Beispiel entscheiden wir uns für die erste Alternative. Das heißt, dass wir ein neues Set mit der Bezeichnung Schnittmenge erstellen. Dieses soll zunächst die Werte des ersten Sets enthalten. Dafür könnte man nun nach dem Erstellen den Zuweisungsoperator verwenden. Einfacher ist es jedoch, wenn wir direkt beim Erstellen in die runde Klammer den Namen des ersten Sets schreiben:

```
HashSet<Integer> Schnittmenge = new HashSet<>(Set1);
```

Um die Schnittmenge zu erzeugen, wenden wir den Befehl `retainAll()` auf das Set Schnittmenge an. Die erste Menge, die wir für die Bildung der Schnittmenge heranziehen, haben wir bereits im Set abgespeichert. Die zweite Menge setzen wir dann in die Klammer hinter dem `retainAll()`-Befehl:

```
Schnittmenge.retainAll(Set2);
```

Die Vereinigungsmenge beinhaltet alle Elemente, die mindestens in einer der beiden Ausgangsmengen enthalten sind. Das bedeutet, dass auch die Werte, die in beiden Ausgangsmengen auftreten, in der Vereinigungsmenge nur einfach aufgeführt sind. Bei ihrer Bildung gehen wir beinahe auf die gleiche Weise vor wie bei der Schnittmenge. Dabei müssen wir lediglich den `retainAll()`-Befehl durch die Methode `addAll()` ersetzen. Das folgende Beispielprogramm stellt die beiden Möglichkeiten vor:

```
import java.util.*;
public class Set2 {
    public static void main(String[] args) {
        HashSet<Integer> Set1 = new HashSet<>();
        Set1.add(5);
        Set1.add(7);
        Set1.add(9);
        Set1.add(12);
        HashSet<Integer> Set2 = new HashSet<>();
        Set2.add(3);
        Set2.add(7);
        Set2.add(15);
        Set2.add(12);
        HashSet<Integer> Schnittmenge = new HashSet<>(Set1);
        HashSet<Integer> Vereinigungsmenge = new HashSet<>(Set1);
```

```
        Schnittmenge.retainAll(Set2);
        Vereinigungsmenge.addAll(Set2);
        System.out.println("Schnittmenge: " + Schnittmenge);
        System.out.println("Vereinigungsmenge: " + Vereinigungsmenge);
    }
}
```

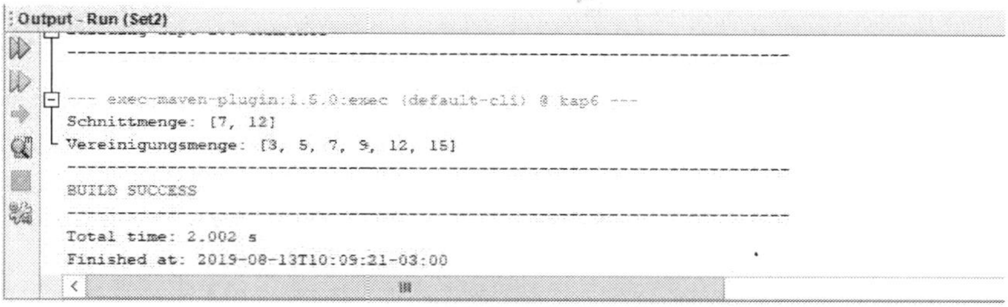

Abb. 6.6 Die Schnittmenge und die Vereinigungsmenge

Die beiden Ausgangsmengen enthalten jeweils zwei Werte, die auch in der anderen Menge vertreten sind. Die Schnittmenge enthält nur diese beiden Werte. Bei der Vereinigungsmenge werden hingegen alle vorhandenen Inhalte aufgeführt. Sollte es hierbei zu Dopplungen kommen, werden diese aber dennoch nur ein Mal im neuen Set abgespeichert.

Neben dem `HashSet` ist es auch möglich, das `TreeSet` zu nutzen. Die Verwendung ist dabei sehr ähnlich. Auch hierbei liegen die wesentlichen Unterschiede in den internen Strukturen. In diesem Buch soll jedoch nicht weiter auf das `TreeSet` eingegangen werden. Es ist lediglich wichtig, zu wissen, dass diese Möglichkeit ebenfalls besteht und in manchen Situationen effizienter sein kann.

6.6 Queues

In vielen Programmen ist es notwendig, sogenannte Warteschlangen einzurichten. Das ist insbesondere für die Organisation der Abläufe sehr wichtig. Da die Ressourcen des Computers begrenzt sind, sammeln sich häufig mehrere Prozesse an, die noch nicht abgearbeitet werden können. Das Programm muss die Bearbeitung in diesem Fall effizient organisieren. Eine Möglichkeit hierfür stellt es dar, eine Warteschlange zu verwenden. Diese wird im Englischen als Queue bezeichnet.

Queues sind nach dem FIFO-Prinzip organisiert. Diese Abkürzung steht für First In First Out. Das bedeutet, dass immer der Prozess abgearbeitet wird, der sich bereits am längsten in der Warteschlange befindet. Dabei handelt es sich um das gleiche Prinzip, das in jedem Supermarkt an der Kasse zum Einsatz kommt.

Programme zu erstellen, die ihre Prozesse selbst verwalten, ist eine Aufgabe für fortgeschrittene Programmierer. Die Datenstruktur, die hierbei zugrunde liegt, kann aber gelegentlich auch für einfachere Programme hilfreich sein. Java nutzt für Queues jedoch keine eigene Datenstruktur. Stattdessen kommt hierfür die bereits bekannte `LinkedList` zum Einsatz. Diese verfügt über alle Methoden, die wir zur Bildung einer Warteschlange benötigen.

Um ein neues Element zur Warteschlange hinzuzufügen, kommt wie bei Listen üblich der `add()`-Befehl zum Einsatz. Dieser fügt das neue Feld automatisch am Ende der Liste ein. Von großer Bedeutung ist bei Queues stets das Element, das an erster Stelle steht – das also als erstes in die Warteschlange eingefügt wurde. Um dessen Wert abzurufen, verwenden wir den Befehl `peek()`. Um den Wert abzurufen und das Element gleichzeitig aus der Warteschlange zu entfernen, kommt der `poll()`-Befehl zum Einsatz, der bereits bei der Verwendung der Liste vorgestellt wurde. Darüber hinaus ist noch der `size()`-Befehl von Bedeutung, der die Größe der Warteschlange angibt. Diese Befehle sind für die Verwendung von Queues bereits ausreichend.

Alternativ dazu gibt es noch die Methoden `remove()` und `element()`. Deren Funktion entspricht weitestgehend den Befehlen `poll()` und `peek()`. Der einzige Unterschied besteht darin, dass diese eine Fehlermeldung ausgeben, wenn die Warteschlange leer ist.

Das folgende Beispiel zeigt, wie man eine Warteschlange umsetzen könnte:

```
import java.util.*;
public class Queue {
    public static void main(String[] args) {
        LinkedList<Integer> meineQueue = new LinkedList<>();
        meineQueue.add(3);
        meineQueue.add(7);
        meineQueue.add(32);
        meineQueue.add(12);
        meineQueue.add(6);
        System.out.println("Die Warteschlange: " + meineQueue);
        int inhalt = meineQueue.poll();
        System.out.println("Das erste Element: " + inhalt);
        System.out.println("Der neue Inhalt der Warteschlange: " + meineQueue);
        inhalt = meineQueue.peek();
        System.out.println("Das erste Element nach der Veränderung: " +
        inhalt);
    }
}
```

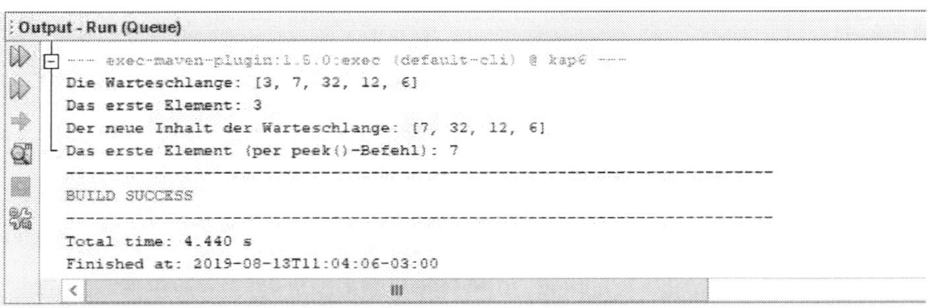

Abb. 6.7 Die Ausgabe der Queues

6.7 Stacks

Im vorherigen Abschnitt wurde gezeigt, dass Queues nach dem FIFO-Prinzip organisiert sind. Das Gegenteil dieser Organisationsform ist LIFO (Last In First Out). Das bedeutet, dass das Element, das als letztes hinzugefügt wurde, als erstes wieder entnommen wird. Die zugehörige Datenstruktur wird hierbei als Stapel bezeichnet – beziehungsweise auf Englisch als Stack.

Java Collections verwenden für Stacks einen eigenen Datentyp. Diesen erzeugen wir auf die gleiche Weise wie die bisherigen Collections – mit dem Unterschied, dass wir hierbei den Schlüsselbegriff `Stack` verwenden:

```
Stack<Integer> meinStack = new Stack<>();
```

Um ein Element zum Stapel hinzuzufügen, verwenden wir den Ausdruck `push()`. Um einen Wert abzurufen und vom Stapel zu entfernen, kommt die `pop()`-Methode zum Einsatz. Dabei handelt es sich immer um das Element, das wir als letztes zum Stapel hinzugefügt haben. Das folgende Programm verdeutlicht die Funktionsweise:

```
import java.util.*;
public class Stack1 {
    public static void main(String[] args) {
        Stack<Integer> meinStack = new Stack<>();
        meinStack.push(3);
        meinStack.push(19);
        meinStack.push(12);
        meinStack.push(5);
        System.out.println("Der gesamte Stapel: " + meinStack);
        int element = meinStack.pop();
        System.out.println("Das erste Element: " + element);
        System.out.println("Der neue Stapel: " + meinStack);
    }
}
```

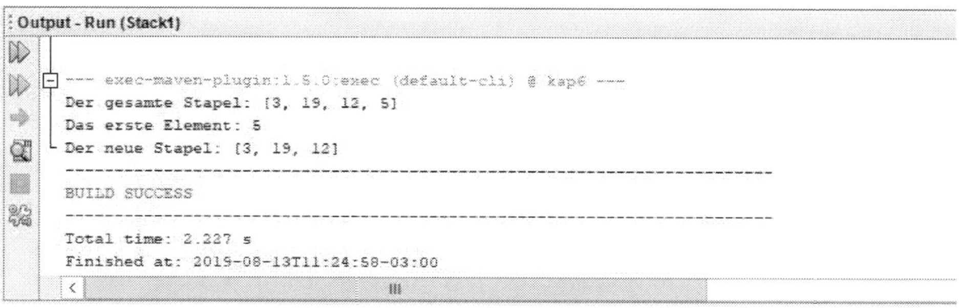

Abb. 6.8 Die Funktionsweise eines Stacks

6.8 Maps

Ein weiterer Typ für zusammengesetzte Daten trägt die Bezeichnung Map. Dieser gehört im Gegensatz zu den vorherigen Beispielen nicht zu den Java Collections. Dennoch ist er recht ähnlich aufgebaut.

Maps können genau wie Listen mehrere Elemente aufnehmen. Sie unterscheiden sich von diesen jedoch dadurch, dass der Zugriff hierbei nicht über eine Indexnummer erfolgt. An ihrer Stelle kommt ein Schlüsselbegriff zum Einsatz. Diesen können wir frei wählen. Ein Anwendungsbeispiel hierfür wäre ein Wörterbuch. Jedem Begriff in der Ausgangssprache kann man dadurch einen Ausdruck in der Zielsprache zuweisen. Diese Verwendung entspricht so genau dem Aufbau der Maps, dass vergleichbare Datenstrukturen in anderen Programmiersprachen auch als Dictionary bezeichnet werden.

Maps lassen sich jedoch noch für viele weitere Aufgaben verwenden. Es ist beispielsweise möglich, hierin verschiedene Städte aufzunehmen und diesen jeweils die richtige Telefon-Vorwahl oder die entsprechende Postleitzahl zuzuweisen. Eine weitere Möglichkeit besteht darin, den Namen eines Mitarbeiters mit dessen Telefonnummer zu verbinden. Bei den Daten, die in der Map enthalten sind, muss es sich nicht zwangsläufig um primitive Datentypen oder um Zeichenketten handeln. Es ist auch möglich, Listen zu verwenden. Auf diese Weise lässt sich beispielsweise einem Lehrer eine Liste mit seinen Schülern oder einer Abteilung in einem Unternehmen eine Liste mit den zugehörigen Mitarbeitern zuweisen.

Die Erzeugung einer Map läuft sehr ähnlich wie bei den verschiedenen Datentypen der Java Collections ab. Selbstverständlich ist es auch hierbei notwendig, den passenden Ausdruck für die entsprechende Datenstruktur zu verwenden. Dieser lautet `HashMap`. Darüber hinaus gibt es jedoch noch einen weiteren Unterschied. Hierbei müssen wir in den spitzen Klammern zwei verschiedene Datentypen angeben – einen für den Schlüsselbegriff und den anderen für den Datentyp, den wir hier abspeichern möchten. Für das Beispiel mit den Städten und den zugehörigen Vorwahlen wäre beispielsweise folgendes Kommando notwendig:

```
HashMap<String, Integer> Vorwahlen = new HashMap<>();
```

Um ein Paar aus Schlüsselbegriff und Wert in die Map einzufügen, kommt der `put()`-Befehl zum Einsatz. Diesen fügen wir wie bei den Collections nach einem Punkt an den Namen der Map an. In der Klammer steht zunächst der Schlüsselbegriff. Nach einem Komma folgt der zugehörige Wert:

```
Vorwahlen.put("Berlin", 30);
```

Anmerkung: Vorwahlen beginnen mit der Ziffer 0. Wenn wir jedoch einen `Integer`-Wert mit dieser Ziffer beginnen, speichert das Programm nicht die richtige Zahl ab. Deshalb fügen wir in diesem Fall die Vorwahl ohne die 0 ein. Bei der Ausgabe müssen wir diese dann später jedoch wieder hinzufügen. Alternativ dazu wäre es auch möglich, die komplette Vorwahl als `String`-Variable abzuspeichern.

Um einen Wert abzurufen, verwenden wir den `get()`-Befehl. In die Klammer schreiben wir dabei den entsprechenden Schlüsselbegriff. Darüber hinaus ist es häufig notwendig, abzufragen, ob ein bestimmter Wert oder ein Schlüsselbegriff in der Map enthalten ist. Diese Methoden müssen wir einer booleschen Variable zuweisen. Die hierfür notwendigen Ausdrücke sehen so aus:

```
boolean keyVorhanden = Vorwahlen.containsKey("München");
boolean wertVorhanden = Vorwahlen.containsValue(30);
```

Darüber hinaus ist es möglich, mit dem `remove()`-Befehl einen Wert aus der Map zu löschen. In die Klammer schreiben wir den Schlüsselbegriff, der gelöscht werden soll. Der Befehl löscht dabei auch den zugehörigen Wert.

Das folgende Programm erstellt eine Map mit den entsprechenden Vorwahlen und stellt die Verwendung der beschriebenen Methoden vor:

```
import java.util.*;
public class Map1 {
    public static void main(String[] args) {
        HashMap<String, Integer> Vorwahlen = new HashMap<>();
        Vorwahlen.put("Berlin", 30);
        Vorwahlen.put("Hamburg", 40);
        Vorwahlen.put("Stuttgart", 711);
        System.out.println("Gesamte Map: " + Vorwahlen);
        System.out.println("Vorwahl Berlin: 0" + Vorwahlen.get("Berlin"));
        boolean keyVorhanden = Vorwahlen.containsKey("München");
        System.out.println("München in Liste enthalten: " + keyVorhanden);
        boolean wertVorhanden = Vorwahlen.containsValue(30);
        System.out.println("Vorwahl 030 in Liste vorhanden: " + wertVorhanden);
        Vorwahlen.remove("Hamburg");
        System.out.println("Map nach der Löschung: " + Vorwahlen);
    }
}
```

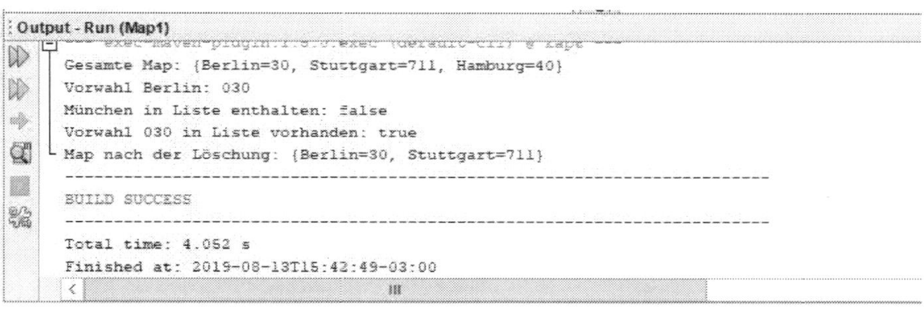

Abb. 6.9 Die Inhalte der Map

Zu Beginn dieses Abschnitts wurde erklärt, dass man als Werte der Map auch Listen und andere zusammengesetzte Datentypen verwenden kann. Das soll nun abschließend an einem weiteren Beispiel gezeigt werden. Dieses führt die einzelnen Abteilungen eines Unternehmens auf und gibt die Mitarbeiter an, die dort jeweils beschäftigt sind.

Dazu geben wir als Datentyp für die Werte der Map den Ausdruck `ArrayList<String>` vor – also eine Liste aus Zeichenketten. Danach gestalten wir Listen mit den entsprechenden Mitarbeitern und fügen diese als Wert in die Map ein. Dabei ist es wichtig, darauf zu achten, dass für jeden Eintrag in die Map eine eigene Liste notwendig ist:

```
import java.util.*;
public class Map2 {
    public static void main(String[] args) {
        HashMap<String, ArrayList<String>> Abteilungen = new HashMap<>();
        ArrayList<String> Mitarbeiter1 = new ArrayList<>();
        Mitarbeiter1.add("Maximilian Mayer");
        Mitarbeiter1.add("Emil Faber");
        Mitarbeiter1.add("Anna Müller");
        Abteilungen.put("Personalabteilung", Mitarbeiter1);
        ArrayList<String> Mitarbeiter2 = new ArrayList<>();
        Mitarbeiter2.add("Sebastian Waller");
        Mitarbeiter2.add("Oliver Stilz");
        Mitarbeiter2.add("Peter Huber");
        Mitarbeiter2.add("Frank Starke");
        Abteilungen.put("IT-Abteilung", Mitarbeiter2);
        System.out.println("Abteilungen: " + Abteilungen);
    }
}
```

Output - Run (Map2)

```
--- exec-maven-plugin:1.5.0:exec (default-cli) @ Map2 ---
Abteilungen: {Personalabteilung=[Maximilian Mayer, Emil Faber, Anna Müller], IT-Abteilung=[Sebastian Waller, Oliver Stilz, Peter Huber, Frank Starke]}
------------------------------------------------------------------------
BUILD SUCCESS
------------------------------------------------------------------------
Total time: 3.350 s
Finished at: 2019-08-13T16:05:26-03:00
Final Memory: 7M/27M
------------------------------------------------------------------------
```

Abb. 6.10 Die Ausgabe der einzelnen Abteilungen

6.9 Übungsaufgabe: zusammengesetzte Datentypen verwenden

1. Erstellen Sie ein Programm, das ein Array aus sechs String-Variablen erzeugt. Dieses soll die Vornamen der Teilnehmer an einem Sprachkurs enthalten. Geben Sie das gesamte Array sowie den ersten und den letzten Namen der Liste aus. Ändern Sie danach einen beliebigen Eintrag und geben Sie das Array erneut aus.

2. Erzeugen Sie eine Liste für die Namen der Mitarbeiter eines Unternehmens. Geben Sie daraufhin dem Anwender die Möglichkeit, fünf Namen in die Liste einzutragen und geben Sie abschließend die gesamte Liste aus.

3. Eine Bildungseinrichtung bietet neben einem Java-Kurs noch einen Kurs für die Programmiersprache Python an. Speichern Sie die Teilnehmer jeweils in einer passenden Datenstruktur. Geben Sie daraufhin die Teilnehmer beider Kurse getrennt aus. Außerdem soll eine Liste mit allen Schülern der Bildungseinrichtung dargestellt werden. Die Namen der Teilnehmer, die beide Kurse besuchen, sollen darin nicht doppelt erscheinen. Listen Sie abschließend noch die Kursteilnehmer auf, die beide Bildungsangebote wahrnehmen. Wählen Sie eine Datenstruktur aus, die zu diesen Aufgaben passt.

Anmerkung: Um diese Aufgabe sinnvoll zu erledigen, muss mindestens einer der Teilnehmer beide Kurse besuchen.

Lösungen:

1.

```
import java.util.*;
public class Aufgabe1 {
    public static void main(String[] args) {
      String[] kurs = {"Paul","Melanie","Nadine","Thorsten","Kevin","Daniel"};
      System.out.println("Gesamter Kurs: " + Arrays.toString(kurs));
      System.out.println("Erster Eintrag: " + kurs[0]);
      System.out.println("Letzter Eintrag: " + kurs[5]);
      kurs[2] = "Kathrin";
      System.out.println("Neue Kursliste: " + Arrays.toString(kurs));
    }
}
```

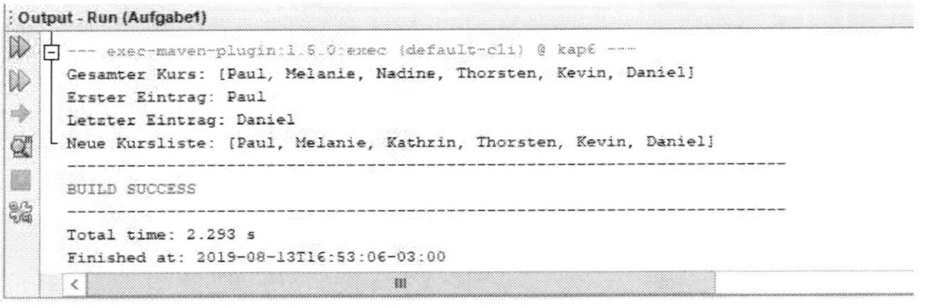

Abb. 6.11 Die Inhalte des Arrays

2.

```
import java.io.*;
import java.util.*;
public class Aufgabe2 {
    public static void main(String[] args)throws IOException {
        InputStreamReader isr = new InputStreamReader(System.in);
        BufferedReader br = new BufferedReader(isr);
        System.out.println("Geben Sie den ersten Namen ein:");
        String eingabe = br.readLine();
        ArrayList<String> Mitarbeiter = new ArrayList<>();
        Mitarbeiter.add(eingabe);
        System.out.println("Geben Sie den zweiten Namen ein:");
        eingabe = br.readLine();
        Mitarbeiter.add(eingabe);
        System.out.println("Geben Sie den dritten Namen ein:");
        eingabe = br.readLine();
        Mitarbeiter.add(eingabe);
        System.out.println("Geben Sie den vierten Namen ein:");
        eingabe = br.readLine();
        Mitarbeiter.add(eingabe);
        System.out.println("Geben Sie den fünften Namen ein:");
        eingabe = br.readLine();
        Mitarbeiter.add(eingabe);
        System.out.println("Liste der Mitarbeiter: " + Mitarbeiter);
    }
}
```

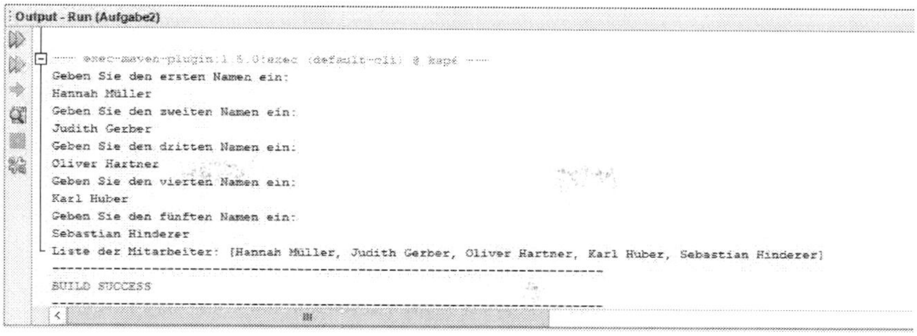

Abb. 6.12 Die Eingabe der Mitarbeiter und die Ausgabe als Liste

3.

```
import java.util.*;
public class Aufgabe3 {
    public static void main(String[] args) {
        HashSet<String> Javakurs = new HashSet<>();
        Javakurs.add("Andreas Neuer");
        Javakurs.add("Karsten Storz");
        Javakurs.add("Ilse Mertens");
        Javakurs.add("Friedrich Klose");
        Javakurs.add("Anne Rüters");
        HashSet<String> Pythonkurs = new HashSet<>();
        Pythonkurs.add("Oliver Bitzer");
        Pythonkurs.add("Sebastian Bayer");
        Pythonkurs.add("Karsten Storz");
        Pythonkurs.add("Anne Rüters");
        Pythonkurs.add("Michael Niederhuber");
        Pythonkurs.add("Hans-Peter Walther");
        System.out.println("Javakurs: " + Javakurs);
        System.out.println("Pythonkurs: " + Pythonkurs);
        HashSet<String> Gesamt = new HashSet<>(Javakurs);
        Gesamt.addAll(Pythonkurs);
        System.out.println("Alle Teilnehmer: " + Gesamt);
        HashSet<String> Beide = new HashSet<>(Javakurs);
        Beide.retainAll(Pythonkurs);
        System.out.println("Teilnehmer, die beide Kurse besuchen: " + Beide);
    }
}
```

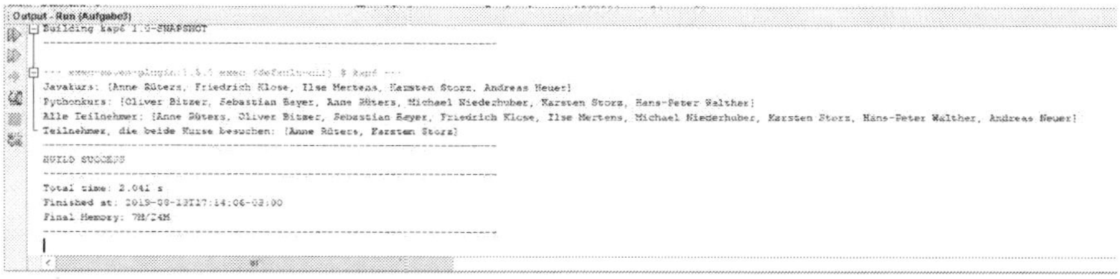

Abb. 6.13 Die Ausgabe der Kursteilnehmer

Kapitel 7

Verzweigungen: Entscheidungen mit if-Abfragen treffen

Unsere bisherigen Programme erlauben es bereits, Werte in Variablen aufzunehmen und damit Berechnungen durchzuführen. Diese Funktionen stellen eine wichtige Voraussetzung dar, um ein Computerprogramm zu schreiben. Eine weitere Grundlage besteht darin, den Ablauf individuell zu steuern. Das bedeutet, dass das Programm nicht immer genau die gleichen Aktionen durchführt. Es kann den Ablauf nun an die Werte bestimmter Variablen anpassen.

Alle bisherigen Programme hatten einen linearen Ablauf. Das bedeutet, dass sie alle vorhandenen Befehle immer in der gleichen Reihenfolge abgearbeitet haben. Nun lernen wir, wie wir hierbei eine Verzweigung einfügen können. Das bedeutet, dass wir zwei oder mehr Optionen gestalten. Je nachdem, welche Werte das Programm aufweist, führt es daraufhin die eine oder die andere Alternative aus. Zu diesem Zweck kommen `if`-Abfragen zum Einsatz.

7.1 Der Aufbau einer einfachen if-Abfrage

Eine einfache `if`-Abfrage ist eigentlich keine Verzweigung. Sie bietet lediglich eine Option an. Allerdings wird diese nicht immer ausgeführt. Nur wenn die Bedingungen, die wir hierfür aufstellen, erfüllt sind, kommt es zur Ausführung der entsprechenden Bereiche. Treffen diese hingegen nicht zu, ignoriert das Programm diesen Abschnitt und fährt mit dem darauffolgenden Code fort.

Für das Aufstellen einer Bedingung im Alltag verwenden wir in der Regel den Begriff „falls" – auf Englisch „if". Diesen nutzen wir auch in der Informatik. Jede Verzweigung führen wir daher mit diesem Begriff `if` ein. Danach formulieren wir eine Bedingung. Diese steht immer in einer Klammer. Daran schließt sich eine geschweifte Klammer an. Diese enthält alle Befehle, die mit der Bedingung verknüpft sind. Das Programm führt sie nur dann aus, wenn die Bedingung erfüllt ist. Die Struktur der `if`-Abfrage sieht daher so aus:

```
if (Bedingung) {
    Befehl 1;
    Befehl 2;
    .
    .
    Befehl n;
}
```

Wenn wir diese Struktur in die Praxis umsetzen möchten, besteht jedoch das Problem, dass wir noch nicht gelernt haben, eine Bedingung aufzustellen. Wir können hierfür jedoch auch eine boolesche Variable verwenden. Hat diese den Wert `true`, führt das Programm die entsprechenden Befehle aus. Hat sie hingegen den Wert `false`, überspringt das Programm diesen Teil:

```
public class If1 {
    public static void main(String[] args) {
        boolean bedingung = true;
        if (bedingung) {
            System.out.println("Bedingung 1 erfüllt.");
        }
        bedingung = false;
        if (bedingung) {
            System.out.println("Bedingung 2 erfüllt.");
        }
    }
}
```

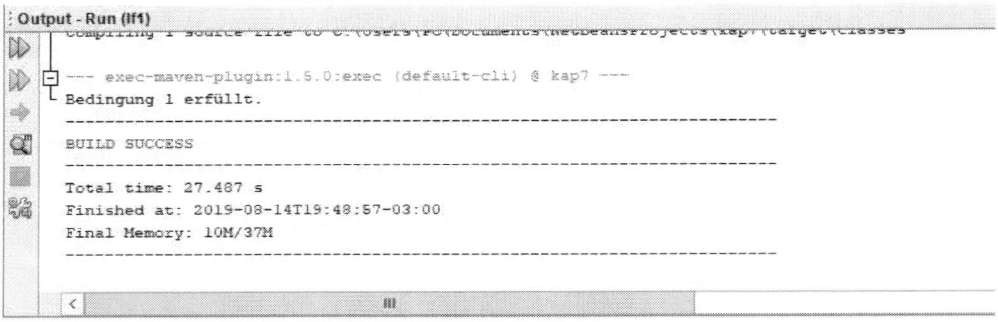

Abb. 7.1 Das Programm gibt nur den Befehl in der ersten if-Abfrage aus

7.2 Vergleichsoperatoren

Die Bedingung stellt einen der zentralen Bestandteile der `if`-Abfrage dar. Ohne diese kann das Programm nicht herausfinden, ob es den entsprechenden Abschnitt ausführen muss oder nicht. In unserem ersten Beispiel haben wir hierfür eine boolesche Variable verwendet und deren Wert per Zuweisungsoperator vorgegeben. Diese Vorgehensweise ist jedoch nur recht selten anzutreffen.

Deutlich häufiger kommt es vor, dass man zu diesem Zweck zwei Werte miteinander vergleicht. Wenn dieser Vergleich der aufgestellten Bedingung entspricht, führt das Programm die Befehle des if-Blocks aus.

In vielen Fällen ist es notwendig, zwei Werte auf Gleichheit zu überprüfen. Zu diesem Zweck wäre es eigentlich naheliegend, das Gleichheitszeichen zu verwenden. Dieses hat in Java jedoch bereits die Funktion des Zuweisungsoperators. Um die verschiedenen Einsatzzwecke voneinander abzugrenzen, ist es nicht sinnvoll, genau das gleiche

Symbol zu verwenden. Daher kommt in Java – genau wie in vielen anderen Programmiersprachen – als Vergleichsoperator ein doppeltes Gleichheitszeichen zum Einsatz. Auf diese Weise können wir bereits ein Programm schreiben, das eine Interaktion mit dem Anwender durchführt und den Ablauf des Programms an dessen Eingabe anpasst:

```
import java.io.*;
public class If2 {
    public static void main(String[] args)throws IOException {
        InputStreamReader isr = new InputStreamReader(System.in);
        BufferedReader br = new BufferedReader(isr);
        System.out.println("Geben Sie die Zahl 3 ein:");
        String eingabe = br.readLine();
        int zahl = Integer.parseInt(eingabe);
        if (zahl == 3){
            System.out.println("Die Eingabe ist richtig.");
        }
    }
}
```

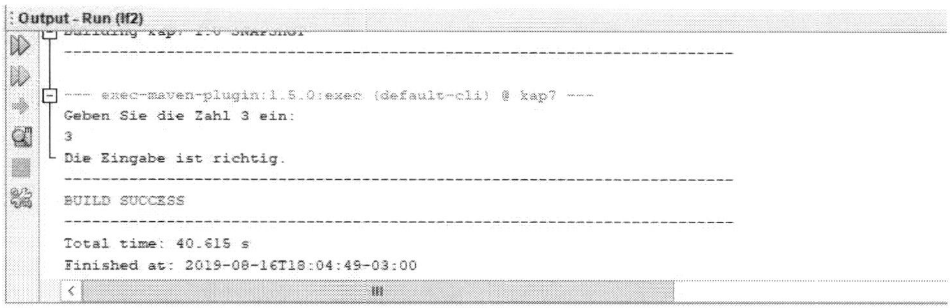

Abb. 7.2 Nur wenn der Anwender die richtige Zahl eingibt, erscheint die Erfolgsmeldung

Dieses Programm stellt dem Anwender eine einfache Aufgabe. Es fordert ihn dazu auf, den Wert 3 einzugeben. Daraufhin überprüft es, ob die Eingabe tatsächlich diesem Wert entspricht. Nur in diesem Fall gibt es eine Erfolgsmeldung aus.

Es ist nicht nur möglich, zwei Werte auf Gleichheit zu überprüfen. Darüber hinaus kann man die Bedingung so formulieren, dass sie nur dann zutrifft, wenn der entsprechende Wert größer oder kleiner als der Vergleichswert ist. Darüber hinaus gibt es Operatoren, die dazu führen, dass die Bedingung zutrifft, wenn der Wert größer oder gleich beziehungsweise kleiner oder gleich wie der Vergleichswert ist. Schließlich ist es auch möglich, zwei Variablen auf Ungleichheit zu überprüfen. Die folgende Liste gibt einen Überblick über die möglichen Vergleichsoperatoren:

`x == y`	x ist gleich y
`x > y`	x ist größer als y
`x < y`	x ist kleiner als y

`x >= y`	x ist größer oder gleich y
`x <= y`	x ist kleiner oder gleich y
`x != y`	x ist ungleich y

Diese Vergleichsoperatoren geben uns weitere Möglichkeiten, um unser Programm zu gestalten. Im vorherigen Beispiel passiert beispielsweise nichts, wenn wir einen falschen Wert eingeben. Doch wäre es sinnvoll, den Anwender über diesen Fehler zu informieren. Zu diesem Zweck könnten wir weitere `if`-Abfragen in das Programm einfügen. Eine Möglichkeit bestünde darin, zwei weitere Blöcke mit verschiedenen Bedingungen einzufügen: eine, die abfragt, ob der Wert größer als der Vergleichswert ist und eine andere, die abfragt, ob er kleiner ist. Das würde alle Möglichkeiten abdecken. Etwas einfacher ist es jedoch, wenn wir hierfür den Ungleichheitsoperator verwenden:

```
import java.io.*;
public class If2 {
    public static void main(String[] args)throws IOException {
        InputStreamReader isr = new InputStreamReader(System.in);
        BufferedReader br = new BufferedReader(isr);
        System.out.println("Geben Sie die Zahl 3 ein:");
        String eingabe = br.readLine();
        int zahl = Integer.parseInt(eingabe);
        if (zahl == 3){
            System.out.println("Die Eingabe ist richtig.");
        }
        if (zahl != 3){
            System.out.println("Die Eingabe ist falsch.");
        }
    }
}
```

Abb. 7.3 Jetzt erscheint auch bei der Eingabe eines falschen Werts eine Nachricht

Bislang haben wir lediglich Zahlen miteinander verglichen. In vielen Fällen ist es jedoch erforderlich, Zeichenketten auf Gleichheit zu überprüfen. Dabei könnte man auf die Idee kommen, den gleichen Operator wie bei Zahlen zu verwenden (==). Das ist hierbei jedoch nicht zu empfehlen. Wenn man diesen Operator auf eine String-Variable anwendet, überprüft er, ob der Speicherort der beiden Variablen der gleiche ist, nicht jedoch, ob sich der Inhalt entspricht. Daher führt diese Vorgehensweise häufig nicht zum gewünschten Ergebnis. Daher müssen wir hierfür die `equals()`-Methode verwenden. Diese hängen wir nach einem Punkt an die erste String-Variable an. In der Klammer steht dann der zweite Wert:

```
str1.equals(str2);
```

7.3 Bedingungen mit logischen Operatoren verknüpfen

In der Regel ist es für die Gestaltung der Programme ausreichend, eine einzige Bedingung zu verwenden. Allerdings tritt gelegentlich der Fall auf, dass für eine bestimmte Aktion zwei Bedingungen gleichzeitig erfüllt sein müssen. Als Beispiel hierfür kann man sich ein Programm für die Personalverwaltung in einem Unternehmen vorstellen. Dieses sucht für verschiedene Aufgaben verfügbare Mitarbeiter. Da diese Aufgaben jedoch eine unterschiedliche Sachkenntnis erfordern, ist es dabei wichtig, dass der Mitarbeiter einer bestimmten Abteilung angehört. Hierfür vergeben wir Nummern für die einzelnen Abteilungen vor und überprüfen danach, ob der entsprechende Angestellte der richtigen Abteilung angehört:

```
if(abteilung == 2)
```

Da die Mitarbeiter in diesem Betrieb jedoch im Schichtdienst arbeiten, ist immer nur ein kleiner Teil anwesend. Daher hat das Unternehmen eine automatische Zugangskontrolle eingerichtet. Wenn der Angestellte das Werk betritt, setzt diese die Variable `verfuegbarkeit` auf `true`. Nur wenn der Mitarbeiter zur richtigen Abteilung gehört und wenn er außerdem verfügbar ist, ist es möglich, ihm die Aufgabe zu übertragen.

Mit etwas Einfallsreichtum wäre es mit den bisherigen Kenntnissen bereits möglich, ein passendes Programm zu schreiben. Dafür müssten wir lediglich zwei `if`-Abfragen mit den entsprechenden Bedingungen ineinander schachteln. Die zugehörige Aktion schreiben wir dann in die innere `if`-Abfrage. Sie wird dann nur ausgeführt, wenn beide Bedingungen zutreffen. Allerdings würde das zu einem erheblichen Schreibaufwand und zu sehr komplizierten Strukturen führen. Daher ist es sinnvoll, die beiden Teilbedingungen in einer einzigen `if`-Abfrage miteinander zu verbinden. Dazu kommt der logische Und-Operator zum Einsatz. Dieser besteht aus dem doppelten Ampersand-Zeichen (`&&`):

```
public class If3 {
    public static void main(String[] args) {
        int abteilung = 2;
        boolean verfuegbarkeit = true;
        if (abteilung == 2 && verfuegbarkeit){
            System.out.println("Mitarbeiter kann die Aufgabe übernehmen.");
        }
    }
}

```

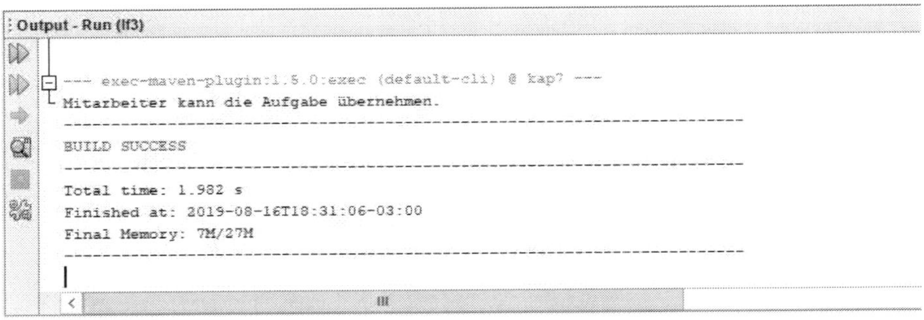

Abb. 7.4 Die Ausgabe erscheint, wenn beide Teilbedingungen erfüllt sind

Um die Funktionsweise auszuprobieren, können wir die Werte für die Abteilung und für die Verfügbarkeit abändern. Wenn nur einer der Werte nicht den Anforderungen entspricht, erscheint der Inhalt des `if`-Blocks nicht.

In anderen Situationen ist es ausreichend, wenn eine von zwei Bedingungen erfüllt ist. Wenn beispielsweise für die Erledigung einer Aufgabe zwei verschiedene Abteilungen infrage kommen, ist die Bedingung erfüllt, wenn der Mitarbeiter einem der beiden Bereiche angehört. Auch hierfür wäre es möglich, mit den bisherigen Kenntnissen ein passendes Programm zu erzeugen. Hierfür müssten wir für die jeweiligen Bedingungen zwei `if`-Blöcke mit identischem Inhalt hintereinander schreiben. Ist die erste Bedingung erfüllt, wird der erste Block ausgeführt, trifft hingegen der zweite Vergleich zu, arbeitet das Programm die Befehle im zweiten Block ab. Da diese jedoch identisch sind, ist der Effekt der gleiche. Dennoch gibt es auch hierfür eine praktischere Möglichkeit: den logischen Oder-Operator. Dafür verwenden wir den doppelten senkrechten Strich (||):

```
abteilung == 2 || abteilung == 4
```

Darüber hinaus ist es jedoch nach wie vor wichtig, dass der entsprechende Mitarbeiter auch verfügbar ist. Auch diese Anforderung können wir zu unserer Bedingung hinzufügen. Allerdings ist es hierbei wichtig, genau darauf zu achten, welche Vergleiche zusammengehören und dies durch eine Klammer deutlich zu machen. In unserem Fall muss die Bedingung so aussehen:

```
if ((abteilung == 2 || abteilung == 4) && verfuegbarkeit)
```

Würden wir die beiden Teile der Oder-Verknüpfung nicht in eine Klammer stellen, würde das Programm zunächst die Und-Verknüpfung berücksichtigen. Das hätte zur Folge, dass es die Aufgabe an jeden Mitarbeiter der Abteilung 2 übertragen würde, selbst wenn dieser nicht verfügbar ist. Die Verfügbarkeit würde dann nur in Zusammenhang mit der Abteilung 4 überprüft werden.

Darüber hinaus gibt es noch zwei weitere logische Operatoren. Zum einen unterstützt Java das exklusive Oder. Hierfür kommt das Zirkumflex-Zeichen (^) zum Einsatz. In diesem Fall ist die Gesamtbedingung erfüllt, wenn genau eine der beiden Teilbedingungen zutrifft. Im Gegensatz zum gewöhnlichen Oder ist dies jedoch nicht der Fall, wenn beide Teilbedingungen erfüllt sind. Zum anderen ist es möglich, die logische Negation zu verwenden. Dazu nutzen wir das Ausrufungszeichen (`!`). Damit ist es möglich, die gesamte Bedingung oder einen Teilbereich zu verneinen. Das bedeutet, dass die Bedingung zutrifft, wenn der entsprechende Teil nicht erfüllt ist. Auch hierbei ist häufig die Verwendung von Klammern notwendig, um die verneinten Bereiche genau zu definieren.

7.3 Weitere Alternativen mit else hinzufügen

In Kapitel 7.1 haben wir zum Abschluss ein Programm erzeugt, das zunächst überprüft hat, ob die Eingabe des Anwenders richtig war. In diesem Fall gab es eine passende Nachricht aus. Danach hat es überprüft, ob die Eingabe falsch war und daraufhin ebenfalls eine Meldung erzeugt. Das bedeutet, dass die Bedingung der zweiten `if`-Abfrage genau das Gegenteil der ersten `if`-Abfrage darstellt. Daraus folgt, dass eine der beiden Bedingungen immer zutreffen muss. Auf diese Weise haben wir eine echte Verzweigung geschaffen. Das Programm verfügt über zwei alternative Wege, von denen es einen zwingend einschlagen muss.

Derartige Strukturen sind in sehr vielen Programmen anzutreffen. Daher gibt es hierfür eine eigene Schreibweise: else. Wenn wir diesen Begriff an eine `if`-Abfrage anschließen, wird der entsprechende Block immer dann ausgeführt, wenn deren Bedingung nicht zutrifft. Der else-Block stellt daher immer die Verneinung der zugehörigen `if`-Abfrage dar.

Mit diesen Informationen können wir das Programm aus Kapitel 7.1 nun etwas übersichtlicher gestalten. Die Funktionsweise bleibt dabei jedoch erhalten:

```
import java.io.*;
public class If4 {
    public static void main(String[] args)throws IOException {
        InputStreamReader isr = new InputStreamReader(System.in);
        BufferedReader br = new BufferedReader(isr);
        System.out.println("Geben Sie die Zahl 3 ein:");
        String eingabe = br.readLine();
        int zahl = Integer.parseInt(eingabe);
        if (zahl == 3){
            System.out.println("Die Eingabe ist richtig.");
        }
        else{
            System.out.println("Die Eingabe ist falsch.");
        }
    }
}
```

7.4 Mehrere Auswahloptionen mit else if oder switch erzeugen

Immer wieder kommt es vor, dass nicht nur zwei Auswahlmöglichkeiten bestehen, sondern mehrere. In diesem Fall ist es möglich, mehrere `if`-Abfragen mit den entsprechenden Bedingungen miteinander zu verknüpfen. Das geschieht mit den Begriffen `else if`. Danach ist es möglich, eine weitere Bedingung einzufügen. Auf diese Weise kann man beliebig viele Auswahlmöglichkeiten hinzufügen. Abschließend ist es möglich, einen else-Block hinzuzufügen. Dieser wird in diesem Fall nur dann ausgeführt, wenn keine der vorherigen Bedingungen zutraf. Die Struktur der Abfrage sieht wie folgt aus:

```
if (Bedingung 1) {
    Befehls-Block 1
}
else if (Bedingung 2) {
    Befehls-Block 2
}
.
.
else if (Bedingung n) {
    Befehls-Block n
}
else {
    Befehls-Block n+1
}
```

Um auch diese Funktionsweise an einem Beispiel zu verdeutlichen, gehen wir davon aus, dass die Mitarbeiter in unserem Betrieb meistens stark ausgelastet sind. Daher ist es nicht möglich, jeden neuen Auftrag sofort abzuarbeiten. Sie sammeln sich daher in der Warteschlange an. Unser Programm soll diese Warteschlange nun berücksichtigen. Ist sie leer, soll sie den Anwender darauf hinweisen, dass der Mitarbeiter die Aufgabe umgehend erledigt. Wenn sich bis zu zwei Aufträge in der Warteschlange befinden, soll das Programm dem Anwender mitteilen, dass es zu einer kurzen Wartezeit kommt. Befinden sich drei oder vier Aufträge in der Warteschlange, soll eine Ausgabe erscheinen, die auf eine längere Verzögerung hinweist. Falls sich fünf oder mehr unbearbeitete Aufträge in der Warteschleife befinden, soll das Programm den Auftrag ablehnen:

```
public class If5 {
    public static void main(String[] args) {
        int auftraege = 4;
        if (auftraege == 0){
            System.out.println("Der Auftrag wird sofort ausgeführt.");
        }
        else if (auftraege <= 2){
            System.out.println("Auftrag wird nach einer kurzen
            Wartezeit ausgeführt.");
        }
        else if (auftraege <= 4){
            System.out.println("Leider kann es zu einer längeren
            Wartezeit kommen.");
```

```
        }
        else{
            System.out.println("Auftrag kann im Moment nicht erledigt werden.");
        }
    }
}
```

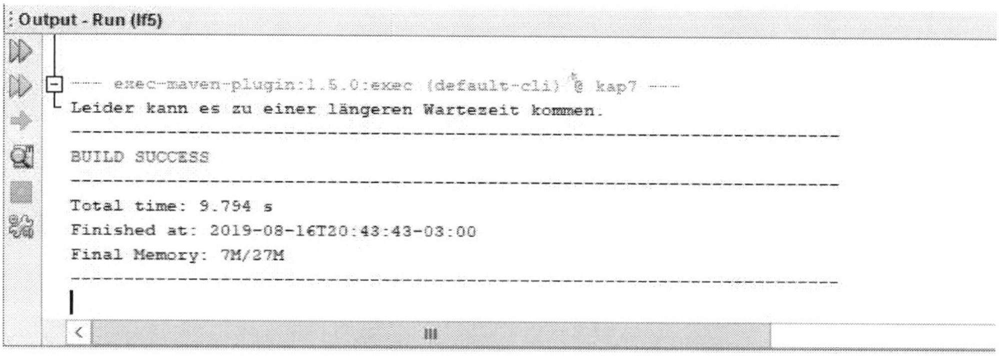

Abb. 7.5 Die Ausgabe bei vier Aufträgen in der Warteschleife

Um das System richtig zu verstehen, ist es wichtig, zu beachten, dass das Programm immer nur eine Auswahlmöglichkeit berücksichtigt. Wenn die erste Bedingung zutrifft, überprüft es die übrigen Bedingungen nicht mehr. Die zweite Bedingung gilt eigentlich für Werte zwischen 1 und 2. Dennoch ist die Bedingung auftraege <= 2 ausreichend. Das liegt daran, dass wenn der Wert 0 betragen sollte, bereits die erste Bedingung zutrifft. Daher kommt es in diesem Fall überhaupt nicht mehr zur Überprüfung der zweiten Bedingung. Aus diesem Grund können wir hier diesen Fall vernachlässigen. Dabei gehen wir davon aus, dass die Variable auftraege keine negativen Werte annehmen kann.

Häufig ist es möglich, statt einer Struktur mit `else if` das `switch`-Statement zu verwenden. Dieses sorgt oftmals für einen einfacheren Aufbau des Programms. Allerdings kann es nur dann zum Einsatz kommen, wenn wir den Wert einer einzelnen Variablen überprüfen. Wenn wir mehrere Variablen für die Bedingung verwenden wollen, müssen wir immer die oben vorgestellte Form anwenden.

Da das vorherige Beispiel jedoch lediglich den Wert der Variablen auftraege überprüft, können wir hierfür das `switch`-Statement verwenden. Diese leiten wir immer mit dem Begriff `switch` ein. Danach folgt in einer Klammer die Variable, die wir überprüfen möchten. Da das switch-Statement den Wert nur auf Gleichheit überprüfen kann, müssen wir für jeden Wert einen eigenen Fall definieren. Diesen leiten wir mit dem Begriff `case` und einem Doppelpunkt ein. Danach steht der Wert, den die Variable haben muss, damit die entsprechenden Befehle ausgeführt werden. Am Ende können wir ein `default`-Statement einfügen. Dieses hat die gleiche Funktion wie das `else` bei `if`-Abfragen: Es deckt alle Fälle ab, die nicht behandelt wurden. Wenn wir das obige Programm entsprechend umschreiben, sieht es so aus:

```
public class Switch {
    public static void main(String[] args) {
        int auftraege = 4;
        switch (auftraege){
            case 0:
                System.out.println("Der Auftrag wird sofort ausgeführt.");
            case 1:
                System.out.println("Auftrag wird nach einer kurzen
                Wartezeit ausgeführt.");
            case 2:
                System.out.println("Auftrag wird nach einer kurzen
                Wartezeit ausgeführt.");
            case 3:
                System.out.println("Leider kann es zu einer längeren
                Wartezeit kommen.");
            case 4:
                System.out.println("Leider kann es zu einer längeren
                Wartezeit kommen.");
            default:
                System.out.println("Auftrag kann im Moment nicht
                erledigt werden.");
        }
    }
}
```

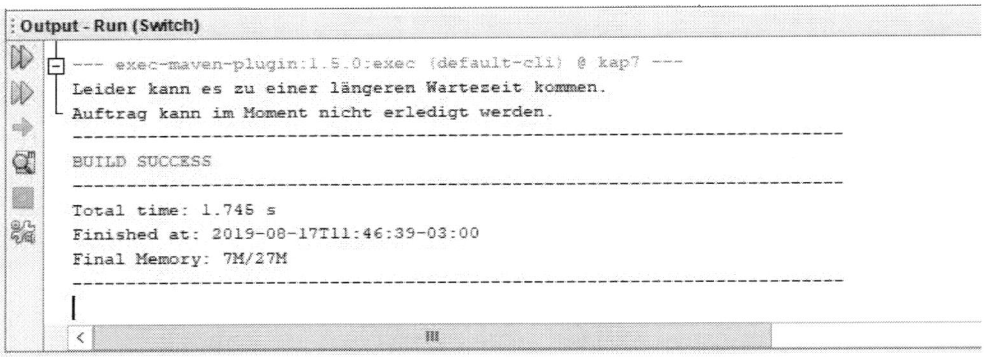

Abb. 7.6 Noch ist die Ausgabe fehlerhaft

Wenn wir das Ergebnis nun betrachten, stellen wir jedoch fest, dass hier auch die Ausgabe des `default`-Statements ausgegeben wird. Das ist selbstverständlich nicht erwünscht. Der Grund dafür besteht darin, dass das switch-Statement alle nachfolgenden Fälle ebenfalls ausführt, sobald es die erste Übereinstimmung gefunden hat – ohne die weiteren Bedingungen zu prüfen. Das trifft nicht nur auf das `default`-Statement zu, sondern auch auf die übrigen Fälle. Wenn wir beispielsweise den Wert der Variablen auftraege auf 2 setzen, gibt das Programm insgesamt vier verschiedene Ausgaben aus.

Das entspricht selbstverständlich nicht unseren Vorstellungen. Daher müssen wir bei jedem Fall einen `break`-Befehl hinzufügen. Dieser beendet das `switch`-Statement und führt daher dazu, dass nur die Ausgabe für einen einzigen Fall erscheint. Lediglich beim `default`-Statement ist der `break`-Befehl nicht notwendig, da nach diesem der Block ohnehin beendet wird. Viele Programmierer fügen ihn hier aber dennoch hinzu. Nach dieser Änderung erfüllt unser Programm alle Anforderungen. Der Code sieht dann so aus:

```
public class Switch {
    public static void main(String[] args) {
        int auftraege = 4;
        switch (auftraege){
            case 0:
                System.out.println("Der Auftrag wird sofort ausgeführt.");
                break;
            case 1:
                System.out.println("Auftrag wird nach einer kurzen
                Wartezeit ausgeführt.");
                break;
            case 2:
                System.out.println("Auftrag wird nach einer kurzen
                Wartezeit ausgeführt.");
                break;
            case 3:
                System.out.println("Leider kann es zu einer längeren
                Wartezeit kommen.");
                break;
            case 4:
                System.out.println("Leider kann es zu einer längeren
                Wartezeit kommen.");
                break;
            default:
                System.out.println("Auftrag kann im Moment nicht
                erledigt werden.");
                break;
        }
    }
}
```

Abb. 7.7 Jetzt erscheint nur noch eine Ausgabe

In diesem Fall scheint das switch-Statement nur den Aufwand beim Programmieren zu vergrößern – der hierfür erforderliche Code ist deutlich länger als beim vorherigen Programm. In diesem Beispiel mussten wir mehrere Ausgabe-Befehle doppelt in das Programm einfügen. Doch auch hierfür gibt es noch eine bessere Lösung. Wir können mehrere Fälle zusammenfassen. Dafür müssen wir einfach den Begriff `case` mit den zugehörigen Werten mehrmals hintereinander in den Code einfügen – jeweils durch einen Doppelpunkt getrennt. Wenn wir die beiden Fälle mit den gleichen Ausgabebefehlen zusammenfassen, sieht der Code so aus:

```
public class Switch {
    public static void main(String[] args) {
        int auftraege = 4;
        switch (auftraege){
            case 0:
                System.out.println("Der Auftrag wird sofort ausgeführt.");
                break;
            case 1: case 2:
                System.out.println("Auftrag wird nach einer kurzen
                Wartezeit ausgeführt.");
                break;
            case 3: case 4:
                System.out.println("Leider kann es zu einer längeren
                Wartezeit kommen.");
                break;
            default:
                System.out.println("Auftrag kann im Moment nicht
                erledigt werden.");
                break;
        }
    }
}
```

Die Anwendung des `switch`-Statements empfiehlt sich in erster Linie dann, wenn es viele einzelne Optionen gibt. In diesem Fall sorgt es für einen knappen und übersichtlichen Code.

7.5 Übungsaufgabe: Verzweigungen erstellen

1. Schreiben Sie ein Programm, das den Anwender nach seinem Namen fragt. Geben Sie eine Begrüßung aus, wenn dieser den Namen „Paul" eingibt. In allen anderen Fällen soll eine Nachricht erscheinen, dass der Zugriff nicht erlaubt ist.

2. Da der Anwender etwas bequem ist, gibt er seinen Namen nicht immer mit einem Großbuchstaben ein. Sorgen Sie dafür, dass das Programm auch die Eingabe „paul" akzeptiert. Außerdem soll es ein Passwort abfragen. Nur wenn beide Werte stimmen, soll das Programm die Begrüßung ausgeben.

3. Schreiben Sie ein Programm, das vom Anwender eine Zahl zwischen 1 und 12 abfragt. Daraufhin soll es den Namen des Monats ausgeben, der bei einer Datumsangabe für den entsprechenden Wert steht. Sie können für die Umsetzung entweder eine Struktur mit `else if` oder mit `switch` auswählen.

Lösungen:

1.

```
import java.io.*;
public class Aufgabe1 {
    public static void main(String[] args)throws IOException {
        InputStreamReader isr = new InputStreamReader(System.in);
        BufferedReader br = new BufferedReader(isr);
        System.out.println("Geben Sie Ihren Namen ein:");
        String eingabe = br.readLine();
        if (eingabe.equals("Paul")){
            System.out.println("Hallo Paul! Herzlich willkommen!");
        }
        else {
            System.out.println("Sie haben keinen Zugang zum Programm.");
        }
    }
}
```

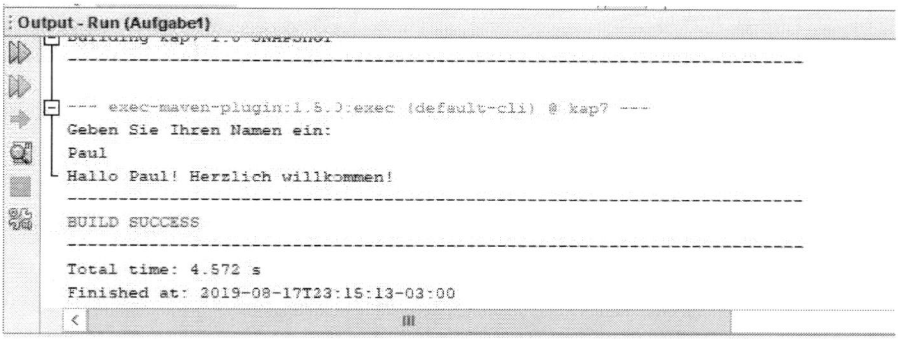

Abb. 7.8 Die Begrüßung des Anwenders

2.

```
import java.io.*;
public class Aufgabe2 {
    public static void main(String[] args)throws IOException {
        InputStreamReader isr = new InputStreamReader(System.in);
        BufferedReader br = new BufferedReader(isr);
        System.out.println("Geben Sie Ihren Namen ein:");
        String eingabe = br.readLine();
        System.out.println("Geben Sie Ihr Passwort ein:");
        String passwort = br.readLine();
        if ((eingabe.equals("Paul") || eingabe.equals("paul")) && passwort.
        equals("xyz")){
            System.out.println("Hallo Paul! Herzlich willkommen!");
        }
        else {
            System.out.println("Sie haben keinen Zugang zum Programm.");
        }
    }
}
```

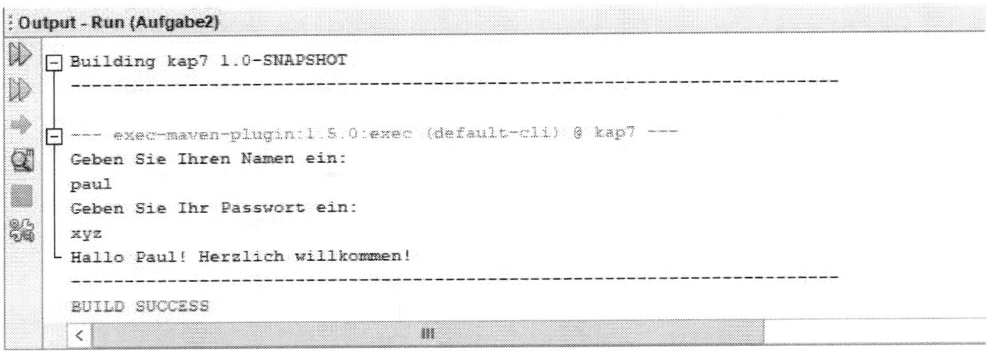

Abb. 7.9 Das Programm mit der Abfrage des Namens und des Passworts

3.

Lösung mit else if:

```
import java.io.*;
public class Aufgabe3a {
    public static void main(String[] args)throws IOException {
        InputStreamReader isr = new InputStreamReader(System.in);
        BufferedReader br = new BufferedReader(isr);
        System.out.println("Geben Sie eine Zahl zwischen 1 und 12 ein:");
        String eingabe = br.readLine();
        int zahl = Integer.parseInt(eingabe);
        if (zahl == 1){
            System.out.println("Januar");
        }
        else if (zahl == 2){
            System.out.println("Februar");
        }
        else if (zahl == 3){
            System.out.println("März");
        }
        else if (zahl == 4){
            System.out.println("April");
        }
        else if (zahl == 5){
            System.out.println("Mai");
        }
        else if (zahl == 6){
            System.out.println("Juni");
        }
        else if (zahl == 7){
            System.out.println("Juli");
        }
        else if (zahl == 8){
            System.out.println("August");
        }
        else if (zahl == 9){
            System.out.println("September");
        }
        else if (zahl == 10){
```

```
                System.out.println("Oktober");
            }
            else if (zahl == 11){
                System.out.println("November");
            }
            else if (zahl == 12){
                System.out.println("Dezember");
            }
            else {
                System.out.println("Sie haben keinen gültigen Wert eingegeben.");
            }
        }
}
```


Lösung mit switch:

```
import java.io.*;
public class Aufgabe3b {
    public static void main(String[] args)throws IOException {
        InputStreamReader isr = new InputStreamReader(System.in);
        BufferedReader br = new BufferedReader(isr);
        System.out.println("Geben Sie eine Zahl zwischen 1 und 12 ein:");
        String eingabe = br.readLine();
        int zahl = Integer.parseInt(eingabe);
        switch (zahl){
            case 1:
                System.out.println("Januar");
                break;
            case 2:
                System.out.println("Februar");
                break;
            case 3:
                System.out.println("März");
                break;
            case 4:
                System.out.println("April");
                break;
            case 5:
                System.out.println("Mai");
                break;
            case 6:
                System.out.println("Juni");
                break;
            case 7:
                System.out.println("Juli");
                break;
            case 8:
                System.out.println("August");
                break;
            case 9:
                System.out.println("September");
                break;
            case 10:
                System.out.println("Oktober");
                break;
            case 11:
```

```
                System.out.println("November");
                break;
            case 12:
                System.out.println("Dezember");
                break;
            default:
                System.out.println("Sie haben keinen gültigen Wert
                eingegeben.");
                break;
        }
    }
}
```

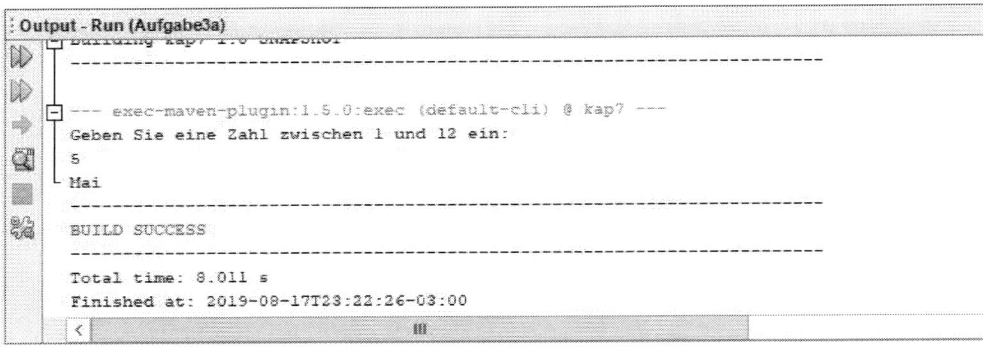

Abb. 7.10 Die Ausgabe ist bei beiden Programmen identisch

Alle Programmcodes und Schaltpläne aus diesem Buch stehen kostenfrei zum Download bereit. Dadurch müssen Sie Code nicht abtippen.

Außerdem erhalten Sie die eBook Ausgabe zum Buch im PDF Format kostenlos auf unserer Website:

https://bmu-verlag.de/java-kompendium/
Downloadcode: siehe Kapitel 28

Kapitel 8

Schleifen: einzelne Programmteile wiederholen

Schleifen stellen ein weiteres wichtiges Element dar, um den Ablauf eines Programms zu steuern. Diese erstellen jedoch keine Verzweigungen, sondern Wiederholungen. Damit ist es möglich, verschiedene Berechnungen in Sekundenbruchteilen viele Tausend Male durchzuführen. Diese automatischen Wiederholungen machen es möglich, einen der zentralen Vorteile eines Computerprogramms zu nutzen: die hohe Geschwindigkeit bei der Berechnung. Java kennt mehrere verschiedene Arten von Schleifen. Diese bieten sich für unterschiedliche Anwendungen an.

8.1 Die while-Schleife: der grundlegende Schleifentyp

Die allgemeinste Schleife in Java ist die `while`-Schleife. Diese lässt sich für beinahe jede Anwendung nutzen. Sie ist sehr ähnlich aufgebaut wie eine `if`-Abfrage: Sie enthält zunächst eine Bedingung und danach einen Block aus beliebig vielen Befehlen. Die `if`-Abfrage überprüft die Bedingung jedoch nur ein einziges Mal. Wenn sie zutrifft, führt das Programm zwar die zugehörigen Befehle aus. Danach fährt es jedoch mit den nächsten Abschnitten fort. Die `while`-Schleife springt hingegen nach der Ausführung des Befehls-Blocks wieder an den Anfang zurück und überprüft die Bedingung erneut. Trifft sie immer noch zu, führt sie die Befehle erneut aus – so lange, bis die Bedingung nicht mehr erfüllt ist.

Der ähnliche Aufbau hat zur Folge, dass die Struktur der `while`-Schleife beinahe die gleiche ist, wie bei einer `if`-Abfrage:

```
while (Bedingung){
    Befehl 1;
    Befehl 2;
    .
    .
    Befehl n;
}
```

Um die Funktionsweise an einem Beispiel deutlich zu machen, erstellen wir ein ähnliches Programm wie im Kapitel 7.2: Wir fordern den Anwender dazu auf, die Zahl 3 einzugeben. Dieses Mal soll jedoch nicht nur eine Meldung erscheinen, ob die Eingabe richtig oder falsch war. Das Programm soll die Eingabe so lange wiederholen, bis der Anwender den richtigen Wert eingibt:

```
import java.io.*;
public class While1 {
    public static void main(String[] args)throws IOException {
        InputStreamReader isr = new InputStreamReader(System.in);
        BufferedReader br = new BufferedReader(isr);
        System.out.println("Geben Sie die Zahl 3 ein:");
        String eingabe = br.readLine();
        int zahl = Integer.parseInt(eingabe);
        while (zahl != 3){
            System.out.println("Die Eingabe ist falsch.");
            eingabe = br.readLine();
            zahl = Integer.parseInt(eingabe);
        }
        System.out.println("Die Eingabe ist richtig.");
    }
}
```

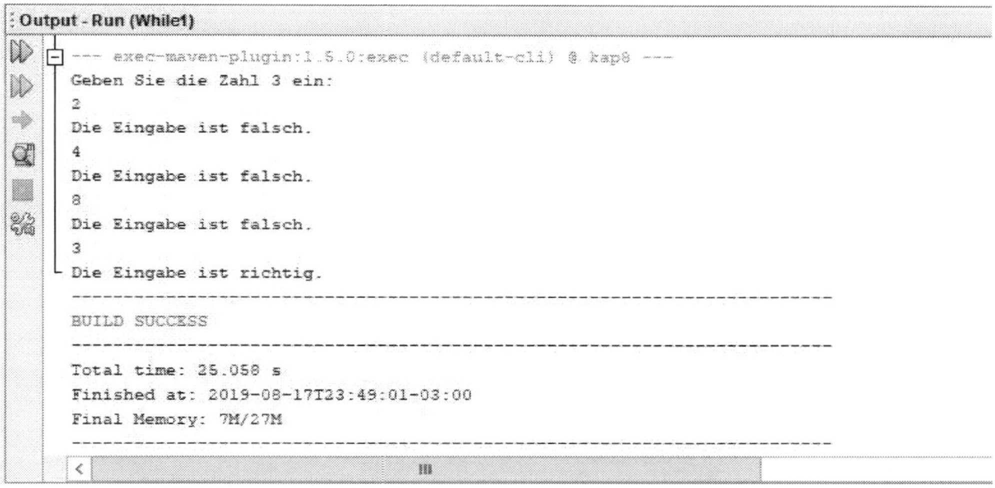

Abb. 8.1 Die Schleife wird so lange wiederholt, bis der richtige Wert eingegeben wird

Im Gegensatz zur `if`-Abfrage aus Kapitel 7.2 überprüft die Bedingung in der `while`-Schleife, ob der Wert ungleich 3 ist. Das liegt daran, dass die Schleife ja gerade dann wiederholt werden soll, wenn der Anwender den falschen Wert eingibt.

Bei der Verwendung von Schleifen besteht die Gefahr, dass man eine Endlosschleife erstellt. Das bedeutet, dass die Bedingung dauerhaft erfüllt ist und dass es nicht mehr möglich ist, dies zu ändern. Daher führt das Programm sie immer wieder aufs Neue aus und wird daher nie beendet.

Um eine Endlosschleife zu vermeiden, müssen wir zwei Regeln beachten. Zum einen ist es notwendig, dass die Bedingung eine Variable enthält, die im Schleifenkörper ebenfalls vorkommt und die dort verändert werden kann. Zum anderen muss es möglich sein, den Wert so zu verändern, dass die Bedingung nicht mehr zutrifft. Unser Programm erfüllt beide Eigenschaften, sodass eine Beendigung der Schleife möglich ist.

Häufig ist es notwendig, dass eine Schleife mit einer bereits im Voraus definierten Anzahl an Durchläufen durchgeführt wird. In diesem Fall ist es sinnvoll, einen passenden Zähler zu definieren. Um auch diese Anwendung zu verdeutlichen, erstellen wir nun ein Programm, das die Zahlen von 1 bis 10 in einer Schleife ausgibt. Dazu verwenden wir einen Zähler mit der Bezeichnung `i`:

```
public class While2 {
    public static void main(String[] args) {
        int i = 1;
        while (i <= 10){
            System.out.println(i);
            i++;
        }
    }
}
```

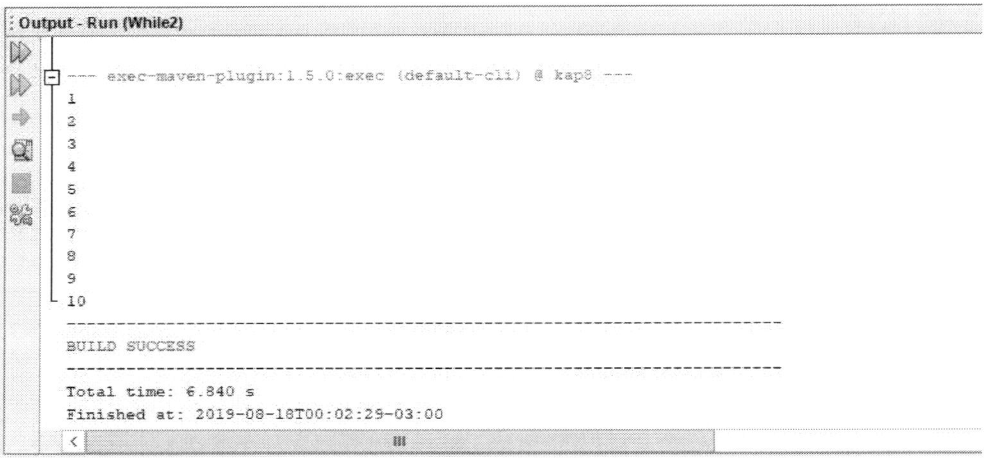

Abb. 8.2 Die Ausgabe der Zahlen von 1 bis 10

8.2 Die fußgesteuerte do-while-Schleife

Ein weiterer Schleifentyp ist die `do-while`-Schleife. Diese ist sehr ähnlich aufgebaut wie die `while`-Schleife. Der Unterschied besteht darin, dass hierbei die Bedingung am Ende steht:

```
do {
    Befehl 1;
    Befehl 2;
    .
    .
    Befehl n;
} while (Bedingung);
```

Hierbei ist es wichtig, darauf zu achten, dass wir bei diesem Schleifentyp die Bedingung ebenfalls mit einem Semikolon abschließen müssen.

Die Funktionsweise ist beinahe identisch zur `while`-Schleife. Es ist fast immer möglich, eine `do-while`-Schleife durch eine while-Schleife zu ersetzen. Allerdings gibt es hierbei einen kleinen Unterschied beim Beginn der Schleife. Die while-Schleife überprüft zunächst die Bedingung. Nur wenn diese zutrifft, führt das Programm den Schleifenkörper aus. Bei der `do-while`-Schleife findet die Überprüfung hingegen erst nach dem Schleifenkörper statt. Das führt unter anderem dazu, dass die entsprechenden Befehle in jedem Fall mindestens einmal ausgeführt werden – unabhängig davon, ob die Bedingung am Anfang der Schleife zutrifft oder nicht. Darüber hinaus führt diese Reihenfolge dazu, dass die Variablen zunächst im Schleifenkörper verändert werden, bevor wir sie in der Bedingung überprüfen. Das müssen wir beim Aufstellen der Bedingung berücksichtigen.

Wie bereits erwähnt gibt es viele Programme, in denen wir frei auswählen können, ob wir die `while`- oder die `do-while`-Schleife verwenden. Lediglich wenn es je nach Wert der Variablen auch möglich sein soll, dass die Befehle im Schleifenkörper überhaupt nicht ausgeführt werden, ist die Verwendung der do-while-Schleife nicht möglich.

Aufgrund der ähnlichen Funktionsweise stellt sich jedoch die Frage, weshalb die Verwendung der `do-while`-Schleife überhaupt sinnvoll ist. Die Antwort darauf besteht darin, dass sie es in vielen Fällen ermöglicht, den Programmcode kürzer und übersichtlicher zu gestalten. Dazu können wir uns nochmals die erste while-Schleife anschauen, die wir erstellt haben.

Hierbei haben wir bereits vor dem Beginn der Schleife den Anwender dazu aufgefordert, eine Zahl einzugeben. Das war notwendig, da wir diesen Wert für die Überprüfung der Bedingung benötigt haben. Danach mussten wir die Eingabe ein weiteres Mal im Schleifenkörper einfügen, damit der Anwender erneut versuchen kann, den richtigen Wert einzugeben. Daher erscheint zwei Mal ein identischer Befehl im Programm. Zwar wäre es auch bei einer `while`-Schleife möglich, diese Dopplung zu verhindern – beispielsweise indem wir der Variablen bereits einen Wert geben, der nicht korrekt ist, damit die Bedingung erfüllt ist und die Schleife ausgeführt wird. Besonders einfach und übersichtlich ist es jedoch, wenn wir hierfür die `do-while`-Schleife verwenden. Da hier die Bedingung erst nach der Ausführung des Schleifenkörpers überprüft wird, können wir hierbei einfach die Eingabe des Anwenders verarbeiten. Die Funktionsweise bleibt erhalten:

```
import java.io.*;
public class DoWhile {
    public static void main(String[] args)throws IOException {
        InputStreamReader isr = new InputStreamReader(System.in);
        BufferedReader br = new BufferedReader(isr);
        String eingabe;
        int zahl;
        do {
            System.out.println("Geben Sie bitte den Wert 3 ein:");
            eingabe = br.readLine();
```

```
            zahl = Integer.parseInt(eingabe);
        } while (zahl != 3);
        System.out.println("Die Eingabe ist richtig.");
    }
}
```

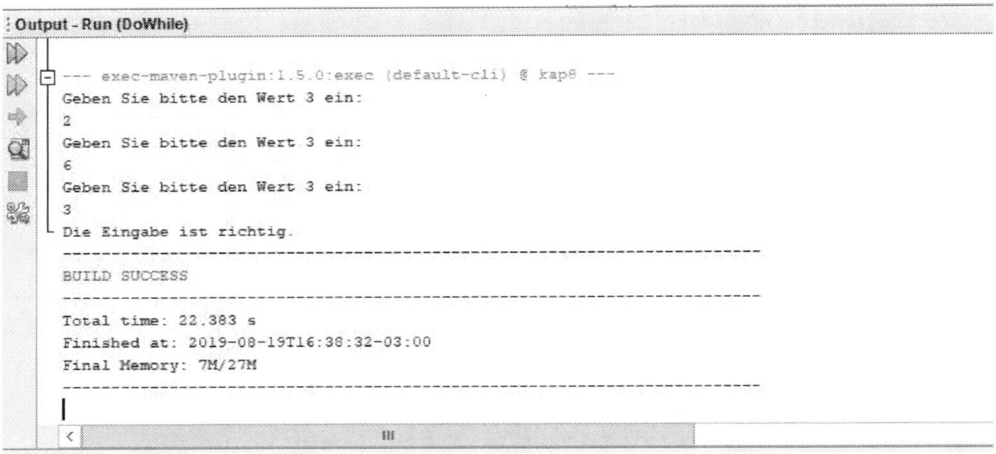

Abb. 8.3 Um die Ausgaben an die Struktur der Schleife anzupassen, haben wir deren Inhalte ebenfalls etwas abgeändert.

8.3 Eine feste Anzahl an Durchläufen mit einer for-Schleife vorgeben

Beim zweiten Beispiel für die `while`-Schleife hat diese die Befehle mit einer fest vorgegebenen Anzahl durchgeführt. Da eine derartige Verwendung sehr häufig ist, gibt es in Java hierfür noch eine weitere Alternative: die `for`-Schleife. Diese verkürzt den Programmcode etwas und reduziert daher den Aufwand bei der Gestaltung.

Die `for`-Schleife leiten wir stets mit dem Schlüsselbegriff `for` ein. Danach steht eine Klammer, in der wir zunächst den Zähler deklarieren. Nach einem Semikolon folgen dann die Bedingung und nach einem weiteren Semikolon die Art und Weise, auf die wir den Zähler bei jedem Durchlauf der Schleife verändern möchten. Wenn wir das Programm aus Kapitel 8.1 nun so umschreiben, dass es eine `for`-Schleife verwendet, sieht der Code dafür folgendermaßen aus:

```
public class For {
    public static void main(String[] args) {
        for (int i = 1; i <= 10; i++){
            System.out.println(i);
        }
    }
}
```

In diesem Beispiel haben wir den Zähler bei jedem Durchlauf um 1 erhöht. Diese Anwendung ist ausgesprochen häufig. Allerdings ist die `for`-Schleife nicht darauf beschränkt. Wir können hier auch eine beliebige andere Rechenoperation durchführen. Das zeigt das nächste Programm. Diese stellt die Zweierpotenzen dar:

```
public class For2 {
    public static void main(String[] args) {
        for (int i = 2; i <= 2000; i *= 2){
            System.out.println(i);
        }
    }
}
```


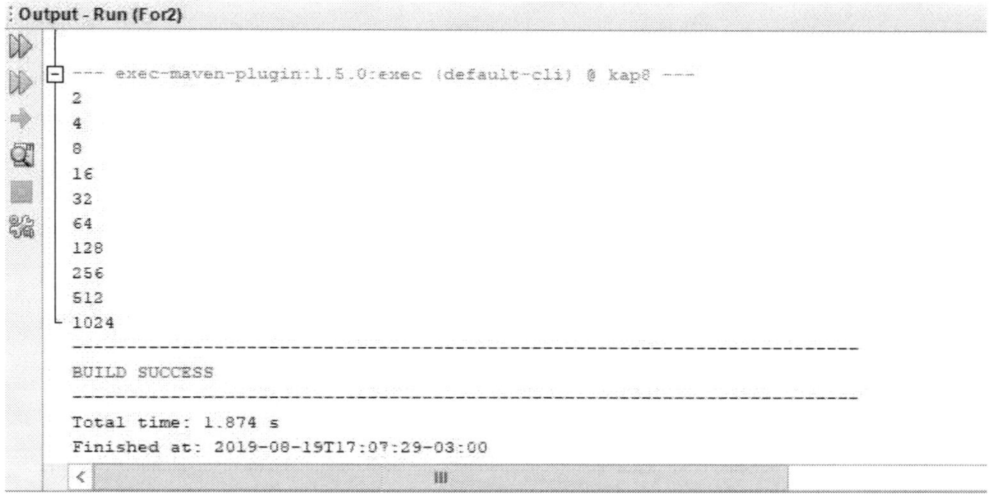

Abb. 8.4 Die Ausgabe der Zweierpotenzen

8.4 Spezielle Schleifen für zusammengesetzte Datentypen

In Kapitel 6 haben wir bereits zusammengesetzte Datentypen kennengelernt. Um deren Inhalte auszugeben, haben wir zwei verschiedene Vorgehensweisen verwendet: Entweder haben wir sie als Ganzes ausgegeben, indem wir einfach ihren Namen (und im Fall von Arrays einen Befehl für die richtige Darstellung) in einen print-Befehl eingegeben haben oder wir haben die einzelnen Werte über ihre Indexnummer ausgegeben (was selbstverständlich nur bei Datentypen möglich ist, die einen Index verwenden).

Die Ausgabe über den Namen der Liste oder des Arrays ist zwar ausgesprochen praktisch, doch ist die Darstellung dabei nicht gerade ansprechend. Außerdem wollen wir häufig noch einen Zusatz zu den einzelnen Werten einfügen oder eine weitere Berechnung mit ihnen durchführen. Das ist bei dieser Vorgehensweise nicht möglich. Wenn wir die Daten jedoch einzeln ausgeben, bedeutet das einen erheblichen Arbeitsaufwand – insbesondere wenn wir später Hunderte oder gar Tausende Werte in einer Liste oder in einem Array abspeichern.

Deshalb bietet es sich an, hierfür eine `for`-Schleife zu verwenden. Dabei können wir den Zähler einfach als Index-Nummer verwenden. Wenn die Länge des Datentyps bekannt ist, können wir diese für die Bedingung übernehmen. Falls nicht, ermitteln wir sie einfach automatisch – bei Arrays mit dem `length`-Befehl und bei den Collections mit der `size()`-Methode. Um ein komplettes Array auszugeben, könnten wir beispielsweise das folgende Programm verwenden:

```
public class For3 {
    public static void main(String[] args) {
        int[] meinArray = {3, 7, 12, 5, 127, 83, 95, 22};
        for (int i = 0; i < meinArray.length; i++){
            System.out.println("Wert " + i + ": " + meinArray[i]);
        }
    }
}
```

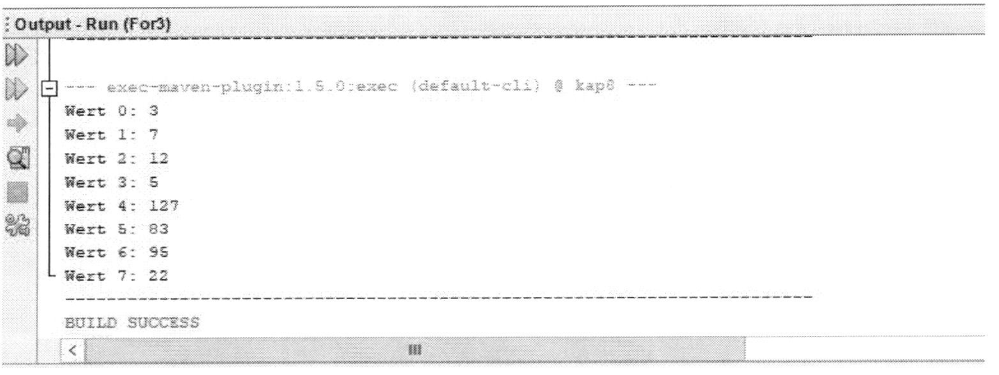

Abb. 8.5 Die Ausgabe der Werte des Arrays

Bereits dieses Beispiel mit einem relativ kleinen Array zeigt, wie hilfreich die Verwendung der `for`-Schleife ist. Wenn wir hierfür die Werte einzeln ausgeben würden, wäre deutlich mehr Code notwendig.

Da es sehr häufig notwendig ist, die kompletten Inhalte einer zusammengesetzten Datenstruktur auszugeben, gibt es in Java hierfür eine spezielle Form der Schleife. Diese wird ebenfalls mit dem Schlüsselbegriff `for` eingeleitet. Innerhalb der Klammer verwenden wir dann jedoch eine andere Struktur. Hier definieren wir zunächst eine Variable. Diese muss dem Datentyp der Werte entsprechen, die in der zusammengesetzten Datenstruktur enthalten sind. Danach folgt ein Doppelpunkt und anschließend der Name der entsprechenden Struktur:

```
for (Datentyp Variablenname : Datenstruktur){
    Befehl 1;
    Befehl 2;
    .
    .
    Befehl n;
}
```

Auf diese Weise können wir das obige Programm umschreiben:

```
public class For4 {
    public static void main(String[] args) {
        int[] meinArray = {3, 7, 12, 5, 127, 83, 95, 22};
        for (int wert: meinArray){
            System.out.println(wert);
        }
    }
}
```

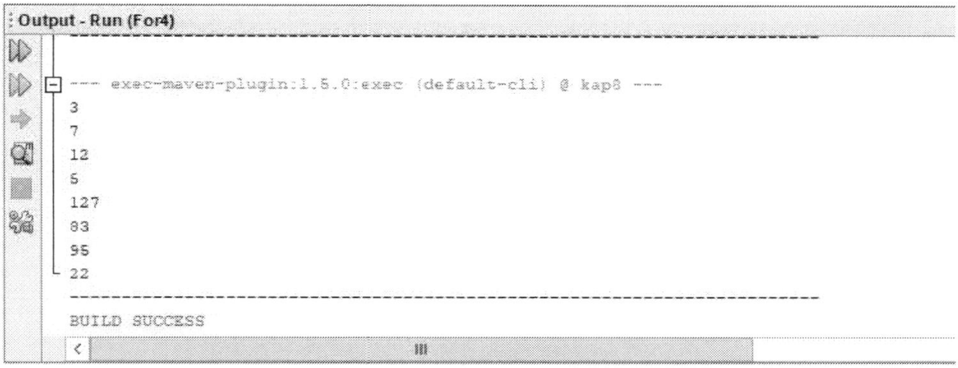

Abb. 8.6 Die Ausgabe der Werte des Arrays

Die Beschriftung mit der Feldnummer haben wir in diesem Beispiel entfernt. Da hier kein Zähler vorhanden ist, wäre die Umsetzung etwas schwieriger. Hierfür müssten wir einen separaten Zähler einfügen und in jedem Durchlauf erhöhen. Das ist zwar möglich, würde den Aufwand jedoch erhöhen. Daher wäre es in diesem Fall sinnvoll, die bisherige `for`-Schleife zu verwenden.

Diese Art der Schleife lässt sich auf alle iterierbaren Datentypen anwenden. Das sind beispielsweise Arrays, Listen, Maps und Sets. Wenn ein Datentyp iterierbar ist, bedeutet das, dass er aus einer Menge an einzelnen Daten besteht, den die Schleife Eintrag für Eintrag durchgehen kann.

In diesem Fall geht das Programm daher die kompletten Inhalte des Array oder der Liste durch. Dabei verwendet es einen Zeiger, der auf den aktuellen Wert gerichtet ist. Bei jedem Durchlauf springt dieser Zeiger einen Schritt weiter, bis er das Ende erreicht hat.

Die Schleife verwendet eine Variable – in unserem Beispiel mit der Bezeichnung wert. Dieser weist sie nun bei jedem Durchlauf den Wert des Feldes zu, auf das der Zeiger gerade gerichtet ist. Daher nimmt sie im Zuge der Durchläufe alle enthaltenen Werte an, sodass wir diese ausgeben können.

Diese Art der `for`-Schleife ist insbesondere bei Sets sehr praktisch, da hier der Zugriff auf die einzelnen Werte aufgrund des fehlenden Indexes nicht möglich ist. Auch das soll an einem Beispiel gezeigt werden:

```
public class For5 {
    public static void main(String[] args) {
        HashSet<String> staedte = new HashSet<>();
        staedte.add("Köln");
        staedte.add("Stuttgart");
        staedte.add("Berlin");
        staedte.add("Hamburg");
        staedte.add("Dresden");
        staedte.add("Frankfurt");
        for (String stadt: staedte){
            System.out.println(stadt);
        }
    }
}
```

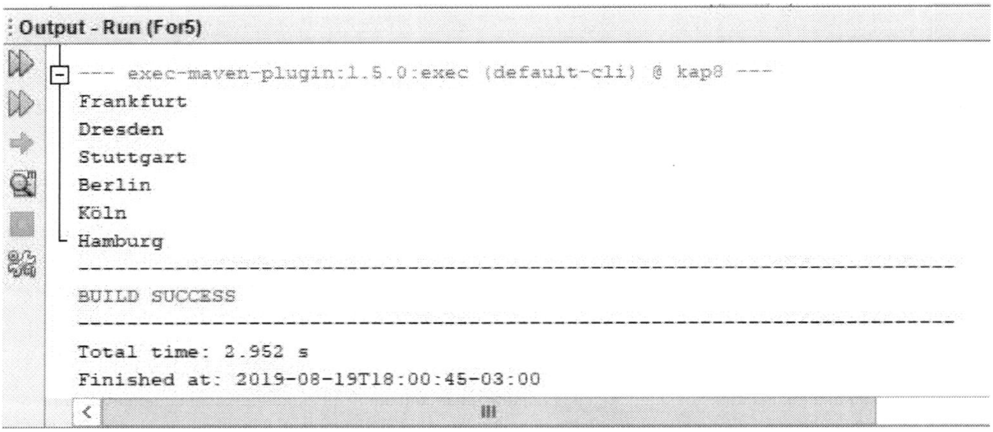

Abb. 8.7 Die Ausgabe der Städte

Bei der Verwendung dieser Art der `for`-Schleife ist es wichtig, darauf zu achten, dass diese nur dazu dient, die Werte auszugeben. Wir können Sie dadurch jedoch nicht verändern. Das liegt daran, dass die Variable, die wir hier definieren, um die einzelnen Werte aufzunehmen, keine direkte Verbindung zur zusammengesetzten Datenstruktur hat. Ihr wird lediglich der entsprechende Wert zugewiesen. Es handelt sich daher um eine Kopie. Auf diese Weise können wir ihn ausgeben. Wenn wir nun jedoch den Wert dieser Variablen ändern, hat das keinerlei Auswirkung auf die zugrundeliegende Datenstruktur.

Abschließend soll noch eine kurze Begriffserklärung stattfinden. Diese Art der `for`-Schleife wird in Java normalerweise als enhanced for-loop – also als erweiterte `for`-Schleife – bezeichnet. Alternativ dazu ist auch der Begriff for-each-Schleife üblich. Das liegt darin begründet, dass viele andere Programmiersprachen für diese Art von Schleife die Schlüsselbegriffe for und each verwenden. Deshalb hat sich dieser Ausdruck eingebürgert. Für die Verwendung in Java ist er jedoch eigentlich nicht korrekt, da wir hier den Begriff each nicht verwenden.

8.5 Übungsaufgabe: Schleifen verwenden

1. Erstellen Sie ein Programm, das den Anwender in einer Schleife dazu auffordert, einen Namen einzugeben. Fügen Sie diesen in eine Liste ein, die Sie bereits vor dem Beginn der Schleife deklarieren. Fragen Sie den Anwender anschließend, ob er einen weiteren Eintrag vornehmen will. Fordern Sie ihn dabei dazu auf, den Buchstaben j oder n einzugeben. Die Bedingung der Schleife soll diesen Buchstaben verwenden. Überlegen Sie sich, welche Art von Schleife hierfür sinnvoll ist. Geben Sie abschließend die Liste zur Überprüfung aus. Hierfür ist es nicht notwendig, eine weitere Schleife zu verwenden.
2. Geben Sie die Zahlen von 20 bis 0 rückwärts in Zweierschritten aus. Verwenden Sie hierfür eine Schleife, die einen möglichst geringen Programmcode erzeugt.
3. Erstellen Sie eine Map, die das Alter Ihrer Freunde enthält. Der Schlüsselbegriff soll dabei jeweils der Name sein. Geben Sie diese daraufhin mit einer enhanced for-loop aus. Wenn wir diese Art von Schleife auf eine Map anwenden, müssen wir als Datentyp für die entsprechende Variable `Map.Entry<Typ1, Typ2>` verwenden – wobei Typ1 und Typ2 den Datentypen der Map entsprechen. Die Map selbst können wir nicht direkt einfügen. Hierfür müssen wir die `entrySet()`-Methode auf sie anwenden. Wenn wir die Map `freunde` nennen, muss daher die Klammer für die `for`-Schleife so aussehen: `(Map.Entry<String, Integer> name: freunde.entrySet())`.

Lösungen:

1.

```java
import java.util.*;
import java.io.*;
public class Aufgabe1 {
    public static void main(String[] args)throws IOException {
        InputStreamReader isr = new InputStreamReader(System.in);
        BufferedReader br = new BufferedReader(isr);
        ArrayList<String> namen = new ArrayList<>();
        String weiter;
        do {
            System.out.print("Geben Sie einen Namen ein: ");
            namen.add(br.readLine());
            System.out.println("Möchten Sie einen weiteren Namen
            eingeben (j/n)?");
            weiter = br.readLine();
        }while (weiter.equals("j"));
        System.out.println(namen);
    }
}
```

Output - Run (Aufgabe1)

```
------------------------------------------------------------------------

--- exec-maven-plugin:1.5.0:exec (default-cli) @ kap8 ---
Geben Sie einen Namen ein: Matthias
Möchten Sie einen weiteren Namen eingeben (j/n)?
j
Geben Sie einen Namen ein: Christoph
Möchten Sie einen weiteren Namen eingeben (j/n)?
j
Geben Sie einen Namen ein: Anne
Möchten Sie einen weiteren Namen eingeben (j/n)?
n
[Matthias, Christoph, Anne]
------------------------------------------------------------------------
```

Abb. 8.8 Die Eingabe der Namen und die Ausgabe der Liste

2.

```java
public class Aufgabe2 {
    public static void main(String[] args) {
        for (int i = 20; i >= 0; i -= 2)
            System.out.println(i);
    }
}
```

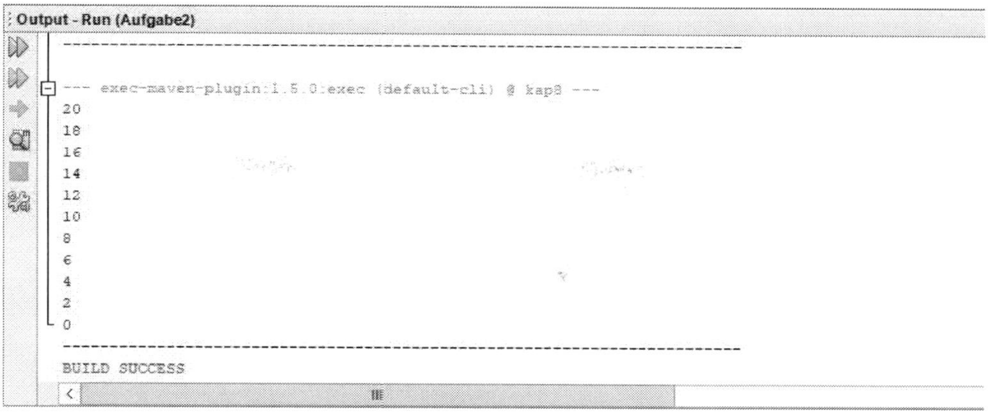

Abb. 8.9 Die Ausgabe der Zahlen

3.

```
import java.util.*;
public class Aufgabe3 {
    public static void main(String[] args) {
        HashMap<String, Integer> freunde = new HashMap<>();
        freunde.put("Susanne", 26);
        freunde.put("Carmen", 33);
        freunde.put("Thorsten", 30);
        freunde.put("Kevin", 36);
        freunde.put("Julia", 40);
        for (Map.Entry<String, Integer> name: freunde.entrySet()){
            System.out.println(name);
        }
    }
}
```

Abb. 8.10 Die Ausgabe der Map

Alle Programmcodes und Schaltpläne aus diesem Buch stehen kostenfrei zum Download bereit. Dadurch müssen Sie Code nicht abtippen.

Außerdem erhalten Sie die eBook Ausgabe zum Buch im PDF Format kostenlos auf unserer Website:

https://bmu-verlag.de/java-kompendium/
Downloadcode: siehe Kapitel 28

Kapitel 9
Die Grundlagen der objektorientierten Programmierung

In den vorherigen Kapiteln wurde bereits mehrfach erwähnt, dass es sich bei Java um eine objektorientierte Programmiersprache handelt. Nachdem nun bereits die wichtigsten Grundlagen für das Programmieren mit Java bekannt sind, ist es an der Zeit, sich mit diesem Aspekt etwas näher zu befassen. Dazu dienen die nächsten beiden Kapitel.

Bei der objektorientierten Programmierung handelt es sich um ein Programmierparadigma, das in der modernen Informatik sehr häufig zum Einsatz kommt. Die Struktur der Programme soll dabei den Objekten entsprechen, die sie behandeln. Wenn beispielsweise ein Programm dazu dient, das Sortiment eines Fahrradhändlers zu verwalten, sollen die Objekte um die es sich dabei dreht – also die Fahrräder – auch die Struktur des Programms prägen.

Die Objektorientierung führt zum einen dazu, dass die Programme recht einfach zu verstehen sind. Indem man zusammengehörige Werte als Objekt abspeichert, sorgt man für übersichtliche Strukturen. Zum anderen lässt es sich damit sehr effizient arbeiten. Daher tragen sie zu einer schnellen Entwicklung bei. Aus diesen Gründen erstellen heutzutage sehr viele Programmierer objektorientierte Programme.

9.1 Was bedeutet objektorientierte Programmierung

Der Mensch ist im Alltag von unzähligen Objekten umgeben. Wenn man die Umgebung betrachtet, erblickt man sicherlich einige von ihnen – Häuser, Bäume, Autos und viele weitere. In der Einleitung zu diesem Kapitel haben wir das Beispiel eines Fahrradhändlers erwähnt. Auch dieser ist von vielen Objekten umgeben – beispielsweise von den einzelnen Fahrrädern und von Ersatz- und Zubehörteilen. Jedes dieser Objekte hat unzählige Eigenschaften. Ein Haus verfügt beispielsweise über eine bestimmte Grundfläche, eine Höhe und über eine Adresse. Bei einem Fahrrad ist es möglich, die Artikelnummer, die Laufradgröße, die Marke und den Preis anzugeben. Dabei handelt es sich jedoch jeweils um einen kleinen Ausschnitt der jeweiligen Merkmale. Es gibt noch unzählige weitere.

Beim Betrachten der Objekte ist es üblich, diese in verschiedene Kategorien einzuteilen. Dieser Prozess wird auch als Klassifizierung bezeichnet. Diese haben wir bereits automatisch vorgenommen. Bei den Objekten handelt es sich jeweils um ein ganz bestimmtes Haus und um ein ganz bestimmtes Fahrrad. Diese weisen jedoch

Gemeinsamkeiten zu anderen Häusern beziehungsweise Fahrrädern auf. Diese Kategorisierung dient der Vereinfachung und ist unerlässlich, um sich im Alltag zurechtzufinden. Wenn wir beispielsweise ein Haus erblicken, das wir noch nie zuvor gesehen haben, wissen wir aufgrund der Ähnlichkeit zu anderen Häusern dennoch sofort, dass es sich hierbei um ein Haus handelt. Daraus geht auch hervor, welchen Zweck es hat. Wenn wir diese Kategorisierung nicht verwenden würden, wäre es notwendig, jedes einzelne Objekt neu zu erkunden, um zu erfahren, wozu dieses dient. Das würde das tägliche Leben extrem erschweren. Es handelt sich daher um eine Art Schubladendenken. Wir ordnen die Objekte vorgegebenen Kategorien zu und verbinden damit gemeinsame Eigenschaften.

In der Informatik bestimmen wir die Kategorien für die Objekte anhand ihrer Eigenschaften. Wenn wir beispielsweise ein bestimmtes Fahrrad in unser Sortiment aufnehmen möchten, wäre es möglich, die genannten Eigenschaften dafür anzugeben: die Artikelnummer, die Laufradgröße, die Marke und den Preis. Diese Werte sind nicht nur für ein einzelnes Modell, sondern für alle Fahrräder von Bedeutung. Wenn der Händler nun jedoch auch Luftpumpen als Zubehör verkaufen will, muss er andere Attribute aufführen. Zwar wäre es hierbei ebenfalls sinnvoll, die Artikelnummer, die Marke und den Preis anzugeben. Eine Laufradgröße ist sind jedoch nicht vorhanden. Stattdessen wäre es eventuell besser, die Länge der Pumpe anzugeben.

Daraus geht hervor, dass sich die unterschiedlichen Kategorien darin unterscheiden, welche Werte sie verwenden. Ein Fahrrad wäre dann durch die Werte Artikelnummer, Laufradgröße, Marke und Preis bestimmt. Eine Luftpumpe hingegen durch Artikelnummer, Länge, Marke und Preis. Welche genauen Werte diese Merkmale annehmen, ist von Objekt zu Objekt verschieden. Objekte des gleichen Typs zeichnen sich jedoch dadurch aus, dass hierbei die gleichen Merkmale aufgeführt sind.

Um Kategorien für Objekte zu erzeugen, kommen in der Informatik Klassen zum Einsatz. Damit können wir sie klassifizieren. Die Klassen geben die Strukturen für zusammengehörige Gruppen vor. Wenn wir diese erstellen, ist es sehr wichtig sich genau zu überlegen, welche Werte hierbei von Interesse sind. Wie bereits gesagt, hat jedes Objekt unzählige Eigenschaften. Für unser Programm sind jedoch nicht alle von ihnen notwendig. Wenn wir beispielsweise die Zahl der Kettenglieder oder die Farbe der Bremsbacken angeben, handelt es sich dabei ohne Zweifel ebenfalls um Eigenschaften des Fahrrads. Für unser Programm sind diese jedoch irrelevant. Daher ist es wichtig, genau zu überlegen, welche Eigenschaften für uns wichtig sind.

Bei einem Objekt kann man nicht nur die Merkmale beschreiben. Man kann auch Aktionen mit ihm durchführen. Wenn man beispielsweise mit dem Fahrrad unterwegs ist, kann man bremsen oder beschleunigen. Das verändert die Geschwindigkeit – eine weitere Eigenschaft des Fahrrads, die für unseren Händler jedoch nicht von Interesse ist. Um bei diesem Beispiel zu bleiben, könnte man jedoch ein Sonderangebot erstellen. Dieses würde den Preis verändern. Derartige Aktionen werden in der Informatik als Methoden bezeichnen. Sie verändern stets die Eigenschaften des Objekts, auf das sie sich beziehen.

9.2 Die Klasse: eine Vorlage für Objekte

Im vorherigen Abschnitt haben wir bereits gesagt, dass wir Objekte in Klassen zusammenfassen können, die anhand der Eigenschaften definiert sind, die alle Objekte dieser Gruppe aufweisen. Die Klasse schafft daher die grundlegende Struktur für ein Objekt. Dieses können wir dann später anhand der Vorgaben der Klasse erzeugen.

Darüber hinaus wurde dargestellt, dass es zunächst notwendig ist, sich zu überlegen, welche Eigenschaften für das Programm von Bedeutung sind. Diese Eigenschaften werden in der objektorientierten Programmierung übrigens Attribute oder Member genannt. Nach dieser Vorarbeit können wir bereits damit beginnen, die Klasse zu erstellen. Dabei gehen wir nach folgendem Muster vor:


```
public class Klassenname {
    Attribut 1;
    Attribut 2;
    .
    .
    Attribut n;
}
```

Der Begriff `public` ist notwendig, um den Zugriff aus anderen Bereichen des Programms zu ermöglichen. Wenn wir diesen nicht verwenden, wäre es nicht möglich, die Klasse aus dem Hauptprogramm aufzurufen. Der Name der Klasse sollte möglichst dem Objekttyp entsprechen, den wir damit definieren möchten. Wenn wir wie im oben aufgeführten Beispiel eine Klasse für Fahrräder erstellen wollen, wäre es sinnvoll, als Name der Klasse `Fahrrad` zu wählen. Es ist üblich, die Bezeichnung einer Klasse mit einem Großbuchstaben zu beginnen. Auf diese Weise heben wir sie von gewöhnlichen Variablen ab.

Die Deklaration der einzelnen Attribute ist beinahe gleich aufgebaut wie eine Variablendeklaration. Daher müssen wir uns zunächst überlegen, welcher Datentyp für die Eigenschaften des Objekts sinnvoll ist. Für die Klasse `Fahrrad` wäre es sinnvoll, für die Artikelnummer und für die Laufradgröße `int`-Variablen zu verwenden. Für die Marke ist eine `String`-Variable notwendig und für den Preis empfiehlt sich ein `double`-Wert.

Vor der Deklaration eines Attributs müssen wir entweder den Begriff `public` oder `private` anbringen. In der objektorientierten Programmierung ist es üblich, den Ausdruck `private` zu verwenden. Weshalb das so ist, wird in Kapitel 10.1 ausführlich erklärt. Solange wir über diese Kenntnisse jedoch noch nicht verfügen, verwenden wir den Begriff `public`. Das macht am Anfang das Erstellen der Programme einfacher. Es ist jedoch sinnvoll, sich bereits jetzt zu merken, dass wir das später noch ändern werden.

Wenn man eine javadoc-Dokumentation erzeugen will, ist es außerdem sinnvoll, vor der Klasse einen javadoc-Kommentar anzubringen. Dieser sollte kurz angeben, welche Objekte wir hiermit erzeugen wollen und welche Attribute diese aufweisen.

Wenn wir diese Vorgaben umsetzen, sieht die Klasse für unsere Fahrräder wie folgt aus:

```
/**Klasse für Fahrräder. Sie enthält die Artikelnummer, die Laufradgröße,
die Marke und den Preis.*/
public class Fahrrad {
    public int artikelnummer;
    public int laufrad;
    public String marke;
    public double preis;
}
```

Nun ist es noch notwendig, sich einige Gedanken über die Struktur des Programms zu machen. Eine Klasse ist in diesem Fall kein eigenständiges Programm. Das heißt, dass wir diese nicht ausführen können. Sie bietet lediglich Funktionen für das Hauptprogramm an.

Das Hauptprogramm besteht im Übrigen ebenfalls aus einer Klasse. Diese ist jedoch etwas anders aufgebaut. Sie enthält keine Deklaration der Attribute. Sie ruft sofort die `main`-Methode auf, die den Einstieg in das Programm darstellt, wenn wir es starten. Dass unsere neue Klasse nicht eigenständig funktionsfähig ist, liegt daran, dass wir hier keine eigene `main`-Methode eingefügt haben. Daher kann sie nur aus der `main`-Methode einer anderen Klasse aufgerufen werden.

In Java ist es üblich, jede Klasse in einer eigenen Datei abzuspeichern. Der Dateiname muss dabei dem Namen der Klasse entsprechen. Wenn wir ein Programm mit mehreren Klassen schreiben, ist es sinnvoll, hierfür in NetBeans jeweils ein neues Projekt zu starten. Die Dateien für die einzelnen Klassen fügen wir nach der bisher bekannten Vorgehensweise hinzu.

9.3 Objekte von einer Klasse ableiten

Die Klasse, die wir soeben erstellt haben, dient nur als Vorlage. Um deren Funktionalität nutzen zu können, müssen wir ein Objekt erzeugen. Dabei gehen wir davon aus, dass die Klasse `Fahrrad` bereits in der entsprechenden Datei Fahrrad.java erstellt ist. Innerhalb des gleichen Projekts öffnen wir nun eine neue Klasse für unser Hauptprogramm. Das führt dazu, dass sich die Dateien für das Hauptprogramm und für die die Klasse `Fahrrad` im gleichen Verzeichnis befinden. Sollte man die Programme ohne IDE erstellen, ist es wichtig, ebenfalls darauf zu achten, dass man die Dateien im gleichen Ordner abspeichert.

In unserem Hauptprogramm erstellen wir wie gewohnt die `main`-Methode. Darin wollen wir nun ein Objekt erzeugen. Hierfür müssen wir dieses zunächst deklarieren. Das geschieht beinahe auf die gleiche Weise wie bei Variablen. Anstelle des Variablentyps müssen wir hierbei jedoch den Namen der entsprechenden Klasse angeben. Um ein Objekt der Klasse `Fahrrad` zu deklarieren, wäre folgender Befehl möglich:

```
Fahrrad meinFahrrad;
```

Danach folgt ein Schritt, der bei gewöhnlichen Variablen nicht notwendig ist: die Instanziierung. In der Informatik spricht man davon, dass es sich bei einem Objekt um eine Instanz der entsprechenden Klasse handelt. Die Instanziierung bringen wir mit dem Schlüsselbegriff `new` gefolgt vom Klassennamen und einer Klammer zum Ausdruck. Diesen weisen wir dem gerade deklarierten Namen des Objekts zu:

```
meinFahrrad = new Fahrrad();
```

Auch hierbei ist es möglich, die beiden Ausdrücke zusammenzufassen:

```
Fahrrad meinFahrrad = new Fahrrad();
```

Dieser Ausdruck sieht den Befehlen zum Erstellen von Arrays, Listen und anderen zusammengesetzten Datenstrukturen sehr ähnlich. Das liegt daran, dass es sich hierbei ebenfalls um Objekte handelt – allerdings mit einigen besonderen Eigenschaften. Daher deklarieren und instanziieren wir diese beinahe auf die gleiche Weise.

Nun haben wir das Objekt bereits erzeugt und können es daher mit Inhalten füllen. Dazu geben wir zunächst den Namen des Objekts und nach einem Punkt den Namen der entsprechenden Member-Variablen an. Von diesem kleinen Unterschied abgesehen ist das Verhalten genau gleich wie bei gewöhnlichen Variablen. Wir können den Attributen daher Werte zuweisen und diese anschließend abfragen. Damit ist es möglich, unser erstes objektorientiertes Programm zu erstellen:

```
public class Klassen {
    public static void main(String[] args) {
        Fahrrad meinFahrrad = new Fahrrad();
        meinFahrrad.artikelnummer = 10023;
        meinFahrrad.laufrad = 28;
        meinFahrrad.marke = "Scott";
        meinFahrrad.preis = 699.99;
        System.out.println("Artikelnummer: " + meinFahrrad.artikelnummer);
        System.out.println("Marke: " + meinFahrrad.marke);
    }
}
```

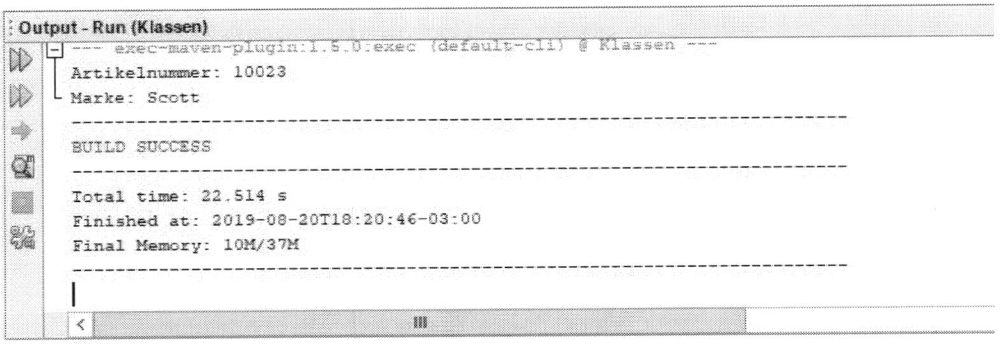

Abb. 9.1 Die Ausgabe einiger Werte des Objekts

9.4 Methoden: Aktionen mit Objekten durchführen

Es ist nicht nur möglich, die Attribute eines Objekts direkt zu verändern oder abzufragen. Darüber hinaus können wir sogenannte Methoden verwenden. Diese dienen ebenfalls meistens dazu, eine bestimmte Eigenschaft zu verändern oder auszugeben. Allerdings geben sie hierfür ein genaues Muster vor.

Wenn wir eine Methode definieren, können wir darin mehrere Befehle ausführen. Um sie aufzurufen, ist jedoch nur eine einzige Programmzeile notwendig. Das führt zu einer erheblichen Effizienzsteigerung beim Programmieren. Wenn wir bestimmte Abläufe, die wir mehrmals in unserem Programm benötigen, in eine Methode auslagern, müssen wir diese nicht jedes Mal neu schreiben. Wir rufen einfach die Methode auf. Das führt dazu, dass unser Programm alle darin enthaltenen Befehle ausführt.

Eine Methode steht immer innerhalb der Klasse, auf die sie sich bezieht. Wenn wir eine Methode für die Arbeit mit unseren Fahrrädern erstellen möchten, müssen wir sie daher in die Klasse `Fahrrad` schreiben. Um sie auch aus dem Hauptprogramm zugänglich zu machen, führen wir sie mit dem Begriff `public` ein. Danach geben wir einen Datentyp an. Dieser bezieht sich auf den Rückgabewert, der später in diesem Kapitel noch erläutert wird. Vorerst schreiben wir jedoch Methoden ohne Rückgabewert. Das bringen wir zum Ausdruck, indem wir hier statt eines Datentyps den Begriff `void` verwenden. Danach folgen der Name der Methode und eine Klammer. Nun können wir eine geschweifte Klammer öffnen und darin beliebig viele Befehle einfügen.

Unsere erste Methode dient dazu, ein Sonderangebot durchzuführen. Dieses soll den Preis des Fahrrads um 10 Prozent senken. Daher nennen wir die Methode `sonderangebot` und führen sie mit folgender Zeile ein:

```
public void sonderangebot() {
```

Eine Methode bezieht sich in der Regel auf ein bestimmtes Objekt. Wenn wir ein Sonderangebot durchführen, gilt dieses stets für ein ganz bestimmtes Fahrrad. Dessen Preis müssen wir ändern. Dieser ist innerhalb des Objekts abgespeichert. Auf welches Objekt sich die Methode bezieht, müssen wir bei ihrem Aufruf kenntlich machen.

Um den Preis des entsprechenden Fahrrads zu ändern, müssen wir daher auf das Objekt zugreifen, auf das sich die Methode bezieht. Das geschieht über den Schlüsselbegriff `this`. An diesen fügen wir einen Punkt und anschließend den Namen der Member-Variablen an. Auf diese Weise verändern wir den Wert genau bei dem Objekt, für das wir die Methode aufgerufen haben. Daher sieht der Inhalt der Methode so aus:

```
this.preis *= .9;
```


Anmerkung: Der Ausdruck .9 ist in der Informatik gleichbedeutend mit 0.9. Indem wir den bisherigen Preis mit diesem Wert multiplizieren, senken wir den Preis um 10 Prozent.

Auch vor einer Methode ist es sinnvoll, einen javadoc-Kommentar anzubringen. Wenn wir dies erledigt haben, ist die Methode fertiggestellt. Sie steht immer innerhalb der Klassendefinition. Die komplette Klasse sieht dann wie folgt aus:

```
/**Klasse für Fahrräder. Sie enthält die Artikelnummer, die Laufradgröße,
die Marke und den Preis.*/
public class Fahrrad {
    public int artikelnummer;
    public int laufrad;
    public String marke;
    public double preis;
    /**Die Methode Sonderangebot senkt den Preis um 10%.*/
    public void sonderangebot(double rabatt) {
        this.preis *= 1 - rabatt/100;
    }
}
```

Wenn wir die Methode im Hauptprogramm aufrufen möchten, ist es notwendig, sie mit einem Objekt zu verknüpfen. Daher nennen wir immer zuerst den Namen des Objekts und geben nach einem Punkt den Namen der Methode an. Anschließend folgt eine Klammer:

```
meinFahrrad.sonderangebot();
```

Auch diese Schreibweise sollte bereits bekannt sein. Wir haben sie bereits für viele Aktionen mit Listen, Maps und anderen Java Collections verwendet. Das liegt daran, dass es sich hierbei ebenfalls um Methoden handelt. Der Unterschied besteht lediglich darin, dass wir diese nicht selbst erzeugt haben, sondern dass sie bereits vorgefertigt sind.

Diese Methode senkt den Preis immer um einen festen Wert. Allerdings wäre es auch denkbar, dass unser Händler unterschiedliche Sonderangebote mit verschiedenen Rabatten durchführen will. Dabei ist es nicht notwendig, für jeden Wert eine eigene Methode zu schreiben. Wir können hierfür einfach einen Übergabewert verwenden. Dazu dient die Klammer hinter dem Methodennamen. Hier müssen wir zunächst den Datentyp angeben, den der Übergabewert haben soll. Danach müssen wir einen Variablennamen nennen, über den wir auf ihn zugreifen wollen. Anschließend können wir diesen Wert innerhalb der Methode verwenden. Wenn wir einen variablen Rabatt verwenden möchten, müssen wir den Code so umschreiben:

```
public void sonderangebot(double rabatt) {
    this.preis *= 1 - rabatt/100;
}
```

Wenn wir die überarbeitete Methode nun im Hauptprogramm aufrufen, müssen wir in die Klammer einfach die gewünschte Prozentzahl schreiben. So ist es möglich, einen beliebigen Wert für den Rabatt vorzugeben. Wenn wir beispielsweise eine Ermäßigung um 5 Prozent durchführen wollen, ist dafür dieser Befehl erforderlich:

```
meinFahrrad.sonderangebot(5);
```

Es ist nicht nur möglich, einen Wert aus dem Hauptprogramm an die Methode zu übergeben. Darüber hinaus kann sie auch einen Wert zurückgeben. Zu diesem Zweck erstellen wir eine neue Methode. Diese soll als Test für eine Rabatt-Aktion dienen. Sie soll den Wert nicht im Objekt verändern, sondern lediglich den Wert an das Hauptprogramm zurückgeben, damit der Anwender weiß, welchen Preis das entsprechende Sonderangebot aufweisen würde.

Hierzu müssen wir den Begriff void durch den Datentyp des Rückgabewerts ersetzen. Da es sich in unserem Beispiel um einen Preis handelt, verwenden wir den Typ `double`. Die Methode benötigt außerdem einen Übergabewert mit der entsprechenden Prozentzahl. Daher sieht die erste Zeile so aus:

```
public double sonderangebotTest(double rabatt) {
```

Welchen Wert wir zurückgeben möchten, definieren wir über das `return`-Statement. Es ist möglich, die Berechnung separat durchzuführen und in einer Variablen zu speichern. Diese können wir dann nach dem Ausdruck return angeben. Wir können aber auch die komplette Berechnung innerhalb des `return`-Statements durchführen. Da diese Vorgehensweise etwas effizienter ist, wählen wir diesen Weg:

```
return this.preis * (1 - rabatt/100);
```

Mit dem javadoc-Kommentar sieht die komplette Methode dann so aus:

```
/**Gibt den Preis bei einer möglichen Rabattaktion zurück.*/
public double sonderangebotTest(double rabatt) {
    return this.preis * (1 - rabatt/100);
}
```

Im Hauptprogramm können wir nun das Ergebnis einer Variablen zuweisen. Dazu rufen wir sie einfach mit dem zugehörigen Objekt auf:

```
double sonderpreis = meinFahrrad.sonderangebotTest(5);
```

Es ist auch möglich, den Wert direkt über einen print-Befehl auszugeben:

```
System.out.println("Möglicher Preis bei einem Rabatt: " + meinFahrrad.
sonderangebotTest(5));
```


9.5 Übungsaufgabe: objektorientierte Programme erstellen

Erstellen Sie eine Klasse für einen Mitarbeiter in einem Betrieb. Diese soll die Attribute Name, Vorname, Personalnummer und Monatslohn enthalten.

Schreiben sie außerdem eine Methode, die es erlaubt den Monatslohn um einen bestimmten Prozentsatz zu erhöhen. Dieser soll sich variabel über das Hauptprogramm vorgeben lassen.

Erstellen Sie das Hauptprogramm, das ein entsprechendes Objekt erzeugt, ihm Werte zuweist und diese anschließend ausgibt. Rufen Sie daraufhin die Methode für die Gehaltserhöhung auf und geben Sie den neuen Lohn aus.

Lösung:

Klasse Mitarbeiter:

```
/**Klasse für die Daten eines Mitarbeiters: Name, Vorname, Personalnummer
und Gehalt. */
public class Mitarbeiter {
    public String name;
    public String vorname;
    public int persnr;
    public double gehalt;
    /** Methode erhöht das Gehalt um den vorgegebenen Prozentsatz.*/
    public void gehaltserhoehung (double wert){
        this.gehalt *= 1 + wert/100;
    }
}
```

Hauptprogramm:

```
public class Lohnerhoehung {
    public static void main(String[] args) {
        Mitarbeiter meinMitarbeiter = new Mitarbeiter();
        meinMitarbeiter.name = "Müller";
        meinMitarbeiter.vorname = "Karl";
        meinMitarbeiter.persnr = 32984;
        meinMitarbeiter.gehalt = 3234.83;
        System.out.println("Name: " + meinMitarbeiter.name);
        System.out.println("Vorname: " + meinMitarbeiter.vorname);
        System.out.println("Personalnummer: " + meinMitarbeiter.persnr);
        System.out.println("Gehalt: " + meinMitarbeiter.gehalt);
        meinMitarbeiter.gehaltserhoehung(6);
        System.out.println("Neues Gehalt: " + meinMitarbeiter.gehalt);
    }
}
```

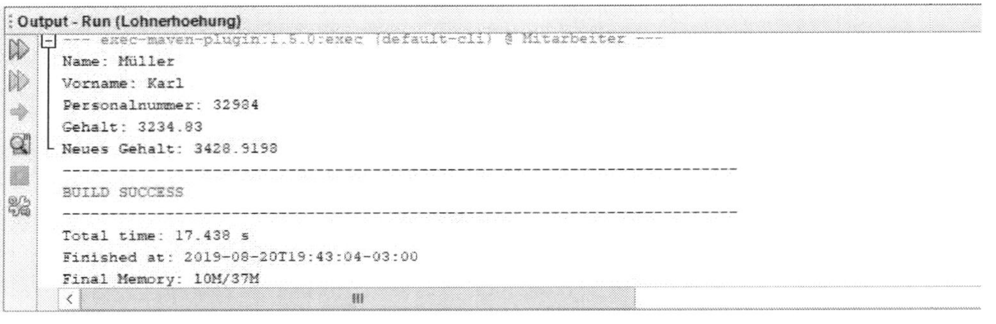

Abb. 9.2 Die Ausgabe der Attribute des Objekts

Alle Programmcodes und Schaltpläne aus diesem Buch stehen kostenfrei zum Download bereit. Dadurch müssen Sie Code nicht abtippen.

Außerdem erhalten Sie die eBook Ausgabe zum Buch im PDF Format kostenlos auf unserer Website:

https://bmu-verlag.de/java-kompendium/
Downloadcode: siehe Kapitel 28

Kapitel 10

Weiterführende Techniken der objektorientierten Programmierung

Im vorherigen Kapitel haben wir die Grundidee der objektorientierten Programmierung kennengelernt. Das ist bereits ausreichend, um eigene Klassen zu gestalten und auf diese Weise Objekte zu erzeugen, die genau den Strukturen des Programms entsprechen. Das führt zu einem einfachen Verständnis des Programmcodes und außerdem können wir auf diese Weise die entsprechenden Daten sehr effizient verarbeiten.

Darüber hinaus bietet die objektorientierte Programmierung jedoch noch viele weitere Möglichkeiten. Auf diese Weise können wir unsere Programme weiter optimieren. Daher stellt das folgende Kapitel einige fortgeschrittene Programmiertechniken für die Verwendung von Objekten vor.

10.1 Die Daten kapseln

Wenn ein professioneller Programmierer ein Programm erstellt, kommt dieses häufig in einem gewerblichen Umfeld zum Einsatz. Dabei ist es unverzichtbar, auf korrekte Datensätze zu achten. Wenn man bei der Verarbeitung einen Fehler macht, kann das schwere Folgen für den Betrieb haben. Es kommt hinzu, dass diese Daten häufig von großem Interesse für die Konkurrenz sind. Daher kommt es immer wieder zu Versuchen, diese auszuspähen.

Die objektorientierte Programmierung bietet die Möglichkeit, die Integrität und die Sicherheit der Daten zu erhöhen. Dazu werden sie gekapselt.

Als wir gelernt haben, eine Klasse zu erstellen, haben wir die einzelnen Member-Variablen mit dem Begriff public ausgezeichnet. Das macht den Zugang aus anderen Programmbereichen möglich. Dabei können andere Programmteile die Werte nach Belieben auslesen oder verändern. Wenn dem Programmierer hierbei ein Fehler unterläuft, kann das jedoch zu fehlerhaften Datensätzen führen. Außerdem hat es ein Angreifer auf diese Weise leichter, die Werte auszuspionieren oder sie zu manipulieren. Das wollen wir verhindern, indem wir die Daten kapseln.

Der erste Schritt für die Datenkapselung besteht darin, dass wir alle Member-Variablen mit dem Begriff `private` einleiten. Das verhindert den Zugriff aus anderen Programmbereichen. Wenn wir diese Änderung vornehmen und das Programm daraufhin erneut ausführen, kommt es jedoch zu einer Fehlermeldung. Das liegt daran, dass wir nun nicht mehr aus dem Hauptprogramm auf die Attribute zugreifen können.

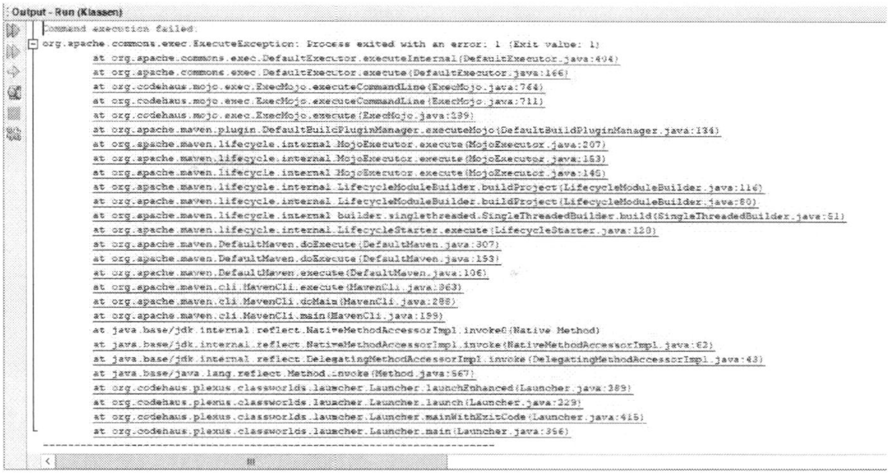

Abb. 10.1 Die Fehlermeldungen beim Ausführen des Programms

Nun stellt sich die Frage, welchen Sinn die Verwendung eines Objekts hat, wenn wir den Attributen keine Werte zuweisen können und wenn wir diese nicht auslesen können. Die Antwort darauf ist einfach: keinen! Daher müssen wir den Zugriff auf eine andere Weise ermöglichen. Hierfür verwenden wir Methoden. Diese deklarieren wir als `public`, sodass unser Hauptprogramm sie verwenden kann. Da sie jedoch innerhalb der Klasse stehen, haben sie Zugriff auf die privaten Member-Variablen.

Der erste Schritt, um mit einem Objekt zu arbeiten, besteht darin, den einzelnen Attributen Werte zuzuweisen. Dies erledigen wir nun mit einer Methode. Für diese spezielle Aufgabe verwenden wir jedoch eine besondere Methode. Diese wird als Konstruktor bezeichnet.

Der Konstruktor hebt sich von gewöhnlichen Methoden durch zwei wichtige Details ab. Zum einen geben wir hier keinen Datentyp für den Rückgabewert an. Auch den Ausdruck `void` verwenden wir hier nicht. Zum anderen entspricht der Name dieser Methode genau dem Namen der Klasse.

Um Werte für die einzelnen Attribute vorzugeben, verwenden wir die bereits bekannten Übergabewerte. Dabei liegt es auf der Hand, dass diese in ihrer Anzahl und in ihren Datentypen den Member-Variablen entsprechen müssen. Wenn wir einen Konstruktor für die im vorherigen Kapitel vorgestellte Klasse `Fahrrad` erstellen möchten, muss dessen Einleitungszeile so aussehen:

```
public Fahrrad (int artikelnummer, int laufrad, String marke, double preis){
```

Anmerkung: Hierbei ist es möglich, die gleichen Bezeichnungen wie für die Member-Variablen zu verwenden. Wenn wir diese ohne den Bezug zum Objekt nutzen, handelt es sich hierbei um vollkommen unabhängige Variablen.

Danach müssen wir die entsprechenden Werte den einzelnen Attributen zuordnen. Dafür verwenden wir wieder den Schlüsselbegriff `this`. Für die Artikelnummer wäre beispielsweise folgende Befehlszeile notwendig:

```
this.artikelnummer = artikelnummer;
```

Wenn wir diese Aufgabe für die übrigen Member wiederholen und außerdem einen passenden javadoc-Kommentar einfügen, ist der Konstruktor abgeschlossen. Die komplette Klasse sieht dann so aus:

```
public class Fahrrad {
    private int artikelnummer;
    private int laufrad;
    private String marke;
    private double preis;
    /**Konstruktor benötigt folgende Werte: Artikelnummer, Laufradgröße,
    Marke und Preis.*/
    public Fahrrad (int artikelnummer, int laufrad, String marke, double preis){
        this.artikelnummer = artikelnummer;
        this.laufrad = laufrad;
        this.marke = marke;
        this.preis = preis;
    }
}
```

Der Konstruktor ist nicht nur für die Datenkapselung notwendig. Darüber hinaus macht er es einfacher, die Daten für das Objekt einzufügen. Diese müssen wir nun nicht mehr einzeln vorgeben. Stattdessen fügen wir sie direkt in die Klammer ein, wenn wir das Objekt erzeugen. Der Schlüsselbegriff `new` ruft stets den Konstruktor der Klasse auf, falls dieser vorhanden ist. Er übergibt ihm die Werte in der Klammer und sorgt auf diese Weise dafür, dass das Objekt gleich die gewünschten Daten aufnimmt. Daher sieht die Instanziierung des Objekts im Hauptprogramm nun so aus:

```
Fahrrad meinFahrrad = new Fahrrad(10023, 28, "Scott", 699.99);
```

Nun hat das Objekt zwar bereits die entsprechenden Werte erhalten, doch können wir diese weder abrufen noch verändern. Zu diesem Zweck verwenden wir gewöhnliche Methoden, die nach dem gleichen Muster aufgebaut sind wie im vorherigen Kapitel beschrieben. Wenn wir einen Wert abrufen möchten, geben wir der Methode in der Regel den Namen get gefolgt vom Namen der Member-Variablen. Um die Artikelnummer abzufragen, gestalten wir demnach eine Methode mit der Bezeichnung `getArtikelnummer`. Deren einzige Aufgabe besteht darin, die Artikelnummer per `return`-Statement zurückzugeben:

```
public int getArtikelnummer(){
    return this.artikelnummer;
}
```

Nach dem gleichen Muster können wir auch bei den übrigen Attributen vorgehen. Diese Vorgehensweise bringt zwar etwas zusätzliche Arbeit mit sich, doch haben wir auf diese Weise die volle Kontrolle darüber, welche Daten sichtbar sein sollen. Wenn eine Unternehmens-Software beispielsweise Daten verwendet, die die Mitarbeiter nicht zu Gesicht bekommen sollen, die aber für die internen Berechnungen notwendig sind, erstellen wir hierfür einfach keine get-Methode. Das verhindert, dass diese später durch einen Fehler im Programm dargestellt werden.

Um die Daten zu verändern, erstellen wir ebenfalls passende Methoden. Diese führen wir mit dem Begriff set und dem Namen der entsprechenden Member-Variablen ein. Auch hierbei können wir bestimmen, bei welchen Werten wir die Möglichkeit schaffen wollen, den Wert zu verändern. Bei unseren Fahrrädern bleiben die Marke, die Laufradgröße und die Artikelnummer beispielsweise stets konstant. Wenn hier ein anderer Wert auftritt, handelt es sich um ein anderes Fahrrad und daher um ein anderes Objekt, das wir neu erzeugen müssen. Bei einem bestehenden Objekt ist es jedoch nicht sinnvoll, diese Werte zu verändern. Daher erstellen wir lediglich eine set-Methode für den Preis, da es hierbei zu Änderungen kommen kann:


```
public void setPreis(double preis){
    this.preis = preis;
}
```

Damit ist unsere Klasse mit gekapselten Daten abgeschlossen:

```
public class Fahrrad {
    private int artikelnummer;
    private int laufrad;
    private String marke;
    private double preis;
    /**Konstruktor benötigt folgende Werte: Artikelnummer, Laufradgröße,
    Marke und Preis.*/
    public Fahrrad (int artikelnummer, int laufrad, String marke, double preis){
        this.artikelnummer = artikelnummer;
        this.laufrad = laufrad;
        this.marke = marke;
        this.preis = preis;
    }
    public int getArtikelnummer(){
        return this.artikelnummer;
    }
    public int getLaufrad(){
        return this.laufrad;
    }
    public String getMarke(){
        return this.marke;
    }
    public double getPreis(){
        return this.preis;
    }
    public void setPreis(double preis){
        this.preis = preis;
```

```
    }
}
```

Im Hauptprogramm können wir nun ein Objekt erstellen und dessen Attribute per `get`-Methode ausgeben und im Falle des Preises per `set`-Methode verändern:

```
public class Klassen {
    public static void main(String[] args) {
        Fahrrad meinFahrrad = new Fahrrad(10023, 28, "Scott", 699.99);
        System.out.println("Artikelnummer: " + meinFahrrad.getArtikelnummer());
        System.out.println("Laufradgröße: " + meinFahrrad.getLaufrad());
        System.out.println("Marke: " + meinFahrrad.getMarke());
        System.out.println("Preis: " + meinFahrrad.getPreis());
        meinFahrrad.setPreis(734.99);
        System.out.println("Neuer Preis: " + meinFahrrad.getPreis());
    }
}
```

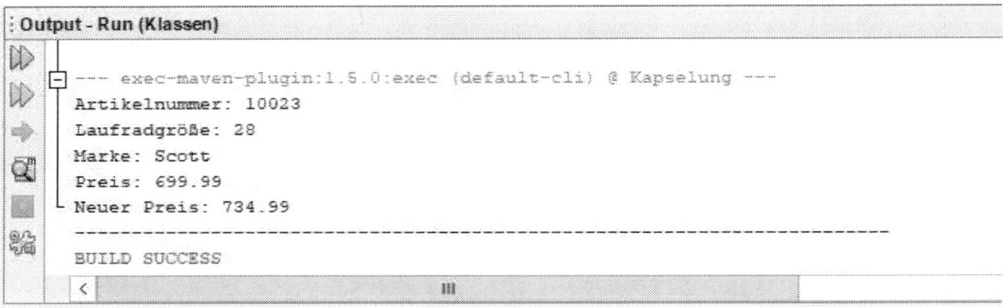

Abb. 10.2 Die Ausgabe der Werte des Objekts

10.2 Vererbung: Klassen von übergeordneten Strukturen ableiten

Es wurde bereits erwähnt, dass es im Alltag üblich ist, einzelne Objekte zu Gruppen zusammenzufassen. Darüber hinaus können wir dabei über- und untergeordnete Kategorien bilden. Im Bereich der Autos gibt es beispielsweise einige weitere Differenzierungen: SUVs, Geländewagen, Limousinen, Kleinwagen und viele mehr. Diese stellen jeweils eine untergeordnete Kategorie dar. Sie teilen die Merkmale der Kategorie Auto, doch zeichnen sie sich dabei jeweils durch eigene spezielle Eigenheiten aus. Darüber hinaus könnte man das Auto in die übergeordnete Kategorie Fahrzeuge einordnen. Dieser gehören neben dem Auto beispielsweise Motorräder und Fahrräder an.

In der Informatik ist es möglich, dieses Ordnungsprinzip zu übernehmen. Hierbei sprechen wir von Vererbung. Wir können eine übergeordnete Klasse erstellen. Diese wird als Superklasse bezeichnet. Von dieser können wir dann untergeordnete Klassen ableiten. Diese übernehmen alle Attribute und Methoden der Superklasse. Wir können sie jedoch um weitere Eigenschaften ergänzen.

Um diese Technik zu demonstrieren, gehen wir davon aus, dass unser Händler nun auch E-Bikes verkauft. Alle Werte, die wir für gewöhnliche Fahrräder verwenden, sind auch für diese Produkte von Bedeutung. Allerdings ist es hierbei wichtig, weitere Werte anzugeben, die bei einem normalen Fahrrad keine Bedeutung haben – beispielsweise die Leistung und die Akku-Kapazität. Daher bietet es sich an, die Klasse `EBike` von der Klasse `Fahrrad` abzuleiten und um die entsprechenden Attribute zu ergänzen.

Die Klasse `Fahrrad` kommt dabei als Superklasse zum Einsatz. Dafür ist es jedoch nicht notwendig, sie auf eine spezielle Weise zu kennzeichnen. Daher können wir sie unverändert übernehmen. Daher öffnen wir nun eine neue Datei und erstellen darin die Klasse `EBike`. Um deutlich zu machen, dass es sich hierbei um eine abgeleitete Klasse handelt, fügen wir nach ihrem Namen den Begriff `extends` und daraufhin den Namen der Superklasse ein:

```
public class EBike extends Fahrrad {
```


Bei gewöhnlichen Klassen müssen wir daraufhin die Member-Variablen angeben. Das trifft auch bei abgeleiteten Klassen zu. Allerdings müssen wir hier nur die Attribute aufführen, die wir zusätzlich einfügen möchten. Die Eigenschaften der übergeordneten Klasse sind automatisch verfügbar. Daher definieren wir nur die folgenden beiden Member:

```
private int leistung;
private int kapazitaet;
```

Nun ist der Konstruktor an der Reihe. Dabei gehen wir zunächst auf die gleiche Weise vor wie bei einer gewöhnlichen Klasse. Dabei müssen wir alle Werte – auch die der übergeordneten Kategorie – aufnehmen. Daher beginnen wir den Konstruktor mit diesem Ausdruck:

```
public EBike (int artikelnummer, int laufrad, String marke, double preis,
            int leistung, int kapazitaet){
```

Die Werte, die sich auf die übergeordnete Klasse beziehen, geben wir jedoch nicht direkt ein. Stattdessen rufen wir deren Konstruktor auf. Dafür verwenden wir den Befehl `super`. Danach folgt eine Klammer mit den entsprechenden Werten:

```
super (artikelnummer, laufrad, marke, preis);
```

Danach weisen wir noch die beiden übrigen Werten den entsprechenden Member-Variablen zu:

```
this.leistung = leistung;
this.kapazitaet = kapazitaet;
```

Zum Abschluss bilden wir noch die `get`-Methoden für die beiden neuen Werte. Da es möglich ist, den Akku auszutauschen, kann sich die Kapazität ändern. Daher erstellen wir hierfür auch eine passende set-Methode. Die Methoden der übergeordneten Klasse müssen wir nicht neu schreiben, da sie durch die Vererbung automatisch verfügbar sind. Die komplette abgeleitete Klasse sieht dann so aus:

```
public class EBike extends Fahrrad {
    private int leistung;
    private int kapazitaet;
    public EBike (int artikelnummer, int laufrad, String marke, double preis,
            int leistung, int kapazitaet){
        super (artikelnummer, laufrad, marke, preis);
        this.leistung = leistung;
        this.kapazitaet = kapazitaet;
    }
    public int getLeistung(){
        return this.leistung;
    }
    public int getKapazitaet(){
        return this.kapazitaet;
    }
    public void setKapazitaet (int kapazitaet){
        this.kapazitaet = kapazitaet;
    }
}
```

Im Hauptprogramm können wir nun ein Objekt des Typs EBike erzeugen. Der Zugriff erfolgt dabei genau auf die gleiche Weise, als hätten wir diese Klasse von Grund auf neu erstellt – mit allen zugehörigen Attributen und Methoden. Das zeigt das folgende Beispiel:

```
public class Klassen {
    public static void main(String[] args) {
        EBike meinEBike = new EBike (52342, 28, "Cube", 3249.99, 250, 8000);
        System.out.println("Laufradgröße: " + meinEBike.getLaufrad());
        System.out.println("Akku-Kapazität: " + meinEBike.getKapazitaet());
        meinEBike.setPreis(3199.99);
        System.out.println("Neuer Preis: " + meinEBike.getPreis());
    }
}
```

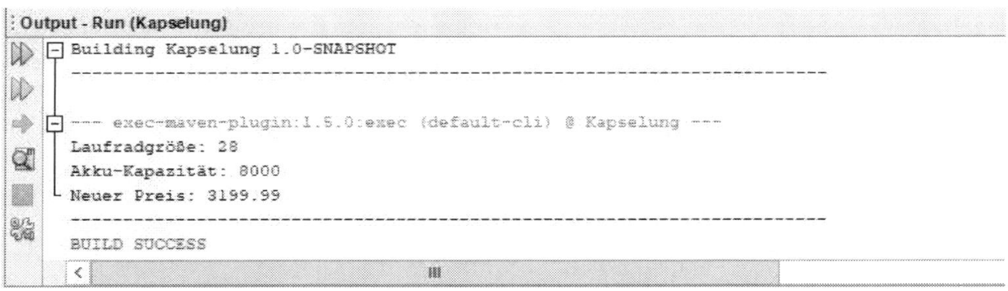

Abb. 10.3 Es ist möglich, auf die Methoden der Superklasse und der abgeleiteten Klasse zuzugreifen

10.3 Interfaces: feste Vorgaben für Klassen gestalten

Eine weitere Möglichkeit, um hierarchische Strukturen für die Verwendung von Objekten zu schaffen, stellt die Verwendung von Interfaces dar. Dabei handelt es sich jedoch nicht um eine Klasse, die konkrete Member und Methoden für ein Objekt einführt. Sie gibt lediglich ein Grundgerüst vor. Es ist nicht möglich, ein Interface zu instanziieren – zumindest nicht auf direktem Weg.

Ein Interface zu verwenden, ist dann sinnvoll, wenn wir einige Regeln für unser Programm vorgeben möchten, die die Klassen beachten sollen. Wenn wir beispielsweise davon ausgehen, dass unser Fahrradhändler neben Fahrrädern und E-Bikes auch noch Helme, Pumpen, Ersatzteile und viele weitere Produkte verkauft, ist es notwendig, dafür jeweils eine eigene Klasse zu erstellen. Mit einem Interface können wir Regeln vorgeben, die all diese Klassen beachten sollen.

Um ein Interface zu erstellen, öffnen wir eine neue Datei. Hierbei wählen wir bei der Verwendung von NetBeans nun jedoch nicht mehr den Menüpunkt Java Class sondern Java Interface aus.

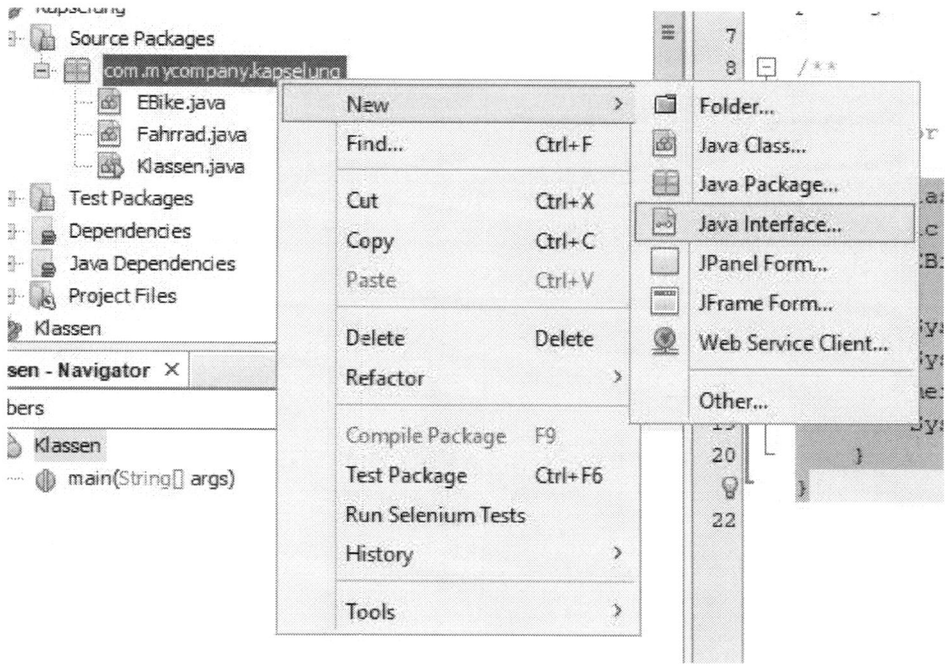

Abb. 10.4 So erstellen wir ein neues Interface

Das neue Interface nennen wir Produkte. Daraufhin öffnet sich eine neue Datei, die den Namen **Produkte.java** trägt. Diese enthält nun jedoch keine Klassen-Definition, sondern eine Interface-Definition:

```
public interface Produkte {
```

Hier können wir nun Variablen deklarieren. Das ist jedoch relativ unüblich, da wir keine Objekte vom Interface ableiten und daher auch nicht sinnvoll mit diesen Variablen arbeiten können. Es ist lediglich möglich, sie als Konstanten zu verwenden. Wenn der Händler beispielsweise seine Steuernummer im Interface als Variable abspeichert, kann er darauf aus jedem Programmbereich zugreifen. Die Variablendeklaration läuft dabei auf die gleiche Weise ab wie in einer Klasse. Allerdings ist es hierbei nicht sinnvoll, den Ausdruck `private` zu verwenden. Da es nicht möglich ist, ein Objekt vom Interface abzuleiten, ist auch kein interner Zugriff möglich, sodass die Variable überflüssig wäre. Um die Steuernummer abzuspeichern, könnten wir folgenden Befehl verwenden:

```
public int steuernummer = 1234567;
```

Im Programm können wir dann auf sie zugreifen, indem wir zunächst den Namen des Interfaces und nach einem Punkt den Variablennamen nennen:

```
System.out.println(Produkte.steuernummer);
```

Wenn wir ihr jedoch einen neuen Wert zuweisen wollen, kommt es zu einer Fehlermeldung. Das ist bei Interface-Variablen nicht möglich.

Deutlich häufiger kommen Interfaces jedoch zum Einsatz, um Vorgaben für die Methoden zu machen. Dazu schreiben wir den Namen einer Methode und die Datentypen von Übergabe- und Rückgabewerten in das Interface. Danach folgt jedoch ein Semikolon. Der Körper in der geschweiften Klammer erscheint hier nicht. Wenn wir beispielsweise vorschreiben möchten, dass es für alle Produkte möglich sein soll, ein Sonderangebot durchzuführen, können wir hier folgenden Eintrag vornehmen:

```
public void sonderangebot(double rabatt);
```

Das komplette Interface sieht dann so aus:

```
public interface Produkte {
    public int steuernummer = 1234567;
    public void sonderangebot(double rabatt);
}
```

Nun ist es möglich, das Interface in einer Klasse zu implementieren. Dazu müssen wir nach dem Klassennamen den Begriff implements und daraufhin den Interface-Namen hinzufügen. Um dies auszuprobieren, erstellen wir keine neue Klasse, sondern fügen den entsprechenden Zusatz zu unserer bereits bestehenden Klasse `Fahrrad` hinzu:

```
public class Fahrrad implements Produkte{
```

Daraufhin erscheint in unserem Code jedoch sofort eine Fehlermeldung:

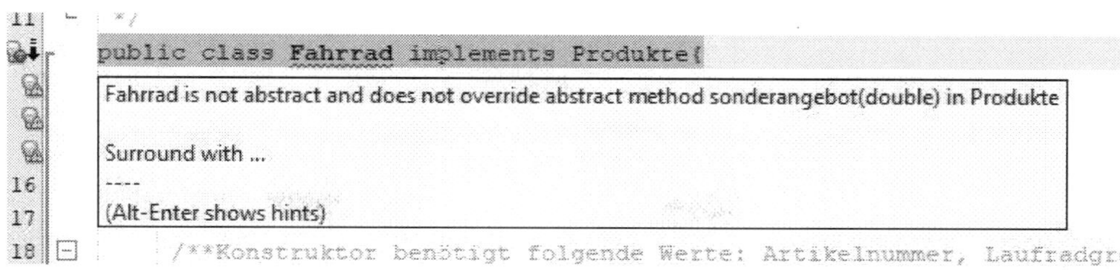

Abb. 10.5 Die Fehlermeldung bei der Implementierung

Das liegt daran, dass wir bei der Version der Klasse `Fahrrad`, die wir für Kapitel 10 mit gekapselten Daten neu erstellt haben, keine Methode mit der Bezeichnung `sonderangebot` erstellt haben (Bei Lesern, die hierfür wie in Kapitel 9.4. die entsprechende Methode ebenfalls erstellt haben, erscheint die Fehlermeldung nicht.) Das Interface gibt diese Methode jedoch zwingend vor. Alle Klassen, die das Interface implementieren, müssen daher über diese Methode verfügen. Wenn wir sie analog zu den Vorgaben in Kapitel 9.4. einfügen, verschwindet die Fehlermeldung und wir können das Programm wieder ausführen.

Das Interface dient demnach in erster Linie dazu, feste Strukturen für Klassen vorzugeben. Alle Klassen, die das Interface implementieren, müssen diese beachten. Das macht es einfach, die Einhaltung dieser Vorgaben zu überprüfen.

10.4 Abstrakte Klassen in Java

Im vorherigen Abschnitt haben wir Interfaces kennengelernt. Diese haben zwar einige Methoden enthalten. Allerdings verwendeten sie nur deren Bezeichnung und die Vorgabe für die Rückgabe- und Übergabewerte. Der Körper der Methode, der die Befehle enthält, fehlte dabei jedoch.

Derartige Methoden werden als abstrakte Methoden bezeichnet. Im Gegensatz dazu sprechen wir von implementierten Methoden, wenn diese einen Körper mit entsprechenden Befehlen enthalten. Ein Interface kann ausschließlich abstrakte Methoden enthalten. Eine Klasse hingegen nur implementierte Methoden.

In manchen Fällen ist es jedoch sinnvoll, beide Alternativen gemeinsam zu verwenden. Auch das ist in Java möglich. Zu diesem Zweck müssen wir eine abstrakte Klasse erstellen. Diese kann sowohl abstrakte als auch implementierte Methoden enthalten. Eine abstrakte Klasse können wir nicht instanziieren. Sie dient lediglich als Vorlage für andere Klassen. Dabei geht sie jedoch einen Schritt weiter als ein Interface, da sie bereits implementierte Methoden enthält, die die abgeleiteten Klassen ohne Änderungen übernehmen können. Für andere Methoden enthält sie jedoch nur allgemeine Vorgaben.

Um eine abstrakte Klasse zu erzeugen, bringen wir vor dem Schlüsselbegriff `class` den Ausdruck `abstract` an. Danach können wir die Klasse nach den gewohnten Vorgaben erstellen. Darin können wir dann implementierte und abstrakte Methoden anbringen. Abstrakte Methoden müssen wir ebenfalls mit dem Begriff `abstract` einführen.

Um dies an einem Beispiel zu verdeutlichen verzichten wir nun auf das Interface `Produkte` und erstellen stattdessen eine abstrakte Klasse mit der Bezeichnung Artikel. Diese enthält die gleiche abstrakte Methode, die wir nun jedoch gesondert kennzeichnen müssen. Darüber hinaus können wir nun jedoch auch eine implementierte Methode vorgeben – beispielsweise um die Laufradgröße von Zoll in Zentimeter umzurechnen:

```
public abstract class Artikel {
    public abstract void sonderangebot(double rabatt);
    public double umrechnen (int groesse){
        return groesse * 2.54;
    }
}
```

Wenn wir nun das Interface durch die abstrakte Klasse ersetzen wollen, müssen wir in der Klasse `Fahrrad` den Befehl für die Implementierung entfernen. Stattdessen leiten wir diese nun mit dem `extends`-Befehl von der Klasse Artikel ab. Das hat zur Folge, dass wir die Methode umrechnen auf jedes Objekt dieser Klasse anwenden können. Die Methode `sonderangebot` müssen wir hier hingegen selbst implementieren. Fehlt sie, kommt es zu einer Fehlermeldung.

10.5 Polymorphie in der objektorientierten Programmierung

Ein weiterer wichtiger Aspekt in der objektorientierten Programmierung ist die Polymorphie. Dieser Ausdruck stammt aus dem Griechischen und bedeutet etwa „mehrere Formen". Das sagt aus, dass ein Objekt mehrere Formen annehmen kann.

Auch die Polymorphie hat mit Vererbung zu tun. Wenn wir ein Objekt einer abgeleiteten Klasse erzeugen, können wir dieses nicht nur als Objekt dieser Klasse verwenden. Gleichzeitig stellt es ein Objekt der Superklasse dar.

Um das zu verdeutlichen, erstellen wir nun ein neues Projekt. Dort erzeugen wir wieder die Klassen `Fahrrad` und `EBike`. Diese können wir einfach aus dem letzten Projekt kopieren. Nun erzeugen wir sowohl ein Fahrrad als auch ein E-Bike. Um zu überprüfen, ob ein Objekt eine Instanz einer Klasse ist, verwenden wir den `instanceof`-Befehl. Davor steht der Name des Objekts und danach der Name der Klasse, die wir überprüfen wollen. Dieser Befehl gibt eine boolesche Variable zurück. In unserem Hauptprogramm überprüfen wir nun beide Objekte auf die Zugehörigkeit zu beiden Klassen:

```
public class Polymorphie {
    public static void main(String[] args) {
        EBike meinEBike = new EBike (52342, 28, "Cube", 3249.99, 250, 8000);
        Fahrrad meinFahrrad = new Fahrrad(10023, 28, "Scott", 699.99);
        System.out.println(meinEBike instanceof EBike);
        System.out.println(meinEBike instanceof Fahrrad);
        System.out.println(meinFahrrad instanceof EBike);
        System.out.println(meinFahrrad instanceof Fahrrad);
    }
}
```

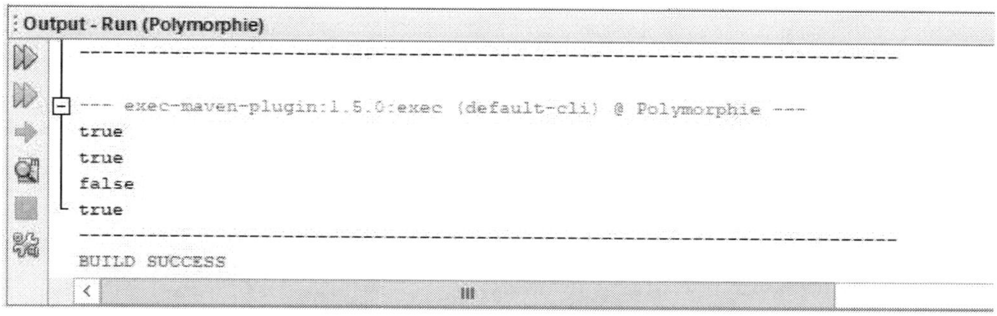

Abb. 10.6 Die Ergebnisse der Überprüfungen

Die Ergebnisse zeigen, dass das `EBike`-Objekt eine Instanz sowohl der Klasse `EBike` als auch der übergeordneten Klasse `Fahrrad` ist. Das `Fahrrad`-Objekt ist hingegen lediglich eine Instanz der Klasse `Fahrrad`.

Wenn diese Überprüfung bei einem Objekt in mehr als einem Fall den Wert `true` ergibt, spricht man von Polymorphie. Das bedeutet, dass das Objekt mehrere Formen annehmen kann. Um genau zu sein, handelt es sich jedoch auch beim `Fahrrad`-Objekt um ein polymorphes Objekt. Dieses ist auch eine Instanz der Klasse `Object`. Dabei handelt es sich um die Stammklasse aller Objekte und jedes Objekt in Java ist eine Instanz davon. Daher tritt in dieser Programmiersprache bei allen Objekten Polymorphie auf.

Nun stellt sich die Frage, welche Vorteile die Polymorphie bietet. Diese Struktur ist immer dann hilfreich, wenn wir zwar Objekte verschiedenen Typs definieren möchten, wenn wir dafür jedoch einheitliche Aktionen durchführen möchten.

Auf diese Weise können wir beispielsweise Objekte verschiedenen Typs in einer Liste erfassen. Wenn der Fahrradhändler sein Sortiment in einer Liste zusammenfassen will, kann er als Datentyp `Fahrrad` angeben. Die Liste nimmt dennoch auch E-Bikes auf. Das ist möglich, da es sich dabei gleichzeitig um eine Instanz der Klasse `Fahrrad` handelt.

Diese Strukturen erlauben es auch, Methoden mit gleichem Namen zu definieren, die aber bei den unterschiedlichen Objekten verschiedene Aktionen durchführen. Um dies zu zeigen, definieren wir nun auch für die Klasse EBike eine Methode mit dem Namen sonderangebot. Bei diesen Produkten will der Händler den Rabatt auf 10 Prozent begrenzen. Daher übernimmt sie den Übergabewert nur, wenn dieser bei maximal 10 liegt. Sollte der eingegebene Rabatt höher liegen, verwendet sie automatisch den Wert 10:

```
public void sonderangebot(double rabatt) {
    double preis;
    if (rabatt <= 10){
        preis = this.getPreis() * (1 -rabatt/100);
    }
    else{
        preis = this.getPreis() * .9;
    }
    this.setPreis (preis);
}
```

Anmerkung: Da das Attribut preis in der Klasse Fahrrad definiert ist, können wir es hier nicht direkt aufrufen. Stattdessen müssen wir über die get- und set-Methoden darauf zugreifen.

Indem wir hierfür einen Namen angeben, den wir bereits in der Superklasse verwenden, überschreiben wir die dort definierte Methode. Wenn wir nun die Methode sonderangebot auf ein Objekt des Typs EBike anwenden, wird automatisch die Methode dieser Klasse ausgeführt. Wenn wir sie hingegen auf ein Objekt des Typs Fahrrad anwenden, führt das Programm die Version aus, die wir in der Klasse Fahrrad definiert haben.

Diese Eigenschaft gibt uns die Möglichkeit, sehr effiziente Programme für verschiedene Objekte zu schreiben. Wir erstellen alle Programmfunktionen so, als würden sie sich auf ein gewöhnliches Fahrrad beziehen. Wenn wir diese dann jedoch auf ein Objekt des Typs EBike beziehen, ist es dennoch möglich, sie ohne Veränderung auszuführen. Sollte dabei eine unterschiedliche Funktionsweise notwendig sein, können wir in der untergeordneten Klasse einfach eine neue Methode mit dem gleichen Namen einfügen, um die bisherige Methode zu überschreiben. Das Programm wählt dann immer die passende Methode für das entsprechende Objekt aus. Das zeigt das abschließende Programm:

```
public class Polymorphie {
    public static void main(String[] args) {
        EBike meinEBike = new EBike (52342, 28, "Cube", 3249.99, 250, 8000);
        Fahrrad meinFahrrad = new Fahrrad(10023, 28, "Scott", 699.99);
        meinEBike.sonderangebot(20);
        meinFahrrad.sonderangebot(20);
        System.out.println("Neuer Preis E-Bike: " + meinEBike.getPreis());
        System.out.println("Neuer Preis Fahrrad: " + meinFahrrad.getPreis());
    }
}
```

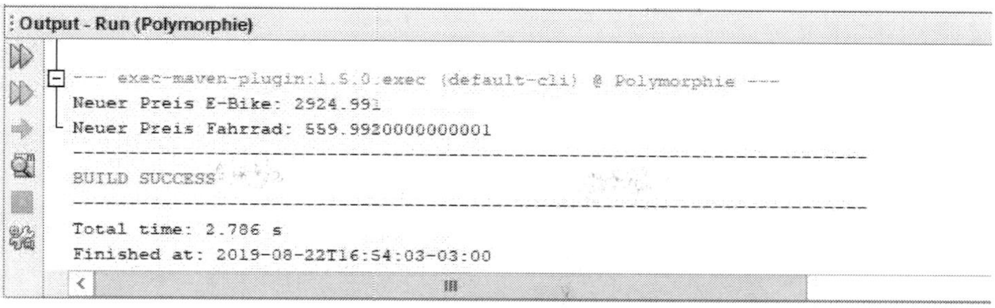

Abb. 10.7 Der Preis des E-Bikes wurde nur um 10 Prozent reduziert, der des Fahrrads hingegen um 20 Prozent

10.6 Konstanten mit enums vorgeben

Eine weitere Möglichkeit, um Strukturen für unsere Programme zu gestalten, stellen enums dar. Diese sind ähnlich wie Klassen aufgebaut. Allerdings eignen sie sich nur, um konstante Werte aufzunehmen. Sie kommen in erster Linie dann zum Einsatz, wenn ein bestimmter Ausdruck nur eine endliche Zahl an konkreten Werten einnehmen kann. Das ist beispielsweise bei Wochentagen und Monatsangaben der Fall. Hierbei gibt es nur sieben beziehungsweise zwölf mögliche Werte. Auch wenn man verschiedene Schwierigkeitsgrade, Lohnkategorien oder ähnliche Sachverhalte im Programm wiedergeben will, bieten sich enums an – solange es dabei eine konstante und fest vorgegebene Anzahl an Möglichkeiten gibt.

Um das an einem Beispiel aufzuzeigen, erstellen wir ein enum für die Wochentage. Dafür verwenden wir den Schlüsselbegriff `enum` und danach einen frei wählbaren Namen. In einer geschweiften Klammer stehen dann durch ein Komma getrennt die verschiedenen Möglichkeiten:

```
enum Tage {
     Montag,
     Dienstag,
     Mittwoch,
     Donnerstag,
     Freitag,
     Samstag,
     Sonntag
  }

```

Wir können von enums keine Objekte ableiten. Wenn wir sie verwenden, rufen wir sie immer direkt mit ihrem Namen auf. Daran hängen wir dann den Wert an, den wir auswählen möchten:

```
Tage aktuellerTag = Tage.Mittwoch;
```

Die Verwendung von enums bietet sich beispielsweise an, wenn wir für die einzelnen Tage ein `switch`-Statement verwenden möchten. Hierbei können wir die möglichen Werte für die Bestimmung der einzelnen Fälle verwenden. Daher geben wir nun in Abhängigkeit vom Wochentag aus, ob ein Geschäft geöffnet oder geschlossen ist:

```
public class Wochentage {
    public static void main(String[] args) {
        Tage aktuellerTag = Tage.Mittwoch;
        switch (aktuellerTag){
            case Montag: case Dienstag: case Mittwoch: case Donnerstag:
            case Freitag:
                System.out.println("Geöffnet!");
                break;
            case Samstag: case Sonntag:
                System.out.println("Geschlossen!");
        }
    }
}
```

Enums können auch weitere Werte mit den jeweiligen Optionen verbinden. Diese sind jedoch immer konstant. Wir schreiben sie in eine Klammer hinter die jeweilige Möglichkeit. Dabei können wir auch mehrere Werte verwenden und diese durch ein Komma voneinander trennen. In diesem Beispiel beschränken wir uns jedoch auf eine zusätzliche Angabe. Wir geben mit einer booleschen Variable an, ob der entsprechende Tag zum Wochenende gehört:

```
Montag(false),
Dienstag(false),
Mittwoch(false),
Donnerstag(false),
Freitag(false),
Samstag(true),
Sonntag(true);
```

In diesem Fall müssen wir darauf achten, die Aufzählung der Optionen mit einem Semikolon abzuschließen. Danach müssen wir angeben, welchen Namen die entsprechende Angabe erhalten soll. Dabei gehen wir auf die gleiche Weise wie beim Deklarieren einer Member-Variablen vor:

```
private boolean wochenende;
```

Die Verwendung einer Variablen hat jedoch zur Folge, dass wir auch einen Konstruktor implementieren müssen. Dieser sieht so aus:

```
Tage(final boolean wochenende){
        this.wochenende = wochenende;
    }
```

Der Konstruktor erhält hier keinen expliziten Übergabewert. Er nimmt jedoch den Wert auf, den wir dem entsprechenden Wochentag zugeordnet haben. Diesen müssen wir in einer Variablen aufnehmen. Es ist notwendig, diese als `final` zu kennzeichnen. Das bedeutet, dass sie nicht veränderlich ist. Deren Wert weisen wir dann dem Attribut wochenende zu.

Schließlich können wir in das enum auch eine Methode einbauen. Diese ist nach dem gleichen Muster aufgebaut, wie Methoden innerhalb einer Klasse. Auf diese Weise können wir beispielsweise den Wert der Variablen `wochenende` abrufen. Das gesamte `enum` sieht dann so aus:

```
enum Tage {
    Montag(false),
    Dienstag(false),
    Mittwoch(false),
    Donnerstag(false),
    Freitag(false),
    Samstag(true),
    Sonntag(true);
    private boolean wochenende;
    Tage(final boolean wochenende){
        this.wochenende = wochenende;
    }
    public boolean getWochenende(){
        return this.wochenende;
    }
}
```


Im Hauptprogramm ist es dann etwas einfacher, auszugeben, ob das Geschäft geöffnet oder geschlossen ist. Dafür müssen wir lediglich den Wert der Variablen `wochenende` abrufen:

```
public class Wochentage {
    public static void main(String[] args) {
        Tage aktuellerTag = Tage.Mittwoch;
        if (aktuellerTag.getWochenende()){
            System.out.println("Geschlossen!");
        }
        else{
            System.out.println("Geöffnet!");
        }
    }
}
```

Alle Programmcodes und Schaltpläne aus diesem Buch stehen kostenfrei zum Download bereit. Dadurch müssen Sie Code nicht abtippen.

Außerdem erhalten Sie die eBook Ausgabe zum Buch im PDF Format kostenlos auf unserer Website:

https://bmu-verlag.de/java-kompendium/
Downloadcode: siehe Kapitel 28

Kapitel 11

Vorgefertigte Klassen und Methoden für Java-Programme

Unsere bisherigen Programme enthielten in erster Linie einfache Befehle, die im Standard-Wortschatz von Java enthalten sind. Darüber hinaus gibt es jedoch noch viele weitere Funktionen, die wir in unser Programm einbauen können. Diese erweitern die Möglichkeiten beim Programmieren erheblich. Sie sind in Klassen und Methoden organisiert und wir müssen sie lediglich in unser Programm einbinden, um sie zu nutzen. Dieses Kapitel stellt vor, wie wir diese vorgefertigten Klassen und Methoden verwenden.

11.1 Die Vorteile vorgefertigter Bibliotheken

In den letzten beiden Kapiteln haben wir gelernt, mit Klassen und Methoden zu arbeiten. Einen der entscheidenden Vorteile stellt es dabei dar, dass wir einmal erstellte Klassen problemlos wiederverwenden können. Diese Möglichkeit haben wir sogar bereits genutzt. In Kapitel 10.5 haben wir ein neues Projekt erstellt, das jedoch auf den Klassen der vorherigen Abschnitte basierte. Statt diese neu zu schreiben, ist es möglich, die Dateien einfach in das entsprechende Verzeichnis zu kopieren. Das spart viel Zeit. Auf diese Weise ist es möglich, eine eigene kleine Programmbibliothek aufzubauen. Wenn man hier nützliche Funktionen erstellt, kann man diese für jedes neue Programm verwenden.

Das gleiche Prinzip kommt bei vorgefertigten Klassen und Methoden zum Einsatz. Diese eignen sich für Funktionen, die so häufig notwendig sind, dass es sinnvoll ist, sie allen Programmierern zur Verfügung zu stellen. Ein Beispiel hierfür haben wir bereits zu Beginn dieses Buchs kennengelernt, als wir es dem Anwender erlaubten, Eingaben in das Programm zu machen. Hierfür ist es notwendig, einen Stream aufzubauen und für die Eingaben daraufhin einen Buffer zu erstellen. Diese Aufgabe wäre insbesondere für Anfänger sehr schwierig. Daher haben wir hierfür einfach eine vorgefertigte Klasse verwendet. Durch den `import`-Befehl haben wir diese in unser Programm eingebunden. Daraufhin konnten wir Objekte vom Typ `InputStreamReader` und `BufferedReader` erstellen – ohne dass wir die Klassen dafür definieren mussten. Außerdem haben wir die Methode `readLine()` verwendet. Auch diese war bereits vorgefertigt und wir mussten uns nicht um deren Implementierung kümmern.

Dieses kleine Beispiel zeigt bereits, wie wichtig diese vorgefertigten Klassen und Methoden sind. Ohne diese würde selbst eine einfache Aufgabe wie das Auswerten einer Eingabe des Anwenders einen unheimlichen Arbeitsaufwand und eine hohe Sachkenntnis erfordern. Aufgrund der vorgefertigten Bibliotheken können wir diese Funktionen jedoch problemlos einbinden und nutzen.

11.2 Anwendungsbeispiel: eine Bibliothek nutzen

Um zu zeigen, wie hilfreich derartige Bibliotheken sind, erzeugen wir nun ein Programm, das Nachrichtenboxen verwendet. Bislang fand die Interaktion mit dem Anwender ausschließlich über den Kommandozeileninterpreter statt. Diese Vorgehensweise ist jedoch nur wenig nutzerfreundlich. Besser ist es, ein Programm zu gestalten, das Fenster verwendet. Deren Gestaltung ist recht aufwendig. In Kapitel 15 gehen wir darauf näher ein. Es gibt jedoch eine Möglichkeit, einige Fenster mit begrenzten Funktionen auf eine einfache Weise in das Programm einzufügen – durch die Nutzung einer vorgefertigten Bibliothek. Wie das funktioniert, soll nun vorgestellt werden.

Wenn wir eine Java-Bibliothek nutzen möchten, ist es fast immer notwendig, diese zu importieren. Die einzige Ausnahme stellt die Bibliothek `Java.lang` dar, die die grundlegenden Funktionen der Programmiersprache enthält. Da diese für jedes Java-Programm notwendig ist, wird sie immer automatisch importiert, ohne dass wir dies angeben müssen. Für alle übrigen Bibliotheken ist jedoch ein `import`-Befehl notwendig.

Dieser beginnt stets mit dem Ausdruck `import`. Danach folgt die Bezeichnung für das Package. Java-Bibliotheken sind stets in Packages organisiert. Für unser Beispiel benötigen wir das Package `javax`. Dieses ist jedoch in weitere Unterbereiche unterteilt. Daher müssen wir nach einem Punkt noch eine weitere Angabe hinzufügen. Für dieses Programm benötigen wir den Unterbereich `swing`. Nach einem weiteren Punkt folgt die Klasse, die wir importieren möchten. Hierbei wählen wir die Bezeichnung `JOptionPane`. Bei unseren bisherigen `import`-Befehlen haben wir statt eines konkreten Klassennamens stets das Sternsymbol verwendet. Das bedeutet, dass wir alle Klassen, die im entsprechenden Package enthalten sind, importieren. Für unser Beispiel ist jedoch nur eine einzelne Klasse notwendig. Daher verwenden wir folgenden `import`-Befehl:

```
import javax.swing.JOptionPane;
```

Nun können wir auf die verschiedenen Methoden dieser Klasse zugreifen. Eine davon ist `showMessageDialog()`. Hierbei handelt es sich um eine statische Methode. Das bedeutet, dass sich diese nicht auf ein konkretes Objekt bezieht. Daher rufen wir sie auf, indem wir zunächst ihren Klassennamen und nach einem Punkt den Methodennamen nennen. In die Klammer fügen wir die Übergabewerte null und „Hallo!“ ein. Das Programm sieht dann so aus:

```
package com.mycompany.nachrichten;
import javax.swing.JOptionPane;
public class NewClass {
```

```
    public static void main(String[] args) {
        JOptionPane.showMessageDialog(null, "Hallo!");
    }
}
```

Anmerkung: Der Ausdruck null bezieht sich in der Informatik auf ein nicht vorhandenes Objekt. An dieser Stelle können wir angeben, ob unsere Ausgabe zu einem übergeordneten Fenster gehört. Da das jedoch nicht der Fall ist, verwenden wir den Ausdruck `null`.

Wenn wir das Programm ausführen, kommt es zu einem ganz neuen Effekt, den wir aus unseren bisherigen Programmen noch nicht kennen. Es erscheint ein kleines Fenster, das unsere Nachricht ausgibt:

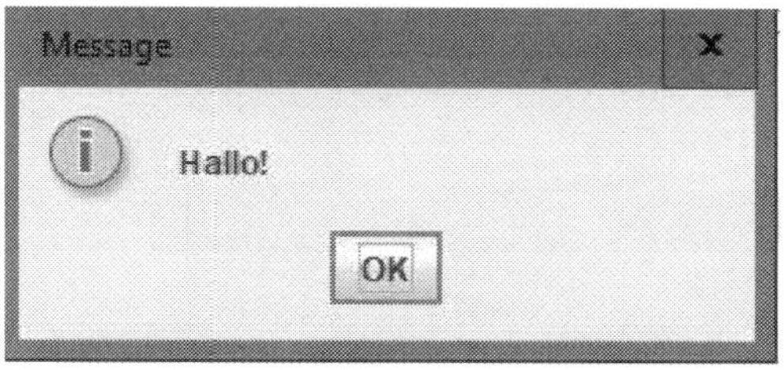

Abb. 11.1 Das Fenster mit unserer Nachricht

Bereits dieses kleine Beispiel zeigt, wie hilfreich die vorgefertigten Bibliotheken sind. Ein derartiges Fenster von Grund auf selbst zu programmieren, wäre ausgesprochen schwierig.

Die Klasse `JOptionPane` bietet noch viele weitere Möglichkeiten. Beispielsweise können wir die bereits vorgestellte Methode `showMessageDialog` mit weiteren Übergabewerten versehen. Auf diese Weise ist es beispielsweise möglich, den Titel des Fensters oder das Symbol, das vor der Nachricht erscheint, zu verändern:

```
JOptionPane.showMessageDialog(null, "Achtung!", "Warnung",2);
```

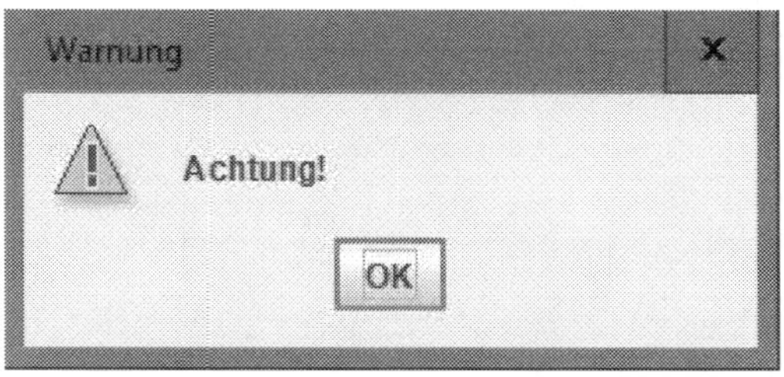

Abb. 11.2 Das Fenster mit dem Warnsymbol

Außerdem können wir eine andere Methode verwenden. Um es dem Anwender zu erlauben, eine Eingabe zu machen, bietet sich die Methode `showInputDialog` an.

Diese gibt dem Programm die Eingabe des Nutzers zurück. Daher müssen wir sie einer `String`-Variablen zuweisen. In der Klammer steht dabei die Beschriftung für das Eingabefeld:

```
String eingabe = JOptionPane.showInputDialog(null, "Geben Sie einen
Text ein:");
```

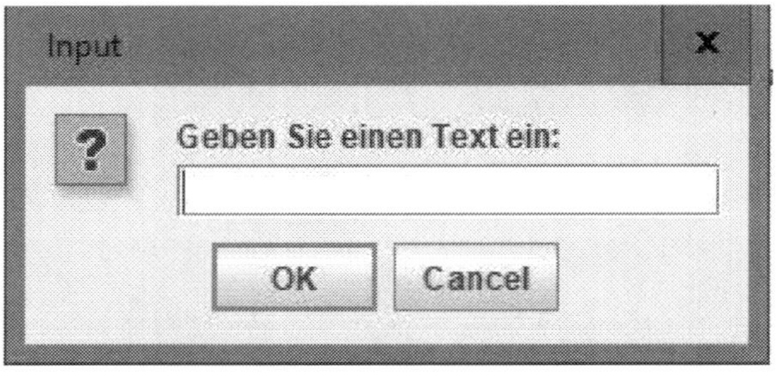

Abb. 11.3 Das Fenster mit dem Eingabefeld

11.3 Die Dokumentation der Java-Bibliotheken

Im vorherigen Beispiel wurden alle Funktionen, die wir aus der entsprechenden Java-Bibliothek verwenden wollten, vorgestellt. Auf diese Weise ist es ausgesprochen einfach, sie im Programm zu verwenden. Ein Problem entsteht jedoch, wenn wir die Verwendung der Methoden noch nicht genau kennen oder sogar nicht einmal wissen, welche Klasse wir für unser Programm überhaupt verwenden könnten. Alle Befehle auswendig zu lernen, ist aufgrund des großen Umfangs der Bibliotheken beinahe unmöglich. Aus diesem Grund ist es wichtig, ein geeignetes Nachschlagewerk zur Verfügung zu haben. Dafür bietet sich die offizielle Java-Dokumentation an. Diese entdecken wir unter folgendem Link:

https://docs.oracle.com/en/java/javase/

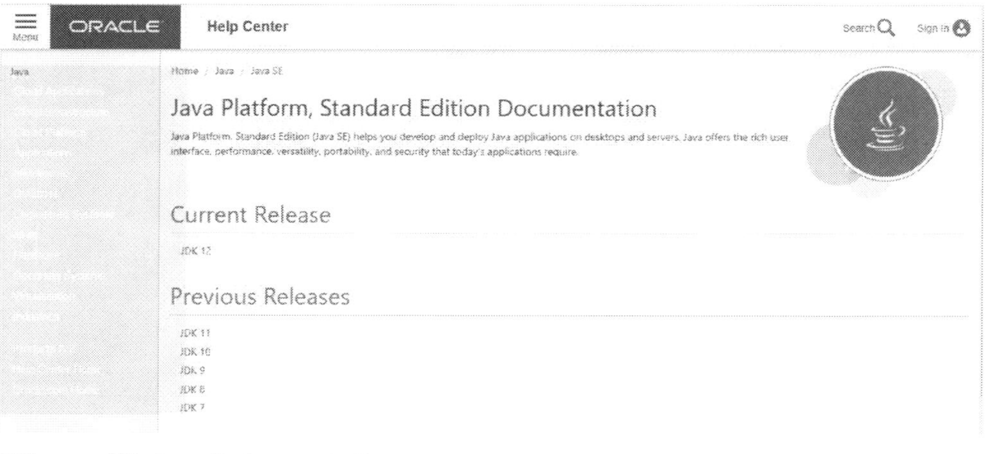

Abb. 11.4 Die Java-Dokumentation

Hier finden wir immer einen Link zur aktuellen JDK-Version. Im Moment ist das JDK 12. Wenn wir diesen anklicken, gelangen wir zu einem Fenster, das zahlreiche Informationen rund um Java und das JDK enthält. Wenn wir hier etwas nach unten scrollen, entdecken wir unter der Überschrift Specifications den Link mit der Bezeichnung API Documentation. Diesen klicken wir an.

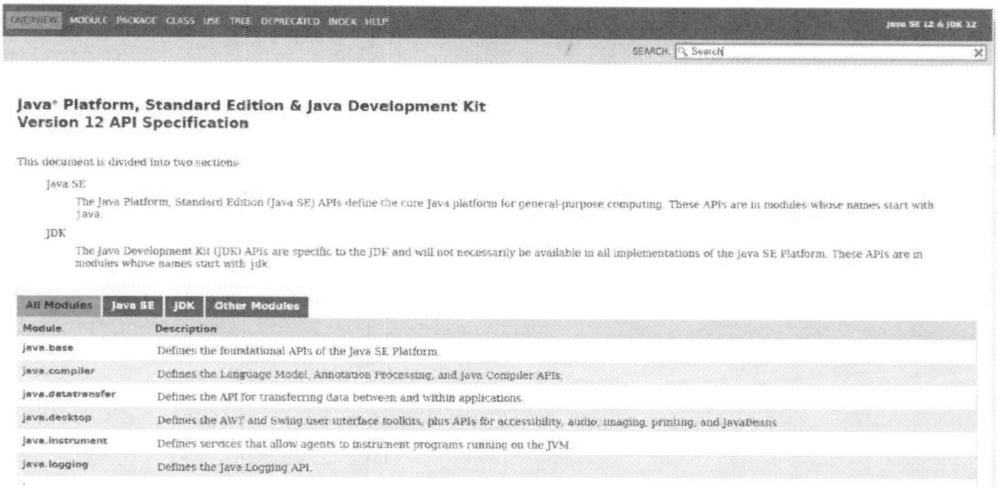

Abb. 11.5 Die Startseite der API-Dokumentation

Im unteren Bereich der Seite erkennen wir die einzelnen Module. Dabei handelt es sich um größere Blöcke, die die einzelnen Packages enthalten. Diese sind thematisch geordnet. Nun können wir einmal den Eintrag `java.desktop` anklicken. Wenn wir hier etwas nach unten scrollen, entdecken wir den Eintrag `javax.swing`, den wir im vorherigen Beispiel verwendet haben. Diesen klicken wir ebenfalls an. Hier suchen wir dann die Klasse `JOptionPane`. Wenn wir diese anklicken, entdecken wir eine ausführliche Beschreibung der Klasse und der darin enthaltenen Methoden.

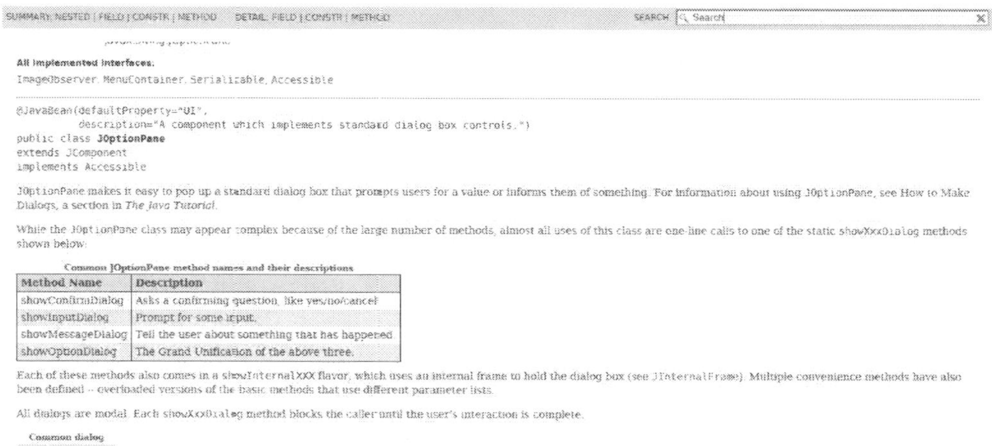

Abb. 11.6 Die Beschreibung der Klasse JOptionPane

Hier erkennen wir beispielsweise, dass es neben den beiden Fenstertypen, die wir bereits verwendet haben, noch weitere Optionen gibt. Außerdem finden wir eine genaue Beschreibung der möglichen Übergabewerte und ihrer möglichen Auswirkungen. Das bedeutet, dass wir uns hier genau über die Funktionsweise informieren können.

Nun stellt sich noch die Frage, wie wir vorgehen, wenn wir in unserem Programm eine bestimmte Funktionalität einfügen möchten, bei der wir noch nicht wissen, in welcher Klasse oder in welchem Package sich diese befindet. Diese Aufgabe ist nicht ganz einfach. Zum einen ist es möglich, die integrierte Suchfunktion zu verwenden. Wenn man hier einen Schlüsselbegriff in englischer Sprache eingibt, kann das manchmal zum Ziel führen. Allerdings ist das nicht immer so. Da die Suchfunktion nur die Package- und Klassennamen berücksichtigt und keine Inhaltsbeschreibung, finden wir auf diese Weise nicht immer eine passende Klasse. Dann bleibt nur noch die Möglichkeit, die Beschreibungen der einzelnen Module und Packages durchzulesen und abzuwägen, ob darin eine passende Funktion enthalten sein könnte. Sinnvoll ist es, immer mit dem Modul `java.base` zu beginnen. Hier sind die wichtigsten Packages enthalten. Für Anwendungen, die Fenster verwenden, Sound ausgeben oder Grafiken bearbeiten, ist außerdem das Modul `java.desktop` wichtig. Die übrigen Module sind für Anfänger nur selten von Bedeutung.

11.4 Übungsaufgabe: Programme mit vorgefertigten Bibliotheken

1. Suchen Sie in der Klasse `JOptionPane` eine Methode, die zur Gestaltung eines Bestätigungsfensters dient. Erzeugen Sie dieses und fordern Sie den Anwender zur Bestätigung einer Nachricht auf. Das Fenster soll die Optionen Yes, No und Cancel bieten. Nehmen Sie den Rückgabewert in einer Variablen auf. Gestalten Sie daraufhin ein `switch`-Statment, das je nachdem, welchen Button der Anwender angeklickt hat, eine Message-Box mit einer entsprechenden Nachricht ausgibt.
2. Suchen Sie in der Java-Dokumentation einen Befehl, um die Wurzel einer Zahl auszugeben. Schreiben Sie ein Programm, das es dem Anwender über ein Eingabefenster ermöglicht, eine Zahl einzugeben. Berechnen Sie daraufhin die Wurzel dieser Zahl und geben Sie sie in einer Message-Box aus.

Hinweis: Die Dokumentation für mathematische Funktionen ist etwas verwirrend da sie sowohl ein Package als auch eine Klasse mit der Bezeichnung `Math` enthält. Die Methode für die Wurzelberechnung befindet sich in der Klasse `Math`, die wiederum zum Package `java.lang` gehört.

Lösungen:

1.

```
import javax.swing.JOptionPane;
public class Aufgabe1 {
    public static void main(String[] args) {
        int antwort = JOptionPane.showConfirmDialog(null,
                "Bestätigen Sie die Eingabe", "Bestätigung",
                JOptionPane.YES_NO_CANCEL_OPTION);
        switch (antwort){
            case 0:
                JOptionPane.showMessageDialog(null, "Eingabe bestätigt.");
                break;
            case 1:
                JOptionPane.showMessageDialog(null, "Eingabe verworfen.");
                break;
            case 2:
                JOptionPane.showMessageDialog(null, "Vorgang abgebrochen.");
                break;
        }
    }
}
```


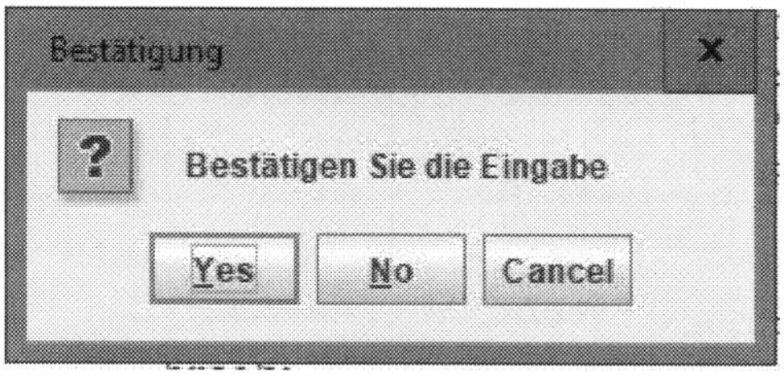

Abb. 11.7 Das Fenster für die Bestätigung

2.

```
public class Aufgabe2 {
    public static void main(String[] args) {
        String eingabe = JOptionPane.showInputDialog(null,
        "Geben Sie eine Zahl ein:");
        int zahl = Integer.parseInt(eingabe);
        double ergebnis = Math.sqrt(zahl);
        JOptionPane.showMessageDialog(null, "Wurzel: " + ergebnis);
    }
}
```

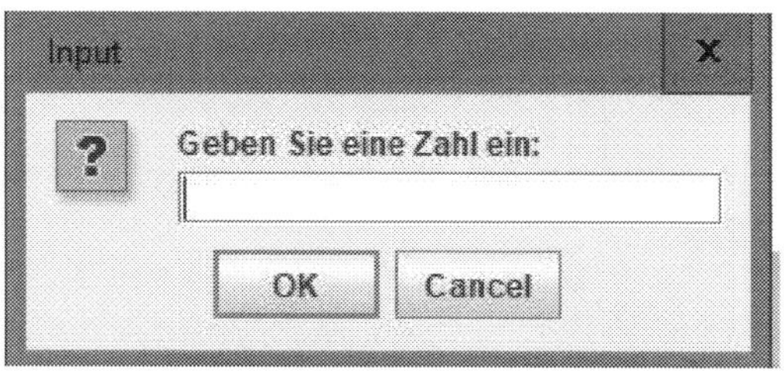

Abb. 11.8 Das Feld für die Eingabe der Zahl

Alle Programmcodes und Schaltpläne aus diesem Buch stehen kostenfrei zum Download bereit. Dadurch müssen Sie Code nicht abtippen.

Außerdem erhalten Sie die eBook Ausgabe zum Buch im PDF Format kostenlos auf unserer Website:

https://bmu-verlag.de/java-kompendium/
Downloadcode: siehe Kapitel 28

Kapitel 12

Fehler im Programm

Beim Programmieren kommen immer wieder Fehler vor. Das betrifft nicht nur Anfänger, sondern auch erfahrene Programmierer. Daher besteht ein erheblicher Teil der Arbeitszeit darin, Fehler zu finden und zu verbessern. Ein Computerprogramm kann jedoch ganz unterschiedliche Arten von Fehlern enthalten. Daher ist es wichtig, für jede von ihnen eine passende Strategie zu entwickeln, um sie zu beheben.

Aus diesem Grund stellt das folgende Kapitel vor, wie wir mit Fehlern umgehen. Zunächst erklärt es, welche Arten von Fehlern es gibt. Danach zeigt es Vorgehensweisen auf, um sie zu beheben.

12.1 Verschiedene Arten von Fehlern

Jede Programmiersprache verfügt über eine spezifische Syntax. Diese enthält genaue Regeln, die wir bei unseren Programmen beachten müssen. Die Java-Syntax schreibt beispielsweise vor, dass es notwendig ist, jeden einzelnen Befehl mit einem Semikolon zu beenden. Eine weitere Regel besagt, dass wir an den Aufruf einer Methode eine Klammer anfügen müssen – selbst wenn diese leer ist. Die Liste der Syntax-Vorschriften ist sehr lang. Wenn wir diese nicht beachten, kommt es zu einem Syntax-Fehler. In vielen Fällen beruhen diese auf einer kleinen Unachtsamkeit. Es ist schnell passiert, dass man beim Programmieren vergisst, eine Klammer zu schließen oder ein Semikolon hinzuzufügen. Manchmal ist die Syntax jedoch auch etwas komplizierter. Das ist beispielsweise der Fall, wenn wir auf Variablen oder Methoden in anderen Klassen zugreifen möchten. Hier kann es vorkommen, dass Fehler entstehen, deren Behebung nicht ganz so offensichtlich ist. Wenn ein Programm Syntaxfehler enthält, ist es normalerweise nicht möglich, es zu kompilieren oder auszuführen.

Wenn ein Programm frei von Syntaxfehlern ist und sich daher kompilieren lässt, bedeutet das jedoch nicht, dass es keinerlei Fehler enthält. Diese machen sich manchmal erst bei der Ausführung bemerkbar. Es ist sogar möglich, dass sich ein Programm viele Tausend Male problemlos ausführen lässt und dass erst danach ein Fehler auftritt. Der Grund hierfür sind häufig Laufzeitfehler. Diese entstehen insbesondere dann, wenn wir es dem Anwender erlauben, Werte einzugeben oder wenn wir Daten aus externen Dateien einlesen. Hierbei haben wir beim Programmieren häufig eine genaue Vorstellung davon, wie die Daten aufgebaut sein müssen. Solange sich der Anwender daran hält, funktioniert unser Programm problemlos. Doch kann es auch gelegentlich vorkommen, dass er hierbei Werte mit einer anderen Struktur eingibt.

Diese kann unser Programm dann nicht verarbeiten. Das hat einen Abbruch zur Folge. Man spricht in diesem Fall von einem Laufzeitfehler, da er erst beim Ausführen des Programms – also während der Laufzeit – auftritt.

Schließlich gibt es sogenannte logische Fehler, die auch als semantische Fehler bezeichnet werden. Diese beziehen sich auf den Inhalt des Programms. Dieses ist formell korrekt – es enthält weder Syntax- noch Laufzeitfehler. Die Ausführung ist daher stets problemlos möglich. Allerdings führt das Programm nicht zum gewünschten Ergebnis. Der Grund dafür kann beispielsweise darin bestehen, dass man bei einer Berechnung Variablen vertauscht oder dass man einfach fehlerhafte Operationen durchführt. Logische Fehler sind meistens besonders schwer zu finden und es ist ein hoher Aufwand notwendig, um das Programm zu korrigieren.

12.2 Syntaxfehler beheben

Syntaxfehler sind ohne Zweifel die häufigste Fehlerart beim Programmieren. Allerdings sind sie auch recht einfach zu erkennen, sodass sie sich in der Regel ohne Probleme beseitigen lassen. Syntaxfehler erkennen wir sofort, wenn wir den Code in der IDE erstellen. Die fehlerhafte Stelle ist unterstrichen und außerdem erscheint seitlich ein kleiner Warnhinweis. So sehen wir auf den ersten Blick, wo der Fehler entstanden ist. Das verdeutlichen wir, indem wir ein Programm aus einem der vorherigen Kapitel öffnen und hier einmal ein Semikolon entfernen.

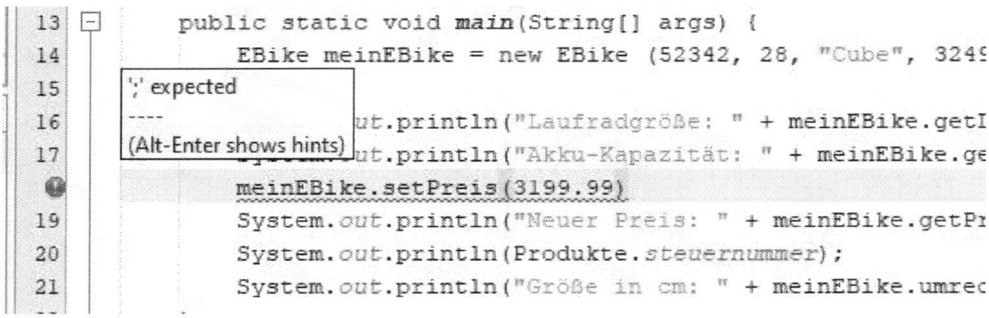

Abb. 12.1 Die rot unterstrichene Zeile, das Fehlersymbol und die Fehlernachricht.

Wenn wir mit der Maus über das Warnsymbol fahren, erhalten wir außerdem einen Hinweis, was wir falsch gemacht haben. Die Fehlernachricht macht deutlich, dass hier das Semikolon fehlt.

Normalerweise ist es nicht möglich, ein Programm mit einem Syntaxfehler zu kompilieren. Wenn wir dieses Programm beispielsweise nach der in Kapitel 3 vorgestellten Methode ausführen wollen, kommt es zu einer Fehlermeldung. NetBeans zeichnet sich jedoch durch eine hohe Fehlertoleranz aus, sodass sich das Programm trotz des Syntaxfehlers ausführen lässt.

Um zu zeigen, was beim Kompilieren von fehlerhaftem Programmcode passiert, müssen wir daher einen etwas schwerwiegenderen Fehler einbauen. Zu diesem Zweck entfernen wir einen Buchstaben aus dem `print`-Befehl. Wenn wir das Programm dann ausführen, erscheint folgende Nachricht:

Abb. 12.2 Die Nachricht über Fehler beim Kompilieren

Von Interesse sind dabei insbesondere die ersten beiden Zeilen. Die erste von ihnen gibt an, worin der Fehler bestand. Sie zeigt dabei genau den falsch geschriebenen Befehl auf. Die zweite Zeile zeigt uns, in welcher Datei und in welcher Zeile der Fehler stattfand. Auf diese Weise ist es einfach, ihn zu finden. Manchmal kann es jedoch auch vorkommen, dass der eigentliche Fehler bereits in der vorherigen Zeile stattfand und sich erst eine Zeile später auswirkt. Auf jeden Fall ist es anhand dieser Nachricht recht einfach, den Fehler zu finden. Danach gibt die IDE noch zahlreiche weitere Programmstellen aus. Diese sind für uns jedoch ohne Interesse, da sie lediglich angeben, auf welche Stellen sich der Fehler in den internen Strukturen der IDE auswirkt.

12.3 Laufzeitfehler durch Ausnahmen abfangen

Um zu zeigen, wie es zu einem Laufzeitfehler kommt, führen wir nochmals das Programm der Übungsaufgabe 2 aus Kapitel 5 aus. Dieses fordert den Anwender dazu auf, eine Zahl einzugeben. Statt einer Zahl geben wir nun jedoch einen Buchstaben ein. Das führt zu einem sofortigen Abbruch des Programms und zu einer Fehlermeldung:

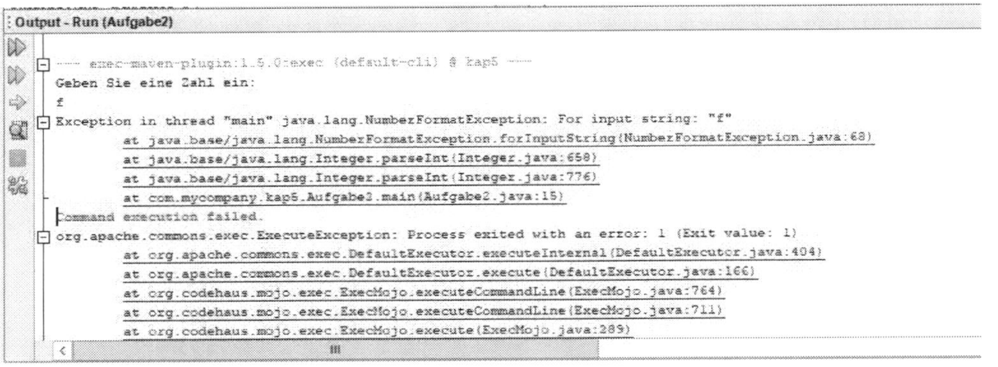

Abb. 12.3 Die Fehlermeldung bei einem Laufzeitfehler

Auch hierbei ist wieder die erste Zeile der Fehlermeldung von besonderem Interesse:

Exception in thread "main" java.lang.NumberFormatException: For input string: "f"

Das zeigt bereits, dass der Fehler mit dem Buchstaben zu tun hat, den wir eingegeben haben. Darüber hinaus lesen wir hier den Ausdruck **NumberFormatException**. Das lässt darauf schließen, dass das Problem darauf beruht, dass es sich hierbei nicht um eine Zahl handelt. Darüber hinaus werden wieder mehrere Programmstellen angegeben, auf die sich der Fehler auswirkt. Bei den ersten drei handelt es sich um Java-Bibliotheken, die wir nicht selbst programmiert haben. Die vierte Zeile bezieht sich dann auf unseren eigenen Code. Sie zeigt, dass der Fehler in Zeile 15 passiert ist. Daher schauen wir uns diese nochmals genau an.

In dieser Zeile wandeln wir den Wert, den der Anwender eingegeben hat, in eine Zahl um. Das ist selbstverständlich nur dann möglich, wenn es sich dabei auch um eine Zahl handelt. Ein Buchstabe lässt sich nicht umwandeln. Daher liegt es auf der Hand, dass diese Eingabe zu einem Fehler führt.

Nun stellt sich die Frage, wie wir mit einem derartigen Laufzeitfehler umgehen sollen. Wir haben zwar klar in das Programm geschrieben, dass der Anwender eine Zahl eingeben soll. Wenn sich dieser jedoch nicht daran hält, sollte unser Programm dennoch nicht sofort abstürzen.

Die übliche Vorgehensweise, um mit Laufzeitfehlern umzugehen, besteht darin, hierfür eine Ausnahme zu definieren. Das bedeutet, dass das Programm zunächst nur ausprobiert, ob es die entsprechenden Aktionen durchführen kann. Ist das möglich, führt es den Code wie gewohnt aus. Tritt dabei jedoch ein Fehler auf, zieht das dennoch nicht einen sofortigen Abbruch nach sich. Anstelle der eigentlichen Befehle führen wir dann einen alternativen Block aus. Darin können wir den Anwender auf die fehlerhafte Eingabe hinweisen. Danach kommt es jedoch nicht zu einem Abbruch, sodass das Programm die nachfolgenden Befehle ebenfalls ausführt.

Zu diesem Zweck verwenden wir den Schlüsselbegriff `try`. Danach öffnen wir eine geschweifte Klammer, in die wir alle Befehle schreiben, die bei einer unerwarteten Eingabe Probleme bereiten könnten. In unserem Beispiel ist dies nicht nur die Umwandlung in eine Zahl, sondern auch die darauffolgende Zeile, in der wir eine Berechnung mit dieser Zahl durchführen möchten. Wenn wir keine Zahl erzeugen können, sind damit auch keine Rechenoperationen möglich.

Ein `try`-Block darf jedoch niemals alleine stehen. Danach muss immer ein `catch`-Block folgen. In diesen schreiben wir die Befehle, die das Programm ausführen soll, wenn ein Fehler auftritt. Dazu verwenden wir den Begriff `catch`. Danach folgt eine Klammer, in die wir die Art des Fehlers schreiben, die wir hier bearbeiten wollen. In unserem Beispiel wäre dies `NumberFormatException`. Das ist aus der Fehlermeldung zu entnehmen. Danach müssen wir den Namen einer neuen Variable nennen. Diese dient dazu, den Fehler aufzunehmen. Genau genommen handelt es sich hierbei um ein Objekt der Klasse `NumberFormatException`. Auf dieses können wir dann unter dem entsprechenden Variablennamen zugreifen. Das dient beispielsweise dazu, dem Anwender die Fehlernachricht zu präsentieren. Nach dem `catch`-Block fügen wir noch einen weiteren `print`-Befehl ein. Dieser dient lediglich dazu, zu demonstrieren, dass das Programm nun auch bei einer fehlerhaften Eingabe bis zum Ende ausgeführt wird. Wenn wir diese Änderungen in unserem Programm umsetzen, sieht es so aus:


```
import java.io.*;
public class Aufgabe2 {
    public static void main(String[] args)throws IOException {
        InputStreamReader isr = new InputStreamReader(System.in);
        BufferedReader br = new BufferedReader(isr);
        System.out.println("Geben Sie eine Zahl ein:");
        String eingabe = br.readLine();
        try{
            int zahl = Integer.parseInt(eingabe);
            System.out.println("Doppelter Wert: " + zahl * 2);
        }
        catch(NumberFormatException Ausnahme){
            System.out.println("Bitte eine Zahl eingeben!");
            System.out.println(Ausnahme);
        }
      System.out.println("Programm erfolgreich abgeschlossen..");
    }
}
```

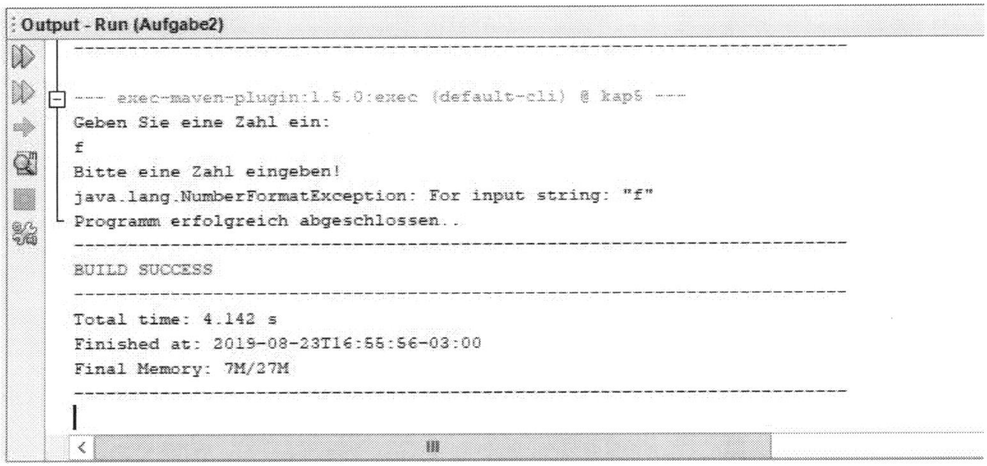

Abb. 12.4 Jetzt kommt es nicht mehr zum Abbruch des Programms

Eine `NumberFormatException` stellt jedoch nicht die einzige Möglichkeit für einen Laufzeitfehler dar. Dieser kann noch in vielen weiteren Situationen auftreten. Wenn wir beispielsweise auf ein Array-Feld zugreifen wollen, das nicht definiert ist, wenn wir eine Zahl durch den Wert 0 teilen und in vielen weiteren Fällen treten derartige Probleme auf. Daher ist es immer notwendig, den Ausdruck im `catch`-Block anzupassen. Es ist jedoch nicht immer einfach, zu wissen, welchen Begriff wir hierfür verwenden müssen. In der Regel können wir hierbei einfach den Befehl verwenden, der bei der Fehler-Nachricht ausgegeben wird. Das Tückische an Laufzeitfehlern besteht jedoch darin, dass wir uns häufig überhaupt nicht darüber bewusst sind, welche Eingaben einen Fehler auslösen könnten. Oftmals bleiben die Programmfehler lange Zeit unentdeckt, bis sie zufällig durch einen Eingabefehler bemerkt werden.

Das Ziel besteht jedoch darin, robuste Programme zu schreiben, die auf alle Eingaben richtig reagieren und trotzdem nicht abstürzen. Daher ist es wichtig, auf alle Arten von Fehlern vorbereitet zu sein. Dafür ist es hilfreich, sich einmal die Dokumentation dieser Klassen anzuschauen. Diese finden wir wieder in der API-Dokumentation. Hier öffnen wir das Package `java.lang`.

Unter dem Begriff Exception Summary entdecken wir hier alle möglichen Arten von Ausnahmen. Es ist jedoch nicht notwendig, sie alle auswendig zu kennen. Lediglich die wichtigsten von ihnen sollten wir kennen.

Wenn wir eine Ausnahme behandeln, ist es nicht nur möglich, einen einzelnen `try`-Block zu verwenden. Wir können auch mehrere von ihnen einfügen, um unterschiedliche Laufzeitfehler abzudecken. Um das zu demonstrieren, schreiben wir ein neues Programm. In diesem erstellen wir ein Array mit drei Feldern. Danach fordern wir den Anwender dazu auf, eine Nummer zwischen 0 und 2 einzugeben. Das Programm soll daraufhin das entsprechende Array-Feld ausgeben:

```
import java.io.*;
public class Laufzeitfehler {
    public static void main(String[] args)throws IOException {
        int[] meinArray = {2,5,1};
        InputStreamReader isr = new InputStreamReader(System.in);
        BufferedReader br = new BufferedReader(isr);
        System.out.println("Geben Sie eine Zahl zwischen 0 und 2 ein:");
        String eingabe = br.readLine();
        try{
            int zahl = Integer.parseInt(eingabe);
            System.out.println("Inhalt des Arrays: " + meinArray[zahl]);
        }
        catch(NumberFormatException Ausnahme){
            System.out.println("Bitte eine Zahl eingeben!");
            System.out.println(Ausnahme);
        }
        System.out.println("Programm erfolgreich abgeschlossen..");
    }
}
```

Wenn wir das Programm jetzt ausführen und einen Buchstaben eingeben, wird der Laufzeitfehler aufgefangen und es kommt nicht zu einem Abbruch. Wenn wir einen Wert eingeben, der nicht zwischen 0 und 2 liegt, ist das jedoch der Fall. In der Fehlermeldung sehen wir, dass es sich dabei um eine Ausnahme vom Typ `ArrayIndexOutOfBoundsException` handelt. Daher fügen wir hierfür nun einen weiteren `catch`-Block ein – direkt nach dem bereits bestehenden:


```
catch(ArrayIndexOutOfBoundsException Ausnahme){
    System.out.println("Bitte einen Wert zwischen 0 und 2 eingeben!");
    System.out.println(Ausnahme);
}
```

Damit fangen wir auch diese Ausnahme ab. Dennoch können wir nicht wissen, ob wir damit wirklich alle Möglichkeiten abgedeckt haben. Eventuell könnte noch eine andere Art von Fehler auftreten. Aus diesem Grund ist es stets sinnvoll, zum Schluss noch einen `catch`-Block für die Ausnahme `Exception` einzufügen. Dabei handelt es sich um die Superklasse für alle anderen Arten von Fehlern. Daher deckt sie alle Laufzeitfehler ab. Das stellt sicher, dass auch bei einer unerwarteten Eingabe unser Programm nicht abstürzt. Die Nachricht ist dabei stets allgemein gehalten:

```
catch(Exception Ausnahme){
    System.out.println("Fehlerhafte Eingabe.");
    System.out.println(Ausnahme);
}
```

Ganz zum Schluss können wir noch einen `finally`-Block einfügen. Dieser wird auf jeden Fall ausgeführt – unabhängig davon, ob es zu einem Fehler gekommen ist oder nicht. In unserem Beispiel ist ein derartiger Block nicht notwendig. Wenn wir jedoch beispielsweise eine Datei oder eine Datenbank geöffnet haben, ist es empfehlenswert, diese anschließend im `finally`-Block zu schließen.

12.4 Logische Fehler durch das Debugging finden

Wenn ein Programm nicht das gewünschte Ergebnis liefert, ist es bei unseren bisherigen Beispielen recht einfach, den Fehler zu finden. Da der Programmcode dabei nur aus wenigen Zeilen besteht und außerdem nur recht wenige Variablen darin vorkommen, reicht es in der Regel aus, sich den Code nochmals aufmerksam durchzulesen. Wenn man jedoch davon ausgeht. Dass ein professionelles Computerprogramm häufig viele Hundert Programmzeilen und unzählige Variablen aufweist, ist es nicht ganz so einfach, den Fehler zu entdecken. Es kommt hinzu, dass diese meistens viele interne Rechenschritte durchführen, ehe sie das Ergebnis ausgeben. Wenn wir lediglich sehen, dass das Gesamtergebnis falsch ist, ist es sehr schwer, den Fehler aufzuspüren. Eines der zentralen Probleme besteht darin, dass wir nicht wissen, welche Werte die Variablen bei den einzelnen Rechenschritten einnehmen. Daher können wir die Teilergebnisse nicht überprüfen.

Eine Möglichkeit, um dieses Problem zu umgehen, besteht darin, für jeden Rechenschritt einen `print`-Befehl für die beteiligten Variablen einzufügen. Früher kam diese Methode häufig zum Einsatz. Allerdings war sie mit einem enormen Aufwand verbunden. Außerdem war es notwendig, diese Befehle wieder zu löschen, nachdem der Fehler gefunden war. Dafür war ebenfalls nochmals viel Zeit notwendig.

Mit einer modernen IDE ist die Suche nach einem Fehler wesentlich einfacher. Diese bieten in der Regel eine Funktion für das Debugging an. Das macht es möglich, den Programmcode in einzelne Schritte zu zerlegen. Bei jedem Zwischenschritt zeigt die IDE die Werte aller Variablen an. Das macht es ganz einfach, zu überprüfen, ob sie korrekt sind. Auf diese Weise lässt sich der Fehler recht gut lokalisieren.

Das Debugging ist insbesondere für sehr umfangreiche Programme von Bedeutung. Wie bereits erwähnt, ist es für unsere bisherigen Beispiele eigentlich nicht unbedingt notwendig. Dennoch soll diese Technik hier kurz vorgestellt werden. Wenn wir später ein längeres Programm erstellen, kann sie sehr hilfreich sein, um einen Fehler zu finden.

Um das Debugging an einem Beispiel zu erklären, schreiben wir ein Programm, das auf der Klasse `Mitarbeiter` der Übungsaufgabe zu Kapitel 9 basiert. Diese können wir unverändert übernehmen. Allerdings gestalten wir das Hauptprogramm neu. Dieses soll nun den Anwender dazu auffordern, die Daten für einen Mitarbeiter einzugeben. Danach soll es die Daten für diesen Mitarbeiter ausgeben. Dafür verwenden wir folgenden Code:

```
import java.io.*;
public class Debugging {
    public static void main(String[] args)throws IOException {
        InputStreamReader isr = new InputStreamReader(System.in);
        BufferedReader br = new BufferedReader(isr);
        Mitarbeiter meinMitarbeiter = new Mitarbeiter();
```

```
        System.out.println("Geben Sie den Vornamen ein:");
        meinMitarbeiter.vorname = br.readLine();
        System.out.println("Geben Sie den Nachnamen ein:");
        meinMitarbeiter.vorname = br.readLine();
        System.out.println("Geben Sie die Personalnummer ein:");
        meinMitarbeiter.persnr = Integer.parseInt(br.readLine());
        System.out.println("Geben Sie das Gehalt ein:");
        meinMitarbeiter.gehalt = Double.parseDouble(br.readLine());
        System.out.println("Vorname: " + meinMitarbeiter.vorname);
        System.out.println("Nachname: " + meinMitarbeiter.name);
        System.out.println("Personalnummer: " + meinMitarbeiter.persnr);
        System.out.println("Gehalt: " + meinMitarbeiter.gehalt);
    }
}
```

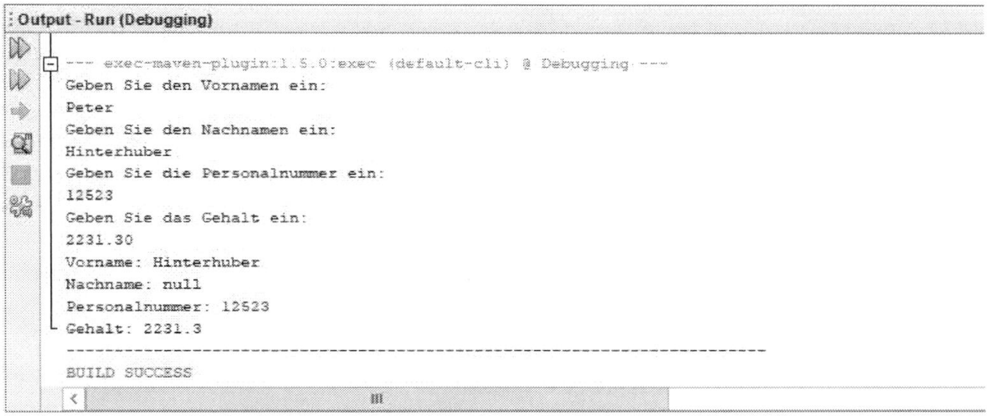

Abb. 12.5 Die fehlerhaften Ausgaben

Wenn wir das Programm nun ausführen, erscheint anstelle des Vornamens der Nachname. Außerdem weist der Nachname den Wert `null` auf. Das bedeutet, dass wir hier keinen Inhalt vorgegeben haben.

Bei einem solch kurzen Programm ist der Fehler sicherlich schnell gefunden: Wir haben die Eingabe für den Nachnamen dem Member `vornamen` zugewiesen. Daher wurde dieses überschrieben, während das Attribut `name` leer blieb. Nun stellen wir uns jedoch vor, dass wir mehrere Hundert Operationen mit den Werten des Objekts durchführen, ohne diese zwischendurch auszugeben. In diesem Fall wäre es schwierig, den Fehler zu finden.

Daher verwenden wir hierfür das Debugging. Zu diesem Zweck fügen wir Haltepunkte in das Programm ein. Einen Haltepunkt setzen wir, indem wir links neben dem Code auf die Zeilennummer klicken. Hier erscheint dann ein rotes Quadrat. Außerdem wird die Zeile rot unterlegt. Der Haltepunkt liegt immer am Anfang der Zeile. Das bedeutet, dass das Programm anhält, bevor es den Code dieser Zeile ausführt. Haltepunkte können wir nur in Zeilen einfügen, die auch Code enthalten. Bei leeren Zeilen ist das nicht möglich.

```
            meinMitarbeiter.persnr = Integer.parseInt(br.readLine());
            System.out.println("Geben Sie das Gehalt ein:");
            meinMitarbeiter.gehalt = Double.parseDouble(br.readLine());


            System.out.println("Vorname: " + meinMitarbeiter.vorname);
            System.out.println("Nachname: " + meinMitarbeiter.name);
            System.out.println("Personalnummer: " + meinMitarbeiter.persnr);
            System.out.println("Gehalt: " + meinMitarbeiter.gehalt);

        }
    }
```

Abb. 12.6 Der Code mit dem Haltepunkt

Um mit dem Debugging zu beginnen, wählen wir in der Menüleiste den Begriff **Debug** und anschließend **Debug Project** (beziehungsweise **Debug File**, wenn wir nur eine einzelne Datei überprüfen möchten) aus. Noch etwas schneller geht es mit Strg+F5. Danach beginnt die IDE zunächst damit, das Programm wie gewohnt auszuführen. Nachdem wir jedoch alle Namen eingegeben haben, kommt es zu einer Unterbrechung. Nun sehen wir, dass im unteren Bereich einige Variablen aufgelistet sind. Hier erscheint beispielsweise der Begriff `args`, der eventuelle Übergabewerte beim Starten des Programms aufnimmt. Dieser interessiert uns jedoch nicht. Danach erscheinen die Objekte `isr` und `br`, die wir für unseren Eingabe-Stream erstellt haben. An letzter Stelle steht das Objekt `meinMitarbeiter`. Wenn wir auf das Pluszeichen links davon klicken, erscheinen die Werte aller Member-Variablen. Hier sehen wir nun, dass wir an dieser Stelle bereits fehlerhafte Werte verwenden. Das bedeutet, dass wir weiter vorne im Programm suchen müssen. Bei längeren Programmen wäre es sinnvoll, mehrere Haltepunkte zu verwenden, um den Fehler noch genauer einzugrenzen. In unserem kurzen Beispiel ist das jedoch nicht notwendig, da wir nun bereits erkennen, dass das Problem bei der Eingabe der Werte liegt. Daher können wir es nun beheben.

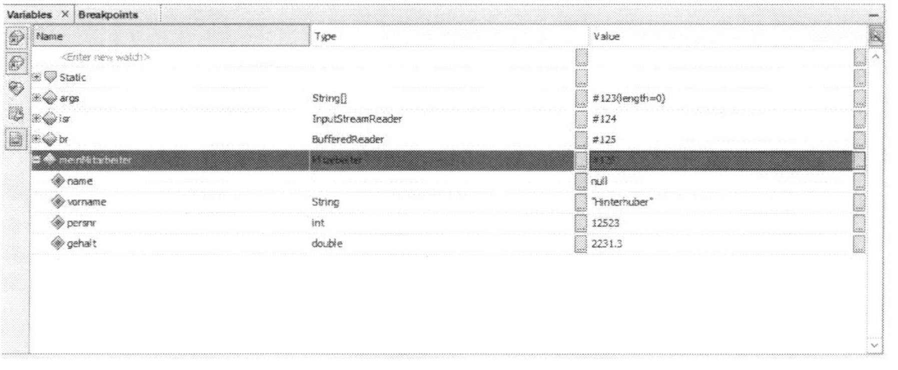

Abb. 12.7 Die Anzeige der Werte der Variablen

Wenn wir einen Haltepunkt erreicht haben und danach mit der Ausführung des Programms fortfahren möchten, müssen wir in der Werkzeugleiste auf den grünen Kreis mit dem weißen Dreieck klicken. Dann führt das Programm die übrigen Befehle aus – gegebenenfalls bis zum nächsten Haltepunkt.

Alle Programmcodes und Schaltpläne aus diesem Buch stehen kostenfrei zum Download bereit. Dadurch müssen Sie Code nicht abtippen.

Außerdem erhalten Sie die eBook Ausgabe zum Buch im PDF Format kostenlos auf unserer Website:

https://bmu-verlag.de/java-kompendium/

Downloadcode: siehe Kapitel 28

Kapitel 13

Praxisbeispiel: das Warenlager in einem Supermarkt verwalten

In den bisherigen Kapitel haben wir bereits viele interessante Funktionen der Programmiersprache Java kennengelernt. Die Programme, die wir damit erstellt haben, dienten jedoch lediglich dazu, die einzelnen Themen mit einem kurzen Beispiel zu untermauern. Wenn man in der Praxis ein Programm erstellt, sind dabei jedoch in der Regel zahlreiche verschiedene Funktionen notwendig. Auf diese Weise entstehen längere Programme, die viele der bislang kennengelernten Techniken miteinander verbinden.

Um dies zu verdeutlichen, soll an dieser Stelle ein kleines Praxisbeispiel entstehen. Dieses soll dazu dienen, das Warenlager eines Supermarkts zu verwalten. Es verwendet viele der in diesem Buch vorgestellten Funktionen. Es geht insbesondere auf die Objektorientierung ein, da die einzelnen Produkte in Klassen aufgenommen werden sollen.

13.1 Die Programmfunktionen und Strukturen

Der Supermarkt bietet verschiedene Produkte an. Da wir ein objektorientiertes Programm erstellen möchten, gestalten wir hierfür die Klasse `Produkte`. Diese enthält Attribute für die Artikelnummer, für die Produktbezeichnung, für den Preis und für die vorhandene Anzahl. Diese grundlegenden Informationen sind für alle Produkttypen von Bedeutung.

Darüber hinaus möchten wir jedoch weitere Unterteilungen vornehmen. Wir gehen davon aus, dass der Supermarkt Lebensmittel, Spielwaren und Elektrogeräte verkauft. Für Lebensmittel ist es wichtig, zu wissen, ob diese eine Kühlung benötigen. Bei Spielwaren ist die Altersangabe von Bedeutung. Diese spalten wir in Mindest- und in Höchstalter auf. Bei Elektrogeräten möchten wir zusätzlich die Energieeffizienzklasse und den Verbrauch angeben. Daher erstellen wir für jeden dieser Produkttypen eine eigene Klasse, die wir jeweils von der Klasse Produkte ableiten.

Das Hauptprogramm soll es dem Anwender erlauben, verschiedene Aktionen durchzuführen. Dabei soll es möglich sein, einen Wareneingang im System festzuhalten, den Verkauf von Produkten zu veranlassen, ein Sonderangebot durchzuführen und das gesamte Sortiment auszugeben.

Aus Gründen der Übersichtlichkeit ist es sinnvoll, diese Aktionen jeweils in Methoden auszulagern. Das Hauptprogramm soll lediglich die Abfrage vornehmen, welche Aktion der Anwender ausführen will. Daraufhin ruft es die zugehörige Methode auf. Für diese erstellen wir eine weitere Klasse mit der Bezeichnung Sortiment. Darin ist als einziges Attribut eine Liste enthalten, die Produkte aufnehmen kann. In dieser Liste halten wir das aktuelle Sortiment fest.

13.2 Die Klassen für die verschiedenen Produkte erstellen

Als Erstes erstellen wir die Klassen für die verschiedenen Produkte. Diese dienen als Grundlage für alle weiteren Programmteile. Dabei beginnen wir mit der Klasse `Produkte`, die als Superklasse für die übrigen Artikel dient. In dieser nehmen wir Attribute für die Artikelnummer, für die Produktbezeichnung, für den Preis und für die Anzahl auf. Außerdem erstellen wir hierfür den zugehörigen Konstruktor:

```
private int artnr;
private String produktbezeichnung;
private double preis;
private int anzahl;
public Produkte (int artnr, String typ, double preis, int anzahl){
    this.artnr = artnr;
    this.produktbezeichnung = typ;
    this.preis = preis;
    this.anzahl = anzahl;
}
```


Im nächsten Schritt erstellen wir eine `get`-Methode für alle vier Member. Eine `set`-Methode erstellen wir lediglich für den Preis. Da die Vorgehensweise dafür bereits bekannt sein sollte, werden diese an dieser Stelle nicht alle aufgeführt. Eine Veränderung des Werts soll auch beim Attribut `anzahl` möglich sein. Allerdings soll hierbei der Wert nicht direkt vorgegeben werden. Wir fügen stattdessen zwei Methoden ein: eine für die Warenannahme und die andere für den Warenausgang. Beide erhalten als Übergabewert die Anzahl der Produkte für die Annahme beziehungsweise für den Ausgang. Die Methode für den Warenausgang soll zusätzlich überprüfen, ob die gewünschte Anzahl an Produkten überhaupt im Sortiment verfügbar ist. Daher verwendet sie als Rückgabewert eine boolesche Variable. Deren Wert ist `false`, wenn nicht mehr genügend Produkte auf Lager sind:

```
public void wareneingang (int zahl){
    this.anzahl += zahl;
}
public boolean warenausgang (int zahl){
    if (zahl <= this.anzahl){
        this.anzahl -= zahl;
        return true;
    }
    else{
        return false;
    }
}
```

Damit ist die Klasse `Produkte` abgeschlossen. Sie sieht wie folgt aus:

```
public class Produkte {
    private int artnr;
    private String produktbezeichnung;
    private double preis;
    private int anzahl;
    public Produkte (int artnr, String typ, double preis, int anzahl){
        this.artnr = artnr;
        this.produktbezeichnung = typ;
        this.preis = preis;
        this.anzahl = anzahl;
    }
    public int getArtnr (){
        return this.artnr;
    }
    public String getProduktbezeichnung(){
        return this.produktbezeichnung;
    }
    public double getPreis(){
        return this.preis;
    }
    public int getAnzahl(){
        return this.anzahl;
    }
    public void setPreis(double preis){
        this.preis = preis;
    }
    public void wareneingang (int zahl){
        this.anzahl += zahl;
    }
    public boolean warenausgang (int zahl){
        if (zahl <= this.anzahl){
            this.anzahl -= zahl;
            return true;
        }
        else{
            return false;
        }
    }
}
```

Im nächsten Schritt erstellen wir die Klassen, die wir von der Superklasse ableiten. Dabei beginnen wir mit der Klasse `Lebensmittel`. Diese verfügt lediglich über ein weiteres Attribut: eine boolesche Variable, die angibt, ob eine Kühlung erforderlich ist. Neben dem Konstruktor benötigen wir nur eine weitere `get`-Methode für das neue Member:

```
public class Lebensmittel extends Produkte{
    private boolean kuehlung;
    public Lebensmittel (int artnr, String bezeichnung, double preis,
            int anzahl, boolean kuehlung){
        super(artnr, bezeichnung, preis, anzahl);
        this.kuehlung = kuehlung;
    }
```

```
    public boolean getKuehlung (){
        return this.kuehlung;
    }
}
```

Danach folgt die Klasse `Spielwaren`. Hierbei möchten wir angeben, für welchen Altersbereich der entsprechende Artikel geeignet ist. Dafür verwenden wir zwei neue Attribute: `mindestalter` und `hoechstalter`. Für diese fügen wir ebenfalls passende `get`-Methoden hinzu:

```
public class Spielwaren extends Produkte{
    private int mindestalter;
    private int hoechstalter;
    public Spielwaren (int artnr, String bezeichnung, double preis, int anzahl,
            int min, int max){
        super(artnr, bezeichnung, preis, anzahl);
        this.mindestalter = min;
        this.hoechstalter = max;
    }
    public int getMindestalter(){
        return this.mindestalter;
    }
    public int getHoechstalter(){
        return this.hoechstalter;
    }
}
```

Nun fehlt noch die Klasse für Elektrogeräte. Hier nehmen wir die Energieeffizienzklasse auf. Da diese mit einem Buchstaben gekennzeichnet wird, verwenden wir hierfür eine `char`-Variable. Darüber hinaus geben wir im Member `verbrauch` die elektrische Leistungsaufnahme in Watt an. Auch bei diesen Attributen sind lediglich `get`-Methoden notwendig:

```
public class Elektro extends Produkte{
    private char effizienz;
    private int verbrauch;
    public Elektro (int artnr, String bezeichnung, double preis, int anzahl,
            char effizienz, int verbrauch){
        super(artnr, bezeichnung, preis, anzahl);
        this.effizienz = effizienz;
        this.verbrauch = verbrauch;
    }
    public char getEffizienz(){
        return this.effizienz;
    }
    public int getVerbrauch(){
        return this.verbrauch;
    }
}
```

13.3 Das Hauptprogramm gestalten

Im nächsten Schritt können wir entweder die Klasse `Sortiment` oder das Hauptprogramm erstellen. Eigentlich wäre es sinnvoll, zuerst das Sortiment zu bearbeiten, da das Hauptprogramm auf dessen Methoden zugreifen wird. Allerdings muss diese Klasse mehrere Aufgaben erledigen und wird dementsprechend recht lang werden. Solange wir das Hauptprogramm nicht erstellt haben, können wir die Funktionen jedoch nicht ausprobieren. Aus diesem Grund ist es sinnvoller, zunächst das Hauptprogramm zu erzeugen. Während des Entwicklungsprozesses können wir dann alle Methoden der Klasse `Sortiment`, die wir noch nicht erstellt haben, auskommentieren. Auf diese Weise ist es möglich, das Programm auszuprobieren und dadurch zu testen, ob es die Anforderungen bisher erfüllt.

Im Hauptprogramm erstellen wir zunächst die Objekte `InputStreamReader` und `BufferedReader`, die wir später für die Aufnahme der Einnahmen des Anwenders benötigen. Danach deklarieren wir die `String`-Variable `eingabe` und die `int`-Variablen `auswahl` und `weiter`, die wir später für die Aufnahme der Nutzereingaben und für die Steuerung der Programmabläufe benötigen. Außerdem erstellen wir ein neues Objekt vom Typ `Sortiment`:

```
Sortiment sortiment = new Sortiment();
```

Da wir diese Klasse jedoch noch nicht erstellt haben, ist es sinnvoll, diese Zeile zunächst als Kommentar auszuzeichnen. Danach geben wir eine Begrüßung für unser Verwaltungsprogramm aus. Da alle Befehle für diese Aufgaben bereits bekannt sein sollten, ist es möglich, diese Programmteile selbst zu erstellen. Später wird zum Abgleich noch der gesamte Code vorgestellt.

Das Programm soll es ermöglichen, mehrer Aufgaben zu erledigen. Wenn wir es jedoch zwischendurch beenden, gehen alle bereits gemachten Eingaben wieder verloren. Aus diesem Grund setzen wir die eigentlichen Programmfunktionen in eine `while`-Schleife. Dieser geben wir als Bedingung den Wert true. Dieser ist immer erfüllt. Das bedeutet, dass die Schleife immer wieder aufs Neue ausgeführt wird. Dennoch erzeugen wir hierbei keine Endlosschleife. Später fügen wir noch eine Möglichkeit für einen Ausstieg ein.

In der Schleife beginnen wir mit einigen `print()`-Befehlen. Diese dienen dazu, dem Anwender vier Auswahlmöglichkeiten für unsere vier Programmfunktionen zu präsentieren: um eine Warenlieferung aufzunehmen, um einen Warenausgang zu verzeichnen, um ein Sonderangebot zu erstellen und um das Sortiment anzuzeigen. Der Anwender wird dabei dazu aufgefordert, die entsprechende Zahl für die gewählte Option einzugeben.

Die Eingabe des Werts und die Umwandlung in eine Zahl stellen wir in einen `try`-Block. Dabei fangen wir die `NumberFormatException` ab – für den Fall, dass der

Anwender keine Zahl eingegeben hat. In diesem Fall geben wir nicht nur eine entsprechende Nachricht aus. Darüber hinaus fügen wir den Befehl `continue` ein:

```
try {
    eingabe = br.readLine();
    auswahl = Integer.parseInt(eingabe);
}
catch(NumberFormatException Ausnahme){
    System.out.println("Bitte eine Zahl eingeben!");
    continue;
}
```

Dieser Befehl bewirkt, dass das Programm wieder zum Anfang der Schleife zurückspringt und diese erneut ausführt. Auf diese Weise erhält der Anwender die Möglichkeit, erneut eine Option auszuwählen.

Danach fügen wir ein `switch`-Statement mit vier Optionen ein – jeweils eine für die entsprechenden Funktionen. Dabei rufen wir jeweils eine Methode der Klasse `Sortiment` auf:

```
switch (auswahl){
    case 1:
        sortiment.warenlieferung();
        break;
    case 2:
        sortiment.verkaufen();
        break;
    case 3:
        sortiment.sonderangebot();
        break;
    case 4:
        sortiment.ausgeben();
        break;
    default:
        System.out.println("Sie haben eine ungültige Zahl eingegeben.");
}
```

Da wir diese Methoden jedoch noch nicht erstellt haben, ist es sinnvoll, sie zunächst als Kommentar zu kennzeichnen.

Zum Abschluss der Schleife rufen wir ein Bestätigungsfenster auf. Dieses fragt den Anwender, ob er eine weitere Aktion durchführen will. Klickt er dabei auf „Yes“, erhalten wir den Wert 0 zurück. In diesem Fall müssen wir keine Aktion durchführen, da unsere Schleife automatisch wieder zum Anfang zurückspringt. Klickt er hingegen auf „No“, erhalten wir den Wert 1 zurück. In diesem Fall müssen wir die Schleife abbrechen. Dafür fügen wir eine weitere `if`-Abfrage mit der entsprechenden Bedingung ein. Diese enthält lediglich einen `break`-Befehl. Dieser führt dazu, dass das Programm die Schleife sofort beendet:

```
weiter = JOptionPane.showConfirmDialog(null,
```

```
    "Möchten Sie eine weitere Aktion durchführen?", "Bestätigung",
    JOptionPane.YES_NO_OPTION);
if (weiter == 1){
    break;
}
```

Zum Abschluss fügen wir nach der Schleife noch eine Verabschiedung ein. Damit ist das Hauptprogramm abgeschlossen:

```
import java.io.*;
import javax.swing.JOptionPane;
public class Verwaltung {
    public static void main(String[] args)throws IOException {
        InputStreamReader isr = new InputStreamReader(System.in);
        BufferedReader br = new BufferedReader(isr);
        String eingabe;
        int auswahl;
        int weiter;
        Sortiment sortiment = new Sortiment();
        System.out.println("Herzlich Willkommen zum Verwaltungsprogramm!\n\n\n");
        while (true){
            System.out.println("Wählen Sie eine Aktion aus:\n");
            System.out.println("Wareneingang annehmen: Option 1");
            System.out.println("Verkauf tätigen: Option 2");
            System.out.println("Ein Sonderangebot durchführen: Option 3");
            System.out.println("Das Sortiment ausgeben: Option 4\n");
            System.out.print("Geben Sie die Nummer der gewünschten
            Aktion ein: ");
            try {
                eingabe = br.readLine();
                auswahl = Integer.parseInt(eingabe);
            }
            catch(NumberFormatException Ausnahme){
                System.out.println("Bitte eine Zahl eingeben!");
                continue;
            }
            switch (auswahl){
                case 1:
                    sortiment.warenlieferung();
                    break;
                case 2:
                    sortiment.verkaufen();
                    break;
                case 3:
                    sortiment.sonderangebot();
                    break;
                case 4:
                    sortiment.ausgeben();
                    break;
                default:
                    System.out.println("Sie haben eine ungültige
                    Zahl eingegeben.");
            }
            weiter = JOptionPane.showConfirmDialog(null,
                "Möchten Sie eine weitere Aktion durchführen?", "Bestätigung",
                JOptionPane.YES_NO_OPTION);
```

```
            if (weiter == 1){
                break;
            }
        }
        System.out.println("Auf Wiedersehen!");
    }
}
```

Wenn wir nun die Methoden und die Erzeugung des Objekts als Kommentar kennzeichnen, können wir das Programm bereits einmal ausprobieren. Wie Abbildung 13.1 zeigt, erscheinen dabei bereits die einzelnen Auswahloptionen. Wenn wir diese auswählen, passiert jedoch noch nichts, da das Programm die Methoden noch nicht aufruft. Wenn wir diese später erstellen, können wir die Kommentarzeichen beim jeweiligen Methodenaufruf entfernen. Das gibt uns die Möglichkeit, den Programmcode gleich auszuprobieren.

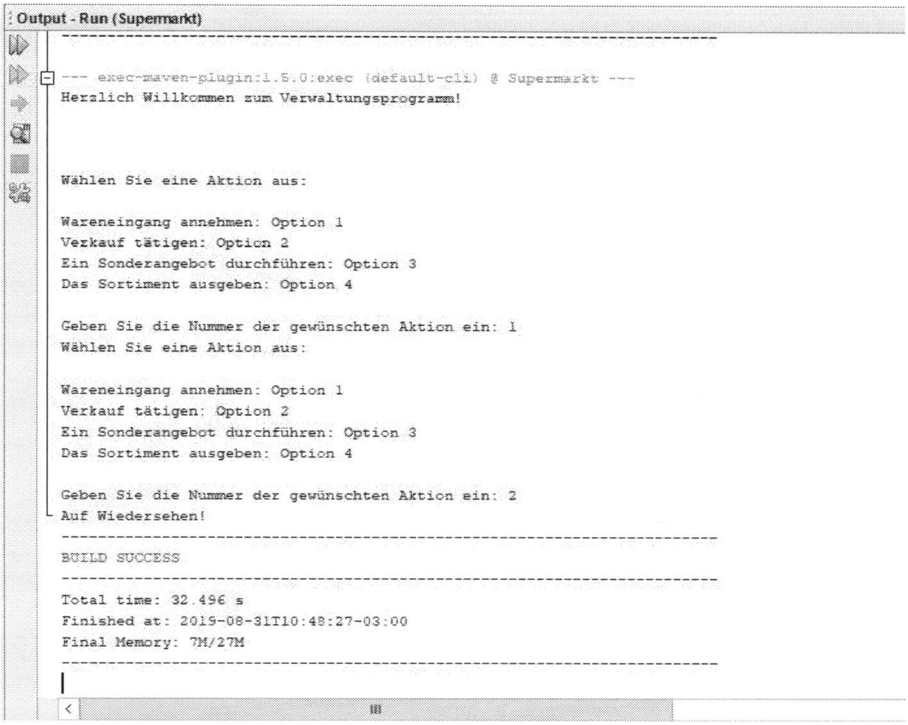

Abb. 13.1 Die Auswahloptionen

13.4 Die einzelnen Programmfunktionen programmieren

Nun müssen wir im letzten Schritt die Klasse `Sortiment` erstellen. Diese soll wie bereits erwähnt eine Liste enthalten, die alle Produkte, die sich im Sortiment befinden, aufnimmt. Die Member-Variable deklarieren wir dabei, ohne die Liste zu instanziieren:

```
ArrayList<Produkte> sortiment;
```

Diese Aufgabe erledigen wir im Konstruktor. Da wir im Moment, in dem wir das Objekt erstellen, noch keine Werte eingeben möchten, benötigen wir auch keine Übergabewerte. Daher verwendet dieser Konstruktor im Gegensatz zu den bisherigen Beispielen eine leere Klammer. Er instanziiert die Liste und weist die leere Liste dann der Member-Variablen zu:

```
public Sortiment (){
    this.sortiment = new ArrayList<>();
}
```

Daraufhin müssen wir die vier angesprochenen Methoden erstellen. Wir beginnen mit der Methode `warenlieferung()`. Darin fordern wir den Anwender zunächst auf, die Artikelnummer und die Anzahl der angelieferten Produkte einzugeben. Diese Werte speichern wir in den Variablen `artikelnummer` und `anzahl` ab.

Der Ablauf des Programms unterscheidet sich, je nachdem, ob das entsprechende Produkt bereits im Sortiment vorhanden ist oder nicht. Im ersten Fall müssen wir lediglich die Anzahl um den entsprechenden Wert erhöhen. Ist das Produkt hingegen noch nicht vorhanden, müssen wir alle Produktdaten abfragen, ein neues Objekt erzeugen und dieses dann in die Liste einfügen. Daher erzeugen wir zunächst eine Variable mit der Bezeichnung `vorhanden`, die angibt, ob das Produkt bereits im Sortiment enthalten ist. Diese setzen wir zunächst auf `false`. Danach gehen wir in einer `for`-Schleife die komplette Liste durch und überprüfen, ob die Artikelnummer des jeweiligen Produkts mit der vom Anwender eingegebenen Nummer übereinstimmt. Trifft das zu, erhöhen wir die Anzahl durch den Aufruf der Methode `wareneingang()`. Danach geben wir eine entsprechende Nachricht aus, setzen die Variable vorhanden auf `true` und beenden die Schleife per `break`-Befehl:

```
for (int i = 0; i < sortiment.size(); i++){
    if (sortiment.get(i).getArtnr() == artikelnummer){
        sortiment.get(i).wareneingang(anzahl);
        System.out.println("Produkt bereits im Sortiment enthalten.");
        System.out.println("Neue Waren hinzugefügt.");
        vorhanden = true;
        break;
    }
}
```

Falls das Produkt noch nicht im Sortiment enthalten ist, müssen wir alle Daten abfragen. Diesen Bereich setzen wir in eine `if`-Abfrage, die als Bedingung die Negation der Variablen `vorhanden` erhält. Darin fordern wir den Anwender zunächst dazu auf, anzugeben, ob es sich hierbei um Lebensmittel, Spielwaren oder um Elektrogeräte handelt. Diese Abfrage und die zugehörige Umwandlung in einen `int`-Wert setzen wir wieder in einen `try`-Block, um ungültige Eingaben abzufangen. Danach fragen wir nach den Werten für den Preis und für die Produktbezeichnung, da diese ja bei allen drei Typen vorkommen. Für die Abfrage der spezifischen Werte erzeugen wir wieder ein `switch`-Statement mit den entsprechenden Optionen. Darin fragen wir zunächst die spezifischen Werte für den entsprechenden Objekttyp ab, erzeugen ein Objekt des entsprechenden Typs und fügen dieses in die Liste ein. Diese haben wir zwar für die Aufnahme von Objekten des Typs `Produkte` gestaltet. Wie wir im Kapitel über die Polymorphie erfahren haben, können wir darin jedoch auch alle davon abgeleiteten Klassen aufnehmen. Für Lebensmittel sieht der entsprechende Teil beispielsweise so aus:

```
System.out.print("Kühlung erforderlich (j/n): ");
eingabe = br.readLine();
boolean kuehlung = (eingabe.equals("j"));
sortiment.add(new Lebensmittel(artikelnummer, bezeichnung,
        preis, anzahl, kuehlung));
System.out.println("Produkt zum Sortiment hinzugefügt.");
break;
```

Nach dem gleichen Muster erzeugen wir nun die Optionen für die übrigen beiden Objekttypen. Damit haben wir die Methode Warenlieferung abgeschlossen:


```
public void warenlieferung(){
    try{
        InputStreamReader isr = new InputStreamReader(System.in);
        BufferedReader br = new BufferedReader(isr);
        System.out.println("Geben Sie die Artikelnummer des gelieferten
        Produkts ein:");
        String eingabe = br.readLine();
        int artikelnummer = Integer.parseInt(eingabe);
        System.out.println("Geben Sie die Anzahl ein:");
        eingabe = br.readLine();
        int anzahl = Integer.parseInt(eingabe);
        boolean vorhanden = false;
        for (int i = 0; i < sortiment.size(); i++){
            if (sortiment.get(i).getArtnr() == artikelnummer){
                sortiment.get(i).wareneingang(anzahl);
                System.out.println("Produkt bereits im Sortiment enthalten.");
                System.out.println("Neue Waren hinzugefügt.");
                vorhanden = true;
                break;
            }
        }
        if (!vorhanden){
            System.out.println("Um welchen Produkttyp handelt es sich?");
            System.out.println("1: Lebensmittel");
            System.out.println("2: Spielwaren");
            System.out.println("3: Elektrogeräte");
            System.out.print("Geben Sie bitte die passende Nummer ein: ");
            int typ = -1;
            try {
                eingabe = br.readLine();
                typ = Integer.parseInt(eingabe);
            }
            catch(NumberFormatException Ausnahme){
                System.out.println("Bitte eine Zahl eingeben!");
```

```
            }
            System.out.print("Geben Sie bitte die Produktbezeichnung ein: ");
            String bezeichnung = br.readLine();
            System.out.print("Geben Sie bitte den Preis ein: ");
            eingabe = br.readLine();
            double preis = Double.parseDouble(eingabe);
            switch (typ){
                case 1:
                    System.out.print("Kühlung erforderlich (j/n): ");
                    eingabe = br.readLine();
                    boolean kuehlung = (eingabe.equals("j"));
                    sortiment.add(new Lebensmittel(artikelnummer, bezeichnung,
                            preis, anzahl, kuehlung));
                    System.out.println("Produkt zum Sortiment hinzugefügt.");
                    break;
                case 2:
                    System.out.print("Mindestalter: ");
                    eingabe = br.readLine();
                    int min = Integer.parseInt(eingabe);
                    System.out.print("Höchstalter: ");
                    eingabe = br.readLine();
                    int max = Integer.parseInt(eingabe);
                    sortiment.add(new Spielwaren(artikelnummer, bezeichnung,
                            preis, anzahl, min, max));
                    System.out.println("Produkt zum Sortiment hinzugefügt.");
                    break;
                case 3:
                    System.out.print("Energieeffizienzklasse: ");
                    eingabe = br.readLine();
                    char effizienz = eingabe.charAt(0);
                    System.out.print("Verbrauch: ");
                    eingabe = br.readLine();
                    int verbrauch = Integer.parseInt(eingabe);
                    sortiment.add(new Elektro(artikelnummer, bezeichnung,
                            preis, anzahl, effizienz, verbrauch));
                    System.out.println("Produkt zum Sortiment hinzugefügt.");
                    break;
                default:
                    System.out.println("Sie haben einen ungültigen
                    Wert eingegeben.");
            }
        }
    }
    catch (IOException ausnahme){
        System.out.println("Fehler bei der Eingabe der Daten");
    }
    catch (NumberFormatException ausnahme){
        System.out.println("Bitte Geben Sie das nächste Mal eine Zahl ein!");
    }
}
```

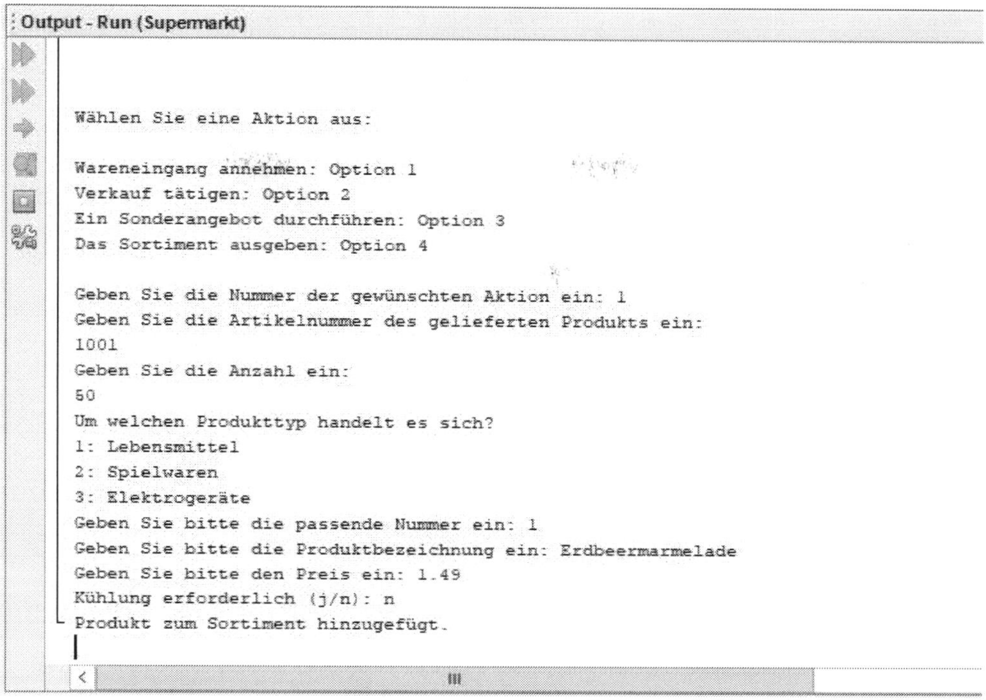

Abb. 13.2 Ein Produkt hinzufügen

Im nächsten Schritt erstellen wir die Methode `verkaufen()`. Diese ist recht ähnlich aufgebaut wie die Methode `warenlieferung()`. Auch hier fragen wir zunächst die Artikelnummer und die Anzahl der verkauften Produkte ab. Danach überprüfen wir, ob die Artikelnummer im Sortiment enthalten ist. Trifft dies zu, erzeugen wir eine neue `if`-Abfrage. Diese hat als Bedingung die Methode `warenausgang()`. Selbst wenn wir diese als Bedingung angeben, werden alle darin enthaltenen Befehle ausgeführt. Wenn genügend Produkte enthalten sind, geben wir eine Erfolgsnachricht aus. Sollte das nicht der Fall sein, geben wir dem Anwender ebenfalls einen entsprechenden Hinweis:

```
public void verkaufen(){
    try{
        InputStreamReader isr = new InputStreamReader(System.in);
        BufferedReader br = new BufferedReader(isr);
        System.out.println("Geben Sie die Artikelnummer des verkauften
        Produkts ein:");
        String eingabe = br.readLine();
        int artikelnummer = Integer.parseInt(eingabe);
        System.out.println("Geben Sie die Anzahl ein:");
        eingabe = br.readLine();
        int anzahl = Integer.parseInt(eingabe);
        boolean vorhanden = false;
        for (int i = 0; i < sortiment.size(); i++){
            if (sortiment.get(i).getArtnr() == artikelnummer){
                if (sortiment.get(i).warenausgang(anzahl)){
```

```
                    System.out.println("Artikel verkauft!
                    Bestand erfolgreich angepasst!");
                }
                else{
                    System.out.println("Nicht genügend Artikel auf Lager!");
                }
                vorhanden = true;
                break;
            }
        }
        if (!vorhanden){
            System.out.println("Artikel nicht im Sortiment enthalten!");
        }
    }
    catch (IOException ausnahme){
        System.out.println("Fehler bei der Eingabe der Daten");
    }
    catch (NumberFormatException ausnahme){
        System.out.println("Bitte Geben Sie das nächste Mal eine Zahl ein!");
    }
}
```

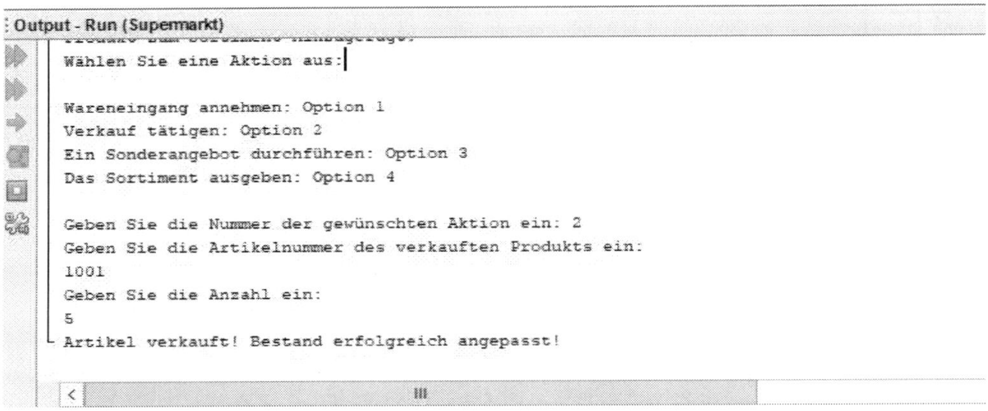

Abb. 13.3 Ein Produkt verkaufen

Bei der Methode `sonderangebot()` ist der grundsätzliche Aufbau ähnlich, sodass wir auch hier wieder einige Bereiche übernehmen können. Allerdings fragen wir nun nicht die Anzahl, sondern den Rabatt in Prozent ab. Danach durchsuchen wir wieder die Liste, ob die Artikelnummer vorhanden ist. Über die `setPreis()`-Methode fügen wir in diesem Fall den Rabatt ein. Da wir hierfür keine gesonderte Methode erstellt haben, müssen wir den neuen Preis selbst errechnen – indem wir den bisherigen Wert heranziehen und davon den Rabatt abziehen:

```
public void sonderangebot(){
    try{
        InputStreamReader isr = new InputStreamReader(System.in);
        BufferedReader br = new BufferedReader(isr);
        System.out.println("Geben Sie die Artikelnummer für das
        Sonderangebot ein:");
```

```
        String eingabe = br.readLine();
        int artikelnummer = Integer.parseInt(eingabe);
        System.out.println("Um wie viel Prozent möchten Sie den aktuellen
        Preis reduzieren? ");
        eingabe = br.readLine();
        int rabatt = Integer.parseInt(eingabe);
        boolean vorhanden = false;
        for (int i = 0; i < sortiment.size(); i++){
            if (sortiment.get(i).getArtnr() == artikelnummer){
                sortiment.get(i).setPreis(sortiment.get(i).getPreis() *
                (1 - (double)rabatt/100));
                System.out.println("Preis erfolgreich angepasst!");
                vorhanden = true;
                break;
            }
        }
        if (!vorhanden){
            System.out.println("Artikel nicht im Sortiment enthalten!");
        }
    }
    catch (IOException ausnahme){
        System.out.println("Fehler bei der Eingabe der Daten");
    }
    catch (NumberFormatException ausnahme){
        System.out.println("Bitte Geben Sie das nächste Mal eine Zahl ein!");
    }
}
```

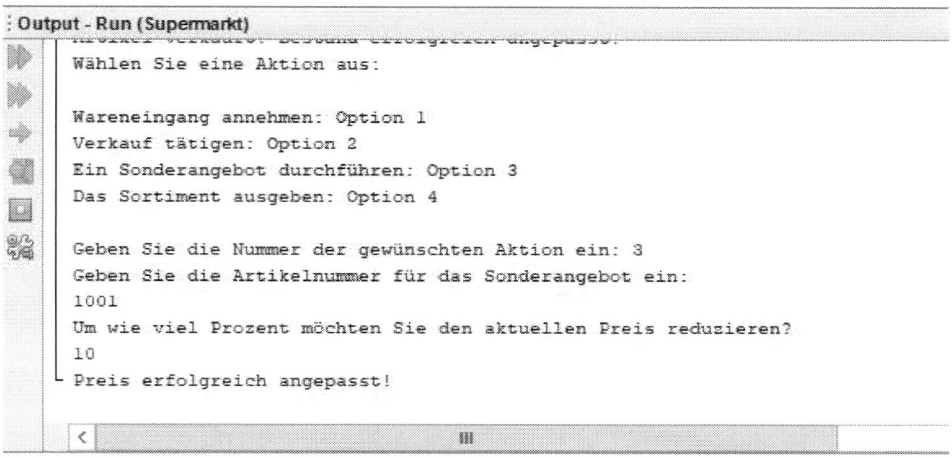

Abb. 13.4 Ein Sonderangebot durchführen

Die Methode `ausgeben()` ist relativ einfach aufgebaut: Sie soll lediglich die komplette Liste in einer `for`-Schleife durchgehen und die einzelnen Member der Objekte per `print`-Befehl ausgeben und sie mit einer entsprechenden Kennzeichnung versehen. Die einzige Schwierigkeit besteht darin, dass wir die Ausgabe je nach Objekttyp unterschiedlich gestalten müssen. Daher erzeugen wir eine `if`-Abfrage mit drei Optionen, in der wir per `instanceof`-Statement abfragen, ob es sich beim entsprechenden Objekt um eine Instanz der jeweiligen Klasse handelt:

```
public void ausgeben(){
    System.out.println("Das Sortiment umfasst folgende Artikel:");
    for (Produkte produkt: sortiment){
        if (produkt instanceof Lebensmittel){
            System.out.println("Lebensmittel");
            System.out.println("Artikelnummer: " + produkt.getArtnr());
            System.out.println("Produktbezeichnung: " +
            produkt.getProduktbezeichnung());
            System.out.println("Preis: " + produkt.getPreis());
            System.out.println("Anzahl: " + produkt.getAnzahl());
            System.out.println("Kühlung erforderlich: "
                    + ((Lebensmittel) produkt).getKuehlung() + "\n");
        }
        if (produkt instanceof Spielwaren){
            System.out.println("Spielwaren");
            System.out.println("Artikelnummer: " + produkt.getArtnr());
            System.out.println("Produktbezeichnung: " +
            produkt.getProduktbezeichnung());
            System.out.println("Preis: " + produkt.getPreis());
            System.out.println("Anzahl: " + produkt.getAnzahl());
            System.out.println("Mindestalter: "
                    + ((Spielwaren) produkt).getMindestalter());
            System.out.println("Hoechstalter: "
                    + ((Spielwaren) produkt).getHoechstalter() + "\n");
        }
        if (produkt instanceof Elektro){
            System.out.println("Elektrogerät");
            System.out.println("Artikelnummer: " + produkt.getArtnr());
            System.out.println("Produktbezeichnung: " +
            produkt.getProduktbezeichnung());
            System.out.println("Preis: " + produkt.getPreis());
            System.out.println("Anzahl: " + produkt.getAnzahl());
            System.out.println("Energieeffizienz: "
                    + ((Elektro) produkt).getEffizienz());
            System.out.println("Hoechstalter: "
                    + ((Elektro) produkt).getVerbrauch() + "\n");
        }
    }
}
```

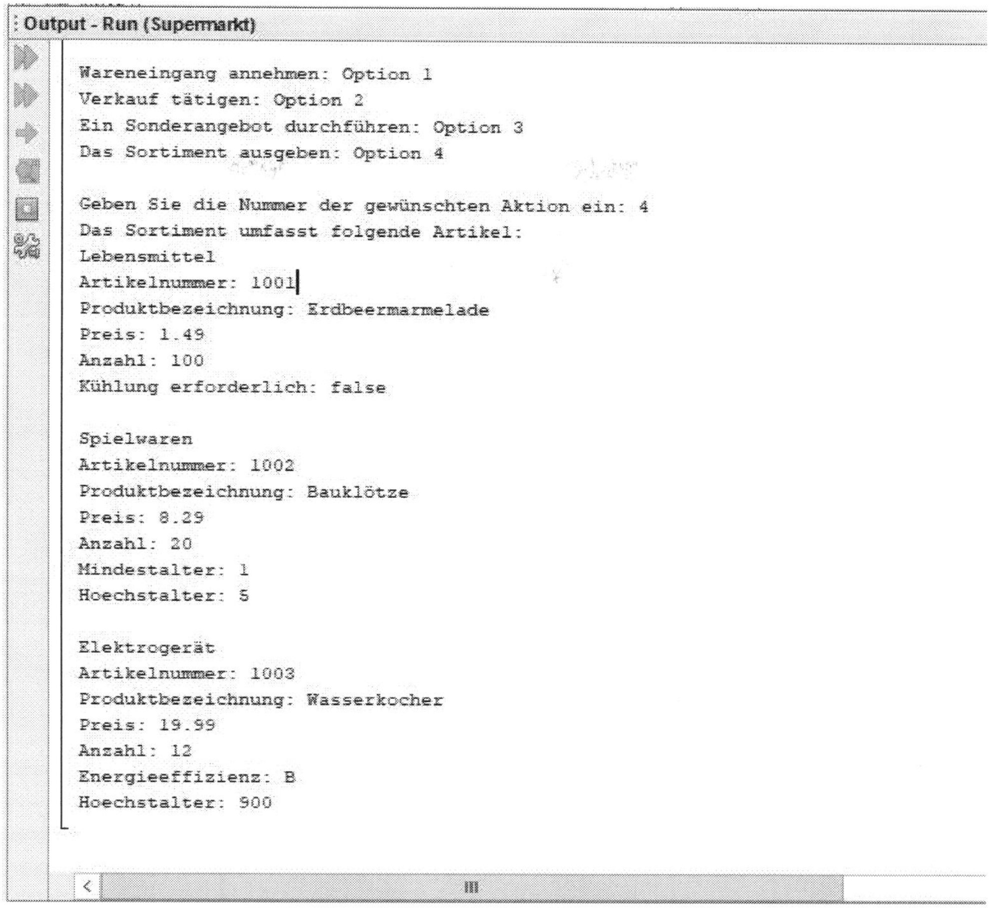

Abb. 13.5 Das Sortiment ausgeben

Dabei bleibt noch die Ausgabe der Member zu erklären, die nur in der jeweiligen Unterklasse vorhanden sind. Diese können wir auf direktem Wege nicht aufrufen. Das liegt daran, dass wir die Liste für Objekte des Typs `Produkte` konzipiert haben, die über diese Member nicht verfügen. Um sie aufzurufen, müssen wir dem Programm zeigen, dass es sich dabei in Wirklichkeit um Objekte der Typen `Lebensmittel`, `Spielwaren` und `Elektro` handelt. Das ist möglich, indem wir den jeweiligen Klassennamen in einer Klammer vor das Objekt stellen. Da sich dies jedoch nicht auf die Methode, sondern nur auf das Objekt bezieht, müssen wir diesen Abschnitt ebenfalls in eine Klammer setzen.

Damit ist die Klasse `Sortiment` ebenfalls fertiggestellt. Auch das komplette Programm ist damit abgeschlossen. Um einen besseren Überblick zu erhalten, wird abschließend nochmals der komplette Code der Klasse `Sortiment` vorgestellt:

```
import java.io.*;
import java.util.*;
```

```
public class Sortiment {
    ArrayList<Produkte> sortiment;
    public Sortiment (){
        this.sortiment = new ArrayList<>();
    }
    public void warenlieferung(){
        try{
            InputStreamReader isr = new InputStreamReader(System.in);
            BufferedReader br = new BufferedReader(isr);
            System.out.println("Geben Sie die Artikelnummer des gelieferten
            Produkts ein:");
            String eingabe = br.readLine();
            int artikelnummer = Integer.parseInt(eingabe);
            System.out.println("Geben Sie die Anzahl ein:");
            eingabe = br.readLine();
            int anzahl = Integer.parseInt(eingabe);
            boolean vorhanden = false;
            for (int i = 0; i < sortiment.size(); i++){
                if (sortiment.get(i).getArtnr() == artikelnummer){
                  sortiment.get(i).wareneingang(anzahl);
                  System.out.println("Produkt bereits im Sortiment enthalten.");
                  System.out.println("Neue Waren hinzugefügt.");
                  vorhanden = true;
                  break;
                }
            }
            if (!vorhanden){
                System.out.println("Um welchen Produkttyp handelt es sich?");
                System.out.println("1: Lebensmittel");
                System.out.println("2: Spielwaren");
                System.out.println("3: Elektrogeräte");
                System.out.print("Geben Sie bitte die passende Nummer ein: ");
                int typ = -1;
                try {
                    eingabe = br.readLine();
                    typ = Integer.parseInt(eingabe);
                }
                catch(NumberFormatException Ausnahme){
                    System.out.println("Bitte eine Zahl eingeben!");
                }
                System.out.print("Geben Sie bitte die Produktbezeichnung ein: ");
                String bezeichnung = br.readLine();
                System.out.print("Geben Sie bitte den Preis ein: ");
                eingabe = br.readLine();
                double preis = Double.parseDouble(eingabe);
                switch (typ){
                    case 1:
                        System.out.print("Kühlung erforderlich (j/n): ");
                        eingabe = br.readLine();
                        boolean kuehlung = (eingabe.equals("j"));
                        sortiment.add(new Lebensmittel(artikelnummer,
                        bezeichnung,
                                preis, anzahl, kuehlung));
                        System.out.println("Produkt zum Sortiment hinzugefügt.");
                        break;
                    case 2:
                        System.out.print("Mindestalter: ");
```

```
                        eingabe = br.readLine();
                        int min = Integer.parseInt(eingabe);
                        System.out.print("Höchstalter: ");
                        eingabe = br.readLine();
                        int max = Integer.parseInt(eingabe);
                        sortiment.add(new Spielwaren(artikelnummer, bezeichnung,
                        preis, anzahl, min, max));
                        System.out.println("Produkt zum Sortiment hinzugefügt.");
                        break;
                    case 3:
                        System.out.print("Energieeffizienzklasse: ");
                        eingabe = br.readLine();
                        char effizienz = eingabe.charAt(0);
                        System.out.print("Verbrauch: ");
                        eingabe = br.readLine();
                        int verbrauch = Integer.parseInt(eingabe);
                        sortiment.add(new Elektro(artikelnummer, bezeichnung,
                        preis, anzahl, effizienz, verbrauch));
                        System.out.println("Produkt zum Sortiment hinzugefügt.");
                        break;
                    default:
                        System.out.println("Sie haben einen ungültigen
                        Wert eingegeben.");
                }
            }
        }
        catch (IOException ausnahme){
            System.out.println("Fehler bei der Eingabe der Daten");
        }
        catch (NumberFormatException ausnahme){
            System.out.println("Bitte Geben Sie das nächste Mal eine Zahl ein!");
        }
    }
    public void verkaufen(){
        try{
            InputStreamReader isr = new InputStreamReader(System.in);
            BufferedReader br = new BufferedReader(isr);
            System.out.println("Geben Sie die Artikelnummer des verkauften
            Produkts ein:");
            String eingabe = br.readLine();
            int artikelnummer = Integer.parseInt(eingabe);
            System.out.println("Geben Sie die Anzahl ein:");
            eingabe = br.readLine();
            int anzahl = Integer.parseInt(eingabe);
            boolean vorhanden = false;
            for (int i = 0; i < sortiment.size(); i++){
                if (sortiment.get(i).getArtnr() == artikelnummer){
                    if (sortiment.get(i).warenausgang(anzahl)){
                        System.out.println("Artikel verkauft! Bestand
                        erfolgreich angepasst!");
                    }
                    else{
                        System.out.println("Nicht genügend Artikel auf Lager!");
                    }
                    vorhanden = true;
                    break;
                }
```

13

```
            }
            if (!vorhanden){
                System.out.println("Artikel nicht im Sortiment enthalten!");
            }
        }
        catch (IOException ausnahme){
            System.out.println("Fehler bei der Eingabe der Daten");
        }
        catch (NumberFormatException ausnahme){
            System.out.println("Bitte Geben Sie das nächste Mal eine Zahl ein!");
        }
    }
    public void sonderangebot(){
        try{
            InputStreamReader isr = new InputStreamReader(System.in);
            BufferedReader br = new BufferedReader(isr);
            System.out.println("Geben Sie die Artikelnummer für das
            Sonderangebot ein:");
            String eingabe = br.readLine();
            int artikelnummer = Integer.parseInt(eingabe);
            System.out.println("Um wie viel Prozent möchten Sie den aktuellen
            Preis reduzieren? ");
            eingabe = br.readLine();
            int rabatt = Integer.parseInt(eingabe);
            boolean vorhanden = false;
            for (int i = 0; i < sortiment.size(); i++){
                if (sortiment.get(i).getArtnr() == artikelnummer){
                    sortiment.get(i).setPreis(sortiment.get(i).getPreis() *
                    1 - (double)rabatt/100);
                    System.out.println("Preis erfolgreich angepasst!");
                    vorhanden = true;
                    break;
                }
            }
            if (!vorhanden){
                System.out.println("Artikel nicht im Sortiment enthalten!");
            }
        }
        catch (IOException ausnahme){
            System.out.println("Fehler bei der Eingabe der Daten");
        }
        catch (NumberFormatException ausnahme){
            System.out.println("Bitte Geben Sie das nächste Mal eine Zahl ein!");
        }
    }
    public void ausgeben(){
        System.out.println("Das Sortiment umfasst folgende Artikel:");
        for (Produkte produkt: sortiment){
            if (produkt instanceof Lebensmittel){
                System.out.println("Lebensmittel");
                System.out.println("Artikelnummer: " + produkt.getArtnr());
                System.out.println("Produktbezeichnung: " +
                produkt.getProduktbezeichnung());
                System.out.println("Preis: " + produkt.getPreis());
                System.out.println("Anzahl: " + produkt.getAnzahl());
                System.out.println("Kühlung erforderlich: "
                        + ((Lebensmittel) produkt).getKuehlung() + "\n");
```

```
            }
            else if (produkt instanceof Spielwaren){
                System.out.println("Spielwaren");
                System.out.println("Artikelnummer: " + produkt.getArtnr());
                System.out.println("Produktbezeichnung: " +
                produkt.getProduktbezeichnung());
                System.out.println("Preis: " + produkt.getPreis());
                System.out.println("Anzahl: " + produkt.getAnzahl());
                System.out.println("Mindestalter: "
                        + ((Spielwaren) produkt).getMindestalter());
                System.out.println("Hoechstalter: "
                        + ((Spielwaren) produkt).getHoechstalter() + "\n");
            }
            else if (produkt instanceof Elektro){
                System.out.println("Elektrogerät");
                System.out.println("Artikelnummer: " + produkt.getArtnr());
                System.out.println("Produktbezeichnung: " +
                produkt.getProduktbezeichnung());
                System.out.println("Preis: " + produkt.getPreis());
                System.out.println("Anzahl: " + produkt.getAnzahl());
                System.out.println("Energieeffizienz: "
                        + ((Elektro) produkt).getEffizienz());
                System.out.println("Hoechstalter: "
                        + ((Elektro) produkt).getVerbrauch() + "\n");
            }
        }
    }
}
```

Alle Programmcodes und Schaltpläne aus diesem Buch stehen kostenfrei zum Download bereit. Dadurch müssen Sie Code nicht abtippen.

Außerdem erhalten Sie die eBook Ausgabe zum Buch im PDF Format kostenlos auf unserer Website:

https://bmu-verlag.de/java-kompendium/
Downloadcode: siehe Kapitel 28

Kapitel 14

Daten dauerhaft speichern: in Dateien

Die Programme, die wir bisher erstellt haben, boten bereits zahlreiche nützliche Funktionen. Mit diesen könnte man eventuell bereits den einen oder anderen Geschäftsprozess in einem Unternehmen organisieren. Allerdings tritt dabei ein großes Problem auf. Wenn wir ein Programm für eine geschäftliche Anwendung schreiben, ist es dabei wichtig, dass die entsprechenden Daten dauerhaft verfügbar sind. Sonst wäre es bei jeder Bearbeitung notwendig, diese erneut einzugeben. Das wäre mit einem enormen Aufwand verbunden. Bei unseren bisherigen Programmen waren die Daten jedoch stets flüchtig. Das bedeutet, dass sie unwiederbringlich verloren gehen, sobald das Programm beendet ist.

Java bietet jedoch verschiedene Möglichkeiten, um die Daten dauerhaft abzuspeichern. In den nächsten beiden Kapiteln beschäftigen wir uns mit diesem Thema. Im Wesentlichen gibt es hierfür zwei verschiedene Alternativen: Wir können die Werte in *Dateien* oder in *Datenbanken* erfassen. Beide Alternativen bieten gewisse Vor- und Nachteile. Daher ist es immer wichtig, sich zunächst zu überlegen, welche von ihnen sich für eine Anwendung besser eignet.

Daten in Dateien abzuspeichern, ist sehr einfach. Dafür müssen wir nur wenige Befehle erlernen, sodass wir diese Form bereits bald in unseren Programmen verwenden können. Darüber hinaus ist es problemlos möglich, die Dateien per E-Mail zu versenden oder auf andere Systeme zu übertragen. Schließlich lassen sich die Werte auch ohne unser Programm auslesen. Wir können die Dateien manuell öffnen und ihre Inhalte betrachten. Das mag in manchen Fällen zwar von Vorteil sein, jedoch führt das bei sensiblen Daten zu Sicherheitsproblemen.

Den Umgang mit Datenbanken zu erlernen, ist etwas komplizierter. Allerdings profitieren wir dabei von einer deutlich höheren Sicherheit. Datenbanksysteme sind beispielsweise mit einer automatischen Zugriffskontrolle ausgestattet, die es nur autorisierten Anwendern erlaubt, die Informationen auszulesen oder zu verändern. Daher sollten wir für Programme, die mit sensiblen Daten arbeiten, besser Datenbanken verwenden.

Dieses Buch stellt beide Möglichkeiten vor. In diesem Kapitel lernen wir zunächst, Daten in Dateien abzuspeichern. Im nächsten Kapitel befassen wir uns dann mit Datenbanken.

14.1 Daten in eine Datei schreiben

Zunächst lernen wir, wie wir Daten in eine Datei schreiben können. Dazu gestalten wir ein Programm, das es dem Anwender erlaubt, Mitarbeiter mit ihren jeweiligen Daten einzutragen. Das Programm soll die Werte dann in eine Datei schreiben. Die Struktur der Einträge entspricht der Klasse `Mitarbeiter`, die wir bereits in Kapitel 9 erstellt haben. Allerdings benötigen wir diese für unser Programm vorerst nicht.

Für die Arbeit mit Dateien sind einige vorgefertigte Klassen und Methoden erforderlich, die wir alle im Package `java.io` finden. Daher ist es wichtig, dieses am Anfang immer zu importieren:

```
import java.io.*;
```

Im nächsten Schritt erstellen wir ein Objekt vom vorgefertigten Typ `BufferedWriter`. Diesem müssen wir ein Objekt vom Typ `FileWriter` übergeben. Dieses benötigt wiederum als Übergabewerte für den Konstruktor den Namen der Datei, in die wir die Daten schreiben möchten. Außerdem müssen wir den Wert `true` oder `false` einfügen. Wenn wir hier den Wert `true` verwenden, hängt das Programm unsere Einträge an die bestehenden Daten an, falls unsere Datei bereits über entsprechende Inhalte verfügt. Geben wir hier hingegen `false` vor, löscht das Programm alle bestehenden Werte und fügt lediglich die neuen Daten ein. Auf diese Weise ergibt sich folgender Befehl:

```
BufferedWriter bw = new BufferedWriter(new FileWriter("Mitarbeiter.txt", true));
```

Als Dateiname haben wir Mitarbeiter.txt ausgewählt. Dateien mit dieser Endung dienen dazu, reine Textinformationen aufzunehmen. Eine besondere Strukturierung ist hierfür nicht notwendig. Daher ist die Verwendung besonders einfach. Allerdings wäre es auch möglich, Dateien mit vielen anderen Endungen zu erstellen, solange diese die Informationen in Textform abspeichern. Es ist nicht notwendig, dass die Datei bereits existiert. In diesem Fall erstellt unser Programm sie automatisch.

Wie wir dem Anwender die Eingabe der einzelnen Werte ermöglichen, ist bereits bekannt. Daher wiederholen wir diese Befehle hier nicht nochmals. Wir gehen lediglich darauf ein, wie wir diese Eingabe dann in der Datei abspeichern. Dabei gehen wir davon aus, dass die Werte in der Variablen `eingabe` vorliegen. Dann können wir sie mit der `write()`-Methode in die Datei schreiben:

```
bw.write(eingabe + "\n");
```

An die Variable `eingabe` haben wir noch den Ausdruck `"\n"` angehängt. Dieser erzeugt einen Zeilenumbruch. Nach dem Eintrag des Gehalts fügen wir eine doppelte Leerzeile an, um einen Abstand zum nächsten Mitarbeiter zu erzeugen.

Unser Programm soll es dem Anwender erlauben, beliebig viele Mitarbeiter hinzuzufügen. Daher fügen wir alle Eingabe-Befehle in eine `while`-Schleife ein. Am Ende erstellen wir mit der `showConfirmDialog()`-Methode ein Fenster, in dem wir den Anwender fragen, ob er einen weiteren Mitarbeiter hinzufügen will. Nach der Schleife müssen wir den `BufferedWriter` wieder schließen. Hierfür verwenden wir die `close()`-Methode.

Da die Arbeit mit Dateien anfällig gegenüber Laufzeitfehlern ist, müssen wir außerdem den kompletten Bereich in einen `try`-Block setzen. Diesen fangen wir dann mit der Ausnahme `IOException` ab. Das komplette Programm sieht dann so aus:

```
import java.io.*;
import javax.swing.JOptionPane;
public class Schreiben {
    public static void main(String[] args) {
        try{
            BufferedWriter bw = new BufferedWriter(new FileWriter
            ("Mitarbeiter.txt", true));
            int weiter = 0;
            InputStreamReader isr = new InputStreamReader(System.in);
            BufferedReader br = new BufferedReader(isr);
            String eingabe;
            while(weiter == 0){
                System.out.print("Geben Sie bitte den Nachnamen ein: ");
                eingabe = br.readLine();
                bw.write(eingabe + "\n");
                System.out.print("Geben Sie bitte den Vornamen ein: ");
                eingabe = br.readLine();
                bw.write(eingabe + "\n");
                System.out.print("Geben Sie bitte die Personalnummer ein: ");
                eingabe = br.readLine();
                bw.write(eingabe + "\n");
                System.out.print("Geben Sie bitte das Gehalt ein: ");
                eingabe = br.readLine();
                bw.write(eingabe + "\n\n");
                weiter = JOptionPane.showConfirmDialog(null,
                "Möchten Sie einen weiteren Mitarbeiter hinzufügen?",
                "Bestätigung",
                JOptionPane.YES_NO_OPTION);
            }
            bw.close();
        }
        catch (IOException ausnahme){
            System.out.print("Fehler beim Öffnen der Datei");
        }
    }
}
```

Wenn wir das Programm nun ausführen und einige Mitarbeiter eintragen, scheint es auf den ersten Blick, als wäre nichts passiert. Wenn wir nun jedoch den Ordner öffnen, in der wir das Programm gespeichert haben, entdecken wir hier nun die Datei Mitarbeiter.txt. Diese können wir mit einem Texteditor öffnen. Wie Abbildung 14.1 zeigt, sind darin die Angaben zu unseren Mitarbeitern enthalten.

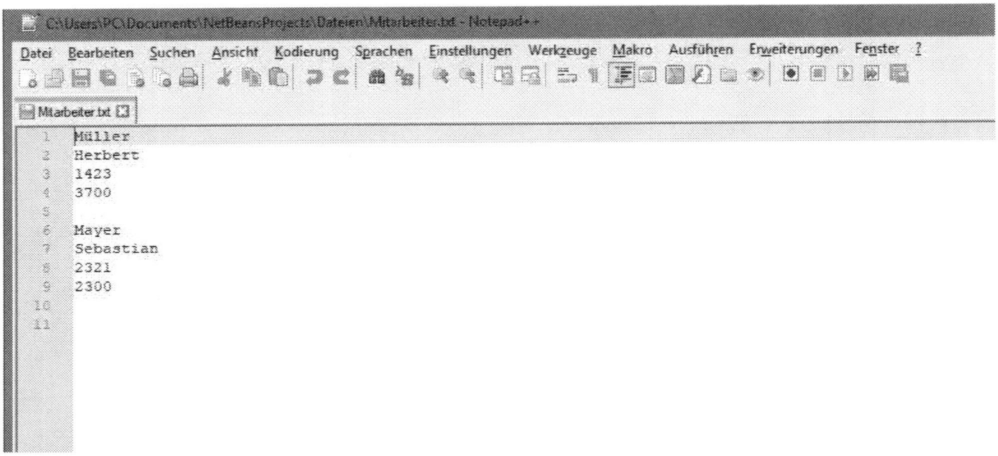

Abb. 14.1 Die Daten in der Text-Datei

14.2 Daten aus einer Datei einlesen

Nachdem wir die Daten in eine Datei geschrieben haben, ist es für die weiteren Anwendungen wichtig, sie wieder aus der Datei in das Programm zu laden. Auch hierfür benötigen wir wieder das Package java.io, sodass wir dieses importieren müssen.

Um die Werte einzulesen, erstellen wir zunächst ein Objekt vom Typ `FileInputStream` und übergeben ihm den Dateinamen als Wert. Danach sind Instanzen der Klassen `InputStreamReader` und `BufferedReader` notwendig, die wir bereits von der Verarbeitung der Eingaben über den Kommandozeileninterpreter kennen. Allerdings ist es wichtig, darauf zu achten, dass wir bei der Instanziierung des Objekts der Klasse `InputStreamReader` dem Konstruktor nicht wie bisher den Stream zur Eingabe über die Kommandozeile (`System.in`) übergeben, sondern das zuvor erstellte Objekt vom Typ `FileInputStream`. Das führt zu den folgenden Codezeilen:

```
FileInputStream fis = new FileInputStream("Mitarbeiter.txt");
InputStreamReader isr = new InputStreamReader(fis);
BufferedReader br = new BufferedReader(isr);
```

Nachdem wir diese Objekte erstellt haben, können wir sie eigentlich bereits einlesen. Dafür verwenden wir den Befehl `readLine()`. Dieser liest immer eine neue Zeile ein und gibt deren Inhalt als Rückgabewert zurück.

Damit haben wir bereits alle Befehle kennengelernt, die wir für das Auslesen einer Datei benötigen. Nun ist es an der Zeit, sich Gedanken über die Struktur des Programms zu machen. Dieses soll aus jedem zusammengehörigen Block ein Objekt des Typs Mitarbeiter erzeugen. Dazu ist es zunächst notwendig, die Klasse aus Kapitel 9 in das Projekt zu kopieren. Die Objekte dieses Typs sollen dann in eine Liste eingefügt werden. Diese erstellen wir bereits vor dem try-Block, in dem wir die Datei einlesen. Innerhalb des dieses Blocks erzeugen wir dann zunächst die oben beschriebenen Objekte und deklarieren dann ein Objekt des Typs Mitarbeiter – ohne es jedoch zu instanziieren.

Um die einzelnen Zeilen einzulesen, erzeugen wir eine while-Schleife. Diese soll in jedem Durchgang einen kompletten Datensatz für einen Mitarbeiter auslesen und in die Liste einfügen. Wenn bekannt ist, wie viele Mitarbeiter unsere Datei enthält, können wir hier die Zahl der Durchläufe direkt vorgeben. Da wir jedoch nicht wissen, wie viele Datensätze der Anwender eingegeben hat, ist dies nicht möglich. Daher verwenden wir eine Schleife mit der Bedingung (inhalt != null). Dafür ist es notwendig, dass wir den readLine()-Befehl bereits vor der Schleife einmal ausführen und den Rückgabewert der Variablen inhalt zuweisen.

Solange die entsprechende Zeile einen Inhalt hat, gibt dieser Befehl stets eine Zeichenkette zurück. Selbst eine Leerzeile erzeugt eine Zeichenkette – auch wenn diese leer ist. Wenn wir jedoch das Ende des Dokuments erreicht haben, kann diese Methode keine weitere Zeile auslesen. In diesem Fall gibt sie den Wert null zurück. Das bedeutet, dass wir das Ende des Dokuments erreicht haben.

Innerhalb der Schleife instanziieren wir nun ein neues Objekt des Typs Mitarbeiter und weisen dieses der Variablen meinMitarbeiter zu. Dieses Objekt füllen wir dann in der Schleife mit Inhalten. Da wir ja bereits vor deren Beginn den ersten Wert ausgelesen haben, können wir diesen nun direkt dem Member name des Objekts meinMitarbeiter zuweisen. Danach lesen wir die nächste Zeile ein und wiederholen diesen Vorgang für die übrigen Member. Nach dem vierten Wert müssen wir noch zweimal die readLine()-Methode aufrufen. Zunächst haben wir ja eine Leerzeile eingefügt und danach müssen wir bereits den Wert für den nächsten Durchlauf der Schleife einlesen. Zum Schluss können wir das Objekt, das wir im jeweiligen Durchlauf erstellt haben, in die Liste einfügen.

Nachdem wir den try-Block beendet und den zugehörigen catch-Block für eine IOException erstellt haben, können wir einen beliebigen Wert der Liste ausgeben. Das dient lediglich dazu, zu überprüfen, ob wir die Werte richtig erfasst haben. Das Programm sieht dann so aus:

```
import java.io.*;
import java.util.*;
public class Lesen {
    public static void main(String[] args) {
        ArrayList <Mitarbeiter> liste = new ArrayList<>();
        try{
            FileInputStream fis = new FileInputStream("Mitarbeiter.txt");
```

```
            InputStreamReader isr = new InputStreamReader(fis);
            BufferedReader br = new BufferedReader(isr);
            Mitarbeiter meinMitarbeiter;
            String inhalt = br.readLine();
            while (inhalt != null){
                meinMitarbeiter = new Mitarbeiter();
                meinMitarbeiter.name = inhalt;
                inhalt = br.readLine();
                meinMitarbeiter.vorname = inhalt;
                inhalt = br.readLine();
                meinMitarbeiter.persnr = Integer.parseInt(inhalt);
                inhalt = br.readLine();
                meinMitarbeiter.gehalt = Double.parseDouble(inhalt);
                inhalt = br.readLine();
                inhalt = br.readLine();
                liste.add(meinMitarbeiter);
            }
        }
        catch (IOException ausnahme){
            System.out.println("Datei konnte nicht geöffnet werden.");
        }
        System.out.println(liste.get(0).name);
    }
}
```

Abb 14.2 Die Ausgabe eines der Werte der Datei

14.3 XML-Dateien verwenden

Das Programm aus dem vorigen Abschnitt, mit dem wir die Daten aus einer Datei ausgelesen haben, hat einwandfrei funktioniert. Allerdings ist es hierfür notwendig, dass die Datei die vorgegebenen Strukturen genau beachtet. Wenn wir diese automatisch mit unserem Programm erstellen, sollte das kein Problem darstellen. Wenn wir uns nun aber vorstellen, dass in einem Unternehmen die Mitarbeiter teilweise die Daten auch von Hand eintragen, kann es schnell zu Problemen kommen. Wenn ein

Angestellter beispielsweise zwei Leerzeilen zwischen den einzelnen Mitarbeitern einfügt, kommt es zu einem Fehler.

Aus diesem Grund ist es sinnvoll, XML-Dateien zu verwenden. Diese basieren ebenfalls auf reinem Text, sodass wir sie problemlos mit unserem Programm verarbeiten können. Allerdings geben sie eine bestimmte Struktur für die Daten vor.

XML ist eine Auszeichnungssprache. Damit können wir Inhalte strukturieren und ihnen eine Bedeutung zuweisen. Dafür kommen Tags zum Einsatz. Dafür können wir ein beliebiges Wort auswählen, das den Inhalt beschreibt. Ein Tag steht immer in spitzen Klammern. Wenn der entsprechende Inhalt beendet ist, fügen wir das Tag erneut ein – dieses Mal jedoch mit einem vorangestellten Schrägstrich. Das macht deutlich, dass es sich hierbei um das End-Tag handelt. Wenn wir beispielsweise den Namen eines Mitarbeiters abspeichern möchten, verwenden wir hierfür folgendes Tag:

```
<name>Müller</name>
```

XML ermöglicht außerdem hierarchische Strukturen. Das bedeutet, dass wir ein Tag mit der Bezeichnung Mitarbeiter verwenden können, das wiederum die Tags `<name>`, `<vorname>`, `<persnr>` und `<gehalt>` enthält – jeweils mit ihren spezifischen Inhalten. Der komplette Datensatz für einen Mitarbeiter sieht dann so aus:

```
<mitarbeiter>
<name>Müller</name>
<vorname>Herbert</vorname>
<persnr>3252</persnr>
<gehalt>3700</gehalt>
</mitarbeiter>
```

Das Programm aus Abschnitt 1 dieses Kapitels so umzuschreiben, dass es die entsprechenden Tags verwendet, ist recht einfach. Hierfür müssen wir diese lediglich zum `write()`-Befehl hinzufügen. Außerdem ist es notwendig, die Dateiendung zu .xml zu ändern:

```
import java.io.*;
import javax.swing.JOptionPane;
public class Schreiben2 {
    public static void main(String[] args) {
        try{
            BufferedWriter bw = new BufferedWriter(new FileWriter
            ("Mitarbeiter.xml", true));
            int weiter = 0;
            InputStreamReader isr = new InputStreamReader(System.in);
            BufferedReader br = new BufferedReader(isr);
            String eingabe;
            while(weiter == 0){
                bw.write("<mitarbeiter>\n");
                System.out.print("Geben Sie bitte den Nachnamen ein: ");
                eingabe = br.readLine();
                bw.write("<name>" + eingabe + "</name>\n");
```

```
                System.out.print("Geben Sie bitte den Vornamen ein: ");
                eingabe = br.readLine();
                bw.write("<vorname>" + eingabe + "</vorname>\n");
                System.out.print("Geben Sie bitte die Personalnummer ein: ");
                eingabe = br.readLine();
                bw.write("<persnr>" + eingabe + "</persnr>\n");
                System.out.print("Geben Sie bitte das Gehalt ein: ");
                eingabe = br.readLine();
                bw.write("<gehalt>"+ eingabe + "</gehalt>\n");
                bw.write("</mitarbeiter>\n\n");
                weiter = JOptionPane.showConfirmDialog(null,
                "Möchten Sie einen weiteren Mitarbeiter hinzufügen?",
                "Bestätigung",
                JOptionPane.YES_NO_OPTION);
            }
            bw.close();
        }
        catch (IOException ausnahme){
            System.out.print("Fehler beim Öffnen der Datei");
        }
    }
}
```

```
Output - Run (Schreiben2)
------------------------------------------------------------------------

--- exec-maven-plugin:1.5.0:exec (default-cli) @ Dateien ---
Geben Sie bitte den Nachnamen ein: Mayer
Geben Sie bitte den Vornamen ein: Franziska
Geben Sie bitte die Personalnummer ein: 1222
Geben Sie bitte das Gehalt ein: 2450
Geben Sie bitte den Nachnamen ein: Maurer
Geben Sie bitte den Vornamen ein: Michaela
Geben Sie bitte die Personalnummer ein: 3233
Geben Sie bitte das Gehalt ein: 3100
Geben Sie bitte den Nachnamen ein: Graf
Geben Sie bitte den Vornamen ein: Patrick
Geben Sie bitte die Personalnummer ein: 4358
Geben Sie bitte das Gehalt ein: 1800
------------------------------------------------------------------------
BUILD SUCCESS
------------------------------------------------------------------------
Total time: 01:27 min
Finished at: 2019-09-15T13:56:11-03:00
```

Abb 14.3 Die Ausführung des Programms

Abbildung 14.3 zeigt die Ausführung des Programms. Dieses hat dabei eine XML-Datei erzeugt. Diese ist in Abbildung 14.4 zu sehen.

Mitarbeiter.xml

```xml
<mitarbeiter>
  <name>Mayer</name>
  <vorname>Franziska</vorname>
  <persnr>1222</persnr>
  <gehalt>2450</gehalt>
</mitarbeiter>

<mitarbeiter>
  <name>Maurer</name>
  <vorname>Michaela</vorname>
  <persnr>3233</persnr>
  <gehalt>3100</gehalt>
</mitarbeiter>

<mitarbeiter>
  <name>Graf</name>
  <vorname>Patrick</vorname>
  <persnr>4358</persnr>
  <gehalt>1800</gehalt>
</mitarbeiter>
```

Abb. 14.4 Die erzeugte XML-Datei

Beim Auslesen der Werte können wir uns daraufhin an den Tags orientieren, die die Datei enthält. So erfassen wir die Daten unabhängig von den Leerzeilen. Selbst wenn die Reihenfolge vertauscht ist oder eine Angabe fehlt, stellt das kein Problem dar.

Allerdings sind zu diesem Zweck etwas größere Anpassungen an unserem Programm notwendig. Zunächst erstellen wir wieder eine while-Schleife mit der Bedingung (inhalt != null), um die Inhalte bis zum Ende der Datei auszulesen. In der Schleife instanziieren wir dann ein Objekt vom Typ Mitarbeiter.

Daraufhin fügen wir eine weitere while-Schleife ein. Diese hat die Bedingung (inhalt != null && !inhalt.equals("<mitarbeiter>")). Deren Ziel besteht darin, die Datei so weit einzulesen, bis wir zum ersten Mal auf ein Tag mit der Bezeichnung mitarbeiter stoßen. Da wir dabei jedoch auch auf das Dateiende stoßen können und es in diesem Fall ebenfalls notwendig ist, die Schleife zu beenden, müssen wir auch überprüfen, ob der Wert der Variablen null entspricht. In der Schleife weisen wir lediglich der Variablen inhalt den Wert des readLine()-Befehls zu, um eine Zeile weiter zu springen:

```java
while (inhalt != null && !inhalt.equals("<mitarbeiter>")){
    inhalt = br.readLine();
```

Auf diese Weise erreichen wir die erste Zeile, die innerhalb eines Tags mit der Bezeichnung `<mitarbeiter>` steht. Danach erstellen wir eine weitere Schleife. Diese soll so lange ausgeführt werden, bis wir das zugehörige End-Tag erreichen. Außerdem müssen wir uns für den Fall absichern, dass wir dabei das Dateiende erreichen. Dies ist selbstverständlich nur möglich, wenn das Endtag fehlt und unsere Datei daher fehlerhaftes XML enthält. Daher lautet die Bedingung wie folgt:

```
while (inhalt != null && !inhalt.equals("</mitarbeiter>"))
```

In dieser Schleife überprüfen wir nun für jedes einzelne Tag, das wir erwarten, ob es sich in der Zeile befindet. Dafür verwenden wir die Methode `indexOf()`. Diese gibt den Wert -1 zurück, wenn sich die in der Klammer angegebene Zeichenkette nicht in dem überprüften Ausdruck befindet. Daher können wir diese Methode als Bedingung verwenden:

```
if (inhalt.indexOf("<name>") != -1)
```

Das bedeutet, dass die Bedingung zutrifft, wenn das Tag `<name>` in dieser Zeile enthalten ist. Daraufhin können wir den Inhalt extrahieren. Dazu verwenden wir nochmals die Methode `indexOf()` sowie `lastIndexOf()` und `substring()`. Der Inhalt steht zwischen dem öffnenden und dem schließenden Tag. Um genau zu sein, befindet er sich zwischen der ersten schließenden spitzen Klammer und der letzten öffnenden spitzen Klammer – vorausgesetzt, dass es sich dabei um korrekten XML-Code handelt. Die Position der ersten schließenden spitzen Klammer finden wir mit der `indexOf()`-Methode heraus. Das Ende des Inhalts ist erreicht, wenn wir zur öffnenden spitzen Klammer des Endtags gelangen. Deren Position ermitteln wir mit der Methode `lastIndexOf()`, die die Position angibt, an der das entsprechende Zeichen das letzte Mal auftritt. Diese Werte weisen wir den Variablen start und ende zu, die wir bereits vor der Schleife deklarieren müssen:

```
start = inhalt.indexOf(">") + 1;
ende = inhalt.lastIndexOf("<");
```

Anmerkung: Bei der Variablen start müssen wir noch den Wert 1 hinzuaddieren, da wir erst den Inhalt nach der spitzen Klammer erfassen wollen.

Daraufhin wenden wir die `substring()`-Methode an und weisen das Ergebnis sofort der passenden Member-Variablen zu. Diese extrahiert den Inhalt zwischen dem angegebenen Start und dem Endpunkt:

```
meinMitarbeiter.name = inhalt.substring(start, ende);
```

Die komplette if-Abfrage sieht dann so aus:

```
if (inhalt.indexOf("<name>") != -1){
    start = inhalt.indexOf(">") + 1;
    ende = inhalt.lastIndexOf("<");
    meinMitarbeiter.name = inhalt.substring(start, ende);
}
```

Für die übrigen Member gehen wir nach dem gleichen Muster vor. Am Ende der Schleife weisen wir der Variablen `inhalt` noch den Wert des `readLine()`-Befehls zu, um eine Zeile weiter zu springen.

Auf diese Weise gehen wir den kompletten Inhalt in den `mitarbeiter`-Tags durch. Sollte sich darin ein Wert befinden, der für unser Programm von Interesse ist, weisen wir diesen der Member-Variablen zu. Auf diese Weise ist es unerheblich, ob der Anwender die Reihenfolge eingehalten hat, ob er einen Wert vergessen hat oder ob er weitere Informationen eingefügt hat. Unser Programm kann die Datei dennoch verarbeiten. Der vollständige Code sieht dann so aus:

```
import java.io.*;
import java.util.*;
public class Lesen2 {
    public static void main(String[] args) {
        ArrayList <Mitarbeiter> liste = new ArrayList<>();
        try{
            FileInputStream fis = new FileInputStream("Mitarbeiter.xml");
            InputStreamReader isr = new InputStreamReader(fis);
            BufferedReader br = new BufferedReader(isr);
            Mitarbeiter meinMitarbeiter;
            String inhalt = br.readLine();
            int start, ende;
            while (inhalt != null){
                meinMitarbeiter = new Mitarbeiter();
                while (inhalt != null && !inhalt.equals("<mitarbeiter>")){
                    inhalt = br.readLine();
                }
                while (inhalt != null && !inhalt.equals("</mitarbeiter>")){
                    if (inhalt.indexOf("<name>") != -1){
                        start = inhalt.indexOf(">") + 1;
                        ende = inhalt.lastIndexOf("<");
                        meinMitarbeiter.name = inhalt.substring(start, ende);
                    }
                    else if (inhalt.indexOf("<vorname>") != -1){
                        start = inhalt.indexOf(">") + 1;
                        ende = inhalt.lastIndexOf("<");
                        meinMitarbeiter.vorname = inhalt.substring(start, ende);
                    }
                    else if (inhalt.indexOf("<persnr>") != -1){
                        start = inhalt.indexOf(">") + 1;
                        ende = inhalt.lastIndexOf("<");
                        meinMitarbeiter.persnr = Integer.parseInt
                        (inhalt.substring(start, ende));
                    }
                    else if (inhalt.indexOf("<gehalt>") != -1){
                        start = inhalt.indexOf(">") + 1;
                        ende = inhalt.lastIndexOf("<");
```

```
                    meinMitarbeiter.gehalt = Double.parseDouble
                    (inhalt.substring(start, ende));
                }
                inhalt = br.readLine();
            }
            liste.add(meinMitarbeiter);
        }
    }
    catch (IOException ausnahme){
        System.out.println("Datei konnte nicht geöffnet werden.");
    }
    System.out.println(liste.get(0).name);
  }
}
```

Auch in diesem Programm müssen wir davon ausgehen, dass der Anwender einige Regeln bei der Gestaltung der Datei berücksichtigt. Eine grundlegende Voraussetzung besteht darin, dass er korrekten XML-Code erstellt. Darüber hinaus gehen wir davon aus, dass sich die Start- und End-Tags für den Mitarbeiter jeweils in einer eigenen Zeile befinden. Bei den einzelnen Member-Variablen stehen die Tags und die Inhalte hingegen in der gleichen Zeile. Dennoch ist das Programm bereits deutlich robuster als die vorherige Version und kann viele unterschiedliche Werte verarbeiten. Selbstverständlich wäre es auch möglich, das Programm so zu erweitern, dass es die Werte auch unabhängig von den Zeilenumbrüchen auswerten kann. Das wäre jedoch mit einem erheblichen zusätzlichen Aufwand verbunden.

14.4 Übungsaufgabe: Daten in Dateien speichern

1. Schreiben Sie ein Programm, das es dem Anwender erlaubt, persönliche Notizen dauerhaft zu speichern. Dafür soll eine Text-Datei zum Einsatz kommen. Das Programm soll die neuen Notizen an eventuell bereits bestehende Einträge anhängen. Jede von ihnen soll dabei in einer eigenen Zeile stehen. Außerdem soll das Programm die Eingabe mehrere Notizen erlauben, ohne es neu zu starten. Für die Abfrage, ob der Anwender weitere Einträge hinzufügen will, soll ein kleines Bestätigungsfenster zum Einsatz kommen.

2. Erstellen Sie ein weiteres Programm, das die Datei ausliest. Es soll die Werte zunächst in einer Liste abspeichern und diese daraufhin nummeriert ausgeben.

Lösungen:

```
import java.io.*;
import javax.swing.JOptionPane;
public class Aufgabe1 {
    public static void main(String[] args) {
        try{
            BufferedWriter bw = new BufferedWriter(new FileWriter
            ("Notizen.txt", true));
            int weiter = 0;
            InputStreamReader isr = new InputStreamReader(System.in);
            BufferedReader br = new BufferedReader(isr);
            String eingabe;
            while(weiter == 0){
                System.out.print("Geben Sie Ihre Notiz ein: ");
                eingabe = br.readLine();
                bw.write(eingabe + "\n");
                weiter = JOptionPane.showConfirmDialog(null,
                "Möchten Sie eine weitere Notiz hinzufügen?", "Bestätigung",
                JOptionPane.YES_NO_OPTION);
            }
            bw.close();
        }
        catch (IOException ausnahme){
            System.out.print("Fehler beim Öffnen der Datei");
        }
    }
}
```


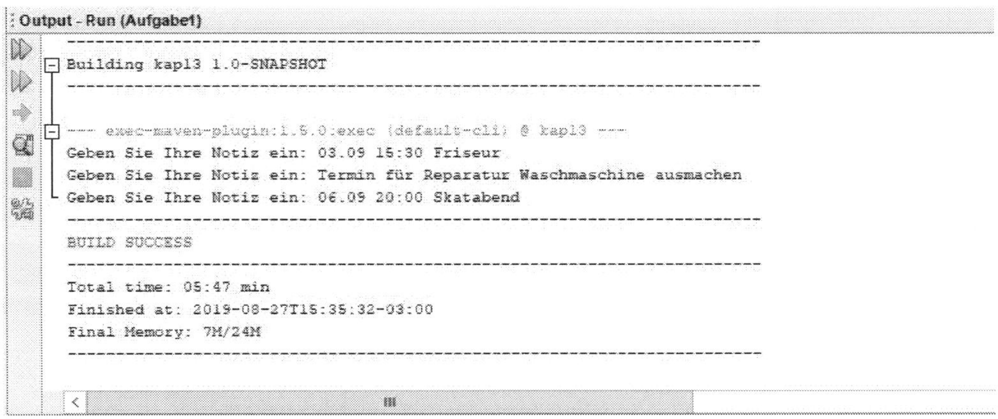

Abb. 14.5 Die Eingabe der Notizen

2.

```
import java.io.*;
import java.util.*;
public class Aufgabe2 {
    public static void main(String[] args) {
        ArrayList <String> liste = new ArrayList<>();
        try{
            FileInputStream fis = new FileInputStream("Notizen.txt");
```

```
            InputStreamReader isr = new InputStreamReader(fis);
            BufferedReader br = new BufferedReader(isr);
            String inhalt = br.readLine();
            while (inhalt != null){
                liste.add(inhalt);
                inhalt = br.readLine();
            }
        }
        catch (IOException ausnahme){
            System.out.println("Datei konnte nicht geöffnet werden.");
        }
        for(int i = 0; i < liste.size(); i++){
            System.out.println((i + 1) + ". " + liste.get(i));
        }
    }
}
```

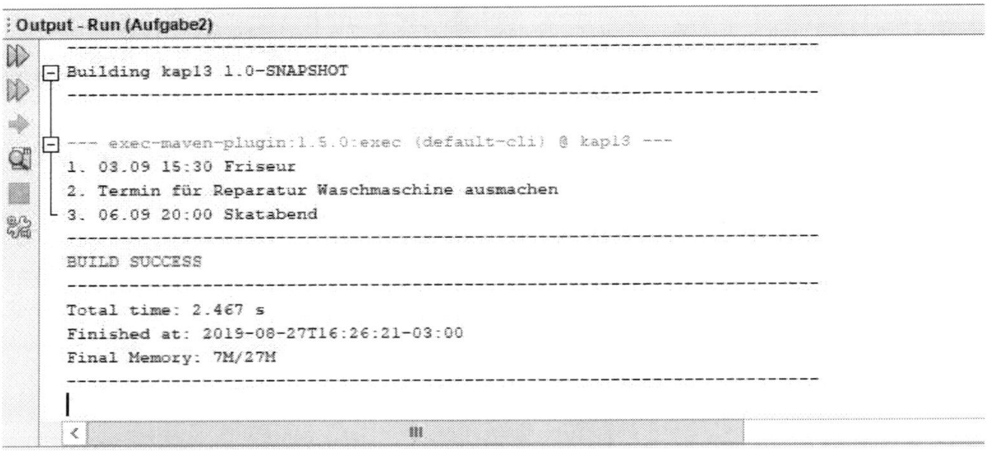

Abb 14.6 Die Ausgabe der Liste mit Nummerierung

Alle Programmcodes und Schaltpläne aus diesem Buch stehen kostenfrei zum Download bereit. Dadurch müssen Sie Code nicht abtippen.

Außerdem erhalten Sie die eBook Ausgabe zum Buch im PDF Format kostenlos auf unserer Website:

https://bmu-verlag.de/java-kompendium/
Downloadcode: siehe Kapitel 28

Kapitel 15

Datenbanken: eine sichere und effiziente Alternative für die Datenspeicherung

Nachdem wir im vorigen Kapitel die Verwendung von Dateien für die dauerhafte Datenspeicherung kennengelernt haben, befassen wir uns nun mit Datenbanken. Diese zeichnen sich insbesondere durch eine wesentlich höhere Sicherheit aus. Deshalb ist es sinnvoll, sie für Programme zu verwenden, die sensible Informationen enthalten. Wenn beispielsweise eine Manipulation der Daten die Geschäftsprozesse beeinträchtigen könnte oder wenn darin wichtige Betriebsgeheimnisse enthalten sind, die die Konkurrenz nicht zu Gesicht bekommen sollte, ist es sinnvoll, Datenbanken zu verwenden. Diese verfügen über eine Zugriffskontrolle und sorgen dadurch für eine deutlich bessere Sicherheit.

Darüber hinaus verbessert die Verwendung von Datenbanken die Zusammenarbeit zwischen mehreren Nutzern. Wenn in einem Unternehmen mehrere Mitarbeiter gleichzeitig an einem Projekt arbeiten und dabei Änderungen an den Daten vornehmen, kann es bei der Verwendung von Dateien zu Konflikten kommen. Diese sind für die parallele Nutzung durch mehrere Anwender nicht geeignet. Datenbanken eignen sich jedoch auch hierfür ausgezeichnet.

Ein weiterer entscheidender Vorteil von Datenbanken besteht darin, dass diese einen sehr komfortablen Zugriff auf die einzelnen Werte bieten. Insbesondere wenn man komplexe Werte abrufen will, erleichtern Datenbanken den Zugriff erheblich, da es hierbei möglich ist, genaue Bedingungen für die Auswahl der Werte zu machen. Das führt nicht nur zu einfacher strukturierten Programmen. Darüber hinaus lässt sich dadurch die Effizienz bei der Ausführung deutlich erhöhen, da das Programm nicht die komplette Datei durchsuchen muss, um die benötigten Werte zu finden.

15.1 Der Aufbau einer Datenbank

Eine Datenbank ist immer in zwei Ebenen aufgeteilt. Die Grundlage stellt der eigentliche Datensatz dar. Dieser ist auf der Festplatte oder auf einem anderen Datenträger abgelegt. Die physische Ebene der Daten weist keine offensichtlichen Strukturen auf. Die einzelnen Werte scheinen oftmals in willkürlicher Reihenfolge abgelegt zu sein. Das trägt zu einer höheren Sicherheit bei. Zwar ist es auch hierbei möglich, die Datensätze einzusehen. Allerdings sind dabei die Zusammenhänge nicht ersichtlich, sodass es schwierig ist, diese auszuwerten. Besonders sicher ist dieses System, wenn die Daten zusätzlich verschlüsselt sind.

Der physischen Ebene übergeordnet ist das *Datenbank-Managementsystem* (DBMS). Dieses erfüllt vielfältige Aufgaben. In erster Linie stellt es die Schnittstelle zwischen dem Anwender und den eigentlichen Daten dar. Wenn man hier einen Wert eintragen oder auslesen will, muss man diesen Befehl an das DBMS weitergeben. Dieses verarbeitet ihn und ruft die entsprechenden Werte ab beziehungsweise speichert sie in der physischen Datenebene. Eine wichtige Aufgabe dieser Software besteht außerdem darin, bei jedem Zugriff zu überprüfen, ob dieser berechtigt ist. Hierzu muss sich der Anwender in der Regel mit seinem Benutzernamen und mit einem Passwort identifizieren.

Für die Interaktion mit dem Nutzer gibt es zwei Möglichkeiten. Zum einen bieten die meisten Datenbank-Managementsysteme eine grafische Benutzeroberfläche an. Über diese kann der Anwender die Einträge direkt abrufen oder Werte eingeben. Zum anderen ist es möglich, eine sogenannte Datenbanksprache zu verwenden. Dabei handelt es sich nicht um eine vollständige Programmiersprache. Sie enthält lediglich die notwendigen Befehle, um Datenbanken zu organisieren und um Werte abzurufen, zu speichern oder zu löschen. Der Anwender kann diese ebenfalls über die Benutzeroberfläche eingeben. Es ist jedoch auch möglich, sie in ein Java-Programm (oder in ein Programm in einer anderen Programmiersprache) zu integrieren. Indem die Software die entsprechenden Befehle an das DBMS übermittelt, erhält sie Zugriff auf die Inhalte der Datenbank. Das ist genau die Funktion, die wir für unsere Datenbankanwendungen benötigen. Daher ist es notwendig, die Grundlagen einer Datenbanksprache zu erlernen. Das mag auf den ersten Blick schwierig erscheinen. Allerdings ist die Datenbanksprache deutlich einfacher aufgebaut als Java. Daher ist es nicht allzu kompliziert, sich die wichtigsten Befehle anzueignen. In diesem Buch verwenden wir die Datenbanksprache SQL. Dabei handelt es sich um die mit großem Abstand am häufigsten verwendete Datenbanksprache.

Eine weitere Aufgabe, die das DBMS übernimmt, besteht darin, die Daten zu organisieren. Hierfür gibt es verschiedene Organisationsprinzipien, die als Datenbankmodell bezeichnet werden. Hierarchische Datenbanken verfügen beispielsweise über ein zentrales Ausgangselement. Dieses kann dann über Kind-Elemente verfügen. Diese Struktur kann sich auf mehreren Ebenen fortsetzen. Um ein Element zu erreichen, ist es notwendig, sich vom Stamm-Element über alle Knotenpunkte zu ihm vorzuarbeiten. Darüber hinaus gibt es netzwerkartig aufgebaute Datenbanken. Auch hierbei erreicht man einen Wert, indem man sich über mehrere Knotenpunkte zu ihm vorarbeitet. Allerdings gibt es hierbei keine hierarchischen Strukturen. In diesem Buch verwenden wir jedoch ein relationales Datenbankmodell. Dieses organisiert die Daten in einzelnen Tabellen. Das sorgt für leicht verständliche Strukturen und für eine effiziente Verarbeitung der Daten.

15.2 Java DB: eine sinnvolle Wahl für Java-Programme

Wenn wir eine Datenbank in ein Java-Programm einbinden möchten, bestehen hierfür hinsichtlich der Auswahl des Datenbank-Managementsystems mehrere Auswahlmöglichkeiten. Dafür ist in die Programmiersprache eine spezielle Schnittstelle integriert. Diese wird Java Database Connectivity (JDBC) genannt. Auf diese Weise ist es möglich, mehrere bekannte Datenbanksysteme einzubinden – beispielsweise MySQL oder Oracle Database.

Wenn wir diese Systeme nutzen möchten, müssen wir sie zunächst auf dem Computer installieren. Das wäre zwar grundsätzlich möglich, doch gibt es noch eine einfachere Möglichkeit: Java DB. Hierbei handelt es sich um ein Datenbanksystem, das speziell auf die Einbindung in Java-Programme ausgerichtet ist. Daher ist die Verwendung besonders einfach. Darüber hinaus profitieren wir davon, dass wir dieses nicht extra installieren müssen. Es ist bereits in die IDE NetBeans integriert, sodass wir es direkt in unseren Programme einbinden können.

Allerdings können wir später auch andere Alternativen nutzen. Fast alle gängigen Datenbank-Managementsysteme verwenden die Sprache SQL für die Interaktion mit dem Java-Programm. Das bedeutet, dass wir stets die gleichen Befehle verwenden können. Lediglich die Einbindung der jeweiligen Datenbank kann dabei einige Unterschiede aufweisen.

15.3 Datenbanken über die grafische Benutzeroberfläche erzeugen

Um unsere erste Datenbank zu erstellen, öffnen wir ein neues Projekt in NetBeans. Im linken oberen Fenster werden dann wie gewohnt unsere Projekte aufgelistet. Allerdings verfügt dieses über mehrere Reiter. Wie in Abbildung 15.1 zu sehen, klicken wir zunächst auf den Reiter mit der Aufschrift „Services".

Hier klicken wir nun den zweiten Eintrag, der die Beschriftung „Servers" aufweist, mit der rechten Maustaste an. Daraufhin wählen wir den Begriff „Add Server" aus.

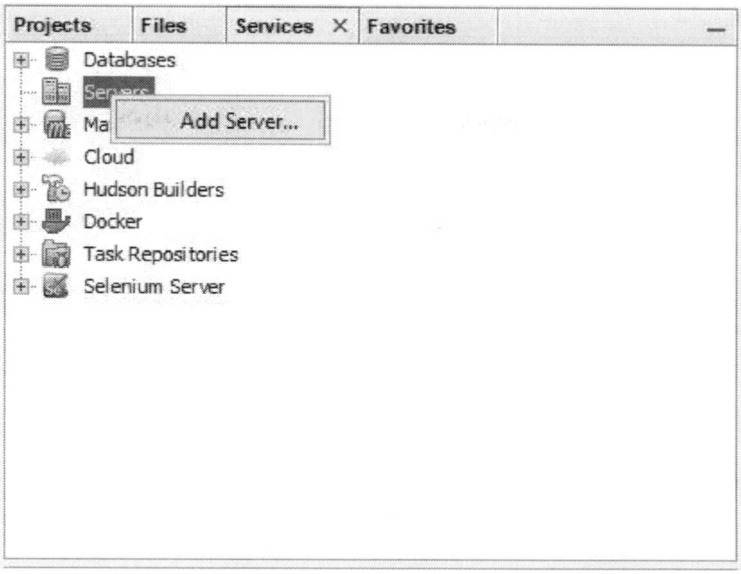

Abb. 15.1 Den Server hinzufügen

Nun öffnet sich ein weiteres Fenster mit mehreren Auswahlmöglichkeiten. Hier wählen wir den „GlassFish Server" aus. Im nächsten Fenster finden wir nun einen Button mit der Aufschrift „Download and Activate". Diesen klicken wir an, um das notwendige Installationspaket herunterzuladen. Daraufhin öffnet sich ein Installationsassistent, bei dem wir einfach die Standard-Einstellungen übernehmen können.

Schließlich gelangen wir zu einem weiteren Fenster, in dem wir den Download des Servers endgültig bestätigen müssen. Wie in Abbildung 15.2 ersichtlich, ist es hier außerdem möglich, ein Installationsverzeichnis auszuwählen.

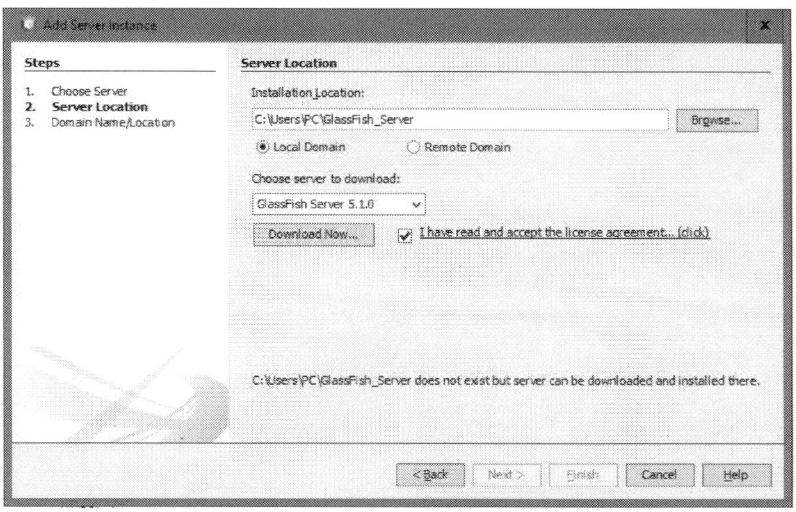

Abb. 15.2 Der Download des GlassFish Servers

Danach können wir noch weitere Details wie beispielsweise den Hostnamen vorgeben. Hierbei ist es empfehlenswert, einfach die Standardeinstellungen zu übernehmen. Nach diesen Vorarbeiten kehren wir wieder zum linken oberen Fenster zurück, in dem wir gerade den Server aktiviert haben. Nun wählen wir jedoch den ersten Eintrag aus, der mit dem Begriff „Database" gekennzeichnet ist. Wenn wir auf das kleine Pluszeichen neben diesem Eintrag klicken, erkennen wir die weiteren Inhalte. Wie in Abbildung 15.3 zu sehen, klicken wir daraufhin mit der rechten Maustaste auf den Eintrag „Java DB" und wählen im Menü, das sich daraufhin öffnet, den Eintrag „Start Server" aus. Die Aktivierung des Servers müssen wir übrigens jedes Mal wiederholen, wenn wir die IDE zwischendurch schließen und dann erneut mit einer Datenbank arbeiten möchten.

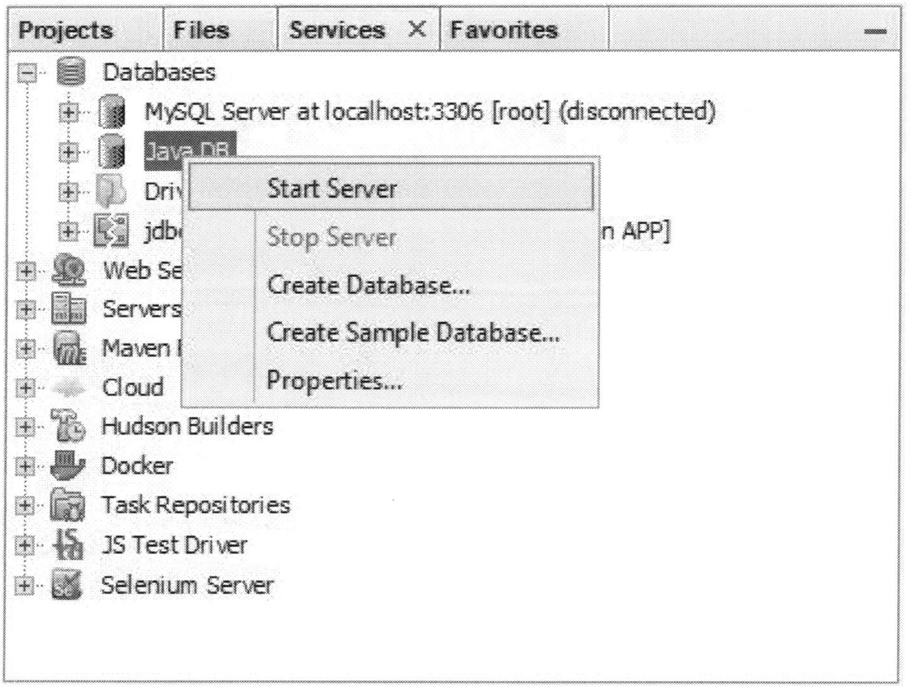

Abb. 15.3 Das Starten des Servers für die Datenbank

Wenn wir diese Aufgabe erledigt haben, klicken wir den Begriff „JavaDB" nochmals mit der rechten Maustaste an. Der Begriff „Start Server" sollte nun in Grau erscheinen, da wir den Server ja bereits gestartet haben. Stattdessen wählen wir jetzt den Begriff „Create Database" aus. Wie Abbildung 15.4 zeigt, erscheint daraufhin ein neues Fenster. Hier können wir nun den Namen der Datenbank, einen Nutzernamen und ein Passwort vorgeben. Die Datenbank soll Mitarbeiter heißen. Da für unsere Anwendungen keine Sicherheitsvorkehrungen notwendig sind, können wir als Nutzernamen user1 und als Passwort abc auswählen.

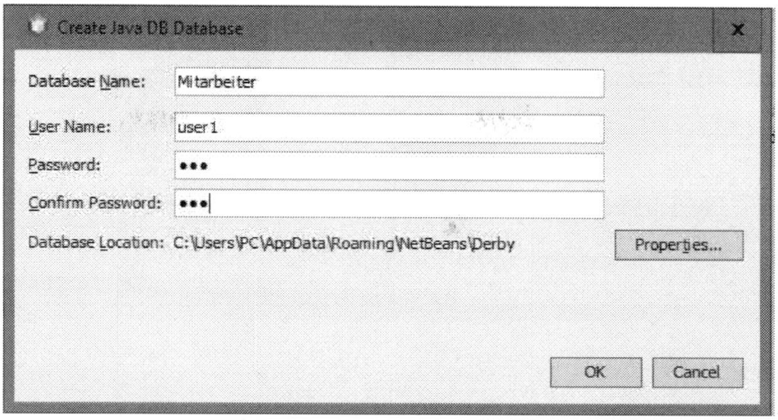

Abb. 15.4 Die Vorgaben für die neue Datenbank

Wenn wir nun nochmals das Fenster links oben betrachten, erkennen wir, dass unsere neue Datenbank nun an zwei Stellen erscheint. Zum einen ist unter dem Oberbegriff „Java DB" jetzt der Eintrag „Mitarbeiter" zu finden. Dieser ist für uns jedoch vorerst ohne Interesse. Weiter unten entdecken wir einen Eintrag mit der Bezeichnung „jdbc:derby://localhost:1527/Mitarbeiter [user1 on USER1]". Ein Doppelklick darauf lässt uns den vorgegebenen Nutzernamen erkennen. Wenn wir auf das Pluszeichen neben diesem klicken, erkennen wir mehrere Ordner – unter anderem einen mit der Aufschrift „Tables". Diesen klicken wir nun wie in Abb. 15.5 zu sehen mit der rechten Maustaste an und wählen den Begriff „Create Table" aus. Damit erstellen wir eine Tabelle, die unsere Daten aufnehmen kann.

15

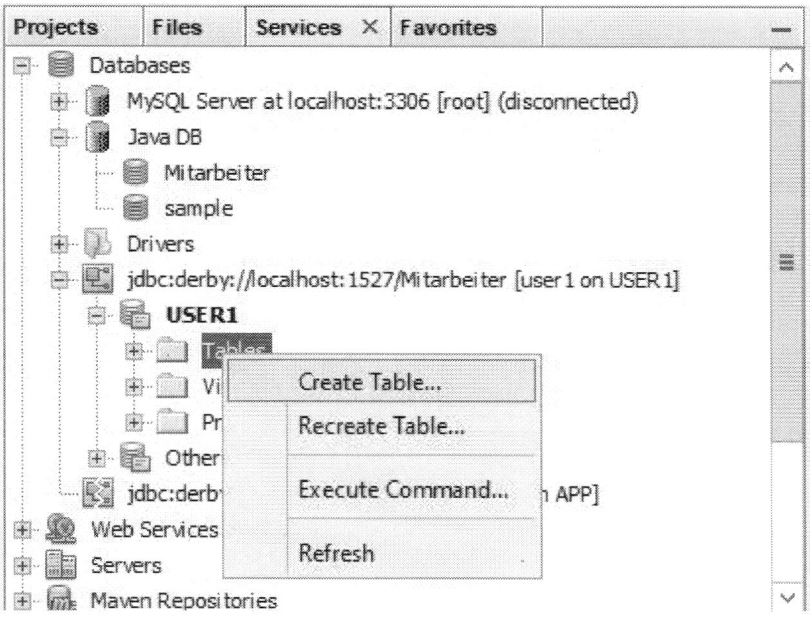

Abb. 15.5 Eine neue Tabelle erstellen

Im nächsten Schritt öffnet sich ein neues Fenster, in dem wir die Struktur für die Tabelle vorgeben können. Diese ist immer in Zeilen und Spalten organisiert. Während die Zeilen die einzelnen Werte aufnehmen, geben die Spalten vor, welche Inhalte sich an der jeweiligen Stelle befinden. Nach unserer bisherigen Struktur benötigen wir vier Spalten: für den Nachnamen, den Vornamen, die Personalnummer und für das Gehalt.

Allerdings ist es sinnvoll, für die Datenbank die Reihenfolge umzustellen und an erster Stelle die Personalnummer zu nennen. Diese können wir dann als Schlüssel für den Zugriff definieren. Da diese Nummer einzigartig sein muss, bietet sie sich hierfür hervorragend an. Abbildung 15.6 zeigt, wie wir die einzelnen Spalten erstellen. Hier klicken wir einfach auf den Button mit der Beschriftung „Add Column".

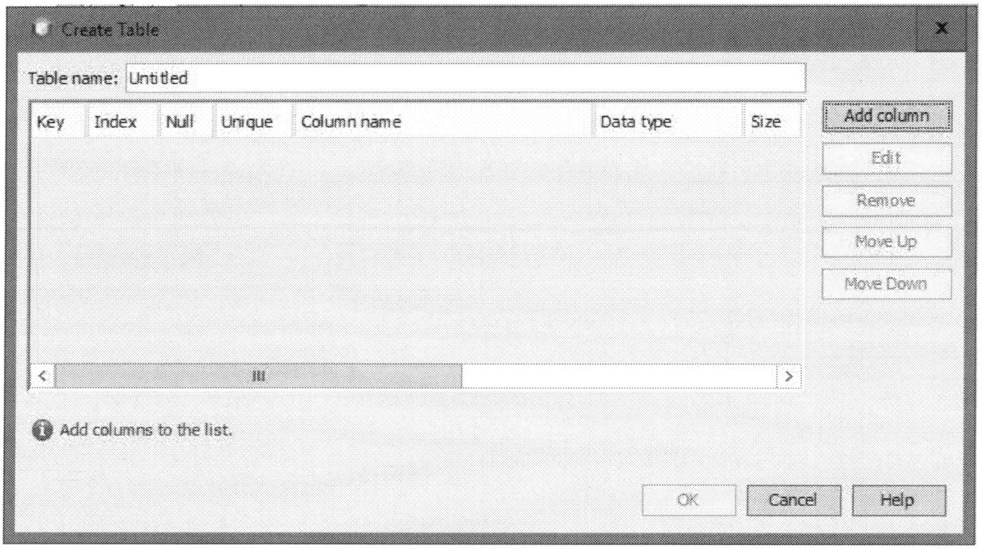

Abb. 15.6 Die Gestaltung der Spalten

Wenn wir diesen Begriff anklicken, gelangen wir zu einem neuen Fenster. Wie in Abbildung 15.7 zu sehen, können wir hier einen Namen für die Spalte vorgeben und Angaben zu den darin enthaltenen Daten machen. Für den Eintrag persnr wählen wir den Typ INTEGER aus und markieren diesen als Primary Key. Das bedeutet, dass wir über diesen Begriff auf die einzelnen Zeilen zugreifen können. Das DBMS kontrolliert dabei zum einen, dass dieses Feld in jeder Zeile einen Inhalt hat. Zum anderen erlaubt es in dieser Spalte keine identischen Werte, sodass eine eindeutige Zuordnung möglich ist. Dabei wird automatisch auch das Feld mit der Aufschrift Unique ausgewählt.

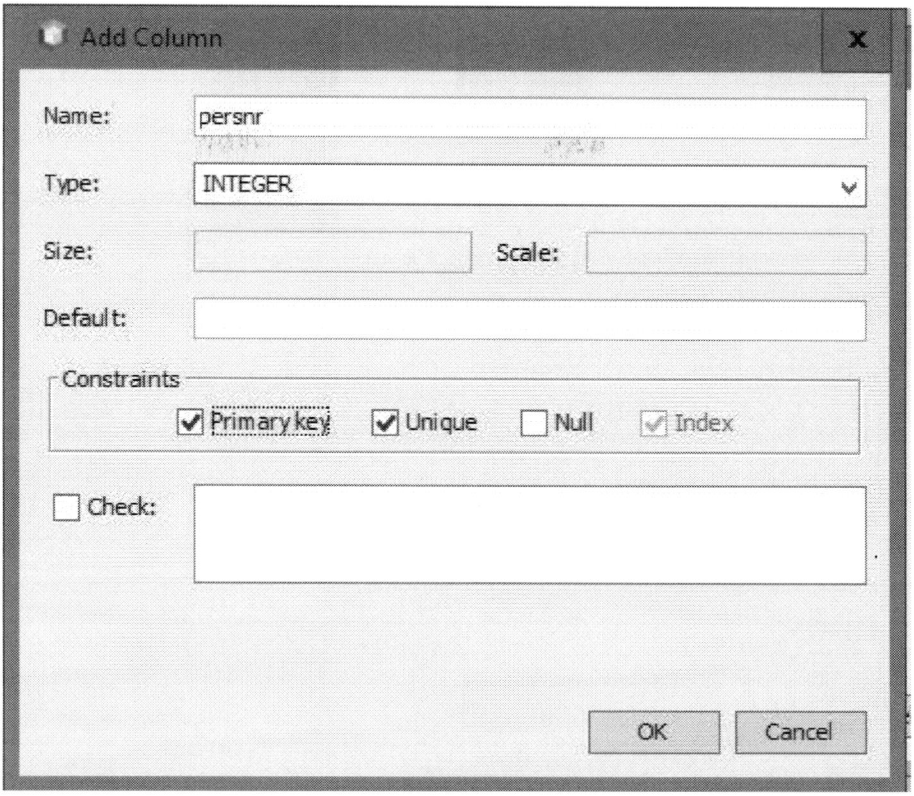

Abb 15.7 Die Vorgaben für die erste Spalte

Diesen Vorgang wiederholen wir dann für die übrigen Spalten. Dabei ändern wir die Bezeichnung und passen den Datentyp an. In diesen Fällen verzichten wir außerdem darauf, die Felder Primary key und Unique anzuklicken. Für den Namen und den Vornamen wählen wir den Datentyp VARCHAR aus. Das entspricht bei Datenbanken etwa dem Typ String. Allerdings müssen wir hierbei auch eine Maximalgröße vorgeben. Dafür können wir beispielsweise den Wert 30 auswählen. Das sollte für den Eintrag eines Namens ausreichen. Für den Preis könnten wir wie gewohnt den Datentyp DOUBLE auswählen. Allerdings gibt es in Datenbanken auch den Typ DECIMAL. Dieser eignet sich besonders gut für Währungen. Hier können wir im Feld „size“ die gewünschte Gesamtzahl der Stellen eintragen. Im Feld „scale“ geben wir die Zahl der Nachkommastellen an. Wenn wir hierbei den Wert 2 auswählen, erhalten unsere Angaben immer zwei Nachkommastellen, so wie das bei Währungsangaben üblich ist. Auf diese Weise ergibt sich die folgende Struktur:

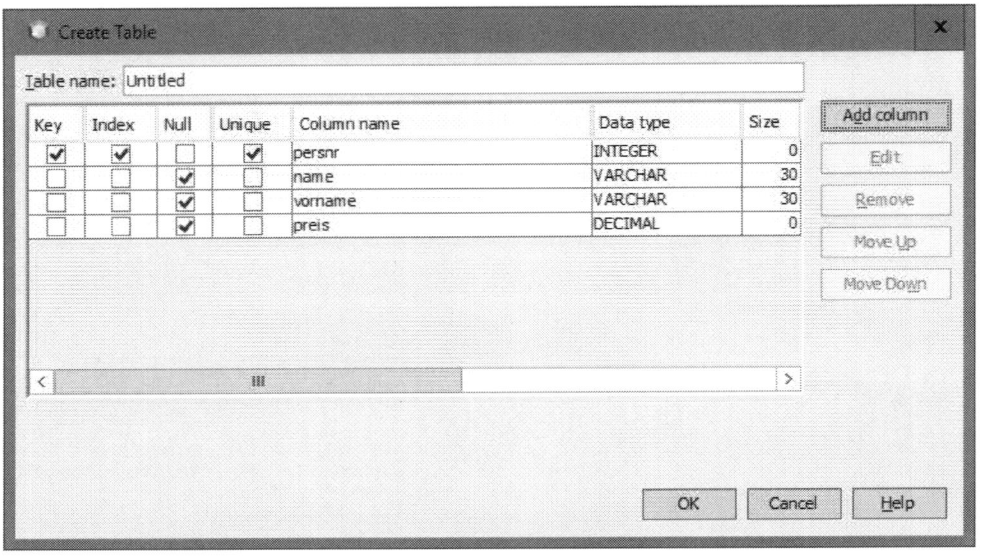

Abb. 15.8 Die Struktur unserer Datenbank-Tabelle

Nun müssen wir nur noch einen Titel für die Tabelle vergeben. Wir nennen sie Mitarbeiter. Nachdem wir diese Eingaben mit der OK-Taste bestätigt haben, klicken wir auf das Pluszeichen neben dem Ordner „Tables" hier erscheint nun die soeben erstellte Tabelle. Diese klicken wir dann mit der rechten Maustaste an und wählen den Menüpunkt „View Data" aus. Daraufhin öffnet sich im rechten Bereich der IDE das Fenster, das in Abbildung 15.9 zu sehen ist.

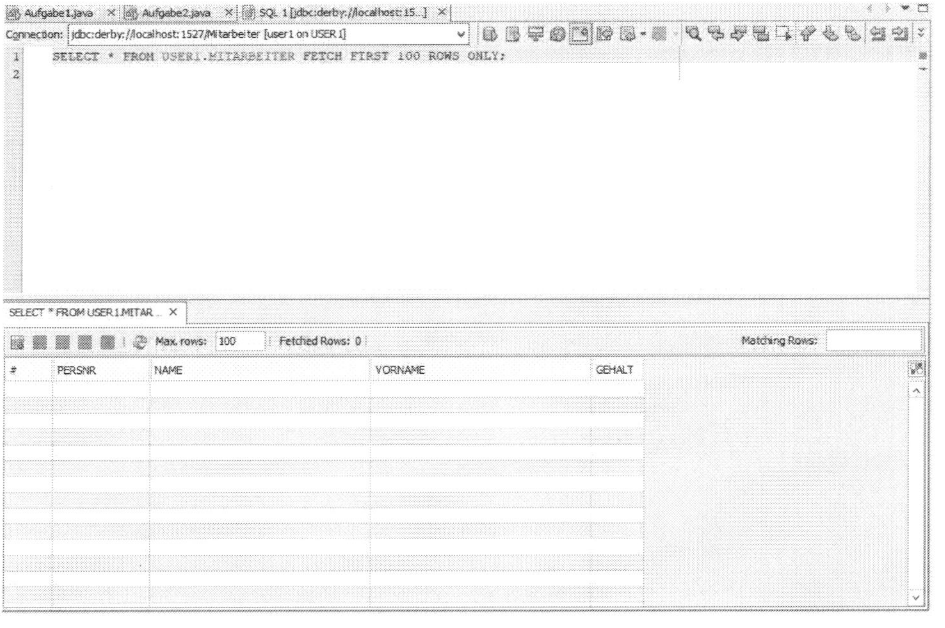

Abb 15.9 Das Fenster zur Eingabe der Daten

Hier erkennen wir nun ganz oben einen SQL-Befehl. Auf diese Weise könnten wir ebenfalls Daten in die Tabelle einfügen. Allerdings lernen wir diese Möglichkeit erst später kennen. Zunächst verwenden wir hierfür die grafische Benutzeroberfläche. Dafür klicken wir im unteren Bereich des Fensters ganz links auf das Tabellensymbol mit dem kleinen grünen Pluszeichen. Nun öffnet sich ein neues Fenster, in dem die erste Zeile bereits enthalten ist. Bisher weisen alle Einträge den Wert null auf. Wenn wir sie doppelt anklicken, können wir nun jedoch eigene Werte vorgeben, so wie das in Abbildung 15.10 zu erkennen ist.

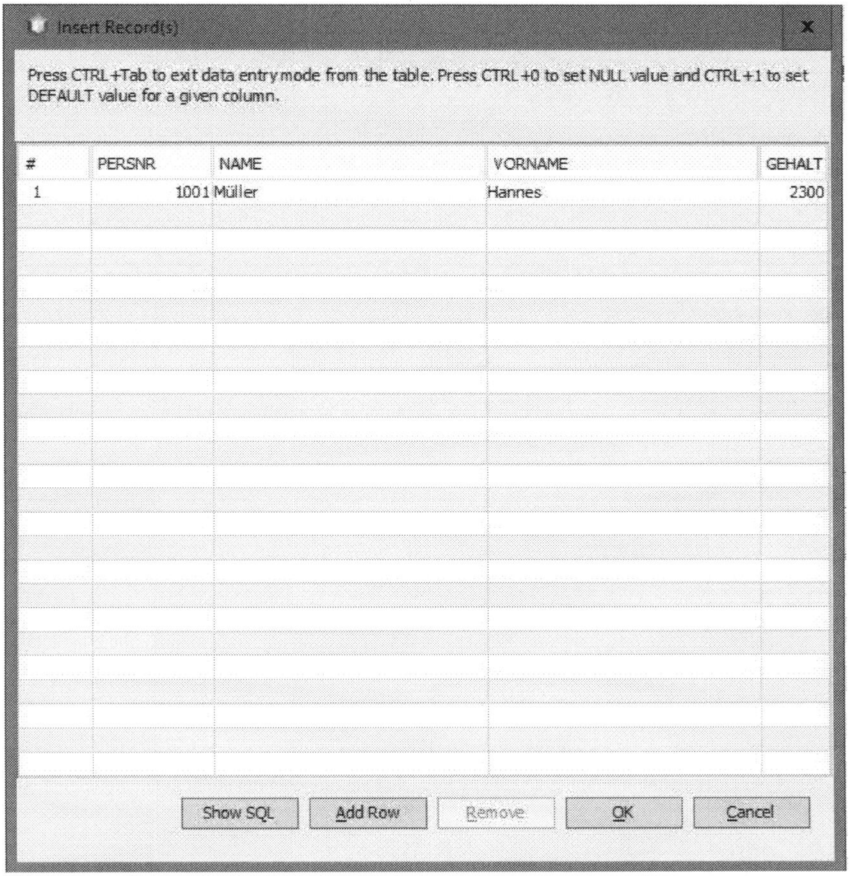

Abb. 15.10 Die Werte in die Tabelle eintragen

Wenn wir eine weitere Zeile einfügen möchten, klicken wir unten im Fenster auf „Add Row". Auf diese Weise können wir unsere Tabelle mit beliebig vielen Einträgen füllen.

15.4 Tabellen per SQL-Befehl erzeugen

Der vorige Abschnitt diente dazu, die grundsätzlichen Strukturen einer Datenbank kennenzulernen. Die einzelnen Aktionen haben wir dabei über die grafische Benutzeroberfläche veranlasst. Wenn wir mit einem Java-Programm auf die Datenbank zugreifen wollen, ist dies jedoch nicht möglich. In diesem Fall müssen wir SQL-Befehle verwenden. Daher ist es jetzt an der Zeit, uns mit diesen auseinanderzusetzen.

Um den Einstieg einfacher zu gestalten, fügen wir die SQL-Befehle jedoch im ersten Schritt direkt über das DBMS ein. Auf diese Weise müssen wir uns zunächst nicht um die Interaktion mit dem Java-Programm kümmern. So können wir uns vollständig auf SQL konzentrieren.

Wie der letzte Abschnitt gezeigt hat, müssen wir im ersten Schritt immer eine Datenbank erstellen. Auch hierfür gibt es einen passenden SQL-Befehl. Wenn wir die Datenbank Mitarbeiter erstellen möchten, müssen wir folgenden Code verwenden:

```
CREATE DATABASE Mitarbeiter;
```

Allerdings können wir diesen bei JavaDB nicht direkt eingeben. Daher müssen wir hier eine neue Datenbank immer nach der im vorigen Abschnitt vorgestellten Vorgehensweise erstellen. Allerdings ist dies im Moment nicht notwendig: Wir können einfach die bereits bestehende Datenbank verwenden.

Wenn die Datenbank vorhanden ist, besteht der nächste Schritt darin, eine Tabelle zu erstellen. Um dieses Beispiel so einfach wie möglich zu gestalten, verwenden wir genau die gleiche Struktur, die wir zuvor über die grafische Benutzeroberfläche erstellt haben. Da es jedoch nicht erlaubt ist, zwei Tabellen mit dem gleichen Namen zu erzeugen, müssen wir entweder das bisherige Beispiel löschen oder den Namen leicht abändern.

Um die Tabelle zu erstellen, verwenden wir den `CREATE-TABLE`-Befehl:

```
CREATE TABLE Mitarbeiter
```

Allerdings müssen wir dabei gleich die darin enthaltenen Spalten vorgeben. Dazu listen wir diese in einer Klammer auf. Zunächst nennen wir die gewählte Bezeichnung, danach den Datentyp und falls notwendig können wir dann noch verschiedene Attribute eingeben. Auf diese Weise geben wir vor, dass die Spalte `persnr` als `Primary Key` verwendet wird. Außerdem geben wir an, dass diese immer einen Wert aufweisen muss. Dafür steht der Ausdruck `Not Null`. Darüber hinaus müssen wir beachten, dass es bei den `VARCHAR`-Feldern notwendig ist, die Länge in einer Klammer anzugeben. Beim `DECIMAL`-Feld geben wir zunächst die Gesamtlänge und nach einem Komma die Zahl der Nachkommastellen an. Nach der Klammer fügen wir ein Semikolon hinzu:

```
CREATE TABLE Mitarbeiter (
    persnr INTEGER Primary Key Not Null,
    name VARCHAR(30),
    vorname VARCHAR(30),
```

```
    gehalt DECIMAL(9,2)
);
```

Wenn wir diesen SQL-Befehl ausführen wollen, müssen wir mit der rechten Maustaste auf den Ordner „Tables" klicken. Im Menü, das sich daraufhin öffnet, wählen wir den Eintrag „Execute Command" aus. Daraufhin öffnet sich eine leere Fläche, in die wir wie in Abbildung 15.11 zu sehen, den SQL-Befehl einfügen. Danach klicken wir auf das Datenbanksymbol mit dem kleinen grünen Dreieck, das sich über dem Eingabefeld befindet. Auf diese Weise führen wir den Befehl aus.

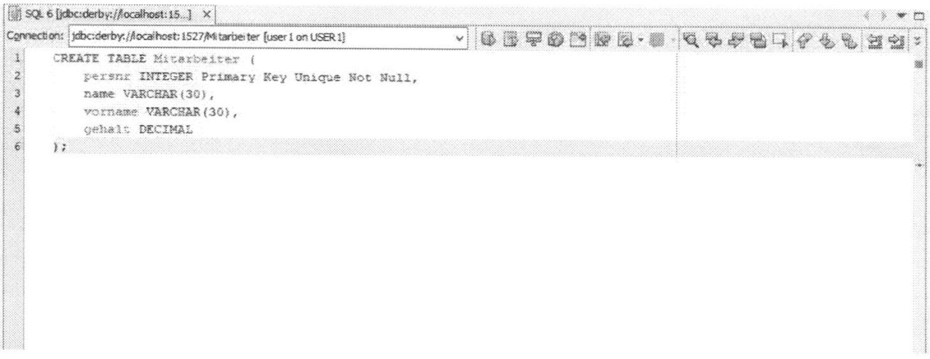

Abb. 15.11 Der SQL-Befehl zum Erstellen einer neuen Tabelle

Nachdem wir diese Aktion ausgeführt haben, erkennen wir, dass die neu gestaltete Tabelle nun in der Struktur der Datenbank im linken Bereich der IDE erscheint.

15.5 Werte in die Tabelle einfügen

Über die gleiche Oberfläche, über die wir soeben eine neue Tabelle erzeugt haben, können wir auch vielfältige weitere SQL-Befehle ausführen. Der nächste Schritt besteht darin, die Tabelle mit Inhalten zu füllen. Dazu verwenden wir den `INSERT`-Befehl. Dieser ist nach folgendem Muster aufgebaut:

```
INSERT INTO Tabellenname (Spalte1, Spalte 2, … Spalte n) VALUES (Wert 1,
Wert 2,... Wert n);
```

Dieser Befehl fügt immer eine neue Zeile zu unserer Tabelle hinzu. Es ist üblich, dabei gleich alle Spalten zu füllen. Falls wir hierbei eine Spalte nicht füllen, erhält sie automatisch den Wert null. Wenn wir auf diese Weise einen neuen Mitarbeiter hinzufügen, sieht der Befehl so aus:

```
INSERT INTO Mitarbeiter (persnr, name, vorname, gehalt) VALUES (1001,
'Müller', 'Hannes', 2300);
```

An dieser Stelle ist es wichtig, darauf zu achten, dass wir die `VARCHAR`-Werte in einfache Anführungszeichen setzen müssen.

Für die folgenden Beispiele ist es sinnvoll, auf diese Weise mindestens noch zwei weitere Mitarbeiter in die Tabelle einzufügen.

15.6 Daten abfragen

Nachdem wir einige Werte in unsere Tabelle eingefügt haben, können wir diese auch auslesen. Zu diesem Zweck kommt der `SELECT`-Befehl zum Einsatz. Dieser ist ist so aufgebaut:

```
SELECT Spalte FROM Tabelle WHERE Zeileninhalt;
```

Der erste Teil dieses Befehls sollte keine Probleme bereiten: Hier müssen wir einfach angeben, in welcher Spalte und in welcher Tabelle sich der gewünschte Wert befindet. Die `WHERE`-Klausel, die sich daran anschließt, benötigt jedoch noch einige weitere Erklärungen. Diese dient der Bestimmung der Zeile. Dafür geben wir einen Wert vor, der in der entsprechenden Zeile enthalten ist. Dafür müssen wir die Bezeichnung der Spalte und den Wert angeben, zum Beispiel: `WHERE persnr = 1001`.

Auf diese Weise kennzeichnen wir die Spalte, in der sich der Mitarbeiter mit der Personalnummer 1001 befindet. Wenn wir beispielsweise dessen Nachnamen abfragen möchten, verwenden wir folgenden Befehl:

```
SELECT name FROM Mitarbeiter WHERE persnr = 1001;
```

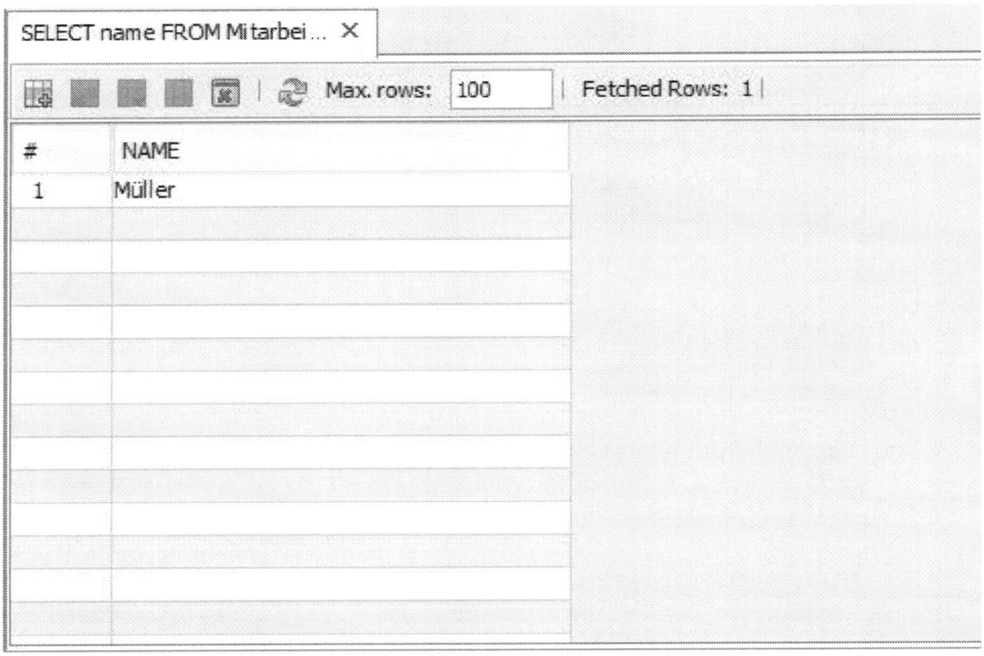

Abb. 15.12 Das Ergebnis der Abfrage

Wenn wir diesen Befehl ausführen, erscheint im unteren Bereich der Seite die Auflistung, die in Abbildung 15.12 zu sehen ist. Das zeigt, dass wir damit wie gewünscht den Nachnamen des entsprechenden Mitarbeiters aufgerufen haben.

Wenn wir eine ganz spezifische Zelle der Tabelle aufrufen möchten, bietet es sich an, die Personalnummer für die `WHERE`-Klausel zu verwenden. Da wir diese als `Primary Key` definiert haben, ist sichergestellt, dass sie nur einmal vorkommt. Das ermöglicht eine eindeutige Zuordnung. Allerdings bietet die `WHERE`-Klausel noch viele weitere Möglichkeiten. Beispielsweise können wir damit auch die Mitarbeiter finden, die einen bestimmten Nachnamen haben oder die ein bestimmtes Gehalt bekommen. Wenn wir beispielsweise den folgenden Befehl eingeben, finden wir alle Mitarbeiter, die 2300 Euro pro Monat verdienen:

```
SELECT name FROM Mitarbeiter WHERE gehalt = 2300;
```

Falls mehrere Angestellte dieses Gehalt bekommen, gibt die Abfrage mehrere Werte zurück.

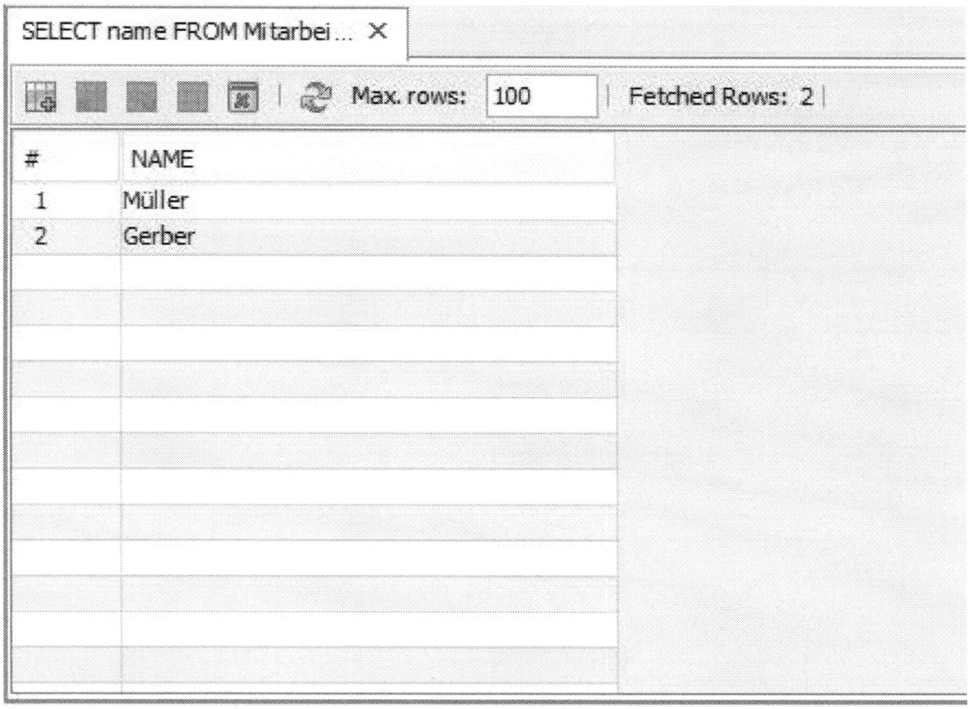

Abb 15.13 In diesem Beispiel erhalten zwei Mitarbeiter ein Gehalt von 2300 Euro

In der `WHERE`-Klausel können wir auch mehrere Vorgaben miteinander verbinden. Wenn wir beispielsweise nach einem konkreten Mitarbeiter mit dessen Vor- und Zunamen suchen und seine Personalnummer abfragen wollen, können wir diesen Befehl verwenden:

```
SELECT persnr FROM Mitarbeiter WHERE name = 'Bauer' AND vorname = 'Daniela';
```

Auf diese Weise erhalten wir die Personalnummer der Angestellten Daniela Bauer. Sollten mehrere Personen mit diesem Vor- und Zunamen im Betrieb beschäftigt sein, erhalten wir auch mehrere Personalnummern angezeigt.

Auf eine ähnliche Weise ist es möglich, nach Einträgen zu suchen, die eine von mehreren Eigenschaften aufweisen. In diesem Fall verbinden wir diese mit dem Ausdruck `OR`. Der folgende SQL-Befehl gibt beispielsweise die Personalnummern aller Mitarbeiter aus, die entweder 2300 oder 2900 Euro verdienen:

```
SELECT persnr FROM Mitarbeiter WHERE gehalt = 2300 OR gehalt = 2900;
```

Wir können die `WHERE`-Klausel auch komplett weglassen. In diesem Fall erhalten wir alle Einträge der angegebenen Spalte zurück.

Außerdem ist es möglich, hinsichtlich der Spalte mehrere Vorgaben zu machen. Wenn wir beispielsweise den Vor- und den Zunamen eines Mitarbeiters mit einer bestimmten Personalnummer abrufen wollen, wäre folgender Befehl sinnvoll:

```
SELECT name, vorname FROM Mitarbeiter WHERE persnr = 1003;
```

Wenn wir die komplette Zeile abrufen möchten, fügen wir anstelle der Spaltennamen ein Sternsymbol ein. Wenn wir dieses Zeichen verwenden und außerdem die `WHERE`-Klausel weglassen, erhalten wir die gesamte Tabelle:

```
SELECT * FROM Mitarbeiter;
```

15.7 Inhalte ändern oder löschen

SQL gibt uns auch die Möglichkeit, einen Eintrag in der Tabelle zu ändern. Zu diesem Zweck verwenden wir den `UPDATE`-Befehl. Dieser ist so aufgebaut:

```
UPDATE Tabelle SET Spalte = Wert WHERE Zeile;
```

Auf diese Weise können wir beispielsweise das Gehalt eines Mitarbeiters anpassen:

```
UPDATE Mitarbeiter SET gehalt = 2000 WHERE persnr = 1002;
```

Außerdem ist es möglich, mit dem `DELETE`-Befehl Einträge aus der Tabelle zu löschen. Dieser entfernt immer die komplette Zeile. Er bietet sich in unserem Beispiel an, wenn ein Mitarbeiter den Betrieb verlässt. In diesem Fall können wir ihn auf folgende Weise aus unserer Tabelle entfernen:

```
DELETE FROM Mitarbeiter WHERE persnr = 1002;
```

15.8 Die Datenbank in das Java-Programm einbinden

Nun haben wir bereits die wichtigsten SQL-Befehle kennengelernt. Der nächste Schritt besteht darin, diese in ein Java-Programm einzubinden. Zu diesem Zweck müssen wir dieses zunächst mit der Datenbank verbinden.

Hierfür öffnen wir ein neues Projekt. Dabei wählen wir unter „Categories" aber nicht wie bisher „Java with Maven" aus, sondern „Java with Ant". Im Feld „Projects klicken wir wie in Abbildung 15.14 zu sehen die „Java Application" an.

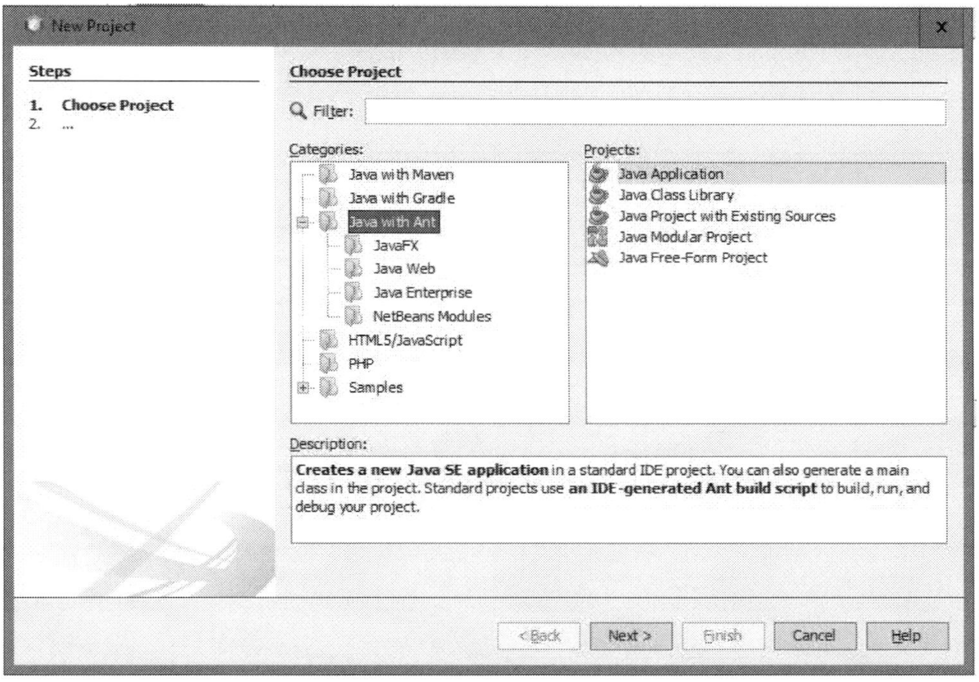

Abb 15.14 So öffnen wir das neue Projekt

Sowohl bei Maven als auch bei Ant handelt es sich um sogenannte Build Management Tools. Diese übernehmen in erster Linie die Kompilierung des Programms und verlinken dabei die notwendigen Bibliotheken. Bei den bisherigen Programmen mussten wir keine weiteren Bibliotheken einbinden. Daher spielte es keine große Rolle, ob wir ein Maven- oder ein Ant-Projekt erstellten. Wir haben uns dabei für Maven entschieden. Dabei handelt es sich um die etwas moderne Alternative, die mittlerweile häufiger zum Einsatz kommt.

Für das folgende Programm müssen wir jedoch eine externe Bibliothek einbinden. Diese Aufgabe könnten wir ebenfalls sowohl mit Maven als auch mit Ant erledigen. Da die Einbindung von JavaDB jedoch etwas einfacher ist, wenn wir Ant verwenden, entscheiden wir und in den folgenden Beispielen für diese Alternative.

Um JavaDB in unserem Programm zu verwenden, benötigen wir wieder einige vorgefertigte Klassen, die diese Aufgabe deutlich erleichtern. Diese befinden sich alle im Package java.sql, sodass wir sie mit folgendem Befehl importieren können:

```
import java.sql.*;
```

Um die Verbindung herzustellen, erzeugen wir zunächst ein Objekt vom Typ `Connection`:

```
Connection verbindung = DriverManager.getConnection(host, username, password);
```

Dieses instanziieren wir jedoch nicht direkt, sondern indem wir die `getConnection()`-Methode der Klasse `DriverManager` aufrufen. Dieser übergeben wir den Hostnamen, den Nutzernamen und das Passwort. Hierbei müssen wir die konkreten Werte eingeben, die wir bei der Erstellung unserer Datenbank ausgewählt haben. Es ist am einfachsten, wenn wir vor der Erzeugung des Objekts `String`-Variablen mit den entsprechenden Inhalten erstellen. Um den Hostnamen zu ermitteln, müssen wir nochmals links oben den Reiter „Services" anklicken. Hier betrachten wir den Eintrag, unter dem unsere Datenbank aufgeführt ist und der in Abbildung 15.14 zu sehen ist:

Abb. 15.15 Hier finden wir den Hostnamen

Der Variablen host weisen wir den Wert zu, den wir hier ablesen können – allerdings ohne die eckige Klammer:

```
String host = "jdbc:derby://localhost:1527/Mitarbeiter";
```

Als Nutzernamen hatten wir „user1" ausgewählt und als Passwort „abc". Daher müssen wir die entsprechenden Zuweisungen vornehmen:

```
String username = "user1";
String password = "abc";
```

Da es bei der Erstellung einer Datenbankverbindung zu einem Laufzeitfehler kommen kann, müssen wir den entsprechenden Befehl in einen `try`-Block stellen. Diesen fangen wir dann mit einer Ausnahme vom Typ `SQLException` ab. Daraus ergibt sich das folgende Programm:

```
import java.sql.*;
public class DB {
    public static void main(String[] args) {
        String host = "jdbc:derby://localhost:1527/Mitarbeiter";
        String username = "user1";
```

```
        String password = "abc";
        try {
            Connection verbindung = DriverManager.getConnection(host,
            username, password);
        }
        catch ( SQLException err ) {
            System.out.println( err.getMessage( ) );
        }
    }
```

Wenn wir dieses nun ausführen, erhalten wir in der Regel jedoch eine Fehlernachricht:

No suitable driver found for jdbc:derby://localhost:1527/Mitarbeiter

Das liegt daran, dass wir noch keinen Treiber für die Datenbank installiert haben. Diesen sollten wir jedoch bereits zusammen mit dem GlassFish-Server heruntergeladen haben. Wir müssen ihn nur noch zu unserem Projekt hinzufügen. Hierfür klicken wir im linken oberen Bereich den Reiter mit der Aufschrift „Projects“ an. Dort erscheinen wie gewohnt alle unsere Projekte. Dabei wählen wir das aktuelle Projekt aus, das wir für die Nutzung der Datenbanken erstellt haben. Darin sind mehrere Ordner enthalten. Hier klicken wir nun mit der rechten Maustaste den Ordner „Libraries“ an. Im Menüfeld, das sich daraufhin öffnet, wählen wir den Eintrag „Add JAR/Folder“ aus, so wie dies in Abbildung 15.16 zu sehen ist.

15

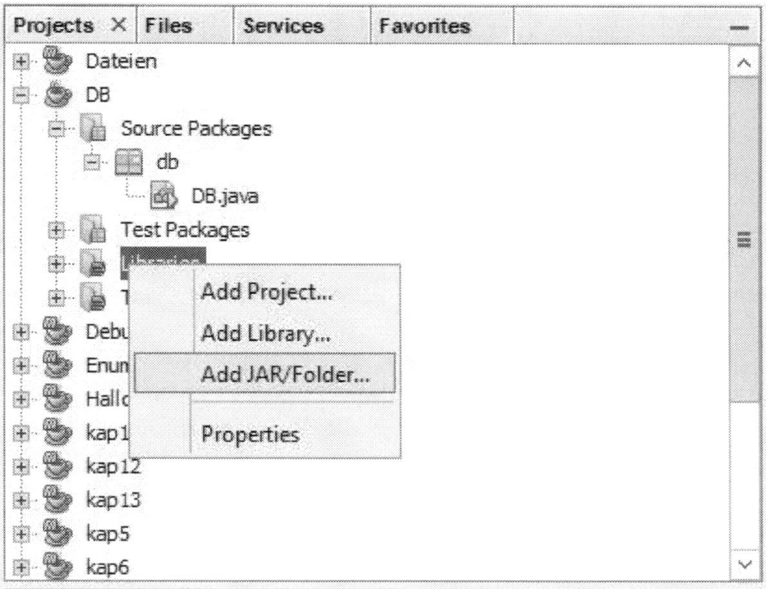

Abb.15.16 Eine JAR-Datei hinzufügen

Nun wählen wir den Ordner aus, in dem wir den GlassFish-Server installiert haben. Danach wählen wir die Verzeichnisse javadb und lib aus. Darin finden wir die Datei derbyclient.jar. Diese wählen wir aus und klicken dann den Button mit der Aufschrift „Open" an. Sobald wir sie auf diese Weise hinzugefügt haben, steht der Treiber für die Datenbank bereit. Wenn wir das Programm nun erneut ausführen, sollte es zu keiner Fehlermeldung mehr kommen.

15.9 SQL-Befehle im Java-Programm verwenden

Nachdem wir die Verbindung zur Datenbank hergestellt haben, können wir damit beginnen, SQL-Befehle über unser Programm zur Datenbank zu senden. Dazu müssen wir zunächst ein Objekt vom Typ `Statement` erzeugen. Dafür wenden wir die Methode `create.Statement()` auf unsere Verbindung an.

```
Statement befehl = verbindung.createStatement();
```

Auf dieses Objekt können wir dann die `executeUpdate()`-Methode anwenden. Diese erhält als Übergabewert den SQL-Befehl. Diesen könnten wir nun in Anführungszeichen direkt in die Klammer eintragen. Aus Gründen der Übersichtlichkeit gestalten wir jedoch zunächst eine String-Variable, um den Befehl aufzunehmen. Diese können wir dann als Übergabewert verwenden. Bei der Gestaltung des SQL-Befehls müssen wir darauf achten, dass wir diesen innerhalb des Java-Programms ohne das abschließende Semikolon erstellen müssen. Das bezieht sich jedoch nur auf das Semikolon das eigentlich zum SQL-Befehl gehört. Um die Zuweisung zur `String`-Variable abzuschließen, müssen wir selbstverständlich wie bisher ein Semikolon verwenden. Wenn wir beispielsweise eine neue Tabelle erstellen wollen, könnte der entsprechende Programmteil so aussehen:

```
String SQL = "CREATE TABLE Mitarbeiter (" +
    "    persnr INTEGER Primary Key Not Null," +
    "    name VARCHAR(30)," +
    "    vorname VARCHAR(30)," +
    "    gehalt DECIMAL(9,2)" +
    ")";
befehl.executeUpdate(SQL);
```

Auf die gleiche Weise können wir auch `INSERT`- und `UPDATE`-Befehle an die Datenbank übermitteln. Wenn wir ein Programm erstellen, das die entsprechende Tabelle erstellt, zwei Mitarbeiter einfügt und daraufhin einen Wert verändert, könnte es so aussehen:

```
import java.sql.*;
public class DB2 {
    public static void main(String[] args) {
        String host = "jdbc:derby://localhost:1527/Mitarbeiter";
        String username = "user1";
        String password = "abc";
        try {
            Connection verbindung = DriverManager.getConnection(host,
            username, password);
```

```
            Statement befehl = verbindung.createStatement();
            String SQL = "CREATE TABLE Mitarbeiter (" +
                "    persnr INTEGER Primary Key Not Null," +
                "    name VARCHAR(30)," +
                "    vorname VARCHAR(30)," +
                "    gehalt DECIMAL" +
                ")";
            befehl.executeUpdate(SQL);
            SQL = "INSERT INTO Mitarbeiter (persnr, name, vorname, gehalt)
            VALUES " +
                    "(1004, 'Groß', 'Oliver', 2100)";
            befehl.executeUpdate(SQL);
            SQL = "INSERT INTO Mitarbeiter (persnr, name, vorname, gehalt)
            VALUES " +
                    "(1005, 'Schwartz', 'Sven', 3600)";
            befehl.executeUpdate(SQL);
            SQL = "UPDATE Mitarbeiter SET gehalt = 2200 WHERE persnr = 1004";
            befehl.executeUpdate(SQL);
        }
        catch (SQLException err) {
            System.out.println( err.getMessage());
        }
    }
}
```

Wenn wir das Programm nun ausführen, kommt es jedoch zunächst zu einem Fehler. Das liegt daran, dass die entsprechende Tabelle bereits existiert. Daher können wir sie nicht nochmals erstellen. Um das Programm auszuprobieren, müssen wir die bisherige Tabelle löschen. Nun lässt sich das Programm ausführen. Um die Auswirkungen zu überprüfen, können wir die entsprechende Tabelle mit der rechten Maustaste anklicken und danach „View Data" auswählen. Abbildung 15.17 zeigt, dass dieser Code die neue Tabelle erstellt, mit zwei Einträgen gefüllt und daraufhin das Gehalt des ersten Eintrags abgeändert hat.

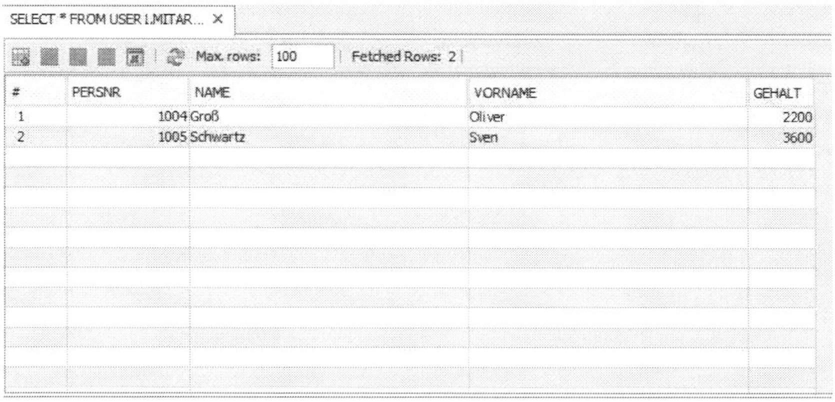

Abb 15.17 Die Inhalte der Tabelle

Im nächsten Schritt fragen wir Werte aus der Tabelle ab. Die ersten Zeilen sind dabei beinahe identisch wie beim vorherigen Programm: Wir erstellen für die Verbindung ein Objekt vom Typ `Connection`, danach erzeugen wir ein Objekt vom Typ `Statement` und anschließend fügen wir eine `String`-Variable für das SQL-Kommando ein. Für dieses nutzen wir nun jedoch den `SELECT`-Befehl.

Um diesen an die Datenbank zu übermitteln, verwenden wir nun jedoch nicht mehr die `executeUpdate()`-Methode, sondern `executeQuery()`. Diese Änderung ist notwendig, da wir nun nicht mehr die Datenbank verändern, sondern einen Wert aus ihr abrufen. Daher benötigen wir einen Rückgabewert. Dafür verwenden wir ein Objekt vom Typ `ResultSet`. Wenn wir beispielsweise den Nachnamen des Mitarbeiters mit der Personalnummer 1004 abrufen wollen, verwenden wir hierfür folgende Befehle:

```
String SQL = "SELECT name FROM Mitarbeiter WHERE persnr = 1004";
ResultSet rs = befehl.executeQuery(SQL);
```

Nun befindet sich der Wert innerhalb des Objekts `resultSet`. Um ihn im Programm auszugeben, müssen wir ihn aus diesem extrahieren. Dazu ist es notwendig, sich mit dessen Struktur zu befassen. Das `ResultSet` dient der Aufnahme einer Datenbankabfrage mit dem `SELECT`-Befehl. Wie wir in einem der vorherigen Abschnitte gesehen haben, kann man dabei eine unterschiedliche Anzahl an Werten abrufen. Das `ResultSet` kann diese alle aufnehmen. Um sie abzurufen, kommt ein Cursor zum Einsatz. Dieser zeigt immer auf eine bestimmte Zeile der abgefragten Werte. Wir können ihn mit den Methoden `next()` und `previous()` vor und zurück bewegen. Auf diese Weise müssen wir uns bis zur Zeile vorarbeiten, in der sich die gewünschten Inhalte befinden. In unserem Beispiel haben wir jedoch nur einen einzelnen Wert per `SELECT`-Befehl abgefragt. Das macht die Anwendung etwas einfacher. Wir müssen lediglich einmal die `next()`-Methode anwenden, da sich der Cursor zu Beginn vor den Inhalten befindet. Danach können wir bereits auf den Wert zugreifen.

Hierzu kommt die `getString()`-Methode zum Einsatz, die wir auf das `ResultSet` anwenden. Wenn wir mit Zahlen arbeiten, können wir auch die Methoden `getInt()` und `getDouble()` verwenden. In die Klammer schreiben wir in Anführungszeichen den Namen der Spalte, in der sich der gewünschte Wert befindet. Auf diese Weise können wir bereits das komplette Programm erstellen, um einen Wert aus der Datenbank auszugeben:

```
import java.sql.*;
public class DB3 {
    public static void main(String[] args) {
        String host = "jdbc:derby://localhost:1527/Mitarbeiter";
        String username = "user1";
        String password = "abc";
        try {
            Connection verbindung = DriverManager.getConnection(host,
            username, password);
            Statement befehl = verbindung.createStatement();
            String SQL = "SELECT name FROM Mitarbeiter WHERE persnr = 1004";
            ResultSet rs = befehl.executeQuery(SQL);
```

```
            rs.next();
            String name = rs.getString("name");
            System.out.println(name);
        }
        catch ( SQLException err ) {
            System.out.println( err.getMessage( ) );
        }
    }
}
```

15.10 Übungsaufgabe: mit Datenbanken arbeiten

1. Schreiben Sie ein Programm, das eine neue SQL-Tabelle erstellt. Dieses soll dazu dienen, die Noten von Schülern abzuspeichern. Dementsprechend soll die Tabelle Spalten für den Namen (hier können wir Vor- und Zuname gemeinsam eintragen) sowie für die Noten in den Fächern Mathematik, Deutsch und Englisch enthalten. Die Tabelle können Sie – wenn auch thematisch nicht ganz passend – in die Datenbank Mitarbeiter einfügen.

2. Erstellen Sie ein Programm, das es dem Lehrer erlaubt, die Schüler mit ihren Noten einzutragen. Dafür soll eine Schleife zum Einsatz kommen, um beliebig viele Einträge vornehmen zu können.

3. Das nächste Programm soll dazu dienen, die Noten eines Schülers abzufragen. Dazu soll es den Anwender zunächst nach dem Namen des Schülers fragen und daraufhin die entsprechenden Einträge aus der Datenbank abrufen.

Lösungen:

1.

```
import java.sql.*;
public class Aufgabe1 {
    public static void main(String[] args) {
        String host = "jdbc:derby://localhost:1527/Mitarbeiter";
        String username = "user1";
        String password = "abc";
        try {
            Connection verbindung = DriverManager.getConnection(host,
            username, password);
            Statement befehl = verbindung.createStatement();
            String SQL = "CREATE TABLE Schueler (" +
                "    name VARCHAR(50)," +
                "    mathematik DECIMAL (3,2)," +
                "    deutsch DECIMAL (3,2)," +
                "    englisch DECIMAL (3,2)" +
                ")";
            befehl.executeUpdate(SQL);
        }
        catch ( SQLException err ) {
            System.out.println( err.getMessage( ) );
        }
    }
}
```

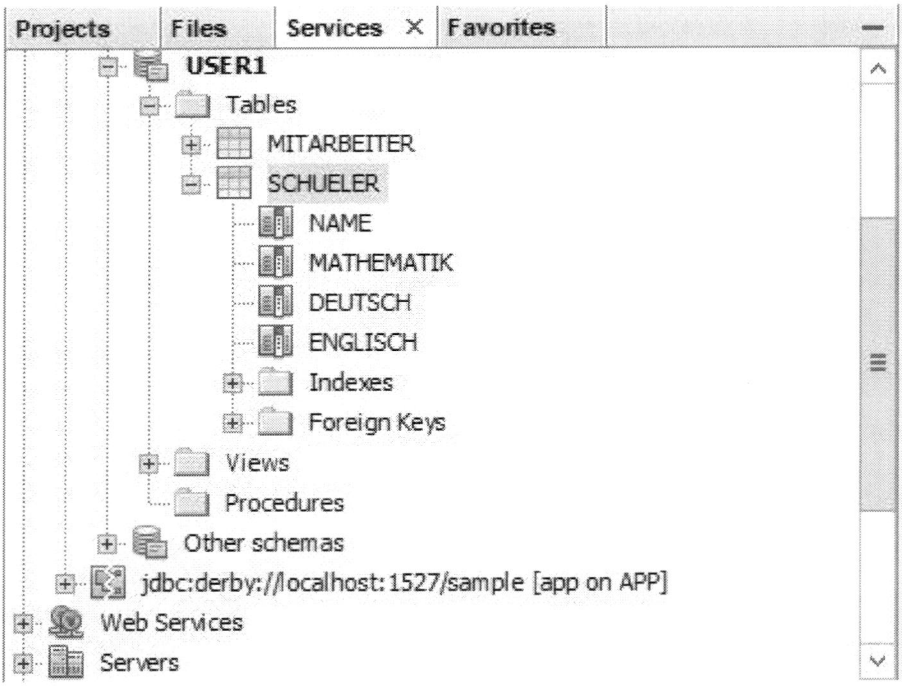

Abb. 15.18 Das Programm hat eine neue Tabelle erzeugt

2.

```
import java.io.*;
import java.sql.*;
import javax.swing.JOptionPane;
public class Aufgabe2 {
    public static void main(String[] args) throws IOException{
        String host = "jdbc:derby://localhost:1527/Mitarbeiter";
        String username = "user1";
        String password = "abc";
        try {
            Connection verbindung = DriverManager.getConnection(host,
            username, password);
            Statement befehl = verbindung.createStatement();
            String SQL;
            int weiter = 0;
            InputStreamReader isr = new InputStreamReader(System.in);
            BufferedReader br = new BufferedReader(isr);
            String eingabe1, eingabe2, eingabe3, eingabe4;
            while (weiter == 0){
                System.out.println("Geben Sie den Namen des Schülers ein:");
                eingabe1 = br.readLine();
                System.out.println("Geben Sie die Note in Mathematik ein:");
                eingabe2 = br.readLine();
                System.out.println("Geben Sie die Note in Deutsch ein:");
                eingabe3 = br.readLine();
                System.out.println("Geben Sie die Note in Englisch ein:");
                eingabe4 = br.readLine();
                SQL = "INSERT INTO Schueler (name, mathematik, deutsch,
                englisch)" +
                        "VALUES ('" + eingabe1 + "', " + eingabe2 + ", " +
                        eingabe3 + ", " + eingabe4 + ")";
                befehl.executeUpdate(SQL);
                weiter = JOptionPane.showConfirmDialog(null,
                "Möchten Sie einen weiteren Eintrag hinzufügen?",
                "Bestätigung",
                JOptionPane.YES_NO_OPTION);
            }
        }
        catch ( SQLException err ) {
            System.out.println( err.getMessage( ) );
        }
    }
}
```

15

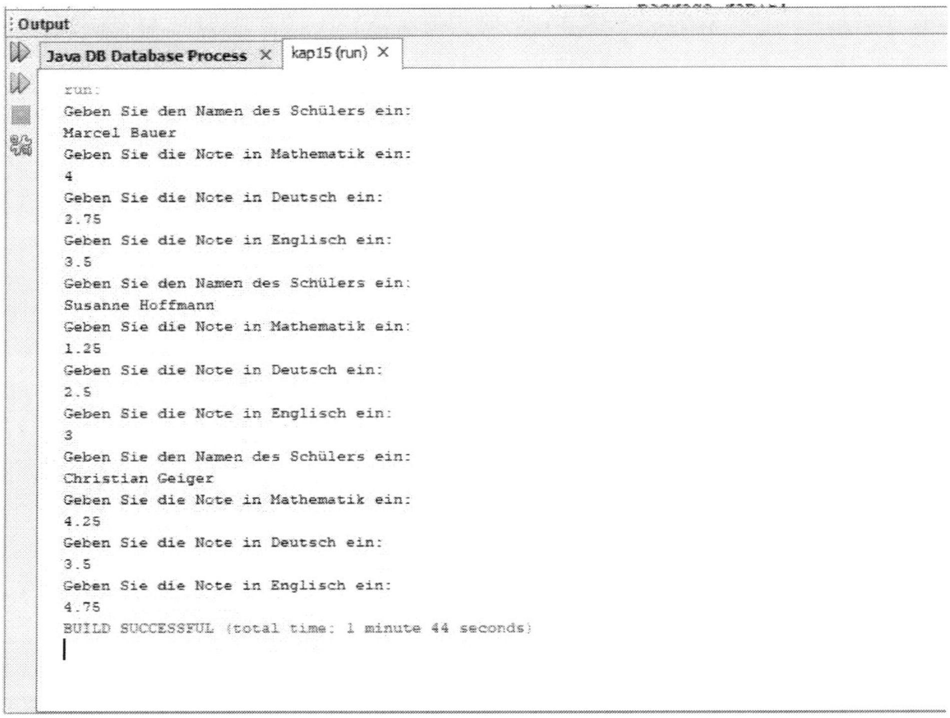

Abb. 15.19 Die Eingabe der Werte

3.

```
import java.io.*;
import java.sql.*;
public class Aufgabe3 {
    public static void main(String[] args) throws IOException{
        String host = "jdbc:derby://localhost:1527/Mitarbeiter";
        String username = "user1";
        String password = "abc";
        try {
            Connection verbindung = DriverManager.getConnection(host,
            username, password);
            Statement befehl = verbindung.createStatement();
            InputStreamReader isr = new InputStreamReader(System.in);
            BufferedReader br = new BufferedReader(isr);
            System.out.println("Geben Sie den Namen des Schülers ein:");
            String eingabe = br.readLine();
            String SQL = "SELECT mathematik, deutsch, englisch FROM Schueler " +
                    "WHERE name = '" + eingabe + "'";
            ResultSet rs = befehl.executeQuery(SQL);
            rs.next();
            String ergebnis = rs.getString("mathematik");
            System.out.println("Mathematik: " + ergebnis);
            ergebnis = rs.getString("deutsch");
            System.out.println("Deutsch: " + ergebnis);
            ergebnis = rs.getString("englisch");
            System.out.println("Englisch: " + ergebnis);
```

```
        }
        catch ( SQLException err ) {
            System.out.println( err.getMessage( ) );
        }
    }
}
```

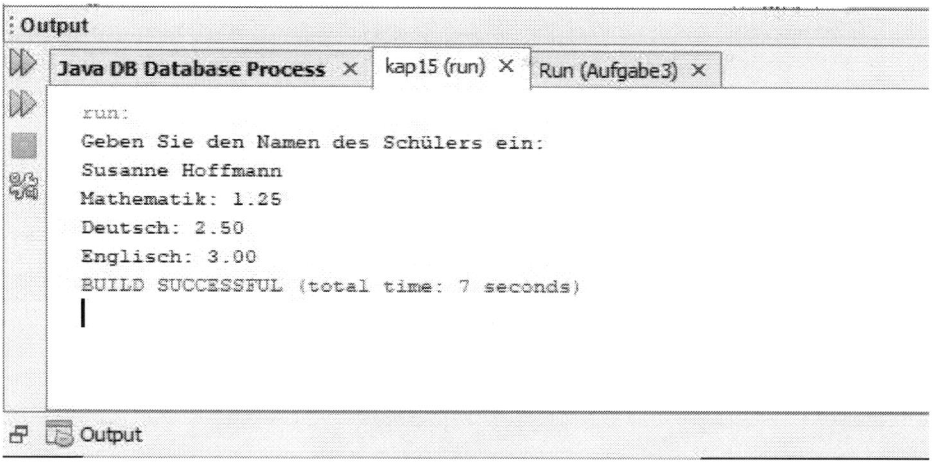

Abb. 15.20 Die Ausgabe der Noten

Alle Programmcodes und Schaltpläne aus diesem Buch stehen kostenfrei zum Download bereit. Dadurch müssen Sie Code nicht abtippen.

Außerdem erhalten Sie die eBook Ausgabe zum Buch im PDF Format kostenlos auf unserer Website:

https://bmu-verlag.de/java-kompendium/
Downloadcode: siehe Kapitel 28

Kapitel 16

Grafische Benutzeroberflächen mit JavaFX gestalten

In den bisherigen Kapiteln haben wir bereits Programme mit vielen nützlichen Funktionen erstellt. Wir haben Möglichkeiten für die Ablaufsteuerung verwendet und die objektorientierte Programmierung kennengelernt. Die letzten beiden Kapitel haben sich außerdem mit der dauerhaften Speicherung der Daten beschäftigt. Diese Kenntnisse erlauben es uns bereits, Programme mit zahlreichen nützlichen Funktionen zu gestalten. Wenn man diese mit einem handelsüblichen Computerprogramm vergleicht, stellt man jedoch einen enormen Unterschied fest: Während wir alle bisherigen Programme über den Kommandozeileninterpreter gesteuert haben, kommen bei modernen Software-Produkten immer *grafische Benutzeroberflächen* (GUIs – Graphical User Interfaces) für die Bedienung zum Einsatz. Diese ermöglichen einen deutlich höheren Nutzungskomfort.

In diesem Kapitel befassen wir uns daher mit der Erstellung von fensterbasierten Programmen. Diese erlauben eine ansprechende und intuitive Bedienung. Insbesondere die Gestaltung von fest vorgegebenen Auswahlmöglichkeiten wird auf diese Weise deutlich einfacher, da wir hierfür Buttons mit festen Funktionen in das Programm einbauen können.

16.1 Geeignete Hilfsmittel für User Interfaces

Wenn wir ein Fenster von Grund auf selbst programmieren würden, wäre das mit einem enormen Aufwand verbunden. Außerdem sind hierfür weit fortgeschrittene Programmierkenntnisse notwendig. Daher verwenden wir für diese Aufgabe wieder eine vorgefertigte Bibliothek. Diese müssen wir lediglich in unser Programm einbinden und können daraufhin vielfältige Klassen und Methoden verwenden. Das macht es ganz einfach, fensterbasierte Programme zu gestalten.

Allerdings gibt es hierfür verschiedene Möglichkeiten. Von Bedeutung sind dabei insbesondere Swing und JavaFX. Darüber hinaus gibt es noch die Bibliotheken AWT und SWT, die aber nur eine untergeordnete Rolle spielen.

Viele Programme verwenden die Swing-Bibliothek für die GUI-Gestaltung. Das haben wir sogar bereits in einigen Programmen selbst getan. Die Klasse `JOptionPane`, mit der wir einige einfache Fenster erstellt haben, gehört zu Swing. Allerdings bietet diese Bibliothek noch viele weitere Möglichkeiten, um ganz individuell gestaltete Fenster zu erstellen.

Die zweite gängige Möglichkeit trägt den Namen JavaFX. Dabei handelt es sich um eine neuere Bibliothek. Das Ziel von JavaFX bestand ursprünglich darin, Swing zu ersetzen. Allerdings werden seither beide Alternativen unterstützt. Ein Ende der Swing-Bibliothek ist bislang nicht absehbar.

Da es in diesem Lehrbuch nicht sinnvoll ist, beide Alternativen vorzustellen, ist es an dieser Stelle notwendig, eine Entscheidung zu treffen. Zwar gibt es für jede der beiden Alternativen Gründe, die für die Verwendung sprechen. Doch fällt die Wahl hierbei auf JavaFX. Für Swing würde sprechen, dass es nach wie vor viele Programme gibt, die auf dieser Technik basieren. Wenn man später einmal bestehende Programme warten muss, ist es möglich, dass man hierfür Kenntnisse für Swing benötigt. Außerdem bietet Swing etwas umfangreichere Möglichkeiten als JavaFX. Dennoch verwenden wir hier die neuere Version. Zum einen ist dies sinnvoll, da immer mehr Programme JavaFX verwenden. Der Trend geht eindeutig zu dieser Bibliothek. Zum anderen erfüllt diese Technik alle Anforderungen an ein modernes Programm. JavaFX verwendet nicht nur grafische Oberflächen mit einer zeitgemäßen Gestaltung. Darüber hinaus bietet diese Bibliothek auch eine gute Unterstützung für Multimedia-Inhalte – was bei Swing nicht gegeben ist.

16.2 Das erste Programm mit einer grafischen Benutzeroberfläche erstellen

Um ein fensterbasiertes Programm zu erstellen, ist die IDE NetBeans sehr hilfreich. Sie bietet viele praktische Funktionen an, die diese Aufgabe deutlich erleichtern. Daher starten wir nun wieder ein neues Projekt. Dafür wählen wir wie gewohnt im Ordner „Java with Maven“ die Option „Java Application“ aus. Auch für die erstellung grafischer Benutzeroberflächen benötigen wir wieder externe Bibliotheken. In diesem Fall ist die Einbindung jedoch einfacher, wenn wir Maven verwenden.

Anmerkung: Bei früheren Netbeans-Versionen war es möglich, hierfür einfach ein „JavaFX Project“ zu erstellen. Diese naheliegende Option wird jedoch zumindest bislang in NetBeans 11 nicht unterstützt.

Im nächsten Fenster müssen wir wie gewohnt den Namen des Projekts angeben. Hierfür wählen wir GUI aus. Nun ist es jedoch wichtig, den Inhalt des letzten Eingabefelds, das die Beschriftung „Package“ trägt, zu löschen, so wie dies in Abbildung 16.1 zu sehen ist.

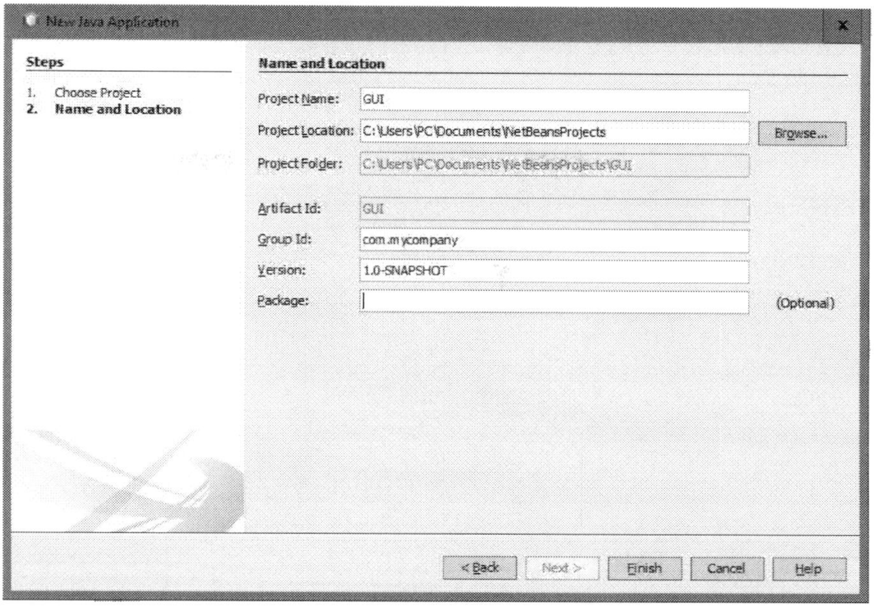

Abb 16.1 Die Vorgaben für das neue Projekt

Nun klicken wir im linken oberen Fenster das soeben erstellte Projekt an. Daraufhin wählen wir den Ordner Source Packages und darin <default package> aus. Dieses klicken wir mit der rechten Maustaste an und erstellen wie gewohnt eine neue Klasse. Diese erhält den Namen `Fenster`.

Dabei wird die neue Klasse bereits automatisch erstellt. Allerdings möchten wir diese nicht von Grund auf selbst erstellen. Stattdessen leiten wir sie von der der Klasse `Application` ab, die in der JavaFX-Bibliothek bereits enthalten ist. Daher hängen wir an den Namen der Klasse den Ausdruck `extends Application` an.

In die neue Klasse fügen wir zunächst die Methode `start()` ein. Diese stellt den Ausgangspunkt für alle JavaFX-Programme dar. Sie ist bereits in der Klasse Application als abstrakte Methode definiert. Das bedeutet, dass wir sie in alle JavaFX-Anwendungen zwingend einfügen müssen. Dafür überschreiben wir die ursprüngliche Methode. Um das deutlich zu machen, ist vor deren Definition der Begriff `@Override` eingefügt. Dieser ist jedoch optional und es wäre auch möglich, ihn wegzulassen. Darüber hinaus erhält die Methode ein Objekt vom Typ `Stage` übergeben. Dieses müssen wir als Übergabewert aufnehmen. Daher leiten wir sie mit dieser Zeile ein:

```
public void start(Stage stage)
```

In dieser Methode erzeugen wir zunächst ein Objekt vom Typ `Label`. Dieses dient dazu, einen Text über ein Fenster auszugeben. Als Übergabewert für den Konstruktor geben wir den Text ein, den wir ausgeben möchten:

```
Label label = new Label("Erstes Programm mit grafischem User-Interface");
```

Danach erzeugen wir ein Objekt vom Typ `Scene`. Dieses dient dazu, eine Szene zu gestalten. Dieser Begriff bezieht sich auf den Inhalt eines einzelnen Fensters. Dem `Scene`-Objekt müssen wir ein Objekt vom Typ `StackPane` übergeben. Dieses ist für die Anordnung der Elemente auf der Seite verantwortlich. Das `StackPane` ist die einfachste Struktur, die ein Fenster einnehmen kann. Später werden wir noch andere Formen der Anordnung kennenlernen. Dieses Objekt erhält als Übergabewert das `Label` mit dem Text, den wir ausgeben möchten. Das `Scene`-Objekt benötigt als weitere Übergabewerte die Breite und die Höhe, die das Fenster erhalten soll:

```
Scene scene = new Scene(new StackPane(label), 400, 250);
```

JavaFX verwendet Begriffe, die eigentlich aus dem Theater stammen. Eine Szene haben wir bereits erstellt. Diese bringen wir im nächsten Schritt auf die Bühne. Dafür erstellen wir jedoch kein eigenes Objekt. Das wird innerhalb der internen Strukturen von JavaFX erledigt. Die `start()`-Methode erhält ein Objekt vom Typ `Stage` als Übergabewert. Auf dieses wenden wir nun die `setScene()`-Methode an, die als Übergabewert die bereits erstellte Szene erhält:

```
stage.setScene(scene);
```

Nun müssen wir nur noch die `show()`-Methode auf das `Stage`-Objekt anwenden:

```
stage.show();
```

Diese führt dazu, dass das Programm das Fenster anzeigt. Damit ist die `start()`-Methode bereits abgeschlossen. Wie in jedem Java-Programm benötigen wir jedoch auch noch eine `main()`-Methode. Diese hat jedoch nur eine einzige Aufgabe: Sie muss den `launch()`-Befehl aufrufen:

```
public static void main(String[] args) {
    launch();
}
```

Damit sind die Methoden für unser erstes Fenster bereits erstellt. Wenn wir den Code in der IDE betrachten, erscheint er jedoch in großen Teilen rot unterstrichen – er weist demnach Syntaxfehler auf. Das liegt daran, dass die verwendeten Klassen `Application`, `Stage`, `Scene` und `Label` nicht bekannt sind. Daher müssen wir sie importieren. Dazu fügen wir oberhalb der Klassendefinition folgende `import`-Befehle ein:

```
import javafx.application.Application;
import javafx.scene.Scene;
import javafx.scene.control.Label;
import javafx.scene.layout.StackPane;
```

```
import javafx.stage.Stage;
```

Damit verschwinden die roten Markierungen jedoch noch nicht. Das liegt daran, dass JavaFX seit einiger Zeit nicht mehr in der Java-Standardbibliothek enthalten ist. Die Entwicklung wurde von Oracle abgespalten und wird mittlerweile als Open-Source-Projekt weitergeführt. Das hat jedoch zur Folge, dass wir die entsprechenden Bibliotheken zunächst zu unserem Projekt hinzufügen müssen. Diese Aufgabe manuell zu erledigen, ist jedoch recht schwierig. Daher gehen wir einen anderen Weg. Wir öffnen zunächst den Ordner NetBeansProjects, in dem sich alle NetBeans-Projekte befinden. Dort wählen wir das Projekt GUI aus, das wir gerade erstellt haben. Hier entdecken wir die Datei **pom.xml**. Diese öffnen wir mit einem Texteditor.

Bei der pom-Datei handelt es sich um die Konfigurationsdatei für Maven-Projekte. Darin können wir angeben, welche externen Quellen wir für unser Projekt benötigen. Maven überprüft bei den angegebenen Abhängigkeiten zunächst, ob diese bereits auf den lokalen Rechner bereits vorhanden sind. Trifft dies nicht zu, lädt das Tool diese automatisch aus dem Internet herunter.

Hierbei handelt es sich um eine XML-Datei. In diese können wir weitere Inhalte einfügen, die wir für unser Projekt benötigen. Von großer Bedeutung ist beispielsweise das dependencies-Tag. Darin können wir in einzelnen `dependency`-Tags vorgeben, welche externen Quellen wir benötigen. Dabei fordern wir eine Abhängigkeit mit der `groupId org.openjfx` und mit der `artifactId javafc-controls` an. Darin befinden sich alle externen Bibliotheken, die wir für die Verwendung von JavaFX benötigen. Danach können wir noch die gewünschte Version angeben.

Darüber hinaus benötigen wir jedoch noch ein Plugin für die Erstellung des Projekts. Dafür müssen wir zunächst ein `build`-Tag und darin ein `plugins`-Tag einfügen. Das benötigte Plugin beschreiben wir mit der `groupId org.openjfx` und mit der artifactId `javafx-maven-plugin`. Danach geben wir im `configuration`-Tag noch die Hauptklasse für unser Projekt vor.

Diese Datei enthält einige Vorgaben für unser Projekt. Diese erweitern wir nun. Nach dem schließenden `properties`-Tag, das sich in der vorletzten Zeile befindet, fügen wir folgendem Code ein:

```
<dependencies>
    <dependency>
        <groupId>org.openjfx</groupId>
        <artifactId>javafx-controls</artifactId>
        <version>12.0.2</version>
    </dependency>
</dependencies>
<build>
    <plugins>
        <plugin>
            <groupId>org.openjfx</groupId>
```

```
                <artifactId>javafx-maven-plugin</artifactId>
                <version>0.0.3</version>
                <configuration>
                    <mainClass>Fenster</mainClass>
                </configuration>
            </plugin>
        </plugins>
    </build>
```

Wenn wir diesen Code eingefügt und die Datei abgespeichert haben, kehren wir zur IDE NetBeans zurück. Um unser Programm auszuführen, ist jedoch noch eine weitere kleine Vorarbeit notwendig. Hierfür klicken wir mit der rechten Maustaste auf den Namen unseres Projekts und wählen ganz unten in der Auswahlliste den Punkt „Properties“ aus. Im Fenster, das sich daraufhin öffnet, wählen wir in der linken Spalte den Begriff „Actions“ aus. Danach klicken wir im Feld mit der Beschriftung „Actions“ auf „run project“. In der Zeile mit der Beschriftung „Execute Goals“ löschen wir den bisherigen Eintrag und fügen stattdessen wie in Abbildung 16.2 zu sehen den Befehl `clean javafx:run` ein.

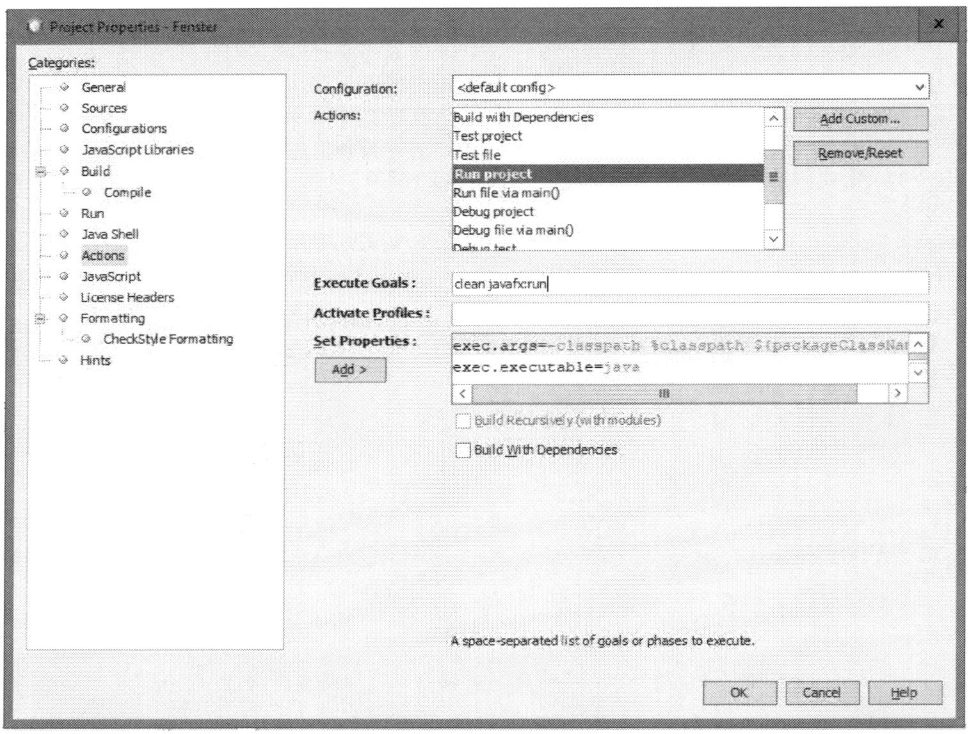

Abb. 16.2 Die richtigen Einstellung für die Ausführung von JavaFX-Projekten vorgeben

Wenn wir das Fenster daraufhin mit „OK“ bestätigen, können wir das Programm ausführen. Bei der ersten Ausführung entsteht eine kleine Wartezeit, da NetBeans zunächst einige weitere Dateien herunterladen muss. Kurz darauf öffnet sich jedoch ein neues Fenster. Das Ergebnis sehen wir in Abbildung 16.3.

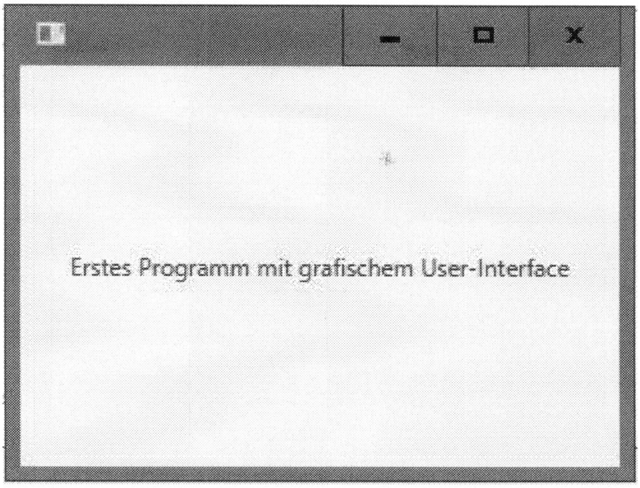

Abb 16.3 Das erste selbst erzeugte Fenster

Damit haben wir unser erstes Fenster mit JavaFX erstellt. Der Code hierfür ist relativ kurz und leicht verständlich. Das stellt einen der wesentlichen Vorteile dieser Technik dar. Der komplette Programmcode für dieses Programm sieht dann so aus:


```
import javafx.application.Application;
import javafx.scene.Scene;
import javafx.scene.control.Label;
import javafx.scene.layout.StackPane;
import javafx.stage.Stage;
public class Fenster extends Application {
    @Override
    public void start(Stage stage) {
        Label label = new Label("Erstes Programm mit grafischem User-Interface");
        Scene scene = new Scene(new StackPane(label), 300, 200);
        stage.setScene(scene);
        stage.show();
    }
    public static void main(String[] args) {
        launch();
    }
}
```

Wenn wir weitere Projekte mit JavaFX erstellen, ist es wichtig, darauf zu achten, dass wir die hier beschriebenen Vorbereitungsmaßnahmen – also die Veränderung der **pom.xml**-Datei und der Project Properties – jedes Mal aufs Neue durchführen müssen. Bei der Erweiterung der **pom.xml**-Datei müssen wir außerdem darauf achten, dass wir hierbei den Inhalt des Tags `mainClass` immer an unser Projekt anpassen müssen.

Das bedeutet, dass wir hier den Namen der Hauptklasse eintragen müssen, die wir verwenden möchten.

16.3 Weitere Elemente in das Fenster einfügen

Das Fenster, das wir im vorherigen Abschnitt erstellt haben, bot nur einen minimalen Funktionsumfang. Es hat lediglich eine vorgefertigte Nachricht ausgegeben. In unserem nächsten Beispiel wollen wir diese Möglichkeiten erweitern. Es sollen nun zusätzlich Buttons zum Einsatz kommen, die eine bestimmte Aktion auslösen und außerdem fügen wir Eingabefelder ein, über die der Anwender selbst Daten vorgeben kann.

Um dies an einem Beispiel zu verdeutlichen, erstellen wir ein Fenster für die Anmeldung zu einem Programm. Dieses soll den Benutzernamen und das Passwort des Anwenders abfragen.

Zunächst erstellen wir ein neues Projekt, so wie wir das im vorherigen Abschnitt gelernt haben. Daraufhin passen wir die **pom.xml**-Datei, die zu diesem Projekt gehört, entsprechend der Vorgaben aus dem vorherigen Abschnitt an. Auch die Änderung der Project Properties dürfen wir nicht vergessen. Nachdem wir die neu erstellte Klasse als Erweiterung der Klasse `Application` gekennzeichnet haben, fügen wir die Einleitungszeile der `start()`-Methode ein.

Zu Beginn geben wir zunächst einen Titel für das Fenster vor. Hierfür verwenden wir die `setTitle()`-Methode. Diese wenden wir auf das `Stage`-Objekt an, das wir als Übergabewert der `start()`-Methode erhalten haben. In die Klammer fügen wir den gewünschten Titel für das Fenster ein:

```
stage.setTitle("Passwortabfrage");
```

Danach gestalten wir die Inhalte des Fensters. Hierfür verwenden wir nun jedoch nicht wie im vorherigen Beispiel ein `StackPane`. Dieses bietet sich nur für sehr einfache Layouts an. Stattdessen kommt nun ein `GridPane` zum Einsatz. Dieses verfügt über eine tabellenartige Struktur und erlaubt es daher, die verschiedenen Inhalte besser zu positionieren. Dieses erzeugen wir auf folgende Weise:

```
GridPane grid = new GridPane();
grid.setAlignment(Pos.CENTER);
grid.setPadding(new Insets(5, 5, 5, 5));
grid.setHgap(5);
grid.setVgap(5);
```

Zunächst erstellen wir ein Objekt des entsprechenden Typs. Danach geben wir über die `setAlignment()`-Methode vor, dass sich die Inhalte zentriert im Fenster befinden sollen. Die setPadding()-Methode gibt vor, dass die einzelnen Zellen der Tabelle auf allen vier Seiten einen inneren Abstand von 5 Pixeln erhalten sollen. Die setHgap()-Methode definiert die horizontalen Abstände und die setVgap()-Methode die vertikalen Abstände zwischen den einzelnen Elementen.

Nun folgen eigentlich die Inhalte. Allerdings erstellen wir bereits jetzt das Scene-Objekt und geben dieses aus. Dafür kommen die bereits bekannten Befehle zum Einsatz:

```
Scene scene = new Scene(grid, 500, 400);
stage.setScene(scene);
stage.show();
```

Auf diese Weise ist es möglich, das Programm zwischendurch auszuführen, um es auszuprobieren. Dieser Teil muss jedoch ganz am Ende der start()-Methode stehen. Daher müssen wir die folgenden Inhalte darüber platzieren. So können wir das Programm bereits einmal ausführen. Dabei erscheint jedoch ein leeres Fenster.

Für unsere Überschrift erzeugen wir nun ein Text-Objekt. Dieses hat beinahe den gleichen Verwendungszweck wie das bereits bekannte Label-Objekt: Es dient der Textausgabe. Die Unterschiede sind dabei nur minimal und es ist meistens möglich, beide Alternativen zu verwenden. Es ist jedoch üblich, Text-Objekte für eigenständige Texte und Label-Objekte für Beschriftungen anderer Felder zu verwenden. Das Text-Objekt gestalten wir auf folgende Weise:


```
Text titel = new Text("Passwortabfrage");
```

Da es sich hierbei um eine Überschrift handelt, soll diese etwas größer und fett gedruckt erscheinen. Zu diesem Zweck verwenden wir die setFont()-Methode:

```
titel.setFont(Font.font("Arial", FontWeight.BOLD, 25));
```

Hierbei können wir eine Schriftart, eine Schriftstärke und eine Schriftgröße vorgeben. Im nächsten Schritt fügen wir die Überschrift per add()-Methode zu unserem GridPane-Objekt hinzu:

```
grid.add(titel, 0, 0, 2, 1);
```

Der erste Übergabewert gibt immer an, welcher Inhalt in die Tabellenstruktur eingegeben werden soll. Danach folgen zwei Zahlen für die Spalte und für die Zeile. Wie in der Informatik üblich beginnen die Werte auch hierbei mit 0. Die beiden folgenden Zahlen sind optional. Sie geben an, ob das Objekt mehrere Spalten oder Zeilen ausfüllen soll. Da die Überschrift etwas mehr Raum einnehmen soll, geben wir hier an, dass sie sich über zwei Spalten erstreckt. Nun können wir das Programm einmal ausprobieren. Abbildung 16.4 zeigt, dass unsere Überschrift nun bereits im Fenster erscheint.

Abb. 16.4 Die Überschrift für unser Fenster

Im nächsten Schritt erzeugen wir die Eingabefelder. Diesen stellen wir jedoch eine Beschriftung voran, für die wir ein `Label`-Objekt verwenden. Dieses fügen wir gleich zum `grid`-Objekt hinzu – in der ersten Spalte und in der zweiten Zeile:

```
Label benutzername = new Label("Benutzername:");
grid.add(benutzername, 0, 1);
```

Danach erstellen wir ein Eingabe-Feld. Dafür kommt ein Objekt vom Typ `TextField` zum Einsatz:

```
TextField eingabeBenutzername = new TextField();
grid.add(eingabeBenutzername, 1, 1);
```

Diesen Vorgang wiederholen wir für das Passwort. Dafür müssen wir lediglich die Beschriftungen, die Variablennamen und die Zeilennummer anpassen. Danach können wir das Programm nochmals ausprobieren. Abbildung 16.5 zeigt, dass nun zwei Eingabefelder mit entsprechenden Beschriftungen hinzugekommen sind.

Abb. 16.5 Das Fenster mit den Eingabefeldern

Nachdem der Anwender seine Daten eingegeben hat, muss er dem Programm mitteilen, dass er die Eingabe abgeschlossen hat und dass dieses nun die Werte übernehmen kann. Dafür fügen wir einen Button in das Programm ein:

```
Button btn = new Button("Anmelden");
grid.add(btn, 0, 3);
```

Dabei erzeugen wir ein Objekt vom Typ `Button`. In die Klammer fügen wir die gewünschte Beschriftung ein. Den Button fügen wir dann gleich in die nächste Zeile der Tabelle ein.

Wenn der Anwender den Button betätigt, soll er eine Bestätigung für die erfolgreiche Anmeldung erhalten. Hierfür fügen wir ein weiteres `Text`-Objekt in das Programm ein. Dieses erhält vorerst jedoch noch keinen Inhalt, sodass die Klammer leer bleibt:

```
Text bestaetigung = new Text();
grid.add(bestaetigung, 1, 4);
```

Im letzten Schritt müssen wir nun eine Aktion durchführen, wenn der Anwender den Button betätigt. Dafür wenden wir die `setOnAction()`-Methode auf das entsprechende Objekt an. Diese Methode erhält als Übergabewert ein Objekt vom Typ `EventHandler`. Dabei müssen wir in spitzen Klammern als Typ `ActionEvent` vorgeben. Nach wie vor innerhalb des Übergabewerts öffnen wir eine geschweifte

Klammer. Darin können wir nun die Methode `handle()` der ursprünglichen Klasse überschreiben. Hier geben wir nun genau die Befehle ein, die das Programm nach der Betätigung des Buttons durchführen soll:

```
btn.setOnAction(new EventHandler<ActionEvent>() {
@Override
 public void handle(ActionEvent e) {
     if (eingabeBenutzername.getText().equals("user1")
             && eingabePasswort.getText().equals("abc")){
         bestaetigung.setText("Erfolgreich angemeldet");
     }
     else {
         bestaetigung.setText("Benutzerdaten nicht korrekt");
     }
 }
});
```

Über die `getText()`-Methode können wir den Wert der Eingabefelder abfragen. Wir überprüfen nun, ob diese mit unseren Anmeldedaten übereinstimmen. Um das Beispiel so einfach wie möglich zu gestalten, erlauben wir die Anmeldung nur für einen einzigen Nutzer. Je nachdem, ob die Daten korrekt sind oder nicht, geben wir dann eine passende Nachricht aus. Diese fügen wir per `setText()`-Methode in das `Text`-Objekt `bestaetigung` ein, das wir bisher leer gelassen haben. Sobald der Anwender den Button betätigt, erscheint eine passende Nachricht. Nun ist es wichtig, alle notwendigen `import`-Befehle einzufügen. Damit ist das Programm abgeschlossen. Der komplette Code dafür sieht so aus:

```
import javafx.application.Application;
import javafx.event.ActionEvent;
import javafx.event.EventHandler;
import javafx.geometry.Insets;
import javafx.geometry.Pos;
import javafx.scene.Scene;
import javafx.scene.control.Button;
import javafx.scene.control.Label;
import javafx.scene.control.TextField;
import javafx.scene.layout.GridPane;
import javafx.scene.text.Font;
import javafx.scene.text.FontWeight;
import javafx.scene.text.Text;
import javafx.stage.Stage;
public class App extends Application {
    @Override
    public void start(Stage stage) {
        stage.setTitle("Passwortabfrage");
        GridPane grid = new GridPane();
        grid.setAlignment(Pos.CENTER);
        grid.setPadding(new Insets(5, 5, 5, 5));
        grid.setHgap(5);
        grid.setVgap(5);
        Text titel = new Text("Passwortabfrage");
        titel.setFont(Font.font("Arial", FontWeight.BOLD, 25));
        grid.add(titel, 0, 0, 2, 1);
```

```
        Label benutzername = new Label("Benutzername:");
        grid.add(benutzername, 0, 1);
        TextField eingabeBenutzername = new TextField();
        grid.add(eingabeBenutzername, 1, 1);
        Label passwort = new Label("Passwort:");
        grid.add(passwort, 0, 2);
        TextField eingabePasswort = new TextField();
        grid.add(eingabePasswort, 1, 2);
        Button btn = new Button("Anmelden");
        grid.add(btn, 0, 3);
        Text bestaetigung = new Text();
        grid.add(bestaetigung, 1, 4);
        btn.setOnAction(new EventHandler<ActionEvent>() {
        @Override
         public void handle(ActionEvent e) {
             if (eingabeBenutzername.getText().equals("user1")
                     && eingabePasswort.getText().equals("abc")){
                 bestaetigung.setText("Erfolgreich angemeldet");
             }
             else {
                 bestaetigung.setText("Benutzerdaten nicht korrekt");
             }
         }
        });
        Scene scene = new Scene(grid, 500, 400);
        stage.setScene(scene);
        stage.show();
    }
    public static void main(String[] args) {
        launch();
    }
}
```

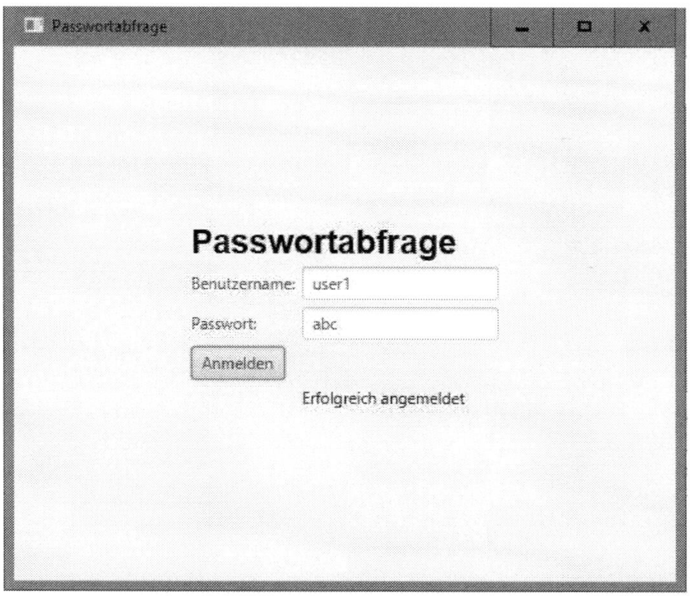

Abb. 16.6 Das Fenster bei einer erfolgreichen Anmeldung

16.4 Scene Builder: eine weitere Möglichkeit für die Erstellung von GUIs

In den ersten Abschnitten dieses Kapitels haben wir GUIs erstellt, indem wir den Java-Code direkt eingegeben haben. Diese Vorgehensweise soll auch weiterhin in diesem Buch verwendet werden. Allerdings gibt es noch eine weitere Alternative. Es ist möglich, die Fenster selbst über eine grafische Benutzeroberfläche zu gestalten. Das macht es beispielsweise möglich, die verschiedenen Elemente mit der Maus in das Fenster zu ziehen und die Größen und das Layout anzupassen. Hierfür kommt eine spezielle Software zum Einsatz, die diese Funktionen bereitstellt. Wir verwenden zu diesem Zweck das Programm Scene Builder.

Um die Funktionen zu programmieren, ist es auch bei der Verwendung des Scene Builders erforderlich, Java-Code zu erstellen. Die Gestaltung des Layouts ist jedoch einfach und intuitiv und ohne Programmierkenntnisse möglich. Daher bietet es sich beispielsweise an, dass der Designer dieses Instrument für das Layout verwendet und der Programmierer später die gewünschten Funktionen hinzufügt.

Dabei gilt es zu beachten, dass die Strukturen des Programms hierbei ganz andere sind, als bei unseren bisherigen Beispielen. Scene Builder verwendet FXML-Dokumente. Dabei handelt es sich um spezielle Dateien, die die Design-Vorgaben enthalten. Diese verwenden jedoch keinen Java-Code, sondern XML-Tags. Das Programm liest diese dann ein und passt das Layout an die entsprechenden Vorgaben an.

Um den Scene Builder zu verwenden, ist es zunächst notwendig, die Software zu installieren. Sie steht unter folgendem Link zum Download bereit:

https://gluonhq.com/products/scene-builder/

Nach dem Download führt ein Installations-Assistent durch die weiteren Schritte. Hierbei können wir stets die Standard-Einstellungen übernehmen.

Es ist möglich, den Scene Builder eigenständig zu verwenden. Besonders produktiv wird die Arbeitsweise jedoch, wenn wir diese Software in die IDE NetBeans integrieren. Dazu müssen wir in der Menüleiste auf „Tools“ klicken und dann „Options“ auswählen. Daraufhin erscheint das Fenster, das in Abbildung 16.7 zu sehen ist. Dort wählen wir ganz oben das Symbol mit der Beschriftung „Java“ aus und klicken daraufhin auf den Reiter „JavaFX“. In das Feld mit der Beschriftung „Scene Builder Home“ müssen wir nun das Verzeichnis eingeben, in dem wir die Software installiert haben. Wenn wir die Eingaben mit „OK“ bestätigen, haben wir die Verknüpfung erstellt.

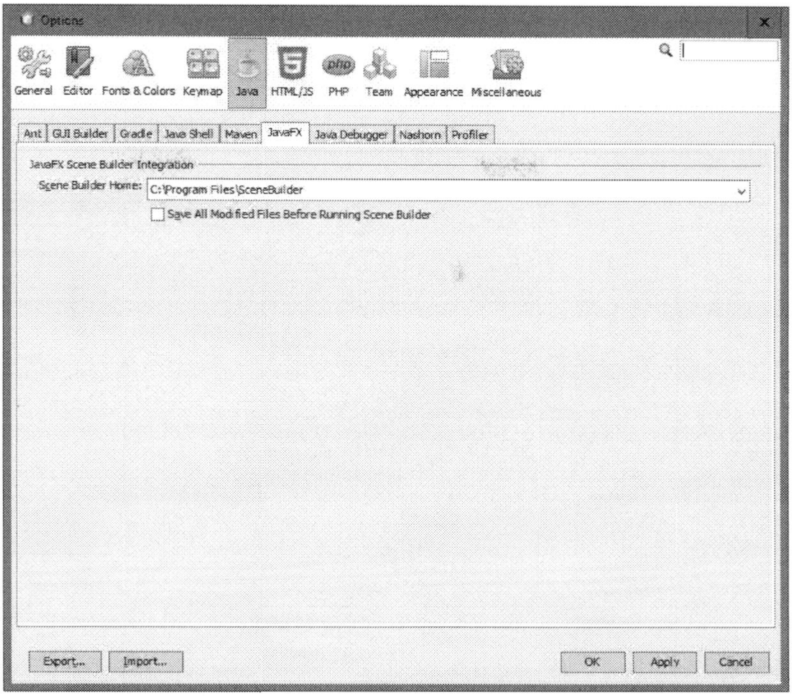

Abb 16.7 Die Verknüpfung zum Scene Builder erstellen

Um die Verwendung des Scene Builders zu demonstrieren, erstellen wir ein neues Maven-Projekt. Allerdings wählen wir nun nicht die „Java Application aus, sondern „Project from Achetype". Abbildung 16.8 verdeutlicht dies.

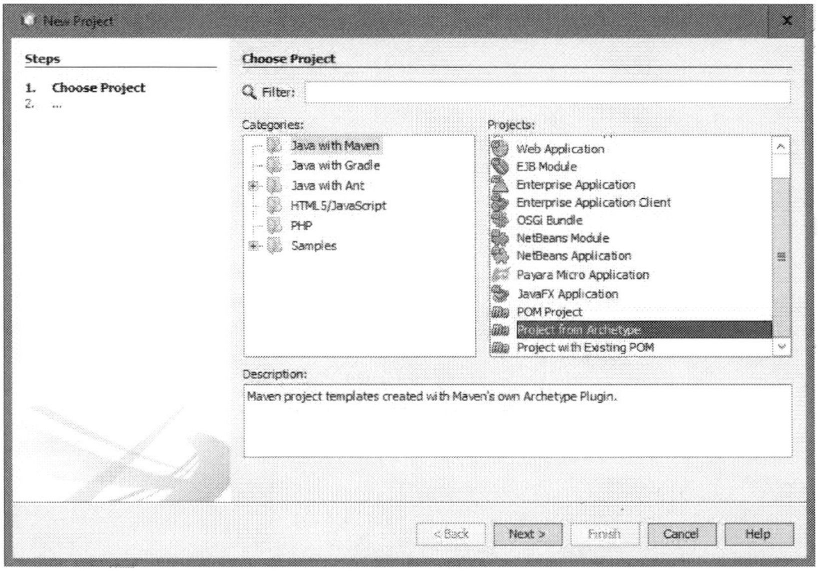

Abb. 16.8 Das richtige Projekt erstellen

Diese Auswahl ermöglicht es, ein Projekt anhand einer Vorlage zu erstellen. Hierfür kommen mehrere Alternativen infrage. Diese müssen wir nun im nächsten Fenster auswählen. Als Vorlage verwenden wir `javafx-archetype-fxml`. Am einfachsten finden wir diese, wenn wir die ersten Buchstaben in das Suchfeld eingeben, so wie dies in Abbildung 16.9 zu sehen ist.

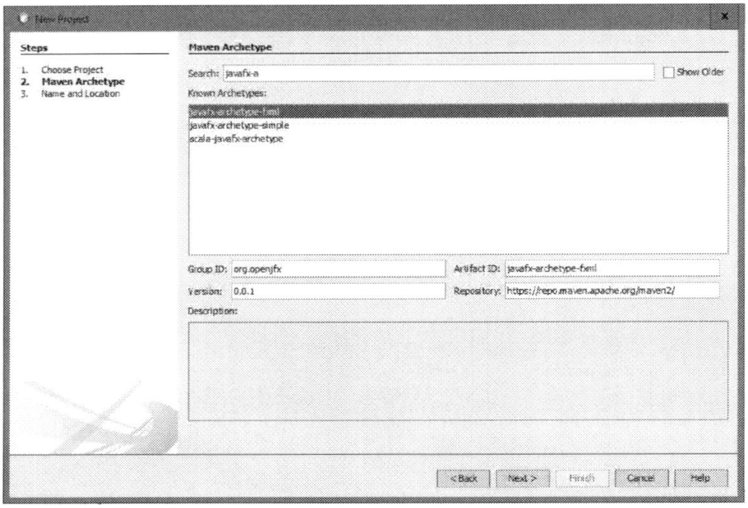

Abb. 16.9 Die Auswahl der Vorlage

Nachdem wir das Projekt erstellt haben, erscheint im linken oberen Fenster der entsprechende Eintrag. Hier klicken wir nun auf den Ordner `Other Sources` und öffnen daraufhin alle weiteren Unterverzeichnisse, die sich darin befinden, bis wir zur Datei `primary.fxml` gelangen – so wie dies in Abbildung 16.10 zu sehen ist.

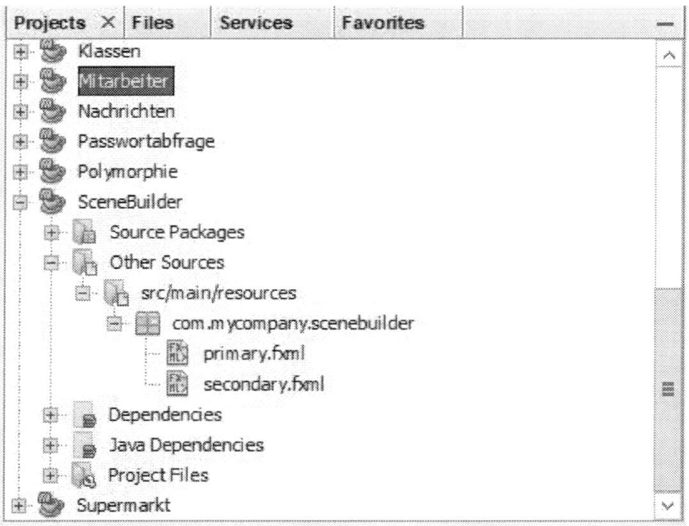

Abb. 16.10 Die FXML-Dateien des neuen Projekts

Wenn wir nun doppelt auf die entsprechende Datei klicken, öffnet sich der Scene Builder. Dabei wird die Oberfläche dargestellt, die in Abbildung 16.11 zu sehen ist. Im Zentrum befindet sich dabei ein kleines Fenster, das für die entsprechende Beispielanwendung bereits vorkonfiguriert ist. Dieses können wir nun jedoch nach unseren Wünschen anpassen.

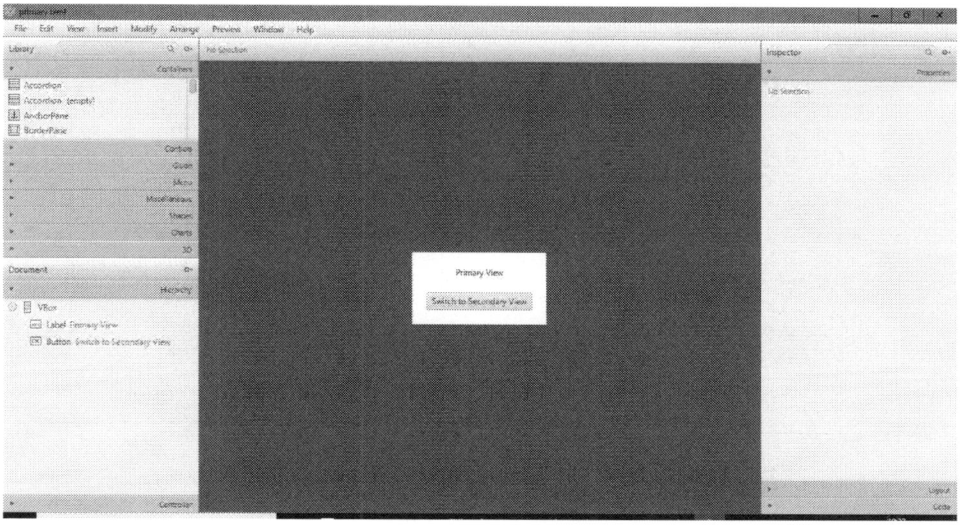

Abb. 16.11 Die Benutzeroberfläche des Scene Builders

Zunächst wählen wir das Fenster mit der Maus aus und achten dabei darauf, in einen leeren Bereich zu klicken, in dem sich kein anderes Element befindet. Daraufhin erscheinen am Rande des Fensters kleine blaue Linien. Mit diesen können wir es nun etwas vergrößern.

Auf diese Weise haben wir Platz, um neue Elemente einzufügen. Um das an einem Beispiel zu verdeutlichen, fügen wir nun einen Button ein. Dazu wählen wir in der Liste am linken Bildrand den Menüpunkt „Controls" aus. Hier klicken wir nun das Element „Button" an und ziehen es mit gedrückter Maustaste in das Fenster.

Daraufhin erscheint am rechten Bildrand ein Feld, über das wir die Eigenschaften des Buttons vorgeben können. Abbildung 16.12 zeigt, dass wir hier nun die Beschriftung ändern, die Farbe anpassen und viele weitere Vorgaben machen können.

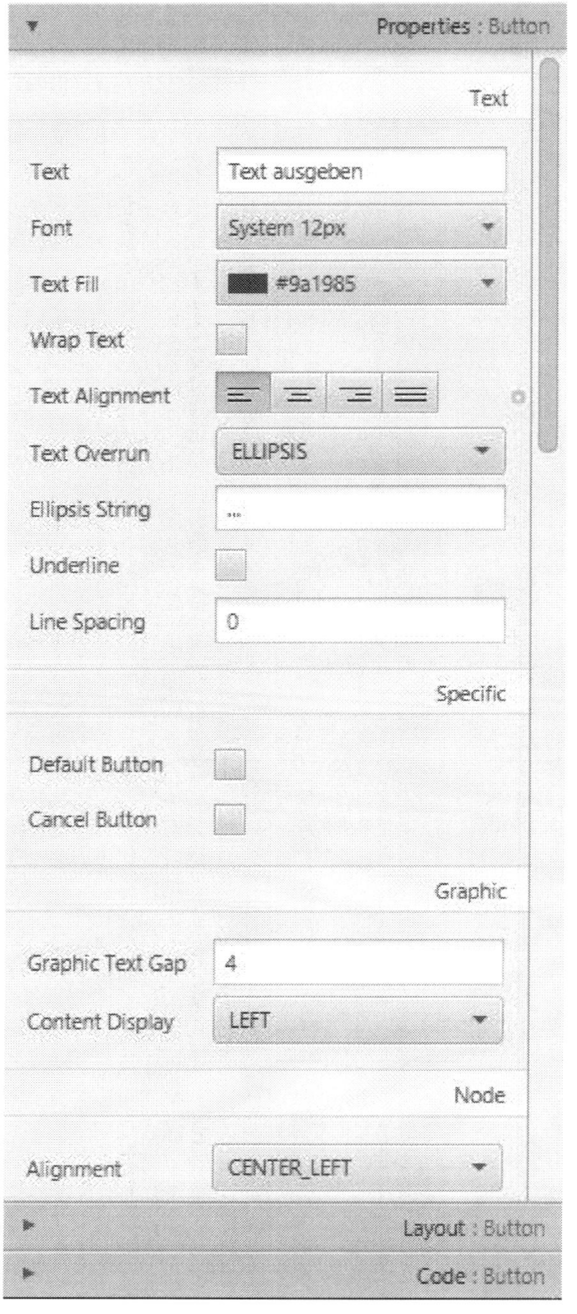

Abb. 16.12 Vorgaben für den Button machen

Bei einem Button ist es in der Regel erwünscht, dass dieser eine bestimmte Aktion durchführt, wenn der Anwender ihn anklickt. Zu diesem Zweck dient der Bereich Code, der ganz unten links im Fenster erscheint. Wenn wir diesen anklicken, öffnet sich die entsprechende Oberfläche für die Eingabe der Werte. Hier müssen wir dem

Button zunächst einen Namen geben. Hierfür tragen wir den Wert `btn1` in das Feld **fx:id** ein. Danach geben wir im Feld **OnAction** einen Namen für die Methode vor, die bei der Aktivierung des Buttons ausgeführt werden soll. Wie in Abbildung 16.13 zu sehen, wählen wir hierfür die Bezeichnung `btnHandle1`.

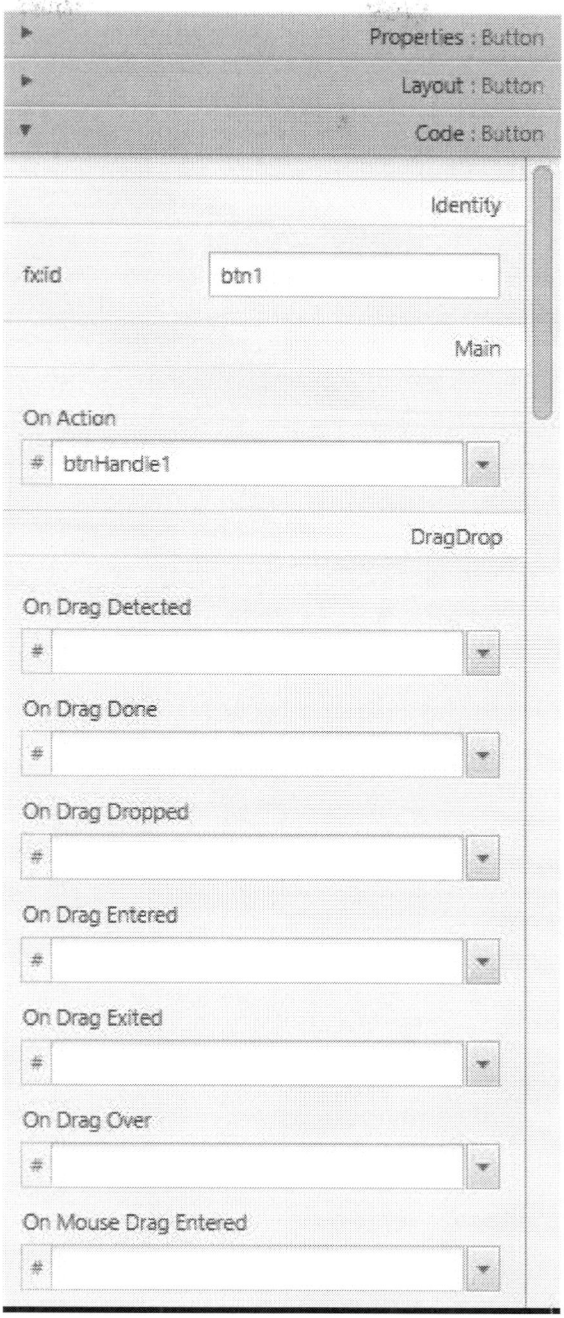

Abb. 16.13 Die Vorgaben für die Aktionen beim Klick auf den Button

Nach diesen Vorbereitungsmaßnahmen speichern wir die Datei ab und kehren zu NetBeans zurück. Der nächste Schritt besteht darin, die Methode für den Button zu erstellen. Hierfür rufen wir nochmals die Datei `primary.fxml` auf. Dieses Mal klicken wir sie jedoch nicht doppelt an, sondern einfach mit der rechten Maustaste. Im Kontextmenü, das sich daraufhin öffnet, wählen wir „Edit" aus. Daraufhin öffnet sich ein Fenster, das den XML-Code anzeigt. Dieser ist für uns jedoch nicht weiter von Interesse. Wir müssen lediglich die Datei öffnen, um einen Controller hinzuzufügen. Das erledigen wir, indem wir im Hauptmenü den Begriff „Source" anklicken und danach „Make Controller" auswählen. Daraufhin erstellt NetBeans automatisch die notwendige Methode und öffnet die entsprechende Datei. Darin befindet sich zum einen eine Methode, die bereits in der Beispieldatei vorhanden war. Diese lassen wir unverändert. Darüber hinaus sehen wir hier die Methode `btnHandle1`, die wir für unseren Button vorgegeben haben. Diese ist bislang leer. Um die Anwendung zu demonstrieren, fügen wir hier einfach einen print-Befehl ein. Der Text erscheint dann zwar nicht im Fenster, sondern wie bisher im unteren Bereich der IDE. Um zu überprüfen, ob unser Button funktioniert, ist das jedoch ausreichend. Die Methode sieht dann so aus:

```
@FXML
private void btnHandle1(ActionEvent event) {
    System.out.println("Button gedrückt.");
}
```

Jetzt können wir das Projekt bereits ausführen. Auch hierbei müssen wir wieder die Einstellungen für die Ausführung des Projekts anpassen, so wie wir das auch bei gewöhnlichen JavaFX-Projekten getan haben. Daraufhin erscheint das Fenster, das in Abbildung 16.14 zu sehen ist. Es enthält neben den ursprünglich vorhandenen Elementen den farbigen Button, den wir hinzugefügt haben. Wenn man diesen betätigt, erscheint im Ausgabefenster der IDE die entsprechende Nachricht.

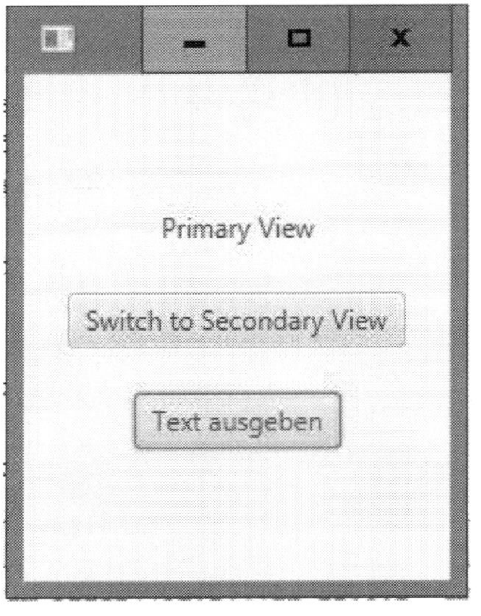

Abb. 16.14 Das neu gestaltete Fenster

Da der Scene Builder nicht das eigentliche Thema dieses Lehrbuchs ist, kann dieses Thema hier nur kurz angerissen werden. Dieses Werkzeug bietet noch vielfältige weitere Möglichkeiten. Leser, die sich tiefer in diesen Themenbereich einarbeiten möchten, können zum einen die Funktionen spielerisch ausprobieren. Zum anderen gibt es im Internet zahlreiche Tutorials zu diesem Thema.

16.5 Übungsaufgabe: grafische Benutzeroberflächen selbst gestalten

1. Erstellen Sie ein Fenster mit einer Größe von 500 auf 300 Pixel. Dieses soll eine Begrüßung für den Anwender enthalten. Außerdem soll das Fenster einen Titel erhalten.

2. Gestalten Sie ein kleines Rechenprogramm. Dieses soll ein Eingabefeld enthalten, in das der Anwender eine beliebige Zahl eingeben kann. Darunter sollen sich drei Buttons befinden: einer zur Berechnung des doppelten Werts, einer zur Berechnung des Quadrats und einer zur Berechnung der Wurzel. Wenn der Anwender einen der Buttons betätigt, soll in der nächsten Zeile das entsprechende Ergebnis erscheinen.

Lösungen:

1.

```
import javafx.application.Application;
import javafx.scene.Scene;
import javafx.scene.control.Label;
import javafx.scene.layout.StackPane;
import javafx.stage.Stage;
public class App extends Application {
    @Override
    public void start(Stage stage) {
        var label = new Label("Willkommen zu unserem fensterbasierten
        Programm!");
        var scene = new Scene(new StackPane(label), 500, 300);
        stage.setTitle("Fenster 1");
        stage.setScene(scene);
        stage.show();
    }
    public static void main(String[] args) {
        launch();
    }
}
```

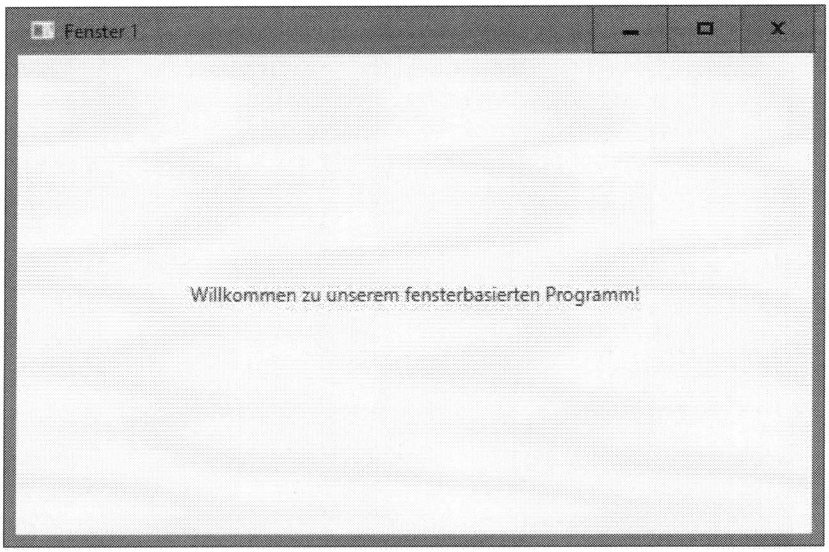

Abb. 16.15 Das Fenster mit der Begrüßung

2.

```
import javafx.application.Application;
import javafx.event.ActionEvent;
import javafx.event.EventHandler;
import javafx.geometry.Insets;
import javafx.geometry.Pos;
import javafx.scene.Scene;
```

```
import javafx.scene.control.Button;
import javafx.scene.control.Label;
import javafx.scene.control.TextField;
import javafx.scene.layout.GridPane;
import javafx.scene.text.Font;
import javafx.scene.text.FontWeight;
import javafx.scene.text.Text;
import javafx.stage.Stage;
public class App extends Application {
    @Override
    public void start(Stage stage) {
        stage.setTitle("Rechnenaufgaben");
        GridPane grid = new GridPane();
        grid.setAlignment(Pos.CENTER);
        grid.setPadding(new Insets(5, 5, 5, 5));
        grid.setHgap(5);
        grid.setVgap(5);
        Text titel = new Text("Willkommen zum Rechenprogramm");
        titel.setFont(Font.font("Arial", FontWeight.BOLD, 25));
        grid.add(titel, 0, 0, 2, 1);
        Label beschriftung = new Label("Geben Sie einen Wert ein:");
        grid.add(beschriftung, 0, 1);
        TextField eingabe = new TextField();
        grid.add(eingabe, 1, 1);
        Button btn1 = new Button("Doppelter Wert");
        grid.add(btn1, 0, 2);
        Button btn2 = new Button("Quadrat");
        grid.add(btn2, 1, 2);
        Button btn3 = new Button("Wurzel");
        grid.add(btn3, 2, 2);
        Text ergebnis = new Text();
        grid.add(ergebnis, 1, 3);
        btn1.setOnAction(new EventHandler<ActionEvent>() {
        @Override
        public void handle(ActionEvent e) {
            ergebnis.setText("Ergebnis: " + (2 * Double.parseDouble
            (eingabe.getText())));
        }
        });
        btn2.setOnAction(new EventHandler<ActionEvent>() {
        @Override
        public void handle(ActionEvent e) {
            ergebnis.setText("Ergebnis: " + (Double.parseDouble
            (eingabe.getText())
                    * Double.parseDouble(eingabe.getText())));
        }
        });
        btn3.setOnAction(new EventHandler<ActionEvent>() {
        @Override
        public void handle(ActionEvent e) {
            ergebnis.setText("Ergebnis: " +
                    Math.sqrt(Double.parseDouble(eingabe.getText())));
        }
        });
        Scene scene = new Scene(grid, 700, 400);
        stage.setScene(scene);
        stage.show();
```

16

```
    }
    public static void main(String[] args) {
        launch();
    }
}
```

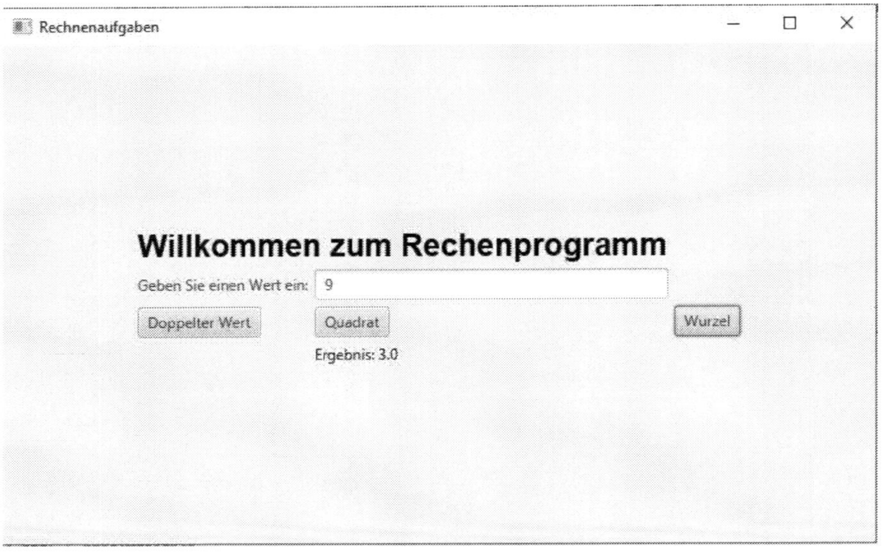

Abb. 16.16 Das fertige Rechenprogramm

Alle Programmcodes und Schaltpläne aus diesem Buch stehen kostenfrei zum Download bereit. Dadurch müssen Sie Code nicht abtippen.

Außerdem erhalten Sie die eBook Ausgabe zum Buch im PDF Format kostenlos auf unserer Website:

https://bmu-verlag.de/java-kompendium/
Downloadcode: siehe Kapitel 28

Kapitel 17

Anwendungsbeispiel: Programm für die Personalverwaltung

In Kapitel 13 haben wir bereits ein kleines Anwendungsbeispiel präsentiert. In der Zwischenzeit haben wir jedoch noch einige weitere wichtige Funktionen kennengelernt. Mittlerweile können wir die Daten dauerhaft abspeichern und außerdem haben wir gelernt, Programme mit GUIs zu erstellen. Das gibt uns viele neue Möglichkeiten bei der Erstellung unserer Programme.

Um dies zu demonstrieren, präsentiert dieses Kapitel ein weiteres Anwendungsbeispiel. Dieses basiert ebenfalls auf der objektorientierten Programmierung. Zusätzlich soll das Programm die Daten dauerhaft in einer Datenbank abspeichern, sodass es möglich ist, es zwischendurch zu beenden, ohne dass die Daten dabei verloren gehen. Außerdem soll die Interaktion mit dem Anwender über Fenster stattfinden. Das Programm soll es einem Unternehmen ermöglichen, sein Personal zu verwalten.

17.1 Welche Funktionen soll das Programm erfüllen?

Als Erstes ist es wichtig, sich zu überlegen, welche Funktionen das Programm erfüllen soll. Anhand dieser Aufgaben gestalten wir dann unser Hauptfenster und erstellen die Strukturen für das Programm. Dieses Praxisbeispiel soll insgesamt vier Funktionen bieten:

1. Einen neuen Mitarbeiter zum Personalbestand hinzufügen
2. Einen Mitarbeiter aus dem Personalbestand löschen
3. Das Gehalt eines Mitarbeiters anpassen
4. Den gesamten Personalbestand anzeigen

Wenn ein derartiges Verwaltungsprogramm tatsächlich in der Praxis zum Einsatz kommen soll, wäre es selbstverständlich notwendig, noch viele weitere Funktionen hinzuzufügen. Da dadurch der Code jedoch sehr lang werden würde, beschränkt sich dieses Anwendungsbeispiel auf die genannten vier Funktionen.

Um mit dem Programm zu beginnen, legen wir ein neues Projekt an und wählen wie im vorherigen Kapitel im Ordner „Java with Maven“ eine neue „Java Application“ aus. Nun besteht jedoch ein kleines Problem. Im Kapitel zu den Datenbanken haben wir die neuen Projekte mit „Java with Ant“ gestartet. Das machte es recht einfach, den Treiber für die Datenbanken hinzuzufügen. Allerdings ist es in diesem Fall kompliziert, die Funktionen für JavaFX zugänglich zu machen. Bei einem Maven-Projekt haben wir durch eine Veränderung der pom-Datei die JavaFX-Funktionen zugänglich gemacht. In diesem Fall ist es jedoch nicht möglich, den Treiber für die Datenbank einfach als Bibliothek hinzuzufügen.

Um beide Funktionen innerhalb des gleichen Projekts zugänglich zu machen, ist eine etwas umfangreichere Änderung an der pom-Datei notwendig. Zum einen ist es notwendig, beide Abhängigkeiten anzugeben. Für die Verwendung der Datenbanken benötigen wir eine Abhängigkeit mit der `groupId org.apache.derby` und mit der `artifactId derbyclient`.

Die komplette Datei sieht wie folgt aus. Der neue Teil, der zusätzlich zu den bestehenden Einträgen eingefügt werden muss, ist dabei fett hervorgehoben:

```
<?xml version="1.0" encoding="UTF-8"?>
<project xmlns="http://maven.apache.org/POM/4.0.0" xmlns:xsi=
"http://www.w3.org/2001/XMLSchema-instance" xsi:schemaLocation="http://maven.
apache.org/POM/4.0.0 http://maven.apache.org/xsd/maven-4.0.0.xsd">
    <modelVersion>4.0.0</modelVersion>
    <groupId>com.mycompany</groupId>
    <artifactId>Personal</artifactId>
    <version>1.0-SNAPSHOT</version>
    <packaging>jar</packaging>
    <properties>
        <project.build.sourceEncoding>UTF-8</project.build.sourceEncoding>
        <maven.compiler.source>12</maven.compiler.source>
        <maven.compiler.target>12</maven.compiler.target>
    </properties>
    <dependencies>
    <dependency>
        <groupId>org.openjfx</groupId>
        <artifactId>javafx-controls</artifactId>
        <version>12.0.2</version>
    </dependency>
    <dependency>
      <groupId>org.apache.derby</groupId>
            <artifactId>derbyclient</artifactId>
            <version>10.10.1.1</version>
            <scope>compile</scope>
    </dependency>
  </dependencies>
  <build>
    <plugins>
        <plugin>
            <groupId>org.openjfx</groupId>
            <artifactId>javafx-maven-plugin</artifactId>
            <version>0.0.3</version>
            <configuration>
                <mainClass>Hauptfenster</mainClass>
            </configuration>
        </plugin>
    </plugins>
  </build>
</project>
```

Nach diesen Änderungen sind sowohl die Datenbanken als auch JavaFX für unser Projekt zugänglich. Darüber hinaus müssen wir wie bei unseren bisherigen JavaFX-Projekten den Befehl `clean javafx:run` zu den Project Properties hinzufügen und den Server für die Datenbanken starten. Außerdem ist es notwendig, wie in Kapitel 15.2 beschrieben eine neue Datenbank einzurichten. Diese soll den Namen `Personal` erhalten. Der Nutzername lautet wie gehabt `user1` und das Passwort `abc`.

Jetzt können wir uns an die Ausgestaltung unseres Hauptfensters machen. Dazu fügen wir zum `default package` eine neu Klasse mit dem Namen `Hauptfenster` hinzu. Es ist wichtig, diese Bezeichnung unverändert zu übernehmen, da wir diese bereits in unserer pom-Datei so vorgegeben haben. Die neue Klasse leiten wir von der Klasse `Application` ab und erstellen wie gewohnt die `start()`-Methode.

Dort kümmern wir uns zunächst um die Datenbank. Eigentlich sollen im Hauptfenster noch gar keine konkreten Datenbank-Aktionen stattfinden. Allerdings müssen wir für alle weiteren Aufgaben sicherstellen, dass eine Tabelle für die Einträge zur Verfügung steht. Diese soll den Namen `Mitarbeiter` erhalten und genau gleich aufgebaut sein wie die Tabelle in Kapitel 15. Daher können wir den Code größtenteils von dort übernehmen. Wir müssen jedoch darauf achten, den Namen der Datenbank anzupassen. Außerdem besteht das Problem, dass es auch möglich ist, dass die entsprechende Tabelle bereits besteht. Wenn wir das Programm zum zweiten Mal ausführen und die Tabelle bereits bei der ersten Ausführung erstellt wurde, führt das zu einem Fehler. Aus diesem Grund setzen wir die Erstellung der Tabelle in einen `try`-Block. Das verhindert einen Abbruch des Programms, falls die Tabelle bereits besteht. Der `catch`-Block muss zwar erstellt werden, wir lassen ihn jedoch leer. Wenn die Tabelle bereits besteht, läuft das Programm dann einfach weiter, ohne die Tabelle zu erstellen. Der Anwender bemerkt den Unterschied nicht, da wir keine Fehlermeldung ausgeben. Der Code dafür sieht daher wie folgt aus:

```
String host = "jdbc:derby://localhost:1527/Personal";
String username = "user1";
String password = "abc";
try {
    Connection verbindung = DriverManager.getConnection(host, username,
    password);
    Statement befehl = verbindung.createStatement();
    String SQL = "CREATE TABLE Mitarbeiter (" +
        "    persnr INTEGER Primary Key Not Null," +
        "    name VARCHAR(30)," +
        "    vorname VARCHAR(30)," +
        "    gehalt DECIMAL(9,2)" +
        ")";
    befehl.executeUpdate(SQL);
}
catch ( SQLException err ) {
}
```

Nun können wir das Fenster erzeugen. Dieses soll einen Titel und eine Überschrift erhalten. Darüber hinaus fügen wir für die vier Funktionen jeweils einen Button ein. Wir bringen jeweils zwei davon in einer Zeile an. Ganz unten soll noch ein Button mit der Aufschrift „OK“ erscheinen. Damit schließen wir das Programm. Diese Aufteilung legt es nahe, ein GridPane zu verwenden. Daher erstellen wir dieses und fügen gleich den Titel und die Überschrift für das Fenster ein:

```
GridPane grid = new GridPane();
grid.setAlignment(Pos.CENTER);
grid.setHgap(30);
grid.setVgap(50);
grid.setPadding(new Insets(20, 20, 20, 20));
stage.setTitle("Personalverwaltung");
Text titel = new Text("Wählen Sie eine Aktion aus:");
titel.setFont(Font.font("Arial", FontWeight.BOLD, 14));
grid.add(titel, 0, 0, 2, 1);
```

Nun erstellen wir die Buttons für die vier Aktionen. Hierfür wollen wir eigentlich jeweils eine eigene Klasse erstellen. Da wir diese Aufgabe jedoch erst später erledigen, können wir die entsprechenden Klassen bislang noch nicht verwenden. Aus diesem Grund fügen wir vorerst gewöhnliche Buttons ein. Sobald wir dann die entsprechende Klasse erstellt haben, ändern wir dies jedoch ab. Der Code für den ersten Button sieht so aus:

```
Button btn1 = new Button("Mitarbeiter hinzufügen");
grid.add(btn1, 0, 1);
btn1.setPrefSize(200, 50);
```

Hierbei wenden wir die `setPrefSize()`-Methode an, die wir bislang noch nicht kennengelernt haben. Diese erlaubt es uns, die gewünschte Größe für den Button vorzugeben. Auf diese Weise werden unsere Buttons etwas größer und außerdem weisen sie alle die gleiche Größe auf. Die Befehle für die übrigen drei Buttons sind beinahe identisch. Dabei müssen wir lediglich die Namen, die Beschriftungen und die Positionen anpassen.

Der fünfte Button dient lediglich dazu, das Fenster zu schließen. Da diese Funktion sehr einfach ist, benötigen wir hierfür keine eigene Klasse. Daher können wir diesen bereits in seiner endgültigen Form anbringen:

```
Button btn5 = new Button("OK");
grid.add(btn5, 0, 3, 2, 1);
btn5.setPrefSize(100, 20);
grid.setHalignment(btn5, HPos.CENTER);
```

Dieser Button soll unterhalb der vier anderen Buttons erscheinen. Es ist sinnvoll, ihn zentriert anzubringen. Aus diesem Grund geben wir in der `add()`-Methode an, dass er zwei Spalten einnimmt. Die `setHalignment()`-Methode sorgt dafür, dass er mit einer horizontalen Zentrierung erscheint.

Nun fehlen noch die Aktionen, die wir beim Klick auf den Button ausführen möchten. Dafür erstellen wir bereits die entsprechenden Event-Handler, damit die Struktur des Programms klar wird. Allerdings lassen wir den Inhalt vorerst leer, da wir hier Methoden aufrufen möchten, die wir noch nicht erstellt haben. Der Event-Handler für den ersten Button sieht demnach so aus:

```
btn1.setOnAction(new EventHandler<ActionEvent>() {
    @Override
    public void handle(ActionEvent e) {
    }
});
```

Für die nächsten drei Buttons fügen wir einen beinahe identischen Code ein. Dabei ändern wir lediglich die Nummer des Buttons. Da wir für den fünften Button keine eigene Klasse erstellen, können wir hier die Befehle gleich einfügen. Dieser soll lediglich das Hauptfenster schließen. Daher sieht der Code dafür so aus:

```
btn5.setOnAction(new EventHandler<ActionEvent>() {
    @Override
    public void handle(ActionEvent e) {
        stage.close();
    }
});
```

Nun erstellen wir noch das Scene-Objekt und geben das Fenster aus:

```
Scene scene = new Scene(grid, 600, 400);
stage.setScene(scene);
stage.show();
```

Die `main()`-Methode müssen wir ebenfalls noch erstellen. Diese sieht jedoch genau gleich aus, wie bei allen bisherigen JavaFX-Programmen. Außerdem ist es notwendig, alle erforderlichen `import`-Befehle hinzuzufügen. Damit ist unser Hauptfenster fertiggestellt. Abbildung 17.1 zeigt die Anordnung der Buttons. Der Code für diesen Programmteil sieht bisher wie folgt aus:

```
import java.sql.Connection;
import java.sql.DriverManager;
import java.sql.SQLException;
import java.sql.Statement;
import javafx.application.Application;
import javafx.event.ActionEvent;
import javafx.event.EventHandler;
import javafx.geometry.Insets;
import javafx.geometry.Pos;
import javafx.scene.Scene;
import javafx.scene.control.Button;
import javafx.scene.layout.GridPane;
import javafx.scene.text.Font;
import javafx.scene.text.FontWeight;
import javafx.scene.text.Text;
```

```
import javafx.stage.Stage;
import javafx.geometry.HPos;
public class Hauptfenster extends Application {
    @Override
    public void start(Stage stage) {
        String host = "jdbc:derby://localhost:1527/Personal";
        String username = "user1";
        String password = "abc";
        try {
            Connection verbindung = DriverManager.getConnection
            (host, username, password);
            Statement befehl = verbindung.createStatement();
            String SQL = "CREATE TABLE Mitarbeiter (" +
                "    persnr INTEGER Primary Key Not Null," +
                "    name VARCHAR(30)," +
                "    vorname VARCHAR(30)," +
                "    gehalt DECIMAL(9,2)" +
                ")";
            befehl.executeUpdate(SQL);
        }
        catch ( SQLException err ) {
        }
        GridPane grid = new GridPane();
        grid.setAlignment(Pos.CENTER);
        grid.setHgap(30);
        grid.setVgap(50);
        grid.setPadding(new Insets(20, 20, 20, 20));
        stage.setTitle("Personalverwaltung");
        Text titel = new Text("Wählen Sie eine Aktion aus:");
        titel.setFont(Font.font("Arial", FontWeight.BOLD, 14));
        grid.add(titel, 0, 0, 2, 1);
        Button btn1 = new Button("Mitarbeiter hinzufügen");
        grid.add(btn1, 0, 1);
        btn1.setPrefSize(200, 50);
        Button btn2 = new Button("Mitarbeiter entfernen");
        grid.add(btn2, 1, 1);
        btn2.setPrefSize(200, 50);
        Button btn3 = new Button("Gehalt anpassen");
        grid.add(btn3, 0, 2);
        btn3.setPrefSize(200, 50);
        Button btn4 = new Button("Personal anzeigen");
        grid.add(btn4, 1, 2);
        btn4.setPrefSize(200, 50);
        Button btn5 = new Button("OK");
        grid.add(btn5, 0, 3, 2, 1);
        btn5.setPrefSize(100, 20);
        grid.setHalignment(btn5, HPos.CENTER);
        btn1.setOnAction(new EventHandler<ActionEvent>() {
            @Override
            public void handle(ActionEvent e) {
            }
        });
        btn2.setOnAction(new EventHandler<ActionEvent>() {
            @Override
            public void handle(ActionEvent e) {
            }
        });
```

17

```
        btn3.setOnAction(new EventHandler<ActionEvent>() {
            @Override
            public void handle(ActionEvent e) {
            }
        });
        btn4.setOnAction(new EventHandler<ActionEvent>() {
            @Override
            public void handle(ActionEvent e) {
            }
        });
        btn5.setOnAction(new EventHandler<ActionEvent>() {
            @Override
            public void handle(ActionEvent e) {
                stage.close();
            }
        });
        Scene scene = new Scene(grid, 600, 400);
        stage.setScene(scene);
        stage.show();
    }
    public static void main(String[] args) {
        launch(args);
    }
}
```

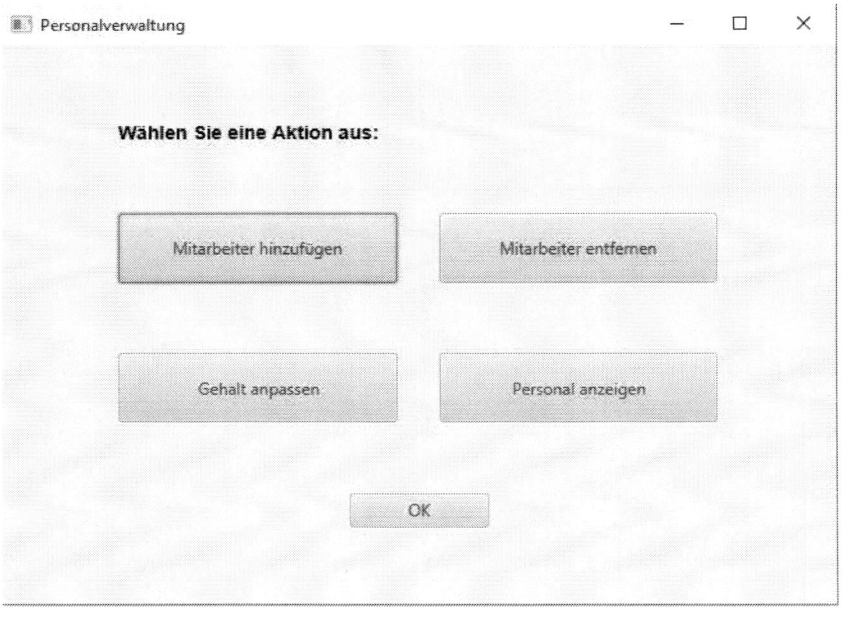

Abb. 17.1 Das Hauptfenster mit den vier verschiedenen Funktionen

17.3 Mitarbeiter hinzufügen

Unser bisheriges Hauptprogramm erzeugt zwar ein Layout für das Fenster. Wenn wir einen der Buttons betätigen, passiert dabei jedoch noch nichts. Lediglich der OK-Button führt dazu, dass sich das Fenster schließt. Im Folgenden werden wir daher für jeden dieser Buttons eine passende Aktion programmieren.

Zu diesem Zweck erstellen wir für jeden der vier Buttons eine eigene Klasse. Das verleiht unserem Programm übersichtliche Strukturen. Da jeder von ihnen jedoch die gewöhnlichen Funktionen eines Buttons aufweisen soll, ist es sinnvoll, diese von der ursprünglichen Klasse Button abzuleiten. So bleiben all diese Funktionen bestehen, wir können jedoch problemlos weitere Methoden hinzufügen. Daher erzeugen wir für den ersten Button eine neue Klasse mit der Bezeichnung `ButtonHinzufuegen` und leiten diese mit folgender Zeile ein:

```
public class ButtonHinzufuegen extends Button
```

Hier müssen wir nun einen Konstruktor erstellen. Dessen einzige Aufgabe besteht darin, den Übergabewert für die Beschriftung an die Superklasse weiterzugeben:

```
public ButtonHinzufuegen (String text){
    super(text);
}
```

Danach erstellen wir eine Methode mit der Bezeichnung `neuesFenster`. Diese erhält als Übergabewert das `Stage`-Objekt, in dem wir das Hauptfenster erstellt haben:

```
public void neuesFenster (Stage hauptfenster)
```

Alle Funktionen sollen jeweils in einem eigenen Fenster durchgeführt werden. Daher erstellen wir zunächst ein GridPane-, ein Scene- und ein Stage-Objekt und nehmen dabei jeweils die notwendigen Anpassungen vor. Außerdem fügen wir einen passenden Titel ein:

17

```
GridPane grid = new GridPane();
grid.setAlignment(Pos.CENTER);
grid.setHgap(10);
grid.setVgap(10);
grid.setPadding(new Insets(10, 10, 10, 10));
Scene scene = new Scene(grid, 400, 300);
Stage neuesFenster = new Stage();
neuesFenster.setTitle("Mitarbeiter hinzufügen");
neuesFenster.setScene(scene);
```

Wenn wir das neue Fenster nun einfach öffnen würden, wäre es unabhängig vom Hauptfenster. Das bedeutet, dass wir das Hauptfenster schließen könnten, während das neue Fenster geöffnet bleibt. Das ist nicht erwünscht. Daher bestimmen wir das Hauptfenster als Elternelement für das neue Fenster. Auf diese Weise lässt es sich nur schließen, wenn wir zuvor das neue Fenster geschlossen haben:

```
neuesFenster.initModality(Modality.WINDOW_MODAL);
neuesFenster.initOwner(hauptfenster);
```

Außerdem sorgen wir dafür, dass das neue Fenster leicht versetzt zum Hauptfenster erscheint. Das sorgt für eine bessere Übersichtlichkeit:

```
neuesFenster.setX(hauptfenster.getX() + 50);
neuesFenster.setY(hauptfenster.getY() + 50);
```

Darauf folgen die einzelnen Elemente des neuen Fensters. Wir beginnen mit der Überschrift:

```
Text titel = new Text("Geben Sie die Daten des neuen Mitarbeiters ein:");
titel.setFont(Font.font("Arial", FontWeight.NORMAL, 14));
grid.add(titel, 0, 0, 2, 1);
```

Daran schließt sich eine Kombination aus `Label` und `TextField an`, um die Personalnummer des neuen Mitarbeiters einzugeben:

```
Label persnr = new Label("Personalnummer:");
grid.add(persnr, 0, 1);
TextField eingabePersnr = new TextField();
grid.add(eingabePersnr, 1, 1);
```

Für den Nachnamen, den Vornamen und für das Gehalt fügen wir jeweils die gleiche Kombination ein. Dabei passen wir lediglich die Variablennamen, die Beschriftungen und die Positionen an.

Danach folgen der Button für die Bestätigung der Eingaben und die Ausgabe des neuen Fensters:

```
Button btnEinf = new Button("Mitarbeiter hinzufügen");
grid.add(btnEinf, 0, 5);
neuesFenster.show();
```

Damit ist es bereits möglich, das Layout des Fensters zu überprüfen, obwohl es noch keine Aktionen durchführt. Dazu ist es jedoch notwendig, das Hauptprogramm anzupassen. Das Objekt `btn1` instanziieren wir nun nicht mehr mit der Klasse `Button`, sondern mit der neu gestalteten Klasse `ButtonHinzufuegen`:

```
ButtonHinzufuegen btn1 = new ButtonHinzufuegen("Mitarbeiter hinzufügen");
```

Außerdem rufen wir im zugehörigen Event-Handler die Methode `neuesFenster()` auf, indem wir sie auf dieses Objekt anwenden:

```
btn1.setOnAction(new EventHandler<ActionEvent>() {
    @Override
    public void handle(ActionEvent e) {
        btn1.neuesFenster(stage);
    }
});
```

Wenn wir nun das Programm erneut ausführen und den entsprechenden Button anklicken, erscheint das Fenster, das in Abbildung 17.2 zu sehen ist.

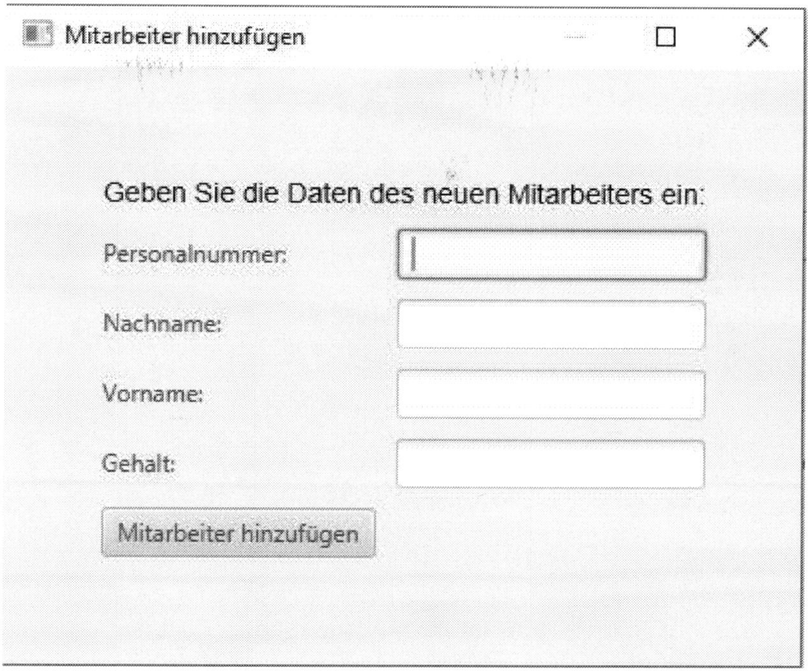

Abb. 17.2 Das Fenster zur Eingabe eines neuen Mitarbeiters

Nun müssen wir noch den Event-Handler für den Button erstellen. Dieser soll die Eingaben aufnehmen und sie in der Datenbank abspeichern. Wir leiten ihn mit dem gewohnten Kommando ein:

```
btnEinf.setOnAction(new EventHandler<ActionEvent>() {
    @Override
    public void handle(ActionEvent e)
```

Hier erstellen wir nun zunächst vier Variablen für die Aufnahme der Werte. Diese müssen wir jedoch bereits initialisieren. Das liegt daran, dass wir später die eigentliche Initialisierung in einem `try`-Block vornehmen. Wenn wir dann außerhalb dieses Bereichs auf die Variablen zugreifen wollen, würde es zu einem Fehler kommen. Da wir jedoch noch über keine Werte verfügen, geben wir für die `String`-Variablen eine leere Zeichenkette und für die `int`- und `double`-Variablen den Wert -1 vor. Außerdem erzeugen wir eine boolesche Variable, die angibt, ob der Anwender eine gültige Eingabe gemacht hat. Wir setzen sie zunächst auf `false`:

```
String vorname = "";
String nachname = "";
int persnr = -1;
double gehalt = -1;
boolean richtigeEingabe = false;
```

Nun weisen wir diesen Variablen innerhalb eines `try`-Blocks die Eingaben des Anwenders zu. Die Werte für die Personalnummer und für das Gehalt müssen wir dabei in Zahlen umwandeln. Wenn der Anwender hier Buchstaben eingegeben hat, kommt es zu einem Fehler, den wir in einem `catch`-Block aufnehmen. Dieser enthält den Aufruf der Methode `ausgeben()`, die wir in der Klasse `Hinweis` definieren werden. Diese Aufgabe erledigen wir jedoch erst etwas später. Wir erzeugen ein kleines Fenster, das lediglich einen Hinweis für den Anwender enthält. Die Ausgabe können wir dabei als Übergabewert vorgeben. Das ermöglicht es, sie später für weitere Hinweise mit einer anderen Beschriftung zu verwenden:

```
try {
    vorname = eingabeVorname.getText();
    nachname = eingabeNachname.getText();
    persnr = Integer.parseInt(eingabePersnr.getText());
    gehalt = Double.parseDouble(eingabeGehalt.getText());
    richtigeEingabe = true;
}
catch(NumberFormatException Ausnahme){
    Hinweis.ausgeben(hauptfenster, "Fehlerhafte Eingabe.");
}
```

Falls der Anwender korrekte Daten eingegeben hat, setzen wir die Variable `richtigeEingabe` auf `true`. Nur in diesem Fall fügen wir die Werte in die Datenbank ein. Daher stehen die folgenden Teile innerhalb einer `if`-Abfrage, die als Bedingung diese Variable enthält.

Hier erstellen wir zunächst eine Verbindung zur Datenbank. Danach müssen wir überprüfen, ob nicht bereits ein Mitarbeiter mit der entsprechenden Personalnummer vorhanden ist. Daher rufen wir per `SELECT`-Befehl die Zeile für die eingegebene Personalnummer ab. Danach gehen wir das `ResultSet` mit einer `while`-Schleife durch und erhöhen bei jedem Durchgang den Zähler.

```
String SQL = "SELECT name FROM Mitarbeiter WHERE persnr = "
        + persnr;
ResultSet rs = befehl.executeQuery(SQL);
int zaehler = 0;
while (rs.next()){
    zaehler++;
}
```

Bleibt der Zähler bei 0 stehen, bedeutet das, dass kein Mitarbeiter mit der angegebenen Personalnummer vorhanden ist. In diesem Fall können wir den neuen Mitarbeiter per `INSERT`-Befehl in die Datenbank einfügen. Hat der Zähler einen anderen Wert, geben wir über die noch zu erstellende Hinweis-Klasse wieder eine entsprechende Nachricht aus:

```
if (zaehler == 0){
    SQL = "INSERT INTO Mitarbeiter (persnr, name, vorname,"
          +"gehalt) VALUES (" + persnr + ", '" +
```

```
            nachname + "', '" + vorname +
            "', " + gehalt + ")";
        befehl.executeUpdate(SQL);
        Hinweis.ausgeben(hauptfenster, "Mitarbeiter erfolgreich hinzugefügt.");
        neuesFenster.close();
    }
    else {
        Hinweis.ausgeben(hauptfenster, "Personalnummer bereits vergeben!");
    }
```

Damit ist die Klasse `ButtonHinzufügen` abgeschlossen:

```
import javafx.event.ActionEvent;
import javafx.event.EventHandler;
import javafx.geometry.Insets;
import javafx.geometry.Pos;
import javafx.scene.Scene;
import javafx.scene.control.Button;
import javafx.scene.control.Label;
import javafx.scene.control.TextField;
import javafx.scene.layout.GridPane;
import javafx.scene.text.Font;
import javafx.scene.text.FontWeight;
import javafx.scene.text.Text;
import javafx.stage.Modality;
import javafx.stage.Stage;
import java.sql.*;
public class ButtonHinzufuegen extends Button {
    public ButtonHinzufuegen (String text){
        super(text);
    }
    public void neuesFenster (Stage hauptfenster){
        GridPane grid = new GridPane();
        grid.setAlignment(Pos.CENTER);
        grid.setHgap(10);
        grid.setVgap(10);
        grid.setPadding(new Insets(10, 10, 10, 10));
        Scene scene = new Scene(grid, 400, 300);
        Stage neuesFenster = new Stage();
        neuesFenster.setTitle("Mitarbeiter hinzufügen");
        neuesFenster.setScene(scene);
        neuesFenster.initModality(Modality.WINDOW_MODAL);
        neuesFenster.initOwner(hauptfenster);
        neuesFenster.setX(hauptfenster.getX() + 50);
        neuesFenster.setY(hauptfenster.getY() + 50);
        Text titel = new Text("Geben Sie die Daten des neuen Mitarbeiters ein:");
        titel.setFont(Font.font("Arial", FontWeight.NORMAL, 14));
        grid.add(titel, 0, 0, 2, 1);
        Label persnr = new Label("Personalnummer:");
        grid.add(persnr, 0, 1);
        TextField eingabePersnr = new TextField();
        grid.add(eingabePersnr, 1, 1);
        Label nachname = new Label("Nachname:");
        grid.add(nachname, 0, 2);
        TextField eingabeNachname = new TextField();
        grid.add(eingabeNachname, 1, 2);
```

```
        Label vorname = new Label("Vorname:");
        grid.add(vorname, 0, 3);
        TextField eingabeVorname = new TextField();
        grid.add(eingabeVorname, 1, 3);
        Label mail = new Label("Gehalt:");
        grid.add(mail, 0, 4);
        TextField eingabeGehalt = new TextField();
        grid.add(eingabeGehalt, 1, 4);
        Button btnEinf = new Button("Mitarbeiter hinzufügen");
        grid.add(btnEinf, 0, 5);
        neuesFenster.show();
        btnEinf.setOnAction(new EventHandler<ActionEvent>() {
            @Override
            public void handle(ActionEvent e) {
                String vorname = "";
                String nachname = "";
                int persnr = -1;
                double gehalt = -1;
                boolean richtigeEingabe = false;
                try {
                    vorname = eingabeVorname.getText();
                    nachname = eingabeNachname.getText();
                    persnr = Integer.parseInt(eingabePersnr.getText());
                    gehalt = Double.parseDouble(eingabeGehalt.getText());
                    richtigeEingabe = true;
                }
                catch(NumberFormatException Ausnahme){
                    Hinweis.ausgeben(hauptfenster, "Fehlerhafte Eingabe.");
                }
                if (richtigeEingabe){
                    String host = "jdbc:derby://localhost:1527/Personal";
                    String username = "user1";
                    String password = "abc";
                    try {
                        Connection verbindung = DriverManager.getConnection
                                (host, username, password);
                        Statement befehl = verbindung.createStatement();
                        String SQL = "SELECT name FROM Mitarbeiter WHERE
                        persnr = " + persnr;
                        ResultSet rs = befehl.executeQuery(SQL);
                        int zaehler = 0;
                        while (rs.next()){
                            zaehler++;
                        }
                        if (zaehler == 0){
                            SQL = "INSERT INTO Mitarbeiter (persnr, name,
                            vorname,"
                                    +"gehalt) VALUES (" + persnr + ", '" +
                                    nachname + "', '" + vorname +
                                    "', " + gehalt + ")";
                            befehl.executeUpdate(SQL);
                            Hinweis.ausgeben(hauptfenster, "Mitarbeiter
                            erfolgreich hinzugefügt.");
                            neuesFenster.close();
                        }
                        else {
                            Hinweis.ausgeben(hauptfenster, "Personalnummer
```

```
                                  bereits vergeben!");
                             }
                        }
                        catch ( SQLException err ) {
                             System.out.println(err.getMessage( ) );
                        }
                   }
              }
         });
    }
}
```

Wenn wir den Code ausführen möchten, kommt es jedoch zu einer Fehlermeldung. Das liegt daran, dass wir die Klasse Hinweis mit der Methode `ausgeben()` noch nicht erstellt haben. Das holen wir nun nach.

Dazu erstellen wir zunächst eine Klasse mit der entsprechenden Bezeichnung. Diese benötigt keine Member-Variablen. Darin erstellen wir direkt am Anfang die Methode `ausgeben()`. Allerdings ist es in diesem Fall nicht sinnvoll, diese auf ein Objekt anzuwenden. Sie soll lediglich eine kleine Textnachricht ausgeben. Dafür ist kein Objekt erforderlich. Daher zeichnen wir diese Methode mit dem Begriff `static` aus. Das macht es möglich, sie ohne ein Objekt aufzurufen. Wie es im Code der Klasse `ButtonHinzufuegen` zu sehen ist, rufen wir sie auf, indem wir dem Methodennamen den Klassennamen voranstellen. Die Methode soll zum einen das Hauptfenster und zum anderen den Text, den das Fenster ausgeben soll, als Übergabewerte erhalten:

```
public static void ausgeben (Stage fenster, String text)
```


Innerhalb der Methode erstellen wir wieder ein GridPane, das zum einen den Ausgabetext und zum anderen einen OK-Button enthalten soll, der das Fenster wieder schließt. Auch hierbei soll wieder eine Abhängigkeit zum übergeordneten Fenster entstehen. Da diese Funktionen bereits bekannt sind, wird nun lediglich der komplette Code der Klasse angegeben:

```
import javafx.event.ActionEvent;
import javafx.event.EventHandler;
import javafx.geometry.Insets;
import javafx.geometry.Pos;
import javafx.scene.Scene;
import javafx.scene.control.Button;
import javafx.scene.control.Label;
import javafx.scene.layout.GridPane;
import javafx.stage.Modality;
import javafx.stage.Stage;
public class Hinweis {
    public static void ausgeben (Stage fenster, String text){
        GridPane grid = new GridPane();
        grid.setAlignment(Pos.CENTER);
        grid.setHgap(10);
        grid.setVgap(10);
```

```
        grid.setPadding(new Insets(10, 10, 10, 10));
        Scene scene = new Scene(grid, 300, 200);
        Label label = new Label(text);
        Button btn = new Button("OK");
        grid.add(label, 0,0);
        grid.add(btn, 0,1);
        Stage hinweisfenster = new Stage();
        hinweisfenster.initModality(Modality.WINDOW_MODAL);
        hinweisfenster.initOwner(fenster);
        hinweisfenster.setX(fenster.getX() + 30);
        hinweisfenster.setY(fenster.getY() + 30);
        hinweisfenster.setScene(scene);
        hinweisfenster.show();
        btn.setOnAction(new EventHandler<ActionEvent>() {
            @Override
            public void handle(ActionEvent e) {
                hinweisfenster.close();
            }
        });
    }
}
```

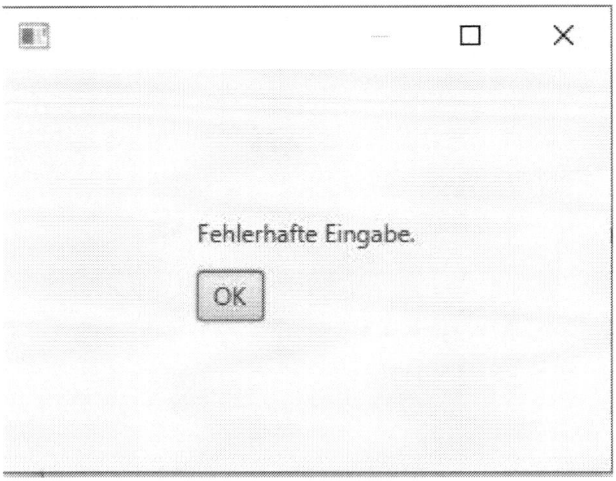

Abb. 17.3 Das Hinweisfenster bei der Eingabe eines falschen Werts

17.4 Mitarbeiter entfernen

Der zweite Button des Hauptfensters soll dazu dienen, einen Mitarbeiter aus der Personalliste zu entfernen. Dazu erstellen wir die Klasse `ButtonEntfernen`, die wir wieder von der Klasse `Button` ableiten. Um den Mitarbeiter zu identifizieren, den wir löschen möchten, verwenden wir die Personalnummer. Daher soll dieses Fenster diesen Wert vom Anwender abfragen.

Der Aufbau ist dabei sehr ähnlich wie bei der Klasse `ButtonHinzufuegen`. Daher können wir den Code zu großen Teilen übernehmen. Wir müssen lediglich die Beschriftungen für die Überschrift und für den Fenster-Titel anpassen. Außerdem löschen wir die Eingabebereiche, die den Nachnamen, den Vornamen und das Gehalt abfragen. Da keine weiteren Änderungen an den Elementen des Fensters notwendig sind, müssen wir uns damit nicht weiter beschäftigen. Wir widmen uns direkt dem Event-Handler für den Button.

Doch auch hier sind weite Teile sehr ähnlich. Wir müssen zunächst ebenfalls die Eingabe des Anwenders aufnehmen und überprüfen, ob diese gültig ist. Der Unterschied besteht darin, dass wir hier lediglich die Personalnummer verarbeiten müssen:

```
int persnr = -1;
boolean richtigeEingabe = false;
try {
    persnr = Integer.parseInt(eingabePersnr.getText());
    richtigeEingabe = true;
}
catch(NumberFormatException Ausnahme){
    Hinweis.ausgeben(hauptfenster, "Fehlerhafte Eingabe.");
}
```

Wenn die Eingabe gültig ist, erstellen wir wie bei der Klasse `ButtonHinzufuegen` eine Verbindung zur Datenbank und überprüfen, ob die Personalnummer in unserem Personalbestand vorhanden ist. In diesem Fall ist die Situation jedoch genau umgekehrt wie bei der vorherigen Klasse: Wir müssen die Datenbank anpassen, wenn die Personalnummer vorhanden ist und eine Fehlernachricht ausgeben, wenn dies nicht zutrifft. Das führt zu folgendem Code:


```
if (zaehler > 0){
    SQL = "DELETE FROM Mitarbeiter WHERE persnr = " + persnr;
    befehl.executeUpdate(SQL);
    Hinweis.ausgeben(hauptfenster, "Mitarbeiter erfolgreich entfernt.");
    neuesFenster.close();
}
else {
    Hinweis.ausgeben(hauptfenster, "Personalnummer nicht vorhanden!");
}
```

Innerhalb der `if`-Abfrage löschen wir dann per `DELETE`-Befehl den Eintrag für die entsprechende Personalnummer.

Damit ist die Klasse `ButtonEntfernen` abgeschlossen. Ihr vollständiger Code sieht so aus:

```
import javafx.event.ActionEvent;
import javafx.event.EventHandler;
import javafx.geometry.Insets;
import javafx.geometry.Pos;
import javafx.scene.Scene;
import javafx.scene.control.Button;
import javafx.scene.control.Label;
```

```
import javafx.scene.control.TextField;
import javafx.scene.layout.GridPane;
import javafx.scene.text.Font;
import javafx.scene.text.FontWeight;
import javafx.scene.text.Text;
import javafx.stage.Modality;
import javafx.stage.Stage;
import java.sql.*;
public class ButtonEntfernen extends Button {
    public ButtonEntfernen (String text){
        super(text);
    }
    public void neuesFenster (Stage hauptfenster){
        GridPane grid = new GridPane();
        grid.setAlignment(Pos.CENTER);
        grid.setHgap(10);
        grid.setVgap(10);
        grid.setPadding(new Insets(10, 10, 10, 10));
        Scene scene = new Scene(grid, 400, 300);
        final Stage neuesFenster = new Stage();
        neuesFenster.setTitle("Mitarbeiter entfernen");
        neuesFenster.setScene(scene);
        neuesFenster.initModality(Modality.WINDOW_MODAL);
        neuesFenster.initOwner(hauptfenster);
        neuesFenster.setX(hauptfenster.getX() + 50);
        neuesFenster.setY(hauptfenster.getY() + 50);
        Text titel = new Text("Geben Sie die Personalnummer des
        Mitarbeiters ein:");
        titel.setFont(Font.font("Arial", FontWeight.NORMAL, 14));
        grid.add(titel, 0, 0, 2, 1);
        Label persnr = new Label("Personalnummer:");
        grid.add(persnr, 0, 1);
        TextField eingabePersnr = new TextField();
        grid.add(eingabePersnr, 1, 1);
        Button btnEntf = new Button("Mitarbeiter entfernen");
        grid.add(btnEntf, 0, 2);
        neuesFenster.show();
        btnEntf.setOnAction(new EventHandler<ActionEvent>() {
            @Override
            public void handle(ActionEvent e) {
            int persnr = -1;
            boolean richtigeEingabe = false;
            try {
                persnr = Integer.parseInt(eingabePersnr.getText());
                richtigeEingabe = true;
            }
            catch(NumberFormatException Ausnahme){
                Hinweis.ausgeben(hauptfenster, "Fehlerhafte Eingabe.");
            }
                if (richtigeEingabe){
                    String host = "jdbc:derby://localhost:1527/Personal";
                    String username = "user1";
                    String password = "abc";
                    try {
                        Connection verbindung = DriverManager.getConnection
                                (host, username, password);
                        Statement befehl = verbindung.createStatement();
```

```
                        String SQL = "SELECT name FROM Mitarbeiter WHERE
                        persnr = "
                                + persnr;
                        ResultSet rs = befehl.executeQuery(SQL);
                        int zaehler = 0;
                        while (rs.next()){
                            zaehler++;
                        }
                        if (zaehler > 0){
                            SQL = "DELETE FROM Mitarbeiter WHERE persnr = "
                                + persnr;
                            befehl.executeUpdate(SQL);
                            Hinweis.ausgeben(hauptfenster, "Mitarbeiter
                            erfolgreich
                                entfernt.");
                            neuesFenster.close();
                        }
                        else {
                            Hinweis.ausgeben(hauptfenster, "Personalnummer nicht
                                vorhanden!");
                        }
                    }
                    catch ( SQLException err ) {
                        System.out.println(err.getMessage( ) );
                    }
                }
            }
        });
    }
}
```

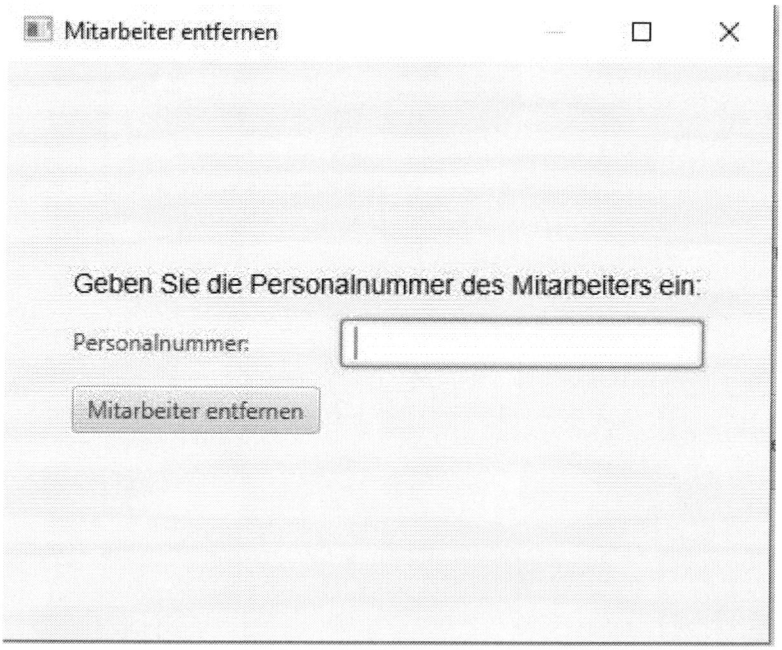

Abb. 17.4 Das Fenster zum Löschen eines Mitarbeiters

Bevor wir die neue Klasse ausprobieren können, ist es wieder notwendig, die Anpassungen im Hauptprogramm analog zur Vorgehensweise in Kapitel 17.3 durchzuführen.

17.5 Gehalt anpassen

Auch das Fenster für die Anpassung des Gehalts ist sehr ähnlich aufgebaut wie die beiden vorherigen Fenster. Daher können wir auch hierfür wieder den Code aus der Klasse `MitarbeiterHinzufuegen` übernehmen. In diesem Fall benötigen wir die Felder Personalnummer und Gehalt. Die übrigen Eingabefelder entfernen wir. Außerdem passen wir alle Beschriftungen und Überschriften an. Diese Aufgabe sollte mittlerweile kein Problem mehr darstellen, sodass wir hierauf nicht weiter eingehen.

Die Überprüfung der Eingabewerte und die Abfrage, ob die entsprechende Personalnummer in unserer Tabelle enthalten ist, laufen ebenfalls beinahe identisch ab. Daher erklären wir nur den Teil der Datenbankabfrage, der den Wert aktualisiert. Dafür verwenden wir einen `UPDATE`-Befehl mit der Personalnummer in der `WHERE`-Klausel. Diese Aktion führen wir wieder nur dann durch, wenn die Personalnummer in der Liste enthalten ist:

```
if (zaehler > 0){
    SQL = "UPDATE Mitarbeiter SET gehalt = " + gehalt
            + " WHERE persnr = "+ persnr;
    befehl.executeUpdate(SQL);
    Hinweis.ausgeben(hauptfenster, "Gehalt erfolgreich angepasst.");
    neuesFenster.close();
}
else {
    Hinweis.ausgeben(hauptfenster, "Personalnummer nicht vorhanden!");
}
```

Mit diesen Anpassungen ist die neue Klasse bereits abgeschlossen. Wenn wir auch das Hauptprogramm entsprechend aktualisieren, können wir die Funktionen bereits ausprobieren. Dabei erscheint das Fenster, das in Abbildung 17.6 zu sehen ist. Zum Vergleich wird hier nun nochmals der vollständige Code für diese Klasse angegeben:

```
import javafx.event.ActionEvent;
import javafx.event.EventHandler;
import javafx.geometry.Insets;
import javafx.geometry.Pos;
import javafx.scene.Scene;
import javafx.scene.control.Button;
import javafx.scene.control.Label;
import javafx.scene.control.TextField;
import javafx.scene.layout.GridPane;
import javafx.scene.text.Font;
import javafx.scene.text.FontWeight;
import javafx.scene.text.Text;
import javafx.stage.Modality;
```

```
import javafx.stage.Stage;
import java.sql.*;
public class ButtonGehalt extends Button {
    public ButtonGehalt (String text){
        super(text);
    }
    public void neuesFenster (Stage hauptfenster){
        GridPane grid = new GridPane();
        grid.setAlignment(Pos.CENTER);
        grid.setHgap(10);
        grid.setVgap(10);
        grid.setPadding(new Insets(10, 10, 10, 10));
        Scene scene = new Scene(grid, 400, 300);
        Stage neuesFenster = new Stage();
        neuesFenster.setTitle("Gehalt anpassen");
        neuesFenster.setScene(scene);
        neuesFenster.initModality(Modality.WINDOW_MODAL);
        neuesFenster.initOwner(hauptfenster);
        neuesFenster.setX(hauptfenster.getX() + 50);
        neuesFenster.setY(hauptfenster.getY() + 50);
        Text titel = new Text("Geben Sie die Daten für die
        Gehaltsanpassung ein:");
        titel.setFont(Font.font("Arial", FontWeight.NORMAL, 14));
        grid.add(titel, 0, 0, 2, 1);
        Label persnr = new Label("Personalnummer:");
        grid.add(persnr, 0, 1);
        TextField eingabePersnr = new TextField();
        grid.add(eingabePersnr, 1, 1);
        Label mail = new Label("Neues Gehalt:");
        grid.add(mail, 0, 2);
        TextField eingabeGehalt = new TextField();
        grid.add(eingabeGehalt, 1, 2);
        Button btnAnpassen = new Button("Gehalt anpassen");
        grid.add(btnAnpassen, 0, 3);
        neuesFenster.show();
        btnAnpassen.setOnAction(new EventHandler<ActionEvent>() {
            @Override
            public void handle(ActionEvent e) {
                String vorname = "";
                String nachname = "";
                int persnr = -1;
                double gehalt = -1;
                boolean richtigeEingabe = false;
                try {
                    persnr = Integer.parseInt(eingabePersnr.getText());
                    gehalt = Double.parseDouble(eingabeGehalt.getText());
                    richtigeEingabe = true;
                }
                catch(NumberFormatException Ausnahme){
                    Hinweis.ausgeben(hauptfenster, "Fehlerhafte Eingabe.");
                }
                if (richtigeEingabe){
                    String host = "jdbc:derby://localhost:1527/Personal";
                    String username = "user1";
                    String password = "abc";
                    try {
                        Connection verbindung = DriverManager.getConnection(host,
```

```
                                      username, password);
                              Statement befehl = verbindung.createStatement();
                              String SQL = "SELECT name FROM Mitarbeiter WHERE
                              persnr = "
                                      + persnr;
                              ResultSet rs = befehl.executeQuery(SQL);
                              int zaehler = 0;
                              while (rs.next()){
                                  zaehler++;
                              }
                              if (zaehler > 0){
                                  SQL = "UPDATE Mitarbeiter SET gehalt = " + gehalt
                                          + " WHERE persnr = "+ persnr;
                                  befehl.executeUpdate(SQL);
                                  Hinweis.ausgeben(hauptfenster, "Gehalt
                                  erfolgreich an gepasst.");
                                  neuesFenster.close();
                              }
                              else {
                                  Hinweis.ausgeben(hauptfenster, "Personalnummer nicht
                                          vorhanden!");
                              }
                          }
                          catch ( SQLException err ) {
                              System.out.println(err.getMessage( ) );
                          }
                      }
                  }
              });
          }
}
```

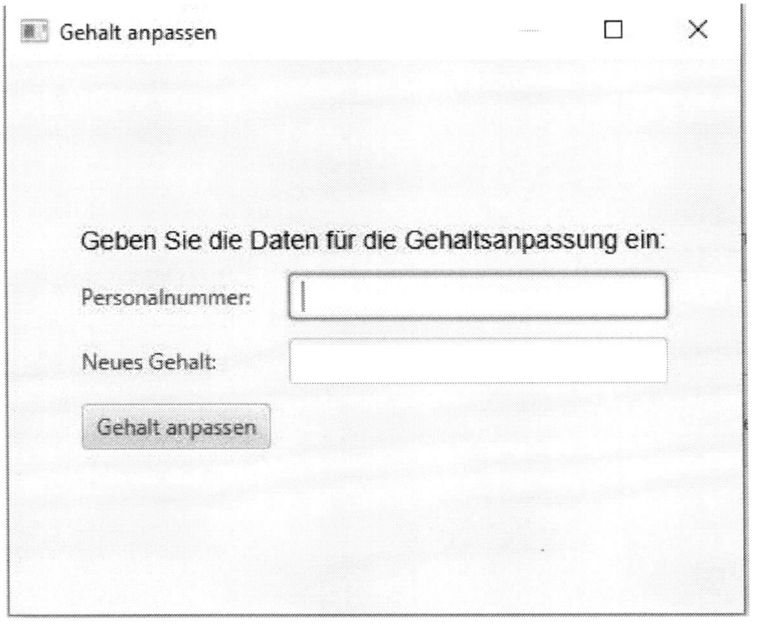

Abb. 17.5 Das Gehalt eines Mitarbeiters anpassen

17.6 Das Personal anzeigen

Der letzte Button dient dazu, das Personal anzuzeigen. Hierfür ist ein Fenster notwendig, das sich unter vielen Gesichtspunkten von den bisherigen Beispielen unterscheidet. Beispielsweise ist es hierbei nicht notwendig, dass der Anwender selbst Werte eingibt. Daher können wir sofort mit der Abfrage der Inhalte der Datenbank beginnen. Das sorgt für eine etwas andere Struktur des Programms.

Dennoch beginnen wir wie bei den drei vorherigen Fenstern: Wir erstellen eine neue Klasse, die wir von der Klasse `Button` ableiten. Sie soll den Namen `ButtonAnzeigen` erhalten. Darin erstellen wir den Konstruktor und danach die Methode `neuesFenster()`. Hier erzeugen wir zunächst die Variablen mit den Zugangsdaten für die Datenbank. Außerdem deklarieren wir eine `String`-Variable, die den Inhalt für die Ausgabe des Personals aufnehmen soll. Wir initialisieren sie mit einer leeren Zeichenkette:

```
String host = "jdbc:derby://localhost:1527/Personal";
String username = "user1";
String password = "abc";
String inhalt = "";
```

Danach erstellen wir in einem `try`-Block die Verbindung zur Datenbank und rufen den Inhalt der gesamten Tabelle per `SELECT`-Befehl ab. Diesen speichern wir in einem `ResultSet`:

```
Connection verbindung = DriverManager.getConnection(host, username, password);
Statement befehl = verbindung.createStatement();
String SQL = "SELECT * FROM Mitarbeiter";
ResultSet rs = befehl.executeQuery(SQL);
```

Nun erstellen wir eine `while`-Schleife, die das komplette `ResultSet` durchgeht. Bei jedem Durchgang fügen wir die Daten für die Personalnummer, den Nachnamen, den Vornamen und das Gehalt zur Variablen `inhalt` hinzu. Außerdem fügen wir einen Zähler ein, der sich bei jedem Durchgang erhöht:

```
int zaehler = 0;
while (rs.next()){
    zaehler++;
    inhalt += "Personalnummer: " + rs.getString("persnr")+ "\n";
    inhalt += "Nachname: " + rs.getString("name")+ "\n";
    inhalt += "Vorname: " + rs.getString("vorname")+ "\n";
    inhalt += "Gehalt: " + rs.getString("gehalt")+ "\n\n";
}
```

Sollte der Zähler nach dem Durchlauf dieser Schleife noch den Wert 0 aufweisen, bedeutet das, dass sich kein Mitarbeiter in unserer Datenbank befindet. In diesem Fall füllen wir die Variable `inhalt` mit einer entsprechenden Nachricht:

```
if (zaehler == 0){
    inhalt = "Keine Mitarbeiter vorhanden.";
}
```

Danach fügen wir wie gewohnt einen catch-Block ein. Nun sind bereits alle benötigten Inhalte vorhanden und wir müssen uns um die Ausgabe kümmern. Dabei ergibt sich jedoch das Problem, dass wir bei der Erstellung des Programms nicht wissen können, wie viele Mitarbeiter sich in der Datenbank befinden. Das kann sich ständig ändern. Daher ist es nicht möglich, die Fenstergröße auf den Inhalt abzustimmen. Wenn die Inhalte jedoch zu groß für das Fenster sind, führt das dazu, dass nicht mehr alle Einträge erkennbar sind. Aus diesem Grund ist es sinnvoll, ein Fenster mit einer Scrollbar zu erstellen. Diese passt sich immer an die Länge der Einträge an.

Zu diesem Zweck erzeugen wir zunächst ein Objekt des Typs VBox. Daraufhin erstellen wir zwei Text-Objekte: Eines für die Ausgabe einer Überschrift und das andere erhält die Variable inhalt als Übergabewert und gibt demnach das komplette Personal aus. Um diese in die VBox einzufügen, müssen wir auf diese zunächst die getChildren()-Methode und dann die add()-Methode mit dem entsprechenden Text-Objekt anwenden:

```
VBox vbox = new VBox();
Text titel = new Text("Ihr Personal:\n");
titel.setFont(Font.font("Arial", FontWeight.NORMAL, 14));
vbox.getChildren().add(titel);
Text ausgabe = new Text(inhalt);
vbox.getChildren().add(ausgabe);
```

Um einen Bereich mit Scrollbar zu erzeugen, benötigen wir ein Objekt vom Typ ScrollPane. Dieses soll den Inhalt der VBox aufnehmen, sodass wir diese als Übergabewert für den Konstruktor vorgeben. Damit dieses Feld die gesamte verfügbare Höhe einnimmt, wenden wir die setFitToHeight()-Methode darauf an. Außerdem sorgen wir durch die setPadding()-Methode für einige Abstände zwischen den einzelnen Elementen:

```
ScrollPane scrollPane = new ScrollPane(vbox);
scrollPane.setFitToHeight(true);
scrollPane.setPadding(new Insets(10));
```

Um dieses Feld mit der Scrollbar im Fenster zu platzieren, benötigen wir jedoch noch ein weiteres Element. Hierfür wählen wir nun ein Objekt vom Typ BorderPane aus. Dieses erhält das ScrollPane-Objekt als Übergabewert. Außerdem machen wir wieder Padding-Vorgaben für die Abstände:

```
BorderPane root = new BorderPane(scrollPane);
root.setPadding(new Insets(30));
```

Unter dem Bereich mit der Scrollbar fügen wir nun noch einen Button mit der Aufschrift „OK“ ein, um das Fenster wieder zu schließen. Diesen setzen wir jedoch nicht direkt in das `BorderPane` ein, sondern zunächst in eine `VBox`. Das ermöglicht es uns, einen Abstand zwischen dem Scrollbar-Bereich und dem Button einzufügen. Danach fügen wir die neue `VBox` mit der `setBottom()`-Methode am unteren Ende des `BorderPane`-Objekts ein:

```
Button btn = new Button("OK");
btn.setPadding(new Insets(5));
VBox vbox2 = new VBox();
vbox2.getChildren().add(btn);
vbox2.setPadding(new Insets(10, 0, 0, 0));
root.setBottom(vbox2);
```

Nun erzeugen wir das neue Fenster genau nach dem gleichen Muster wie in den vorherigen Beispielen. Daher ist es nicht notwendig, den Code detailliert zu erklären. Der einzige Unterschied besteht darin, dass wir nun bei der Erzeugung des `Scene`-Objekts das `BorderPane`-Objekt, das wir unter der Bezeichnung `root` abgespeichert habe, als Übergabewert verwenden. Danach fügen wir noch den Event-Handler für den OK-Button ein. Dieser soll das Fenster lediglich schließen. Auch diese Funktion sollte bereits bekannt sein. Der vollständige Code der Klasse sieht dann so aus:

```
import javafx.event.ActionEvent;
import javafx.event.EventHandler;
import javafx.geometry.Insets;
import javafx.scene.Scene;
import javafx.scene.control.Button;
import javafx.scene.text.Font;
import javafx.scene.text.FontWeight;
import javafx.scene.text.Text;
import javafx.stage.Modality;
import javafx.stage.Stage;
import javafx.scene.layout.VBox;
import javafx.scene.layout.BorderPane;
import javafx.scene.control.ScrollPane;
import java.sql.*;
public class ButtonAnzeigen extends Button {
    public ButtonAnzeigen (String text){
        super(text);
    }
    public void neuesFenster (Stage hauptfenster){
        String host = "jdbc:derby://localhost:1527/Personal";
        String username = "user1";
        String password = "abc";
        String inhalt = "";
        try {
            Connection verbindung = DriverManager.getConnection(host, username,
                    password);
            Statement befehl = verbindung.createStatement();
            String SQL = "SELECT * FROM Mitarbeiter";
            ResultSet rs = befehl.executeQuery(SQL);
```

17

```
            int zaehler = 0;
            while (rs.next()){
                zaehler++;
                inhalt += "Personalnummer: " + rs.getString("persnr")+ "\n";
                inhalt += "Nachname: " + rs.getString("name")+ "\n";
                inhalt += "Vorname: " + rs.getString("vorname")+ "\n";
                inhalt += "Gehalt: " + rs.getString("gehalt")+ "\n\n";
            }
            if (zaehler == 0){
                inhalt = "Keine Mitarbeiter vorhanden.";
            }
        }
        catch ( SQLException err ) {
            System.out.println(err.getMessage( ) );
        }
        VBox vbox = new VBox();
        Text titel = new Text("Ihr Personal:\n");
        titel.setFont(Font.font("Arial", FontWeight.NORMAL, 14));
        vbox.getChildren().add(titel);
        Text ausgabe = new Text(inhalt);
        vbox.getChildren().add(ausgabe);
        ScrollPane scrollPane = new ScrollPane(vbox);
        scrollPane.setFitToHeight(true);
        scrollPane.setPadding(new Insets(10));
        BorderPane root = new BorderPane(scrollPane);
        root.setPadding(new Insets(30));
        Button btn = new Button("OK");
        btn.setPadding(new Insets(5));
        VBox vbox2 = new VBox();
        vbox2.getChildren().add(btn);
        vbox2.setPadding(new Insets(10, 0, 0, 0));
        root.setBottom(vbox2);
        Stage neuesFenster = new Stage();
        neuesFenster.setTitle("Personal anzeigen");
        neuesFenster.initModality(Modality.WINDOW_MODAL);
        neuesFenster.initOwner(hauptfenster);
        neuesFenster.setX(hauptfenster.getX() + 50);
        neuesFenster.setY(hauptfenster.getY() + 50);
        Scene scene = new Scene(root, 400, 300);
        neuesFenster.setScene(scene);
        neuesFenster.show();
        btn.setOnAction(new EventHandler<ActionEvent>() {
            @Override
            public void handle(ActionEvent e) {
                neuesFenster.close();
            }
        });
    }
}
```

Wenn wir nun wieder die erforderlichen Anpassungen im Hauptfenster vornehmen, können wir die Funktionsweise der Klasse ausprobieren. Wie in Abbildung 17.6 zu sehen, wird nun das ganze Personal in einem Feld mit einer Scrollbar ausgegeben.

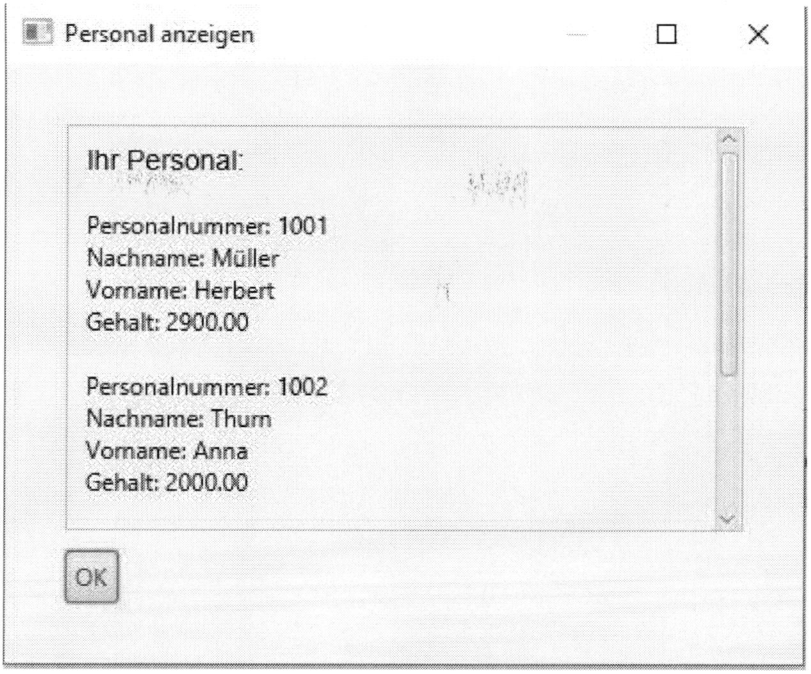

Abb. 17.6 Die Ausgabe des Personals

Da wir im Rahmen der Erstellung der Klassen für die einzelnen Buttons das Hauptprogramm mehrfach anpassen mussten, soll zum Abschluss der endgültige Code nochmals komplett dargestellt werden, um einen Abgleich zu ermöglichen:


```
import java.sql.Connection;
import java.sql.DriverManager;
import java.sql.SQLException;
import java.sql.Statement;
import javafx.application.Application;
import javafx.event.ActionEvent;
import javafx.event.EventHandler;
import javafx.geometry.Insets;
import javafx.geometry.Pos;
import javafx.scene.Scene;
import javafx.scene.control.Button;
import javafx.scene.layout.GridPane;
import javafx.scene.text.Font;
import javafx.scene.text.FontWeight;
import javafx.scene.text.Text;
import javafx.stage.Stage;
import javafx.geometry.HPos;
public class Hauptfenster extends Application {
    @Override
    public void start(Stage stage) {
        String host = "jdbc:derby://localhost:1527/Personal";
        String username = "user1";
        String password = "abc";
        try {
```

```
            Connection verbindung = DriverManager.getConnection(host,
                    username, password);
            Statement befehl = verbindung.createStatement();
            String SQL = "CREATE TABLE Mitarbeiter (" +
                "    persnr INTEGER Primary Key Not Null," +
                "    name VARCHAR(30)," +
                "    vorname VARCHAR(30)," +
                "    gehalt DECIMAL(9,2)" +
                ")";
            befehl.executeUpdate(SQL);
        }
        catch ( SQLException err ) {
        }
        GridPane grid = new GridPane();
        grid.setAlignment(Pos.CENTER);
        grid.setHgap(30);
        grid.setVgap(50);
        grid.setPadding(new Insets(20, 20, 20, 20));
        stage.setTitle("Personalverwaltung");
        Text titel = new Text("Wählen Sie eine Aktion aus:");
        titel.setFont(Font.font("Arial", FontWeight.BOLD, 14));
        grid.add(titel, 0, 0, 2, 1);
        ButtonHinzufuegen btn1 = new ButtonHinzufuegen("Mitarbeiter hinzufügen");
        grid.add(btn1, 0, 1);
        btn1.setPrefSize(200, 50);
        ButtonEntfernen btn2 = new ButtonEntfernen("Mitarbeiter entfernen");
        grid.add(btn2, 1, 1);
        btn2.setPrefSize(200, 50);
        ButtonGehalt btn3 = new ButtonGehalt("Gehalt anpassen");
        grid.add(btn3, 0, 2);
        btn3.setPrefSize(200, 50);
        ButtonAnzeigen btn4 = new ButtonAnzeigen("Personal anzeigen");
        grid.add(btn4, 1, 2);
        btn4.setPrefSize(200, 50);
        Button btn5 = new Button("OK");
        grid.add(btn5, 0, 3, 2, 1);
        btn5.setPrefSize(100, 20);
        grid.setHalignment(btn5, HPos.CENTER);
        btn1.setOnAction(new EventHandler<ActionEvent>() {
            @Override
            public void handle(ActionEvent e) {
                btn1.neuesFenster(stage);
            }
        });
        btn2.setOnAction(new EventHandler<ActionEvent>() {
            @Override
            public void handle(ActionEvent e) {
                btn2.neuesFenster(stage);
            }
        });
        btn3.setOnAction(new EventHandler<ActionEvent>() {
            @Override
            public void handle(ActionEvent e) {
                btn3.neuesFenster(stage);
            }
        });
        btn4.setOnAction(new EventHandler<ActionEvent>() {
```

```
            @Override
            public void handle(ActionEvent e) {
                btn4.neuesFenster(stage);
            }
        });
        btn5.setOnAction(new EventHandler<ActionEvent>() {
            @Override
            public void handle(ActionEvent e) {
                stage.close();
            }
        });
        Scene scene = new Scene(grid, 600, 400);
        stage.setScene(scene);
        stage.show();
    }
    public static void main(String[] args) {
        launch(args);
    }
}
```

Alle Programmcodes und Schaltpläne aus diesem Buch stehen kostenfrei zum Download bereit. Dadurch müssen Sie Code nicht abtippen.

Außerdem erhalten Sie die eBook Ausgabe zum Buch im PDF Format kostenlos auf unserer Website:

https://bmu-verlag.de/java-kompendium/
Downloadcode: siehe Kapitel 28

Kapitel 18

Multithreading für eine präzise Steuerung der Abläufe

In den bisherigen Kapiteln haben wir bereits einige wichtige Elemente für die Ablaufsteuerung eines Programms kennengelernt. Wir haben beispielsweise Verzweigungen mit `if`-Abfragen und Schleifen kennengelernt. Diese Möglichkeiten hatten jedoch eine Gemeinsamkeit: Sie gaben vor, welche Befehle das Programm nacheinander ausführen soll. Allerdings kam es dabei in keinem Fall zu einer parallelen Bearbeitung der Aufgaben.

In vielen Fällen ist es jedoch sinnvoll, eine parallele Ausführung zu ermöglichen. Das kann die Effizienz eines Programms deutlich erhöhen. Insbesondere bei Programmen, die viel Rechenleistung in Anspruch nehmen, kann das sehr hilfreich sein. Als Beispiel hierfür sei ein Programm genannt, das zum einen rechenintensive Prozesse ausführen und zum anderen einen Wert vom Anwender abfragen muss. Wenn man diese beiden Aufgaben hintereinander ausführt, kommt es zu erheblichen Wartezeiten. Wenn man zunächst die Abfrage einfügt, dauert es in der Regel einige Sekunden, bis der Anwender den Wert eingibt. Während dieser Zeit beansprucht das Programm kaum Rechenleistung. Erst wenn die Eingabe abgeschlossen ist, kann es sich der Bearbeitung des rechenintensiven Prozesses widmen. Das bringt wieder eine gewisse Wartezeit mit sich. Sinnvoller wäre es, beide Aufgaben parallel zueinander zu bearbeiten. So kann das Programm im Hintergrund Berechnungen durchführen, während es auf die Eingabe des Anwenders wartet.

Darüber hinaus gibt es viele weitere Beispiele, in denen es sinnvoll ist, Prozesse parallel auszuführen. Das ist etwa bei Programmen, die über ein Netzwerk kommunizieren, sehr sinnvoll, da hierbei ebenfalls Wartezeiten entstehen. Auch wenn die Berechnungen so umfangreich sind, dass sie mehrere Minuten in Anspruch nehmen, ist das empfehlenswert. Auf diese Weise ist sichergestellt, dass das Programm dennoch erreichbar ist und während der Wartezeit weitere Aktionen durchführen kann. Zu diesem Zweck dient das *Multithreading*. Diese Technik erlaubt es, mehrere Aufgaben parallel zueinander zu bearbeiten.

18.1 Was ist ein Thread?

Einen *Thread* kann man sich wie einen Handlungsstrang vorstellen. Dieser gibt die Befehle vor, die das Programm ausführen soll. Ein Thread ist immer linear aufgebaut – selbst wenn er Verzweigungen und Schleifen enthält. Denn selbst bei diesen Formen der Ablaufsteuerung besteht eine feste Reihenfolge für die einzelnen Befehle.

Jedes Programm, das wir bisher erzeugt haben, hat einen Thread erstellt. Diese Aufgabe wurde jedoch ganz automatisch ausgeführt. Wir mussten uns selbst nicht darum kümmern.

Allerdings besteht auch die Möglichkeit, mehrere Threads zu erzeugen. Dazu müssen wir diese gezielt in unserem Programm erzeugen. Das erlaubt eine parallele Bearbeitung der Aufgaben. Auf diese Weise haben wir die Möglichkeit, die Effizienz unserer Programme zu erhöhen.

Obwohl wir hierbei von einer parallelen Bearbeitung sprechen, ist dies aus technischer Sicht nicht ganz korrekt. Die CPU kann normalerweise nur einen Befehl zur gleichen Zeit bearbeiten. Lediglich bei Mehrkernprozessoren ist eine gleichzeitige Bearbeitung tatsächlich möglich. In der Regel ist es jedoch so, dass sich die einzelnen Threads abwechseln. Alle Threads, die im jeweiligen Moment Rechenleistung in Anspruch nehmen möchten, befinden sich dabei in einer Warteschleife. Der Prozessor wechselt in kurzen Abständen zwischen ihnen ab. Aufgrund der geringen Intervalle wirkt dies auf den Anwender wie eine parallele Bearbeitung.

18.2 Threads in Java erzeugen

Um einen Thread in Java explizit zu erzeugen, bestehen zwei Möglichkeiten. Zum einen gibt es die Klasse Thread. Von dieser können wir eine Unterklasse ableiten, um einen eigenen Strang zu erstellen. Zum anderen gibt es das Interface Runnable, das hierfür geeignet ist. Im folgenden werden beide Alternativen kurz vorgestellt.

Um die Anwendung auf möglichst einfache Weise zu demonstrieren, verzichten wir dabei auf die Verwendung von GUIs. Daher erstellen wir ein gewöhnliches Maven-Projekt, ohne dass dafür Anpassungen notwendig sind.

Hier erstellen wir nun die Klasse `MeinThread`. Diese leiten wir jedoch von der Klasse `Thread` ab, die in der Standardbibliothek enthalten ist. Hier müssen wir die Methode >>(Index)<< `run()` einfügen. Darin geben wir jedoch nur einen einfachen `print`-Befehl aus, der dazu dient, zu überprüfen, ob das Programm den Thread erstellt hat:

```
public class MeinThread extends Thread {
    public void run(){
        System.out.println("Thread erstellt.");
    }
}
```

Im nächsten Schritt erstellen wir eine neue Klasse für das Hauptprogramm. Diese erzeugt ein Objekt vom Typ `MeinThread`. Daraufhin ruft es die `start()`-Methode auf. Diese haben wir in unserer Klasse zwar nicht definiert. Da sie jedoch in der übergeordneten Klasse `Thread` implementiert ist, steht sie dennoch zur Verfügung. Diese

Methode ruft die `run()`-Methode auf, die wir gerade erzeugt haben. Daher gibt unser Programm die entsprechende Nachricht aus:

```
public class ThreadBeispiel {
    public static void main(String[] args) {
        MeinThread thread = new MeinThread();
        thread.start();
    }
}
```

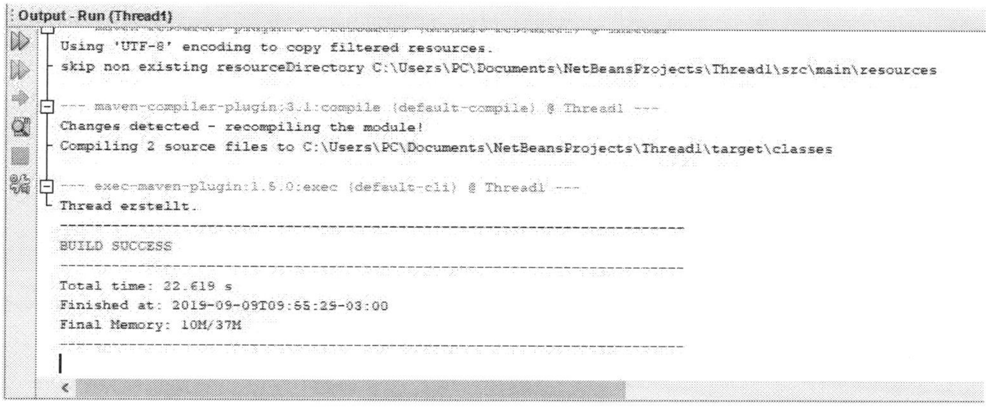

Abb. 18.1 Die Ausgabe der Nachricht im neuen Thread

Um auch die zweite Alternative vorzustellen, erzeugen wir ein neues Projekt. Auch darin erstellen wir eine Klasse mit der Bezeichnung `MeinThread`. Allerdings leiten wir diese nun nicht von der Klasse `Thread` ab, sondern vom Interface `Runnable`. Auch hier erstellen wir eine `run()`-Methode, die genau gleich aufgebaut ist wie im vorherigen Beispiel:


```
public class MeinThread implements Runnable {
    public void run(){
        System.out.println("Thread erstellt.");
    }
}
```

Im Hauptprogramm erzeugen wir nun jedoch kein Objekt vom Typ `MeinThread`. Stattdessen verwenden wir ein gewöhnliches `Thread`-Objekt. Dieses erstellen wir jedoch, indem wir dem Konstruktor ein Objekt des Typs `MeinThread` übergeben. So können wir wieder die `start()`-Methode aufrufen, um mit der Bearbeitung des Threads zu beginnen:

```
public class ThreadBeispiel {
    public static void main(String[] args) {
        Thread thread = new Thread(new MeinThread());
        thread.start();
    }
}
```

Die Ausgabe, die dieses Programm erzeugt, ist vollkommen identisch zum vorherigen Beispiel. Das zeigt bereits, dass zwischen den beiden Alternativen nur wenige Unterschiede bestehen. Allerdings gibt es auch einige Punkte, die hierbei zu beachten sind. Beispielsweise erzeugen wir für jeden Thread ein eigenes Objekt, wenn wir die Klasse `Thread` erweitern. Wenn wir hingegen das Interface `Runnable` implementieren, befinden sich alle Threads in einem gemeinsamen Objekt. Das benötigt etwas weniger Speicherplatz. Daher eignet sich diese Vorgehensweise, wenn wir viel Wert auf eine hohe Effizienz bei der Belegung des Speichers legen. Ein weiterer Unterschied besteht darin, dass wir bei der Ableitung von der Klasse `Thread` unser Programm nicht von einer weiteren Klasse ableiten können. Für die Vererbung ist es in Java grundsätzlich nicht erlaubt, zwei Klassen zu verwenden. Allerdings ist es möglich, eine Klasse von einer anderen Klasse abzuleiten und gleichzeitig ein Interface zu implementieren. Wenn wir mit weiteren Vererbungen arbeiten möchten, ist es daher ebenfalls sinnvoll, das Interface `Runnable` zu verwenden. Wenn wir hingegen neben der `run()`-Methode noch weitere Methoden der Klasse `Thread` überschreiben möchten, ist es notwendig, unseren Thread von der Klasse `Thread` abzuleiten. Wenn wir hierfür das Interface `Runnable` verwenden, ist dies nicht möglich. Für die folgenden Beispiele spielen diese kleinen Unterschiede keine Rolle. Daher können wir eigentlich beide Vorgehensweisen auswählen. Da wir jedoch eine Entscheidung treffen müssen, verwenden wir die erste der beiden Alternativen. Es wäre jedoch auch möglich, die entsprechenden Threads über das `Runnable`-Interface zu erzeugen.

Diese beiden Programme haben zwar gezeigt, wie wir einen Thread erstellen können. Allerdings bot das bei der Ausführung des Programms noch keine Vorteile. Um an einem Beispiel zu demonstrieren, wie nützlich das Multithreading ist, gestalten wir nun ein neues Projekt. Dieses soll zeigen, auf welche Weise ein paralleler Ablauf die Effizienz steigert, wenn ein Programm sowohl einen rechenintensiven Prozess als auch Nutzereingaben bearbeiten muss.

Da es mit einem modernen Computer jedoch gar nicht so einfach ist, einen rechenintensiven Prozess zu erzeugen, der eine merkbare Wartezeit mit sich bringt, simulieren wir diesen durch die `sleep()`-Methode. Diese führt dazu, dass sich der entsprechende Thread in den Ruhezustand begibt. In die Klammer fügen wir die Wartezeit in Millisekunden ein. Außerdem müssen wir diese in einen `try`-Block stellen, da es zu einem Laufzeitfehler kommt, wenn das Programm die Wartezeit unerwartet unterbricht.

Danach fragen wir einige beliebige Werte vom Anwender ab. Diese verarbeiten wir in diesem Beispiel jedoch nicht weiter. Sie sollen lediglich den zeitlichen Ablauf des Programms demonstrieren.

Anmerkung: Die `sleep()`-Methode rufen wir hier auf, ohne ein Objekt für den `Thread` erstellt zu haben. Daher geben wir einfach den Klassennamen an. Das ist möglich, da jedes Java-Programm einen `Thread` für seine Abläufe erstellt.

```
public class ThreadBeispiel {
    public static void main (String[] args)throws IOException{
        try {
            Thread.sleep(30000);
        }
        catch (InterruptedException e){
            System.out.println("Thread wurde unterbrochen.");
        }
        InputStreamReader isr = new InputStreamReader(System.in);
        BufferedReader br = new BufferedReader(isr);
        System.out.println("Geben Sie Ihren Nachnamen ein:");
        String eingabe1 = br.readLine();
        System.out.println("Geben Sie Ihren Vornamen ein:");
        String eingabe2 = br.readLine();
        System.out.println("Geben Sie Ihren Wohnort ein:");
        String eingabe3 = br.readLine();
        System.out.println("Geben Sie Ihren E-Mail-Adresse ein:");
        String eingabe4 = br.readLine();
        System.out.println("Geben Sie IhreTelefonnummer ein:");
        String eingabe5 = br.readLine();
    }
}
```

Dieses Programm erzeugt noch keine weiteren Threads. Daher kommt es zu erheblichen Wartezeiten. Zunächst müssen wir 30 Sekunden warten, bis unser simulierter Rechenprozess abgearbeitet ist. Danach müssen wir alle Werte eingeben, wofür nochmals etwas Zeit notwendig ist.

Daher teilen wir die Aufgaben nun auf zwei Threads auf. Dafür erstellen wir zwei neue Klassen: eine für die `sleep()`-Methode und die andere für die Eingabe der Werte. Diese speichern wir jeweils in einer eigenen Datei ab. Auch das Hauptprogramm verwendet eine separate Datei. Die Struktur entspricht dann der Aufteilung, die in Abbildung 18.2 zu sehen ist.

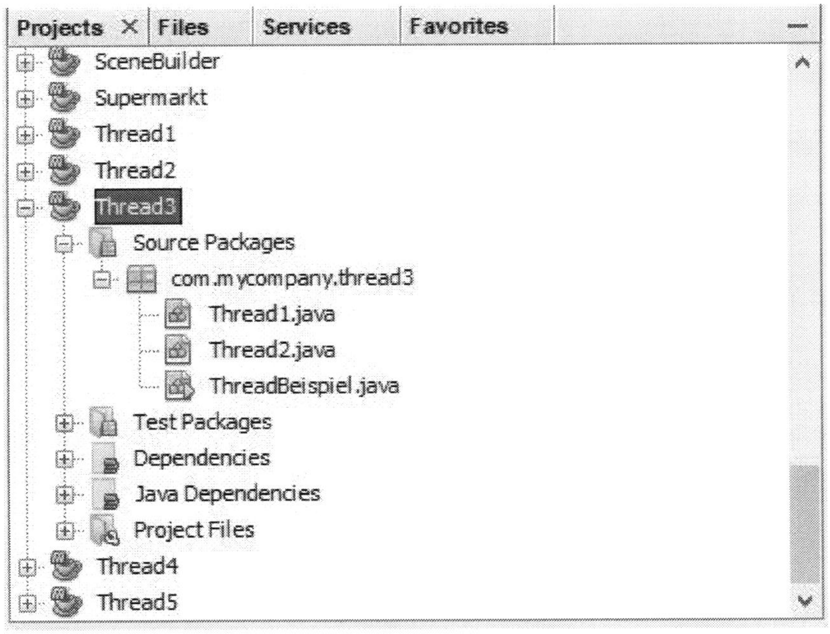

Abb. 18.2 Die Struktur des Programms

Der Code für die einzelnen Klassen sieht dann wie folgt aus:

```
public class Thread1  extends Thread {
    public void run(){
        try {
            Thread.sleep(30000);
        }
        catch (InterruptedException e){
            System.out.println("Thread wurde unterbrochen.");
        }
    }
}
import java.io.*;
public class Thread2 extends Thread{
    public void run(){
        try {
            InputStreamReader isr = new InputStreamReader(System.in);
            BufferedReader br = new BufferedReader(isr);
            System.out.println("Geben Sie Ihren Nachnamen ein:");
            String eingabe1 = br.readLine();
            System.out.println("Geben Sie Ihren Vornamen ein:");
            String eingabe2 = br.readLine();
            System.out.println("Geben Sie Ihren Wohnort ein:");
            String eingabe3 = br.readLine();
            System.out.println("Geben Sie Ihren E-Mail-Adresse ein:");
            String eingabe4 = br.readLine();
            System.out.println("Geben Sie IhreTelefonnummer ein:");
            String eingabe5 = br.readLine();
        }
        catch (IOException e){
```

```
            System.out.print("Eingabe nicht möglich.");
        }
    }
}
```

Das Hauptprogramm ruft dann lediglich die beiden Threads auf:

```
public class ThreadBeispiel {
    public static void main (String[] args){
        Thread1 thread1 = new Thread1();
        Thread2 thread2 = new Thread2();
        thread1.start();
        thread2.start();
    }
}
```

Das Multithreading führt hierbei dazu, dass wir direkt mit unseren Eingaben beginnen können. Die Wartezeit des zweiten Threads läuft im Hintergrund ab. Die gesamte Zeit, die das Programm für die Ausführung benötigt, wird auf diese Weise deutlich reduziert.

18.3 Verschiedene Zustände eines Threads

Threads können verschiedene Zustände annehmen. Diese bestimmen den Ablauf des Programms. Um mit Threads zu arbeiten, ist es daher wichtig, die verschiedenen Zustände zu kennen.

Der Thread entsteht, sobald wir das entsprechende Objekt instanziieren. In diesem Anfangszustand führt er jedoch noch keine Aktionen aus. Das kommt erst hinzu, wenn wir die `start()`-Methode aufrufen. Diese versetzt den Thread in einen rechenwilligen Zustand. Das ist die Ausgangsposition für alle weiteren Aufgaben.

Wenn sich ein Thread im rechenwilligen Zustand befindet, überprüft die Java-Laufzeitumgebung, ob der Prozessor ihm die benötigten Ressourcen zur Verfügung stellen kann. Ist dies der Fall, leitet sie die Befehle an die CPU weiter und es kommt zur Ausführung. Der Thread befindet sich dann in einem aktiven Zustand.

Einen weiteren Zustand haben wir in unseren Programmen ebenfalls bereits kennengelernt. Indem wir die `sleep()`-Methode auf den Thread angewandt haben, haben wir ihn in den schlafenden Zustand versetzt. Das bedeutet, dass er während dieser Phase keinen Bedarf an Rechenkapazitäten anmeldet. Erst wenn die Wartezeit abgelaufen ist, wird der Thread wieder in den rechenwilligen Zustand versetzt, sodass er seine Befehle ausführen kann, wenn die hierfür notwendigen Kapazitäten vorhanden sind.

Darüber hinaus ist es möglich, dass ein Thread blockiert ist. Das trifft beispielsweise zu, wenn das Programm auf die Eingabe des Anwenders wartet oder wenn eine Information aus dem Netzwerk für die nächsten Schritte notwendig ist. Während dieses Zustands meldet er ebenfalls keine Ansprüche an die Rechenleistung der CPU an. Sobald die benötigte Ressource vorhanden ist, wird der Thread wieder in den rechenwilligen Zustand versetzt.

Der Programmierer kann einen Thread auch suspendieren. Das bedeutet, dass es nicht mehr zur Ausführung kommt. Erst wenn das Programm die Suspendierung aktiv aufhebt, kommt es zu einer weiteren Bearbeitung.

Wenn alle Befehle eines Threads bearbeitet sind, gilt er als beendet. Dieser Zustand ist endgültig. Das bedeutet, dass man einen Thread, der einmal beendet ist, nicht mehr aktivieren kann.

In der Regel übernimmt die Java-Laufzeitumgebung die Festlegung der Zustände automatisch. Daher müssen wir uns normalerweise im Programm nicht darum kümmern. Allerdings bestehen auch einige Möglichkeiten, um die Zustände selbst festzulegen. Ein Beispiel hierfür ist die `sleep()`-Methode, mit der wir unseren Thread in den schlafenden Zustand versetzt haben.

18.4 Die Reihenfolge bei der Ausführung

Wenn wir mehrere Threads verwenden, stellt sich die Frage, in welcher Reihenfolge diese ausgeführt werden. Das kann den Ablauf des Programms entscheidend beeinflussen. Das soll nun an einem Beispielprogramm verdeutlicht werden.

Dafür können wir jedoch nicht die `sleep()`-Methode aus dem vorherigen Beispiel verwenden. Der Grund dafür liegt darin, dass sich die Threads in diesem Fall im schlafenden Zustand befinden. Das bedeutet, dass sie überhaupt nicht in den rechenwilligen Zustand eintreten, sodass die CPU auch keine Aktion mit ihnen durchführen muss. Daher ist diese Simulation für das folgende Beispiel nicht geeignet.

Stattdessen erzeugen wir drei Threads, in denen wir jeweils zwei ineinander geschachtelte Schleifen mit jeweils 100 Millionen Durchläufen erzeugen. Um die CPU zu beschäftigen, fügen wir darin eine beliebige Variablenzuweisung ein. Selbst bei dieser enormen Anzahl ist die Wartezeit für den Anwender kaum bemerkbar. Um zu erkennen, in welcher Reihenfolge die Threads abgearbeitet werden, soll jeder von ihnen außerdem eine kurze Nachricht ausgeben, nachdem er die Schleifen durchlaufen hat:

```
public class Thread1 extends Thread {
    public void run(){
        int x=0;
        for (int i = 0; i < 100000000; i++){
            for (int j = 0; j < 100000000; j++){
                x = j;
            }
        }
```

```
        System.out.println("Thread 1");
    }
}
```

Die beiden übrigen Klassen für die Threads sehen beinahe genau gleich aus. Wir müssen lediglich im Klassennamen und im Ausgabe-Befehl die Nummern anpassen. Danach müssen wir noch das Hauptprogramm erstellen. Dieses ruft die drei Threads auf:

```
public class Hauptprogramm {
    public static void main (String[] args){
        Thread1 thread1 = new Thread1();
        Thread2 thread2 = new Thread2();
        Thread3 thread3 = new Thread3();
        thread1.start();
        thread2.start();
        thread3.start();
    }
}
```

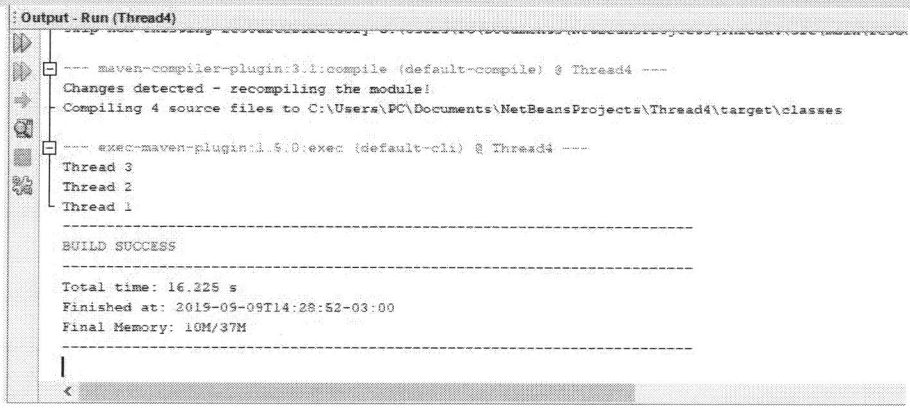

Abb. 18.3 Die Reihenfolge bei der Ausführung

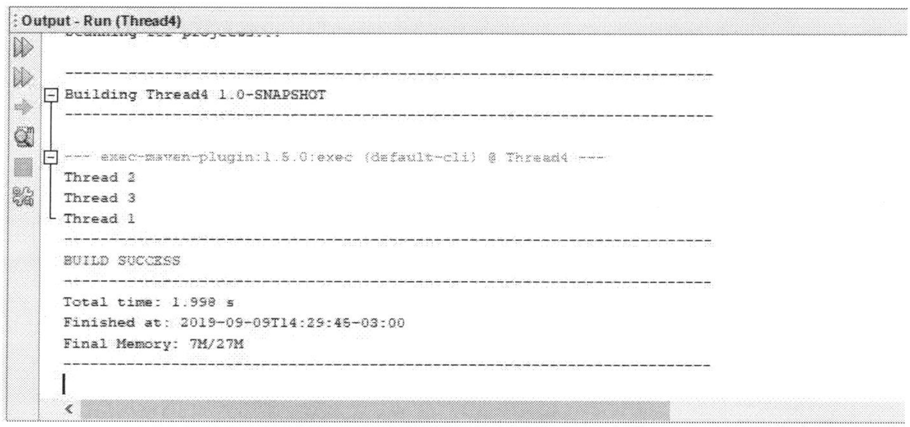

Abb. 18.4 Die Reihenfolge bei einem weiteren Versuch

Wenn wir nun das Programm mehrere Male hintereinander ausführen, stellen wir fest, dass sich dabei die Reihenfolge ständig ändert. Abbildung 18.3 zeigt beispielsweise, dass bei diesem Versuch `Thread3` als erster abgeschlossen wurde, gefolgt von `Thread2` und `Thread1`. Beim Versuch, der in Abbildung 18.4 zu sehen ist, schloss das Programm zunächst `Thread2` ab und danach `Thread3` und `Thread1`.

Das macht deutlich, dass die Reihenfolge dabei zufällig ist. Selbst wenn wir bei einem der Threads die Anzahl der Schleifendurchläufe erhöhen oder erniedrigen, ergibt sich daraus keine eindeutige Reihenfolge. Auch in diesen Fällen ist die Verteilung zufällig.

Früher war es üblich, dass das Betriebssystem einen Thread bis zu seinem Ende ausführte, wenn es einmal damit begonnen hatte. Lediglich wenn es dabei zu einer Blockade, zu einer Suspendierung oder zu einem `sleep()`-Befehl kam, unterbrach es diesen. Bei modernen Betriebssystemen ist es jedoch üblich, dass diese nach einigen Millisekunden den Thread unterbrechen. Danach wählen sie einen anderen Thread aus und fahren mit der Bearbeitung fort. Für die Auswahl gehen sie dabei nach dem Zufallsprinzip vor. Das heißt, dass wir nicht wissen können, mit welcher Reihenfolge das Programm die Threads bearbeitet.

18.5 Prioritäten festlegen

In manchen Programmen ist der zufällige Ablauf, der im vorherigen Abschnitt beschrieben wurde, nicht erwünscht. Beispielsweise kann es vorkommen, dass ein bestimmtes Ergebnis für die weiteren Programmabläufe besonders wichtig ist. Daher soll der entsprechende Thread wenn möglich zuerst abgeschlossen werden. Zu diesem Zweck können wir den einzelnen Threads eine Priorität geben. Das führt dazu, dass das Betriebssystem bei der Zuweisung der Rechenkapazitäten in der Regel den Thread mit der höchsten Priorität aus der Warteschleife auswählt. Daher wird dieser normalerweise an erster Stelle abgearbeitet. Wenn dieser Thread jedoch auf Ressourcen warten muss, fährt das Programm mit den übrigen Threads fort, um die Wartezeit sinnvoll auszunutzen.

Zu diesem Zweck verwenden wir die `setPriority()`-Methode. Diese können wir auf einen beliebigen Thread anwenden. In die Klammer schreiben wir eine Zahl zwischen 1 und 10. Wenn wir hierbei den Wert 1 vorgeben, hat der Thread nur eine geringe Priorität. Wählen wir hingegen 10 aus, wir er bevorzugt behandelt. Der Default-Wert ist hierbei 5. Wenn wir einen Thread verwenden, ohne ihm mit der `setPriority()`-Methode eine Priorität zuzuweisen, hat er daher immer den Wert 5.

Um das an einem Beispiel zu zeigen, können wir nochmals das Programm aus dem vorherigen Abschnitt heranziehen. Die Klassen für die einzelnen Threads bleiben dabei unverändert. Wir fügen lediglich im Hauptprogramm Prioritäten für die Threads ein: 1 für `Thread1` und 10 für `Thread2`. `Thread3` lassen wir hingegen unverändert, sodass dieser mit einer Priorität von 5 zwischen den beiden anderen Threads liegen müsste:

```
public class Hauptprogramm {
    public static void main (String[] args){
        Thread1 thread1 = new Thread1();
        Thread2 thread2 = new Thread2();
        Thread3 thread3 = new Thread3();
        thread1.setPriority(1);
        thread2.setPriority(10);
        thread1.start();
        thread2.start();
        thread3.start();
    }
}
```

Wenn wir nun das Programm mehrere Male ausführen, stellen wir fest, dass fast immer `Thread2` – also der Thread mit der höchsten Priorität – als erstes beendet ist. Danach folgen `Thread3` mit einer mittleren Priorität und `Thread1` mit einer geringen Priorität. Allerdings ist auch hierbei die Reihenfolge nicht fest vorgegeben. Wenn wir das Programm viele Male hintereinander aufrufen, stellen wir fest, dass es trotz der vorgegebenen Prioritäten gelegentlich zu Änderungen in der Reihenfolge kommen kann.

18.6 Gemeinsam verwendete Variablen

Wenn wir mehrere Threads verwenden, kann das manchmal Probleme mit sich bringen. Das ist insbesondere dann der Fall, wenn die Threads die gleichen Variablen verwenden und diese abändern. Dann ist es möglich, dass das Programm einen Thread unterbricht und einen anderen Thread ausführt. Falls dieser dann die Variable verändert, hat das auch Auswirkungen auf den ursprünglichen Thread. Wenn das Programm diesen dann weiterbearbeit, kann es sein, dass sich die Werte verändert haben. Das verfälscht die Ergebnisse.

Um dies an einem Beispiel zu demonstrieren, schreiben wir ein kleines Programm für einen Händler. Dieser speichert in einem Array die Anzahl der verfügbaren Produkte ab. Um dieses Beispiel so einfach wie möglich zu halten, sind nur drei verschiedene Artikel im Sortiment enthalten. Die Indexnummer entspricht dabei der Artikelnummer.

Zu diesem Zweck schreiben wir zunächst die Klasse `Sortiment`. Diese enthält das entsprechende Array als Member. Außerdem sind zwei Methoden vorhanden. Die Methode `verkaufen()` fragt die Artikelnummer und die Anzahl ab und passt daraufhin den Bestand an. Die Methode `ausgeben()` gibt lediglich den Bestand aus:

```
import java.io.*;
public class Sortiment {
```

```
    private int[] produkte = {12,24,22};
    public void verkaufen() {
        try {
            InputStreamReader isr = new InputStreamReader(System.in);
            BufferedReader br = new BufferedReader(isr);
            System.out.println("Geben Sie die Artikelnummer ein:");
            String eingabe1 = br.readLine();
            int index = Integer.parseInt(eingabe1);
            int anzahl = this.produkte[index];
            System.out.println("Es sind " + anzahl + " Produkte verfügbar.");
            System.out.println("Wie viele möchten Sie verkaufen?");
            String eingabe2 = br.readLine();
            int anzahlVerkauf = Integer.parseInt(eingabe2);
            this.produkte[index] = anzahl - anzahlVerkauf;
        }
        catch (IOException e){
            System.out.println("Fehlerhafte Eingabe.");
        }
    }
    public void ausgeben (){
        System.out.println("Neues Sortiment");
        for (int i = 0; i < 3; i++){
            System.out.println("Produkt " + i + ": " + produkte[i]);
        }
    }
}
```

Nun könnten wir ein Hauptprogramm aufrufen, das ein entsprechendes Objekt erstellt und daraufhin die beiden Methoden aufruft. In diesem Fall funktioniert das Programm fehlerfrei. Nun gehen wir jedoch davon aus, dass in dem Unternehmen drei Mitarbeiter mit den Verkäufen beschäftigt sind. Alle drei müssen auf das gleiche Sortiment zugreifen. Daher läuft das Programm jetzt zentral auf dem Unternehmensserver ab. Jeder Mitarbeiter kann darauf zugreifen. Damit diese ihre Verkäufe parallel abwickeln können, erstellen wir für jeden von ihnen einen eigenen Thread. Dafür erzeugen wir zunächst die Klasse `Mitarbeiter`. Diese leiten wir von der Klasse `Thread` ab. Sie erhält vom Hauptprogramm das Sortiment als Übergabewert. In der `run()`-Methode rufen wir zunächst die `verkaufen()`-Methode und danach die `ausgeben()`-Methode auf.

```
public class Mitarbeiter extends Thread{
    private Sortiment sortiment;
    public Mitarbeiter (Sortiment sortiment){
        this.sortiment = sortiment;
    }
    public void run (){
        this.sortiment.verkaufen();
        this.sortiment.ausgeben();
    }
}
```

Das Hauptprogramm dient lediglich dazu, drei verschiedene Objekte vom Typ `Mitarbeiter` zu erstellen und dazu jeweils die `start()`-Methode aufzurufen:

```
public class Hauptprogramm {
    public static void main(String[] args) {
        Sortiment sortiment = new Sortiment();
        Mitarbeiter mitarbeiter1 = new Mitarbeiter(sortiment);
        Mitarbeiter mitarbeiter2 = new Mitarbeiter(sortiment);
        Mitarbeiter mitarbeiter3 = new Mitarbeiter(sortiment);
        mitarbeiter1.start();
        mitarbeiter2.start();
        mitarbeiter3.start();
    }
}
```

Nun führen wir das Programm aus. Dabei soll jeder der Mitarbeiter versuchen, das Produkt 1 zu verkaufen – der erste mit einer Stückzahl von 2, der zweite mit einer Stückzahl von 4 und der dritte mit einer Stückzahl von 3. Da ursprünglich 24 Artikel vorhanden waren, sollte der neue Wert bei 15 liegen. Abbildung 18.5 zeigt jedoch, dass nun der Ablauf der einzelnen Schritte vollkommen durcheinandergeraten ist. Außerdem erhalten wir nicht das erwartete Ergebnis:

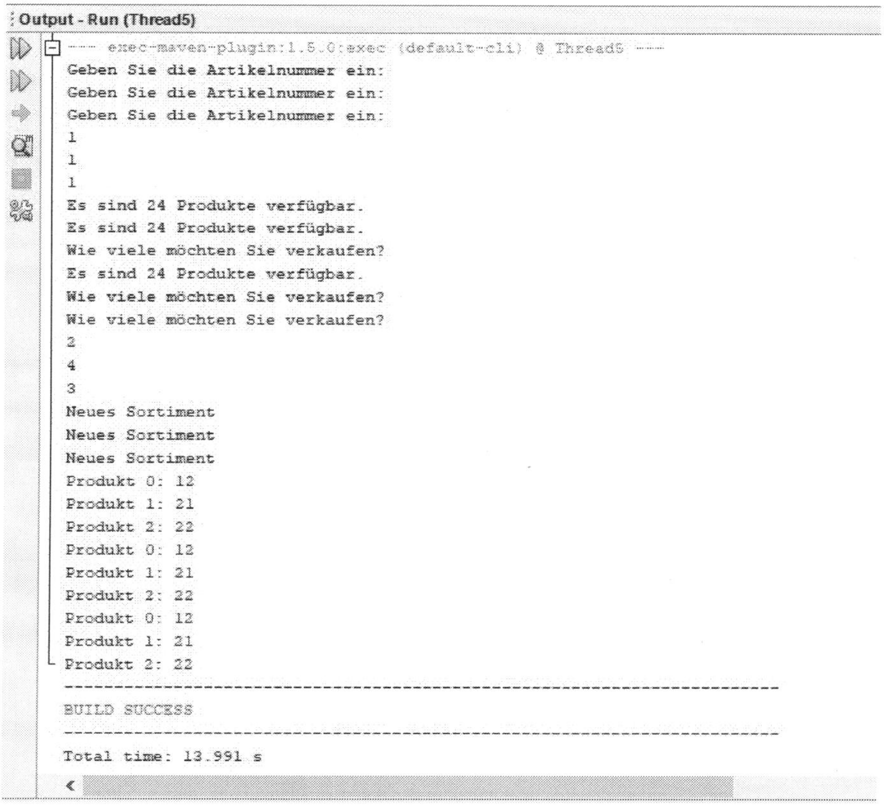

Abb. 18.5 Die Ausgaben des Programms

Der Grund für diesen Fehler besteht darin, dass das Programm während der Ausführung der Methode `verkaufen()` den Thread mehrfach wechselt. Da der jeweilige

Thread durch die Nutzereingabe immer blockiert wird, ruft das Programm den nächsten Thread auf. Hier speichert es dann wieder den Wert, der ursprünglich im Sortiment enthalten war. Am Ende dieser Methode zieht es diesen Wert wieder heran, um einen neuen Eintrag für das Sortiment vorzunehmen. Der Ausgangswert kann nun jedoch veraltet sein. Es ist möglich, dass die anderen Threads zwischenzeitlich Veränderungen daran vorgenommen haben. Diese werden beim neuen Eintrag jedoch nicht berücksichtigt. Daher kommt es zu dem entsprechenden Fehler.

18.7 Den Ablauf mit Monitoren steuern

Um dafür zu sorgen, dass das im vorherigen Abschnitt beschriebene Problem nicht auftritt, ist es wichtig, hierfür entsprechende Vorsorgemaßnahmen zu ergreifen. Der Grund für den Fehler bestand darin, dass der Thread zwischen der Abfrage des bisherigen Bestands und dem Erstellen des neuen Eintrags, der auf diesem Wert beruht, den Thread gewechselt hat. Das führte dazu, dass die Änderungen, die in der Zwischenzeit stattfanden, nicht berücksichtigt wurden. Daher müssen wir verhindern, dass zwischen diesen beiden Aktionen ein Wechsel des Threads stattfindet. Dafür verwenden wir sogenannte Monitore.

Um einen Monitor zu erstellen, verwenden wir den Ausdruck `synchronized`. Diesen fügen wir stets bei der Definition einer Methode hinzu – nach dem Ausdruck `public` beziehungsweise `private`. Das sorgt dafür, dass kein Wechsel des threads stattfindet, solange die gemeinsam verwendete Ressource bearbeitet wird. Das bedeutet jedoch nicht, dass die komplette Methode ohne Unterbrechung ausgeführt wird. Wenn die gemeinsam verwendete Ressource nicht mehr verändert wird und wir eine weitere Abfrage einfügen, kann es dennoch zu einem Wechsel des Threads kommen.

Nun stellt sich jedoch die Frage, welche der verwendeten Methoden wir synchronisieren. Es wäre beispielsweise möglich, die `run()`-Methode in der Klasse `Mitarbeiter` auf diese Weise auszuzeichnen. Das würde dazu führen, dass das Programm alle Aufgaben, die für einen bestimmten Mitarbeiter anfallen und die eine gemeinsam verwendete Ressource verwenden, komplett abschließt. Erst danach findet ein Wechsel statt, sodass der nächste Mitarbeiter an der Reihe ist.

Das würde zwar für einen geordneten Ablauf mit korrekten Ergebnissen sorgen. Allerdings könnten wir in diesem Fall dann auch auf die Verwendung von Threads verzichten. Da das Programm jeden einzelnen Thread komplett abschließen muss, gehen die Vorteile dieser Technik komplett verloren. Es käme in diesem Fall genau zum gleichen Programmablauf, wie wenn wir keine Threads erstellen und die entsprechenden Methoden nacheinander aufrufen.

Aus diesem Grund ist es sinnvoll, immer nur genau die Teile zu synchronisieren, bei denen ein Threadwechsel das Ergebnis beeinflussen könnte. Daher sollten wir stets auf der untersten Ebene ansetzen. In unserem Beispiel wäre das die Methode verkaufen(). Allerdings ist es nicht notwendig, die komplette Methode zu synchronisieren. Wenn nach der Eingabe der Artikelnummer ein Threadwechsel stattfindet, bringt das keine Probleme mit sich. Der kritische Bereich beginnt an der Stelle, an der wir die aktuelle Anzahl aus dem Sortiment abrufen. Er endet, nachdem wir den neuen Wert in das Array eingetragen haben. Daher ist es sinnvoll, diesen Bereich in eine eigene Methode auszulagern und nur diese zu synchronisieren:

```
import java.io.*;
public class Sortiment {
    private int[] produkte = {12,24,22};
    private synchronized void abfrage (int index){
        try {
            InputStreamReader isr = new InputStreamReader(System.in);
            BufferedReader br = new BufferedReader(isr);
            int anzahl = this.produkte[index];
            System.out.println("Es sind " + anzahl + " Produkte verfügbar.");
            System.out.println("Wie viele möchten Sie verkaufen?");
            String eingabe2 = br.readLine();
            int anzahlVerkauf = Integer.parseInt(eingabe2);
            this.produkte[index] = anzahl - anzahlVerkauf;
        }
        catch (IOException e){
            System.out.println("Fehlerhafte Eingabe.");
        }
    }
    public void verkaufen() {
        try {
            InputStreamReader isr = new InputStreamReader(System.in);
            BufferedReader br = new BufferedReader(isr);
            System.out.println("Geben Sie die Artikelnummer ein:");
            String eingabe1 = br.readLine();
            int index = Integer.parseInt(eingabe1);
            this.abfrage(index);
        }
        catch (IOException e){
            System.out.println("Fehlerhafte Eingabe.");
        }
    }
    public void ausgeben (){
        System.out.println("Neues Sortiment");
        for (int i = 0; i < 3; i++){
            System.out.println("Produkt " + i + ": " + produkte[i]);
        }
    }
}
```

Abbildung 18.6 zeigt, dass die Reihenfolge der einzelnen Schritte nach wie vor ungeordnet ist. Wenn wir davon ausgehen, dass wir bei einer Server-Anwendung ohnehin dafür sorgen müssen, dass jedem Mitarbeiter nur die für ihn bestimmten Ausgaben angezeigt werden, spielt das jedoch keine Rolle. Auf den jeweiligen Rechnern würden die für den entsprechenden Mitarbeiter bestimmten Programmteile in der richtigen Reihenfolge erscheinen. Von Bedeutung ist jedoch, dass das Programm nun alle Rechenschritte korrekt durchführt und dass es die Werte richtig anpasst.

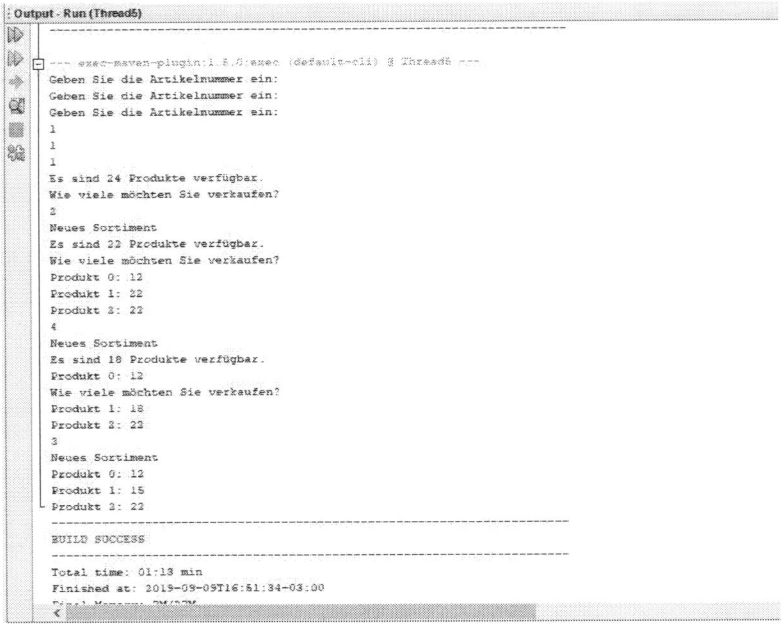

Abb. 18.6 Die Ausführung des Programms mit einer synchronisierten Methode

18.8 Beispiel für die Verwendung von Threads

Nachdem die wichtigsten Funktionen eines Threads vorgestellt wurden, soll die Verwendung nun noch an einem kleinen Praxisbeispiel verdeutlicht werden. Dazu schreiben wir ein Programm für ein Fast-Food-Restaurant. Dieses soll die Aufträge, die die Kassierer entgegennehmen, automatisch den einzelnen Köchen zuweisen. Da jedoch die Auslastung häufig sehr hoch ist, kann es hierbei zu Wartezeiten kommen. Um diese zu organisieren, verwenden wir Threads.

Wenn ein Kassierer eine neue Bestellung entgegennimmt, kann er diese in das Programm eintragen. Dabei muss er sich nicht darum kümmern, ob im Moment ein Koch zur Verfügung steht, um diese Aufgabe zu übernehmen. Das Programm erzeugt für diese Aufgabe einen Thread, der in regelmäßigen Abständen immer wieder die Verfügbarkeit überprüft. Wenn ein Koch frei ist, übergibt es diesem die entsprechende Bestellung. Wenn keiner der Mitarbeiter verfügbar ist, wartet er, um später wieder eine Überprüfung vorzunehmen.

Wenn ein Koch ein Gericht fertiggestellt hat, muss er dies im Programm vermerken. Dieses kennzeichnet ihn dann wieder als verfügbar und weist ihm einen neuen Auftrag zu, falls in diesem Moment eine weitere Bestellung vorliegt.

Wir beginnen diese Aufgabe mit der Erstellung des Hauptprogramms. Darin rufen wir Klassen und Methoden auf, die wir erst später erstellen. Daher können wir das Programm zu Beginn noch nicht ausführen. Dennoch ist diese Vorgehensweise sinnvoll, da dadurch die Strukturen bereits am Anfang ersichtlich werden.

Das Hauptprogramm erstellt zunächst ein Objekt der Klasse `Koeche`, in der wir festhalten, welcher Koch mit der Zubereitung welchen Gerichts beschäftigt ist. Danach erzeugen wir eine Liste, die wir als Warteschlange nutzen.

Hier fragen wir in einer Schleife zunächst ab, welche Aktion der Anwender durchführen will. Dafür erstellen wir später die Methode `abfrageAktion()` in der Klasse `Koeche`. Wenn der Anwender ein neues Gericht bestellen will, fügen wir ein neues Objekt des Typs `Auftrag` in die Warteschlange ein. Dieses soll später in einem eigenen Thread implementiert werden. Daher wenden wir die `start()`-Methode darauf an. Hat hingegen ein Koch sein Gericht fertiggestellt, erzeugen wir ein Objekt vom Typ `GerichtFertigstellen`. Auch dieses erstellen wir in einem Thread, sodass wir die `start()`-Methode darauf anwenden. Bei der Beendigung des Programms oder bei einer fehlerhaften Eingabe geben wir eine entsprechende Nachricht aus. Danach lassen wir den Thread eine Sekunde schlafen. Das führt dazu, dass nach der Beendigung der Schleife zunächst andere Threads ausgeführt werden. Das Hauptprogramm sieht dann so aus:

```
import java.util.ArrayList;
public class FastFood{
    public static void main(String[] args){
        Koeche koeche = new Koeche();
        ArrayList<Auftrag> warteschlange = new ArrayList<>();
        int auswahl;
        do {
            auswahl = koeche.abfrageAktion();
            if (auswahl == 1){
                warteschlange.add (new Auftrag(koeche));
                warteschlange.get(warteschlange.size() - 1).start();
            }
            else if (auswahl == 2){
                GerichtFertigstellen fertigstellen = new GerichtFertigstellen
                (koeche);
                fertigstellen.start();
            }
            else if (auswahl == 0){
                System.out.println("Auf Wiedersehen!");
            }
            else {
                System.out.println("Ungültige Eingabe!");
            }
            try {
                Thread.sleep(1000);
            }
            catch (InterruptedException e){
                System.out.println("Thread wurde unterbrochen.");
            }
        }while (auswahl != 0);
    }
}
```

Als Nächstes erstellen wir die Klasse `Auftrag`. Diese fragt zunächst ab, welches Gericht bestellt wurde. Danach erstellt sie die Variable `erledigt` und setzt sie auf `false`. Das zeigt an, dass der Auftrag noch nicht vergeben wurde.

Danach versuchen wir, den Auftrag an einen Koch zu vergeben. Dafür rufen wir die Methode `auftragVergeben()` auf. Ist ein Koch frei, gibt diese den Wert `true` zurück. Ist im Moment kein Koch verfügbar, erhalten wir den Wert `false`. In diesem Fall soll der Thread zehn Sekunden schlafen und die Auftragsvergabe daraufhin erneut versuchen:

```
public class Auftrag extends Thread{
    Koeche koeche;
    public Auftrag (Koeche koeche){
        this.koeche = koeche;
    }
    public void run(){
        String bestellung = koeche.abfrageBestellung();
        boolean erledigt = false;
        while (!erledigt){
            erledigt = this.koeche.auftragVergeben(bestellung);
            if (!erledigt) {
                try {
                    Thread.sleep(10000);
                }
                catch (InterruptedException e){
                    System.out.println("Thread wurde unterbrochen.");
                }
            }
        }
    }
}
```

Im nächsten Schritt erstellen wir die Klasse `GerichtFertigstellen`. Dieser Thread wird erzeugt, wenn ein Koch einen Auftrag erledigt hat. Er ruft lediglich die Methoden `abfrageKoch()` und `fertigstellen()` auf, um abzufragen, welcher Koch sein Gericht fertiggestellt hat und um diesen in der Liste daraufhin wieder freizugeben:

```
public class GerichtFertigstellen extends Thread{
    Koeche koeche;
    public GerichtFertigstellen (Koeche koeche){
        this.koeche = koeche;
    }
    public void run(){
        int koch = koeche.abfrageKoch();
        koeche.fertigstellen(koch);
    }
}
```

Zum Abschluss müssen wir noch die Klasse `Koeche` erstellen. Diese enthält zwei Arrays als Member. Eines enthält boolesche Variablen und gibt an, welcher der drei Köche frei und welcher belegt ist. Das zweite Array enthält die Gerichte, die der jeweilige Koch gerade zubereitet.

Die Methode auftragVergeben() durchsucht zunächst das Array koeche, um zu überprüfen, ob ein Koch verfügbar ist. Trifft dies zu, hält sie die Nummer des verfügbaren Kochs in der Variablen koch fest. Danach hält die Methode im Array koeche fest, dass der ausgewählte Koch nun nicht mehr verfügbar ist. Außerdem vermerkt sie im Array gerichte welche Mahlzeit dieser zubereitet. Danach gibt sie aus, welcher Koch das entsprechende Gericht zubereitet und gibt als Rückgabewert true zurück. Ist kein Koch verfügbar, setzt sie hingegen den Rückgabewert auf false.

Die Methode fertigstellen() setzt in der Liste der verfügbaren Köche den Wert des Kochs, der sein Gericht fertiggestellt hat, auf true. Das zeigt an, dass er wieder verfügbar ist. Außerdem löscht sie das entsprechende Gericht aus dem zweiten Array.

Danach folgen die Methoden abfrageAktion(), abfrageBestellung() und abfrageKoch(). Diese dienen lediglich dazu, die entsprechenden Werte vom Anwender abzufragen. Daher ist hierbei keine weitere Erklärung notwendig. Die Klasse Koeche sieht dann so aus:

```
import java.io.*;
public class Koeche {
    boolean[] koeche = {true,true,true};
    String[] gerichte = {"","",""};
    public synchronized boolean auftragVergeben (String bestellung){
        int koch = 0;
        for (int i = 0; i < 3; i++){
            if (this.koeche[i] == true){
                koch = i+1;
                break;
            }
        }
        if (koch > 0){
            this.koeche[koch-1] = false;
            this.gerichte[koch-1] = bestellung;
            System.out.println(bestellung + ": Koch " + koch);
            return true;
        }
        else {
            return false;
        }
    }
    public synchronized void fertigstellen (int koch){
        this.koeche[koch-1] = true;
        this.gerichte[koch-1] = "";
    }
    public int abfrageAktion(){
        int auswahl = -1;
        try {
            InputStreamReader isr = new InputStreamReader(System.in);
            BufferedReader br = new BufferedReader(isr);
            System.out.println("Auswahl Aktion:");
            System.out.println("Neues Gericht: 1");
            System.out.println("Gericht fertigstellen: 2");
            System.out.println("Programm beenden: 0");
```

```
                String eingabe = br.readLine();
                auswahl = Integer.parseInt(eingabe);
            }
            catch (IOException e){
                System.out.print("Eingabe nicht möglich.");
            }
            return auswahl;
        }
        public String abfrageBestellung(){
            String eingabe = "";
            try {
                InputStreamReader isr = new InputStreamReader(System.in);
                BufferedReader br = new BufferedReader(isr);
                System.out.println("Welches Gericht wurde bestellt? ");
                eingabe = br.readLine();
            }
            catch (IOException e){
                System.out.print("Eingabe nicht möglich.");
            }
            return eingabe;
        }
        public int abfrageKoch(){
            int auswahl = -1;
            try {
                InputStreamReader isr = new InputStreamReader(System.in);
                BufferedReader br = new BufferedReader(isr);
                System.out.print("Welcher Koch hat sein Gericht fertiggestellt? ");
                String eingabe = br.readLine();
                auswahl = Integer.parseInt(eingabe);
            }
            catch (IOException e){
                System.out.print("Eingabe nicht möglich.");
            }
            return auswahl;
        }
}
```

Damit haben wir das Beispielprogramm für die Erstellung von Threads abgeschlossen. Die einzelnen Aktionen kaufen nun parallel zueinander ab und ein wartender Auftrag reagiert automatisch, wenn ein Koch wieder verfügbar ist. Abbildung 18.7 zeigt, wie der Ablauf aussehen könnte.

Abb. 18.7 Die Verwaltung der Bestellungen

18.9 Übungsaufgabe: Threads erzeugen

1. Erstellen Sie ein Programm, das zwei verschiedene Klassen für Threads enthält. Der erste von ihnen soll den Anwender dazu auffordern, eine Zahl einzugeben. Daraufhin soll der Thread für die angegebene Anzahl an Sekunden schlafen. Der zweite soll eine Schleife enthalten, die den Anwender zur Eingabe der Daten eines Mitarbeiters auffordert – Personalnummer, Nachname, Vorname und Gehalt. Für die Aufnahme des Datensatzes ist eine neue Klasse unter der Bezeichnung Mitarbeiter erforderlich. Um das Programm so einfach wie möglich zu gestalten, verzichten wir dabei jedoch auf die Datenkapselung und geben die Werte direkt ein. Bei jedem Durchgang der Schleife soll das Programm den Datensatz in einer Liste abspeichern. Geben Sie dabei Prioritäten vor, die den Thread für die Eingabe der Personaldaten bevorzugt.

2. Gestalten Sie ein Programm mit einer Klasse, die eine Liste mit verschiedenen Mitarbeitern enthält. Außerdem soll in dieser Klasse eine Methode erstellt werden, die die Eingabe neuer Mitarbeiter ermöglicht. Synchronisieren Sie diese, um Konflikte mit anderen Threads zu vermeiden.

Für die Eingabe der neuen Mitarbeiter sind zwei Angestellte zuständig. Jeder von ihnen soll einen eigenen Thread erhalten. Dieser soll in einer Schleife immer neue Datensätze abfragen. Nach jedem Durchgang soll er jedoch fragen, ob ein weiterer Mitarbeiter hinzugefügt werden soll.

18

Lösungen:

1.

Hauptprogramm:

```
public class Aufgabe1{
    public static void main (String[] args){
        Eingabe eingabe = new Eingabe();
        Schlafen schlafen = new Schlafen();
        eingabe.setPriority(10);
        schlafen.setPriority(1);
        eingabe.start();
        schlafen.start();
    }
}
```

Klasse Eingabe:

```
import java.io.*;
import java.util.ArrayList;
public class Eingabe extends Thread {
    public void run(){
        ArrayList<Mitarbeiter> personal = new ArrayList<>();
        int weiter = 1;
        while (weiter == 1){
            try {
                InputStreamReader isr = new InputStreamReader(System.in);
                BufferedReader br = new BufferedReader(isr);
                Mitarbeiter mitarbeiter = new Mitarbeiter();
                System.out.print("Geben Sie die Personalnummer ein: ");
                mitarbeiter.persnr = Integer.parseInt(br.readLine());
                System.out.print("Geben Sie den Nachnamen ein: ");
                mitarbeiter.nachname = br.readLine();
                System.out.print("Geben Sie den Vornamen ein: ");
                mitarbeiter.vorname = br.readLine();
                System.out.print("Geben Sie das Gehalt ein: ");
                mitarbeiter.gehalt = Double.parseDouble(br.readLine());
                personal.add(mitarbeiter);
                System.out.println("Werte erfolgreich gespeichert.");
                System.out.println
                ("Weitere Berechnung durchführen (ja: 1/nein: 0)?");
                weiter = Integer.parseInt(br.readLine());
            }
            catch (IOException e){
                System.out.print("Eingabe nicht möglich.");
            }
        }
    }
}
```

Klasse Mitarbeiter:

```
public class Mitarbeiter {
    int persnr;
    String nachname;
    String vorname;
    double gehalt;
}
Klasse Schlafen:
class Schlafen extends Thread {
    public void run(){
        try {
            InputStreamReader isr = new InputStreamReader(System.in);
            BufferedReader br = new BufferedReader(isr);
            System.out.println("Wie lange soll der Thread schlafen?");
            int dauer = Integer.parseInt(br.readLine());
            Thread.sleep(1000 * dauer);
        }
        catch(InterruptedException ausnahme) {
            System.out.println("Thread unterbrochen.");
        }
        catch(IOException ausname){
            System.out.println("Fehlerhafte Eingabe.");
        }
        System.out.println("Thread 2 abgeschlossen.");
    }
}
```

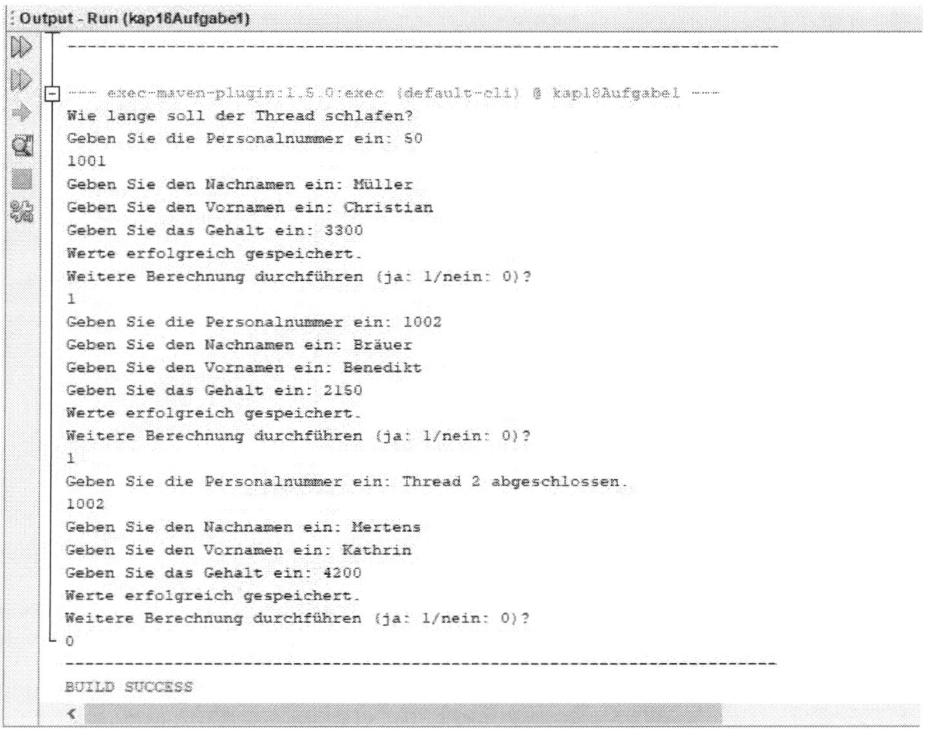

Abb. 18.8 Die beiden Threads laufen parallel zueinander ab

2.

Hauptprogramm:

```
public class Aufgabe2{
    public static void main (String[] args){
        Personal personal = new Personal();
        Eingabe mitarbeiter1 = new Eingabe(personal);
        Eingabe mitarbeiter2 = new Eingabe(personal);
        mitarbeiter1.start();
        mitarbeiter2.start();
    }
}
```

Klasse Personal:

```
public class Personal {
    ArrayList<Mitarbeiter> personal;
    public Personal (){
        this.personal = new ArrayList<>();
    }
    public synchronized void eingabe (){
        try {
            InputStreamReader isr = new InputStreamReader(System.in);
            BufferedReader br = new BufferedReader(isr);
            Mitarbeiter mitarbeiter = new Mitarbeiter();
            System.out.print("Geben Sie die Personalnummer ein: ");
            mitarbeiter.persnr = Integer.parseInt(br.readLine());
            System.out.print("Geben Sie den Nachnamen ein: ");
            mitarbeiter.nachname = br.readLine();
            System.out.print("Geben Sie den Vornamen ein: ");
            mitarbeiter.vorname = br.readLine();
            System.out.print("Geben Sie das Gehalt ein: ");
            mitarbeiter.gehalt = Double.parseDouble(br.readLine());
            personal.add(mitarbeiter);
            System.out.println("Werte erfolgreich gespeichert.");
        }
        catch (IOException e){
            System.out.print("Eingabe nicht möglich.");
        }
    }
}
```

Klasse Eingabe:

```
import java.io.*;
import java.util.ArrayList;
public class Eingabe extends Thread {
    Personal personal;
    public Eingabe (Personal personal){
        this.personal = personal;
    }
    public void run(){
        ArrayList<Mitarbeiter> personal = new ArrayList<>();
        int weiter = 1;
```

```
        while (weiter == 1){
            try {
                InputStreamReader isr = new InputStreamReader(System.in);
                BufferedReader br = new BufferedReader(isr);
                this.personal.eingabe();
                System.out.println("Weitere Berechnung durchführen
                    (ja: 1/nein: 0)?");
                weiter = Integer.parseInt(br.readLine());
            }
            catch (IOException e){
                System.out.print("Eingabe nicht möglich.");
            }
        }
    }
}
```

Die Klasse Mitarbeiter ist identisch zur entsprechenden Klasse aus Aufgabe 1.

```
Output - Run (kap18Aufgabe2)
------------------------------------------------------------------------

--- exec-maven-plugin:1.5.0:exec (default-cli) @ kap18Aufgabe2 ---
Geben Sie die Personalnummer ein: 1001
Geben Sie den Nachnamen ein: Müller
Geben Sie den Vornamen ein: Stefan
Geben Sie das Gehalt ein: 2300
Werte erfolgreich gespeichert.
Weitere Berechnung durchführen (ja: 1/nein: 0)?
Geben Sie die Personalnummer ein: 1
1002
Geben Sie den Nachnamen ein: Starke
Geben Sie den Vornamen ein: Daniela
Geben Sie das Gehalt ein: 4200
Werte erfolgreich gespeichert.
Weitere Berechnung durchführen (ja: 1/nein: 0)?
Geben Sie die Personalnummer ein: 0
1003
Geben Sie den Nachnamen ein: Hübner
Geben Sie den Vornamen ein: Christoph
Geben Sie das Gehalt ein: 2050
Werte erfolgreich gespeichert.
Weitere Berechnung durchführen (ja: 1/nein: 0)?
0
------------------------------------------------------------------------
BUILD SUCCESS
------------------------------------------------------------------------
Total time: 01:20 min
Finished at: 2019-09-10T09:18:51-03:00
```

Abb 18.9 Die Abfrage der Werte

Alle Programmcodes und Schaltpläne aus diesem Buch stehen kostenfrei zum Download bereit. Dadurch müssen Sie Code nicht abtippen.

Außerdem erhalten Sie die eBook Ausgabe zum Buch im PDF Format kostenlos auf unserer Website:

https://bmu-verlag.de/java-kompendium/

Downloadcode: siehe Kapitel 28

Kapitel 19

JSON – ein Objekt für die Übermittlung von Daten

In der Informatik gewinnen Netzwerke immer mehr an Bedeutung. Das bedeutet, dass ein Programm nicht mehr vollkommen autonom agiert und lediglich Daten mit dem Anwender beziehungsweise mit Dateien und Datenbanken, die auf dem lokalen Rechner gespeichert sind, austauscht. Darüber hinaus kommt es zu einem Informationsaustausch mit vielen anderen Geräten – innerhalb eines lokalen Netzwerks oder weltweit über das Internet.

Hierfür ist es notwendig, die Daten nach einheitlichen Vorgaben zu verarbeiten. Das verhindert Probleme bei der Kommunikation der beteiligten Partner. Eine Möglichkeit hierfür stellt *JSON* dar. Diese Technik erlaubt es, Daten nach einem fest vorgegebenen Muster abzuspeichern. Auf diese Weise lassen sich Informationen zwischen verschiedenen Programmen sehr gut auszutauschen.

19.1 Was steckt hinter dem Begriff JSON?

Der Begriff JSON steht für „JavaScript Object Notation". Dabei handelt es sich um Vorgaben für eine strukturierte Codierung von Daten. JSON bezieht sich nicht auf ein eigenes Dateiformat – obwohl es mittlerweile auch viele Dateien mit der Endung `.json` gibt. JSON ist lediglich ein Regelwerk, auf welche Weise die Daten gespeichert werden sollen. Bei Dateien mit der entsprechenden Endung handelt es sich eigentlich um Textdateien, die jedoch die Regeln für die Formatierung, die JSON vorgibt, beachten.

Die Buchstaben J und S in der Bezeichnung JSON stehen für JavaScript. Dabei handelt es sich um eine Programmiersprache, die trotz der Ähnlichkeit des Namens vollkommen unabhängig von Java ist. JavaScript dient in erster Linie der Gestaltung dynamischer Internetseiten. Als JSON Anfang der 2000er-Jahre entwickelt wurde, kam diese Technik in erster Linie für den Datenaustausch zwischen JavaScript-Seiten und dem Webserver zum Einsatz. Daher kam es zu dieser Bezeichnung. Allerdings ist die Anwendung nicht auf diese Programmiersprache beschränkt. Wir können JSON auch problemlos in ein Java-Programm oder in Software, die mit vielen anderen Programmiersprachen erstellt wurde, integrieren.

JSON hat einen ähnlichen Einsatzzweck wie XML, das in diesem Buch bereits vorgestellt wurde. Genau wie dieses Format bietet JSON die Möglichkeit, Daten strukturiert aufzubereiten. Das erleichtert eine automatisierte Bearbeitung. Dennoch ist das Format so gestaltet, dass die Daten auch für den menschlichen Nutzer leicht zu verstehen sind. Daher ist auch eine manuelle Überprüfung möglich.

JSON unterscheidet sich von XML unter anderem darin, dass hierbei die Strukturen noch etwas einfacher aufgebaut sind. Das erleichtert die Anwendung und führt in vielen Fällen außerdem dazu, dass die Dateien weniger Speicherplatz benötigen.

19.2 Die Vorbereitungsmaßnahmen

Um in einem Java-Programm mit JSON zu arbeiten, erstellen wir ein sogenanntes `JSONObject`. Dieses ist in einer gleichnamigen Klasse definiert, die jedoch nicht zur Standard-Bibliothek von Java gehört. Das bedeutet, dass wir diese wieder separat einbinden.

Auch hierfür gibt es wieder mehrere Möglichkeiten. Wie bei der Einbindung vieler anderer externer Bibliotheken, die wir bisher verwendet haben, gestalten wir wieder ein Maven-Projekt. Dort müssen wir wie in den vorherigen Beispielen die `pom`-Datei anpassen. Hierfür müssen wir zur bereits bestehenden Datei folgenden Abschnitt hinzufügen:

```
<dependencies>
    <dependency>
            <groupId>org.json</groupId>
            <artifactId>json</artifactId>
            <version>20180130</version>
    </dependency>
</dependencies>
```

Diesen fügen wir nach dem Abschluss des `properties`-Tag und vor dem End-Tag `</project>` ein. Diese Anpassung sorgt wieder dafür, dass NetBeans automatisch alle erforderlichen Dateien herunterlädt und sie in unser Projekt einbindet.

19.3 Mit dem JSONObject arbeiten

Um zu zeigen, wie wir mit einem JSON-Objekt arbeiten, verwenden wir das eben erstellte Projekt, für das wir die pom-Datei bereits angepasst haben. Hier erzeugen wir wie gewohnt zunächst die `main()`-Methode. Daraufhin deklarieren und instanziieren wir ein neues JSON-Objekt:

```
JSONObject json = new JSONObject();
```

Dabei müssen wir darauf achten, auch den notwendigen `import`-Befehl in das Programm einzufügen:

```
import org.json.JSONObject;
```

Dieses Objekt kann nun beliebig viele Daten aufnehmen. Diese werden in Paaren aus einem Schlüsselbegriff und einem Wert abgespeichert – ähnlich wie bei der Java-Collection Map, die wir in diesem Buch bereits kennengelernt haben. Als Schlüsselbegriffe kommen stets `String`-Variablen zum Einsatz. Diese müssen eindeutig sein. Das bedeutet, dass wir innerhalb eines JSON-Objekts jeden Schlüsselbegriff nur ein einziges Mal verwenden dürfen. Außerdem darf die verwendete Zeichenkette nicht den Wert `null` aufweisen.

Das JSON-Objekt kann viele verschiedene Werte aufnehmen – Strings, Zahlen, boolesche Ausdrücke und einige weitere. Hierbei müssen wir den Typ nicht angeben. Wir fügen einfach den entsprechenden Wert ein.

Um ein neues Wertepaar zu erzeugen, verwenden wir die `put()`-Methode. Darin geben wir den Schlüsselbegriff und nach einem Komma den Wert an:

```
json.put("Personalnummer", 1001);
```

Das folgende Programm erzeugt ein JSON-Objekt, weist ihm verschiedene Werte zu und gibt daraufhin das komplette Objekt aus:

```
import org.json.JSONObject;
public class JSON {
    public static void main(String[] args) {
        JSONObject json = new JSONObject();
        json.put("Personalnummer", 1001);
        json.put("Nachname", "Winkler");
        json.put("Vorname", "Robert");
        json.put("Gehalt", 3200);
        System.out.println(json);
    }
}
```

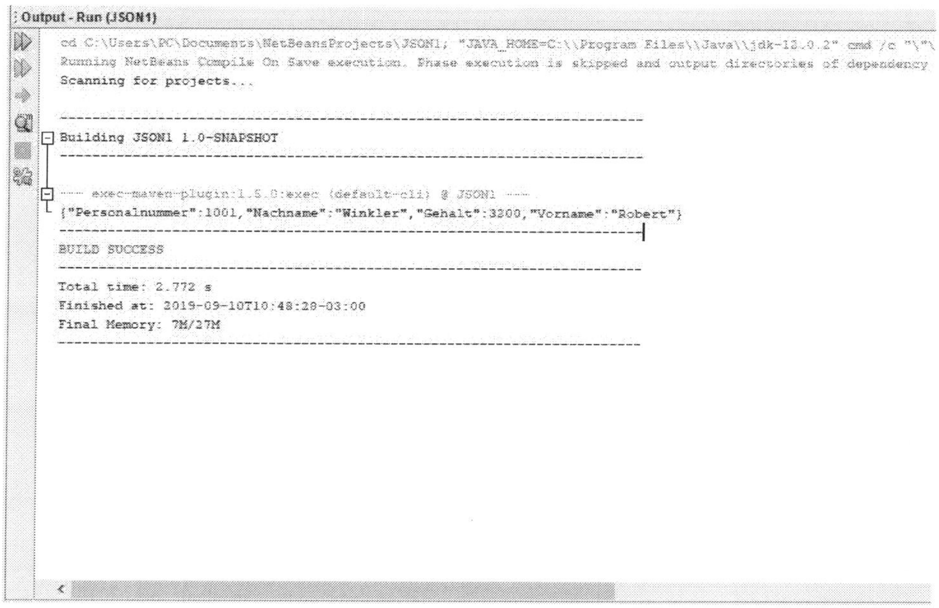

Abb. 19.1 Unser erstes Programm mit einem JSON-Objekt

19

Abbildung 19.1 zeigt, dass wenn wir das JSON-Objekt mit einem `print()`-Befehl ausgeben, die Inhalte in einer geschweiften Klammer erscheinen. Die einzelnen Paare aus Schlüsselbegriff und Wert sind durch ein Komma voneinander getrennt. Zwischen ihnen steht jeweils ein Doppelpunkt.

Wie bereits angesprochen, ist die Struktur des JSON-Objekts sehr ähnlich wie bei einer Map. Das gibt uns die Möglichkeit, diesen Datentyp als Vorlage zu verwenden, falls bereits eine entsprechende Map bestehen sollte. Dazu fügen wir diese einfach als Übergabewert bei der Instanziierung des JSON-Objekts ein. Allerdings müssen wir dabei darauf achten, dass sich Maps nur für die Aufnahme einheitlicher Datentypen eignen. Daher wäre es beim vorherigen Beispiel nicht möglich, die Werte in einer Map zu speichern. Um die Funktionsweise dennoch an einem Beispiel zu demonstrieren, erstellen wir nun eine Map, die lediglich die Personalnummer als Schlüsselbegriff und als Wert das zugehörige Gehalt enthält. Dabei müssen wir darauf achten, dass bei einem JSON-Objekt der Schlüsselbegriff immer eine `String`-Variable sein muss. Daher müssen wir die Personalnummern als Zeichenkette abspeichern. Die Map dient dann als Vorlage für das JSON-Objekt:

```
import java.util.*;
import org.json.JSONObject;
public class JSON {
    public static void main(String[] args) {
        HashMap<String, Integer> gehalt = new HashMap<>();
        gehalt.put("1001", 3200);
        gehalt.put("1002", 2800);
        gehalt.put("1003", 4500);
        gehalt.put("1004", 1750);
        JSONObject json = new JSONObject(gehalt);
        System.out.println(json);
    }
}
```

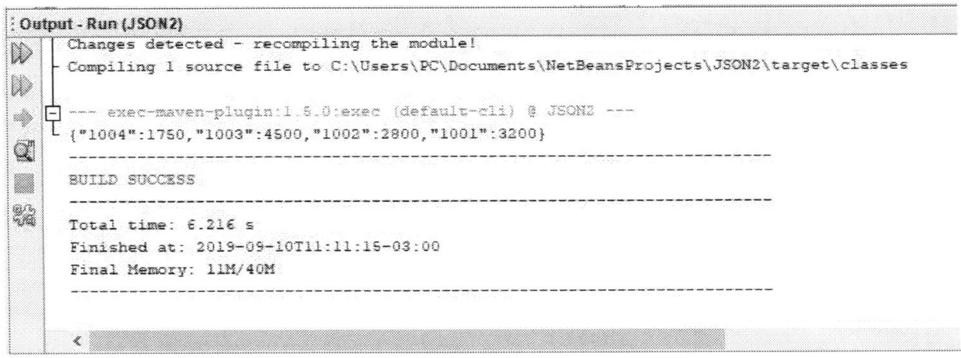

Abb. 19.2 Das JSON-Objekt mit einer Map als Vorlage

JSON gibt uns auch die Möglichkeit, direkt auf die Werte zuzugreifen. Dafür verwenden wir die `get()`-Methode. In die Klammer müssen wir den Schlüsselbegriff einfügen. Auf diese Weise erhalten wir den zugehörigen Wert. Damit gestalten wir nun die

Ausgabe aus dem vorherigen Programm etwas ansprechender. Abbildung 19.3 zeigt, dass wir nun für jeden Mitarbeiter das Gehalt separat ausgeben können:

```
import java.util.*;
import org.json.JSONObject;
public class JSON {
    public static void main(String[] args) {
        HashMap<String, Integer> gehalt = new HashMap<>();
        gehalt.put("1001", 3200);
        gehalt.put("1002", 2800);
        gehalt.put("1003", 4500);
        gehalt.put("1004", 1750);
        JSONObject json = new JSONObject(gehalt);
        System.out.println("Mitarbeiter 1001: " + json.get("1001"));
        System.out.println("Mitarbeiter 1002: " + json.get("1002"));
        System.out.println("Mitarbeiter 1003: " + json.get("1003"));
        System.out.println("Mitarbeiter 1004: " + json.get("1004"));
    }
}
```

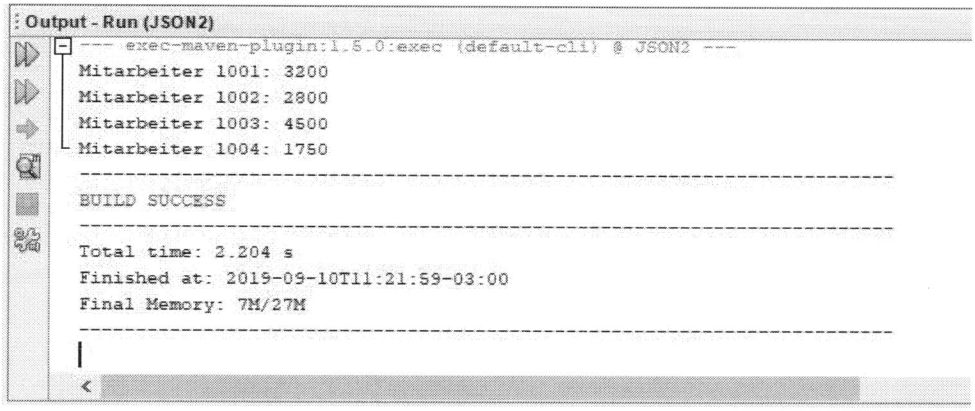

Abb. 19.3 Die Ausgabe der einzelnen Werte

19.4 Das JSONArray

Eine weitere Möglichkeit, um Daten über JSON aufzunehmen, stellt das `JSONArray` dar. Dieses unterscheidet sich von gewöhnlichen Arrays in erster Linie darin, dass es innerhalb der gleichen Struktur unterschiedliche Datentypen aufnehmen kann. Das bedeutet, dass wir beispielsweise `String`-Variablen, `int`-Werte und boolesche Variablen in das gleiche Array einfügen können. Außerdem ist die Länge hierbei nicht konstant. Das bedeutet, dass das `JSONArray` eher einer Liste als einem Array entspricht.

Der Unterschied zum `JSONObject`, das wir im vorigen Kapitel kennengelernt haben, besteht darin, dass hier der Zugriff nicht über einen Schlüsselbegriff, sondern über eine Index-Nummer stattfindet.

Da es sich beim `JSONArray` um ein Objekt handelt, erzeugen wir dieses mit dem Schlüsselbegriff `new`. Danach können wir über die `put()`-Methode Werte in das Array einfügen. Für die Ausgabe können wir genau wie beim `JSONObject` entweder alle Inhalte gemeinsam ausgeben oder die Werte einzeln abrufen. Dafür kommt wieder die `get()`-Methode zum Einsatz. Statt eines Schlüsselbegriffs geben wir nun jedoch die Indexnummer ein:

```
import org.json.JSONArray;
public class JSON {
    public static void main(String[] args) {
        JSONArray jsonArray = new JSONArray();
        jsonArray.put(5);
        jsonArray.put("Hallo");
        jsonArray.put(true);
        System.out.println(jsonArray);
        System.out.println("Wert 1: " + jsonArray.get(0));
        System.out.println("Wert 2: " + jsonArray.get(1));
        System.out.println("Wert 3: " + jsonArray.get(2));
    }
}
```

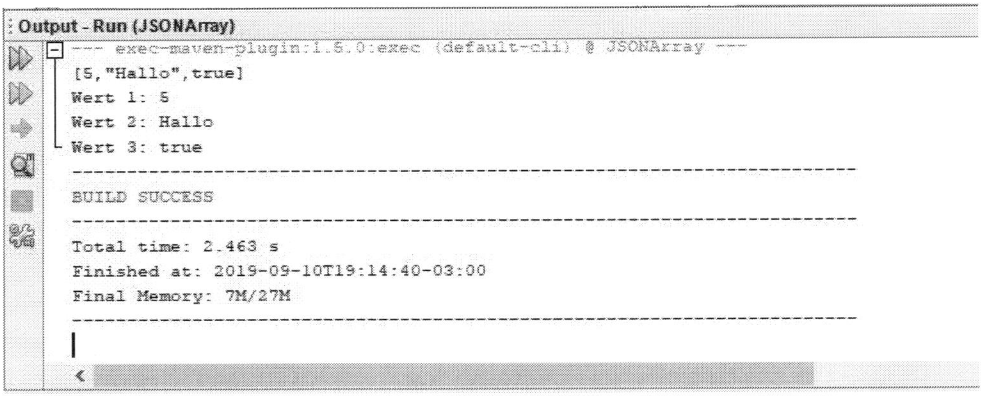

Abb. 19.4 Die Ausgabe der Werte des JSONArrays

Beim `JSONObject` war es möglich, dieses mit einer vorgefertigten Map zu erzeugen. Beim `JSONArray` gibt es eine ähnliche Vorgehensweise. Dieses können wir mithilfe eines Arrays oder einer Liste erzeugen. Das folgende Programm soll das vorstellen. In Abbildung 19.5 ist zu sehen, dass das `JSONArray` alle Werte aus der Liste aufgenommen hat.

```
import java.util.ArrayList;
import org.json.JSONArray;
public class JSONArray2 {
    public static void main(String[] args) {
        ArrayList<String> laender = new ArrayList<>();
        laender.add("Deutschland");
        laender.add("Frankreich");
        laender.add("Italien");
        laender.add("Spanien");
```

```
        JSONArray jsonArray = new JSONArray(laender);
        System.out.println(jsonArray);
    }
}
```

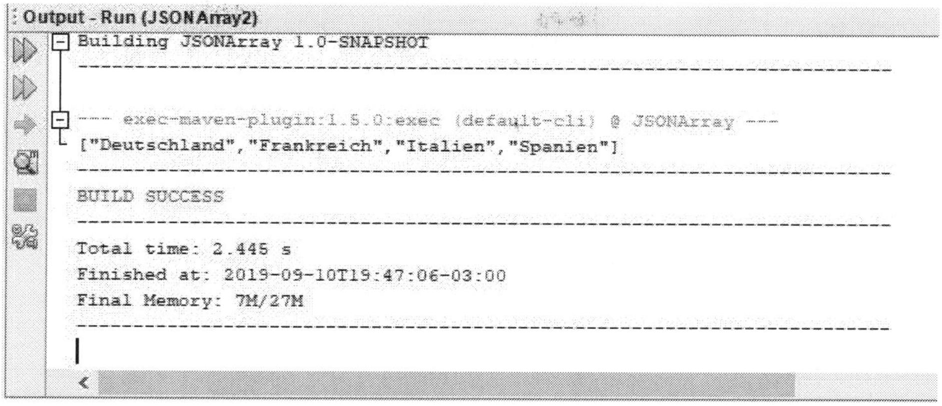

Abb. 19.5 Die Ausgabe des JSONArrays, das über eine Liste erzeugt wurde

19.5 JSONTokener und CDL

Ein weiteres Element, das wir in JSON verwenden können, ist der `JSONTokener`. Allerdings sind die Anwendungen hierfür nicht allzu umfangreich. Der `JSONTokener` kommt in erster Linie für die internen Methoden der Objekte zum Einsatz. Dennoch ist es sinnvoll, kurz darauf einzugehen.

Der `JSONTokener` erhält immer eine Zeichenkette als Wert. Daraufhin ist es möglich, diese Buchstabe für Buchstabe durchzugehen. Die `more()`-Methode gibt dabei an, ob noch weitere Elemente in der Zeichenkette vorhanden sind. Die `next()`-Methode gibt immer den nächsten Buchstaben aus und springt einen Schritt weiter. Auf diese Weise können wir beispielsweise die einzelnen Buchstaben eines Worts ausgeben, so wie das in Abbildung 19.6 zu sehen ist:

```
import org.json.JSONTokener;
public class Tokener {
    public static void main(String[] args) {
        JSONTokener tokener = new JSONTokener("Hallo");
        while(tokener.more()) {
            System.out.println(tokener.next());
        }
    }
}
```

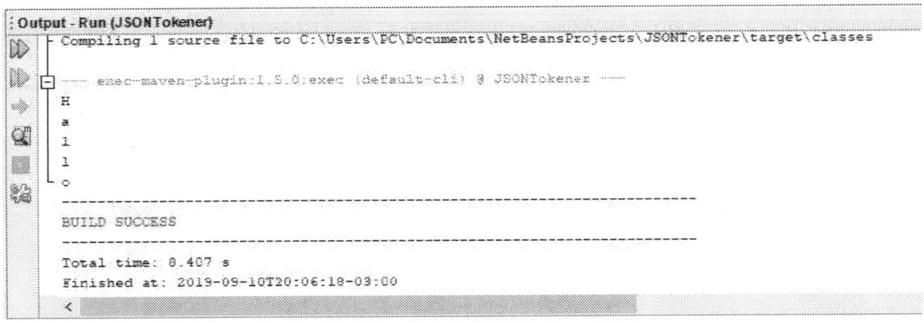

Abb. 19.6 Die Ausgabe der einzelnen Buchstaben

Ein Anwendungsbeispiel für den `JSONTokener` wäre es, ein `JSONArray` aus einer Zeichenkette, die verschiedene Inhalte enthält, die durch ein Komma getrennt sind, zu erzeugen. Dafür kommt die Klasse `CDL` (für Comma Delimited List) zum Einsatz. Diese ermöglicht es, die Liste, in der die Werte durch ein Komma getrennt enthalten sind, in ein Array zu überführen. Zu diesem Zweck kommt die Methode `rowToJSONArray()` zum Einsatz. Diese benötigt jedoch einen `JSONTokener` als Übergabewert. Das Programm sieht dann so aus:

```
import org.json.CDL;
import org.json.JSONArray;
import org.json.JSONTokener;
public class Tokener2 {
    public static void main(String[] args) {
        JSONTokener tokener = new JSONTokener("Deutschland, Frankreich,
        Spanien");
        JSONArray jsonArray = CDL.rowToJSONArray(tokener);
        System.out.println(jsonArray);
    }
}
```

Abbildung 19.7 zeigt, dass wir mithilfe des JSONTokeners Werte, die lediglich durch ein Komma voneinander getrennt sind, in ein Array aufgenommen haben. Diese Funktion ist für die Auswertung von Textdokumenten sehr hilfreich.

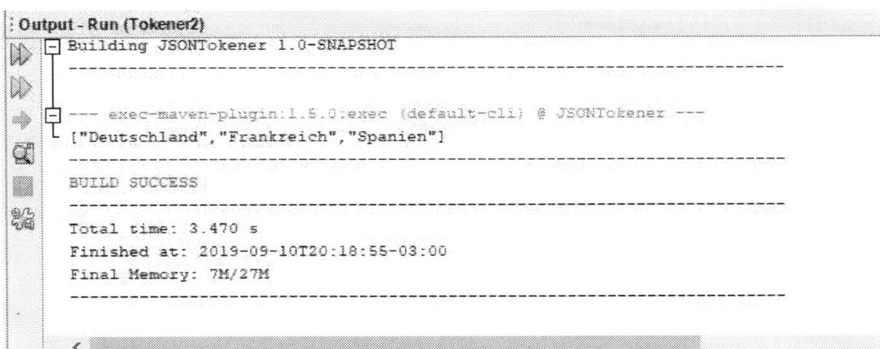

Abb. 19.7 Das JSONArray entsteht aus einer Zeichenkette mit Werten, die durch ein Komma voneinander getrennt sind

Auf eine ähnliche Weise können wir auch die Methode `rowToJSONObject()` verwenden. Diese wandelt die Eingabe in ein `JSONObject` um. Sie benötigt jedoch noch einen weiteren Übergabewert: In einem `JSONArray` müssen die entsprechenden Schlüsselbegriffe für die Werte vorhanden sein. Diese Methode verbindet dann das erste Array-Feld mit der ersten Eingabe, das zweite mit der zweiten Eingabe und so weiter. Sollte die Anzahl der Array-Felder und der Werte nicht übereinstimmen, führt das zu keinem Fehler. In diesem Fall bricht die Methode die Zuordnung ab, sobald entweder das Ende des Arrays oder das Ende der Komma-Liste erreicht ist. Auf diese Weise können wir unser Programm erweitern, um aus den entsprechenden Begriffen ein `JSONObject` zu erstellen:

```
import org.json.CDL;
import org.json.JSONArray;
import org.json.JSONObject;
import org.json.JSONTokener;
public class Tokener3 {
    public static void main(String[] args) {
        JSONTokener tokener = new JSONTokener("Deutschland, Frankreich, 
        Spanien");
        String[] bezeichner = {"Land1", "Land2", "Land3"};
        JSONArray array = new JSONArray(bezeichner);
        JSONObject objekt = CDL.rowToJSONObject(array,tokener);
        System.out.println(objekt);
    }
}
```

19.6 Daten mit JSON schreiben und lesen

Zum Abschluss dieses Kapitels soll noch ein kleines Beispielprogramm entstehen, das zeigt, wie wir mit JSON Daten verarbeiten können. Dabei schreiben wir die Daten zunächst in eine Datei. Danach lesen wir sie mit einem weiteren Programm aus der Datei aus.

Wenn wir Inhalte für JSON in Dateien schreiben, ist es sinnvoll, `json-simple` zu verwenden. Dabei handelt es sich um ein Toolkit, das die entsprechenden Methoden zum Schreiben und Lesen der Daten enthält. Daher fügen wir nun einen anderen Zusatz zur **pom**-Datei hinzu, als in den vorherigen Beispielen:

```
<dependencies>
    <dependency>
            <groupId>com.googlecode.json-simple</groupId>
            <artifactId>json-simple</artifactId>
            <version>1.1.1</version>
    </dependency>
</dependencies>
```

Nun schreiben wir zunächst ein Programm, das in einer Schleife den Anwender nach den Daten der Mitarbeiter fragt. Jeder Durchgang dient dazu, den Datensatz für einen Mitarbeiter abzufragen. Mit diesen Informationen erstellen wir ein `JSONObject`. Nachdem wir einen Datensatz komplett abgefragt haben, fügen wir das `JSONObject` in ein `JSONArray` ein. Danach wird der Anwender gefragt, ob er einen weiteren Mitarbeiter hinzufügen will.

Nachdem der Anwender seine Eingaben beendet hat, erzeugen wir ein neues Objekt vom Typ `FileWriter` und übergeben ihm den Namen der Datei, in die wir die Daten schreiben möchten: `personal.json`. Danach wenden wir die `write()`-Methode darauf an. Diese benötigt jedoch als Übergabewert eine Zeichenkette. Um die Daten im `JSONArray` in die richtige Form zu überführen, wenden wir darauf die `toJSONString()`-Methode an. Danach schließen wir den `FileWriter` mit dem `close()`-Befehl:

```
import java.io.BufferedReader;
import java.io.FileWriter;
import java.io.IOException;
import java.io.InputStreamReader;
import org.json.simple.JSONArray;
import org.json.simple.JSONObject;
public class JSON
{
    public static void main( String[] args )
    {
        JSONArray personal = new JSONArray();
        try{
            InputStreamReader isr = new InputStreamReader(System.in);
            BufferedReader br = new BufferedReader(isr);
            while (true){
                JSONObject mitarbeiter = new JSONObject();
                System.out.println("Geben Sie die Personalnummer ein:");
                mitarbeiter.put("Personalnummer", Integer.parseInt
                (br.readLine()));
                System.out.println("Geben Sie den Nachnamen ein:");
                mitarbeiter.put("Nachname", br.readLine());
                System.out.println("Geben Sie den Vornamen ein:");
                mitarbeiter.put("Vorname", br.readLine());
                System.out.println("Geben Sie das Gehalt ein:");
                mitarbeiter.put("Gehalt", Double.parseDouble(br.readLine()));
                personal.add(mitarbeiter);
                System.out.println("Weiteren Mitarbeiter hinzufügen? (j/n)");
                if (!br.readLine().equals("j")){
                    break;
                }
            }
            FileWriter file = new FileWriter("personal.json");
            file.write(personal.toJSONString());
            file.close();
        }
        catch (IOException e){
            System.out.println("Fehler: " + e);
        }
    }
}
```

Wenn wir das Programm nun ausführen und anschließend den Ordner aufrufen, in dem wir das Projekt gespeichert haben, sehen wir, dass hier nun eine Datei mit der

Bezeichnung `personal.json` entstanden ist. Diese können wir mit einem Texteditor aufrufen. Abbildung 19.8 zeigt, dass hier nun alle Eingaben mit ihrem jeweiligen Bezeichner enthalten sind.

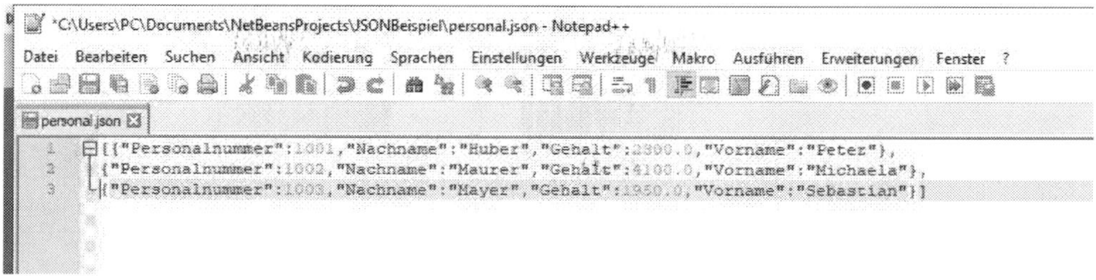

Abb. 19.8 Die Anzeige der JSON-Datei in einem Texteditor

Anmerkung: Das Programm speichert die eingegebenen Informationen eigentlich in einer einzigen Zeile ohne Zeilenumbrüche ab. Das trägt zu einer möglichst geringen Dateigröße bei. Damit die Inhalte besser zur Geltung kommen, wurden die Zeilenumbrüche für diese Abbildung manuell eingefügt.

Im nächsten Schritt gestalten wir nun ein Programm, das eine JSON-Datei einlesen kann. Auf diese Weise machen wir die gespeicherten Informationen wieder für unser Programm verfügbar. Dazu starten wir jedoch kein neues Projekt. Stattdessen gestalten wir eine neue Klasse innerhalb des bisherigen Projekts. Das stellt sicher, dass sich die Datei im gleichen Ordner befindet.

Hier erstellen wir jedoch ebenfalls eine `main()`-Methode, sodass wir das Programm zum Einlesen der Daten unabhängig vom Programm zur Eingabe der Werte ausführen können. Darin erstellen wir zunächst einen `FileReader` für die entsprechende JSON-Datei:

```
FileReader reader = new FileReader("personal.json");
```

Daraufhin erstellen wir ein Objekt des Typs `JSONParser`. Dieses dient dazu, die Inhalte auszulesen. Auf dieses Objekt wenden wir dann die `parse()`-Methode an. Diese erhält als Übergabewert das `FileReader`-Objekt.

Nun müssen wir uns daran erinnern, wie wir die Daten in unserem vorherigen Programm organisiert haben. Dabei haben wir zunächst einzelne Objekte vom Typ `JSONObject` erstellt und diese dann in einem `JSONArray` gespeichert. Das bedeutet, dass der gesamte Datensatz nach dem Einlesen wieder in einem `JSONArray` vorliegen sollte. Daher deklarieren wir eine entsprechende Variable und weisen dieser das Ergebnis der `parse()`-Methode zu. Wenn wir das Programm nun ausführen, kommt es jedoch zu einem Fehler. Das liegt daran, dass diese Methode ein Objekt des Typs `Object` zurückgibt, jedoch kein `JSONArray`. Daher müssen wir den Objekttyp anpassen. In der Informatik spricht man in diesem Fall davon, dass wir das Objekt casten. Das ist möglich, indem wir den gewünschten Typ in einer Klammer vor den Aufruf der Methode stellen:

```
JSONParser jsonParser = new JSONParser();
JSONArray array =  (JSONArray)jsonParser.parse(reader);
```

Nun können wir mit der `get()`-Methode auf die einzelnen Objekte zuzugreifen, die darin enthalten sind. Doch müssen wir dabei darauf achten, dass diese ebenfalls vom Typ `Object` sind. Um sie in ein `JSONObject` zu verwandeln, müssen wir sie wieder casten:

```
JSONObject objekt = (JSONObject)array.get(0);
```

Das folgende Programm liest die Datei aus, erstellt das entsprechende `JSONArray` und erzeugt daraus ein `JSONObject`. Danach gibt es die entsprechenden Werte aus, so wie das in Abbildung 19.9 zu erkennen ist:

```
import java.io.FileReader;
import java.io.IOException;
import org.json.simple.JSONArray;
import org.json.simple.JSONObject;
import org.json.simple.parser.JSONParser;
import org.json.simple.parser.ParseException;
public class Lesen {
    public static void main(String[] args) {
        try{
            FileReader reader = new FileReader("personal.json");
            JSONParser jsonParser = new JSONParser();
            JSONArray array =  (JSONArray)jsonParser.parse(reader);
            JSONObject objekt = (JSONObject)array.get(0);
            System.out.println(array);
            System.out.println(objekt);
        }
        catch (IOException e){
        }
        catch (ParseException e){
        }
    }
}
```

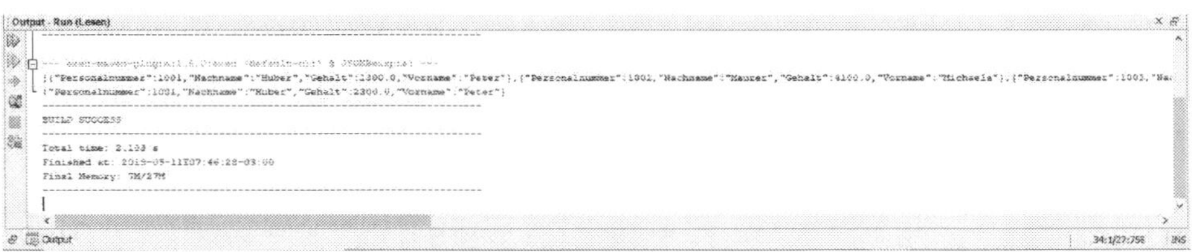

Abb. 19.9 Die Ausgabe des Arrays und des Objekts

An diesen beiden Beispielprogrammen erkennen wir, wie einfach die Arbeit mit JSON ist. Um die Daten strukturiert abzuspeichern, sind nur wenige Programmzeilen notwendig. Auch das Auslesen ist schnell und einfach. Die Struktur begünstigt eine maschinelle Verarbeitung stark. Dennoch sind die Daten auch für den Anwender zu erkennen. Aufgrund dieser Vorteile verwenden viele Programme, die Daten in Dateien abspeichern, JSON für diese Aufgabe. Darüber hinaus bietet diese Technik noch einen weiteren Vorteil: Sie benötigt deutlich weniger Speicherplatz als entsprechende XML-Dateien. Das stellt bei der Übertragung über das Internet einen besonderen Vorteil dar. Daher kommt sie in diesem Bereich besonders häufig zum Einsatz.

19.7 Übungsaufgabe: mit JSON arbeiten

1. Schreiben Sie ein Programm, das es dem Anwender ermöglicht, eine Liste mit Freunden und Bekannten zu erstellen. Für jede Person sollen dabei der Name, der Geburtstag und die Telefonnummer abgespeichert werden. Gestalten Sie die Eingabe so, dass der Anwender diese Werte einfach durch ein Komma getrennt eingeben kann, ohne dass hierfür mehrere Eingabebefehle notwendig sind. Speichern Sie die zusammengehörigen Werte in einem `JSONObject` ab.

   Die Eingabe soll innerhalb einer Schleife erfolgen. Nach jedem Durchgang soll das entstandene `JSONObject` in einem Array abgespeichert werden. Fragen Sie den Anwender danach, ob er einen weiteren Wert eingeben will.

Anmerkung: Um das gesamte Array in einer for-Schleife auszugeben, können wir die Zahl der Durchläufe mithilfe der `length()`-Methode vorgeben. Diese lässt sich auch auf das `JSONArray` anwenden. Um auf die Inhalte der einzelnen Objekte zuzugreifen, müssen wir diese zunächst casten, da sie uns als `Object` übergeben werden.

2. Erstellen Sie ein Programm, das es dem Anwender erlaubt, die Freundesliste in einer JSON-Datei abzuspeichern und auszugeben. Achten Sie darauf, dass wir hierfür mit `json-simple` arbeiten und dass daher eine andere Anpassung der pom-Datei notwendig ist, als in der vorherigen Aufgabe. Da json-simple weder die Klasse `JSONTokener` noch die Klasse `CDL` kennt, müssen wir hierbei die Werte einzeln abfragen.

   Das Programm soll in einer Schleife ablaufen, die dem Anwender die Möglichkeit gibt, neue Freunde hinzuzufügen oder die gesamte Liste auszugeben.

Lösungen:

1.

```
import java.io.BufferedReader;
import java.io.IOException;
import java.io.InputStreamReader;
import org.json.JSONTokener;
import org.json.CDL;
import org.json.JSONArray;
import org.json.JSONObject;
public class Aufgabe1 {
    public static void main(String[] args) {
        String[] array = {"Name", "Geburtsdatum", "Telefonnummer"};
        JSONArray bezeichner = new JSONArray(array);
        JSONArray freunde = new JSONArray();
        try{
            InputStreamReader isr = new InputStreamReader(System.in);
            BufferedReader br = new BufferedReader(isr);
            while (true){
                System.out.println("Geben Sie den Namen, das Geburtsdatum und " +
                        "die Telefonnummer durch ein Komma getrennt ein:");
                JSONTokener tokener = new JSONTokener(br.readLine());
                JSONObject objekt = CDL.rowToJSONObject(bezeichner,tokener);
                freunde.put(objekt);
                System.out.println("Weitere Person hinzufügen? (j/n)");
                if (!br.readLine().equals("j")){
                    break;
                }
            }
        }
        catch (IOException e){
            System.out.println("Fehler: " + e);
        }
        JSONObject freund;
        for (int i = 0; i < freunde.length(); i++){
            freund = (JSONObject)freunde.get(i);
            System.out.println("Name: " + freund.get("Name"));
            System.out.println("Geburtsdatum: " + freund.get("Geburtsdatum"));
            System.out.println("Telefonnummer: " + freund.get("Telefonnummer"));
        }
    }
}
```

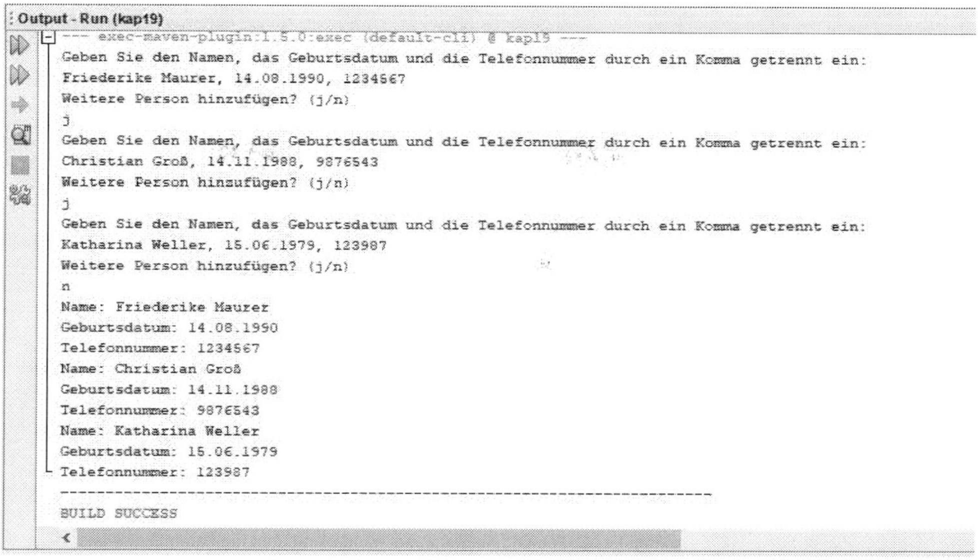

Abb. 19.10 Die Verarbeitung der Werte mit JSON

2.

```
import java.io.*;
import org.json.simple.JSONArray;
import org.json.simple.JSONObject;
import org.json.simple.parser.JSONParser;
import org.json.simple.parser.ParseException;
public class JSON {
    public static void main(String[] args) {
        while(true){
            InputStreamReader isr = new InputStreamReader(System.in);
            BufferedReader br = new BufferedReader(isr);
            System.out.println("Welche Aktion möchten Sie durchführen?");
            System.out.println("1: Freunde hinzufügen");
            System.out.println("2: Freundesliste anzeigen");
            System.out.println("0: Programm beenden");
            int eingabe = -1;
            try {
                eingabe = Integer.parseInt(br.readLine());
            }
            catch (IOException e){
                System.out.println(e);
            }
            if (eingabe == 1){
                JSONArray freundesliste = new JSONArray();
                while (true){
                    try{
                        JSONObject freund = new JSONObject();
                        System.out.println("Geben Sie den Namen ein:");
                        freund.put("Name", br.readLine());
                        System.out.println("Geben Sie deas Geburtsdatum ein:");
                        freund.put("Geburtsdatum", br.readLine());
```

```
                        System.out.println("Geben Sie die Telefonnummer ein:");
                        freund.put("Telefonnummer", br.readLine());
                        freundesliste.add(freund);
                        System.out.println("Weiteren Freund hinzufügen? (j/n)");
                        if (!br.readLine().equals("j")){
                            break;
                        }
                    }
                    catch (IOException e){
                        System.out.println(e);
                    }
                }
                try{
                    FileWriter file = new FileWriter("personal.json");
                    file.write(freundesliste.toJSONString());
                    file.close();
                }
                catch (IOException e){
                    System.out.println(e);
                }
            }
            else if (eingabe == 2){
                try{
                    FileReader reader = new FileReader("personal.json");
                    JSONParser jsonParser = new JSONParser();
                    JSONArray freundesliste =  (JSONArray)jsonParser.parse
                    (reader);
                    JSONObject freund;
                    for (int i = 0; i < freundesliste.size(); i++){
                        freund = (JSONObject)freundesliste.get(i);
                        System.out.println("Name: " + freund.get("Name"));
                        System.out.println("Geburtsdatum: " + freund.get
                        ("Geburtsdatum"));
                        System.out.println("Telefonnummer: " + freund.get
                        ("Telefonnummer") + "\n");
                    }
                }
                catch (IOException e){
                    System.out.println(e);
                }
                catch (ParseException e){
                    System.out.println(e);
                }
            }
            else if (eingabe ==0){
                System.out.println("Auf Wiedersehen!");
                break;
            }
            else {
                System.out.println("Ungültige Eingabe!");
            }
        }
    }
}
```

```
1
Geben Sie den Namen ein:
Sabrina Mayer
Geben Sie deas Geburtsdatum ein:
13.09.1991
Geben Sie die Telefonnummer ein:
12345
Weiteren Freund hinzufügen? (j/n)
j
Geben Sie den Namen ein:
Thorsten Gaiser
Geben Sie deas Geburtsdatum ein:
05.05.1995
Geben Sie die Telefonnummer ein:
987642
Weiteren Freund hinzufügen? (j/n)
n
Welche Aktion möchten Sie durchführen?
1: Freunde hinzufügen
2: Freundesliste anzeigen
0: Programm beenden
2
Name: Sabrina Mayer
Geburtsdatum: 13.09.1991
Telefonnummer: 12345

Name: Thorsten Gaiser
Geburtsdatum: 05.05.1995
Telefonnummer: 987642

Welche Aktion möchten Sie durchführen?
1: Freunde hinzufügen
2: Freundesliste anzeigen
0: Programm beenden
0
Auf Wiedersehen!
```

Abb 19.11 Der Ablauf des Programms

Alle Programmcodes und Schaltpläne aus diesem Buch stehen kostenfrei zum Download bereit. Dadurch müssen Sie Code nicht abtippen.

Außerdem erhalten Sie die eBook Ausgabe zum Buch im PDF Format kostenlos auf unserer Website:

https://bmu-verlag.de/java-kompendium/
Downloadcode: siehe Kapitel 28

Kapitel 20
Netzwerkprogrammierung mit Java

Computernetzwerke haben einen enormen Einfluss auf das tägliche Leben gewonnen. Insbesondere das Internet ist dabei von großer Bedeutung. Dieses weltweite Netzwerk hat die Formen der Kommunikation und der Weitergabe von Informationen stark verändert. Kaum ein Unternehmen kommt mehr ohne diese Technik aus und außerdem prägt sie mittlerweile den Alltag der meisten Menschen. Hinzu kommen lokale Netzwerke. Diese erlauben in Unternehmen und Forschungseinrichtungen eine einfache und reibungslose Zusammenarbeit. Auch private Haushalte richten immer häufiger ein lokales Netzwerk ein – für den Informationsaustausch und für die Unterhaltung.

Um ein *Netzwerk* zu nutzen, ist es notwendig, Daten zu übertragen. Hierfür gibt es fest vorgegebene Protokolle. Dabei ist beispielsweise das *Internet Protocol (IP)* von großer Bedeutung. Dieses gibt genau vor, auf welche Weise die einzelnen Datenpakete aufgebaut sein müssen. Außerdem stellt es Regeln für die Adressierung auf, die dazu führen, dass jede Nachricht genau das richtige Ziel erreicht. Darüber hinaus gibt es jedoch noch viele weitere Standards, die jedes Detail der Kommunikation über das Netzwerk regeln.

In diesem Kapitel lernen wir, auf welche Weise es möglich ist, mit einem Java-Programm Daten über ein Netzwerk auszutauschen. Dabei erstellen wir einfache Programme für einen *Server* und für einen *Client*.

20.1 Java für die Kommunikation in Netzwerken verwenden

Java bietet sich hervorragend für die Kommunikation über ein Netzwerk an. Das liegt daran, dass diese Programmiersprache bereits von Grund auf mit einer guten Unterstützung von Netzwerks-Funktionen entwickelt wurde. Das war einer der wesentlichen Faktoren für den Erfolg, den Java hatte.

Als Java entstand, war insbesondere die Programmiersprache C sehr beliebt. Diese bietet jedoch keine Unterstützung für Netzwerks-Funktionen. Daher ist es hierbei notwendig, diese von Grund auf selbst zu programmieren. Das ist nicht nur mit einem erheblichen Aufwand verbunden. Darüber hinaus sind hierfür sehr genaue Kenntnisse notwendig, wie die einzelnen Netzwerkprotokolle aufgebaut sind. Die Programme mussten alle darin vorgegebenen Details beachten. Das führte dazu, dass diese Aufgabe nur sehr erfahrene Programmierer übernehmen konnten. Während der 90er Jahre gewann das Internet jedoch stark an Bedeutung. Immer mehr Unternehmen wollten die entsprechenden Anwendungen nutzen. Das hatte unter anderem zur Folge, dass auch Programmierer mit weniger Erfahrung die Funktionen der Netzwerkskommunikation in ihre Programme einbauen wollten.

Java bietet den Vorteil, dass hier vielfältige Klassen und Methoden für die Erstellung von Netzwerken bereits in der Standard-Bibliothek verfügbar sind. Das bedeutet, dass der Programmierer sich überhaupt nicht mit den Details der Netzwerkprotokolle auseinandersetzen muss. Er verwendet einfach die vorgefertigten Klassen und Methoden für diese Aufgabe. Das macht es deutlich einfacher, Programme zu erstellen, die über ein Netzwerk kommunizieren. Das führte dazu, dass sich immer mehr Programmierer für Java entschieden, sodass diese Programmiersprache immer beliebter wurde.

Mittlerweile gibt es noch viele andere Programmiersprachen, die einfache Funktionen für das Netzwerk anbieten. Doch zählt Java in diesem Bereich nach wie vor zu den beliebtesten Alternativen. Daher soll das folgende Kapitel vorstellen, wie wir diese Funktionen in unser Programm einbinden können.

20.2 Was ist ein Socket?

Wenn wir Programme für ein Netzwerk mit Java gestalten, verwenden wir ein sogenanntes *Socket*. Dieser Begriff bedeutet übersetzt etwa Stecker oder Steckverbindung. Daraus wird bereits klar, wozu das Socket zum Einsatz kommt. Es stellt die Verbindung zwischen dem Programm und dem Netzwerk her.

Genau genommen handelt es sich bei einem Socket um eine Schnittstelle zwischen dem Betriebssystem und dem Anwenderprogramm. Wenn wir ein Socket in einem Programm erstellen, sendet es die entsprechenden Informationen an das Betriebssystem. Dieses bereitet sie dann so auf, dass sie über das Netzwerk versendet werden können. Auf diese Weise erleichtert das Socket die Netzwerkprogrammierung erheblich.

Dabei gibt es unterschiedliche Arten von Sockets. Von besonderer Bedeutung sind Stream Sockets und Datagram Sockets. Der Unterschied zwischen den beiden Alternativen besteht darin, welches Netzwerkprotokoll sie verwenden. Stream Sockets verwenden TCP (Transfer Control Protocol). Hierbei handelt es sich um das gängigste Übertragungsprotokoll im Internet. Dieses zeichnet sich in erster Linie durch eine hohe Verlässlichkeit aus. TCP stellt sicher, dass alle Pakete ankommen und dass dabei die Reihenfolge eingehalten wird. Ist dies nicht der Fall, fordert der Empfänger die Daten erneut an. UDP (User Datagram Protocol) stellt ein weiteres Netzwerkprotokoll dar. Dieses erweist sich in vielen Bereichen als flexibler und effizienter. Allerdings ist hierbei nicht sichergestellt, dass die Daten vollständig übermittelt werden. Aufgrund dieser Unterschiede ist es wichtig, für jede Anwendung eine passende Art von Socket auszuwählen.

Java verfügt über eine vorgefertigte Klasse mit der Bezeichnung `Socket`. Diese befindet sich im Package `java.net`. Das gibt uns die Möglichkeit, Sockets zu erzeugen, indem wir ein Objekt der entsprechenden Klasse instanziieren. Daraufhin können wir auf sehr einfache Weise die Daten vorgeben, die unser Programm übermitteln soll. Durch diese vorgefertigte Funktion stellt die Übermittlung von Informationen über das Netzwerk in einem Java-Programm kein Problem dar. Dieses Socket verwendet TCP für die Datenübertragung. In diesem Buch werden wir uns auf diese Übertragungsform beschränken. Es sei jedoch erwähnt, dass dieses Package auch die Klasse `DatagramSocket` enthält. Mit dieser können wir auf ähnliche Weise ein Datagramm Socket erzeugen.

20.3 Einen einfachen Server erstellen

Nun soll die Funktionsweise der Sockets an einem Beispiel verdeutlicht werden. Da Sockets dem Austausch von Daten dienen, sind hierfür zwei Programme notwendig. Auf diese Weise ist es möglich, Informationen von einem Programm zu einem anderen zu übertragen. Hierfür verwenden wir einen Server und einen Client. Der Server erstellt dabei ein Socket und wartet daraufhin, bis sich ein Client anmeldet. Danach können sie untereinander Daten austauschen.

In unserem Beispiel sollen die beiden Programme auf dem gleichen Rechner ablaufen. Das macht es einfach, die Funktionsweise auszuprobieren. Dennoch ist die Technik, die dabei zum Einsatz kommt, auf Netzwerke ausgerichtet. Wenn wir die IP-Adresse ändern, können wir auf diese Weise auch mit einem Rechner an einem beliebigen anderen Ort der Erde über das Internet kommunizieren.

Wir beginnen damit, einen Server zu erstellen. Für unser erstes Beispiel verwenden wir jedoch eine sehr eingeschränkte Funktionsweise. Unser Server erstellt ein `Socket` und wartet daraufhin, bis sich ein Client anmeldet. Wenn dies eintritt, empfängt er die Nachricht, die dieser ihm übermittelt und gibt sie aus. Daraufhin sendet er ebenfalls einen kurzen Text an den Client und unterbricht daraufhin die Verbindung.

Wir beginnen damit, eine Port-Nummer vorzugeben. Jeder Computer verfügt über sogenannte Ports, über die er eine Verbindung aufbauen kann. Wir können hierbei einen Wert zwischen 0 und 65535 auswählen. Allerdings ist es nicht ratsam, Nummern zu verwenden, die kleiner als 1024 sind. Dabei handelt es sich um die sogenannten System Ports, die bereits für spezielle Dienste reserviert sind. Das kann dazu führen, dass der gewählte Port schon reserviert ist, sodass wir keine Verbindung aufbauen können. Wir wählen für die Port-Nummer nun willkürlich den Wert 2000 aus:

```
int port = 2000;
```

Im nächsten Schritt erzeugen wir ein Objekt vom Typ `ServerSocket`. Dieses dient dazu, eine Verbindung aufzubauen, die auf die Anmeldung eines Clients wartet. Diesem Objekt übergeben wir die Port-Nummer als Übergabewert:

```
ServerSocket serverSocket = new ServerSocket(port);
```

Auf das `ServerSocket` wenden wir nun die `accept()`-Methode an. Diese bewirkt, dass unser Server nun auf eine Anmeldung wartet. Das Programm wird blockiert, bis eine entsprechende Anmeldung eintrifft. Diese Methode hat einen Rückgabewert vom Typ `Socket`. Dieses Objekt enthält die Daten für die Verbindung zu unserem Client. Wir nehmen es daher in der Variablen `client` auf:

```
Socket client = serverSocket.accept();
```

Um die Nachricht aufzunehmen, die uns der Client übermittelt, erstellen wir zunächst ein Objekt des bereits bekannten Typs `InputStreamReader`. Diesem übergeben wir nun jedoch als Übergabewert die Methode `getInputStream()`, die wir auf unseren Client anwenden. Das sorgt dafür, dass unser Programm genau die Nachricht empfängt, die das Programm für die Client-Anwendung sendet:

```
InputStreamReader isr = new InputStreamReader(client.getInputStream());
```

Mit diesem `InputStreamReader` erstellen wir dann ein Objekt vom Typ `BufferedReader`:

```
BufferedReader br = new BufferedReader(isr);
```

Um die Werte aus einem `BufferedReader` zu ermitteln, haben wir bei unseren bisherigen Programmen den `readLine()`-Befehl verwendet. Dieser gibt eine komplette Zeile als Zeichenkette zurück. Das Problem bei Socket-Anwendungen besteht jedoch darin, dass die Nachrichten häufig keinen Zeilenumbruch enthalten. In diesem Fall wird die Methode niemals beendet, da das Zeilenende nicht eintrifft. Daher ist diese Methode für diese Aufgaben nicht immer geeignet. Um das Programm so einfach wie möglich zu halten, verwenden wir sie in unseren Beispielen aber dennoch. Dabei müssen wir lediglich darauf achten, dass wir später alle Nachrichten, die wir übermitteln, mit einem Zeilenumbruch beenden. Danach können wir die empfangene Nachricht gleich ausgeben:

```
String nachricht = br.readLine();
System.out.println(nachricht);
```

Nun müssen wir noch eine Antwort absenden. Zu diesem Zweck erstellen wir ein Objekt vom Typ `OutputStreamWriter`. Dieses erhält als Übergabewert das Ergebnis der Methode `getOutputStream()`, die wir auf unseren Client anwenden:

```
OutputStreamWriter osw = new OutputStreamWriter(client.getOutputStream());
```

Damit erzeugen wir dann ein Objekt vom Typ `PrintWriter`:

```
PrintWriter pw = new PrintWriter(osw);
```

Damit können wir dann per `print()`-Befehl eine Nachricht übermitteln. Wir versenden hierbei eine kurze Begrüßung an unseren Client. Da wir auch für den Client die `readLine()`-Methode verwenden werden, dürfen wir dabei nicht den Zeilenumbruch vergessen. Danach führen wir den `flush()`-Befehl aus. Dieser führt dazu, dass unsere Nachricht übermittelt wird:

```
pw.print("Hallo Client!\n");
pw.flush();
```

Nun müssen wir all diese Befehle noch in einen `try`-Block setzen und einen entsprechenden `catch`-Block hinzufügen. Damit ist unser einfaches Server-Programm bereits abgeschlossen. Wenn wir es ausführen, passiert jedoch noch nichts, da sich bisher noch kein Client anmeldet.

```
import java.io.*;
import java.net.Socket;
import java.net.ServerSocket;
public class Server {
    public static void main(String[] args) {
        try{
            int port = 2000;
            ServerSocket serverSocket = new ServerSocket(port);
            Socket client = serverSocket.accept();
            InputStreamReader isr = new InputStreamReader
            (client.getInputStream());
            BufferedReader br = new BufferedReader(isr);
            String nachricht = br.readLine();
            System.out.println(nachricht);
            OutputStreamWriter osw = new OutputStreamWriter
            (client.getOutputStream());
            PrintWriter pw = new PrintWriter(osw);
            pw.print("Hallo Client!\n");
            pw.flush();
        }
        catch (IOException e){
            System.out.println(e);
        }
    }
}
```

20.4 Einen einfachen Client programmieren

Nun müssen wir den zweiten Kommunikationspartner erstellen. Dieser dient als Gegenstück zu unserem Server, den wir soeben programmiert haben.

Wir beginnen damit, eine Variable für die IP-Adresse vorzugeben:

```
String ip = "127.0.0.1";
```

Diese Adresse bezieht sich immer auf den Localhost – also auf den eigenen Rechner. Da unser Server-Programm auf dem gleichen Computer abläuft, können wir es auf diese Weise erreichen. Wenn wir jedoch mit einem Server auf einem anderen Rechner kommunizieren möchten, können wir an dieser Stelle auch eine beliebige andere IP-Adresse einfügen. Dazu müssen wir lediglich wissen, unter welcher Adresse wir den Server erreichen können.

Danach erstellen wir wieder eine Variable für die Port-Nummer. Dabei müssen wir darauf achten, den gleichen Wert zu verwenden, den wir für den Server vorgegeben haben. Mit diesen Werten erstellen wir nun ein neues Objekt vom Typ `Socket`:

```
Socket socket = new Socket(ip,port);
```

Nun senden wir im ersten Schritt eine Begrüßung an den Server. Dabei gehen wir genau nach dem gleichen Muster vor, wie in unserem Server-Programm. Danach warten wir auf eine Nachricht vom Server und geben diese aus. Auch hierbei kommen genau die gleichen Befehle wie in unserem vorherigen Beispiel zum Einsatz. Das komplette Programm sieht dann so aus:

```
import java.net.Socket;
import java.io.*;
public class Client {
    public static void main(String[] args) {
        try{
            String ip = "127.0.0.1";
            int port = 2000;
            Socket socket = new Socket(ip,port);
            String nachricht = "Hallo Server!\n";
            OutputStreamWriter osw = new OutputStreamWriter
            (socket.getOutputStream());
            PrintWriter pw = new PrintWriter(osw);
            pw.print(nachricht);
            pw.flush();
            InputStreamReader isr = new InputStreamReader
            (socket.getInputStream());
            BufferedReader br = new BufferedReader(isr);
            String antwort = br.readLine();
            System.out.println(antwort);
        }
        catch (IOException e){
            System.out.println(e);
        }
    }
}
```

Wenn wir dieses Programm nun ausführen, ohne dass der Server aktiv ist, kommt es zu einer Fehlermeldung. Daher ist es notwendig, zuerst das Server-Programm zu starten. Dieses wartet dann auf die Anmeldung eines Clients und wird nicht beendet. Wenn wir daraufhin unser Client-Programm ausführen, kommt es zur Ausgabe der Nachricht, die in Abbildung 20.1 zu sehen ist.

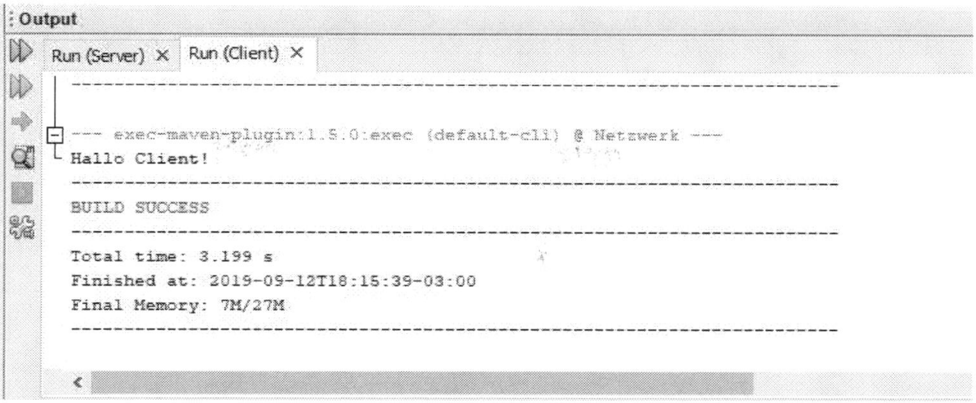

Abb. 20.1 Die Begrüßung des Clients durch den Server

Das zeigt, dass unser Client-Programm die Nachricht vom Server erhalten hat, obwohl keine direkte Verbindung zwischen ihnen besteht. Die Daten wurden über ein Netzwerk transportiert. Nun können wir auch einmal schauen, was aus unserem Server-Programm geworden ist. Dieses hat zwischenzeitlich die Begrüßung des Clients erhalten und ausgegeben und sich danach beendet – so wie das in Abbildung 20.2. zu sehen ist.

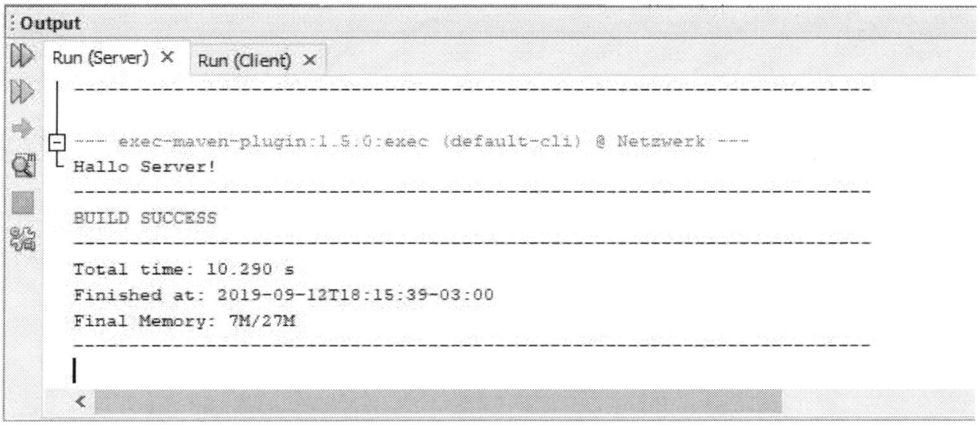

Abb 20.2 Die Begrüßung des Servers durch den Client

20.5 Die Funktionen des Servers und des Clients erweitern

Die beiden vorherigen Programme hatten nur einen minimalen Funktionsumfang. Sie dienten lediglich dazu, jeweils eine Nachricht vom Client zum Server und zurück zu schicken. Danach wurden die Verbindung und das zugehörige Programm sofort wieder beendet. Diese Beispiele dienten lediglich dazu, die grundlegenden Funktionen eines Sockets zu demonstrieren. Wenn man sich jedoch die Funktionen eines Servers in der Praxis anschaut, stellt man fest, dass hierbei noch viele weitere Aufgaben zu erledigen sind. Beispielsweise sollte ein Server dazu in der Lage sein, mehrere Client-Anfragen parallel zu bearbeiten. Daher müssen sie mehrere Verbindungen ermöglichen. Darüber hinaus ist es oftmals erwünscht, dass die Verbindung länger bestehen bleibt, damit Server und Client mehrere Nachrichten austauschen können.

Daher erweitern wir nun die Funktionen des Servers und des Clients. Dabei soll zum einen die Verbindung so lange bestehen bleiben, bis der Client diese bewusst beendet. Der Server soll ständig auf neue Clients warten. Das bedeutet zum einen, dass er sich nicht beendet, wenn eine Verbindung unterbrochen wird. Zum anderen soll er es ermöglichen, mehrere Clients parallel zueinander zu bedienen.

Um mehrere Aufgaben parallel zueinander zu bearbeiten, haben wir in Kapitel 18 bereits Threads kennengelernt. Diese bieten sich hervorragend für unser Server-Programm an. Wir erstellen für jeden Client, der sich anmeldet, einen eigenen Thread und können diesen dann separat bearbeiten, ohne dass sich die Programme gegenseitig blockieren, wenn sie auf Nachrichten des Clients warten.

In diesem Fall besteht jedoch die Schwierigkeit, dass wir nicht wissen können, wie viele Threads wir benötigen. Das hängt davon ab, wie viele Clients sich anmelden. Daher ist es nicht möglich, sie jeweils in einer einzelnen Variablen abzuspeichern. Theoretisch könnten wir eine Liste verwenden und in diese für jeden Client, der sich neu anmeldet, einen Thread einfügen. Dabei wäre es jedoch sehr schwierig, die Threads wieder zu löschen, wenn sie beendet sind. Daher würde die Liste mit jedem neuen Client anwachsen. Wenn wir davon ausgehen, dass unser Server über mehrere Wochen oder Monate hinweg in Betrieb sein soll, würden sich auf diese Weise unzählige Einträge ansammeln, die eine riesige Menge an Speicherplatz belegen. Daher ist diese Vorgehensweise nicht zu empfehlen.

Aus diesem Grund verwenden wir hierfür ein Objekt vom Typ `ExecutorService`. Dieses dient als Pool für die Aufnahme aller Threads, die wir erstellen. Sobald ein Thread beendet ist, wird er automatisch aus dem Pool entfernt. Dieses Objekt erzeugen wir mit folgender Befehlszeile:

```
ExecutorService pool = Executors.newCachedThreadPool();
```

Daraufhin erzeugen wir wie in unserem bisherigen Server-Programm eine Variable für die Port-Nummer und erzeugen mit dieser ein neues `ServerSocket`.

Da unser Server in einer Endlosschleife ablaufen soll, erstellen wir diese nun, indem wir als Bedingung den Begriff `true` angeben. Diese ist immer erfüllt, sodass unsere Schleife niemals endet. In der Praxis wäre es sicherlich sinnvoll, eine Möglichkeit einzufügen, um den Server dennoch zu beenden. Allerdings können wir darauf bislang verzichten. Wenn wir das Server-Programm abbrechen möchten, klicken wir einfach auf das kleine rote Quadrat, das in NetBeans neben der Ausführung des Programms erscheint.

In der Schleife warten wir nun auf einen Client. Hierfür verwenden wir wie gehabt die `accept()`-Methode, die wir auf das `ServerSocket` anwenden. Sobald sich ein Client anmeldet, entsteht ein neues `Socket`, das wir unter der Bezeichnung `cs` (für Client Socket) aufnehmen. Für dieses richten wir einen neuen Thread ein. Dafür werden wir im nächsten Schritt die Klasse `Bearbeiten` erstellen. Dieser übergeben wir das `Socket`. Allerdings erstellen wir den neuen `Thread` nicht direkt, sondern wir übergeben ihn unserem Thread-Pool:

```
pool.execute(new Bearbeiten(cs));
```

Nun müssen wir noch den kompletten Bereich in einen `try`-Block setzen und den erforderlichen `catch`-Block hinzufügen. Damit ist das Hauptprogramm für den Server bereits abgeschlossen:

```
import java.util.concurrent.ExecutorService;
import java.util.concurrent.Executors;
import java.io.*;
import java.net.*;
public class Server {
  public static void main(String[] args) throws IOException {
    ExecutorService pool = Executors.newCachedThreadPool();
    int port = 2000;
    ServerSocket serverSocket = new ServerSocket(port);
    try {
        while (true) {
            Socket cs = serverSocket.accept();
            pool.execute(new Bearbeiten(cs));
        }
    }
    catch (IOException e) {
        System.out.println(e);
    }
  }
}
```


Als Nächstes erstellen wir die Klasse `Bearbeiten`. Da es sich hierbei um einen eigenen Thread handeln soll, leiten wir sie von der entsprechenden Klasse ab. Hier erstellen wir zunächst eine Member-Variable mit der Bezeichnung `client`. Dabei handelt es sich um das `Socket`, das der Server uns für die Verbindung übergibt. Daher erstellen wir auch den notwendigen Konstruktor, um dieses einzufügen:

```
private Socket client;
Bearbeiten(Socket client) {
  this.client = client;
}
```

Daraufhin gestalten wir die Methode `run()`. Hier geben wir zunächst eine Nachricht aus, dass sich ein neuer Client angemeldet hat. Um diesen zu identifizieren, geben wir die Bezeichnung für den entsprechenden Thread aus:

```
System.out.println( "Neuer Client: " + Thread.currentThread());
```

Danach deklarieren wir eine `String`-Variable mit der Bezeichnung `nachricht` und ein Objekt vom Typ `PrintWriter` mit der Bezeichnung `ausgabe` – ohne jedoch Werte dafür vorzugeben.

Daraufhin erstellen wir eine `do-while`-Schleife. In dieser warten wir zunächst auf eine Nachricht vom Client. Hierfür gehen wir nach dem gleichen Muster wie bei unserem ersten Server-Programm vor. Lediglich die Ausgabe passen wir etwas an: Damit klar wird, von welchem Client die Nachricht stammt, geben wir diese zusammen mit dem zugehörigen Thread aus:

```
InputStreamReader isr = new InputStreamReader(client.getInputStream());
BufferedReader br = new BufferedReader(isr);
nachricht = br.readLine();
System.out.println("Nachricht erhalten (von " + Thread.currentThread() +
        "): " + nachricht);
```

In diesem Beispiel soll der Client die Möglichkeit haben, das Programm zu beenden. Dazu muss er den Befehl „EXIT“ eingeben. Daher überprüfen wir im nächsten Schritt, ob es sich bei der empfangenen Nachricht um diesen Begriff handelt. Trifft dies zu, übermitteln wir eine automatische Verabschiedung an den Client:

```
if (nachricht.equals("EXIT")){
    OutputStreamWriter osw = new OutputStreamWriter(client.getOutputStream());
    ausgabe = new PrintWriter(osw);
    ausgabe.print("Auf Wiedersehen\n");
    ausgabe.flush();
}
```

Wenn es sich jedoch um eine gewöhnliche Nachricht handelte, soll der Server die Möglichkeit haben, eine Antwort zu übermitteln. Diese soll der Betreiber einfach über die Tastatur eingeben können. Daher sieht der zugehörige `else`-Block so aus:

```
else {
    InputStreamReader isr2 = new InputStreamReader(System.in);
    BufferedReader br2 = new BufferedReader(isr2);
    System.out.print("Nachricht senden: ");
    nachricht = br2.readLine();
    OutputStreamWriter osw = new OutputStreamWriter(client.getOutputStream());
    ausgabe = new PrintWriter(osw);
    ausgabe.print(nachricht + "\n");
    ausgabe.flush();
}
```

Nun müssen wir noch die Bedingung für die `do-while`-Schleife festlegen. Die Übermittlung der Nachrichten soll so lange weitergeführt werden, bis der Anwender den Schlüsselbegriff „EXIT“ eingibt. Daher sieht die Bedingung so aus:

```
while (!nachricht.equals("EXIT")
```

Nun müssen wir nur noch den erforderlichen `catch`-Block erstellen und können damit die Klasse `Bearbeiten` bereits abschließen:

```
import java.io.*;
import java.net.*;
class Bearbeiten extends Thread{
    private Socket client;
    Bearbeiten(Socket client) {
      this.client = client;
    }
    public void run() {
        try {
            System.out.println( "Neuer Client: " + Thread.currentThread());
            String nachricht;
            PrintWriter ausgabe;
            do {
                InputStreamReader isr = new InputStreamReader
                (client.getInputStream());
                BufferedReader br = new BufferedReader(isr);
                nachricht = br.readLine();
                System.out.println("Nachricht erhalten (von " +
                Thread.currentThread() +
                        "): " + nachricht);
                if (nachricht.equals("EXIT")){
                    OutputStreamWriter osw = new OutputStreamWriter
                    (client.getOutputStream());
                    ausgabe = new PrintWriter(osw);
                    ausgabe.print("Auf Wiedersehen\n");
                    ausgabe.flush();
                }
                else {
                    InputStreamReader isr2 = new InputStreamReader(System.in);
                    BufferedReader br2 = new BufferedReader(isr2);
                    System.out.print("Nachricht senden: ");
                    nachricht = br2.readLine();
                    OutputStreamWriter osw = new OutputStreamWriter
                    (client.getOutputStream());
                    ausgabe = new PrintWriter(osw);
                    ausgabe.print(nachricht + "\n");
                    ausgabe.flush();
                }
            } while (!nachricht.equals("EXIT"));
        }
        catch(IOException e){
            System.out.println(e);
        }
    }
}
```

Nun wenden wir uns dem Client zu. Dafür erstellen wir zunächst wie in unserem bisherigen Client-Programm ein `Socket`. Daraufhin geben wir eine kurze Nachricht aus, dass der Anwender die Verbindung durch die Eingabe des Begriffs „EXIT" beenden kann. Außerdem erstellen wir eine `String`-Variable mit der Bezeichnung `nachricht`. Da wir diese als Bedingung für die folgende `while`-Schleife verwenden werden, weisen wir ihr eine leere Zeichenkette zu:

```
String ip = "127.0.0.1";
int port = 2000;
Socket socket = new Socket(ip,port);
System.out.println("EXIT eingeben, um die Kommunikation " +
        "mit dem Server zu beenden.");
String nachricht = "";
```

Nun erstellen wir wieder eine Schleife, um eine unbegrenzte Anzahl an Nachrichten versenden zu können. Da wir die Verbindung nur beenden möchten, wenn der Anwender „EXIT" eingibt, sieht die Bedingung dafür so aus:

```
while (!nachricht.equals("EXIT"))
```

In der Schleife geben wir dann dem Anwender die Möglichkeit, eine Nachricht einzugeben. Diese übermitteln wir dann gleich an den Server. Dafür verwenden wir die gleichen Befehle wie in unserem bisherigen Client-Programm – mit dem einzigen Unterschied, dass wir noch eine Beschriftung für die Eingabe hinzufügen:

```
InputStreamReader isr = new InputStreamReader(System.in);
BufferedReader br = new BufferedReader(isr);
System.out.print("Nachricht senden: ");
nachricht = br.readLine();
OutputStreamWriter osw = new OutputStreamWriter(socket.getOutputStream());
PrintWriter pw = new PrintWriter(osw);
pw.print(nachricht + "\n");
pw.flush();
```

Danach warten wir auf eine Antwort des Servers. Sobald wir diese erhalten, geben wir sie aus:

```
InputStreamReader isr2 = new InputStreamReader(socket.getInputStream());
BufferedReader br2 = new BufferedReader(isr2);
String antwort = br2.readLine();
System.out.println("Nachricht erhalten: " + antwort);
```

Damit ist die Schleife beendet. Danach müssen wir lediglich das Socket mit dem `close()`-Befehl schließen und den erforderlichen `catch()`-Block für die Ausnahme hinzufügen. Damit sieht das Programm wie folgt aus:

```
import java.net.Socket;
import java.io.*;
public class Client {
    public static void main(String[] args) {
        try{
            String ip = "127.0.0.1";
            int port = 2000;
            Socket socket = new Socket(ip,port);
            System.out.println("EXIT eingeben, um die Kommunikation " +
                    "mit dem Server zu beenden.");
            String nachricht = "";
            while (!nachricht.equals("EXIT")){
                InputStreamReader isr = new InputStreamReader(System.in);
```

```
                BufferedReader br = new BufferedReader(isr);
                System.out.print("Nachricht senden: ");
                nachricht = br.readLine();
                OutputStreamWriter osw = new OutputStreamWriter
                (socket.getOutputStream());
                PrintWriter pw = new PrintWriter(osw);
                pw.print(nachricht + "\n");
                pw.flush();
                InputStreamReader isr2 = new InputStreamReader
                (socket.getInputStream());
                BufferedReader br2 = new BufferedReader(isr2);
                String antwort = br2.readLine();
                System.out.println("Nachricht erhalten: " + antwort);
            }
            socket.close();
        }
        catch (IOException e){
            System.out.println(e);
        }
    }
}
```

Nun können wir die Funktionen ausprobieren. Dazu starten wir zunächst das Server-Programm. Danach führen wir auch das Client-Programm aus. Indem wir zwischen den einzelnen Programmen hin und her wechseln, können wir bereits einige Nachrichten austauschen. Danach starten wir ein weiteres Client-Programm. Abbildung 20.3 zeigt, dass der Server beide Clients parallel bearbeiten kann. Es ist auch möglich, zwischen ihnen zu wechseln. Dabei wird vor jeder empfangenen Nachricht angezeigt, um welchen Thread es sich handelt.

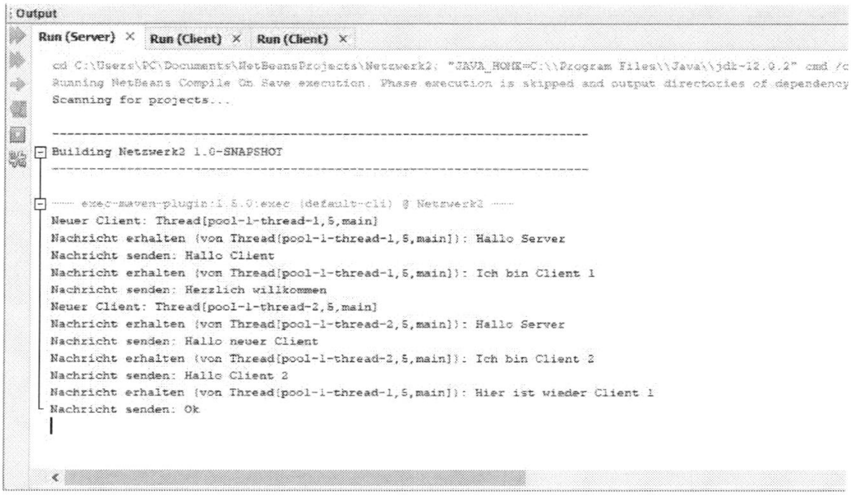

Abb. 20.3 Die Darstellung der Nachrichten im Server-Programm

Abbildung 20.4 zeigt die Nachrichten, die der erste Client erhalten hat. Daran wird deutlich, dass es hierbei zu keinen Überschneidungen mit der Kommunikation mit dem zweiten Client kommt. Beide Bereiche sind klar getrennt.

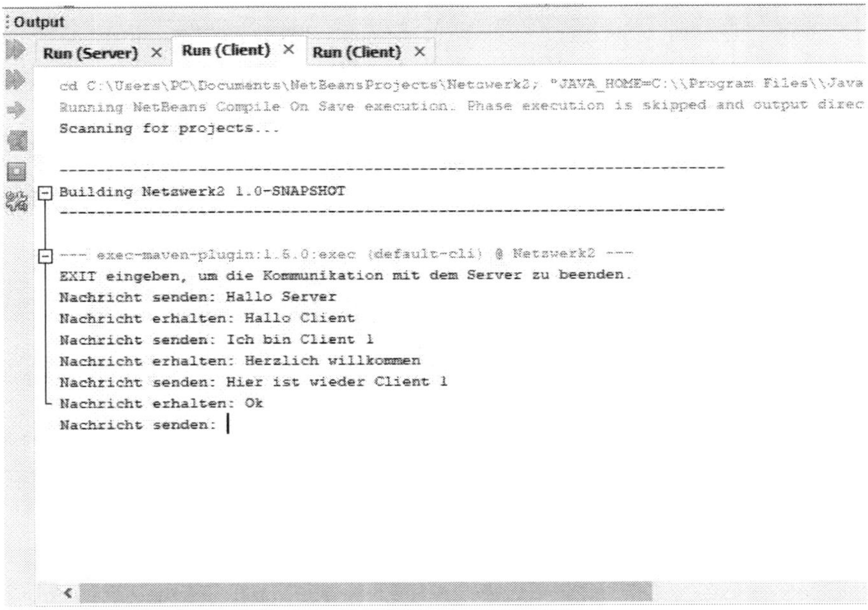

Abb. 20.4 Die Kommunikation des ersten Clients

Nun geben wir im Fenster für den zweiten Client den Begriff „EXIT“ ein. Daraufhin erhält der Client eine Nachricht für die Verabschiedung übermittelt und das Programm wird beendet – so wie dies in Abbildung 20.5 zu sehen ist. Der Server wird jedoch weiterhin ausgeführt und kann sich mit Client 1 unterhalten oder neue Clients annehmen.

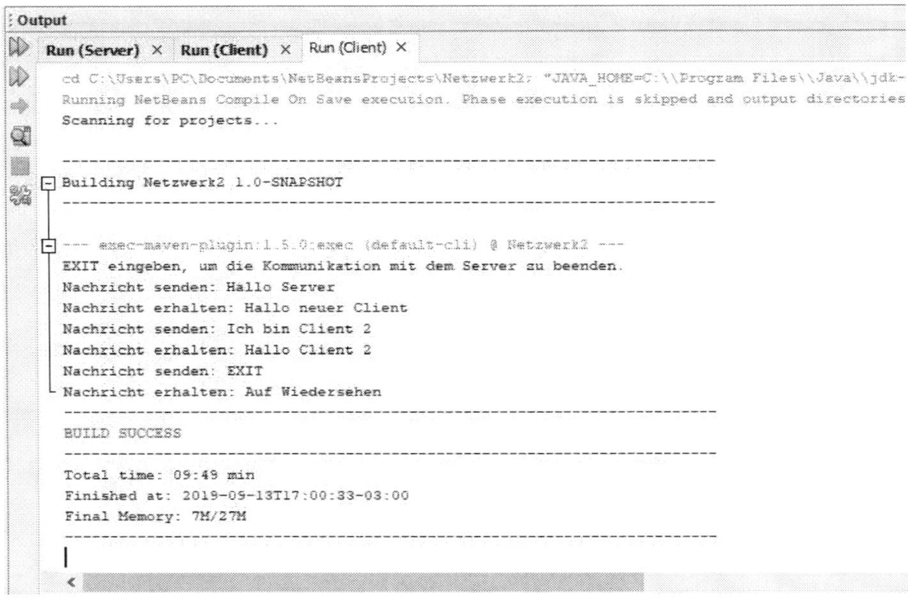

Abb. 20.5 Die Beendigung der Konversation durch den Begriff "EXIT"

20.6 RMI: Methoden auf einem Server abrufen

Die Netzwerkprogrammierung erlaubt es nicht nur, einfache Nachrichten zu übermitteln. Sie bietet noch viele weitere Anwendungsmöglichkeiten. Beispielsweise müssen in vielen Unternehmen oder Forschungseinrichtungen die Mitarbeiter sehr rechenintensive Prozesse durchführen. Da die Computer am Arbeitsplatz in der Regel nur eine geringe Leistung aufweisen, ist es sinnvoll, diese Aufgaben auf einen leistungsstarken Server auszulagern. Dennoch soll das eigentliche Programm auf dem Arbeitsplatzrechner ablaufen, sodass der entsprechende Mitarbeiter direkten Zugriff darauf hat.

In diesem Fall bietet es sich an, *RMI* zu verwenden. Diese Abkürzung steht für „Remote Method Invocation". Das bedeutet, dass der Rechner am Arbeitsplatz eine Methode aufrufen kann, die auf dem Server implementiert ist. Das hat zur Folge, dass die Methode auch auf dem Server ausgeführt wird. Auf diese Weise lassen sich rechenintensive Prozesse einfach auslagern.

Um RMI zu verwenden, müssen wir zunächst ein Interface erstellen, das sowohl dem Server als auch dem Client zur Verfügung steht. In unserem Anwendungsbeispiel können wir sowohl den Server als auch den Client im gleichen Projekt erstellen. Daher liegt das Interface im gleichen Ordner und ist für beide zugänglich. Wenn man jedoch den Server auf einem anderen Rechner implementiert, wäre es notwendig, es zu kopieren und beiden Anwendern zur Verfügung zu stellen. Diese Vorlage müssen wir vom Interface `Remote` ableiten, das in der Java-Standardbibliothek im Package `java.rmi` enthalten ist. Wir erstellen darin lediglich die Vorgabe für die Methode, die der Server dem Client zur Verfügung stellen soll. Dabei ist es wichtig, anzugeben, dass hierbei die Ausnahme `RemoteException` auftreten kann:

```
import java.rmi.Remote;
import java.rmi.RemoteException;
public interface RMIInterface extends Remote {
    String nachrichtSenden(String clientMessage) throws RemoteException;
}
```

Danach müssen wir eine Klasse erstellen und darin die Methode ausformulieren. Hierfür wählen wir ein sehr einfaches Beispiel: Die Methode soll die Nachricht, die sie als Übergabewert erhält, mit einem Zusatz versehen und wieder zurücksenden. Die Klasse muss das eben erstellte Interface implementieren:

```
public class RMIKlasse implements RMIInterface {
    public String nachrichtSenden(String nachricht) {
        return "Die empfangene Nachricht lautet: " + nachricht;
    }
}
```

Nach diesen Vorarbeiten können wir bereits den Server erstellen. Dafür gestalten wir eine neue Klasse. Darin erzeugen wir zunächst ein Objekt der Klasse `RMIKlasse`, die wir soeben erstellt haben. Dieses deklarieren wir jedoch über das `RMIInterface`. Danach erzeugen wir ein sogenanntes Stub. Dieses übernimmt die Kommunikation zwischen Client und Server. Da es bereits in der Standardbibliothek implementiert ist, müssen wir uns um die internen Prozesse keine Gedanken machen. Es ist lediglich notwendig, es auf die richtige Weise zu erzeugen. Das erledigen wir, indem wir die Methode `UnicastRemoteObject.exportObject()` ausführen. Diese müssen wir zum Interface `RMIInterface` casten. Als Übergabewerte erhält sie das eben erstellte Objekt `server` und eine Port-Nummer. Hierfür wählen wir den Wert 0. Das bedeutet, dass wir keinen festen Wert vorgeben. Daher kommt es zu einer dynamischen Vergabe.

```
RMIInterface server = new RMIKlasse();
RMIInterface stub = (RMIInterface) UnicastRemoteObject.
        exportObject((RMIInterface) server, 0);
```

Danach müssen wir ein Objekt erstellen, das dem Client die Registrierung ermöglicht. Dafür verwenden wir die vorgefertigte Klasse `Registry`. Wir erzeugen es, indem wir die Methode `createRegistry` der Klasse `LocateRegistry` aufrufen. Dieser müssen wir eine Port-Nummer übergeben. Diese hat standardgemäß den Wert 1099.

```
Registry registrierung = LocateRegistry.createRegistry(1099);
```

Auf dieses Objekt wenden wir daraufhin die `rebind()`-Methode an. Dieser übergeben wir als Übergabewert zunächst eine Zeichenkette. Unter dem Ausdruck, den wir hier angeben, kann der Client später nach dem entsprechenden Angebot suchen. Wir verwenden hierfür den Ausdruck „RMIBeispiel“. Außerdem übergeben wir das Objekt `stub`, das wir bereits erstellt haben:

```
registrierung.rebind("RMIBeispiel", stub);
```

Nun müssen wir noch die Ausnahmen behandeln und alle `import`-Befehle für die vorgefertigten Klassen, die wir verwendet haben, einfügen. Damit ist das Programm für den Server fertiggestellt:

```
import java.rmi.RemoteException;
import java.rmi.registry.LocateRegistry;
import java.rmi.registry.Registry;
import java.rmi.server.UnicastRemoteObject;
public class Server {
    public static void main(String[] args) {
    try{
        RMIInterface server = new RMIKlasse();
        RMIInterface stub = (RMIInterface) UnicastRemoteObject.
                exportObject((RMIInterface) server, 0);
        Registry registrierung = LocateRegistry.createRegistry(1099);
        registrierung.rebind("RMIBeispiel", stub);
    }
    catch(RemoteException e){
```

```
            System.out.println(e);
        }
    }
}
```

Nun fehlt noch der Client. Hier erstellen wir zunächst wieder eine Registrierung. Diese erzeugen wir nun jedoch mit der Methode `getRegistry()`:

```
Registry registrierung = LocateRegistry.getRegistry();
```

Danach müssen wir nach dem Server suchen. Hierfür wenden wir die `lookup()`-Methode auf die eben erstellte Registrierung an. Dieser übergeben wir den Begriff, den wir zuvor im Server für de `rebind()`-Methode verwendet haben. Das Ergebnis müssen wir zum `RMIInterface` casten:

```
RMIInterface server = (RMIInterface) registrierung.lookup("RMIBeispiel");
```

Nun können wir bereits die Methode aufrufen, die auf dem Server gespeichert ist. Dazu wenden wir sie einfach auf das Server-Objekt an, das wir soeben erstellt haben:

```
String antwort = server.nachrichtSenden("Nachricht vom Client");
```

Nun können wir die Antwort, die wir als Rückgabewert erhalten, mit einem gewöhnlichen `print()`-Befehl ausgeben. Nachdem wir die Ausnahmen behandelt und alle notwendigen `import`-Befehle eingefügt haben, ist auch der Client abgeschlossen:

```
import java.rmi.NotBoundException;
import java.rmi.RemoteException;
import java.rmi.registry.LocateRegistry;
import java.rmi.registry.Registry;
public class Client {
    public static void main(String[] args) {
        try{
            Registry registrierung = LocateRegistry.getRegistry();
            RMIInterface server = (RMIInterface) registrierung
              .lookup("RMIBeispiel");
            String antwort = server.nachrichtSenden("Nachricht vom Client");
            System.out.println(antwort);
        }
        catch (RemoteException e){
            System.out.println(e);
        }
        catch (NotBoundException e){
            System.out.println(e);
        }
    }
}
```

Um einen besseren Überblick über die Verzeichnisstruktur zu erhalten, zeigt Abbildung 20.6 die genaue Verzeichnisstruktur für dieses Projekt.

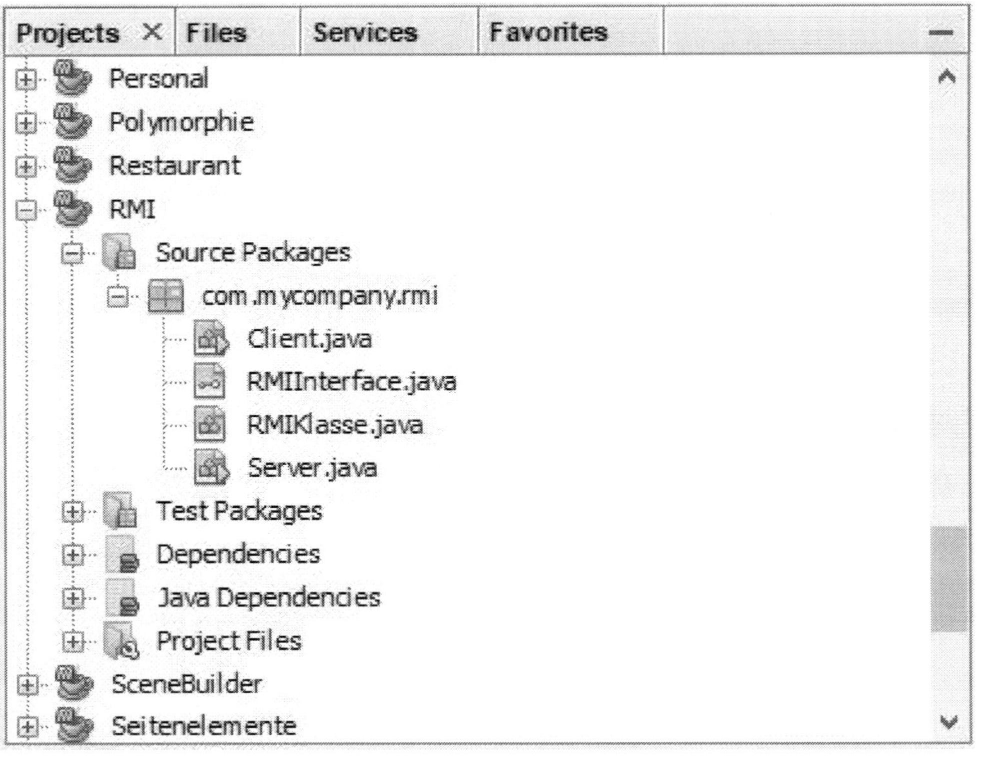

Abb. 20.6 Die Verzeichnisstruktur

Nun starten wir wieder zunächst den Server und anschließend den Client. Die Ausgabe, die in Abbildung 20.7 zu sehen ist, zeigt, dass nun unser Client Zugang zu der Methode erhält, die auf dem Server gespeichert ist.

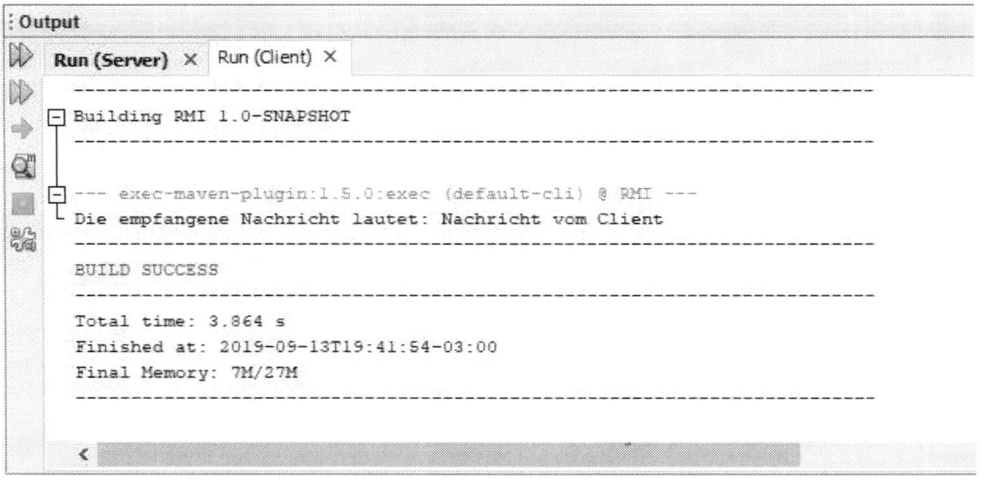

Abb. 20.7 Das Client-Programm nutzt Ressourcen des Servers

20.7 Anwendungsbeispiel für die Netzwerkprogrammierung

Um die Möglichkeiten der Netzwerkprogrammierung zu vertiefen, soll zum Schluss dieses Kapitels wieder ein kleines Anwendungsbeispiel stehen. Dieses verwendet Sockets. Auf RMI geht es hingegen nicht ein.

Bei unseren bisherigen Programmen, bei denen Sockets zum Einsatz kamen, war es möglich, Nachrichten zwischen dem Server und dem Client zu versenden. Allerdings war es hierfür notwendig, dass sowohl das Server- als auch das Client-Programm durch einen menschlichen Anwender bedient wurden. Das ist jedoch eine sehr untypische Anwendungsweise. In der Regel erledigt der Server seine Aufgaben automatisch. Er reagiert auf die Eingaben des Clients und bietet diesem auf diese Weise die benötigten Ressourcen an. Dieser Vorgang läuft vollkommen automatisch ab, ohne dass hierbei ein menschlicher Nutzer eingreifen muss.

Dementsprechend erstellen wir nun ein Programm, bei dem der Server automatisch abläuft. Wenn er einmal gestartet ist, kann er auf alle Eingaben des Clients selbstständig reagieren. Häufig kommen Server zum Einsatz, um dem Anwender Informationen zur Verfügung zu stellen. Das ist ausgesprochen praktisch, da der Server in der Regel über deutlich mehr Speicherplatz verfügt als die Rechner der Anwender. Daher lassen sich hier sehr große Datenmengen abspeichern. Zum anderen stehen die Informationen hier an einem zentralen Ort zur Verfügung. Das macht es möglich, dass verschiedene Anwender darauf zugreifen.

Das Beispielprogramm soll Informationen über die Beschäftigten eines Unternehmens zur Verfügung stellen. So können alle Mitarbeiter der Personalabteilung darauf zugreifen. Wenn ein solches Programm tatsächlich in der Praxis zum Einsatz kommt, wäre es sicherlich sinnvoll, die entsprechenden Daten in einer Datenbank abzuspeichern. Um unser Beispiel so einfach wie möglich zu gestalten, verwenden wir hier jedoch eine Liste mit fest vorgegebenen Werten. Eine weiterführende Aufgabe für interessierte Leser könnte es jedoch darstellen, später das Programm so zu erweitern, dass es die Informationen in einer Datenbank abspeichert.

Um unser Programm zu erstellen, beginnen wir mit dem Server. Dieser soll es wie im Beispiel in Kapitel 20.5. erlauben, dass sich mehrere Clients parallel anmelden, um die Dienste des Servers zu nutzen. Daher kommen hierfür wieder einzelne Threads zum Einsatz. Das Programm, das diese aufruft, erfüllt dabei wieder genau die gleichen Aufgaben. Daher können wir die Klasse `Server` unverändert aus Kapitel 20.5. übernehmen.

Nun wenden wir uns der Klasse `Bearbeiten` zu. Diese soll nicht nur die entsprechenden Daten bereitstellen. Darüber hinaus soll sie überprüfen, ob der Anwender zum Zugriff auf den Service berechtigt ist. Daher erstellen wir zunächst eine Liste, in der Arrays mit jeweils zwei Feldern enthalten sind. Diese enthalten in Feld 0 den Nutzernamen und in Feld 1 das zugehörige Passwort. Wir fügen in die Liste drei beliebige Anwender ein:

```
ArrayList <String[]> anmeldedaten = new ArrayList<>();
String[] user1 = {"user1", "x1y2z3"};
anmeldedaten.add(user1);
String[] user2 = {"user2", "abcd123"};
anmeldedaten.add(user2);
String[] user3 = {"user3", "sd12+5"};
anmeldedaten.add(user3);
```

Danach möchten wir eine weitere Liste erstellen, um die Personaldaten der Angestellten aufzunehmen. Diese soll Objekte des Typs `Mitarbeiter` enthalten. Dafür müssen wir jedoch zunächst die zugehörige Klasse erstellen. Diese enthält Member für die Personalnummer, für den Nachnamen, für den Vornamen und für das Gehalt. Darüber hinaus erstellen wir einen Konstruktor und `get()`-Methoden für die einzelnen Member:

```
public class Mitarbeiter {
    private int persnr;
    private String name;
    private String vorname;
    private double gehalt;
    public Mitarbeiter (int persnr, String name, String vorname, double gehalt){
        this.persnr = persnr;
        this.name = name;
        this.vorname = vorname;
        this.gehalt = gehalt;
    }
    public int getPersnr (){
        return this.persnr;
    }
    public String getName(){
        return this.name;
    }
    public String getVorname(){
        return this.vorname;
    }
    public double getGehalt(){
        return this.gehalt;
    }
}
```

Nach dieser Vorarbeit wenden wir uns wieder der Klasse `Bearbeiten` zu. Hier erstellen wir nun die entsprechende Liste und fügen darin drei Mitarbeiter ein:

```
ArrayList <Mitarbeiter> personal = new ArrayList<>();
personal.add(new Mitarbeiter (1000, "Mayer", "Karsten", 3200));
personal.add(new Mitarbeiter (1001, "Maurer", "Ines", 3600));
personal.add(new Mitarbeiter (1002, "Gross", "Sabine", 1800));
```

Nun können wir die Kommunikation mit dem Client gestalten. Hierfür fragen wir zunächst den Benutzernamen und das Passwort ab. Dafür erstellen wir wie bereits in den bisherigen Beispielen einen `OutputStreamWriter`, um die Eingabeaufforderung an den Client zu übermitteln. Außerdem erzeugen wir einen `InputStreamReader`, der die Nachricht des Clients aufnimmt:

```
PrintWriter ausgabe;
OutputStreamWriter osw = new OutputStreamWriter(client.getOutputStream());
ausgabe = new PrintWriter(osw);
ausgabe.print("Geben Sie Ihren Nutzernamen ein: \n");
ausgabe.flush();
InputStreamReader isr = new InputStreamReader(client.getInputStream());
BufferedReader br = new BufferedReader(isr);
String nutzername = br.readLine();
ausgabe.print("Geben Sie Ihr Passwort ein: \n");
ausgabe.flush();
String passwort = br.readLine();
```

Danach überprüfen wir, ob die eingegebenen Werte in unserer Liste mit den Anmeldedaten vorhanden sind. Dafür gehen wir diese mit einer `for`-Schleife durch. Finden wir eine Übereinstimmung, geben wir eine Nachricht an den Client aus. Außerdem erstellen wir eine boolesche Variable mit der Bezeichnung `anmeldung`. Diese setzen wir auf `true`, wenn die Anmeldung erfolgreich ist:

```
for (String[] inhalt: anmeldedaten){
    if (inhalt[0].equals(nutzername) && inhalt[1].equals(passwort)){
        anmeldung = true;
        ausgabe.print("Anmeldung erfolgreich\n");
        ausgabe.flush();
        break;
    }
}
```

Wenn sich der Client erfolgreich authentifiziert hat, widmen wir uns der eigentlichen Aufgabe des Programms: die Anforderungen der Anwender entgegenzunehmen und die entsprechenden Daten auszuliefern. Diesen Bereich stellen wir in eine `if`-Abfrage, die als Bedingung die Variable `anmeldung` enthält. Daher wird dieser Bereich nur dann ausgeführt, wenn die Anmeldung erfolgreich verlief. Hier deklarieren wir zunächst die Variable `nachricht1`, ohne ihr jedoch einen Wert zuzuweisen.

Danach erstellen wir eine `do-while`-Schleife. Auf diese Weise ermöglichen wir es dem Anwender, mehrere Daten abzufragen, ohne dass er dafür das Programm neu starten muss. Innerhalb der Schleife warten wir zunächst auf eine Nachricht des Clients. Diese soll entweder eine Nummer enthalten, um die gewünschte Aktion durchzuführen, oder den Begriff „EXIT", um das Programm zu beenden. Für eine bessere Kontrolle geben wir den Wert der Variablen im Server-Programm aus. Das ist für die Funktionsweise jedoch eigentlich nicht erforderlich:

```
nachricht1 = br.readLine();
System.out.println(nachricht1);
```

Danach überprüfen wir, ob der Anwender das Programm beenden will. Dazu fragen wir ab, ob die Nachricht dem Ausdruck „EXIT" entspricht und geben in diesem Fall eine Verabschiedung an den Client aus:

```
if (nachricht1.equals("EXIT")){
    ausgabe.print("Auf Wiedersehen\n");
    ausgabe.flush();
}
```

Wenn der Anwender eine andere Eingabe gemacht hat, soll er noch die Personalnummer des Mitarbeiters eingeben, für den er den Wert abrufen will. Daher warten wir auf eine weitere Nachricht und geben auch diese wieder zur Kontrolle aus. Daraufhin wandeln wir sowohl `nachricht1`, die für die gewählte Aktion steht, als auch `nachricht2`, die die Personalnummer enthält, in `int`-Werte um. Bei der Auswahl der Aktion steht der Wert 1 für den Nachnamen, der Wert 2 für den Vornamen und der Wert 3 für das Gehalt. Je nachdem, welche Nummer der Anwender eingegeben hat, geben wir die entsprechenden Daten zurück. Darüber hinaus gestalten wir noch passende Nachrichten, falls der Anwender hierbei einen ungültigen Wert eingegeben hat. Der `else`-Block sieht dann so aus:

```
else {
    String nachricht2 = br.readLine();
    System.out.println(nachricht2);
    try {
        int aktion = Integer.parseInt(nachricht1);
        int persnr = Integer.parseInt(nachricht2);
        boolean mitarbeiterVorhanden =  false;
        for (Mitarbeiter mitarbeiter: personal){
            if (mitarbeiter.getPersnr() == persnr){
                mitarbeiterVorhanden = true;
                switch (aktion){
                    case 1:
                        ausgabe.print(mitarbeiter.getName() + "\n");
                        break;
                    case 2:
                        ausgabe.print(mitarbeiter.getVorname() + "\n");
                        break;
                    case 3:
                        ausgabe.print(mitarbeiter.getGehalt() + "\n");
                        break;
                    default:
                        ausgabe.print("Ungültige Auswahl\n");
                }
                ausgabe.flush();
            }
        }
        if (!mitarbeiterVorhanden){
            ausgabe.print("Personalnummer nicht vorhanden.");
            ausgabe.flush();
```

```
        }
    }
    catch (NumberFormatException e){
        ausgabe.print("Sie haben einen ungültigen Wert eingegeben.\n");
        ausgabe.flush();
    }
}
```

Nun müssen wir noch die Bedingung für die `do-while`-Schleife angeben. Diese soll so lange ausgeführt werden, bis der Anwender den Begriff „EXIT“ eingibt:

```
while (!nachricht1.equals("EXIT"));
```

Die komplette Kommunikation für die Übertragung der Personaldaten hatten wir in eine `if`-Abfrage gestellt, die als Bedingung die Variable `anmeldung` enthielt. Das bedeutet, dass dieser Block nur dann ausgeführt wird, wenn sich der Anwender erfolgreich angemeldet hat. Nun müssen wir hierfür noch einen `else`-block erstellen. Dieser soll eine entsprechende Nachricht ausgeben, wenn die Anmeldedaten nicht korrekt sind und das Socket für die Kommunikation mit dem entsprechenden Client schließen:

```
else {
    ausgabe.print("Anmeldedaten nicht korrekt! \n");
    ausgabe.flush();
    client.close();
}
```

Damit ist die Klasse `Bearbeiten` fertiggestellt. Der komplette Code sieht so aus:

```
import java.io.*;
import java.net.*;
import java.util.ArrayList;
class Bearbeiten extends Thread{
    private Socket client;
    Bearbeiten(Socket client) {
      this.client = client;
    }
    public void run() {
        ArrayList <String[]> anmeldedaten = new ArrayList<>();
        String[] user1 = {"user1", "x1y2z3"};
        anmeldedaten.add(user1);
        String[] user2 = {"user2", "abcd123"};
        anmeldedaten.add(user2);
        String[] user3 = {"user3", "sd12+5"};
        anmeldedaten.add(user3);
        ArrayList <Mitarbeiter> personal = new ArrayList<>();
        personal.add(new Mitarbeiter (1000, "Mayer", "Karsten", 3200));
        personal.add(new Mitarbeiter (1001, "Maurer", "Ines", 3600));
        personal.add(new Mitarbeiter (1002, "Gross", "Sabine", 1800));
        try {
            PrintWriter ausgabe;
            OutputStreamWriter osw = new OutputStreamWriter
            (client.getOutputStream());
```

```
ausgabe = new PrintWriter(osw);
ausgabe.print("Geben Sie Ihren Nutzernamen ein: \n");
ausgabe.flush();
InputStreamReader isr = new InputStreamReader
(client.getInputStream());
BufferedReader br = new BufferedReader(isr);
String nutzername = br.readLine();
ausgabe.print("Geben Sie Ihr Passwort ein: \n");
ausgabe.flush();
String passwort = br.readLine();
boolean anmeldung = false;
for (String[] inhalt: anmeldedaten){
    if (inhalt[0].equals(nutzername) && inhalt[1].equals(passwort)){
        anmeldung = true;
        ausgabe.print("Anmeldung erfolgreich\n");
        ausgabe.flush();
        break;
    }
}
if (anmeldung){
    String nachricht1;
    do {
        nachricht1 = br.readLine();
        System.out.println(nachricht1);
        if (nachricht1.equals("EXIT")){
            ausgabe.print("Auf Wiedersehen\n");
            ausgabe.flush();
        }
        else {
            String nachricht2 = br.readLine();
            System.out.println(nachricht2);
            try {
                int aktion = Integer.parseInt(nachricht1);
                int persnr = Integer.parseInt(nachricht2);
                boolean mitarbeiterVorhanden =  false;
                for (Mitarbeiter mitarbeiter: personal){
                    if (mitarbeiter.getPersnr() == persnr){
                        mitarbeiterVorhanden = true;
                        switch (aktion){
                            case 1:
                                ausgabe.print(mitarbeiter.getName()
                                     + "\n");
                                break;
                            case 2:
                                ausgabe.print
                                (mitarbeiter.getVorname()
                                     + "\n");
                                break;
                            case 3:
                                ausgabe.print
                                (mitarbeiter.getGehalt()
                                     + "\n");
                                break;
                            default:
                                ausgabe.print
                                ("Ungültige Auswahl\n");
                        }
```

```
                                        ausgabe.flush();
                                    }
                                }
                                if (!mitarbeiterVorhanden){
                                    ausgabe.print
                                    ("Personalnummer nicht vorhanden.");
                                    ausgabe.flush();
                                }
                            }
                            catch (NumberFormatException e){
                                ausgabe.print("Sie haben einen ungültigen Wert
                                    eingegeben.\n");
                                ausgabe.flush();
                            }
                        }
                    } while (!nachricht1.equals("EXIT"));
                }
                else {
                    ausgabe.print("Anmeldedaten nicht korrekt! \n");
                    ausgabe.flush();
                    client.close();
                }
            }
            catch(IOException e){
                System.out.println(e);
            }
        }
}
```

Nun wenden wir uns dem Client-Programm zu. Dieses soll im Gegensatz zu den bisherigen Beispielen nicht mehr allgemeine Nachrichten versenden. Es ist lediglich darauf ausgelegt, die Daten der Mitarbeiter abzufragen. Daher ist es genau auf diese Aufgabe abgestimmt und der Ablauf ist an das entsprechende Programm des Servers angepasst.

Hier erstellen wir zunächst ein Socket mit den entsprechenden Verbindungsdaten. Danach warten wir auf die Nachricht des Servers, die den Client zur Eingabe des Nutzernamens auffordert. Diese geben wir aus und lesen dann die Eingabe ein. Danach senden wir diese an den Server und warten auf die nächste Eingabe. Nun wiederholen wir den entsprechenden Prozess, um auch das Passwort einzulesen und an den Server zu übermitteln. Danach warten wir auf die Nachricht des Servers, ob die Anmeldung erfolgreich war und geben diese Nachricht ebenfalls aus:

```
String ip = "127.0.0.1";
int port = 2000;
Socket socket = new Socket(ip,port);
InputStreamReader isr = new InputStreamReader(socket.getInputStream());
BufferedReader br = new BufferedReader(isr);
String nachricht = br.readLine();
System.out.print(nachricht);
InputStreamReader isr2 = new InputStreamReader(System.in);
```

```
BufferedReader br2 = new BufferedReader(isr2);
nachricht = br2.readLine();
OutputStreamWriter osw = new OutputStreamWriter(socket.getOutputStream());
PrintWriter pw = new PrintWriter(osw);
pw.print(nachricht + "\n");
pw.flush();
nachricht = br.readLine();
System.out.print(nachricht);
nachricht = br2.readLine();
pw.print(nachricht + "\n");
pw.flush();
nachricht = br.readLine();
System.out.println(nachricht);
```

Die Abfrage der Personaldaten soll nur stattfinden, wenn die Anmeldung erfolgreich war. Daher überprüfen wir die letzte Nachricht, die uns der Server übermittelt hat und setzen den folgenden Block in eine entsprechende `if`-Abfrage:

```
if (nachricht.equals("Anmeldung erfolgreich"))
```

Hier erzeugen wir zunächst eine `while`-Schleife. Diese soll so lange durchgeführt werden, bis der Anwender den Begriff „EXIT“ eingibt. In der Schleife geben wir dann zunächst einige `print()`-Befehle aus. Diese sollen dem Anwender erklären, welche Eingabemöglichkeiten er hat. Danach übermitteln wir die Eingabe an den Server. Wenn der Anwender hierbei nicht den Begriff „EXIT“ für die Beendigung der Kommunikation eingegeben hat, fragen wir auch noch die Personalnummer ab und übermitteln sie an den Server. Danach warten wir auf dessen Antwort und geben diese aus. Die `while`-Schleife sieht dann so aus:

```
while (!nachricht.equals("EXIT")){
    System.out.println("Welche Aktion möchten Sie durchführen?");
    System.out.println("1: Namen abrufen");
    System.out.println("2: Vornamen abrufen");
    System.out.println("3: Gehalt abrufen");
    System.out.println("EXIT: Programm beenden");
    nachricht = br2.readLine();
    pw.print(nachricht + "\n");
    pw.flush();
    if (!nachricht.equals("EXIT")){
        System.out.print("Geben Sie die Personalnummer des Mitarbeiters ein: ");
        nachricht = br2.readLine();
        pw.print(nachricht + "\n");
        pw.flush();
    }
    String antwort = br.readLine();
    System.out.println("Antwort: " + antwort);
}
```

Nach der Beendigung der Schleife schließen wir das Socket. Außerdem müssen wir noch die Befehle für die Behandlung der Ausnahmen einfügen. Damit ist auch der Client betriebsbereit:

```
import java.net.Socket;
import java.io.*;
public class Client {
    public static void main(String[] args) {
        try{
            String ip = "127.0.0.1";
            int port = 2000;
            Socket socket = new Socket(ip,port);
            InputStreamReader isr = new InputStreamReader
            (socket.getInputStream());
            BufferedReader br = new BufferedReader(isr);
            String nachricht = br.readLine();
            System.out.print(nachricht);
            InputStreamReader isr2 = new InputStreamReader(System.in);
            BufferedReader br2 = new BufferedReader(isr2);
            nachricht = br2.readLine();
            OutputStreamWriter osw = new OutputStreamWriter
                  (socket.getOutputStream());
            PrintWriter pw = new PrintWriter(osw);
            pw.print(nachricht + "\n");
            pw.flush();
            nachricht = br.readLine();
            System.out.print(nachricht);
            nachricht = br2.readLine();
            pw.print(nachricht + "\n");
            pw.flush();
            nachricht = br.readLine();
            System.out.println(nachricht);
            if (nachricht.equals("Anmeldung erfolgreich")){
                while (!nachricht.equals("EXIT")){
                    System.out.println("Welche Aktion möchten Sie durchführen?");
                    System.out.println("1: Namen abrufen");
                    System.out.println("2: Vornamen abrufen");
                    System.out.println("3: Gehalt abrufen");
                    System.out.println("EXIT: Programm beenden");
                    nachricht = br2.readLine();
                    pw.print(nachricht + "\n");
                    pw.flush();
                    if (!nachricht.equals("EXIT")){
                        System.out.print("Geben Sie die Personalnummer des
                               Mitarbeiters ein: ");
                        nachricht = br2.readLine();
                        pw.print(nachricht + "\n");
                        pw.flush();
                    }
                    String antwort = br.readLine();
                    System.out.println("Antwort: " + antwort);
                }
            }
            socket.close();
        }
        catch (IOException e){
            System.out.println(e);
        }
    }
}
```

Nun können wir das Programm ausprobieren. Der Server läuft dabei vollkommen selbstständig ab und benötigt keinen Eingriff durch den Anwender. Über den Client können wir nun die Daten, die auf dem Server gespeichert sind, abrufen. Wie eine derartige Kommunikation ablaufen könnte, zeigt Abbildung 20.8.

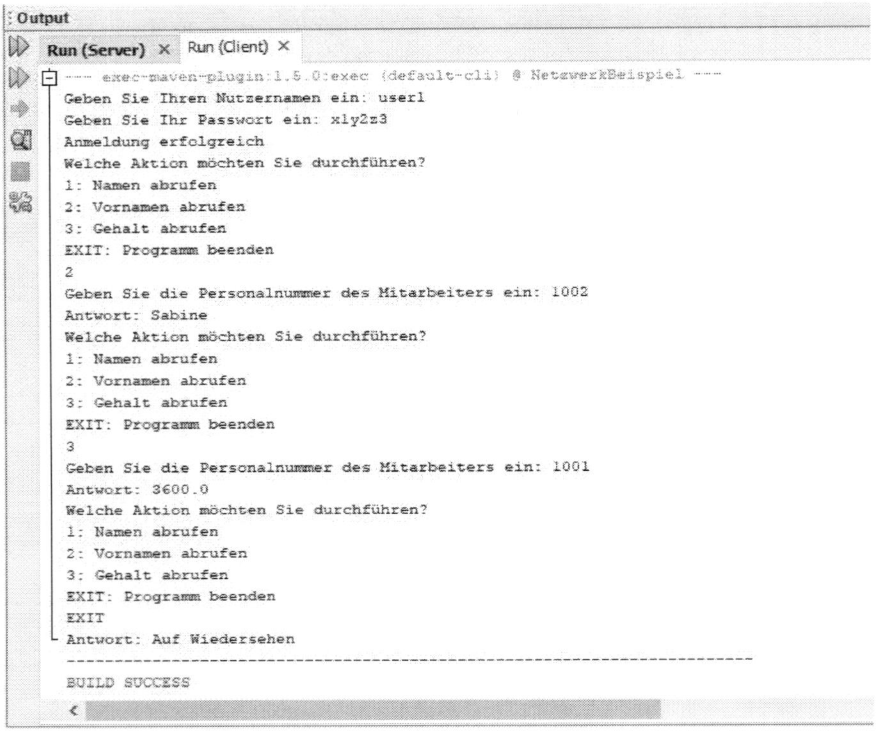

Abb 20.8 Die Abfrage der Daten der Mitarbeiter

20.8 Übungsaufgabe: Programme für Netzwerke erstellen

1. Gestalten Sie ein serverbasiertes Rechenprogramm. Der Nutzer soll dabei zwei Zahlen eingeben können. Das Client-Programm übermittelt diese per Socket an den Server, der sie miteinander multipliziert. Daraufhin gibt er das Ergebnis an den Client zurück, sodass dieser es ausgeben kann.

2. Schreiben Sie ein Programm, das genau die gleiche Funktion erfüllt wie die vorherige Aufgabe. Allerdings soll dieses nun RMI verwenden, um die Werte zwischen dem Client und dem Server zu übermitteln.

Lösungen:

1.

```
Server:
import java.io.*;
import java.net.Socket;
import java.net.ServerSocket;
public class Server {
    public static void main(String[] args) {
        try{
            int port = 2000;
            ServerSocket serverSocket = new ServerSocket(port);
            Socket client = serverSocket.accept();
            InputStreamReader isr = new InputStreamReader
            (client.getInputStream());
            BufferedReader br = new BufferedReader(isr);
            String nachricht1 = br.readLine();
            String nachricht2 = br.readLine();
            int wert1 = Integer.parseInt(nachricht1);
            int wert2 = Integer.parseInt(nachricht2);
            int ergebnis = wert1 * wert2;
            OutputStreamWriter osw = new OutputStreamWriter
                 (client.getOutputStream());
            PrintWriter pw = new PrintWriter(osw);
            pw.print(ergebnis + "\n");
            pw.flush();
        }
        catch (IOException e){
            System.out.println(e);
        }
    }
}
```

Client:

```
import java.net.Socket;
import java.io.*;
public class Client {
    public static void main(String[] args) {
        try{
            String ip = "127.0.0.1";
            int port = 2000;
            Socket socket = new Socket(ip,port);
            InputStreamReader isr1 = new InputStreamReader(System.in);
            BufferedReader br1 = new BufferedReader(isr1);
            System.out.print("Geben Sie den ersten Wert ein: ");
            String nachricht1 = br1.readLine();
            System.out.print("Geben Sie den zweiten Wert ein: ");
            String nachricht2 = br1.readLine();
            OutputStreamWriter osw = new OutputStreamWriter
                 (socket.getOutputStream());
            PrintWriter pw = new PrintWriter(osw);
            pw.print(nachricht1 + "\n");
            pw.print(nachricht2 + "\n");
            pw.flush();
```

```
                InputStreamReader isr2 = new InputStreamReader
                    (socket.getInputStream());
                BufferedReader br2 = new BufferedReader(isr2);
                String ergebnis = br2.readLine();
                System.out.println("Ergebnis: " + ergebnis);
            }
            catch (IOException e){
                System.out.println(e);
            }
        }
    }
```

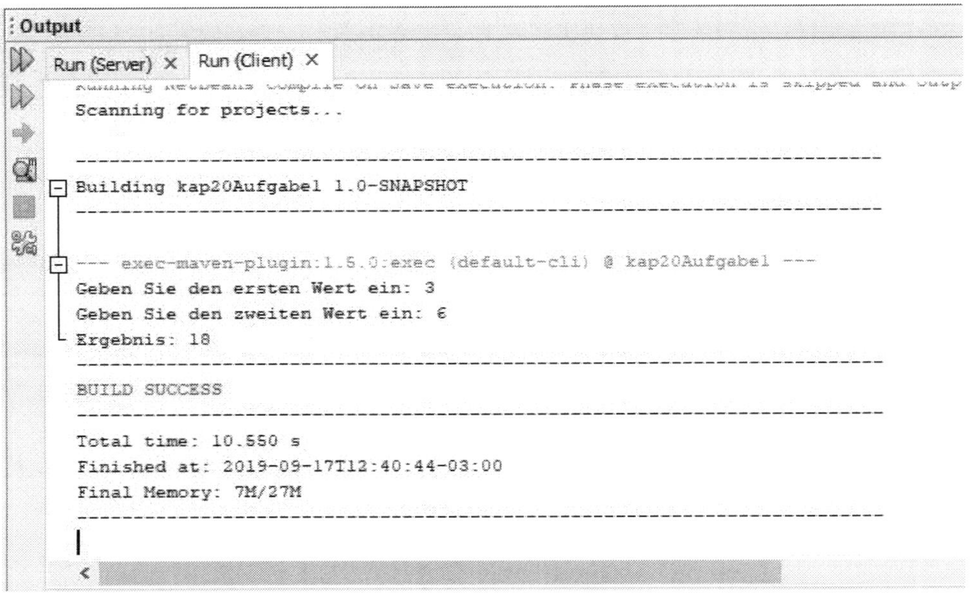

Abb. 20.9 Die Ausgabe des Programms für den Client

2.

RMIInterface:

```
import java.rmi.Remote;
import java.rmi.RemoteException;
public interface RMIInterface extends Remote {
    int wertBerechnen(int wert1, int wert2) throws RemoteException;
}
```

RMIKlasse:

```
public class RMIKlasse implements RMIInterface {
    public int wertBerechnen(int wert1, int wert2) {
        return wert1 * wert2;
    }
}
```

Server:

```
import java.rmi.RemoteException;
import java.rmi.registry.LocateRegistry;
import java.rmi.registry.Registry;
import java.rmi.server.UnicastRemoteObject;
public class Server {
    public static void main(String[] args) {
        try{
            RMIInterface server = new RMIKlasse();
            RMIInterface stub = (RMIInterface) UnicastRemoteObject.
                    exportObject((RMIInterface) server, 0);
            Registry registrierung = LocateRegistry.createRegistry(1099);
            registrierung.rebind("RMIAufgabe", stub);
        }
        catch(RemoteException e){
                System.out.println(e);
        }
    }
}
```

Client:

```
import java.io.BufferedReader;
import java.io.IOException;
import java.io.InputStreamReader;
import java.rmi.NotBoundException;
import java.rmi.RemoteException;
import java.rmi.registry.LocateRegistry;
import java.rmi.registry.Registry;
public class Client {
    public static void main(String[] args) {
        try{
            Registry registrierung = LocateRegistry.getRegistry();
            RMIInterface server = (RMIInterface) registrierung
              .lookup("RMIAufgabe");
            InputStreamReader isr = new InputStreamReader(System.in);
            BufferedReader br = new BufferedReader(isr);
            System.out.print("Geben Sie den ersten Wert ein: ");
            int wert1 = Integer.parseInt(br.readLine());
            System.out.print("Geben Sie den zweiten Wert ein: ");
            int wert2 = Integer.parseInt(br.readLine());
            int ergebnis = server.wertBerechnen(wert1, wert2);
            System.out.println("Ergebnis: " + ergebnis);
        }
        catch (RemoteException e){
            System.out.println(e);
        }
        catch (NotBoundException e){
            System.out.println(e);
        }
        catch (IOException e){
            System.out.println(e);
        }
    }
}
```

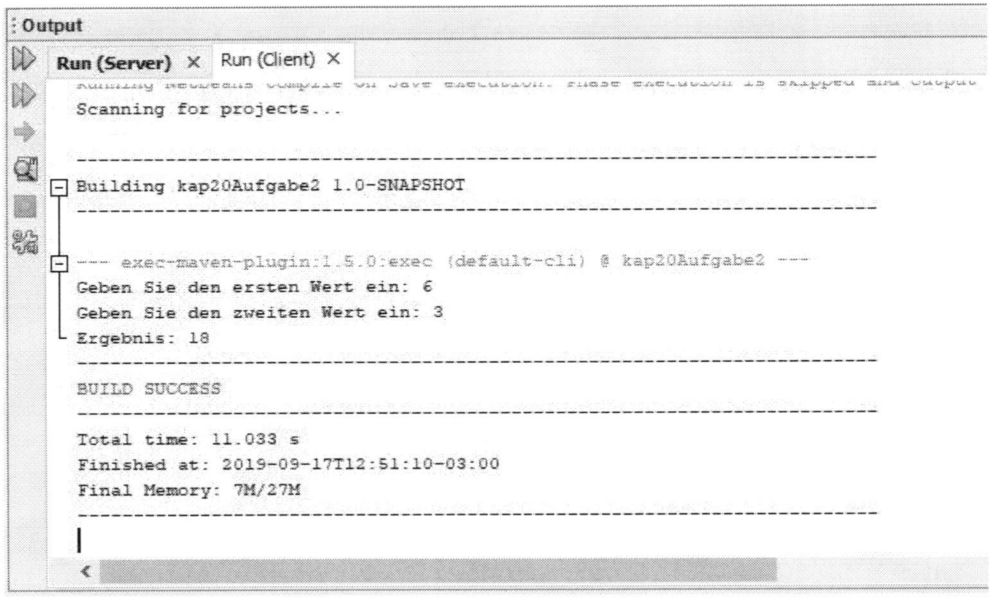

Abb. 20.10 Die Ausgabe sieht bei diesem Programm identisch aus

Alle Programmcodes und Schaltpläne aus diesem Buch stehen kostenfrei zum Download bereit. Dadurch müssen Sie Code nicht abtippen.

Außerdem erhalten Sie die eBook Ausgabe zum Buch im PDF Format kostenlos auf unserer Website:

https://bmu-verlag.de/java-kompendium/
Downloadcode: siehe Kapitel 28

Kapitel 21

Lambda-Ausdrücke in Java

Im bisherigen Verlauf dieses Buchs wurde bereits mehrfach erwähnt, dass Java auf das Programmierparadigma der *objektorientierten Programmierung* ausgerichtet ist. Darüber hinaus gibt es jedoch noch viele weitere Paradigmen. Eines davon ist die *funktionale Programmierung*, die in den letzten Jahren ebenfalls viele Anhänger gefunden hat. Hierbei kommen Funktionen zum Einsatz, die ähnlich aufgebaut sind wie Methoden. Allerdings sind sie unabhängig von Objekten. Das Besondere an der funktionalen Orientierung besteht darin, dass wir hier die Funktionen nicht nur aufrufen und anwenden können. Darüber hinaus ist es möglich, sie wie Variablen zu verwenden – beispielsweise indem wir sie miteinander verknüpfen oder als Übergabewert verwenden.

Java bot ursprünglich keinerlei Möglichkeiten für die funktionale Programmierung. Mit der Einführung von Java 8 beschlossen die Entwickler jedoch, dass die Programmiersprache fortan auch die funktionale Programmierung unterstützen sollte. Hierzu dienen *Lambda-Ausdrücke*. Deren Verwendung wird im folgenden Kapitel vorgestellt.

21.1 Hinführung: anonyme Klassen in Java

Lambda-Ausdrücke kommen in erster Linie zum Einsatz, um sogenannte *anonyme Klassen* zu ersetzen. Um die Funktionsweise zu verstehen, ist es daher wichtig, sich zunächst mit diesem Thema auseinanderzusetzen.

Anonyme Klassen kommen häufig zum Einsatz, wenn wir eine bestimmte Methode einer Klasse für eine einmalige Anwendung überschreiben möchten. Das soll an einem kleinen Beispiel verdeutlicht werden. Dazu erstellen wir zunächst eine vereinfachte Klasse für einen Mitarbeiter. Diese enthält nur eine Member-Variable: die Personalnummer. Außerdem gestalten wir einen Konstruktor für das Objekt. Darüber hinaus sind zwei Methoden enthalten – eine `get()`-Methode für die Abfrage des Werts sowie die Methode `ausgeben()`, die den entsprechenden Wert direkt ausgeben soll. Die Methode `ausgeben()` rufen wir außerdem direkt im Konstruktor auf, um den Inhalt des Objekts im Programm anzuzeigen.

```
public class Mitarbeiter {
    private int persnr;
    public Mitarbeiter (int persnr){
        this.persnr = persnr;
        this.ausgeben();
    }
```

```
    public int getPersnr(){
        return this.persnr;
    }
    void ausgeben(){
        System.out.println(this.persnr);
    }
}
```

Im folgenden Beispiel wollen wir ein Programm erstellen, das ein Objekt dieses Typs erstellt. Allerdings wollen wir nun den Ausgabebefehl, der im Konstruktor aufgerufen wird, mit einem Zusatz versehen, damit klar wird, um welchen Wert es sich dabei handelt.

Die Klasse `Mitarbeiter` wollen wir zu diesem Zweck nicht verändern, da wir davon ausgehen, dass wir diese noch in anderen Programmteilen benötigen. In diesem einfachen Beispiel wäre es auch möglich, den Zusatz direkt in das Hauptprogramm einzufügen. Allerdings kommt es bei komplizierteren Programmen häufig vor, dass dies nicht möglich ist, ohne Konflikte mit anderen Funktionen der entsprechenden Klasse zu erzeugen.

Eine Lösung für dieses Problem besteht darin, eine neue Klasse zu erstellen und diese von der ursprünglichen Klasse `Mitarbeiter` abzuleiten. Darin können wir dann die Methode `ausgeben()` überschreiben:

```
public class MitarbeiterErweitert extends Mitarbeiter {
    public MitarbeiterErweitert (int persnr){
        super(persnr);
    }
    @Override
    void ausgeben(){
        System.out.println("Personalnummer: " + super.getPersnr());
    }
}
```


Dabei müssen wir darauf achten, dass wir nur Methoden überschreiben können, die nicht als `public` definiert sind. In diesem Beispiel haben wir hierfür überhaupt keine Angabe gemacht. Daher können wir die Überschreibung vornehmen. Es wäre jedoch auch möglich, die ursprüngliche Methode als `private` zu definieren.

Nun können wir die entsprechende Klasse in unserem Hauptprogramm aufrufen, um ein entsprechendes Objekt zu erstellen:

```
public class Hauptprogramm {
    public static void main(String[] args) {
        MitarbeiterErweitert meinMitarbeiter = new MitarbeiterErweitert(123);
    }
}
```

Diese Vorgehensweise führt zwar zum gewünschten Ergebnis. Allerdings ist sie mit recht viel Arbeit verbunden. Eine komplette neue Klasse zu erstellen, bedeutet einen erheblichen Aufwand. Wenn wir die entsprechende abgeleitete Klasse mehrfach verwenden, ist dieser sicherlich gerechtfertigt. Allerdings kommt es häufig vor, dass wir in unserem Programm nur ein einziges entsprechendes Objekt benötigen. In diesem Fall bietet es sich häufig an, eine anonyme Klasse zu erzeugen. Das bedeutet, dass wir die Überschreibung der Methode direkt bei der Instanziierung des Objekts hinzufügen:

```
new Mitarbeiter(123){
    @Override
    void ausgeben() {
        System.out.println("Personalnummer: " + this.getPersnr());
    }
};
```

Zu diesem Zweck intanziieren wir wie gewohnt mit dem Schlüsselbegriff `new` ein Objekt des entsprechenden Typs. Danach öffnen wir eine geschweifte Klammer. Hier können wir dann die entsprechende Methode überschreiben.

Das heißt, dass wir hierbei ein Objekt erzeugen, das zu einer neuen Klasse gehört. Dieser haben wir jedoch keinen Namen gegeben. Wir haben lediglich die Ausgangsklasse `Mitarbeiter` herangezogen und diese verändert. Die abgeleitete Klasse hat jedoch keine eigene Bezeichnung. Daher wird sie als anonym bezeichnet. Das hat unter anderem zur Folge, dass wir sie nicht wiederverwenden können. Deshalb eignet sich diese Vorgehensweise nur für einmalige Anwendungen.

Im bisherigen Beispiel haben wir auch dem Objekt, das wir hier erzeugt haben, keinen Namen gegeben. Das ist nicht notwendig, da alle Aktionen, die wir damit durchführen möchten, bereits im Konstruktor ausgeführt werden. Wenn wir im weiteren Verlauf nochmals auf das Objekt zugreifen möchten, können wir ihm jedoch auch einen Namen geben – obwohl wir es mittels einer anonymen Klasse erzeugen. Wir deklarieren es dabei einfach über die ursprüngliche Klasse. Wie wir bereits aus dem Abschnitt zur Polymorphie wissen, ist dies problemlos möglich. Die Überschreibung der Methode bleibt dabei erhalten. Wenn wir diese nochmals aufrufen, wird die überschriebene Version ausgeführt – so wie dies in Abbildung 21.1 zu sehen ist. Der Code für das Hauptprogramm sieht dann so aus:

```
public class Hauptprogramm {
    public static void main(String[] args) {
        Mitarbeiter meinMitarbeiter = new Mitarbeiter(123){
            @Override
            void ausgeben() {
                System.out.println("Personalnummer: " + this.getPersnr());
            }
        };
        meinMitarbeiter.ausgeben();
    }
}
```

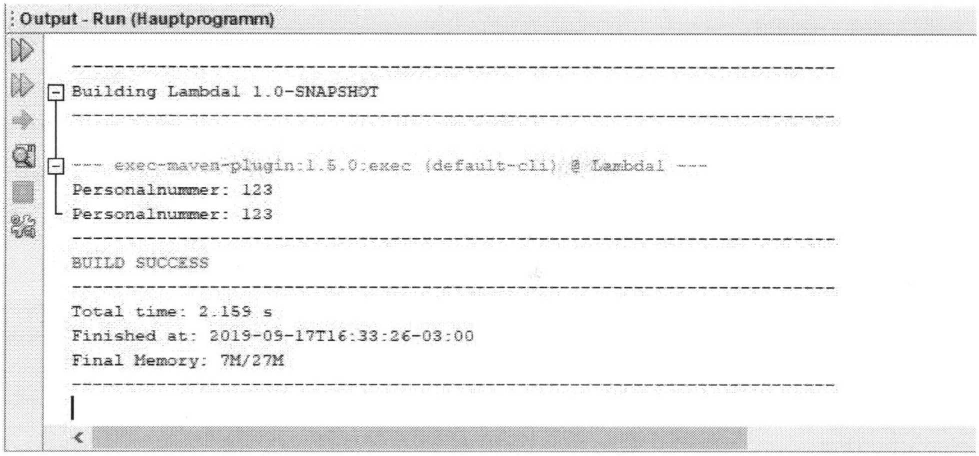

Abb. 21.1 Die erneute Ausgabe der überschriebenen Methode

Bei der Verwendung anonymer Klassen müssen wir beachten, dass wir hier keinen eigenen Konstruktor erstellen können. Bei der Erzeugung des Objekts wird automatisch der Konstruktor der Super-Klasse aufgerufen.

Wir können anonyme Klassen nicht nur von anderen Klassen ableiten. Häufig kommt diese Technik auch zum Einsatz, um ein Interface zu implementieren. Das erlaubt es uns, eine Instanz von einem Interface zu erzeugen, ohne dafür eine eigene Klasse zu erstellen.

Auch das soll an einem kleinen Beispiel vorgestellt werden. Allerdings können wir dabei nicht die gleiche Funktionsweise umsetzen, wie in unserem vorherigen Programm. Das liegt daran, dass wir in einem Interface keine Member deklarieren können. Daher deklarieren wir hier lediglich eine Methode. Das Hauptprogramm soll diese Methode so implementieren, dass diese eine einfache Textausgabe erstellt. Das Interface hierfür sieht so aus:

21

```
public interface Ausgabe {
    void ausgeben();
}
```

Im Hauptprogramm erstellen wir dann ein neues Objekt, das wir über das Interface deklarieren. Wir instanziieren es daraufhin ebenfalls über dieses Interface. Das ist normalerweise nicht erlaubt. Wenn wir jedoch eine anonyme Klasse erstellen, indem wir die Methode `ausgeben()` implementieren, ist das möglich. Danach können wir die Methode auf das entsprechende Objekt anwenden. Abbildung 21.2 zeigt, dass unser Programm nun die entsprechende Ausgabe erzeugt:

```
public class Hauptprogramm {
    public static void main(String[] args) {
        Ausgabe neueAusgabe = new Ausgabe() {
```

```
            @Override
            public void ausgeben(){
                System.out.println("Ausgabe");
            }
        };
        neueAusgabe.ausgeben();
    }
}
```

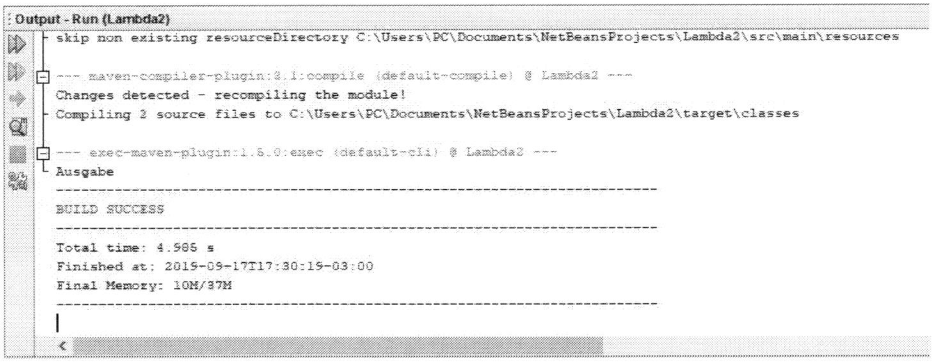

Abb. 21.2 Das Interface wird hier über eine anonyme Methode implementiert, sodass wir eine Instanz davon ableiten und die entsprechende Methode ausführen können

21.2 Lambda-Ausdrücke als Alternative zu anonymen Klassen

Lambda-Ausdrücke dienen dazu, anonyme Klassen zu ersetzen. Sie bieten hierfür eine deutlich kompaktere Schreibweise an, sodass wir damit unseren Code wesentlich kürzer und übersichtlicher gestalten können.

Allerdings gibt es dabei eine wichtige Einschränkung. Lambda-Ausdrücke können wir lediglich auf funktionale Interfaces anwenden. Das bedeutet, dass diese nur eine einzige Methode enthalten. Beim Interface Ausgabe aus dem vorherigen Beispiel handelte es sich etwa um ein funktionales Interface. Daher können wir dieses unverändert übernehmen und mit einem Lambda-Ausdruck implementieren. Dazu erzeugen wir eine Instanz, die auf dem Interface Ausgabe basiert. Danach verwenden wir den Zuweisungsoperator. Nun müssen wir eine Klammer einfügen, die der Aufnahme der Übergabewerte dient. Diese bleibt in unserem Beispiel jedoch leer, da wir hier keine Übergabewerte verwenden. Danach verwenden wir den sogenannten Pfeiloperator. Dieser besteht aus dem Minuszeichen und aus der schließenden spitzen Klammer: ->. Anschließend fügen wir die Befehle ein, die die Methode ausführen soll. Wenn wir die anonyme Klasse aus dem vorherigen Beispiel nun durch einen Lambda-Ausdruck ersetzen, sieht unser Hauptprogramm so aus:

```
public class Hauptprogramm {
    public static void main(String[] args) {
```

```
        Ausgabe neueAusgabe = () -> System.out.println("Ausgabe");
        neueAusgabe.ausgeben();
    }
}
```

21.3 Lambda-Ausdrücke mit mehreren Befehlen und Übergabewerten

Lambda-Ausdrücke können auch Übergabewerte verwenden. Dazu müssen wir in der Klammer lediglich die entsprechenden Variablen für die Aufnahme deklarieren. Dabei können wir wie bei gewöhnlichen Methoden den Datentyp angeben, so wie dies im unten stehenden Beispiel zu sehen ist. Dies ist jedoch optional. Wir können die Angabe des Datentyps auch weglassen, um die Eingabe unterschiedlicher Werte zu erlauben.

Außerdem ist es möglich, mehrere Befehle in die Funktion einzufügen. In diesem Fall müssen wir diese in eine geschweifte Klammer einfügen. Das soll ein weiteres Beispiel verdeutlichen. Dabei erhält die Funktion zwei Zahlen als Übergabewerte. Daraufhin gibt sie die Summe und das Produkt der Werte aus. Das hierfür notwendige Interface sieht so aus:

```
public interface Berechnung {
    public void berechnen (int a, int b);
}
```

Da das Interface nur eine einzige Methode enthält, handelt es sich hierbei um ein funktionales Interface. Das bedeutet, dass wir es über einen Lambda-Ausdruck implementieren können:

```
public class Hauptprogramm {
    public static void main(String[] args) {
        Berechnung berechnung = (int a, int b) -> {
            System.out.println("Summe: " + (a + b));
            System.out.println("Produkt: " + (a * b));
        };
        berechnung.berechnen(2,4);
    }
}
```

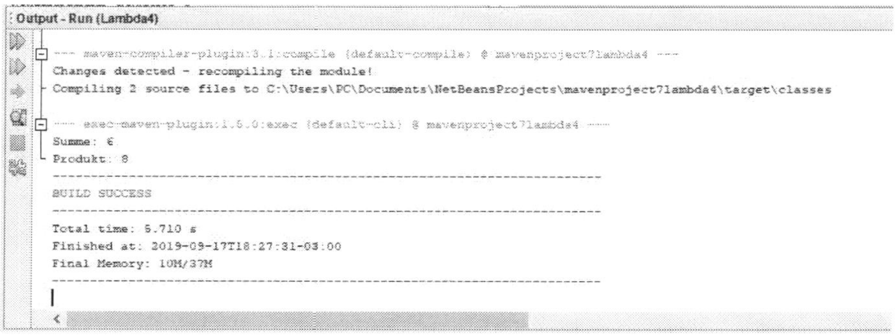

Abb 21.3 Die Ausgabe der per Lambda-Ausdruck definierten Methode

21.4 Der Zugriff auf die Variablen in Lambda-Ausdrücken

Wenn wir mit Lambda-Ausdrücken arbeiten, ist es wichtig, die Gültigkeitsbereiche der Variablen zu beachten. Das hat große Auswirkungen auf die Interaktion mit dem übrigen Programm.

Wenn wir innerhalb des Lambda-Ausdrucks eine neue Variable deklarieren, hat diese nur einen lokalen *Gültigkeitsbereich*. Das bedeutet, dass wir sie nur innerhalb dieses Ausdrucks verwenden können. Wenn wir die Variable außerhalb des Ausdrucks aufrufen möchten, kommt es zu einem Fehler.

Der folgende Code wäre beispielsweise nicht gültig:

```
public interface InterfaceBsp {
    public void methode();
}
public class Hauptprogramm {
    public static void main(String[] args) {
        InterfaceBsp bsp = () -> {
            int zahl = 3;
        };
        System.out.println(zahl);
    }
}
```

Im Gegensatz zur Deklaration von Methoden in einer eigenen Klasse ist es auch nicht möglich, Variablen mit der gleichen Bezeichnung sowohl innerhalb als auch außerhalb des Lambda-Ausdrucks zu definieren. In diesem Fall kommt es ebenfalls zu einer Fehlermeldung. Um dies zu demonstrieren, ändern wir das Hauptprogramm nun etwas ab.

```
public class Hauptprogramm {
    public static void main(String[] args) {
        int zahl = 5;
        InterfaceBsp bsp = () -> {
            int zahl = 3;
        };
        System.out.println(zahl);
    }
}
```

Auch wenn wir die Variable im Hauptprogramm deklarieren und daraufhin versuchen, innerhalb des Lambda-Ausdrucks darauf zuzugreifen, kommt es zu einem Fehler:

```
public class Hauptprogramm {
    public static void main(String[] args) {
        int zahl = 5;
        InterfaceBsp bsp = () -> {
            zahl = 7;
        };
```

```
            System.out.println(zahl);
        }
}
```

Allerdings gibt es hierbei eine Ausnahme. Wenn die Variable `final` ist, können wir sie auch innerhalb des Lambda-Ausdrucks verwenden. Finale Variablen erlauben es nicht, den Wert zu ändern. Das bedeutet, dass es sich hierbei um eine Konstante handelt. Der folgende Code führt beispielsweise nicht zu einer Fehlermeldung:

```
public class Hauptprogramm {
    public static void main(String[] args) {
        final int zahl = 5;
        InterfaceBsp bsp = () -> {
            System.out.println(zahl);
        };
    }
}
```

In diesem Beispiel haben wir die Variable zahl mit dem Begriff `final` gekennzeichnet. Das bedeutet, dass eine Veränderung nicht mehr möglich ist. Allerdings ist es nicht notwendig, die Variable mit diesem Begriff auszuzeichnen, um sie im Lambda-Ausdruck zu verwenden. Es ist lediglich wichtig, dass sie effektiv final ist. Das bedeutet, dass sich der Wert nach der ersten Zuweisung nicht mehr ändert. Im vorherigen Beispiel könnten wir beispielsweise problemlos den Schlüsselbegriff `final` entfernen. Das Programm ist dennoch funktionsfähig. Wenn wir jedoch später den Wert der Variablen verändern, kommt es wieder zu einer Fehlermeldung – unabhängig davon, ob die Veränderung innerhalb oder außerhalb des Lambda-Ausdrucks stattfindet.

Aufgrund dieser Einschränkungen ist es oftmals schwierig, Werte zwischen den einzelnen Programmbereichen auszutauschen. Allerdings gibt es auch hierfür Möglichkeiten. Beispielsweise können wir hierfür die Übergabe- und Rückgabewerte der Methode verwenden. Das ist jedoch häufig schwierig, wenn wir mit vorgefertigten Interfaces arbeiten, weil hierbei die Übergabe- und Rückgabewerte fest vorgegeben sind.

Eine weitere Alternative stellt es dar, mit Objekt-Variablen zu arbeiten. Wenn wir ein Objekt außerhalb des Lambda-Ausdrucks erstellen, können wir auf dessen Member auch innerhalb desselben zugreifen. Das bietet uns die Möglichkeit, Werte zwischen den beiden Bereichen zu übergeben. Um dies zu demonstrieren, erstellen wir zunächst eine einfache Beispiel-Klasse:

```
public class KlasseBsp {
    int zahl;
}
```

Im Hauptprogramm erstellen wir dann ein Objekt dieser Klasse. Wir weisen dem Member einen Wert zu. Innerhalb des Lambda-Ausdrucks können wir diesen dann beliebig abrufen oder verändern. Abbildung 21.4 zeigt, dass sich die Veränderungen innerhalb des Lambda-Ausdrucks auch auf den äußeren Bereich auswirken. Das Hauptprogramm für dieses Beispiel sieht so aus:

```
public class Hauptprogramm {
    public static void main(String[] args) {
        KlasseBsp klasse = new KlasseBsp();
        klasse.zahl = 3;
        InterfaceBsp bsp = () -> {
            System.out.println("Zahl innerhalb des Lambda-Ausdrucks: " +
                  klasse.zahl);
            klasse.zahl = 5;
        };
        bsp.methode();
        System.out.println("Zahl außerhalb des Lambda-Ausdrucks: " +
        klasse.zahl);
    }
}
```

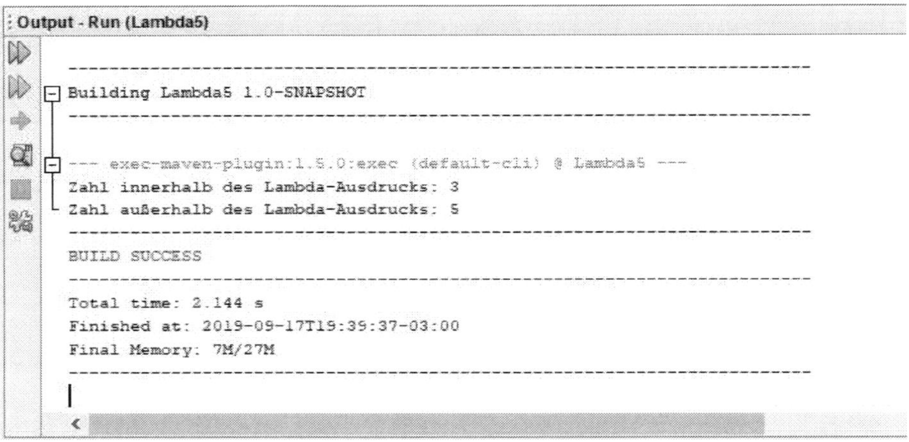

Abb. 21.4 Die Ausgabe der Werte der Objekt-Variablen

21.5 Lambda-Ausdrücke für Iterationen verwenden

Lambda-Ausdrücke bieten sich nicht nur dazu an, eine anonyme Klasse zu ersetzen. Darüber hinaus können wir sie als Übergabewert für eine Methode verwenden. Das bedeutet, dass wir nicht mehr einen bestimmten Wert oder einen Speicherort übergeben. Stattdessen übermitteln wir eine Verhaltensweise, die wir für unser Programm benötigen.

Diese Funktionsweise ist insbesondere für Iterationen sehr hilfreich. Hierfür bietet Java die `forEach()`-Methode an. Diese ermöglicht es, eine Liste oder einen anderen zusammengesetzten Datentyp schnell und einfach durchzugehen und eine bestimmte Aktion mit jedem der Inhalte durchzuführen. Die Funktionsweise ist dabei sehr ähnlich wie bei der enhanced for-loop, die wir bereits kennengelernt haben.

Wenn wir jedoch die `forEach()`-Methode verwenden, müssen wir angeben, welche Aktion wir damit durchführen möchten. Mit klassischen Übergabewerten ist dies nicht möglich. Allerdings können wir hierfür einen Lambda-Ausdruck verwenden. In diesem müssen wir vorgeben, welche Aktion wir bei jedem Schleifendurchlauf durchführen möchten. Dabei erhalten wir als Übergabewert für den Lambda-Ausdruck den Wert des entsprechenden Feldes der Datenstruktur. Diesen können wir dann ausgeben oder weitere Berechnungen durchführen.

Das soll das folgende Beispiel verdeutlichen. Hierbei erstellen wir zunächst eine Liste mit mehreren Zahlen. Darauf wenden wir dann die `forEach()`-Methode an. Diese soll die Werte verdoppeln und sie dann ausgeben:

```
import java.util.*;
public class Hauptprogramm{
    public static void main(String[] args) {
        ArrayList<Integer> list=new ArrayList<Integer>();
        list.add(3);
        list.add(4);
        list.add(7);
        list.add(2);
        list.add(9);
        list.forEach(
            (wert)->System.out.println(2 * wert)
        );
    }
}
```

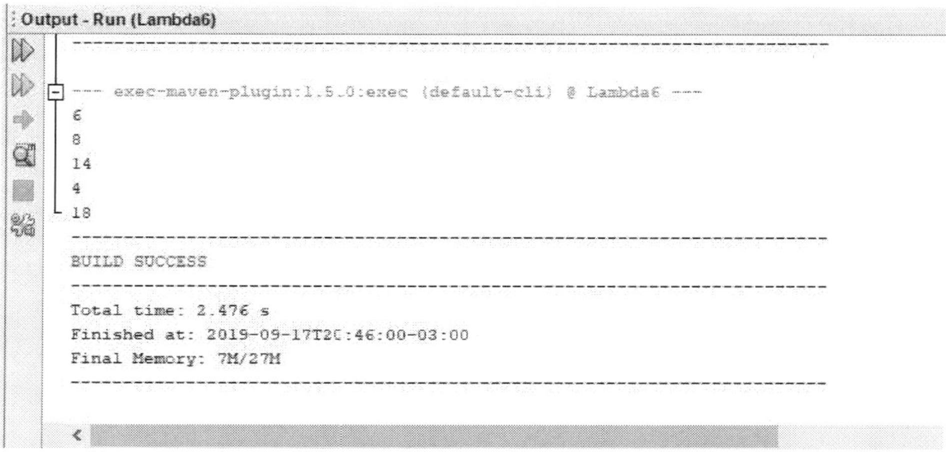

Abb. 21.5 Die Ausgabe der verdoppelten Werte

21.6 Lambda-Ausdrücke in der Praxis verwenden

Auch die Verwendung von Lambda-Ausdrücken soll nun noch an einem kurzen Beispiel verdeutlicht werden. Hierzu erstellen wir ein Programm, das das Sortiment eines Werkzeughändlers enthält. Der Anwender soll nun die Möglichkeit haben, Rabatt-Aktionen durchzuführen. Hierfür kann er die Preise des gesamten Sortiments entweder um fünf oder um zehn Prozent senken.

Für eine einfache und intuitive Anwendung soll dieses Programm grafische Benutzeroberflächen verwenden. Damit dieses Beispiel nicht zu umfangreich wird, speichern wir die ursprünglichen Produktdaten in einer Map, die als Schlüsselbegriff den Produkttyp und als Wert den Preis enthält. Dabei verzichten wir auf die Verwendung von Datenbanken. Die veränderten Daten geben wir direkt über das Fenster aus und speichern sie nicht ab. Auch in diesem Fall ist der Leser dazu eingeladen, das Programm später selbstständig so zu erweitern, dass es die Werte in Datenbanken abspeichert.

Zunächst erstellen wir ein neues Projekt und nehmen hierfür die notwendigen Veränderungen an der **pom**-Datei vor und ändern die Project Properties so ab, dass wir Fenster erstellen können. Danach gestalten wir eine Klasse mit der Bezeichnung `Hauptfenster`, die wir von der Klasse `Application` ableiten und überschreiben darin die `run()`-Methode.

Darin erstellen wir dann im ersten Schritt eine Map, um die Produktdaten aufzunehmen:

```
HashMap<String, Double> map = new HashMap<>();
map.put("Bohrmaschine", 54.99);
map.put("Stichsäge", 29.99);
map.put("Schwingschleifer", 28.49);
map.put("Kreissäge", 44.99);
```

Danach erzeugen wir ein Fenster über ein `GridPane`. Darin setzen wir einen Fenster-Titel und legen eine Überschrift fest. Außerdem gestalten wir zwei große Buttons für die Rabatt-Aktionen. Diese erstellen wir über die Klasse `meinButton`, die wir im nächsten Schritt gestalten werden. Ein kleinerer OK-Button soll dazu dienen, das Fenster zu schließen. Da diese Funktionen bereits aus unseren bisherigen Programmen bekannt sind, werden sie hier nicht mehr ausführlich erklärt. Stattdessen geben wir lediglich den erforderlichen Code dafür an:

```
GridPane grid = new GridPane();
grid.setAlignment(Pos.CENTER);
grid.setHgap(30);
grid.setVgap(50);
grid.setPadding(new Insets(20, 20, 20, 20));
stage.setTitle("Sortiment verwalten");
Text titel = new Text("Wählen Sie eine Aktion aus:");
titel.setFont(Font.font("Arial", FontWeight.BOLD, 14));
grid.add(titel, 0, 0, 2, 1);
meinButton btn1 = new meinButton("Rabatt 10%");
grid.add(btn1, 0, 1);
btn1.setPrefSize(200, 50);
meinButton btn2 = new meinButton("Rabatt 5 %");
grid.add(btn2, 1, 1);
btn2.setPrefSize(200, 50);
```

```
Button btn3 = new Button("OK");
grid.add(btn3, 0, 3, 2, 1);
btn3.setPrefSize(100, 20);
grid.setHalignment(btn3, HPos.CENTER);
```

Nun müssen wir die Aktionen für die einzelnen Buttons vorgeben. Wenn wir uns den Code aus unseren bisherigen Programmen, in denen wir GUIs erzeugt haben, nochmals genau anschauen, stellen wir fest, dass wir hierfür anonyme Klassen verwendet haben. Wir haben hier auf jeden Button die Methode `setOnAction()` angewendet. Dieser haben wir als Übergabewert ein Objekt übergeben. Dieses haben wir jedoch nicht von einer bestehenden Klasse, sondern vom Interface `EventHandler` abgeleitet und darin die Methode `handle()` implementiert. Das bedeutet, dass es sich hierbei um eine anonyme Klasse handelt und wir diese durch einen Lambda-Ausdruck ersetzen können.

In diesem Fall kommt die anonyme Klasse als Übergabewert für eine Methode zum Einsatz. Wenn wir diese durch einen Lambda-Ausdruck ersetzen, ist es nicht einmal notwendig, das Interface anzugeben, das wir hierfür verwenden. Wir müssen lediglich das Verhalten in einem Lambda-Ausdruck nennen. Die einzige Aufgabe besteht darin, ein neues Fenster zu erzeugen. Allerdings müssen wir diesem mehrere Übergabewerte übergeben – das Hauptfenster, die Map mit den Produktdaten und die Höhe des Rabatts, den wir anwenden möchten. Für den ersten Button sieht der Aufruf der Methode daher so aus:

```
btn1.setOnAction(e -> {btn1.neuesFenster(stage, map, 10);});
```

Der Ausdruck e hat hier genau die gleiche Funktion wie bei unseren bisherigen Beispielen, bei denen wir anonyme Klassen verwendet haben. Er diente hierbei in der Methode `handle()` dazu, den Übergabewert aufzunehmen. Auch die Lambda-Funktion überschreibt die Methode `handle()`, auch wenn sie diese nicht explizit erwähnt. Dennoch ist es notwendig, das `ActionEvent`, das diese als Übergabewert erhält, in einer Variablen aufzunehmen. Dazu dient der Bezeichner `e`. Wenn wir eine Methode mit nur einem Übergabwert per Lambda-Funktion erstellen, ist es übrigens nicht erforderlich, diesen in Klammern zu setzen. Wir können ihn auch wie in diesem Beispiel ohne Klammer angeben.

Daran wird bereits deutlich, dass wir mithilfe des Lambda-Ausdrucks den Code für das Programm deutlich kürzer gestalten können. In unseren bisherigen Programmen, in denen wir mit anonymen Klassen gearbeitet haben, waren für die gleiche Aufgabe mehrere Programmzeilen notwendig. Das erleichtert nicht nur die Schreibarbeit, sondern verbessert auch die Übersichtlichkeit unseres Programms. Nach dem gleichen Muster erstellen wir nun auch den Aufruf der `setOnAction()`-Methoden für die übrigen beiden Buttons:

```
btn2.setOnAction(e -> {btn2.neuesFenster(stage, map, 5);});
btn3.setOnAction(e -> {stage.close();});
```

Nun müssen wir nur noch das Scene-Objekt erstellen und das Fenster anzeigen:

```
Scene scene = new Scene(grid, 600, 400);
stage.setScene(scene);
stage.show();
```

Die `main()`-Methode erzeugen wir nach dem bisher bekannten Muster. Damit ist der Code für das Hauptfenster abgeschlossen:

```
import java.util.HashMap;
import javafx.application.Application;
import javafx.geometry.Insets;
import javafx.geometry.Pos;
import javafx.scene.Scene;
import javafx.scene.control.Button;
import javafx.scene.layout.GridPane;
import javafx.scene.text.Font;
import javafx.scene.text.FontWeight;
import javafx.scene.text.Text;
import javafx.stage.Stage;
import javafx.geometry.HPos;
public class Hauptfenster extends Application {
    @Override
    public void start(Stage stage) {
        HashMap<String, Double> map = new HashMap<>();
        map.put("Bohrmaschine", 54.99);
        map.put("Stichsäge", 29.99);
        map.put("Schwingschleifer", 28.49);
        map.put("Kreissäge", 44.99);
        GridPane grid = new GridPane();
        grid.setAlignment(Pos.CENTER);
        grid.setHgap(30);
        grid.setVgap(50);
        grid.setPadding(new Insets(20, 20, 20, 20));
        stage.setTitle("Sortiment verwalten");
        Text titel = new Text("Wählen Sie eine Aktion aus:");
        titel.setFont(Font.font("Arial", FontWeight.BOLD, 14));
        grid.add(titel, 0, 0, 2, 1);
        meinButton btn1 = new meinButton("Rabatt 10%");
        grid.add(btn1, 0, 1);
        btn1.setPrefSize(200, 50);
        meinButton btn2 = new meinButton("Rabatt 5 %");
        grid.add(btn2, 1, 1);
        btn2.setPrefSize(200, 50);
        Button btn3 = new Button("OK");
        grid.add(btn3, 0, 3, 2, 1);
        btn3.setPrefSize(100, 20);
        grid.setHalignment(btn3, HPos.CENTER);
        btn1.setOnAction(e -> {btn1.neuesFenster(stage, map, 10);});
        btn2.setOnAction(e -> {btn2.neuesFenster(stage, map, 5);});
        btn3.setOnAction(e -> {stage.close();});
        Scene scene = new Scene(grid, 600, 400);
        stage.setScene(scene);
        stage.show();
    }
    public static void main(String[] args) {
```

```
        launch(args);
    }
}
```

Wenn wir das Programm einmal zur Probe ausführen möchten, kommt es jedoch noch zu einer Fehlermeldung, da wir die Klasse `meinButton` mit der Methode `neuesFenster()` noch nicht erstellt haben. Wenn wir dennoch überprüfen möchten, wie unser Fenster aussieht, müssen wir `btn1` und `btn2` als gewöhnliche Buttons erstellen und die zugehörigen `setOnAction()`-Methoden als Kommentare auszeichnen. Dann erscheint das Fenster, das in Abbildung 21.6 zu sehen ist.

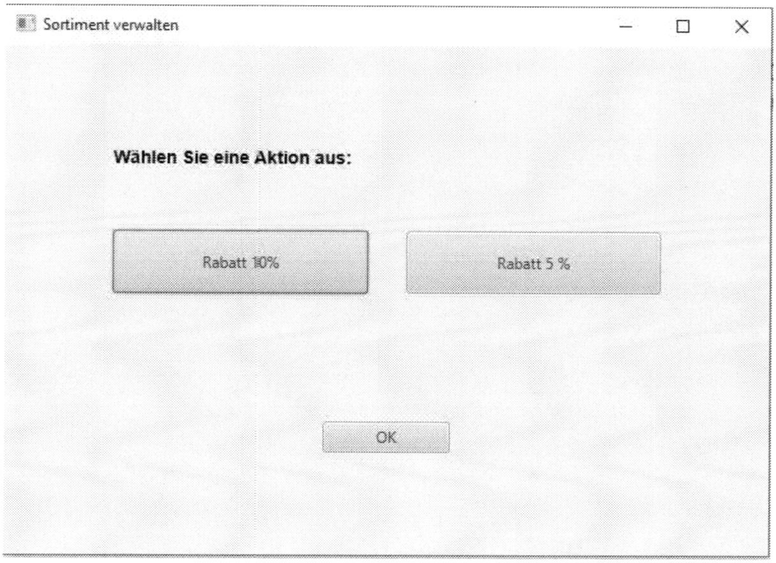

Abb. 21.6 Das Hauptfenster des Programms

Nun müssen wir noch die Klasse `meinButton` erstellen. Diese können wir für beide Buttons verwenden, da die Aufgaben, die wir damit durchführen möchten, sehr ähnlich sind. Dabei müssen wir dann später lediglich die Höhe des Rabatts in der Methode `neuesFenster()` als Übergabewert aufnehmen.

Diese Klasse leiten wir genau wie in unseren bisherigen Beispielen von der Klasse `Button` ab. Zunächst erzeugen wir den Konstruktor, der den eingegebenen Wert für die Beschriftung an die Super-Klasse weiterleitet. Danach erstellen wir die Methode `neuesFenster()`, die als Übergabewerte das `Stage`-Objekt für das Hauptfenster, die Map mit den Produktdaten und die Höhe des Rabatts aufnimmt:

```
public void neuesFenster (Stage hauptfenster, HashMap<String, Double> map,
double rabatt)
```

Danach erstellen wir nach dem bereits bekannten Muster ein `GridPane`-Objekt und legen die Abhängigkeiten vom Hauptfenster und die Positionen fest:

```
GridPane grid = new GridPane();
grid.setAlignment(Pos.CENTER);
grid.setHgap(10);
grid.setVgap(10);
grid.setPadding(new Insets(10, 10, 10, 10));
Scene scene = new Scene(grid, 400, 300);
Stage neuesFenster = new Stage();
neuesFenster.setTitle("Rabatt");
neuesFenster.setScene(scene);
neuesFenster.initModality(Modality.WINDOW_MODAL);
neuesFenster.initOwner(hauptfenster);
neuesFenster.setX(hauptfenster.getX() + 50);
neuesFenster.setY(hauptfenster.getY() + 50);
```

Im nächsten Schritt wollen wir die Map mit den Produktdaten Schritt für Schritt durchgehen und den Rabatt ausgeben. Dafür fügen wir den Wert zu einer `String`-Variablen hinzu, die wir später über ein `Label`-Objekt ausgeben werden. Um die Map durchzugehen, möchten wir die `forEach()`-Methode mit einem Lambda-Ausdruck verwenden. Da wir im Lambda-Ausdruck jedoch keine Variablen aus den äußeren Bereichen verändern können, erstellen wir ein Objekt, das lediglich eine `String`-Variable als Member enthält. Daher gestalten wir nun in einem Zwischenschritt eine neue Klasse, die wie folgt aussieht:

```
public class Ausgabe {
    String inhalt;
}
```

Nun können wir uns wieder der Klasse `meinButton` zuwenden. Hier erzeugen wir nun ein Objekt dieser Klasse und weisen dem Attribut `inhalt` eine leere Zeichenkette zu:

```
Ausgabe ausgabe = new Ausgabe();
ausgabe.inhalt = "";
```

Nun können wir die Map mit der `forEach()`-Methode durchgehen. Bei jedem Durchgang nehmen wir die Werte für den Schlüsselbegriff und den zugehörigen Inhalt in den Variablen `key` und `value` auf. Wir geben zunächst den Schlüsselbegriff mit der Produktbezeichnung aus und berechnen daraufhin den neuen Preis mit dem Rabatt. Die so entstandene Zeile fügen wir zu unserem Objekt für die Ausgabe hinzu:

```
map.forEach((key,value)-> {
    ausgabe.inhalt += (key + ": " + value * (1 - rabatt/100) + "\n");
});
```

Nun geben wir einen Titel für das Fenster vor, fügen die bereits erstellten Inhalte für die neuen Preise ein und erstellen einen OK-Button, um das Fenster wieder zu schließen. Daraufhin können wir es bereits anzeigen:

```
Text titel = new Text("Preise für das Sonderangebot:");
titel.setFont(Font.font("Arial", FontWeight.NORMAL, 14));
```

```
grid.add(titel, 0, 0, 2, 1);
Label persnr = new Label(ausgabe.inhalt);
grid.add(persnr, 0, 1);
Button btn = new Button("OK");
grid.add(btn, 0, 2);
btn.setOnAction(e -> {neuesFenster.close();});
neuesFenster.show();
```

Damit ist auch die Klasse `meinButton` abgeschlossen. Zum Vergleich wird hier nochmals der komplette Code angegeben. Wie das Fenster aussieht, das wir dabei erzeugt haben, ist in Abbildung 21.7 zu sehen.

```
import javafx.geometry.Insets;
import javafx.geometry.Pos;
import javafx.scene.Scene;
import javafx.scene.control.Button;
import javafx.scene.control.Label;
import javafx.scene.layout.GridPane;
import javafx.scene.text.Font;
import javafx.scene.text.FontWeight;
import javafx.scene.text.Text;
import javafx.stage.Modality;
import javafx.stage.Stage;
import java.util.HashMap;
public class meinButton extends Button {
    public meinButton (String text){
        super(text);
    }
    public void neuesFenster (Stage hauptfenster, HashMap<String, Double> map,
    double rabatt){
        GridPane grid = new GridPane();
        grid.setAlignment(Pos.CENTER);
        grid.setHgap(10);
        grid.setVgap(10);
        grid.setPadding(new Insets(10, 10, 10, 10));
        Scene scene = new Scene(grid, 400, 300);
        Stage neuesFenster = new Stage();
        neuesFenster.setTitle("Rabatt");
        neuesFenster.setScene(scene);
        neuesFenster.initModality(Modality.WINDOW_MODAL);
        neuesFenster.initOwner(hauptfenster);
        neuesFenster.setX(hauptfenster.getX() + 50);
        neuesFenster.setY(hauptfenster.getY() + 50);
        Ausgabe ausgabe = new Ausgabe();
        ausgabe.inhalt = "";
        map.forEach((key,value)-> {
            ausgabe.inhalt += (key + ": " + value * (1 - rabatt/100) + "\n");
        });
        Text titel = new Text("Preise für das Sonderangebot:");
        titel.setFont(Font.font("Arial", FontWeight.NORMAL, 14));
        grid.add(titel, 0, 0, 2, 1);
        Label persnr = new Label(ausgabe.inhalt);
        grid.add(persnr, 0, 1);
        Button btn = new Button("OK");
        grid.add(btn, 0, 2);
        btn.setOnAction(e -> {neuesFenster.close();});
```

```
            neuesFenster.show();
        }
    }
```

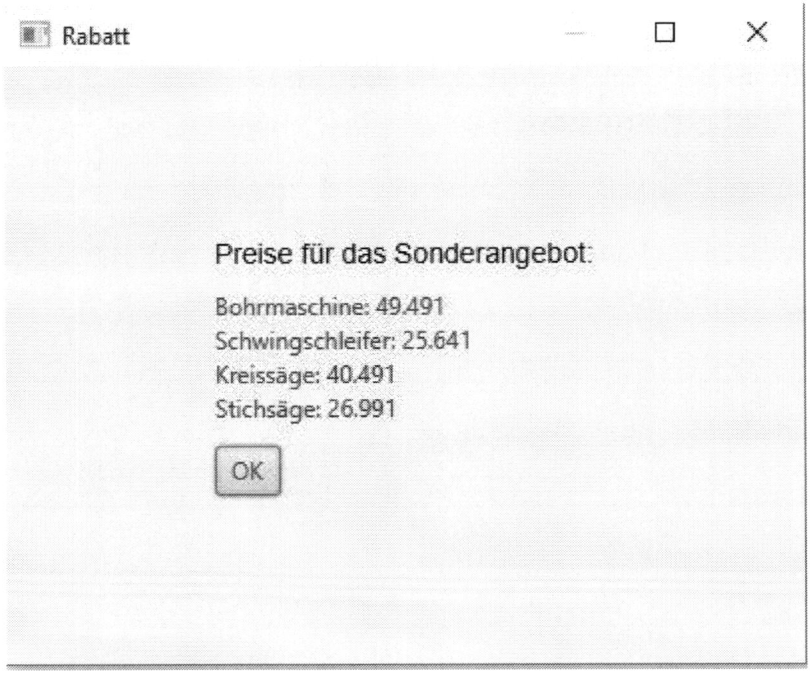

Abb. 21.7 Das Fenster mit den Preisen für die Rabatte

21.7 Übungsaufgabe: Lambda-Ausdrücke verwenden

1. Gestalten Sie ein Interface, das eine einzige Methode vorgibt. Diese trägt die Bezeichnung `berechnen()` und erhält zwei ganze Zahlen als Übergabewerte. Sie soll eine ganze Zahl zurückgeben.

   Erstellen Sie daraufhin ein Programm, dass dieses Interface zwei Mal mit einem Lambda-Ausdruck implementiert. Dabei soll die entsprechende Methode jeweils eine unterschiedliche Aktion durchführen. Beim ersten Mal soll sie die Werte addieren und beim zweiten Mal miteinander multiplizieren.

Anmerkung: Lambda-Ausdrücke verwenden kein `return`-Statement. Hierbei wird das Ergebnis unserer Berechnungen automatisch als Rückgabewert verwendet.

2. Erstellen Sie ein Set mit einigen Integer-Werten. Gehen Sie dieses mit der `ForEach()`-Methode durch und geben Sie dabei jeweils den doppelten Wert aus.

Lösungen:

1.

Interface Berechnung:

```
public interface Berechnung {
    public int berechnen (int zahl1, int zahl2);
}
```

Hauptprogramm:

```
public class Hauptprogramm {
    public static void main(String[] args) {
        Berechnung addition = (zahl1, zahl2) -> zahl1 + zahl2;
        System.out.println("Addition: " + addition.berechnen(3, 5));
        Berechnung multiplikation = (zahl1, zahl2) -> zahl1 * zahl2;
        System.out.println("Multiplikation: " + multiplikation.berechnen(3, 5));
    }
}
```

Abb. 21.8 Die Ausgabe der Ergebnisse

2.

```
public class Hauptprogramm {
    public static void main(String[] args) {
        HashSet<Integer> set = new HashSet<>();
        set.add(5);
        set.add(7);
        set.add(14);
        set.forEach((wert) -> {System.out.println(wert * 2);});
    }
}
```

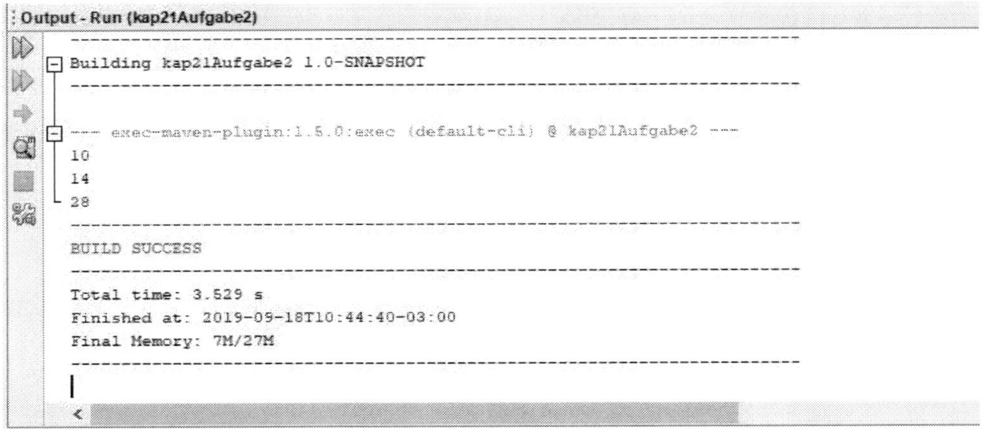

Abb. 21.9 Die doppelten Werte des Sets

Alle Programmcodes und Schaltpläne aus diesem Buch stehen kostenfrei zum Download bereit. Dadurch müssen Sie Code nicht abtippen.

Außerdem erhalten Sie die eBook Ausgabe zum Buch im PDF Format kostenlos auf unserer Website:

https://bmu-verlag.de/java-kompendium/
Downloadcode: siehe Kapitel 28

Kapitel 22
Generics

Wenn wir in unseren bisherigen Beispielen Klassen und Methoden erstellt haben, gaben wir dabei immer den genauen Datentyp vor, den wir für die Member, Übergabewerte und Rückgabewerte erwartet haben. In unseren Programmen konnten wir diese dann nur verwenden, wenn wir genau mit diesen Datentypen gearbeitet haben.

In vielen Fällen ist es jedoch sinnvoll, die Klassen und Methoden allgemeiner zu fassen. Das erlaubt es uns, sie für unterschiedliche Datentypen zu verwenden. Dazu kommen in Java sogenannten *Generics* zum Einsatz. Diese dienen als Platzhalter für verschiedene Datentypen. Dennoch können wir hier nicht beliebige Datentypen einfügen. Wenn wir in unserem Programm ein Objekt der entsprechenden Klasse erzeugen oder wenn wir eine Methode anwenden, müssen wir vorgeben, welchen Datentyp wir hierbei verwenden.

22.1 Generics: Wozu dient diese Technik und wie lässt sie sich anwenden?

Wenn wir wie bisher Methoden und Klassen mit fest vorgegebenen Datentypen erstellen, bringt dies erhebliche Einschränkungen mit sich. Häufig wäre es beispielsweise sinnvoll, eine Klasse zu gestalten, die Objekte unterschiedlichen Typs als Member aufnehmen kann. Als Beispiel hierfür können wir eine Sortierfunktion heranziehen. Diese soll mehrere Objekte alphabetisch nach dem darin enthaltenen Namen sortieren. Wenn ein Unternehmen nun Datensätze sowohl für die Mitarbeiter als auch für die Kunden anlegt, könnte es dafür eigentlich die gleiche Methode verwenden. Durch die genauen Vorgaben hinsichtlich des Datentyps ist dies jedoch nicht möglich. Daher bietet es sich an, die Vorgaben allgemeiner zu fassen.

Um das beschriebene Problem zu vermeiden, erscheint es auf den ersten Blick sinnvoll, überhaupt keine Vorgaben für die Datentypen zu machen. Auf diese Weise könnte man die Klassen und Methoden innerhalb des Programms beliebig mit verschiedenen Datentypen belegen. Allerdings ist auch diese Vorgehensweise mit Problemen behaftet. Das soll an einem Beispiel dargestellt werden.

Um diese Schwierigkeiten zu verdeutlichen, verwenden wir eine Liste. Hierbei haben wir bisher immer den gewünschten Datentyp vorgegeben. Das ist jedoch eigentlich nicht notwendig. Wir können diese Angabe auch weglassen und die Liste mit unterschiedlichen Datentypen belegen. Früher stellte dies die übliche Vorgehensweise dar. Erst seit der Einführung von JDK 5.0 ist es möglich, den gewünschten Datentyp hierfür vorzugeben.

Jetzt erstellen wir eine Liste, ohne einen Datentyp dafür festzulegen. So können wir unterschiedliche Werte einfügen – beispielsweise eine Zahl und eine Zeichenkette:

```
ArrayList liste = new ArrayList();
liste.add(1);
liste.add("Hallo");
```

Wenn wir diesen Code-Baustein in ein Programm einfügen, können wir dieses problemlos ausführen. Wenn wir nun jedoch einen Wert aus dieser Liste abrufen und in einer Variablen speichern möchten, kommt es zu Problemen. Um dies zu demonstrieren, fügen wir nach dem oben dargestellten Code die folgende Zeile in das Programm ein:

```
int i = liste.get(0);
```

Eigentlich sollte diese Zuweisung problemlos möglich sein. Wir haben an erster Stelle der Liste die Zahl 1 eingefügt. Daher sollten wir diesen Wert auch einer `int`-Variablen zuweisen können, wenn wir ihn wieder aus der Liste abrufen. Dennoch kommt es hierbei zu einem Fehler beim Kompilieren des Programms.

Der Grund dafür liegt darin, dass der Compiler keine Gewissheit darüber hat, dass es sich hierbei tatsächlich um einen `int`-Wert handelt. Das geht erst aus dem Kontext hervor – da wir dem entsprechenden Listenfeld eine ganze Zahl zugewiesen haben. Der Compiler ist jedoch nicht dazu in der Lage, diesen Kontext zu überprüfen. Daher handelt es sich für ihn bei dem Listenfeld um einen Eintrag unbestimmten Typs. Diesen kann er nicht einer `int`-Variablen zuweisen. Deshalb kommt es zu einem Fehler.

Das ist nicht das einzige Problem, das auftritt, wenn wir keinen genauen Datentyp vorgeben. Auch wenn wir bestimmte Methoden auf die Inhalte der Liste anwenden möchten, bringt das Probleme mit sich, da hierfür ebenfalls häufig bestimmte Datentypen erforderlich sind.

Aus diesen Gründen ist es sinnvoll, immer den Datentyp der Liste vorzugeben. Auf diese Weise lassen sich diese Fehler verhindern. Insbesondere wenn wir hier Werte aufnehmen, die der Anwender eingibt, ist dies empfehlenswert. In diesem Fall könnte die Liste zwar Daten aufnehmen, die nicht dem gewünschten Typ entsprechen. Allerdings könnte dies an anderer Stelle dann einen Laufzeitfehler verursachen. Daher geben wir bei der Erstellung von Listen gewöhnlich den gewünschten Datentyp in spitzen Klammern vor. So können wir zwar nur Werte des gleichen Typs eingeben. Allerdings können wir diese dann problemlos einer Variablen zuweisen, da der Compiler genau weiß, um welchen Datentyp es sich bei den entsprechenden Werten handelt.


```
ArrayList<Integer> liste = new ArrayList<>();
liste.add(1);
int i = liste2.get(0);
```

Die Vorgabe des Datentyps mag zunächst als erhebliche Einschränkung erscheinen. Wenn man sich jedoch genau überlegt, in welchen Fällen Listen zum Einsatz kommen, stellt man fest, dass wir darin meistens identische Datentypen aufnehmen. Wir halten hier beispielsweise Preise, Namen von Mitarbeitern und ähnliche Werte fest, die immer den gleichen Datentyp verwenden. Wenn wir hingegen unterschiedliche Werte aufnehmen möchten, haben diese in der Regel einheitliche Strukturen. Wenn wir beispielsweise eine Adresse aufnehmen, enthält diese immer die Straße, die Hausnummer, die Postleitzahl und den Wohnort. Die Struktur ist bei allen Adressen die gleiche. Daher bietet es sich an, ein Objekt zu verwenden. Es ist nicht sinnvoll, in einer Liste zunächst in einem Feld die Straße, in weiteren Feldern die Hausnummer, die Postleitzahl und den Wohnort anzugeben und dann die einzelnen Bestandteile einer weiteren Adresse festzuhalten. Das würde die Liste nicht nur ausgesprochen unübersichtlich gestalten. Darüber hinaus wäre eine automatische Verarbeitung einer solchen Struktur ausgesprochen schwierig.

22.2 Welche Datentypen eignen sich für Generics?

Wenn wir mit Generics arbeiten, ist es wichtig, darauf zu achten, welche Datentypen wir hierfür verwenden können. Da wir bereits mehrfach mit Listen, Maps und ähnlichen Datenstrukturen gearbeitet haben, die Generics unterstützen, haben wir damit ja schon einige Erfahrungen gesammelt und konnten uns daher selbst ein Bild davon machen, welche Daten wir hierfür verwenden konnten.

Dabei kam es bislang eigentlich noch nie zu Problemen aufgrund eines unpassenden Datentyps. Wir haben Listen für `int`- und für `String`-Werte sowie für verschiedene Objekte erstellt. Vor diesem Hintergrund mag es seltsam klingen, dass es hierbei eine erhebliche Einschränkung gibt: Wir können Generics nur für Objekte verwenden. Um dies zu verdeutlichen, betrachten wir nochmals die Art und Weise, wie wir Listen für ganze Zahlen definiert haben:

```
ArrayList<Integer> liste = new ArrayList<>();
```

Bei der Deklarierung von Variablen haben wir hingegen für ganze Zahlen immer den Wert `int` verwendet. Wenn wir nun einmal probieren, die Liste auf die folgende Weise zu erstellen, kommt es zu einem Fehler:

```
ArrayList<int> liste2 = new ArrayList<>();
```

Das liegt daran, dass Generics keine primitiven Datentypen unterstützen. Deshalb haben wir hier immer den Wert `Integer` vorgegeben. Dieser bezieht sich auf die Klasse `Integer`, die in der Java-Standardbibliothek im Package `java.lang` definiert ist. Deshalb mussten wir diese nicht importieren, sondern konnten sie einfach in unsere Programme einbinden. Wenn wir diesen Ausdruck verwenden, bezieht er sich jedoch auf Objekte der Klasse `Integer`. Diese enthalten als Wert eine ganze Zahl und lassen sich problemlos in den primitiven Datentyp `int` umwandeln. Daher konnten wir unsere Liste mit `int`-Werten füllen. Dabei wurden sie jedoch in Objekte des Typs `Integer` umgewandelt.

22.3 Generische Methoden erstellen

Bisher haben wir bereits einige Programme erstellt, die Generics verwendeten. Dabei handelte es sich jedoch stets um Listen oder um andere in der Standardbibliothek enthaltene Klassen, die bereits Generics implementiert haben. Nun lernen wir, wie wir selbst generische Methoden erstellen können.

Hierfür müssen wir vor dem Rückgabewert in spitzen Klammern einen Platzhalter für den verwendeten Datentyp einfügen. Selbst wenn wir keinen Rückgabewert verwenden und daher void für die Deklarierung verwenden, muss vor diesem Begriff der Platzhalter für den verwendeten Datentyp stehen. Hierfür kommt in der Regel der Buchstabe `T` zum Einsatz – als Abkürzung für Type. Danach können wir diesen Wert in unserer Methode verwenden, als würde es sich dabei um einen Datentyp oder um eine definierte Klasse handeln.

Um dies zu demonstrieren, erstellen wir eine Klasse mit einer ganz einfachen Methode. Diese soll lediglich den übergebenen Wert ausgeben. Allerdings soll sie hierbei beliebige Datentypen unterstützen:

```
public class GenericsBeispiel {
    static public <T> void ausgeben (T wert){
        System.out.println(wert);
    }
}
```

Anmerkung: wir haben diese Methode mit `static` ausgezeichnet, damit wir sie später verwenden können, ohne ein Objekt der entsprechenden Klasse zu erzeugen.

Nun erstellen wir das zugehörige Hauptprogramm. Darin erstellen wir Variablen mit drei unterschiedlichen Datentypen – mit einem `int`-Wert, einer Zeichenkette und mit einer Liste aus `double`-Werten:

```
public class Hauptprogramm {
    public static void main(String[] args) {
        int i = 7;
        GenericsBeispiel.ausgeben(i);
        String s = "Hallo";
        GenericsBeispiel.ausgeben(s);
        double[] array = {2.4, 5.7};
        GenericsBeispiel.ausgeben(array);
    }
}
```

Wie Abbildung 22.1 zeigt, ist unsere Methode dazu in der Lage, all diese Werte zu verarbeiten.

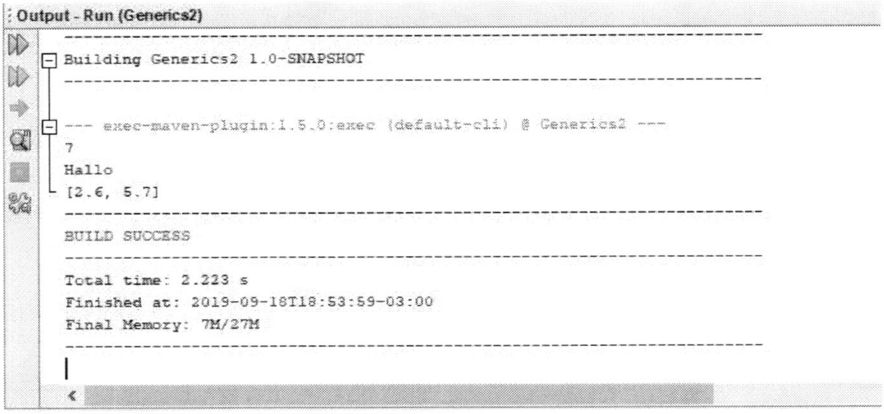

Abb. 22.1 Die Ausgabe der Werte mit verschiedenen Datentypen

Wir können den Platzhalter nicht nur für die Übergabewerte verwenden. Es ist auch möglich, diesen als Typ für den Rückgabewert vorzugeben. Das zeigt das folgende Beispiel. Dieses verarbeitet Listen mit Inhalten unterschiedlichen Typs und gibt dabei jeweils das letzte Element als Rückgabewert zurück:

```
static public <T> T letztesElement (ArrayList<T> liste){
    return liste.get(liste.size() - 1);
}
```

Nun können wir dieser Methode Listen mit verschiedenen Datentypen übergeben. Eine Einschränkung besteht dabei jedoch darin, dass es sich hierbei stets um Listen handeln muss. Einzelne Werte würden hierbei zu einem Fehler führen. Die Methode gibt dann immer ein Element des Typs zurück, der dem Inhalt der Liste entspricht. Das zeigt das folgende Programm, das diese Methode aufruft:

```
public class Hauptprogramm {
    public static void main(String[] args) {
        ArrayList<Integer> liste1 = new ArrayList<>();
        liste1.add(2);
        liste1.add(6);
        liste1.add(9);
        ArrayList<String> liste2 = new ArrayList<>();
        liste2.add("Stefan");
        liste2.add("Caroline");
        liste2.add("Susanne");
        liste2.add("Thorsten");
        int wert1 = GenericsBeispiel.letztesElement(liste1);
        String wert2 = GenericsBeispiel.letztesElement(liste2);
        System.out.println(wert1);
        System.out.println(wert2);
    }
}
```

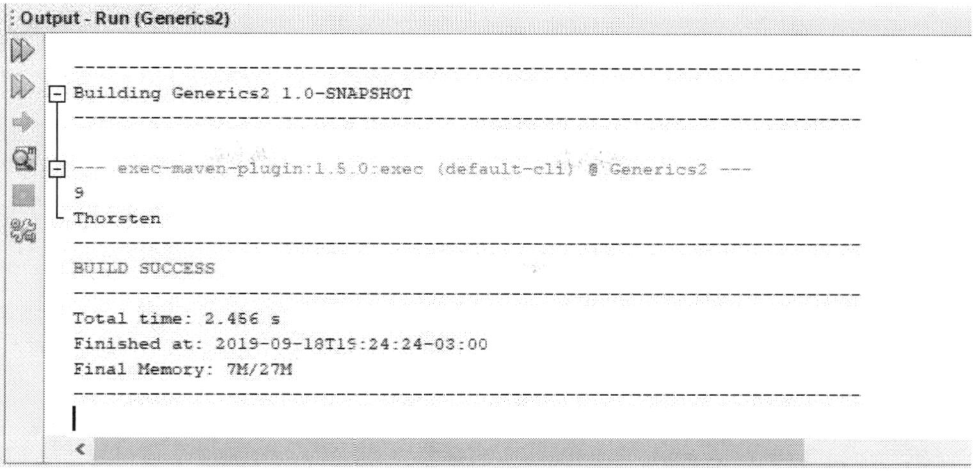

Abb. 22.2 Die Ausgabe der letzten Listenelemente

Es ist hierbei auch möglich, mehrere Platzhalter zu verwenden. Wir können beispielsweise das erste Beispiel aus diesem Abschnitt so erweitern, dass es jetzt zwei Werte ausgibt. Diese können einen unterschiedlichen Typ aufweisen. Dazu müssen wir lediglich zwei Platzhalter durch ein Komma getrennt in die spitzen Klammern einfügen:

```
static public <T1, T2> void ausgeben2 (T1 wert1, T2 wert2){
    System.out.println(wert1);
    System.out.println(wert2);
}
```

Das folgende Hauptprogramm ruft die Methode nun mit unterschiedlichen Kombinationen auf. Abbildung 22.3 zeigt, dass dies problemlos möglich ist:

```
public class Hauptprogramm {
    public static void main(String[] args) {
        int i = 7;
        String s = "Hallo";
        ArrayList<Double> liste = new ArrayList<>();
        liste.add(2.6);
        liste.add(5.7);
        GenericsBeispiel.ausgeben2(i, s);
        GenericsBeispiel.ausgeben2(s, liste);
    }
}
```

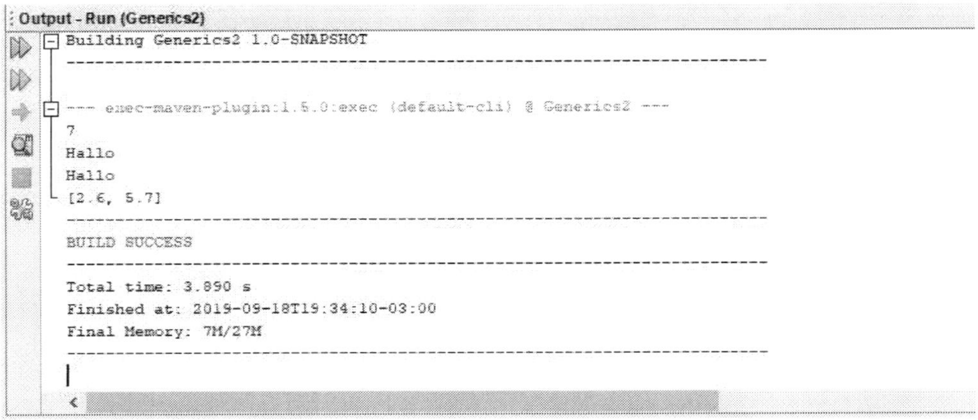

Abb. 22.3 Die Ausgabe mehrerer Werte über eine generische Methode

22.4 Generische Klassen

Wir können in Java nicht nur generische Methoden erstellen, sondern auch generische Klassen. Das bedeutet, dass die Member-Variablen hierbei unterschiedliche Datentypen aufweisen können. Dazu müssen wir nach der Nennung des Namens der Klasse in spitzen Klammern wieder einen Platzhalter einfügen. Unter dieser Bezeichnung können wir dann innerhalb der Methode auf den entsprechenden Datentyp zugreifen:

```
public class GenericsBeispiel<T> {
    T wert;
}
```

Diese Methode enthält nun eine Member-Variable, deren Typ nicht fest vorgegeben ist. Das heißt, dass wir dieser unterschiedliche Daten zuweisen können. Dabei müssen wir jedoch darauf achten, dass dies nur bei verschiedenen Objekten möglich ist. Wenn wir ein Objekt dieser Klasse erzeugen, müssen wir den gewünschten Datentyp vorgeben. Dazu schreiben wir ihn in spitzen Klammern hinter den Klassennamen. Dieser bleibt dann für dieses Objekt unveränderlich. Nur wenn wir ein neues Objekt mit dieser Klasse erstellen, können wir hierfür einen anderen Datentyp verwenden. Das zeigt das folgende Hauptprogramm:

```
public class Hauptprogramm {
    public static void main(String[] args) {
        GenericsBeispiel<Integer> intObjekt = new GenericsBeispiel<>();
        intObjekt.wert = 5;
        System.out.println(intObjekt.wert);
        GenericsBeispiel<String> stringObjekt = new GenericsBeispiel<>();
        stringObjekt.wert = "Hallo";
        System.out.println(stringObjekt.wert);
        GenericsBeispiel<Mitarbeiter> mitarbeiterObjekt =
        new GenericsBeispiel<>();
```

```
        mitarbeiterObjekt.wert = new Mitarbeiter();
        mitarbeiterObjekt.wert.persnr = 1020;
        mitarbeiterObjekt.wert.name = "Müller";
        System.out.println(mitarbeiterObjekt.wert.persnr);
        System.out.println(mitarbeiterObjekt.wert.name);
    }
}
```

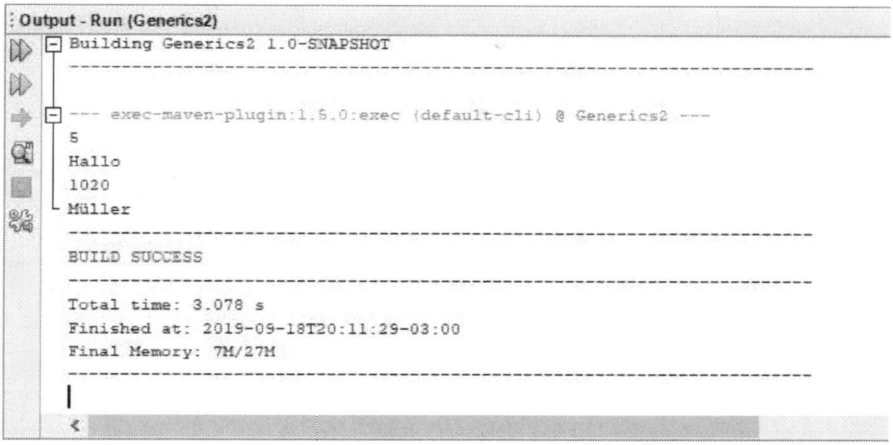

Abb. 22.4 Die Ausgabe der Member der generischen Klasse

Abbildung 22.4 macht deutlich, dass unsere generische Klasse viele verschiedene Daten aufnehmen kann. Wir können hierbei Klassen wie `Integer` oder `String` verwenden, die bereits in der Standard-Bibliothek implementiert sind. Es ist jedoch auch möglich, eigene Klassen zu nutzen. Hierfür kommt wieder die bereits häufig verwendete Klasse `Mitarbeiter` zum Einsatz. Dafür ist es selbstverständlich notwendig, sie in die entsprechende Projektmappe zu kopieren.

22.5 Einschränkungen für die Typen vorgeben

In unseren bisherigen Beispielen haben wir stets beliebige Objekte für Klassen und Methoden akzeptiert. In vielen Fällen ist das jedoch nicht sinnvoll. Wenn wir beispielsweise mathematische Berechnungen in der Methode durchführen möchten, ist dies nicht möglich, wenn wir eine Zeichenkette übergeben bekommen. Wenn wir die Inhalte einer Liste ordnen wollen, ist es notwendig, dass die darin enthaltenen Objekte vergleichbar sind. Häufig wollen wir in der Klasse auch eine bestimmte Methode anwenden. Das ist nur möglich, wenn das übergebene Objekt diese Methode unterstützt.

Um diese Eigenschaften sicherzustellen, ist es möglich, Einschränkungen für die akzeptierten Datentypen vorzugeben. Dazu geben wir den Platzhalter an und fügen daraufhin den Begriff `extends` und den Namen einer Klasse ein. Außerdem ist es möglich, hier ein Interface anzugeben. Das führt dazu, dass unsere Methode nur Werte akzeptiert, die zu dieser Klasse beziehungsweise zum entsprechenden Interface oder zu einer daraus abgeleiteten Klasse gehören.

Häufig kommen hierfür Klassen und Interfaces zum Einsatz, die bereits in der Java-Standardbibliothek definiert sind. Ein Beispiel hierfür ist die Klasse `Number`. Das bedeutet, dass wir nur Werte akzeptieren, die von dieser Klasse abgeleitet sind. Dabei handelt es sich stets um Objekte, die numerische Werte enthalten, mit denen wir Rechenaufgaben durchführen können. Das ist wichtig, wenn wir die Übergabewerte für eine mathematische Berechnung verwenden möchten. Das zeigt die folgende Methode:

```
public class GenericsBeispiel {
    public static <T extends Number> T berechnen (T zahl){
        if (zahl instanceof Integer){
            Integer zahl2 = zahl.intValue() * 2;
            return (T)zahl2;
        }
        if (zahl instanceof Double){
            Double zahl2 = zahl.doubleValue() * 2;
            return (T)zahl2;
        }
        if (zahl instanceof Float){
            Float zahl2 = zahl.floatValue() * 2;
            return (T)zahl2;
        }
        if (zahl instanceof Long){
            Long zahl2 = zahl.longValue() * 2;
            return (T)zahl2;
        }
        return zahl;
    }
}
```

Hier nehmen wir nur Werte auf, die von der Klasse `Number` abgeleitet sind. Dabei kann es sich um Werte der Typen `Integer`, `Double` und einiger weiterer Klassen handeln. In der Methode müssen wir dann zunächst den Wert aus dem übergebenen Objekt extrahieren. Da hierfür je nachdem, um welches Objekt es sich dabei handelt, verschiedene Methoden notwendig sind, müssen wir für die Berechnung je nach Objekttyp eine unterschiedliche Vorgehensweise wählen. Hierbei verdoppeln wir die Werte für Objekte der Typen `Integer`, `Double`, `Float` und `Long`. Allerdings gibt es noch einige weitere Objekte in der Java-Standardbibliothek, die von der Klasse `Number` abgeleitet sind. Außerdem ist es auch möglich, selbst entsprechende Klassen zu definieren. Das bedeutet, dass wir mit unseren vier Fällen nicht alle Möglichkeiten abdecken. Wenn der übergebene Wert einen anderen Typ aufweist, geben wir ihn unverändert zurück.

Im Hauptprogramm können wir dann verschiedene Objekte erzeugen, die zu Klassen gehören, die von der Klasse `Number` abgeleitet sind. Auf diese können wir dann die Methode `berechnen()` anwenden. Danach versuchen wir, ein Objekt eines Typs zu übergeben, der nicht von dieser Klasse abgeleitet ist. Dabei kommt es zu einer Fehlermeldung, so wie dies in Abbildung 22.5 zu sehen ist:

```
public class Hauptprogramm {
    public static void main(String[] args) {
        Integer zahl1 = 3;
        zahl1 = GenericsBeispiel.berechnen(zahl1);
        System.out.println(zahl1);
        Double zahl2 = 4.23;
        zahl2 = GenericsBeispiel.berechnen(zahl2);
        System.out.println(zahl2);
        String zeichenkette = "Hallo";
        zeichenkette = GenericsBeispiel.berechnen(zeichenkette);
    }
}
```

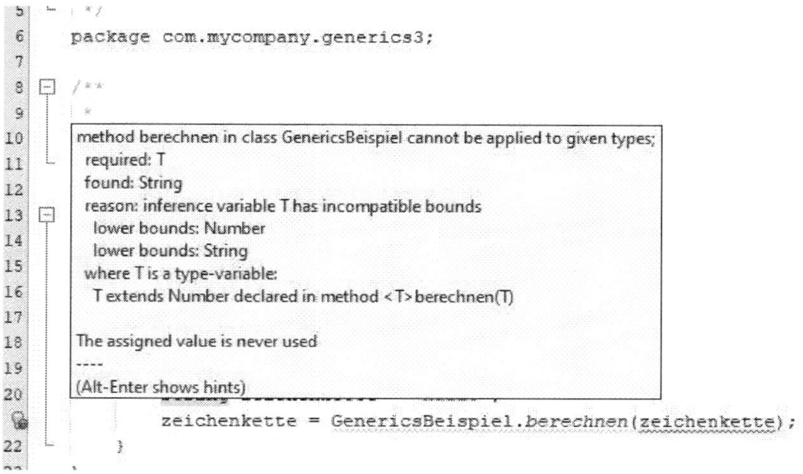

Abb. 22.5 Die Fehlermeldung bei der Übergabe eines falschen Objekts

22.6 Wildcards verwenden

Eine weitere Möglichkeit, um Einschränkungen für die Datentypen vorzunehmen, besteht in der Verwendung von Wildcards. Diese werden durch ein Fragezeichen symbolisiert. Wenn wir beispielsweise nur Listen aus Objekten, die vom Typ `Number` abgeleitet sind, akzeptieren möchten, können wir folgende Einschränkung bei der Definition der Methode vornehmen:

```
public void berechnen (ArrayList<? extends Number> liste)
```

Auf den ersten Blick erscheint die Verwendung von Wildcards sehr ähnlich wie die im vorherigen Abschnitt vorgestellte Begrenzung der Werte. In vielen Fällen ist es tatsächlich möglich, beide Alternativen zu verwenden. Allerdings bestehen auch einige Unterschiede. Wenn wir die Vorgaben für mehrere Übergabewerte machen möchten, sind diese bei der Verwendung von Wildcards unabhängig voneinander, bei den bisher verweneten Beschränkungen jedoch nicht. Um dies zu verstehen, betrachten wir zunächst die folgende Funktionsdefinition:

```
public <T extends Number> void berechnen (ArrayList<T> liste1,
ArrayList<T> liste2)
```

Diese sagt aus, dass der verwendete Datentyp von der Klasse `Number` abgeleitet sein muss. Außerdem muss dieser bei beiden Listen gleich sein. Im Vergleich dazu erstellen wir die Funktionsdefinition mit Wildcards:

```
public void berechnen (ArrayList<? extends Number> liste1,
ArrayList<? extends Number> liste2)
```

Hierbei müssen ebenfalls beide Listen Werte enthalten, die von der Klasse `Number` abgeleitet sind. Allerdings müssen diese nicht gleich sein. Es wäre beispielsweise möglich, dass `liste1` `Integer`-Werte enthält, während `liste2` aus `Double`-Werten besteht.

Ein weiterer Unterschied besteht darin, dass Wildcards auch untere Grenzen unterstützen. Dafür verwenden wir den Begriff `super`:

```
public void berechnen (ArrayList<? super Integer> liste)
```

Das bedeutet, dass wir Listen mit Objekten des Typs `Integer` zulassen. Darüber hinaus kann die Methode auch alle Super-Klassen dieses Typs verarbeiten – beispielsweise Objekte des Typs `Number`.

22.7 Anwendungsbeispiel für Generics

Zum Abschluss dieses Kapitels soll ebenfalls ein kleines Anwendungsbeispiel stehen. Dabei gehen wir davon aus, dass ein Unternehmen in einem Programm sowohl seine Kunden als auch seine Mitarbeiter verwaltet. Dafür bestehen zwei verschiedene Klassen, die jedoch jeweils von der Klasse `Person` abgeleitet sind.

Darüber hinaus gibt es eine Klasse mit der Bezeichnung `Personenliste`. Diese enthält eine Liste, die es ermöglicht, verschiedene Objekte aufzunehmen – entweder Kunden oder Mitarbeiter. Zu diesem Zweck müssen wir die Klasse generisch erstellen.

Außerdem enthält diese Klasse die Methode `sortieren()`. Wenn wir diese auf ein Objekt der entsprechenden Klasse anwenden, ordnet sie die Liste alphabetisch nach dem Nachnamen der darin enthaltenen Personen.

Um mit dem Programm zu beginnen, erstellen wir als Erstes die Klasse `Person`. Diese enthält als Member den Nachnamen und den Vornamen der entsprechenden Person. Darüber hinaus sind ein Konstruktor und die `get()`-Methoden für die einzelnen Member enthalten:

```
public class Person {
    private String name;
    private String vorname;
    public Person (String name, String vorname){
        this.name = name;
        this.vorname = vorname;
    }
    public String getName(){
        return this.name;
    }
    public String getVorname(){
        return this.vorname;
    }
}
```

Von dieser Klasse leiten wir zunächst die Klasse `Kunde` ab. Diese enthält als zusätzliches Member die Kundennummer. Wir erstellen den Konstruktor und die `get()`-Methode für das neue Member:

```
public class Kunde extends Person {
    private int kundennr;
    public Kunde (String name, String vorname, int kundennr){
        super(name, vorname);
        this.kundennr = kundennr;
    }
    public int getKundennr(){
        return this.kundennr;
    }
}
```

Die Klasse `Mitarbeiter` enthält als zusätzliches Member die Personalnummer. Daher können wir hierbei genau nach dem gleichen Muster vorgehen wie bei der Klasse `Kunde`:

```
public class Mitarbeiter extends Person {
    private int persnr;
    public Mitarbeiter (String name, String vorname, int persnr){
        super(name, vorname);
        this.persnr = persnr;
    }
    public int getPersnr(){
        return this.persnr;
    }
}
```


Nach diesen Vorarbeiten erstellen wir dann unsere generische Klasse `Personenliste`. Daher geben wir nach dem Funktionsnamen in spitzen Klammern den Platzhalter für den Typ an. Hier wollen wir jedoch nur Objekte der Klassen `Kunde` und `Mitarbeiter` erlauben. Daher fügen wir eine Einschränkung ein und akzeptieren nur Objekte, die von der Klasse `Person` abgeleitet sind:

```
public class Personenliste <T extends Person>
//Diese Klasse enthält als Member eine Liste, die dem gewählten Typ entspricht:
```

```
ArrayList<T> liste;
//Im Konstruktor erzeugen wir daher eine leere Liste dieses Typs:
public Personenliste(){
    this.liste = new ArrayList<>();
}
```

Daraufhin erstellen wir die Methode `add()`. Diese dient dazu, einen neuen Eintrag zur Liste hinzuzufügen. Auch diese muss generisch erstellt sein, da sie als Übergabewert ein Objekt des entsprechenden Typs erhält. Allerdings dürfen wir für diese Methode keinen eigenen Platzhalter erstellen. Wir müssen den Ausdruck verwenden, den wir bereits für die Klasse verwendet haben, da der Übergabewert diesem Typ entsprechen muss, damit wir ihn in die Liste einfügen können. Wenn wir hier einen neuen Platzhalter verwenden, besteht keine Verbindung zum generischen Typ der gesamten Klasse:

```
public void add (T eintrag){
    this.liste.add(eintrag);
}
```

Nun widmen wir uns der eigentlichen Aufgabe, die dieses Programm erfüllen soll: die Liste zu sortieren. Hierfür erstellen wir zunächst eine Liste des generischen Typs der Klasse. In dieser wollen wir das Ergebnis aufnehmen:

```
ArrayList<T> ergebnis = new ArrayList<>();
```

Nun müssen wir die Liste sortieren. Dazu erstellen wir zwei ineinander geschachtelte Schleifen, bei denen die Zahl der Durchläufe jeweils der Länge der Liste entspricht, die wir sortieren wollen. Die äußere Schleife dient dazu, die ursprüngliche Liste Eintrag für Eintrag durchzugehen. Die innere Schleife hat die Aufgabe, die Ergebnisliste durchzugehen, um zu überprüfen, an welcher Stelle wir den entsprechenden Eintrag einfügen müssen. Zunächst überprüfen wir, ob wir hierbei bereits das Ende der Ergebnisliste erreicht haben. Wenn dies zutrifft, können wir den Eintrag einfach am Ende einfügen und die innere Schleife beenden:

```
if (j >= ergebnis.size()){
    ergebnis.add(this.liste.get(i));
    break;
}
```

Wenn dies nicht zutrifft, müssen wir den neuen Eintrag mit dem Eintrag in der Ergebnisliste vergleichen. Dazu verwenden wir die Methode `compareToIgnoreCase()`. Diese vergleicht zwei Zeichenketten. Dabei geht sie nicht auf Groß- und Kleinschreibung ein. Alternativ könnten wir auch die Methode `compareTo()` verwenden. Diese würde jedoch klein geschriebene Begriffe immer nach den groß geschriebenen Ausdrücken einordnen.

Diese Methode gibt eine negative Zahl zurück, falls der erste Ausdruck alphabetisch vor dem zweiten Ausdruck steht. Wir gehen davon aus, dass die bisherige Ergebnisliste bereits alphabetisch sortiert ist, da wir jeden neuen Eintrag bereits an der richtigen Stelle einfügen. Das hat zur Folge, dass wir das aktuelle Objekt an dieser Stelle einfügen müssen, falls es alphabetisch vor dem Vergleichswert aus der Ergebnisliste steht:

```
String name = this.liste.get(i).getName();
if (name.compareToIgnoreCase(ergebnis.get(j).getName()) < 0){
    ergebnis.add(j, this.liste.get(i));
    break;
}
```

Falls der Wert größer als 0 ist, bedeutet das, dass der Ausdruck alphabetisch nach dem Vergleichswert einzuordnen ist. In diesem Fall führen wir keine Aktion durch, sondern fahren mit dem Durchlauf der Schleife fort, bis wir die richtige Position erreicht haben.

Nachdem die beiden Schleifen komplett durchlaufen haben, enthält die Ergebnisliste alle Einträge in alphabetischer Reihenfolge. Nun müssen wir nur noch die ursprüngliche Liste durch die geordneten Einträge ersetzen. Dazu verwenden wir die Methode `Collections.copy()`. Damit können wir verschiedene zusammengesetzte Datentypen, die von der Klasse `Collections` abgeleitet sind, kopieren. Damit ist die Klasse `Personenliste` bereits abgeschlossen:

```
import java.util.ArrayList;
import java.util.Collections;
public class Personenliste <T extends Person>{
    ArrayList<T> liste;
    public Personenliste(){
        this.liste = new ArrayList<>();
    }
    public void add (T eintrag){
        this.liste.add(eintrag);
    }
    public void sortieren (){
        ArrayList<T> ergebnis = new ArrayList<>();
        for (int i = 0; i < this.liste.size(); i++){
            for (int j = 0; j < this.liste.size(); j++){
                if (j >= ergebnis.size()){
                    ergebnis.add(this.liste.get(i));
                    break;
                }
                String name = this.liste.get(i).getName();
                if (name.compareToIgnoreCase(ergebnis.get(j).getName()) < 0){
                    ergebnis.add(j, this.liste.get(i));
                    break;
                }
            }
        }
        Collections.copy(this.liste, ergebnis);
    }
}
```

Nun erstellen wir noch das Hauptprogramm. Hier erzeugen wir zwei Objekte des Typs `Personenliste` – eines für die Aufnahme der Kunden und ein weiteres für die Aufnahme der Mitarbeiter. Wir fügen in beide Objekte einige Werte in ungeordneter Reihenfolge ein. Zunächst geben wir die beiden Listen mit ihrer ursprünglichen Reihenfolge aus. Danach wenden wir die `sortieren()`-Methode an und geben die Liste erneut aus. Abbildung 22.6 zeigt, dass diese nun alphabetisch nach dem Nachnamen der entsprechenden Person sortiert sind. Außerdem geht daraus hervor, dass wir diese Klasse und die darin enthaltenen Objekte sowohl für die Klasse `Kunde` als auch für die Klasse `Mitarbeiter` verwenden können.

```
public class Hauptprogramm {
    public static void main(String[] args) {
        Personenliste<Kunde> kundenliste = new Personenliste<>();
        Kunde k1 = new Kunde ("Müller", "Sebastian", 2398);
        kundenliste.add(k1);
        Kunde k2 = new Kunde ("Bayer", "Ilse", 7612);
        kundenliste.add(k2);
        Kunde k3 = new Kunde ("Gerber", "Oliver", 1008);
        kundenliste.add(k3);
        Kunde k4 = new Kunde ("Müller", "Karin", 4376);
        kundenliste.add(k4);
        System.out.println("Ursprüngliche Kundenliste:");
        for (Kunde k: kundenliste.liste){
            System.out.println(k.getName() + ", " + k.getVorname() + ", " +
                    k.getKundennr());
        }
        kundenliste.sortieren();
        System.out.println("\nSortierte Kundenliste:");
        for (Kunde k: kundenliste.liste){
            System.out.println(k.getName() + ", " + k.getVorname() + ", " +
                    k.getKundennr());
        }
        Personenliste<Mitarbeiter> mitarbeiterliste = new Personenliste<>();
        Mitarbeiter m1 = new Mitarbeiter ("Huber", "Michaela", 253);
        mitarbeiterliste.add(m1);
        Mitarbeiter m2 = new Mitarbeiter ("Paulsen", "Rebekka", 831);
        mitarbeiterliste.add(m2);
        Mitarbeiter m3 = new Mitarbeiter ("Auer", "Sven", 163);
        mitarbeiterliste.add(m3);
        System.out.println("\n\nUrsprüngliche Mitarbeiterliste:");
        for (Mitarbeiter m: mitarbeiterliste.liste){
            System.out.println(m.getName() + ", " + m.getVorname() + ", " +
                    m.getPersnr());
        }
        mitarbeiterliste.sortieren();
        System.out.println("\nSortierte Mitarbeiterliste:");
        for (Mitarbeiter m: mitarbeiterliste.liste){
            System.out.println(m.getName() + ", " + m.getVorname() + ", " +
                    m.getPersnr());
        }
    }
}
```

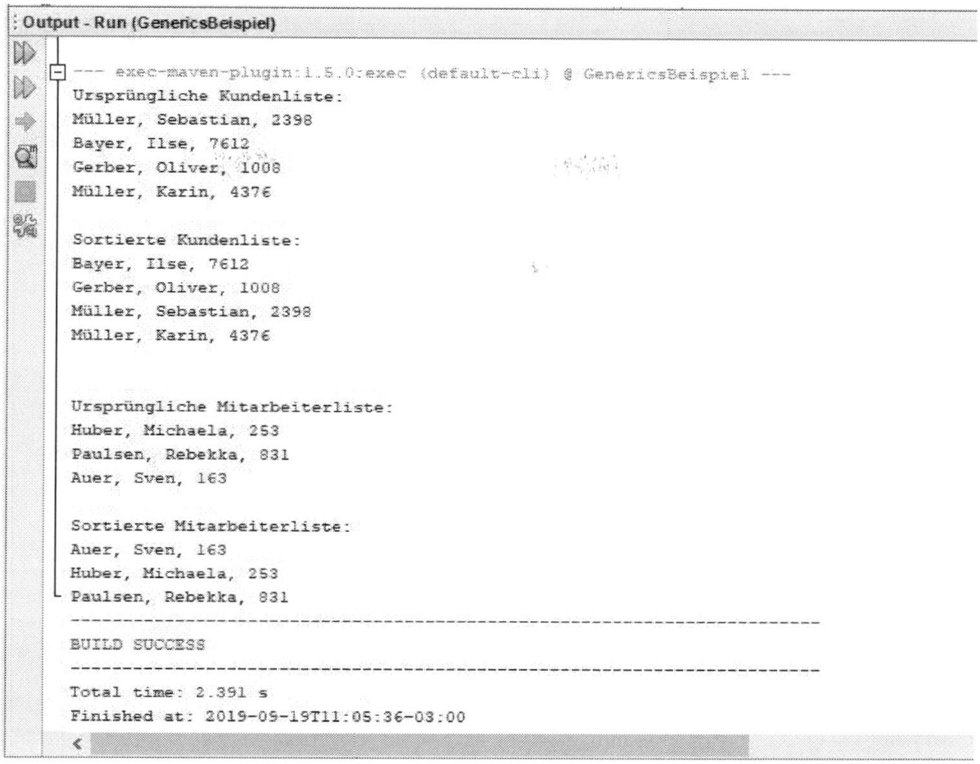

Abb. 22.6 Die Ausgabe der Listen

22.8 Übungsaufgabe: Mit Generics arbeiten

1. Schreiben Sie ein Programm, das eine Methode enthält, die Listen eines beliebigen Typs akzeptiert. Sie soll dabei den ersten und den letzten Eintrag vertauschen – vorausgesetzt, dass die Liste mindestens zwei Einträge enthält.

2. Erstellen Sie eine generische Klasse, die lediglich ein Member enthält. Dabei soll es sich um eine Zahl handeln. Diese soll jedoch unterschiedliche Typen aufweisen können. Erzeugen Sie im Hauptprogramm zwei Objekte dieser Klasse mit unterschiedlichen Datentypen und geben Sie danach die Werte aus.

Lösungen:

1.

```
Klasse Vertauschen:
import java.util.ArrayList;
public class Vertauschen {
    public static <T> ArrayList<T> vertauschen (ArrayList<T> liste){
        if (liste.size() >= 2){
            T element = liste.get(0);
            liste.set(0, liste.get(liste.size() - 1));
            liste.set(liste.size() - 1, element);
        }
        return liste;
    }
}
```

Hauptprogramm:

```
public class Hauptprogramm {
    public static void main(String[] args) {
        ArrayList<Integer> liste1 = new ArrayList<>();
        liste1.add(3);
        liste1.add(6);
        liste1.add(9);
        liste1.add(1);
        ArrayList<String> liste2 = new ArrayList<>();
        liste2.add("Wort1");
        liste2.add("Wort2");
        liste2.add("Wort3");
        System.out.println("Ursprüngliche Liste 1: " + liste1);
        liste1 = Vertauschen.vertauschen(liste1);
        System.out.println("Neue Liste 1: " + liste1);
        System.out.println("Ursprüngliche Liste 2: " + liste2);
        liste2 = Vertauschen.vertauschen(liste2);
        System.out.println("Neue Liste 2: " + liste2);
    }
}
```

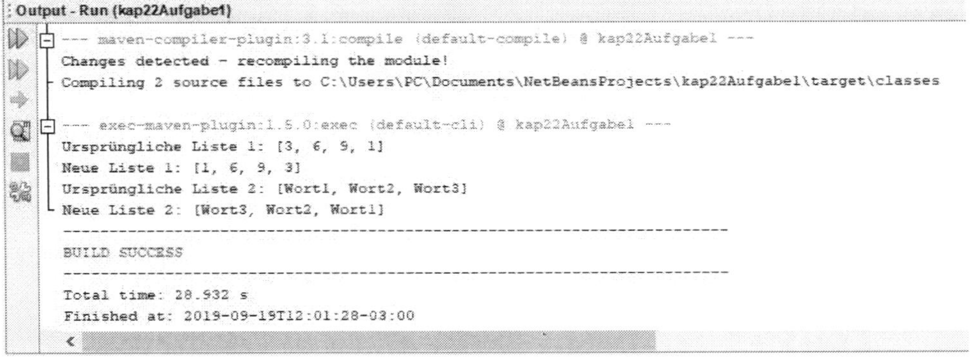

Abb. 22.7 Die Listen mit den vertauschten Werten

2.

Generische Klasse:

```
public class GenerischeKlasse <T extends Number>{
    T zahl;
}
```

Hauptprogramm:

```
public class Hauptprogramm {
    public static void main(String[] args) {
        GenerischeKlasse<Integer> objekt1 = new GenerischeKlasse<>();
        objekt1.zahl = 2;
        System.out.println(objekt1.zahl);
        GenerischeKlasse<Float> objekt2 = new GenerischeKlasse<>();
        float f = (float)3.23;
        objekt2.zahl = f;
        System.out.println(objekt2.zahl);
    }
}
```

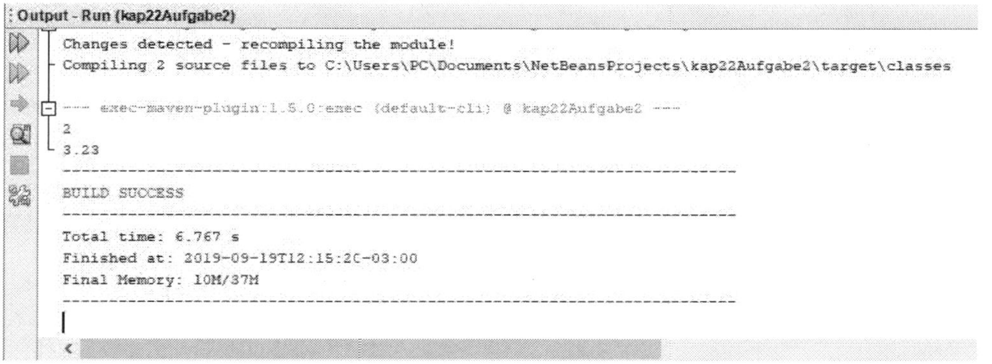

Abb. 22.8 Die Ausgabe der Werte der Objekte mit verschiedenen Datentypen

Alle Programmcodes und Schaltpläne aus diesem Buch stehen kostenfrei zum Download bereit. Dadurch müssen Sie Code nicht abtippen.

Außerdem erhalten Sie die eBook Ausgabe zum Buch im PDF Format kostenlos auf unserer Website:

https://bmu-verlag.de/java-kompendium/

Downloadcode: siehe Kapitel 28

Kapitel 23

Weitere Möglichkeiten für grafische Benutzeroberflächen

In unseren bisherigen Programmen haben wir bereits mehrfach grafische Benutzeroberflächen verwendet. Dabei haben wir beispielsweise Buttons verwendet und Eingabefelder eingefügt, die es dem Anwender erlaubten, Werte einzugeben. In diesem Kapitel werden wir noch einige weitere Elemente kennenlernen, die uns noch umfangreichere Gestaltungsmöglichkeiten geben.

Bei unseren bisherigen GUI-Anwendungen haben wir uns stets auf die darin enthaltenen Funktionen konzentriert. Das Layout der Fenster stand dabei jedoch im Hintergrund. Daher befasst sich dieses Kapitel nun auch damit, wie wir die erstellten Fenster optisch aufwerten können. Das gibt uns die Möglichkeit, grafische Benutzeroberflächen zu erstellen, die einen ansprechenden Eindruck machen und viel Aufmerksamkeit auf sich ziehen.

23.1 Das Layout vorgeben

In JavaFX gibt es mehrere Möglichkeiten, um das Layout der Fenster festzulegen. Damit geben wir vor, auf welche Weise wir die einzelnen Elemente im Fenster anordnen. Einige Möglichkeiten hierfür haben wir bereits kennengelernt. In unserem ersten Programm haben wir ein `StackPane` verwendet. Dieses ordnet die einzelnen Elemente übereinander an. Es kommt meistens zum Einsatz, wenn wir nur ein einzelnes Element ausgeben möchten. Auch wenn sich die einzelnen Inhalte gegenseitig überlagern sollen, stellt es die richtige Wahl dar. Meistens benötigen wir jedoch mehrere Elemente, die nebeneinander im Fenster angeordnet sind. Aus diesem Grund kommt das `StackPane` nur recht selten zum Einsatz.

Für die meisten Fenster haben wir daher ein `GridPane` verwendet. Dieses dient dazu, die einzelnen Elemente in einer tabellenartigen Struktur anzuordnen. Dabei können wir für jedes Element eine Zeilen- und eine Spaltennummer vorgeben. Das `GridPane` erstellt daraufhin eine Struktur, bei der die Zahl der Zeilen und Spalten jeweils dem höchsten eingegebenen Wert entspricht. Darüber hinaus haben wir vielfältige weitere Möglichkeiten, um das Layout zu bestimmen – beispielsweise können wir vorgeben, dass ein Element mehrere Spalten oder Zeilen belegt und außerdem ist es möglich, Abstände zwischen den einzelnen Inhalten einzufügen.

Im Beispiel in Kapitel 17 haben wir außerdem ein `BorderPane` verwendet – für die Gestaltung des Fensters für die Ausgabe des Personalbestands. Allerdings haben wir dieses zu diesem Zeitpunkt nur oberflächlich erklärt. Daher soll dies nun vertieft werden. Hierbei orientiert sich die Anordnung der Inhalte an den Rändern des Fensters. Wir können diese am oberen, am unteren, am rechten oder am linken Rand ausrichten. Darüber hinaus ist eine zentrale Positionierung möglich. Hierfür kommen die folgenden Methoden zum Einsatz:

```
setTop()
setBottom()
setRight()
setLeft()
setCenter()
```

Um zu verdeutlichen, wie diese Elemente dann im Fenster angeordnet werden, erstellen wir ein BorderPane und daraufhin fünf Buttons, für die wir diese fünf Optionen ausprobieren:

```
import javafx.application.Application;
import javafx.geometry.Pos;
import javafx.scene.Scene;
import javafx.scene.control.Button;
import javafx.scene.layout.BorderPane;
import javafx.stage.Stage;
public class BorderPaneBeispiel extends Application {
   public void start(Stage stage) {
      BorderPane bPane = new BorderPane();
      bPane.setTop(new Button("Oben"));
      bPane.setBottom(new Button("Unten"));
      bPane.setRight(new Button("Rechts"));
      bPane.setLeft(new Button("Links"));
      bPane.setCenter(new Button("Mitte"));
      Scene scene = new Scene(bPane, 400, 300);
      stage.setTitle("BorderPane Beispiel");
      stage.setScene(scene);
      stage.show();
   }
   public static void main(String args[]){
      launch(args);
   }
}
```

Abbildung 23.1 zeigt, wie die einzelnen Elemente hierbei angeordnet werden. Das `BorderPane` wird in mehrere Bereiche eingeteilt. Ganz oben befinden sich die Elemente, die wir mit der Methode `setTop()` einfügen. Dieser Bereich nimmt die gesamte Breite ein. Das trifft auch auf den unteren Bereich des Fensters zu, in dem die Elemente, die wir mit `setBottom()` einfügen, ihren Platz finden. Der Raum in der Mitte wird horizontal in drei weitere Bereiche eingeteilt: einen für `setLeft()`, einen für `setCenter()` und einen für `setRight()`.

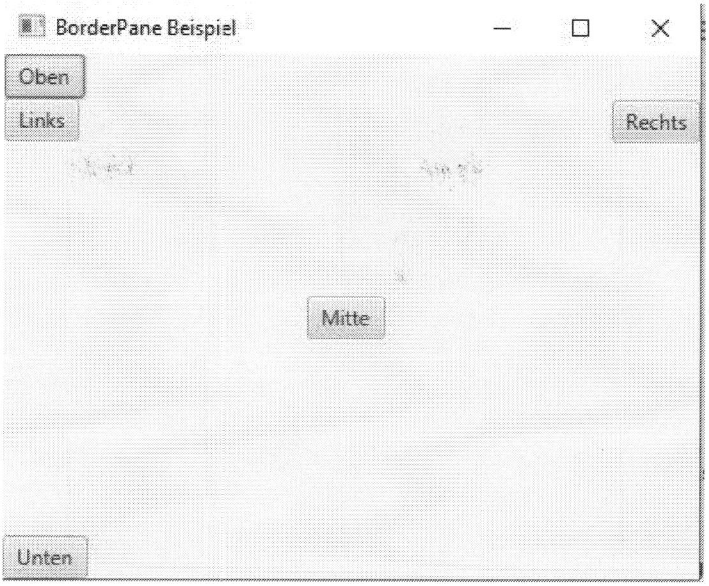

Abb. 23.1 Die Anordnung der Elemente

Innerhalb dieser Bereiche können wir die einzelnen Elemente ebenfalls nach unseren Wünschen anordnen. Wenn wir beispielsweise den Button mit der Aufschrift „Oben" betrachten, stellen wir fest, dass dieser nicht den kompletten Bereich einnimmt, der für die `setTop()`-Methode zur Verfügung steht. Er befindet sich am linken oberen Rand dieses Bereichs. Dies können wir jedoch ändern. Dazu ist es jedoch notwendig, ein eigenes Objekt für den Button zu erstellen. Wenn wir ihn wie im vorherigen Beispiel direkt in das Fenster einfügen, ist kein Zugriff möglich. Daher erstellen wir zunächst den `Button` und fügen ihn dann in das `BorderPane` ein. Danach wenden wir darauf die `setAlignment()`-Methode an. Hierfür müssen wir zunächst das Objekt angeben, auf das es sich bezieht. Danach geben wir den Schlüsselbegriff `Pos.CENTER` ein. Dieser sorgt für eine zentrierte Darstellung – stets innerhalb des Bereichs, der durch die `setTop()`-Methode vorgegeben wurde. Für die Ausrichtung der Elemente stehen uns folgende Begriffe zur Verfügung:

```
Pos.CENTER
Pos.BOTTOM_RIGHT
Pos.BOTTOM_LEFT
Pos.TOP_RIGHT
Pos.TOP_LEFT
```

Im folgenden Beispiel verändern wir die Ausrichtung der einzelnen Elemente. Das führt zu der Anordnung, die in Abbildung 23.2. zu sehen ist.

```
import javafx.application.Application;
import javafx.geometry.Pos;
import javafx.scene.Scene;
import javafx.scene.control.Button;
```

```
import javafx.scene.layout.BorderPane;
import javafx.stage.Stage;
public class BorderPaneBeispiel extends Application {
   public void start(Stage stage) {
      BorderPane bPane = new BorderPane();
      Button btnOben =  new Button("Oben");
      bPane.setTop(btnOben);
      Button btnUnten =  new Button("Unten");
      bPane.setBottom(btnUnten);
      Button btnRechts =  new Button("Rechts");
      bPane.setRight(btnRechts);
      Button btnLinks =  new Button("Links");
      bPane.setLeft(btnLinks);
      Button btnMitte =  new Button("Mitte");
      bPane.setCenter(btnMitte);
      BorderPane.setAlignment(btnOben, Pos.CENTER);
      BorderPane.setAlignment(btnUnten, Pos.BOTTOM_RIGHT);
      BorderPane.setAlignment(btnRechts, Pos.CENTER);
      BorderPane.setAlignment(btnLinks, Pos.BOTTOM_RIGHT);
      BorderPane.setAlignment(btnMitte, Pos.TOP_LEFT);
      Scene scene = new Scene(bPane, 400, 300);
      stage.setTitle("BorderPane Beispiel");
      stage.setScene(scene);
      stage.show();
   }
   public static void main(String args[]){
      launch(args);
   }
}
```

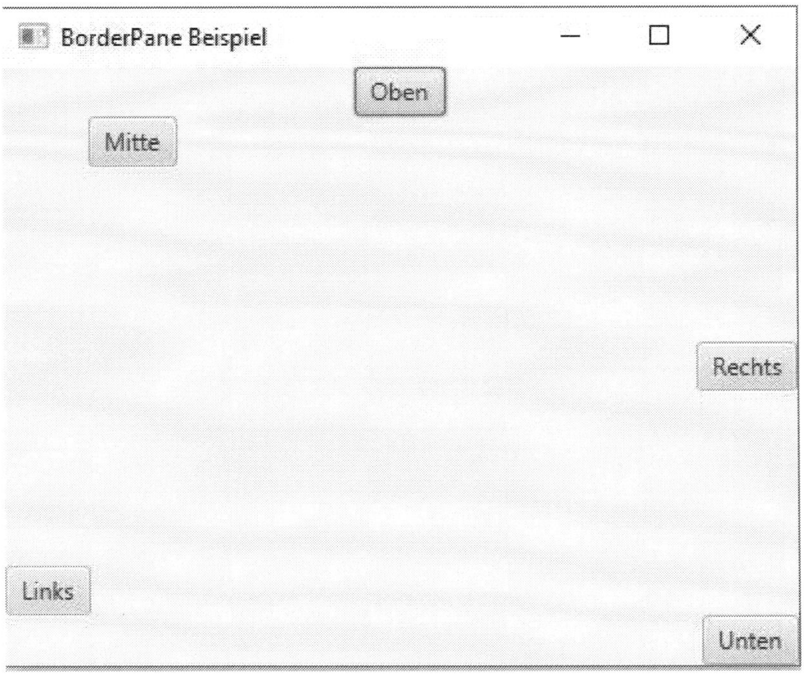

Abb. 23.2 Die neue Anordnung der Buttons

Eine weitere Möglichkeit für die Anordnung innerhalb des Fensters stellt das `TilePane` dar. Dieses teilt das Fenster in einzelne Zellen ein. In jeder von ihnen erscheint ein Element. Wenn möglich ordnet das `TilePane` diese in der gleichen Zeile an. Wenn dabei jedoch die Fensterbreite erreicht wird, fügt es sie in die nächste Zeile ein. Dabei ist es wichtig, zu beachten, dass alle Zellen die gleiche Größe aufweisen. Das heißt, dass sich ihre Breite immer am breitesten Element, das wir eingefügt haben, ausrichtet. Die Höhe entspricht dem höchsten Feld.

Um dies an einem Beispiel zu zeigen, erzeugen wir ein `TilePane`. Daraufhin erstellen wir fünf Buttons mit verschiedenen Größen. Um diese in das `TilePane` einzufügen, müssen wir auf dieses zunächst die `getChildren()`- und darauf dann die `add()`-Methode anwenden:

```
import static javafx.application.Application.launch;
import javafx.scene.Scene;
import javafx.scene.control.Button;
import javafx.scene.layout.TilePane;
import javafx.stage.Stage;import javafx.application.Application;
public class TilePaneBeispiel extends Application {
    public void start(Stage stage) {
      TilePane tPane = new TilePane();
      Button btn1 =  new Button("Button 1");
      btn1.setPrefSize(300, 20);
      tPane.getChildren().add(btn1);
      Button btn2 =  new Button("Button 2");
      btn2.setPrefSize(50, 10);
      tPane.getChildren().add(btn2);
      Button btn3 =  new Button("Button 3");
      btn3.setPrefSize(100, 90);
      tPane.getChildren().add(btn3);
      Button btn4 =  new Button("Button 4");
      tPane.getChildren().add(btn4);
      Button btn5 =  new Button("Button 5");
      tPane.getChildren().add(btn5);
      Scene scene = new Scene(tPane, 700, 400);
      stage.setTitle("TilePane Beispiel");
      stage.setScene(scene);
      stage.show();
   }
   public static void main(String args[]){
      launch(args);
   }
}
```

Abbildung 23.3 zeigt, dass die Zellen sich nun sowohl hinsichtlich der Höhe als auch bezüglich der Breite am jeweils größten Element ausrichten, das wir eingefügt haben.

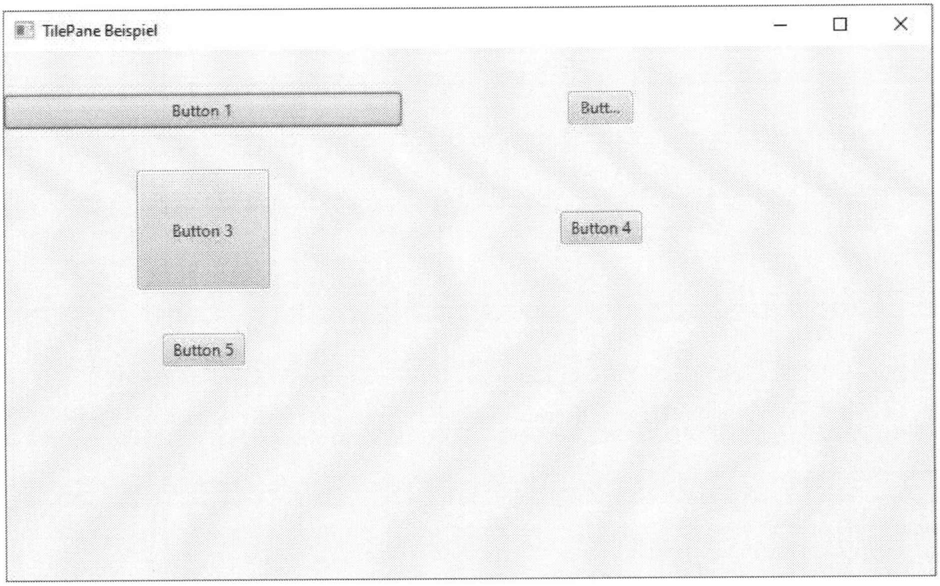

Abb. 23.3 Die Anordnung erfolgt in Zellen mit identischer Größe

Eine weitere Möglichkeit, um das Layout festzulegen, stellt das `FlowPane` dar. Dieses reiht ein Element an das andere. Auch dieses füllt zunächst die einzelnen Zeilen. Wenn kein Platz mehr zur Verfügung steht, fährt es mit der nächsten Zeile fort. Hierbei ist die Größe der einzelnen Zellen jedoch nicht konstant. Sie passt sich immer an das enthaltene Element an. Zu diesem Zweck erzeugen wir ein neues Beispiel, das genau die gleichen Buttons wie das letzte Fenster enthält. Jetzt fügen wir diese jedoch in ein `FlowPane` ein. Damit die Anordnung besser ersichtlich wird, reduzieren wir außerdem die Fenstergröße.

```
import javafx.application.Application;
import static javafx.application.Application.launch;
import javafx.scene.Scene;
import javafx.scene.control.Button;
import javafx.scene.layout.FlowPane;
import javafx.stage.Stage;
public class FlowPaneBeispiel extends Application {
    public void start(Stage stage) {
      FlowPane fPane = new FlowPane();
      Button btn1 =  new Button("Button 1");
      btn1.setPrefSize(300, 20);
      fPane.getChildren().add(btn1);
      Button btn2 =  new Button("Button 2");
      btn2.setPrefSize(50, 10);
      fPane.getChildren().add(btn2);
      Button btn3 =  new Button("Button 3");
      btn3.setPrefSize(100, 90);
      fPane.getChildren().add(btn3);
      Button btn4 =  new Button("Button 4");
      fPane.getChildren().add(btn4);
      Button btn5 =  new Button("Button 5");
```

```
        fPane.getChildren().add(btn5);
        Scene scene = new Scene(fPane, 500, 300);
        stage.setTitle("FlowPane Beispiel");
        stage.setScene(scene);
        stage.show();
    }
    public static void main(String args[]){
        launch(args);
    }
}
```

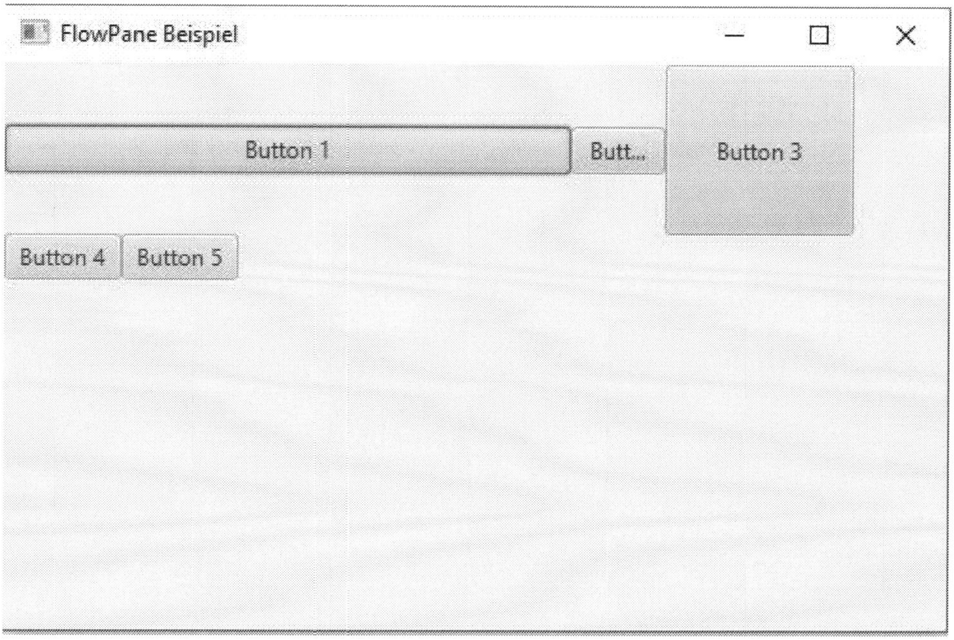

Abb. 23.4 Die Anordnung mit einem FlowPane

Abbildung 23.4 macht deutlich, dass nun die Breite der einzelnen Zellen unterschiedlich ist. Lediglich die Höhe richtet sich hierbei stets am höchsten Element aus, das sich in der jeweiligen Zeile befindet.

Beim `FlowPane` können wir die Ausrichtung ändern. Dazu dient folgender Befehl:

```
fPane.setOrientation(Orientation.VERTICAL);
```

Dieser führt dazu, dass die Elemente jetzt untereinander angeordnet werden. Nur wenn dabei die komplette Höhe ausgefüllt wird, nutzt das `FlowPane` eine weitere Spalte. Wenn wir diesen Befehl in das Programm einfügen, nachdem wir die Buttons erstellt haben, erscheint das Fenster so, wie es in Abbildung 23.5 zu sehen ist.

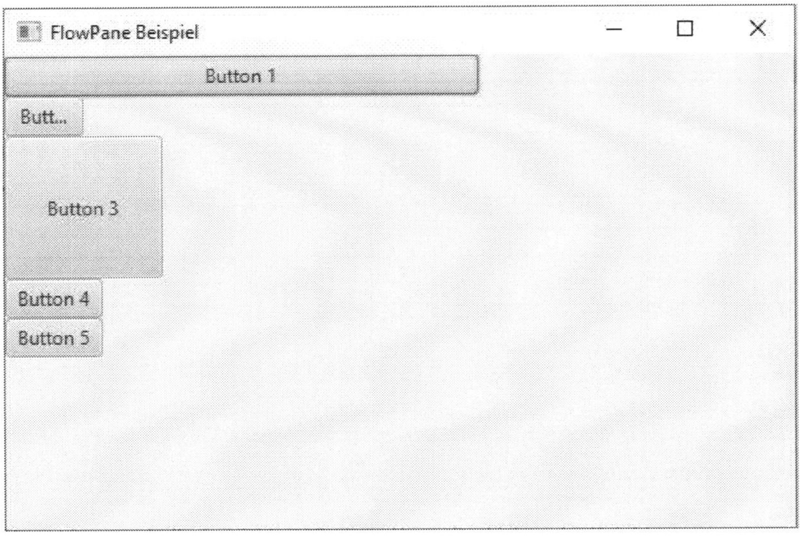

Abb. 23.5 Das FlowPane mit vertikaler Ausrichtung

23.2 Weitere Elemente in das Fenster einfügen

Auch hinsichtlich der Elemente, die wir in das Fenster einfügen können, bestehen noch deutlich mehr Möglichkeiten, als wir bisher verwendet haben. Bislang haben wir in erster Linie Buttons, TextFields und Labels in unsere Fenster eingefügt. Es gibt jedoch noch vielfältige weitere Elemente für die Gestaltung der Fenster. Diese alle hier vorzustellen, ist aufgrund der großen Anzahl nicht möglich. Allerdings sollen einige weitere wichtige Beispiele hier vorgestellt werden.

Von großer Bedeutung ist beispielsweise der `MenuButton`. Dieser ermöglicht es, mehrere Auswahloptionen vorzugeben. Der Anwender kann daraufhin eine dieser Optionen auswählen. Um einen `MenuButton` zu verwenden, müssen wir zunächst für jede der Auswahloptionen ein Objekt des Typs `MenuItem` erstellen. Dabei geben wir in Klammern den Wert an, der für die Auswahl-Option erscheinen soll:

```
MenuItem mI1 = new MenuItem("Auswahl 1");
```

Diesen Vorgang wiederholen wir für alle weiteren Auswahlmöglichkeiten. Daraufhin erstellen wir ein Objekt des Typs `MenuButton`. Als Übergabewert fügen wir die gewünschte Beschriftung ein:

```
MenuButton mB = new MenuButton("Auswahlmöglichkeiten");
```

Danach wenden wir die `getItems()`-Methode und daraufhin die `add()`-Methode auf den `MenuButton` an, um die einzelnen Auswahloptionen hinzuzufügen:

```
mB.getItems().add(mI1);
```

Diesen Vorgang wiederholen wir für alle weiteren Auswahloptionen. Danach können wir den Button in das Fenster einfügen – in diesem Beispiel in einem `FlowPane`. Das Ergebnis ist in Abbildung 23.6 zu sehen. Der Code dafür sieht wie folgt aus:

```
import javafx.scene.control.MenuItem;
import javafx.application.Application;
import static javafx.application.Application.launch;
import javafx.scene.Scene;
import javafx.scene.control.MenuButton;
import javafx.scene.layout.FlowPane;
import javafx.stage.Stage;
public class Beispiel extends Application {
    public void start(Stage stage) {
        MenuItem mI1 = new MenuItem("Auswahl 1");
        MenuItem mI2 = new MenuItem("Auswahl 2");
        MenuItem mI3 = new MenuItem("Auswahl 3");
        MenuButton mB = new MenuButton("Auswahlmöglichkeiten");
        mB.getItems().add(mI1);
        mB.getItems().add(mI2);
        mB.getItems().add(mI3);
      FlowPane fPane = new FlowPane();
      fPane.getChildren().add(mB);
      Scene scene = new Scene(fPane, 500, 300);
      stage.setTitle("Seitenelemente");
      stage.setScene(scene);
      stage.show();
   }
   public static void main(String args[]){
      launch(args);
   }
}
```

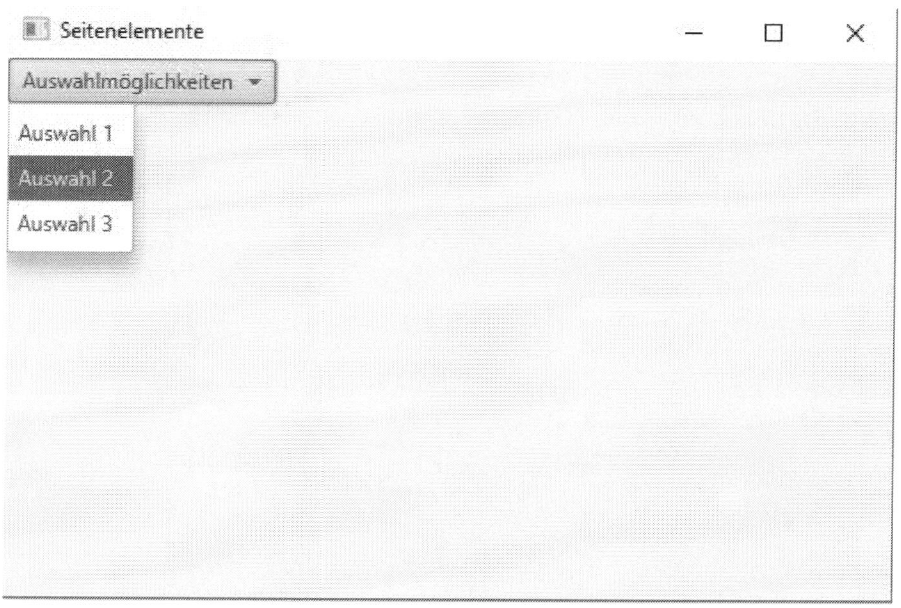

Abb. 23.6 Die Darstellung des MenuButtons

Wenn wir eine Aktion mit der getroffenen Auswahl verbinden möchten, müssen wir beachten, dass wir hierbei den `EventHandler` nicht mit dem `Button` verbinden, sondern mit den einzelnen Auswahloptionen. Daher müssen wir für jede von ihnen eine entsprechende Aktion vorgeben. Dafür können wir entweder eine anonyme Klasse oder einen Lambda-Ausdruck verwenden.

Um dies zu demonstrieren, kopieren wir die Klasse Hinweis aus Kapitel 17 in unser Projekt. So können wir für jede der drei Auswahlmöglichkeiten ein entsprechendes Hinweisfenster aufrufen:

```
mI1.setOnAction(e -> {
    Hinweis.ausgeben(stage, "Option 1 ausgewählt");
});
mI2.setOnAction(e -> {
    Hinweis.ausgeben(stage, "Option 2 ausgewählt");
});
mI3.setOnAction(e -> {
    Hinweis.ausgeben(stage, "Option 3 ausgewählt");
});
```

Eine weitere Möglichkeit für die Steuerung unserer Programme stellt die `CheckBox` dar. Dabei handelt es sich um ein kleines Feld, das der Anwender anklicken kann, um es zu bestätigen. Die `CheckBox` können wir mit folgendem Befehl in unser Fenster einfügen:

```
CheckBox cB = new CheckBox("Auswahl bestätigen");
```

Die Auswahl der `CheckBox` ermitteln wir über die Methode `isSelected()`. Diese gibt eine boolesche Variable zurück. Dieses Element hat jedoch keinen eigenen `EventHandler`. Wir können die Auswahl lediglich im `EventHandler` eines anderen Elements abfragen. Daher fügen wir die `CheckBox` jetzt in das vorherige Beispielfenster ein. Damit die beiden Elemente nicht direkt nebeneinander erscheinen, erstellen wir außerdem einen kleinen Abstand. Wie die Elemente aussehen, ist in Abbildung 23.7 zu sehen. Im EventHandler der einzelnen Menüpunkte fügen wir nun eine `if`-Abfrage ein, die als Bedingung die `isSelected()`-Methode hat. Daher werden die Hinweisfenster nur angezeigt, wenn wir die `CheckBox` angeklickt haben:

```
public class Beispiel extends Application {
    public void start(Stage stage) {
        MenuItem mI1 = new MenuItem("Auswahl 1");
        MenuItem mI2 = new MenuItem("Auswahl 2");
        MenuItem mI3 = new MenuItem("Auswahl 3");
        MenuButton mB = new MenuButton("Auswahlmöglichkeiten");
        mB.getItems().add(mI1);
        mB.getItems().add(mI2);
        mB.getItems().add(mI3);
        CheckBox cB = new CheckBox("Auswahl bestätigen");
        FlowPane fPane = new FlowPane();
        fPane.setHgap(10);
        fPane.getChildren().add(mB);
```

```
        fPane.getChildren().add(cB);
        Scene scene = new Scene(fPane, 500, 300);
        stage.setTitle("Seitenelemente");
        mI1.setOnAction(e -> {
            if (cB.isSelected()){
                Hinweis.ausgeben(stage, "Option 1 ausgewählt und bestätigt");
            }
        });
        mI2.setOnAction(e -> {
            if (cB.isSelected()){
                Hinweis.ausgeben(stage, "Option 2 ausgewählt und bestätigt");
            }
        });
        mI3.setOnAction(e -> {
            if (cB.isSelected()){
                Hinweis.ausgeben(stage, "Option 3 ausgewählt und bestätigt");
            }
        });
        stage.setScene(scene);
        stage.show();
    }
    public static void main(String args[]){
        launch(args);
    }
}
```

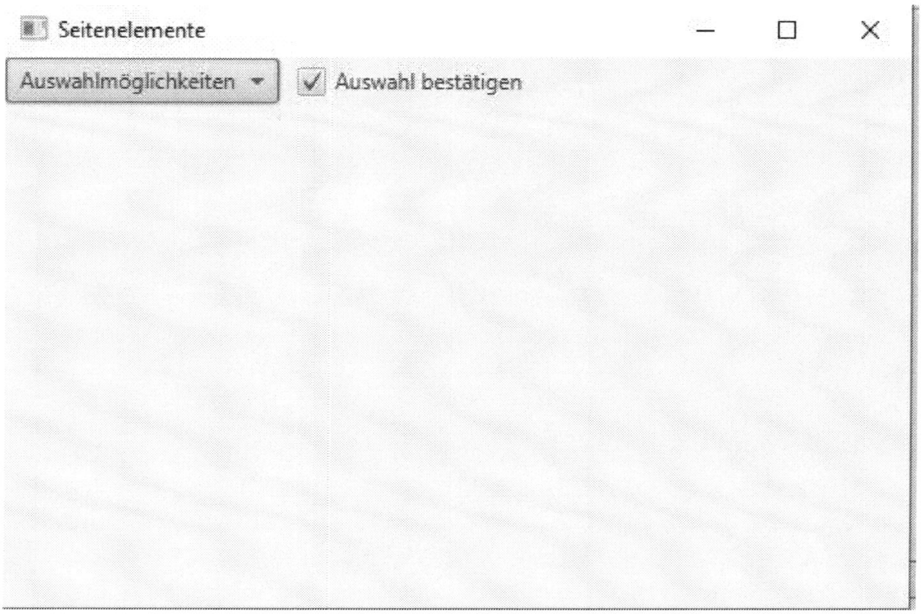

Abb.23.7 Das Fenster mit der CheckBox

In unseren Beispielen kam es bereits vor, dass wir ein Passwort abgefragt haben. Dabei wurde das komplette Passwort auf dem Bildschirm angezeigt. Für eine höhere Sicherheit ist es jedoch üblich, dass hier nur Sterne oder Punkte erscheinen. Auch das können wir mit JavaFX erreichen. Zu diesem Zweck nutzen wir ein `PasswordField`.

Um dieses zu verwenden, müssen wir lediglich ein Objekt dieses Typs erstellen und in unser Fenster einfügen:

```
PasswordField pF = new PasswordField();
```

Um den Inhalt auszulesen, verwenden wir genau wie bei einem `TextField` die `getText()`-Methode. Die Anwendung ist dabei vollkommen identisch. Daher sind hierfür keine weiteren Erklärungen notwendig. Lediglich die Darstellung des darin enthaltenen Texts unterscheidet sich. Wie die Eingaben in diesem Feld erscheinen, ist in Abbildung 23.8. zu sehen.

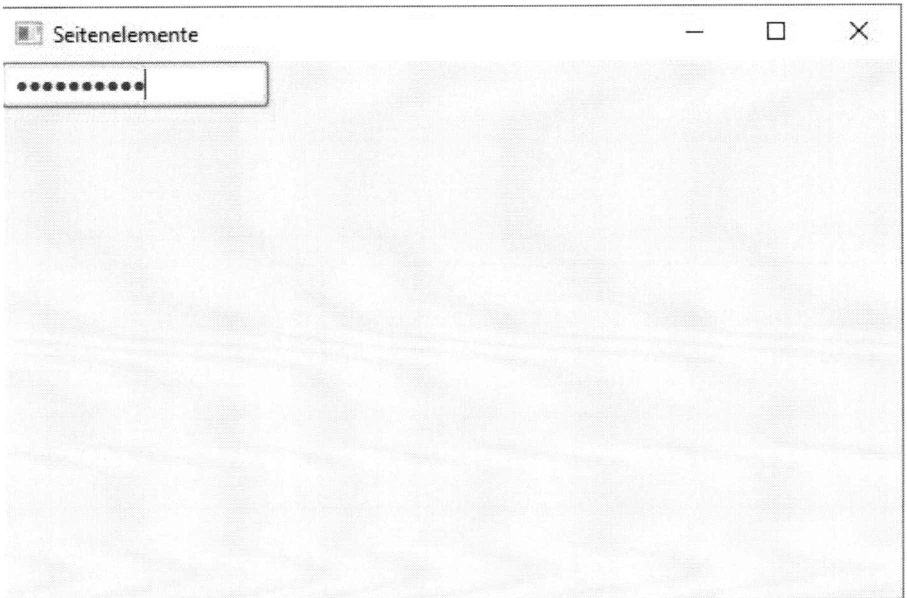

Abb. 23.8 Die Darstellung für das PasswordField

23.3 Farben und Grafiken hinzufügen

Um unsere GUIs ansprechender zu gestalten, können wir diese farbig gestalten. Auch hierfür hält JavaFX viele verschiedene Möglichkeiten bereit. Manchmal ist es möglich, die Vorgabe für die Farbe einfach bei der Erstellung des entsprechenden Elements als weiteres Attribut vorzugeben. Um dies zu demonstrieren, gestalten wir nun ein Fenster, bei dem wir die komplette Hintergrundfarbe in Dunkelrot gestalten:

```
import javafx.application.Application;
import static javafx.application.Application.launch;
import javafx.scene.Scene;
import javafx.scene.layout.GridPane;
import javafx.scene.paint.Color;
import javafx.stage.Stage;
public class Beispiel extends Application {
```

```
    public void start(Stage stage) {
        stage.setTitle("Farben");
        GridPane grid = new GridPane();
        Scene scene = new Scene(grid, 800, 400, Color.DARKRED);
        stage.setScene(scene);
        stage.show();
    }
    public static void main(String args[]){
        launch(args);
    }
}
```

Abb. 23.9 Das Fenster mit rotem Hintergrund

Abbildung 23.9 zeigt, dass nun ein neues Fenster mit roter Hintergrundfarbe entstanden ist. Zu diesem Zweck haben wir das Attribut `Color.DARKRED` bei der Erstellung des `Scene`-Objekts eingefügt. Dieser Ausdruck ist eine Konstante, die in der Klasse `Color` festgelegt ist. Diese enthält unzählige Farben, die wir über einen entsprechenden englischsprachigen Begriff aufrufen können. Der folgende Link gibt einen Überblick über die verfügbaren Farben:

https://docs.oracle.com/javase/8/javafx/api/javafx/scene/paint/Color.html

Die Farbe direkt bei der Erstellung des Objekts vorzugeben, ist jedoch nicht bei allen Seitenelementen möglich. In vielen Fällen müssen wir diese nachträglich vorgeben. Zu diesem Zweck verwenden wir die `setFill()`-Methode. Um dies zu demonstrieren, erstellen wir ein Text-Objekt. Diesem geben wir über die genannte Methode eine neue Farbe. Damit diese Änderung besser zur Geltung kommt, erhöhen wir auch die Schriftgröße. Das Ergebnis ist in Abbildung 23.10 zu sehen.

```
Text text = new Text(25, 25, "Hier steht ein Text.");
text.setFill(Color.LIGHTBLUE);
```

```
text.setFont(Font.font("Arial", FontWeight.BOLD, 30));
grid.getChildren().add(text);
```

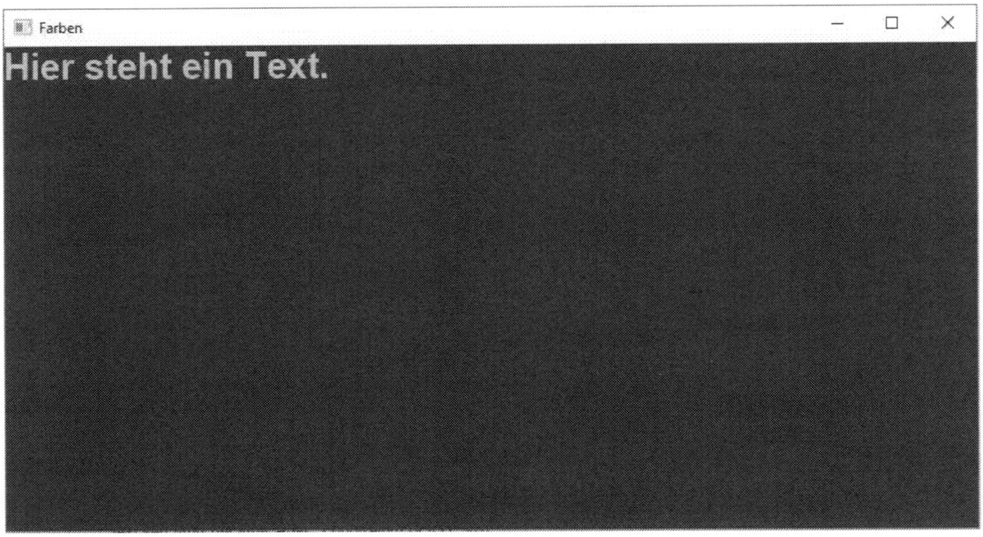

Abb. 23.10 Das Fenster mit dem farbigen Text

Die hier vorgestellten Methoden für die Gestaltung farbiger Fenster sind jedoch mit Vorsicht zu nutzen. Zum einen lassen sie sich nicht auf alle Seitenelemente anwenden. Zum anderen kann es vorkommen, dass die Vorgaben nicht in Erscheinung treten, weil ein anderes Element sie überlagert. Insbesondere das `Scene`-Objekt, das wir hier für die Hintergrundfarbe verwendet haben, wird häufig vom `GridPane` oder von ähnlichen Layout-Elementen verdeckt.

Aus diesem Grund ist es empfehlenswert, *CSS* für die Farbauszeichnungen zu verwenden – auch wenn dies zunächst etwas komplizierter erscheint. CSS ist eine Stylesheet-Sprache, die in erster Linie für die Gestaltung von Internetseiten zum Einsatz kommt. Wir können sie jedoch auch für JavaFX verwenden. Um die entsprechenden Vorgaben zu machen, wenden wir die `setStyle()`-Methode auf die entsprechenden Objekte an. Wenn wir beispielsweise das `GridPane` für den Hintergrund farbig gestalten möchten, wäre dies mit diesem Befehl möglich:

```
grid.setStyle("-fx-background-color: darkred;");
```

Um die Hintergrundfarbe festzulegen, müssen wir den Begriff `-fx-background-color` verwenden. Nach einem Doppelpunkt steht dann die Farbe – gefolgt von einem Semikolon. Hierbei können wir verschiedene CSS-Farbvorgaben verwenden. Dafür kommen zahlreiche Ausdrücke in englischer Sprache infrage. Wir können jedoch auch Hexadezimalwerte verwenden. Dafür fügen wir zunächst das Rautezeichen (#) ein. Danach geben wir die Werte für die rote, die gelbe und die blaue Farbe vor. Auch hierbei ist es sinnvoll, die Farben in einer passenden Liste abzurufen. Das ist beispielsweise unter folgendem Link möglich:

https://www.w3schools.com/colors/colors_groups.asp

Per CSS können wir noch viele weitere Vorgaben für die Gestaltung machen. Mit dem Befehl `-fx-border-width: 5px;` geben wir beispielsweise einen Rand mit einer Stärke von 5 Pixeln vor. Mit dem Befehl `-fx-border-color: blue;` färben wir diesen blau ein. Mit `-fx-text-fill: orange;` sorgen wir dafür, dass der Text in Orange erscheint. Um diese Möglichkeiten vorzustellen, erzeugen wir nun ein Fenster mit einem Textfeld und mit vier Buttons, für die wir unterschiedliche Vorgaben machen.

```
import javafx.application.Application;
import static javafx.application.Application.launch;
import javafx.scene.Scene;
import javafx.scene.control.Button;
import javafx.scene.control.Label;
import javafx.scene.layout.GridPane;
import javafx.stage.Stage;
public class Beispiel extends Application {
    public void start(Stage stage) {
        stage.setTitle("Farben");
        GridPane grid = new GridPane();
        grid.setStyle("-fx-background-color: darkred;");
        Label text = new Label("Hier steht ein Text.");
        text.setStyle("-fx-text-fill: yellow; -fx-font-size: 20px;"
                + "-fx-border-color: aqua; -fx-border-width: 9px;");
        grid.add(text, 0,0);
        Button btn1 = new Button("Button 1");
        Button btn2 = new Button("Button 2");
        Button btn3 = new Button("Button 3");
        Button btn4 = new Button("Button 4");
        btn1.setStyle("-fx-border-color: lime; -fx-border-width: 5px;");
        btn2.setStyle("-fx-background-color: cyan;");
        btn3.setStyle("-fx-border-width: 2px; -fx-border-color: darkblue;"
                + "-fx-background-color: beige;");
        btn4.setStyle("-fx-text-fill: turquoise");
        grid.add(btn1, 0, 1);
        grid.add(btn2, 1, 1);
        grid.add(btn3, 0, 2);
        grid.add(btn4, 1, 2);
        Scene scene = new Scene(grid, 800, 400);
        stage.setScene(scene);
        stage.show();
    }
    public static void main(String args[]){
        launch(args);
    }
}
```

Abb. 23.11 Das Fenster mit vielen farbig gestalteten Elementen

Eine weitere Möglichkeit, um unsere Benutzeroberflächen aufzuwerten, besteht darin, ein Foto oder eine andere Grafik einzufügen. Um dies an einem Beispiel zu demonstrieren, erstellen wir zunächst ein neues Projekt unter dem Begriff **Bilder**. Daraufhin kopieren wir ein beliebiges Foto in den Ordner, der für dieses NetBeans-Projekt erstellt wurde und nennen es **bild.jpg**.

Daraufhin können wir uns unserem Programm zuwenden. Hier erstellen wir zunächst ein `Image`-Objekt. Diesem übergeben wir als Übergabewert ein Objekt des Typs `FileInputStream`. Hier fügen wir die Adresse unserer Bild-Datei ein:

```
Image bild = new Image(new FileInputStream("C:\\Users\\PC\\Documents\\"
        + "NetBeansProjects\\Bilder\\bild.jpg"));
```

Da dieser Befehl eine Ausnahme hervorrufen kann, müssen wir oben in der Start-Methode folgenden Zusatz einfügen:

```
 throws FileNotFoundException
```

Mit dem `Image`-Objekt erzeugen wir daraufhin ein `ImageView`-Objekt:

```
ImageView imageView = new ImageView(bild);
```

Nun können wir Vorgaben für die Position machen, an der das Bild erscheinen soll:

```
imageView.setX(150);
imageView.setY(100);
```

Außerdem geben wir die Größe vor:

```
imageView.setFitHeight(200);
imageView.setFitWidth(300);
```

Da wir in diesem Beispiel nur ein Element in das Fenster einfügen, verwenden wir hierfür ein `StackPane`-Objekt. Wir könnten das `ImageView`-Objekt jedoch auch in andere Layout-Objekte einfügen:

```
StackPane root = new StackPane(imageView);
```

Nun müssen wir wie bei jedem Fenster noch das `Scene`-Objekt erzeugen und das Fenster anzeigen. Außerdem erstellen wir die `main()`-Methode. Damit ist unser Fenster mit dem Foto fertiggestellt. Das Ergebnis ist in Abbildung 23.12. zu sehen.

```
import java.io.FileInputStream;
import java.io.FileNotFoundException;
import javafx.application.Application;
import static javafx.application.Application.launch;
import javafx.scene.Scene;
import javafx.scene.image.Image;
import javafx.scene.image.ImageView;
import javafx.scene.layout.StackPane;
import javafx.stage.Stage;
public class Beispiel extends Application {
    public void start(Stage stage) throws FileNotFoundException {
        Image bild = new Image(new FileInputStream("C:\\Users\\PC\\Documents\\"
                + "NetBeansProjects\\Bilder\\bild.jpg"));
        ImageView imageView = new ImageView(bild);
        imageView.setX(150);
        imageView.setY(100);
        imageView.setFitHeight(200);
        imageView.setFitWidth(300);
        StackPane root = new StackPane(imageView);
        Scene scene = new Scene(root, 600, 500);
        stage.setTitle("Bild einfügen");
        stage.setScene(scene);
        stage.show();
    }
    public static void main(String args[]){
        launch(args);
    }
}
```

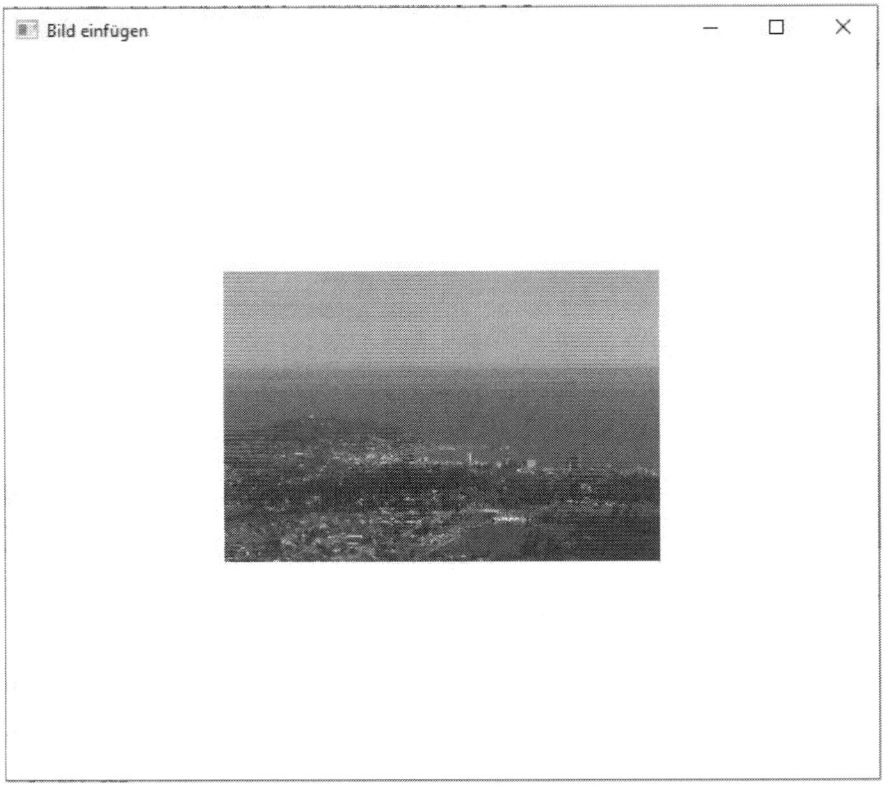

Abb. 23.12 Das Fenster mit dem Foto

23.4 Transformationen, Animationen und weitere Effekte

JavaFX bietet uns zahlreiche Möglichkeiten, um das Erscheinungsbild eines Elements zu verändern. Im ersten Schritt befassen wir uns mit *Transformationen*. Dabei handelt es sich um eine feste Veränderung des eigentlichen Erscheinungsbilds eines Elements.

Um diese Funktionen zu verdeutlichen, erstellen wir zunächst einen gewöhnlichen Button und fügen diesen über ein `BorderPane` zentriert in das Fenster ein. Im ersten Beispiel erzeugen wir eine Drehung. Dafür erzeugen wir ein Objekt des Typs `Rotate`:

```
Rotate drehen = new Rotate();
```

Daraufhin geben wir mit der `setAngle()`-Methode den gewünschten Winkel der Drehung vor:

```
drehen.setAngle(20);
```

Nun können wir diese Drehung auf unseren Button anwenden. Dazu wenden wir zunächst die `getTransforms()`-Methode und daraufhin die `add()`-Methode auf das entsprechende Objekt an:

```
btn.getTransforms().add(drehen);
```

Damit haben wir den Button bereits gedreht. Das Ergebnis ist in Abbildung 23.13 zu sehen. Der Code für das komplette Programm sieht so aus:

```
import javafx.application.Application;
import javafx.scene.Scene;
import javafx.scene.control.Button;
import javafx.scene.layout.BorderPane;
import javafx.scene.transform.Rotate;
import javafx.stage.Stage;
public class Beispiel extends Application {
   @Override
   public void start(Stage stage) {
        Button btn = new Button("Beispiel-Button");
        Rotate drehen = new Rotate();
        drehen.setAngle(20);
        btn.getTransforms().add(drehen);
        BorderPane bP = new BorderPane();
        bP.setCenter(btn);
        Scene scene = new Scene(bP, 600, 300);
        stage.setTitle("Transformationen");
        stage.setScene(scene);
        stage.show();
   }
  public static void main(String args[]){
             launch(args);
  }
}
```

Abb. 23.13 Der Button mit der Drehung

Im nächsten Beispiel skalieren wir den Button. Dazu entfernen wir die Bereiche für die Drehung oder kommentieren sie aus. Danach erzeugen wir ein Objekt des Typs `Scale`:

```
Scale skalieren = new Scale();
```

Dafür können wir dann den gewünschten Vergrößerungsfaktor angeben – sowohl für die x-Achse als auch für die y-Achse:

```
skalieren.setX(2.5);
skalieren.setY(2);
```

Auch diese Transformation fügen wir daraufhin zu unserem Button hinzu:

```
btn.getTransforms().add(skalieren);
```

Den Effekt dieser Transformation zeigt Abbildung 23.14.

Abb. 23.14 Die Skalierung des Buttons

Eine weitere Möglichkeit für eine Transformation besteht darin, das entsprechende Objekt zu verschieben. Dazu erstellen wir ein Objekt vom Typ `Translate` und geben die gewünschte Positionsänderung für die x- und für die y-Achse vor. Daraufhin wenden wir die Transformation wieder auf unseren Button an. Das Ergebnis zeigt Abbildung 23.15.

```
Translate verschieben = new Translate();
verschieben.setX(150);
verschieben.setY(60);
btn.getTransforms().add(verschieben);

```

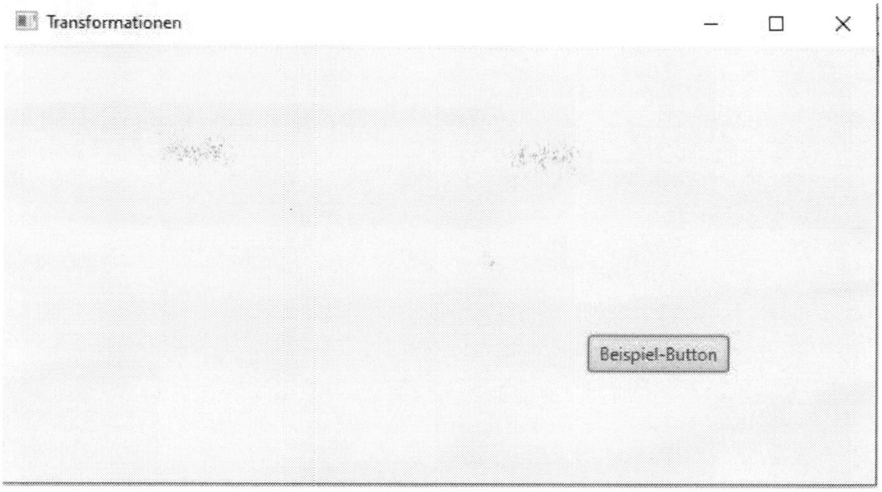

Abb. 23.15 Die Verschiebung des Buttons

Es ist auch möglich, alle genannten Transformationen gemeinsam auf den Button anzuwenden. Dazu könnten wir jeweils die `add()`-Methode separat anwenden. Kompakter wird der Code jedoch, wenn wir die `addAll()`-Methode nutzen, um alle Transformationen gemeinsam einzufügen. Für das folgende Programm haben wir lediglich die Werte für die Verschiebung geändert, da der Button sonst bei der gemeinsamen Anwendung der Transformationen aus dem Bildbereich wandern würde. Das Ergebnis ist in Abbildung 23.16 zu sehen.

```
import javafx.application.Application;
import javafx.scene.Scene;
import javafx.scene.control.Button;
import javafx.scene.layout.BorderPane;
import javafx.scene.transform.Rotate;
import javafx.scene.transform.Scale;
import javafx.scene.transform.Translate;
import javafx.stage.Stage;
public class Beispiel extends Application {
   @Override
   public void start(Stage stage) {
        Button btn = new Button("Beispiel-Button");
        Rotate drehen = new Rotate();
        drehen.setAngle(20);
        Scale skalieren = new Scale();
        skalieren.setX(2.5);
        skalieren.setY(2);
        Translate verschieben = new Translate();
        verschieben.setX(30);
        verschieben.setY(-50);
        btn.getTransforms().addAll(drehen, skalieren, verschieben);
        BorderPane bP = new BorderPane();
        bP.setCenter(btn);
        Scene scene = new Scene(bP, 600, 300);
        stage.setTitle("Transformationen");
```

```
        stage.setScene(scene);
        stage.show();
        }
        public static void main(String args[]){
        launch(args);
        }
}
```

Abb. 23.16 Der Button mit mehreren Transformationen

Besonders viel Aufmerksamkeit erwecken die Benutzeroberflächen, wenn sich die Elemente darin bewegen. Hierfür kommen *Animationen* zum Einsatz. Diese haben als Grundlage die soeben vorgestellten Transformationen. Allerdings nehmen sie die veränderte Form nicht sofort ein. Es entsteht ein Übergang zwischen der eigentlichen Darstellungsweise und dem Erscheinungsbild, das wir durch die Transformation vorgeben. Um dies an einem Beispiel zu verdeutlichen, erzeugen wir nun eine animierte Drehung.

Um eine animierte Drehung zu erzeugen, erstellen wir zunächst ein Objekt des Typs `RotateTransition`:

```
RotateTransition animierteDrehung = new RotateTransition();
```

Darauf wenden wir dann die `setDuration()`-Methode an. Dabei geben wir einen Wert in Millisekunden an:

```
animierteDrehung.setDuration(Duration.millis(1000));
```

Im nächsten Schritt geben wir das Element vor, mit dem wir die Animation durchführen möchten:

```
animierteDrehung.setNode(btn);
```

Daraufhin geben wir den gewünschten Drehwinkel und die Anzahl der Ausführung vor:

```
animierteDrehung.setByAngle(360);
animierteDrehung.setCycleCcunt(10);
```

Um mit der Animation zu beginnen, müssen wir die `play()`-Methode auf dieses Objekt anwenden:

```
animierteDrehung.play();
```

Nun müssen wir den Button wie gehabt in unser Fenster einfügen. Daraus ergibt sich der folgende Code:

```
import javafx.animation.RotateTransition;
import javafx.application.Application;
import static javafx.application.Application.launch;
import javafx.scene.Scene;
import javafx.scene.control.Button;
import javafx.scene.layout.BorderPane;
import javafx.stage.Stage;
import javafx.util.Duration;
public class Beispiel extends Application {
   @Override
    public void start(Stage stage) {
    Button btn = new Button("Beispiel-Button");
    RotateTransition animierteDrehung = new RotateTransition();
    animierteDrehung.setDuration(Duration.millis(1000));
    animierteDrehung.setNode(btn);
    animierteDrehung.setByAngle(360);
    animierteDrehung.setCycleCount(10);
    animierteDrehung.play();
    BorderPane bP = new BorderPane();
    bP.setCenter(btn);
    Scene scene = new Scene(bP, 600, 300);
    stage.setTitle("Transformationen");
    stage.setScene(scene);
    stage.show();
    }
    public static void main(String args[]){
    launch(args);
    }
}
```


Wenn wir das Programm nun ausführen, dreht sich der Button zunächst zehn Mal, bis er in seiner eigentlichen Position verharrt. Auch für die übrigen Transformationen, die wir bereits kennengelernt haben, können wir Animationen durchführen. Dafür müssen wir Objekte der Typen `ScaleTransition` beziehungsweise `TranslateTransition` erzeugen. Die Anwendung ist dabei sehr ähnlich. Statt der Drehung müssen wir hierbei lediglich die Verschiebung beziehungsweise die Vergrößerung in x- und y-Richtung vorgeben. Dafür verwenden wir die Methoden `setByX()` und `setByY()`.

23.5 Ein Programm durch eine ansprechende Gestaltung aufwerten

Nachdem wir in den vorherigen Abschnitten mehrere Möglichkeiten kennengelernt haben, um eine grafische Benutzeroberfläche optisch aufzuwerten und sie mit weiteren Elementen auszustatten, wollen wir diese Kenntnisse jetzt an einem kleinen Beispiel umsetzen. Dafür gestalten wir jedoch kein vollkommen neues Fenster. Wir erstellen hierfür zwar ein neues Projekt. Daraufhin kopieren wir jedoch das Hauptfenster aus Kapitel 17 und fügen es hier ein. Da es hierbei lediglich um die Gestaltung geht, fügen wir jedoch keine Funktionen zu den Buttons hinzu. Daher müssen wir die einzelnen Klassen für die Funktionen nicht kopieren. Damit das Programm trotzdem funktioniert, müssen wir jedoch die einzelnen Schaltflächen von der Klasse `Button` ableiten und nicht von den selbst definierten Klassen, die wir in Kapitel 17 verwendet haben. Auch den Bereich mit der Datenbankabfrage können wir entfernen.

Da es sich hierbei um eine betriebliche Anwendung handelt, wählen wir hierfür dezente Farben und Effekte. Umfangreiche Drehungen und ähnliche Effekte würden die Anwender von der Arbeit ablenken.

Im ersten Schritt fügen wir eine Hintergrundfarbe für das gesamte Fenster hinzu. Dazu wählen wir den sanften Farbton `paleturquoise`:

```
grid.setStyle("-fx-background-color: paleturquoise;");
```

Diesen Zusatz fügen wir ein, direkt nachdem wir das `GridPane`-Objekt erstellt haben. Danach erstellen wir die einzelnen Buttons, wobei jedoch keine weiteren Änderungen notwendig sind. Danach versehen wir sie mit unseren Gestaltungsvorgaben. Wir geben hierfür einen farbigen Rand vor. Außerdem erstellen wir einen farbigen Hintergrund. Schließlich bestimmen wir auch eine Farbe für die Schrift und erhöhen die Schriftgröße. Hierfür kommt ein CSS-Befehl zum Einsatz, den wir noch nicht kennengelernt haben: -fx-font-size. Die kompletten Vorgaben für den ersten Button sehen dann so aus:

```
btn1.setStyle("-fx-border-color: steelblue; -fx-border-width: 1px;"
        + "-fx-background-color: lightsteelblue;"
        + "-fx-text-fill: midnightblue;"
        + "-fx-font-size: 16px;");
```

Um ein einheitliches Erscheinungsbild zu erreichen, wählen wir für die weiteren Buttons die gleichen Vorgaben. Dabei müssen wir lediglich die Nummer des Buttons verändern. Beim OK-Button wählen wir außerdem eine etwas geringere Schriftgröße. Auf diese Weise entsteht das Erscheinungsbild, das in Abbildung 23.17 zu sehen ist.

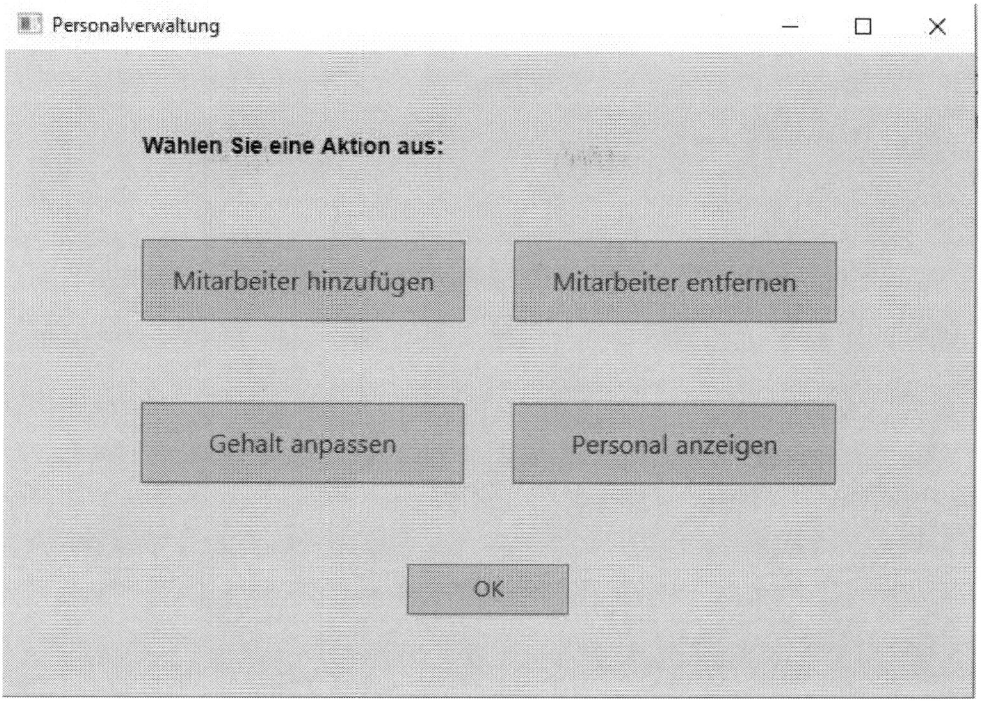

Abb. 23.17 Das Fenster mit der farbigen Gestaltung

Darüber hinaus wollen wir eine dezente Animation einfügen. Diese soll die Buttons etwas vergrößern, wenn wir sie anklicken. Danach sollen sie wieder ihre ursprüngliche Form annehmen. Dafür erstellen wir zunächst ein Objekt des Typs `ScaleTransition`:

```
ScaleTransition skalierung1 = new ScaleTransition();
```

Die Dauer setzen wir nun auf 200 Millisekunden fest:

```
skalierung1.setDuration(Duration.millis(200));
```

Danach verbinden wir die Animation mit dem entsprechenden Button und geben vor, wie stark sich die Schaltfläche vergrößern soll. Da wir hierbei nur einen dezenten Effekt erzielen möchten, wählen wir einen Wert von 0.05:

```
skalierung1.setNode(btn1);
skalierung1.setByY(0.05);
skalierung1.setByX(0.05);
```

Im folgenden Schritt geben wir vor, dass die Animation mit zwei Durchgängen erfolgen soll. Außerdem geben wir für die `setAutoReverse()`-Methode den Wert `true` vor. Das führt dazu, dass sich die Richtung der Transformation bei jedem Durchgang umkehrt. Da wir zwei Durchgänge vorgegeben haben, vergrößert sich der Button zunächst und kehrt im zweiten Durchgang dann wieder in seine Ausgangsposition zurück.

```
skalierung1.setCycleCount(2);
skalierung1.setAutoReverse(true);
```

Diese Vorgaben wiederholen wir daraufhin für die übrigen Buttons. Lediglich beim fünften Button ist dies nicht notwendig, da dieser das Fenster sofort schließt, sodass dieser Effekt ohnehin nicht zu sehen wäre.

Nun müssen wir die Animation noch zum Event-Handler des Buttons hinzufügen:

```
btn1.setOnAction(e -> {skalierung1.play();});
```

Auch diese Vorgabe müssen wir für die übrigen Buttons wiederholen. Damit ist die Gestaltung des Fensters abgeschlossen. Der komplette Code dafür sieht so aus:

```
import javafx.animation.ScaleTransition;
import javafx.application.Application;
import javafx.geometry.Insets;
import javafx.geometry.Pos;
import javafx.scene.Scene;
import javafx.scene.control.Button;
import javafx.scene.layout.GridPane;
import javafx.scene.text.Font;
import javafx.scene.text.FontWeight;
import javafx.scene.text.Text;
import javafx.stage.Stage;
import javafx.geometry.HPos;
import javafx.util.Duration;
public class Hauptfenster extends Application {
    @Override
    public void start(Stage stage) {
        GridPane grid = new GridPane();
        grid.setAlignment(Pos.CENTER);
        grid.setHgap(30);
        grid.setVgap(50);
        grid.setPadding(new Insets(20, 20, 20, 20));
        grid.setStyle("-fx-background-color: paleturquoise;");
        stage.setTitle("Personalverwaltung");
        Text titel = new Text("Wählen Sie eine Aktion aus:");
        titel.setFont(Font.font("Arial", FontWeight.BOLD, 14));
        grid.add(titel, 0, 0, 2, 1);
        Button btn1 = new Button("Mitarbeiter hinzufügen");
        grid.add(btn1, 0, 1);
        btn1.setPrefSize(200, 50);
        Button btn2 = new Button("Mitarbeiter entfernen");
        grid.add(btn2, 1, 1);
        btn2.setPrefSize(200, 50);
        Button btn3 = new Button("Gehalt anpassen");
        grid.add(btn3, 0, 2);
        btn3.setPrefSize(200, 50);
        Button btn4 = new Button("Personal anzeigen");
        grid.add(btn4, 1, 2);
```

```
        btn4.setPrefSize(200, 50);
        Button btn5 = new Button("OK");
        grid.add(btn5, 0, 3, 2, 1);
        btn5.setPrefSize(100, 20);
        grid.setHalignment(btn5, HPos.CENTER);
        btn1.setStyle("-fx-border-color: steelblue; -fx-border-width: 1px;"
                + "-fx-background-color: lightsteelblue;"
                + "-fx-text-fill: midnightblue;"
                + "-fx-font-size: 16px;");
        btn2.setStyle("-fx-border-color: steelblue; -fx-border-width: 1px;"
                + "-fx-background-color: lightsteelblue;"
                + "-fx-text-fill: midnightblue;"
                + "-fx-font-size: 16px;");
        btn3.setStyle("-fx-border-color: steelblue; -fx-border-width: 1px;"
                + "-fx-background-color: lightsteelblue;"
                + "-fx-text-fill: midnightblue;"
                + "-fx-font-size: 16px;");
        btn4.setStyle("-fx-border-color: steelblue; -fx-border-width: 1px;"
                + "-fx-background-color: lightsteelblue;"
                + "-fx-text-fill: midnightblue;"
                + "-fx-font-size: 16px;");
        btn5.setStyle("-fx-border-color: steelblue; -fx-border-width: 1px;"
                + "-fx-background-color: lightsteelblue;"
                + "-fx-text-fill: midnightblue;"
                + "-fx-font-size: 14px;");
        ScaleTransition skalierung1 = new ScaleTransition();
        skalierung1.setDuration(Duration.millis(200));
        skalierung1.setNode(btn1);
        skalierung1.setByY(0.05);
        skalierung1.setByX(0.05);
        skalierung1.setCycleCount(2);
        skalierung1.setAutoReverse(true);
        ScaleTransition skalierung2 = new ScaleTransition();
        skalierung2.setDuration(Duration.millis(200));
        skalierung2.setNode(btn2);
        skalierung2.setByY(0.05);
        skalierung2.setByX(0.05);
        skalierung2.setCycleCount(2);
        skalierung2.setAutoReverse(true);
        ScaleTransition skalierung3 = new ScaleTransition();
        skalierung3.setDuration(Duration.millis(200));
        skalierung3.setNode(btn3);
        skalierung3.setByY(0.05);
        skalierung3.setByX(0.05);
        skalierung3.setCycleCount(2);
        skalierung3.setAutoReverse(true);
        ScaleTransition skalierung4 = new ScaleTransition();
        skalierung4.setDuration(Duration.millis(200));
        skalierung4.setNode(btn4);
        skalierung4.setByY(0.05);
        skalierung4.setByX(0.05);
        skalierung4.setCycleCount(2);
        skalierung4.setAutoReverse(true);
        btn1.setOnAction(e -> {skalierung1.play();});
        btn2.setOnAction(e -> {skalierung2.play();});
        btn3.setOnAction(e -> {skalierung3.play();});
        btn4.setOnAction(e -> {skalierung4.play();});
```

23

```
        btn5.setOnAction(e -> {stage.close();});
        Scene scene = new Scene(grid, 600, 400);
        stage.setScene(scene);
        stage.show();
    }
    public static void main(String[] args) {
        launch(args);
    }
}
```

23.5 Übungsaufgabe: mit JavaFX arbeiten

1. Erstellen Sie ein Fenster mit einem `FlowPane`. Fügen Sie darin einen Auswahl-Button und eine `CheckBox` ein. Der Auswahl-Button soll vier Optionen enthalten. Jede einzelne von ihnen soll das Fenster schließen – allerdings nur, wenn die `CheckBox` ausgewählt ist. Die Elemente sollen vertikal aufgereiht werden. Fügen Sie dabei einen Abstand ein, damit die Auswahlmöglichkeiten die `CheckBox` nicht überdecken.

2. Gestalten Sie ein weiteres Fenster und geben Sie diesem eine Hintergrundfarbe. Fügen Sie darin ein `Label` und einen `Button` ein. Beide Elemente sollen einen Rand mit der gleichen Stärke und Farbe erhalten. Die Hintergrundfarbe soll dabei jedoch unterschiedlich sein. Das `Label` soll sich beim Öffnen des Fensters fünf Mal drehen. Der `Button` soll seine Position verändern.

Lösungen:

1.

```
import javafx.application.Application;
import static javafx.application.Application.launch;
import javafx.geometry.Orientation;
import javafx.scene.Scene;
import javafx.scene.control.CheckBox;
import javafx.scene.control.MenuButton;
import javafx.scene.control.MenuItem;
import javafx.scene.layout.FlowPane;
import javafx.stage.Stage;
public class Hauptfenster extends Application {
    public void start(Stage stage) {
        FlowPane fPane = new FlowPane();
        fPane.setVgap(120);
        MenuItem mI1 = new MenuItem("Auswahl 1");
        MenuItem mI2 = new MenuItem("Auswahl 2");
        MenuItem mI3 = new MenuItem("Auswahl 3");
        MenuItem mI4 = new MenuItem("Auswahl 4");
        MenuButton mB = new MenuButton("Auswahlmöglichkeiten");
        mB.getItems().add(mI1);
        mB.getItems().add(mI2);
        mB.getItems().add(mI3);
        mB.getItems().add(mI4);
        CheckBox cB = new CheckBox("Auswahl bestätigen");
        fPane.getChildren().add(mB);
        fPane.getChildren().add(cB);
        fPane.setOrientation(Orientation.VERTICAL);
        Scene scene = new Scene(fPane, 500, 300);
        stage.setTitle("Aufgabe 1");
        mI1.setOnAction(e -> {
            if (cB.isSelected()){
                stage.close();
            }
        });
        mI2.setOnAction(e -> {
            if (cB.isSelected()){
                stage.close();
            }
        });
        mI3.setOnAction(e -> {
            if (cB.isSelected()){
                stage.close();
            }
        });
        mI4.setOnAction(e -> {
            if (cB.isSelected()){
                stage.close();
            }
        });
        stage.setScene(scene);
        stage.show();
    }
    public static void main(String args[]){
```

```
        launch(args);
    }
}
```

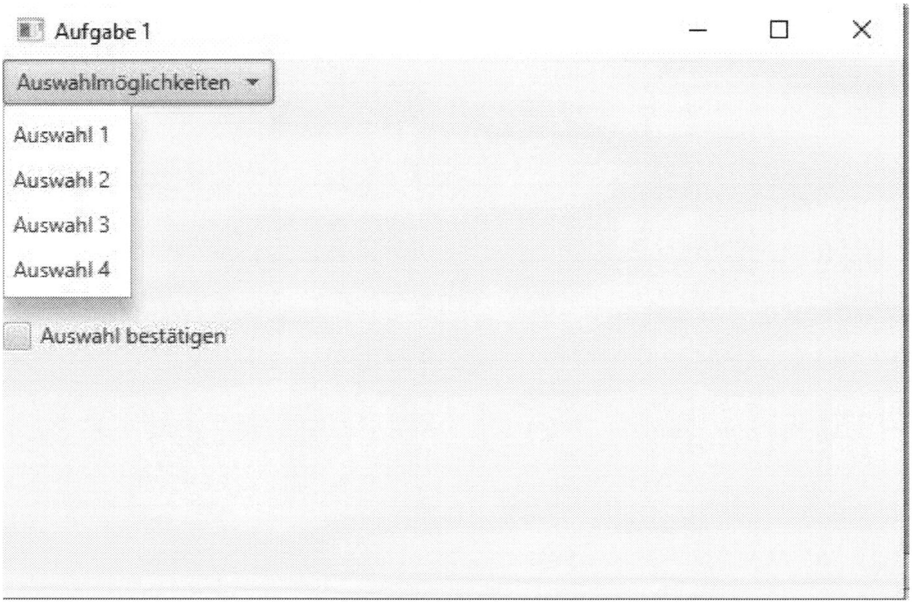

Abb. 23.18 Das Fenster mit den beiden Elementen

2.

```
import javafx.animation.RotateTransition;
import javafx.animation.TranslateTransition;
import javafx.application.Application;
import static javafx.application.Application.launch;
import javafx.geometry.Insets;
import javafx.scene.Scene;
import javafx.scene.control.Button;
import javafx.scene.control.Label;
import javafx.scene.layout.GridPane;
import javafx.stage.Stage;
import javafx.util.Duration;
public class Hauptfenster extends Application {
   @Override
    public void start(Stage stage) {
    Button btn = new Button("Beispiel-Button");
    Label label = new Label("Beispiel-Label");
    btn.setStyle("-fx-border-color: blue; -fx-border-width: 2px;"
                + "-fx-background-color: green;");
    label.setStyle("-fx-border-color: blue; -fx-border-width: 2px;"
                + "-fx-background-color: red;");
    RotateTransition animierteDrehung = new RotateTransition();
    animierteDrehung.setDuration(Duration.millis(1000));
    animierteDrehung.setNode(btn);
    animierteDrehung.setByAngle(360);
    animierteDrehung.setCycleCount(5);
```

```
    animierteDrehung.play();
    TranslateTransition verschiebung = new TranslateTransition();
    verschiebung.setDuration(Duration.millis(5000));
    verschiebung.setNode(label);
    verschiebung.setByY(100);
    verschiebung.setByX(200);
    verschiebung.setCycleCount(1);
    verschiebung.play();
    GridPane grid = new GridPane();
    grid.add(btn, 0, 0);
    grid.add(label, 0, 1);
    grid.setStyle("-fx-background-color: lightblue;");
    grid.setHgap(30);
    grid.setVgap(30);
    grid.setPadding(new Insets(20, 20, 20, 20));
    Scene scene = new Scene(grid, 600, 300);
    stage.setTitle("Transformationen");
    stage.setScene(scene);
    stage.show();
    }
    public static void main(String args[]){
    launch(args);
    }
}
```

Abb.23.19 Das Fenster bei der Ausführung der Animationen

Alle Programmcodes und Schaltpläne aus diesem Buch stehen kostenfrei zum Download bereit. Dadurch müssen Sie Code nicht abtippen.

Außerdem erhalten Sie die eBook Ausgabe zum Buch im PDF Format kostenlos auf unserer Website:

https://bmu-verlag.de/java-kompendium/

Downloadcode: siehe Kapitel 28

Kapitel 24

Die Arbeit in der Praxis: Versionsverwaltung mit Git

Wenn wir ein Projekt in der Praxis erstellen, ist es wichtig, die richtigen Arbeitswerkzeuge zu verwenden. Beispielsweise haben wir bereits am Anfang dieses Buchs damit begonnen, die IDE NetBeans zu nutzen. Das trägt zu einer einfachen und effizienten Arbeitsweise bei. Bei größeren Projekten ist darüber hinaus ein Programm für die *Versionsverwaltung* sehr hilfreich. Insbesondere wenn mehrere Programmierer zusammenarbeiten, ist dies sehr sinnvoll.

Zu diesem Zweck kommt häufig Git zum Einsatz. Dieses Programm entwickelte Linus Torvalds – der Urheber des Betriebssystems Linux. Es kam zum Einsatz, um die Zusammenarbeit bei der Entwicklung dieser Software zu erleichtern. Git erwies sich dabei als so effizient, dass dieses Programm bereits bald bei vielen weiteren Projekten Verwendung fand. Es bietet sich auch hervorragend für die Verwaltung von Java-Projekten an. Daher stellt dieses Kapitel vor, wie wir Git für die Entwicklung unserer Programme verwenden können.

24.1 Was bedeutet Versionsverwaltung?

Bei den Programmen, die wir bisher im Rahmen dieses Buchs erstellt haben, handelte es sich um relativ kleine Beispiele, die lediglich dazu dienten, einzelne Funktionen zu verdeutlichen. Darüber hinaus haben wir einige Praxisbeispiele erstellt, die bereits deutlich länger waren. Doch auch hierbei haben wir viele Vereinfachungen vorgenommen, damit die Programme nicht zu umfangreich werden. Wenn wir jedoch eine Software erstellen, die tatsächlich in der Praxis zum Einsatz kommen soll, können die Programme nochmals deutlich länger werden. Oftmals bestehen sie aus mehreren Hundert einzelnen Dateien.

Dabei fällt es häufig schwer, den Überblick zu behalten. Oftmals kommt es auch zu Fehlern, wenn man das Programm weiterentwickelt. In diesem Fall ist es notwendig, die Änderungen wieder rückgängig zu machen. Wenn wir hierbei ausschließlich mit der IDE arbeiten, können wir einzelne Veränderungen zwar ebenfalls wieder zurücksetzen, indem wir die Tastenkombination Strg + Z betätigen. Das funktioniert jedoch nur, solange wir Änderungen rückgängig machen wollen, die wir während der aktuellen Sitzung gemacht haben. Wenn wir die neueste Version speichern, die IDE schließen und erst am nächsten Tag bemerken, dass wir einen Fehler gemacht haben, ist es schwierig, die entsprechenden Änderungen zurückzusetzen. In diesem Fall müssen wir den Code manuell wieder in die ursprüngliche Form bringen. Das ist nicht nur mit viel Arbeit verbunden. Darüber hinaus ist diese Vorgehensweise sehr anfällig für weitere Fehler.

Aus diesem Grund ist es sinnvoll, ein Programm für die Versionsverwaltung zu verwenden. Dieses speichert alle Änderungen ab, die wir im Verlauf der Programmerstellung vornehmen. Wenn wir feststellen, dass wir dabei eine Vorgehensweise gewählt haben, die uns nicht ans Ziel bringt, können wir problemlos wieder eine der vorherigen Versionen auswählen und auf dieser Grundlage weiterarbeiten. Git sorgt dafür, dass alle Ausführungen erhalten bleiben, solange wir sie nicht bewusst löschen. Das erspart uns viel Ärger, wenn wir einen schwerwiegenden Fehler in unserem Programm entdecken.

Besonders hilfreich ist ein Programm für die Versionsverwaltung, wenn mehrere Entwickler an einem Projekt beteiligt sind. In diesem Fall kommt es immer wieder vor, dass mehrere Mitarbeiter Änderungen an einem Programmteil vornehmen, um ihre jeweilige Aufgabe zu erledigen. Wenn diese Änderungen zur gleichen Zeit erfolgen, entstehen zwei parallele Versionen. Das kann zu großen Schwierigkeiten führen. Die Versionsverwaltung hilft jedoch dabei, diese Konflikte zu lösen. Auf diese Weise lassen sich die verschiedenen Zweige zusammenführen, sodass die Änderungen aller Beteiligten berücksichtigt werden.

Aufgrund dieser Vorteile nutzen fast alle Programmierer in der Praxis ein Programm für die Versionsverwaltung. Anfängern erscheint es zwar häufig zu Beginn etwas schwierig, sich in die Verwendung einzuarbeiten. Wenn man sich jedoch einmal mit diesem System vertraut gemacht hat, kann man von einer deutlich effizienteren Arbeitsweise profitieren.

24.2 Git installieren und konfigurieren

Um Git zu verwenden, ist es erforderlich, diese Software zu installieren. Wenn wir Linux nutzen, ist sie jedoch in der Regel bereits vorinstalliert. Unter Windows und macOS müssen wir sie jedoch herunterladen. Hierfür kommen mehrere verschiedene Möglichkeiten infrage. Unter Windows können wir eine Git-Version beispielsweise unter folgendem Link herunterladen:

https://gitforwindows.org/

Der Download dieser Software ist vollkommen kostenfrei. Sobald wir sie heruntergeladen haben, können wir sie anklicken, um den Installationsassistenten zu öffnen. Hierbei haben wir zahlreiche Möglichkeiten für die Konfiguration. Dabei können wir jeweils die Standardauswahl übernehmen.

Wenn wir nun das Startmenü öffnen, sehen wir, dass wir mehrere Möglichkeiten haben, um Git zu öffnen. Zum einen ist es möglich, `Git CMD` zu öffnen. Dabei erhalten wir jedoch gleich den Hinweis, dass diese Alternative nicht mehr empfohlen wird. Darüber hinaus können wir `Git GUI` öffnen. Dabei handelt es sich um eine grafische Benutzeroberfläche. Viele Anfänger tendieren zwar zu dieser Option, da auf diese Weise der Einstieg etwas leichter fällt. Die meisten erfahrenen Programmierer entscheiden sich jedoch dazu, mit `Git Bash` zu arbeiten. Dabei handelt es sich um eine Konsole für die Eingabe schriftlicher Kommandos. Diese Möglichkeit ist besonders effizient. Daher klicken wir nun dieses Symbol an.

Daraufhin öffnet sich ein neues Fenster, das an einen Kommandozeileninterpreter erinnert. Wie dieses aussieht, ist in Abbildung 24.1 zu sehen. Die Funktionsweise ist dabei sehr ähnlich. Wir können hier viele Befehle verwenden, die wir auch im Kommandozeileninterpreter nutzen.

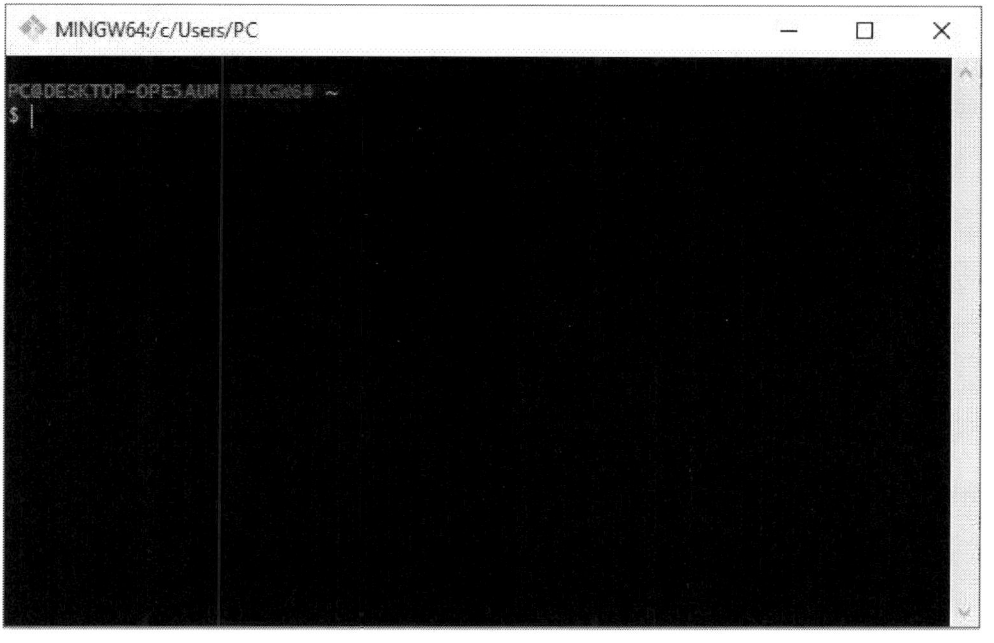

Abb. 24.1 Die Benutzeroberfläche Git Bash

Für die Versionsverwaltung ist es sinnvoll, ein eigenes Verzeichnis zu verwenden. Daher gestalten wir dieses nun und nennen es `git`. Dazu können wir entweder wie gewohnt den Windows Explorer verwenden oder es direkt über die Konsole mit dem Befehl **mkdir** erzeugen. Danach fügen wir den Befehl **cd git** ein, um in das neue Verzeichnis zu wechseln. Hier können wir nun alle unsere Projekte abspeichern. Allerdings ist es sinnvoll, diese jeweils in einem eigenen Ordner anzulegen. Daher erstellen wir nun ein weiteres Verzeichnis mit der Bezeichnung `projekt1` und wechseln daraufhin in dieses.

Hier geben wir nun den Befehl **git init** ein. Dieser initialisiert den leeren Ordner, den wir soeben erstellt haben, als Repository. Dieser Ausdruck steht für das Verzeichnis, in dem wir unser Projekt verwalten. Es enthält nicht nur alle aktuellen Dateien unseres Java-Programms. Darüber hinaus ist hier ein versteckter Ordner mit der Bezeichnung .git enthalten. Darin werden alle Informationen zu den einzelnen Versionen unseres Projekts abgespeichert. Das Repository ist daher die Grundlage dafür, um die Versionsverwaltung auf unser Projekt anzuwenden. Wie wir dieses erstellen, ist auch in Abbildung 24.2 zu sehen.

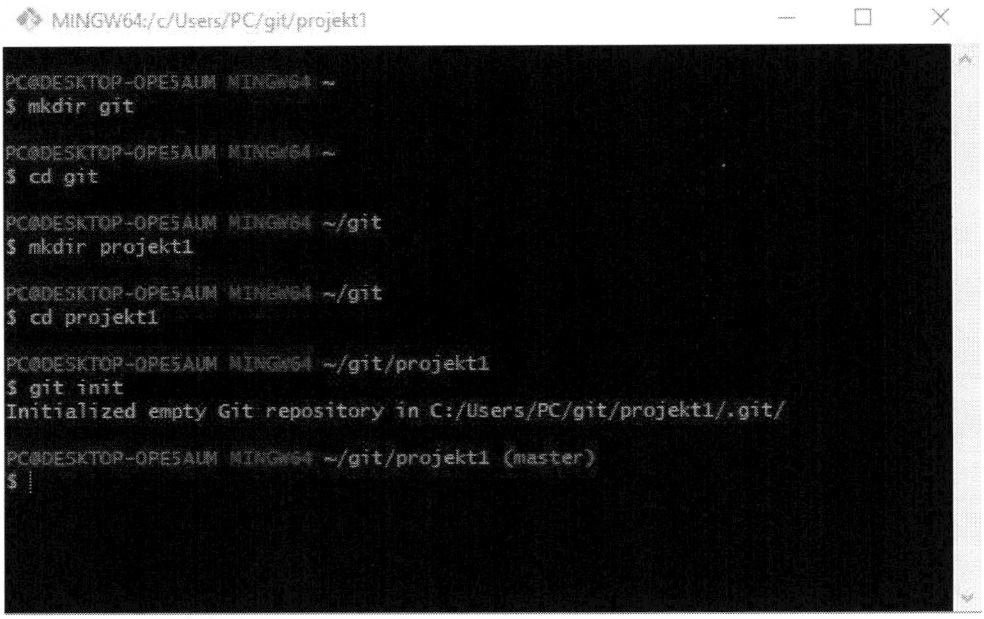

Abb. 24.2 So erstellen wir ein neues Repository

Im nächsten Schritt ist es notwendig, dem Programm mitzuteilen, wer wir sind und wie wir zu erreichen sind. Das ist wichtig, um bei größeren Projekten, bei denen mehrere Entwickler zusammenarbeiten, genau zuordnen zu können, welcher Teilnehmer welche Änderung vorgenommen hat. Zu diesem Zweck geben wir den Befehl **git config --global user.name** und daraufhin in Anführungszeichen einen frei wählbaren Nutzernamen ein. Danach geben wir den Befehl **git config --global user.email** ein und schließen daran ebenfalls in Anführungszeichen unsere E-Mail-Adresse an, so wie dies in Abbildung 24.3 zu sehen ist.

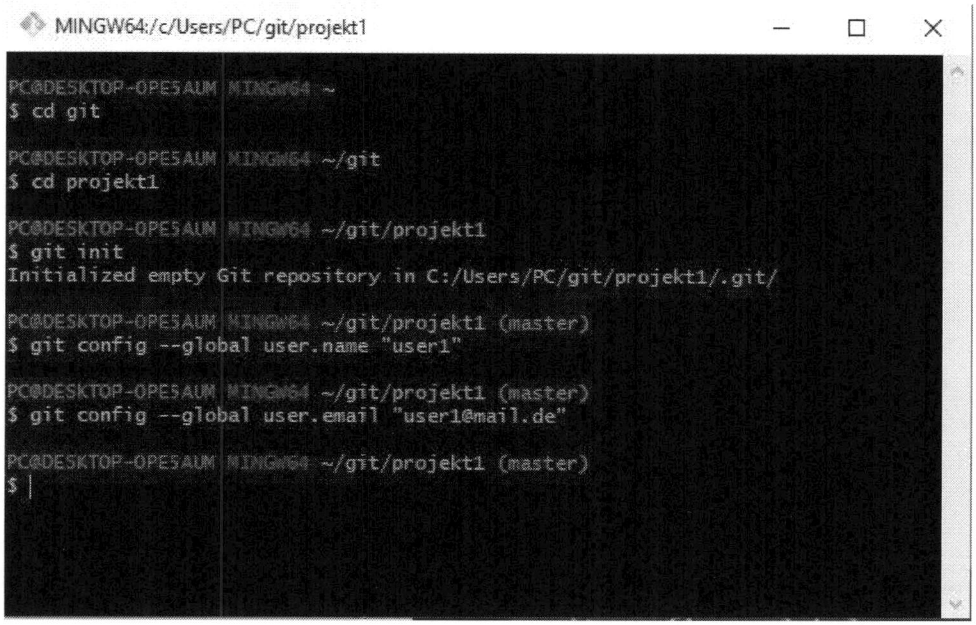

Abb.24.3 Die Anmeldung eines Nutzers

Alternativ dazu ist es auch möglich, einen Account bei GitHub (unter www.github.com) oder bei einem anderen Anbieter einzurichten. In diesem Fall übernimmt das System die Daten des entsprechenden Accounts.

An dieser Stelle ist es sinnvoll, auch kurz auf GitHub einzugehen. Hierbei handelt es sich um eine Online-Plattform, die Git als Grundlage verwendet. Sie erweitert die Funktionen jedoch dahingehend, dass sie die Online-Zusammenarbeit vereinfacht. Auf diese Weise ist es möglich, dass Entwickler aus aller Welt an einem Projekt zusammenarbeiten. Hier sind auch zahlreiche Open-Source-Projekte abgelegt, an denen beliebige Programmierer mitwirken können. Wenn man an einem fremden Projekt, das hier abgelegt ist, mitarbeiten will, muss man dem Verantwortlichen ein sogenanntes „pull request" senden. Dieser kann daraufhin entscheiden, ob er die Änderungsvorschläge akzeptiert oder ablehnt.

24.3 Ein Projekt mit Git erstellen oder ein bestehendes Projekt nutzen

Um zu zeigen, wie wir ein Projekt mit Git verwalten, erstellen wir zunächst eine kleine Java-Datei. Diese kann eine beliebige Aktion durchführen. Wir nennen sie `Beispiel.java` und speichern sie im neu erstellten Ordner ab. Daraufhin geben wir das Kommando **git status** ein. Auf diese Weise erhalten wir Informationen zum Status unseres Projekts. In Abbildung 24.3 ist zu sehen, dass noch keine Commits vorhanden sind. Die Datei, die wir hier soeben eingefügt haben, wird zwar angezeigt, aber als **Untracked file** beschrieben.

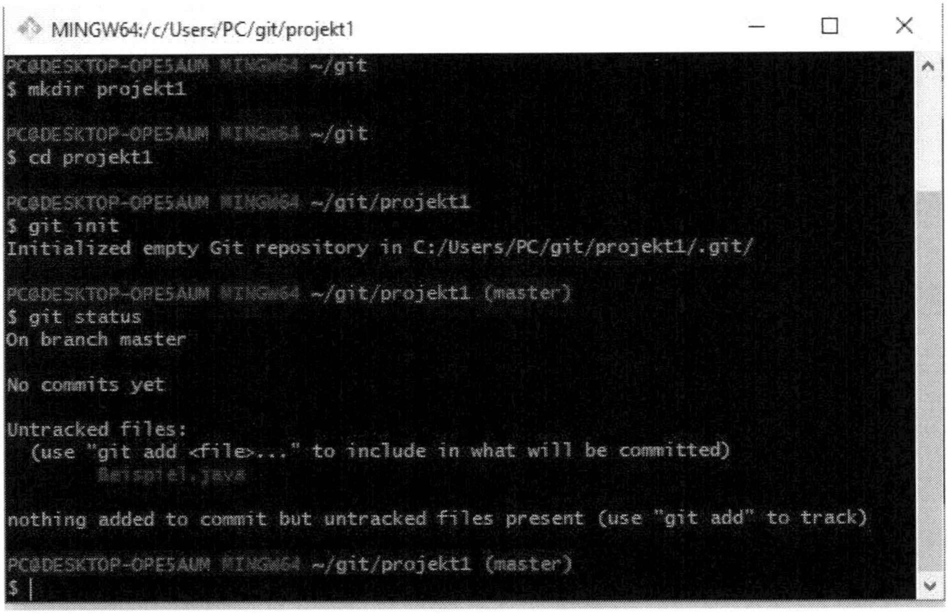

Abb. 24.4 Der Status unseres Projekts

Daher müssen wir die Datei nun zu unserer Versionskontrolle hinzufügen. Dazu dient der Befehl **git add** – gefolgt vom Dateinamen. Wenn wir diesen Befehl eingeben und daraufhin erneut den Status abfragen, erscheint die Ausgabe, die in Abbildung 24.4. zu sehen ist. Daran erkennen wir, dass unsere Datei nun zu unserem Projekt hinzugefügt wurde.

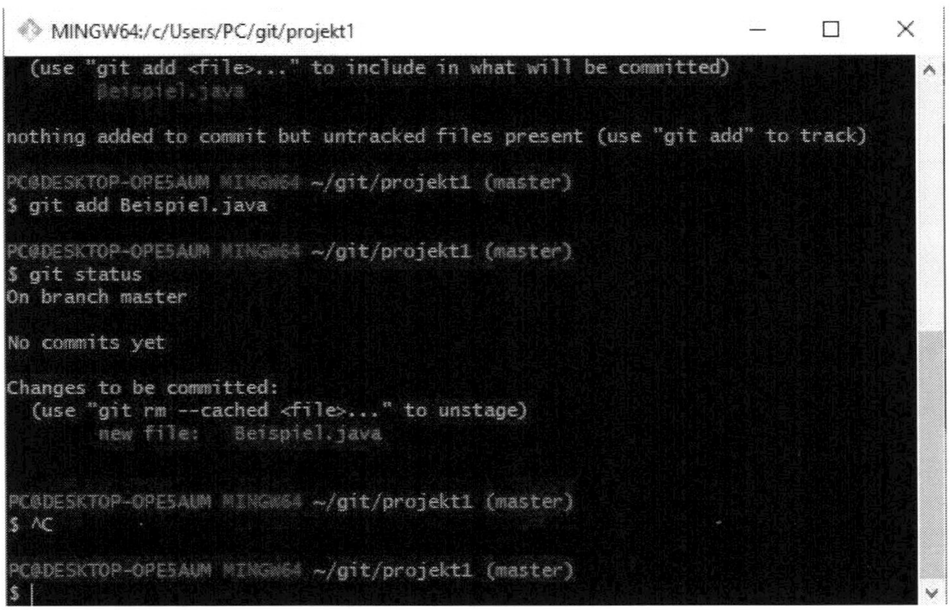

Abb. 24.5 Die Datei wurde nun zu unserem Projekt hinzugefügt

Die Datei ist nun zwar bereits im Projekt enthalten. Allerdings wurde ihre aktuelle Version noch nicht für die Versionskontrolle abgespeichert. Dazu dient der Befehl **git commit**. Danach fügen wir den Ausdruck **-m** und in Anführungszeichen einen Kommentar zu dieser Version ein. Danach folgt der Dateiname. Der komplette Befehl sieht dann so aus:

```
git commit -m "Erste Version" Beispiel.java
```

Wenn wir nun wieder den Status abfragen, erkennen wir, dass es in unserem Ordner aktuell keine neuen Dateien gibt, die wir in unser Repository laden können.

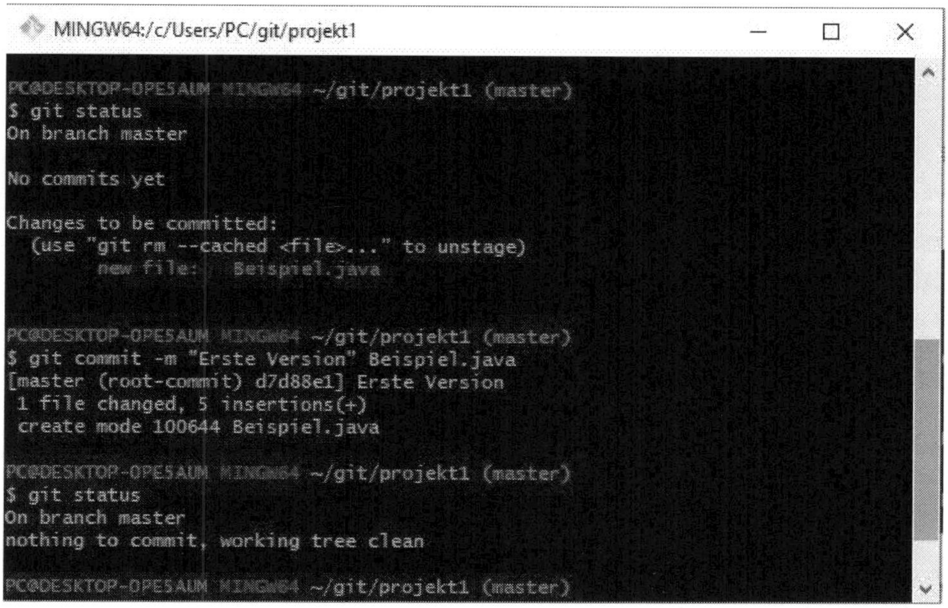

Abb. 24.6 Das Commit für unsere Datei

Um die Funktionsweise der Versionsverwaltung zu demonstrieren, ändern wir nun den Code in unserer Beispieldatei ab und speichern diese erneut ab. Daraufhin führen wir nochmals eine Status-Abfrage durch. Abb 24.6 zeigt, dass uns Git nun anzeigt, dass die Datei verändert wurde.

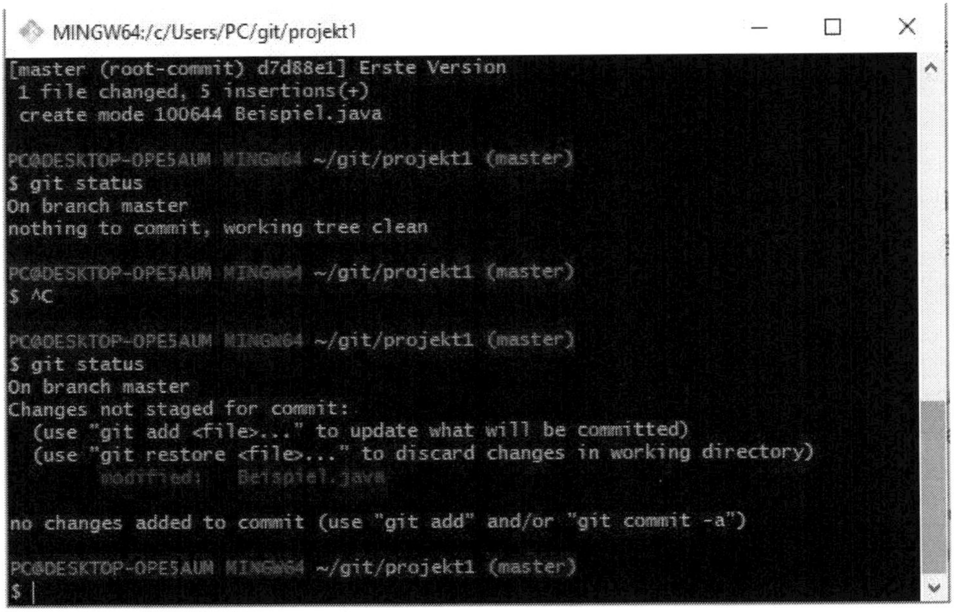

Abb 24.7 Die Datei wurde verändert

Nun können wir abfragen, worin die Unterschiede zwischen den beiden Versionen bestehen. Dazu verwenden wir den Befehl **git diff** – gefolgt vom Dateinamen. Daraufhin erkennen wir alle Änderungen. Git zeigt uns gelöschte Inhalte in roter Farbe an. Die Befehle, die wir neu hinzugefügt haben, erscheinen in grüner Farbe. Abbildung 24.7 zeigt diese Markierung auf.

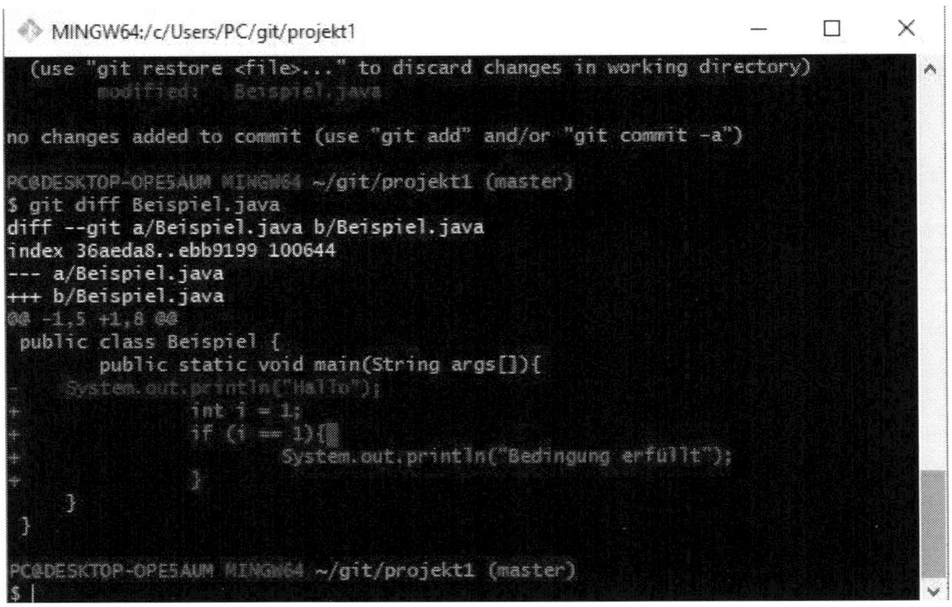

Abb. 24.8 Die Markierung der Änderungen

Daraufhin können wir entscheiden, ob die aktuelle Version unseren Wünschen entspricht. In diesem Fall führen wir erneut den **commit**-Befehl durch. Auf diese Weise speichern wir die aktuelle Version unserer Datei in unserem Verzeichnis ab.

Es ist nicht nur möglich, Projekte selbst zu erstellen. Gerade wenn mehrere Entwickler zusammenarbeiten, nutzen diese häufig eine gemeinsame Verwaltung der Dateien. Es gibt mehrere Plattformen, auf denen es möglich ist, Projekte zu erstellen und über das Internet zugänglich zu machen. Um ein bestehendes Projekt auf den lokalen Rechner zu kopieren, kommt der Befehl **git clone** zum Einsatz – gefolgt von der URL, unter der das Projekt gespeichert ist.

24.4 Die Versionsgeschichte

Ein weiteres wichtiges Mittel, um das Projekt zu kontrollieren, stellt die Versionsgeschichte dar. Darin wird genau vermerkt, welche Änderungen im Laufe des Projekts durchgeführt wurden. Das kann sehr hilfreich sein, wenn wir feststellen, dass wir mit der Entwicklung des Programms nicht vorankommen und eine vorherige Version wiederherstellen möchten.

Um die Versionsgeschichte abzurufen, müssen wir wie immer zunächst in das Verzeichnis wechseln, in dem sich unser Repository befindet. Danach geben wir den Befehl **git log** ein. Daraufhin erhalten wir ein ähnliches Ergebnis wie in Abbildung 24.8.

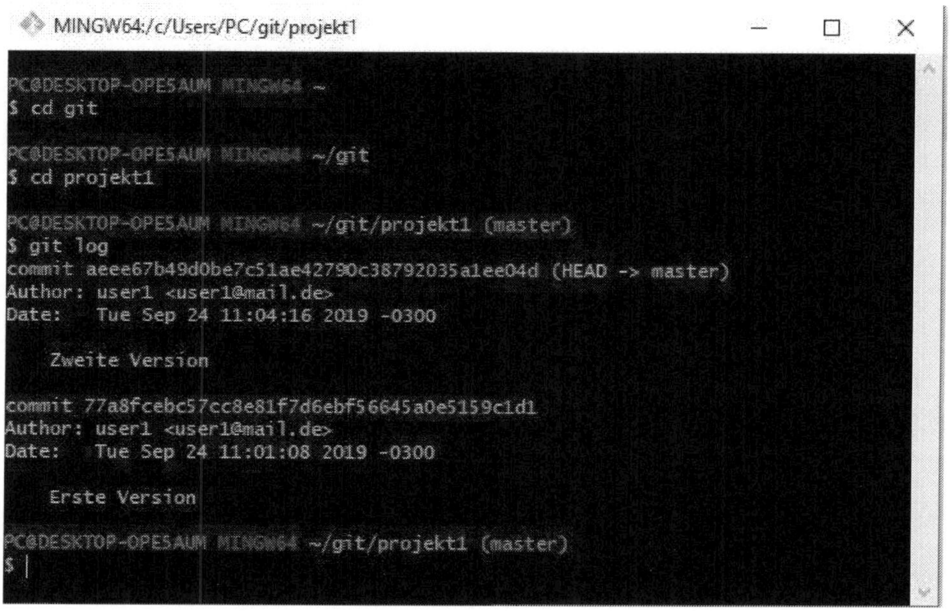

Abb. 24.9 Die Versionsgeschichte in Git

Hier sehen wir nun alle Einzelheiten zu den einzelnen Commits. Wir sehen genau, welcher User diesen veranlasst hat und wie wir ihn kontaktieren können. Außerdem werden das genaue Datum und die Uhrzeit angegeben und wir erkennen den Kommentar, der beim Einfügen der Dateien hinzugefügt wurde. Auf diese Weise können wir die Änderungen hervorragend nachvollziehen.

Jeder einzelne Commit wird mit dem Ausdruck commit und daraufhin einer langen Kombination aus Zahlen und Buchstaben eingeleitet. Diese wird als Hash-Wert des Commits bezeichnet. Über diesen können wir weitere Einzelheiten abrufen. Dazu geben wir zunächst den Befehl **git show** und danach eben diesen Wert ein. Wie in Abbildung 24.10 zu sehen ist, können wir auf diese Weise alle Details abrufen.

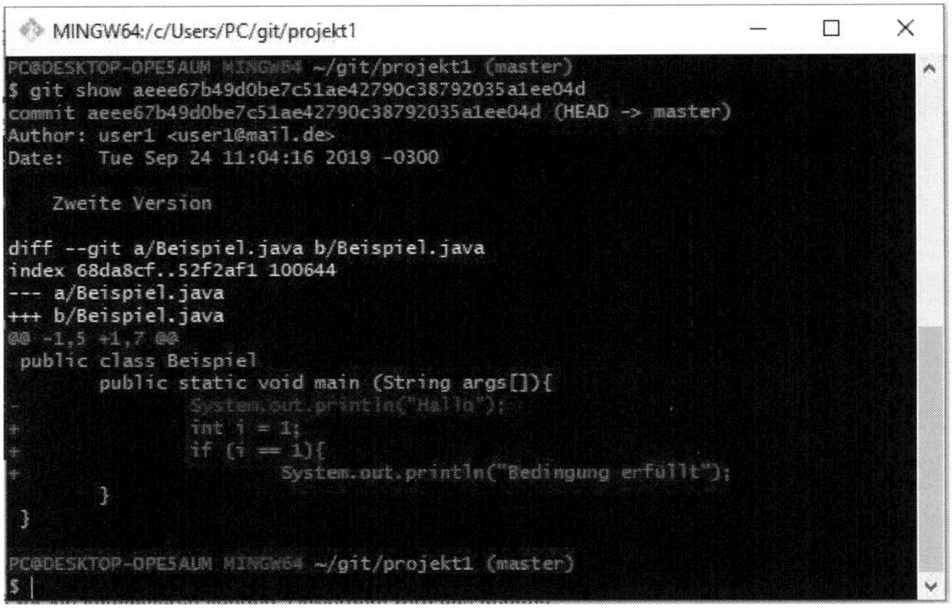

Abb.24.10 Die Details eines Commits

Wenn wir bei dieser Kontrolle nun feststellen, dass unsere aktuelle Version nicht unseren Ansprüchen entspricht, können wir problemlos eine frühere Version wiederherstellen. Dazu verwenden wir den Befehl **git checkout**. Wenn wir zur vorherigen Version zurückkehren möchten, schließen wir daran den Ausdruck `HEAD^` an. Der komplette Befehl sieht dann so aus:

```
git checkout HEAD^
```

Wenn wir zu einer noch früheren Version zurückkehren möchten, verwenden wir hierbei den Ausdruck **HEAD~** gefolgt von einer Nummer, die der Anzahl der Schritte entspricht, die wir zurückspringen möchten. Um beispielsweise die drittletzte Version wiederherzustellen, können wir folgenden Befehl verwenden:

```
1 git checkout HEAD~3
```

Auf diese Weise verändert Git automatisch die Datei, in der wir das Programm abgespeichert haben. Wenn wir uns später dazu entschließen, doch wieder mit der aktuellen Version fortzufahren, können wir diese jedoch auch problemlos wiederherstellen. Dazu verwenden wir den Befehl **git checkout master**.

24.5 Zweige erstellen und zusammenführen

Git gibt uns außerdem die Möglichkeit, verschiedene Zweige zu erstellen. Das ist beispielsweise sinnvoll, wenn wir verschiedene Möglichkeiten für die weitere Entwicklung ausprobieren möchten.

Um zu verstehen, wie wir Zweige in Git erstellen und verwenden können, ist es notwendig, sich zunächst mit deren Struktur zu befassen. Wenn wir ein neues Projekt erstellen und darin unseren ersten Commit vornehmen, erstellt Git automatisch für uns einen Zweig. Dieser stellt den Hauptzweig dar und trägt den Namen **Master**. Ein Zweig besteht meistens aus mehreren Commits. Die Verbindung zwischen diesen besteht darin, dass jeder dieser Commits einen Verweis auf sein Vorgänger-Element enthält. Auf diese Weise entsteht in der Regel eine lineare Verbindung.

Wenn wir einen neuen Zweig erstellen, bedeutet das, dass wir ein Element einfügen, das auf einen Vorgänger verweist, der bereits von einem anderen Commit als Vorgänger-Element verwendet wird. Auf diese Weise entsteht eine Abzweigung und es treten zwei parallele Versionen auf, die beide vom gleichen Commit abstammen.

Nun ist es noch wichtig, zu wissen, auf welche Weise wir bestimmen können, mit welchem Commit wir arbeiten möchten. Dazu verwendet Git einen weiteren Verweis, der unter dem Begriff **HEAD** verfügbar ist. Dieser verweist stets auf den Commit, mit dem wir uns aktuell befassen. Diesen Begriff haben wir bereits im vorherigen Abschnitt verwendet. Dabei sind wir innerhalb eines Zweigs vor und zurückgesprungen, um verschiedene Versionen unseres Programms aufzurufen. Indem wir mit dem **HEAD**-Zeiger auf Commits in unterschiedlichen Zweigen verweisen, können wir jedoch auch zwischen den parallelen Versionen wechseln.

Nun lernen wir, wie wir diese Verzweigungen mit Git erstellen können. Dafür geben wir den Befehl **git branch** und anschließend einen beliebigen Namen für den neuen Zweig ein. In unserem Beispiel fügen wir folgenden Befehl ein:


```
1 git branch testzweig
```

Die neue Abzweigung verweist dabei stets auf das Commit, auf das auch der **Head**-Zeiger verweist. Wenn wir diesen nach dem letzten Commit unverändert gelassen haben, entsteht die Abzweigung daher am Ende des aktuellen Zweigs. Wir können jedoch auch wie im vorherigen Kapitel beschrieben die Position des **Head**-Zeigers verändern. Wenn wir beispielsweise eine Verzweigung an einem früheren Commit des aktuellen Zweigs einfügen möchten, müssen wir zunächst den **Head**-Zeiger an die entsprechende Stelle bringen und danach den **branch**-Befehl ausführen.

Danach wechseln wir den **HEAD**-Zeiger zu dem neuen Zweig. Dafür verwenden wir wieder den **checkout**-Befehl:

```
git checkout testzweig
```

Nun können wir die Datei nochmals verändern und ein neues Commit erstellen. Das führt dazu, dass diese Version nun in unserem Testzweig abgespeichert wird. Das zeigt sich, wenn wir daraufhin nochmals den Befehl **git log** eingeben. Abbildung 24.11 zeigt, dass der **HEAD**-Zeiger nun auf den neuesten Eintrag in unserem Testzweig zeigt.

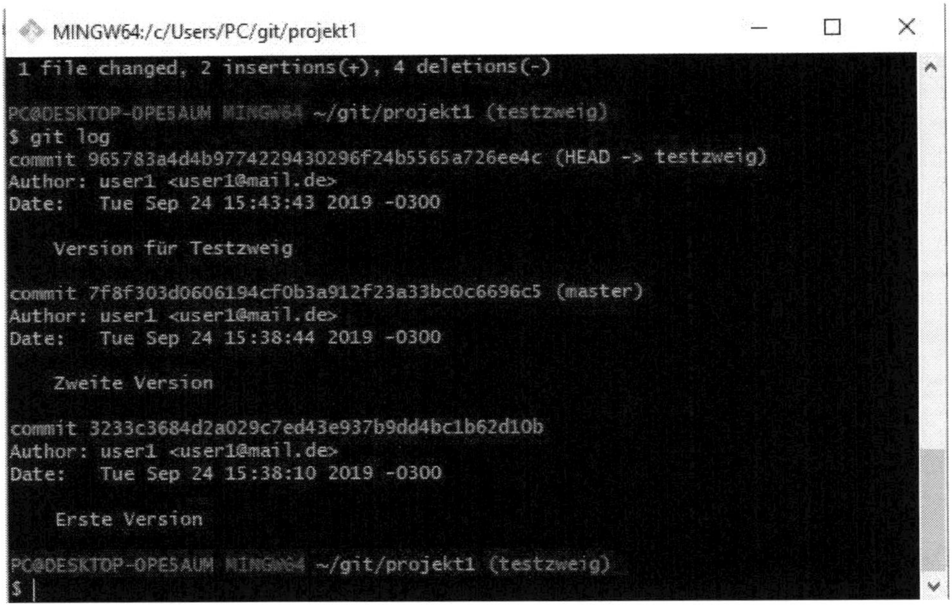

Abb. 24.11 Das Projekt mit Verzweigungen

Mit dem **checkout**-Befehl ist es möglich, immer wieder zwischen den beiden Zweigen hin und her zu wechseln und dabei neue Commits vorzunehmen. Auf diese Weise entstehen zwei unterschiedliche Programmversionen. Nun kann es jedoch vorkommen, dass man letztendlich Teile aus beiden Zweigen übernehmen will. In diesem Fall ist es nicht notwendig, die Versionen manuell zusammenzufügen. Git übernimmt diese Aufgabe ganz automatisch. Zu diesem Zweck müssen wir zunächst in den Master-Zweig wechseln und dann den Befehl **git merge** gefolgt vom Namen des Zweigs eingeben – in unserem Beispiel also `git merge testzweig`.

Das hat in der Regel zur Folge, dass Git eine neue Datei erstellt, die die Änderungen aus beiden Zweigen berücksichtigt. Diese wird als Commit eingegeben und stellt daraufhin die aktuelle Version dar. Dies ist jedoch nur möglich, wenn keine Konflikte bestehen. Ein Konflikt tritt beispielsweise auf, wenn wir in einem Zweig einen Bestandteil der gemeinsamen Vorängerversion löschen oder verändern, im anderen Zweig jedoch nicht. In diesem Fall müssen wir den Code von Hand bearbeiten. Dazu öffnen wir die entsprechende Datei in einem Texteditor. Dabei erkennen wir bereits, dass Git Teile der beiden Zweige zusammengefügt hat. Außerdem wurden die Stellen, an denen die Konflikte auftreten, im Code markiert. Abbildung 24.12 zeigt, wie der Code in diesem Fall aussehen könnte. Nun können wir das Programm so anpassen, dass es unseren Anforderungen entspricht. Wenn wir daraufhin den Befehl **git commit** eingeben, wird die überarbeitete Datei zur aktuellen Version unseres Programms.

```
public class Beispiel {
    public static void main(String[] args) {
        int i = 1;
        if (i == 1){
            System.out.println("Bedingung erfüllt");
        }
<<<<<<< HEAD
        System.out.println("Weitere Nachricht");
=======
        System.out.println("Nachricht für Testzweig");
>>>>>>> testzweig
    }
}

```

Abbildung 24.12 Die Datei mit den Konflikten

24.6 Weitere praktische Möglichkeiten: Git mit NetBeans verwenden

Wenn wir wie bisher unsere Programme mit NetBeans erstellen, würde es einen erheblichen zusätzlichen Aufwand mit sich bringen, alle Dateien wie in den vorherigen Abschnitten beschrieben, mit Git zu verwalten. Allerdings ist die IDE auch auf die Arbeit mit dieser Software ausgelegt. Das kann den Prozess der Versionierung erheblich beschleunigen.

Um zu zeigen, wie wir die Verbindung zwischen Git und NetBeans herstellen, wählen wir ein beliebiges unserer bisherigen Projekte aus. Dieses klicken wir mit der rechten Maustaste an und wählen im Kontextmenü daraufhin die Option „Versioning" und anschließend „Initialize Git Repository" aus – so wie in Abbildung 24.13 zu sehen.

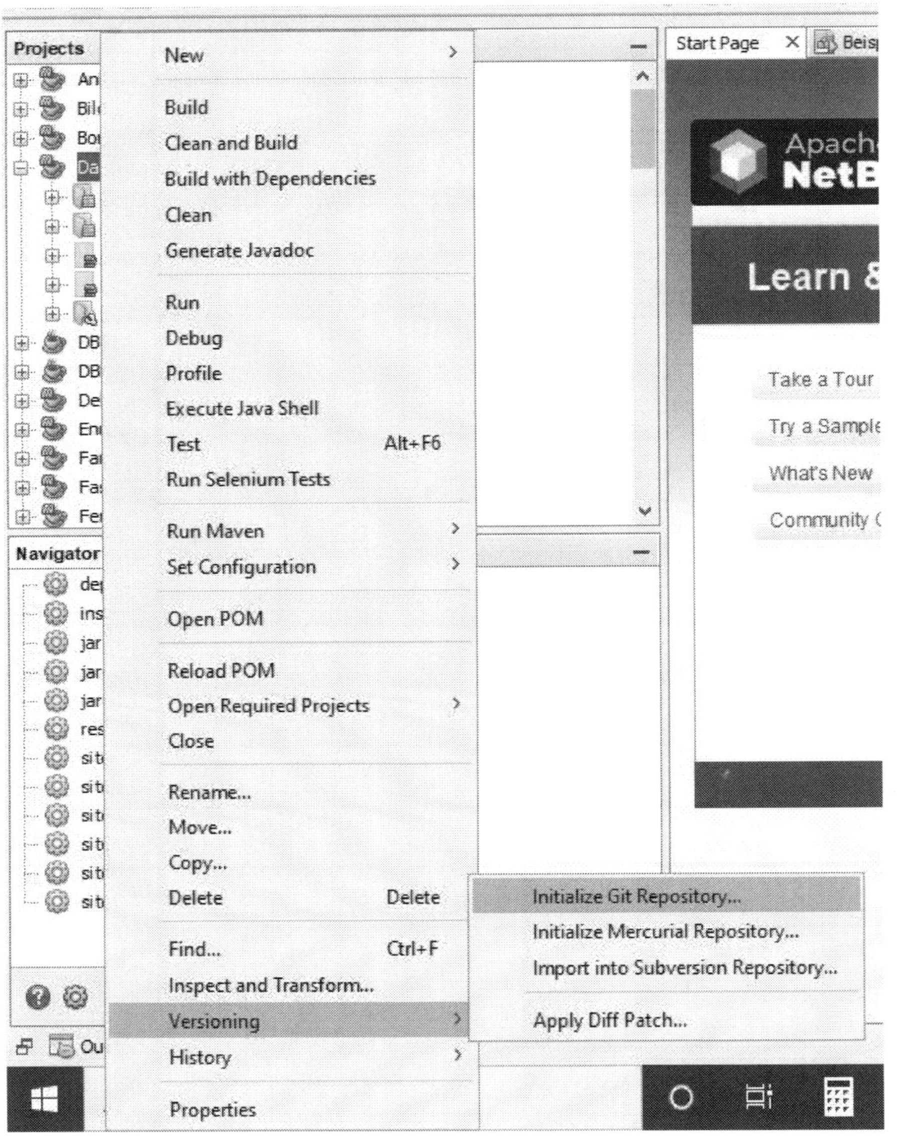

Abb. 24.13 Ein Repository für ein NetBeans-Projekt erstellen

Nun müssen wir einen Ordner für die Versionsverwaltung bestimmen. Dabei können wir einfach den gleichen Ordner auswählen, in dem wir unser Projekt auch bisher gespeichert haben. Wenn wir diese Eingabe bestätigen und uns daraufhin die im Projekt enthaltenen Dateien ansehen, stellen wir fest, dass diese nun in grüner Farbe erscheinen. Abbildung 24.14 zeigt außerdem, dass wenn wir mit der Maus über den Dateinamen fahren, der Hinweis „Added" erscheint.

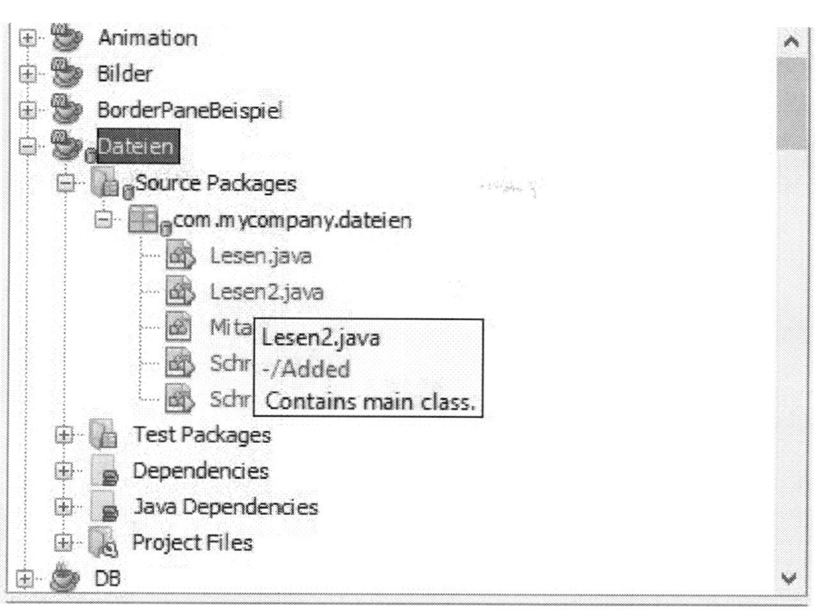

Abb 24.14 Unsere Dateien wurden automatisch zum Projekt hinzugefügt

Nun können wir das Projekt – oder auch eine der darin enthaltenen Dateien – nochmals mit der rechten Maustaste anklicken. Das hierbei erscheinende Kontext-Menü hat sich nun verändert. Jetzt erscheint hier der Menüpunkt „Git". Wenn wir diesen auswählen, erkennen wir viele weitere Menüpunkte, die größtenteils den in den vorherigen Abschnitten kennengelernten Befehlen entsprechen. Hinzu kommen einige weitere Optionen, die wir bislang noch nicht verwendet haben. Abbildung 24.15 zeigt die vorhandenen Möglichkeiten. Auf diese Weise können wir die Versionsverwaltung einfach und bequem über die IDE vornehmen.

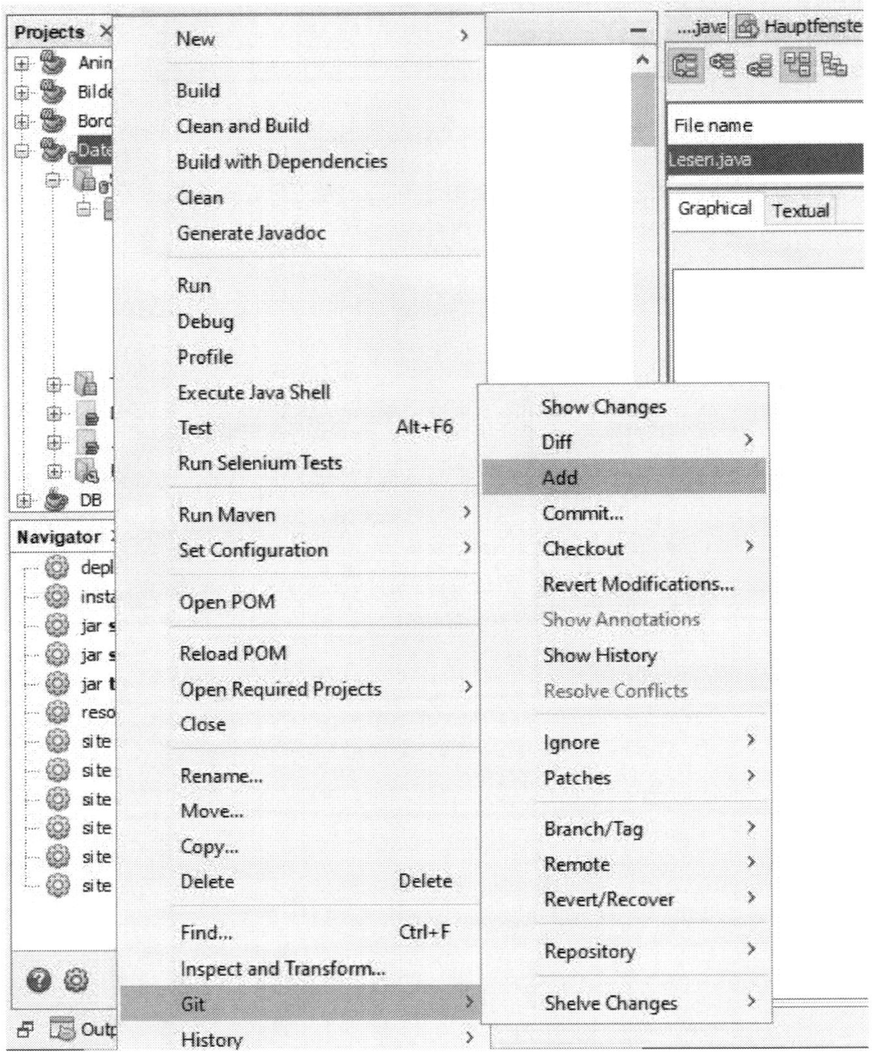

Abb. 24.15 Die Auswahlmöglichkeiten für die Versionsverwaltung

Alle Programmcodes und Schaltpläne aus diesem Buch stehen kostenfrei zum Download bereit. Dadurch müssen Sie Code nicht abtippen.

Außerdem erhalten Sie die eBook Ausgabe zum Buch im PDF Format kostenlos auf unserer Website:

https://bmu-verlag.de/java-kompendium/
Downloadcode: siehe Kapitel 28

Kapitel 25

Clean Code: besser lesbare Programme schreiben

Insbesondere Anfänger sind vollkommen zufrieden, wenn sie ein Programm erstellt haben, das die gewünschte Aufgabe erfüllt. Das stellt bereits eine große Herausforderung dar, sodass es ein erhebliches Erfolgserlebnis mit sich bringt, diese zu meistern. Ob der Code intuitiv zu verstehen und klar strukturiert ist, ist in diesem Moment nur von geringem Interesse.

Falls man später jedoch größere und umfangreichere Programme erstellt, wird dieser Aspekt immer wichtiger. Insbesondere wenn man sich beruflich der Softwareentwicklung widmet und mit anderen Programmierern zusammenarbeitet, ist ein übersichtlicher und klar strukturierter Quellcode unverzichtbar. Dieses Kapitel befasst sich mit *Clean Code*. Es stellt vor, wie der Quellcode beschaffen sein sollte, um den Anforderungen an eine professionelle Software zu genügen.

25.1 Weshalb ist Clean Code wichtig?

Das Wichtigste bei der Erstellung eines Programms ist sicherlich, dass dieses fehlerfrei funktioniert und alle Aufgaben zur Zufriedenheit des Anwenders erfüllt. Darüber hinaus ist eine hochwertige Benutzeroberfläche von großer Bedeutung, die eine intuitive und effiziente Bedienung ermöglicht. Bei größeren Programmen, die viel Rechenleistung benötigen, sind außerdem effiziente interne Strukturen von großer Bedeutung, um die Performance zu erhöhen. Wenn ein Programm diese Ansprüche erfüllt, sind die Kunden oder Vorgesetzten in der Regel zufrieden. Der Quellcode des Programms wird dabei häufig als unerheblich empfunden.

Auf den ersten Blick mag das sicherlich zutreffen. Allerdings sind bei fast allen professionell genutzten Programmen früher oder später Wartungsaufgaben notwendig. Das ist beispielsweise der Fall, wenn das Programm eine weitere Funktion erfüllen soll, um die Geschäftstätigkeit zu erweitern. Auch wenn sich ein Fehler bemerkbar macht, ist es wichtig, die Software umgehend anzupassen. Schließlich sind gelegentlich Sicherheitsupdates erforderlich, um sich gegen Angreifer zu schützen. Wenn Wartungsarbeiten anfallen, wird die Bedeutung von Clean Code schnell deutlich.

Wenn ein Entwickler den Code ohne Strukturen und Regeln für die Lesbarkeit erstellt, ist es häufig sehr schwer, den Sinn der einzelnen Befehle nachzuvollziehen. Es kann vorkommen, dass über Hunderte Zeilen hinweg Variablen verwendet werden, bei denen man beim Lesen des Codes nicht erkennen kann, welche Aufgabe sie erfüllen.

Außerdem kann es zu Wiederholungen kommen und häufig ist keine klare Struktur erkennbar. Das macht es extrem schwierig, das Programm zu warten. Bereits wenn die gleiche Person, die das Programm ursprünglich entwickelt hat, mit dieser Aufgabe betraut wird, kann das zu erheblichen Schwierigkeiten führen, da diese sich häufig selbst nicht mehr genau daran erinnert, wie das Programm aufgebaut ist und welche Funktionen die einzelnen Variablen erfüllen. Noch problematischer ist es, wenn ein anderer Entwickler diese Arbeit verrichten muss.

Die geschilderten Probleme führen dazu, dass das Programm schwer wartbar wird. Dadurch fallen für diese Aufgabe hohe Kosten an und manchmal ist es sogar notwendig, die Software von Grund auf neu zu gestalten. Wenn das Programm bereits von Beginn an mit Clean Code erstellt wird, sind die Ausgaben hingegen deutlich geringer. Obwohl die Erstentwicklung des Programms auf diese Weise etwas mehr Zeit in Anspruch nimmt, stellt dies daher eine lohnenswerte Investition dar. Das Ziel besteht darin, dass beim Lesen des Quellcodes sofort klar wird, welche Aufgaben die einzelnen Befehle erfüllen.

Wie Clean Code genau aussehen soll ist nicht einheitlich definiert. Es gibt viele unterschiedliche Vorschläge dazu. Die Meinungen, welche davon besonders wichtig sind, gehen dabei häufig auseinander. Dieses Kapitel stellt jedoch einige der wesentlichen Prinzipien von Clean Code dar, die eine hohe Akzeptanz in der Informatik erfahren.

25.2 Selbsterklärende Bezeichner verwenden

In einem Java-Programm müssen wir unzählige Bezeichner vorgeben. Jede Variable, jedes Objekt, jede Klasse und jede Methode erhält einen eigenen Namen, der eine genaue Zuordnung ermöglicht.

Viele Programmierer wählen hierfür einzelne Buchstaben, oder Abkürzungen, bei denen es nicht immer klar ist, was sie bedeuten. Außerdem ist es sehr beliebt, allgemeine Bezeichnungen zu verwenden und diese dann durchzunummerieren – beispielsweise `zahl1` oder `objekt4`.

Falls wir derartige Bezeichner wählen, ist es jedoch sehr schwierig, zu erkennen, wozu genau die Variable dient. Wenn wir sie gerade neu eingeführt haben, mag es noch offensichtlich sein, wofür wir sie verwendet haben. Wenn die gleiche Variable jedoch Hunderte Codezeilen später nochmals auftritt, ist das häufig nicht mehr ganz so klar. In diesem Fall ist es häufig notwendig, weit zurückzuscrollen, um zu ermitteln, welcher Wert hier gespeichert ist. Das erhöht den Arbeitsaufwand und kann außerdem leicht zu Verwechslungen führen.

Aus diesem Grund besteht eine der wichtigsten Vorgaben für Clean Code darin, selbsterklärende und individuelle Namen für Variablen, Klassen und Methoden zu verwenden. Wenn wir beispielsweise die Bezeichnungen `rabattSonderangebot` und `bohrmaschineBosch` statt `zahl1` und `objekt4` auswählen, erkennt man beim Lesen des Codes sofort, welchen Wert wir hier verarbeiten.

Allerdings ist es auch bei Clean Code hin und wieder sinnvoll, einzelne Buchstaben als Bezeichner zu verwenden. Beispielsweise kommt als Zähler für eine Schleife fast immer der Buchstabe `i` zum Einsatz – beziehungsweise `j` und `k` für ineinander geschachtelte Schleifen. Wenn wir diese Buchstaben im Programm erkennen, wird daher sofort klar, dass es sich dabei um einen Zähler für eine Schleife handelt. Daher können wir diese Bezeichnungen auch weiterhin nutzen.

25.3 DRY: Auf Wiederholungen verzichten

Die Abkürzung DRY steht für „Don't repeat yourself!" und stellt eines der wichtigsten Prinzipien von Clean Code dar. Der Grundgedanke, der dahinter steht, besagt, dass jede Information nur ein einziges Mal im Quelltext auftauchen sollte.

In der Praxis kopieren jedoch viele Programmierer Codebausteine aus dem bisherigen Programm und fügen sie erneut in den Code ein, wenn sie die entsprechende Funktionsweise erneut benötigen. Diese Vorgehensweise ist jedoch nicht zu empfehlen, da sie zahlreiche Nachteile mit sich bringt.

Ein großes Problem stellt es dar, dass dadurch der Programmcode deutlich länger wird. Wenn man an dieser Stelle eine Methode erstellt, die die entsprechende Aufgabe erledigt, wird unser Programm wesentlich kürzer. Das erleichtert die Lesbarkeit erheblich, sodass man sich einen besseren Überblick über die Funktionsweise verschaffen kann. Außerdem ist es dabei möglich, passende Methodennamen als Bezeichner zu verwenden, sodass die Aufgabe, die der entsprechende Abschnitt erledigt, bereits auf den ersten Blick klar wird. Auf diese Weise fällt es anderen Programmierern deutlich leichter, sich in den Programmcode einzuarbeiten.

Besonders hilfreich ist DRY, wenn man später eine Änderung an der entsprechenden Funktionsweise vornehmen muss. Wenn man hierbei den gleichen Codeabschnitt mehrfach einfügt, muss man die Änderung auch bei jedem einzelnen dieser Abschnitte durchführen. Das stellt einen erheblichen Zeitaufwand dar. Wenn man jedoch eine Methode erstellt, um auf Wiederholungen zu verzichten, kann man bei der Wartung des Programms viel Zeit sparen. In diesem Fall muss man die Anpassungen nur ein einziges Mal vornehmen. Daraufhin wirken sie sich auf alle Bereiche aus, die die entsprechenden Methoden aufrufen.

Darüber hinaus können auf diese Weise sehr leicht Fehler entstehen. Wenn man Dutzende Stellen, die die gleiche Aufgabe erledigen, manuell anpassen muss, kommt es immer wieder vor, dass sich dabei ein kleiner Fehler einschleicht. Darüber hinaus ist es möglich, dass man eine der entsprechenden Stellen übersieht. Daher ist es in diesem Fall notwendig, das Programm nach den Änderungen intensiv auf Fehler zu überprüfen. Auch das stellt einen erheblichen zusätzlichen Aufwand dar.

Um dieses Prinzip zu berücksichtigen, sollten wir uns von Beginn an angewöhnen, keine Code-Bausteine zu kopieren – zumindest nicht innerhalb des gleichen Projekts. Stattdessen sollten wir immer eine Methode erstellen, wenn wir eine bereits vorhandene Funktionsweise erneut benötigen.

In vielen Fällen geschehen die Wiederholungen jedoch unbewusst. Es kommt häufig vor, dass wir einen bestimmten Teil des Programms erneut codieren, ohne dabei zu bemerken, dass wir dies an einer anderen Stelle bereits erledigt haben. Daher ist es empfehlenswert, nach der Fertigstellung des Programms dieses nochmals intensiv durchzugehen, um alle Wiederholungen zu beseitigen. Das verbessert die Lesbarkeit des Codes und die Wartbarkeit der Software deutlich.

25.4 KISS: einfachen und kurzen Code erzeugen

Ein weiteres Grundprinzip von Clean Code trägt die Bezeichnung KISS: „Keep it simple, Stupid!" Dieses sagt aus, dass wir unser Programm stets so einfach wie möglich gestalten sollten.

Bei größeren Projekten kommt es immer wieder vor, dass die Entwickler ihre Methoden möglichst generisch umsetzen möchten, damit sie viele verschiedene Datentypen verwerten und auch mit leichten Variationen hinsichtlich der Anforderungen umgehen können. Die Gestaltung derartiger Methoden ist jedoch häufig sehr kompliziert und nimmt viel Zeit in Anspruch.

Oftmals stellt sich außerdem heraus, dass eine generische Ausgestaltung der Methode oder Klasse überhaupt nicht erforderlich ist. Meistens verwenden die Programme nur wenige verschiedene Datentypen. Wenn man eine generische Methode erstellt, die auch andersartige Informationen verwerten könnte, stellt das nicht nur einen erheblichen zusätzlichen Aufwand dar. Darüber hinaus führt das dazu, dass der Code deutlich länger und komplizierter wird.

Daher ist es wichtig, die Funktionsweise stets an den Anforderungen auszurichten. Wenn bereits von Anfang an klar ist, dass unsere Methode noch weitere Datentypen verarbeiten muss, mag es sinnvoll sein, diese bereits von Beginn an generisch zu gestalten. Sollte sich dies jedoch nicht abzeichnen, ist es empfehlenswert, nur die aktuell benötigten Funktionsweisen zu implementieren. Bei Bedarf ist es später möglich, die Methode zu erweitern.

Außerdem ist es wichtig, auf unnötige Extras zu verzichten. Viele Programmierer möchten ihre Methoden möglichst umfangreich mit vielen zusätzlichen Funktionen gestalten. Das wird als Goldplating bezeichnet. Häufig stellen sich diese Zusatzfunktionen jedoch als überflüssig heraus. Ihre Erstellung benötigt nicht nur viel Arbeit. Darüber hinaus verschlechtern sie die Lesbarkeit des Codes deutlich.

25.5 Least Surprise: Vorhersehbare Klassen und Methoden erzeugen

Bei der Erstellung von Clean Code ist es außerdem wichtig, das Least-Surprise-Prinzip zu berücksichtigen. Dieses sagt aus, dass es hierbei so wenige Überraschungen wie möglich geben soll.

Wenn man eine Methode erstellt, erhält diese einen Namen, der bereits auf die Funktionsweise schließen lässt. Dabei ist es wichtig, sich zu überlegen, was der Leser wohl erwartet, wenn er den entsprechenden Methodennamen erblickt. Die Aufgaben, die die Funktion erfüllt, sollten sich an dieser Erwartung orientieren.

Um das an einem Beispiel zu verdeutlichen, nehmen wir an, dass ein Software-Entwickler folgende Methode für sein Programm erstellt hat:

```
public void hinweisAusgeben (String wert)
```

Wenn der Leser des Codes den Namen der Methode sowie deren Übergabe- und Rückgabewerte betrachtet, erhält er normalerweise bereits eine klare Vorstellung davon, was diese Methode erledigen wird. Es ist davon auszugehen, dass wir hier als Übergabewert einen kleinen Hinweistext übergeben. Die Methode gibt diesen dann aus. Das wäre das erwartbare Verhalten.

Unser Programmierer hatte jedoch eine andere Vorstellung davon, was diese Methode erledigen soll. Er erwartete als Übergabewert einen Dateinamen und die Funktion soll dann die entsprechende Datei öffnen und den darin enthaltenen Hinweis ausgeben. Diese Funktionsweise entspricht zwar ebenfalls mehr oder weniger dem gewählten Namen. Allerdings war dieses Verhalten nicht erwartbar. Das kann bei der Wartung des Programms Probleme verursachen, wenn wir nun eine gewöhnliche Zeichenkette als Übergabewert verwenden und keinen Dateinamen.

Aus diesem Grund ist es wichtig, die Methoden- und Variablennamen so zu ändern, dass die Erwartungen des Lesers in die richtige Richtung gelenkt werden. Wenn der Programmierer beispielsweise folgende Bezeichnungen wählt, wird sofort klar, welche Aufgabe die Methode verrichtet und welche Werte wir ihr übergeben müssen:

```
public void hinweisEinlesenAusgeben (String dateiname)
```

Auf diese Weise erkennen wir deutlich besser, was wir von der Methode zu erwarten haben. Das vermeidet böse Überraschungen und Fehler bei der Anwendung. Außerdem ist es möglich, sich ein genaues Bild von der Funktionsweise zu machen, ohne den Code mit allen Einzelheiten durchzugehen.

25.6 TDA: aussagekräftigen Code erstellen

Die Abkürzung TDA steht für „Tell, don't ask!". Sie bezieht sich in erster Linie auf die objektorientierte Programmierung. Die Grundidee hinter TDA besteht darin, dass wir bei der Arbeit mit einem Objekt möglichst selten dessen Zustände abrufen sollen. Es ist also nicht empfehlenswert, umfangreiche `get()`-Methoden zu entwickeln, die es erlauben, jedes einzelne Member abzufragen. Stattdessen ist es sinnvoll, Methoden für konkrete Aufgaben zu implementieren. Diese können dann bei Bedarf intern auf die Member zugreifen und die entsprechenden Werte abrufen.

Das bedeutet, dass die Objekte möglichst alle Aufgaben in Eigenverantwortung durchführen sollen – durch die Implementierung einer entsprechenden Methode. Der Programmteil, der die Objekte verwendet, sollte keine Informationen über deren internen Aufbau benötigen. Es sollte für die Arbeit mit ihnen daher nicht einmal notwendig sein, genau zu wissen, über welche Member diese verfügen. Wir rufen die Objekte lediglich auf und teilen ihnen mit, welche Aufgabe sie zu verrichten haben.

Diese Vorgehensweise trägt ebenfalls zu einem übersichtlichen und klar strukturierten Code bei. Alle internen Prozesse werden in die jeweilige Klasse ausgelagert und dort implementiert. Im Hauptprogramm können wir den Objekten dann einfach verschiedene Aufträge übergeben, ohne uns dabei um deren interne Strukturen zu kümmern.

25.7 Das SOLID-Prinzip

Wenn wir uns mit Clean Code befassen, spielt auch das *SOLID-Prinzip* eine wichtige Rolle. Dieses besteht wiederum aus fünf einzelnen Bestandteilen, deren Anfangsbuchstaben den Ausdruck SOLID ergeben:

1. Single Responsibility Principle (SRP)
2. Open Closed Principle (OCP)
3. Liskov Substitution Principle (LSP)
4. Interface Segregation Principle (ISP)
5. Dependency Inversion Principle (DIP)

Von großer Bedeutung ist hierbei das Single Responsibility Principle. Dieses sagt aus, dass jede Klasse beziehungsweise jede Methode nur eine einzige Verantwortung übernehmen soll. Sonst wäre es möglich, dass dabei Abhängigkeiten zwischen den einzelnen Aufgaben entstehen. Das erschwert das Verständnis des Programmcodes und führt dazu, dass Wartungsarbeiten deutlich komplizierter werden. Wenn wir beispielsweise ein Programm für einen Autohändler erstellen, ist es sinnvoll, eine Klasse mit der Bezeichnung Auto zu gestalten, die alle notwendigen Details für den Verkauf der Fahrzeuge enthält. Diese dient der Verwaltung des Sortiments. Nun gehen wir davon aus, dass der Händler auch über eine Werkstatt verfügt. Auch hierbei wäre es hilfreich, eine Klasse Auto zu verwenden, um die Reparaturaufträge zu erfassen. Die Aufgaben sind dabei jedoch ganz andere. Sollte man hierfür nun die gleiche Klasse verwenden, würde das bei der Wartung zu erheblichen Schwierigkeiten führen. Wenn man beispielsweise eine Änderung für die Verwaltung des Sortiments umsetzen will, müsste man dafür auch alle Funktionen für die Reparatur der Fahrzeuge überprüfen, da hierbei Abhängigkeiten bestehen können. Aus diesem Grund ist es wichtig, die Aufgaben klar zu trennen. Häufig ist es hierfür sinnvoll, mit abgeleiteten Klassen zu arbeiten.

Das Open Close Principle sagt aus, dass ein bestimmtes Modul des Programms – beispielsweise eine Klasse oder eine Methode – zwar offen für Erweiterungen sein soll, aber geschlossen für Modifikationen. Das führt dazu, dass wir hierbei jederzeit weitere Funktionen hinzufügen können. Auf diese Weise ist es möglich, den Funktionsumfang unseres Programms zu erweitern. Wir sollten dabei jedoch darauf achten, dass wir die bisherigen Funktionen dabei nicht modifizieren. Es ist möglich, dass andere Programmteile auf die entsprechenden Klassen oder Methoden zugreifen. Wenn wir hierbei die Funktionsweise ändern, wäre es notwendig, das komplette Programm intensiv zu überprüfen und zahlreiche Änderungen vorzunehmen.

Das Liskov Substitution Principle geht auf die Informatikerin Barbara Liskov zurück. Diese forderte, dass alle Subklassen stets in der Lage dazu sein müssen, ihre Superklasse zu ersetzen. Das bedeutet, dass man bei der Implementierung immer darauf achten muss, dass die Subklassen so gestaltet sind, dass sich damit alle Methoden der Superklasse ausführen lassen, ohne dass es dafür notwendig ist, das Programm zu verändern.

Das Interface Segregation Principle besagt, dass es wichtig ist, Klassen und Schnittstellen nicht zu umfangreich zu gestalten. Sie sollten nur die Methoden enthalten, die ein bestimmter Typ von Anwender benötigt. In der Praxis kommt es häufig zu sehr umfangreichen Schnittstellen, die unzählige Methoden bereitstellen. Ein gewöhnlicher Anwender benötigt jedoch nur einen Bruchteil von diesen. Das sorgt nicht nur für einen schwer verständlichen Code. Darüber hinaus entstehen vielfältige Abhängigkeiten zwischen den einzelnen Methoden, die eine Wartung deutlich erschweren.

Das Dependency Inversion Principle befasst sich mit den Abhängigkeiten von Klassen unterschiedlicher Ebenen. In der objektorientierten Programmierung ist es üblich, unterschiedliche Module mit verschiedenen Verantwortlichkeitsbereichen zu erzeugen. Während die höheren Ebenen allgemeinere Aufgaben erledigen, übernehmen die unteren Schichten die konkrete Umsetzung. Auf den ersten Blick erscheint es hierbei logisch, dass die Module der höheren Ebenen von den unteren Bereichen abhängen. Das kann jedoch Probleme verursachen, wenn es zu einer Änderung in den unteren Schichten kommt. Daher ist es wichtig, diese Abhängigkeit zu vermeiden.

Viele Details des SOLID-Prinzips sind für Programmier-Anfänger noch schwer zu verstehen. Außerdem sind sie bei den einfachen Anwendungen, die wir bislang erstellen, auch noch nicht von Bedeutung. Wichtig ist es bislang in erster Linie, das Single Responsibility Principle zu berücksichtigen. Die übrigen Vorgaben sind hauptsächlich für professionelle Programmierer von Bedeutung, die sehr umfangreiche Programme gestalten.

25.8 Clean Code oder Kommentare verwenden?

Bereits zu Beginn dieses Buchs wurden Kommentare vorgestellt. Diese ermöglichen es, Erklärungen und Ergänzungen zum Quellcode hinzuzufügen, ohne dass dadurch die Funktionen des Programms beeinflusst werden. In vielen Fällen können Kommentare zwar hilfreich sein, um das Verständnis des Codes zu verbessern. Allerdings lehnen die Verfechter von Clean Code diese Technik in der Regel ab.

Kommentare dienen häufig dazu, die Funktionsweise einer Methode oder die Bedeutung einer Variablen zu erklären. Der Ansatz von Clean Code besteht jedoch gerade darin, diese Erklärungen durch sinnvoll gewählte Bezeichner für Variablen und Methoden zu erstellen. Wenn man eine Variable, eine Klasse oder eine Methode im Code entdeckt, sollte durch den Bezeichner bereits auf den ersten Blick klar sein, welche Aufgabe diese erfüllt. Ein Kommentar, der die Funktionsweise erklärt, ist daher nicht mehr notwendig. Wenn er trotz gut gewählter Bezeichner erscheint, ist er redundant und kann gelöscht werden. Wenn er für das Verständnis notwendig ist, bedeutet das, dass wir keinen Clean Code erstellt haben.

Häufig dienen Kommentare auch dazu, anzuzeigen, dass eine Methode an der entsprechenden Stelle eine andere Aufgabe erledigt als im vorherigen Abschnitt. Doch auch in diesem Fall ist es sinnvoll, auf den entsprechenden Kommentar zu verzichten. Ein wichtiger Grundsatz von Clean Code ist es, dass die Methoden so unterteilt werden sollen, dass sie nur eine einzige Aufgabe erledigen. Das verbessert die Übersichtlichkeit deutlich. Wenn ein Kommentar notwendig ist, um anzuzeigen, dass sich unsere Methode nun einer neuen Aufgabe widmet, bedeutet, dies, dass wir diesen Grundsatz nicht beachtet haben.

Vielfach bleiben selbst im fertigen Code sogenannte ToDo-Kommentare zurück, die auf noch zu erledigende Aufgaben hinweisen. Während der Entwicklungsphase können derartige Kommentare zwar sinnvoll sein. In der fertigen Software sollten sie jedoch auf keinen Fall enthalten sein. Wenn die entsprechende Aufgabe bereits erledigt ist, muss auch der zugehörige Kommentar entfernt werden. Wenn sie nicht erledigt wurde, bedeutet das, dass der Entwickler seine Aufgabe noch nicht komplett abgeschlossen hat. Daher sollte er das unfertige Programm auch nicht ausliefern.

Es gibt jedoch einige Fälle, in denen Kommentare trotz Clean Code notwendig sind. Ein Beispiel hierfür sind die javadoc-Kommentare, die wir in diesem Buch ebenfalls bereits kennengelernt haben. Diese dienen dazu, eine externe Dokumentation zu erstellen. Das bedeutet, dass sie nicht für Leser bestimmt sind, die sich direkt dem Quellcode widmen. Sie sind hingegen für ein externes Dokument vorgesehen, das keinen direkten Einblick in den Quellcode gibt. Daher wären hierbei die Maßnahmen von Clean Code nicht wirksam. Um die Übersichtlichkeit zu bewahren, ist es jedoch empfehlenswert, auch diese Kommentare so kurz wie möglich zu halten. Neben den javadoc-Kommentaren gibt es noch einige weitere Kommentare, die trotz Clean Code sinnvoll sind. Hierzu zählen in erster Linie rechtliche Hinweise zu den Lizenzbedingungen oder Verweise auf externe Quellen.

25.9 Die Boy-Scout-Regel für die Überarbeitung eines Programms

Eine wichtige Regel für Pfadfindergruppen lautet, dass sie ihren Lagerplatz stets sauberer zurücklassen sollen, als sie ihn angetroffen haben. Das bedeutet, dass sie nicht nur ihren eigenen Abfall wieder beseitigen sollen. Auch wenn sich hier andere Abfälle befinden, die nicht von der entsprechenden Gruppe stammen, ist es selbstverständlich, diese zu entfernen. Das trägt dazu bei, dass alle Besucher von einem sauberen und gepflegten Lagerplatz profitieren.

Diese Regel gilt im übertragenen Sinn auch für die Software-Entwicklung. Wenn wir ein Programm warten oder dessen Funktionen erweitern, kommt es immer wieder vor, dass wir dabei auf Code-Bestandteile treffen, die nicht den Vorgaben von Clean Code entsprechen. Dabei kann es sich beispielsweise um Variablen ohne intuitive Bezeichnung oder um zu umfangreich gestaltete Methoden handeln.

Wenn diese Code-Stellen nicht unsere direkte Änderungs-Aufgabe betreffen, besteht eigentlich kein Grund dafür, diese zu verändern – solange sie ihre Funktion erfüllen. Die Boy-Scout-Regel besagt jedoch, dass wir diese dennoch anpassen sollen. Wenn wir einen unsauber gestalteten Code-Bereich entdecken, sollten wir diesen stets bereinigen – auch wenn das nicht unsere eigentliche Aufgabe ist. Auf diese Weise hinterlassen wir einen saubereren Code, der zukünftige Wartungsarbeiten deutlich erleichtert.

Die Boy-Scout-Regel macht keine genauen Vorschriften dazu, auf welche Weise wir den Code anpassen sollen. Es handelt sich dabei vielmehr um einen allgemeinen Verhaltenskodex. Wenn wir an einem Programm arbeiten, das die in den vorherigen Abschnitten beschriebenen Regeln für Clean Code missachtet, sollten wir dieses stets anpassen – selbst wenn wir dafür eigentlich nicht verantwortlich sind.

Alle Programmcodes und Schaltpläne aus diesem Buch stehen kostenfrei zum Download bereit. Dadurch müssen Sie Code nicht abtippen.

Außerdem erhalten Sie die eBook Ausgabe zum Buch im PDF Format kostenlos auf unserer Website:

https://bmu-verlag.de/java-kompendium/
Downloadcode: siehe Kapitel 28

Kapitel 26

Softwaretests mit JUnit

Beim Programmieren treten immer wieder Fehler auf – selbst wenn es sich um erfahrene Softwareentwickler handelt. Daher ist eine sorgfältige Kontrolle notwendig, um diese Fehler, zu finden und zu beseitigen. Wenn wir ein Computerprogramm erstellen, probieren wir es während der Entwicklungsphase immer wieder aus, um zu überprüfen, ob es seine Aufgaben zu unserer Zufriedenheit erfüllt. Wenn es die richtigen Ergebnisse liefert, fahren wir mit der nächsten Aufgabe fort. Stellen wir hierbei jedoch einen Fehler fest, müssen wir den Code verbessern – bis der entsprechende Abschnitt das gewünschte Ergebnis liefert.

Dabei testen wir den Code bereits. Allerdings überprüfen wir dabei in der Regel nur einige wenige Anwendungsfälle. Allerdings kann es auch vorkommen, dass das Programm andere Werte an den entsprechenden Code-Abschnitt übergibt. Das kann dazu führen, dass das Programm hierbei nicht mehr das gewünschte Verhalten an den Tag legt. Aus diesem Grund ist es wichtig, den entsprechenden Abschnitt mit möglichst vielen verschiedenen Werten auszuprobieren.

Umfangreiche Softwaretests manuell durchzuführen, ist jedoch eine sehr langwierige Aufgabe. Außerdem können wir dabei selbst Fehler machen, die dazu führen, dass wir die Fehlfunktionen nicht entdecken. Aus diesem Grund ist es sinnvoll, automatisierte Tests durchzuführen. Dieses Kapitel stellt vor, wie wir dabei vorgehen.

26.1 Was ist ein Softwaretest und welche Vorteile bietet er?

Wenn wir eine Methode erstellen, überlegen wir uns in der Regel genau, welche Berechnungen wir darin durchführen wollen und geben die hierfür notwendigen Schritte vor. In unseren bisherigen Programmen waren die Methoden dabei meistens so einfach aufgebaut, dass hierfür kein Test notwendig war. Ein kurzer Blick in den Code genügte, um festzustellen, dass sie die Aufgabe korrekt erledigte. Wenn wir jedoch eine etwas kompliziertere Methode erstellen, ist es sinnvoll, genau zu überprüfen, ob sie wirklich die gewünschten Ergebnisse liefert. Diesen Test manuell durchzuführen, ist jedoch mit etwas zusätzlichem Aufwand verbunden. Wir müssen dafür zunächst die Methode aus dem Hauptprogramm aufrufen. Außerdem ist es notwendig, das Ergebnis direkt auszugeben. Das ist für das endgültige Programm aber oftmals überhaupt nicht notwendig. Das bedeutet, dass wir diese Befehle später wieder löschen müssen.

Ein weiteres Problem besteht darin, dass wir auf diese Weise nur eine einzige Eingabe überprüfen können. Wenn wir auch die Ergebnisse für andere Werte testen möchten, müssen wir das Programm mehrfach ändern und danach erneut ausführen. Das nimmt viel Zeit in Anspruch.

Aus diesem Grund ist es sinnvoll, automatisierte Testreihen durchzuführen. Das bedeutet, dass wir ein weiteres Java-Programm schreiben, das die entsprechende Methode mehrfach aufruft. Dabei überprüft es, ob der Rückgabewert mit dem erwarteten Ergebnis übereinstimmt. Trifft dies zu, wird der Test als erfolgreich gewertet. Kommt es hingegen zu einer Abweichung, ist der Test fehlerhaft. In diesem Fall ist es notwendig, das Programm zu korrigieren.

Diese Vorgehensweise spart sehr viel Zeit und ermöglicht daher eine umfangreiche Überprüfung des Programms. Darüber hinaus werden die Testergebnisse anschaulich dargestellt und machen im Falle eines Fehlers sofort deutlich, wo dieser aufgetreten ist.

Dabei müssen wir jedoch beachten, dass selbst ein umfangreicher Test mit mehreren Hundert Überprüfungen keinen Beweis dafür darstellt, dass unsere Methode tatsächlich fehlerfrei arbeitet. Bei den meisten Methoden können wir unendlich viele unterschiedliche Werte vorgeben. Daher ist es niemals möglich, alle von ihnen zu überprüfen. Wenn unsere Methode einen umfangreichen Test fehlerfrei absolviert, ist jedoch die Wahrscheinlichkeit, dass sie keine Fehler aufweist, sehr hoch.

26.2 Verschiedene Arten von Tests

Es gibt viele verschiedene Arten von Softwaretests. Wenn wir unser Programm überprüfen möchten, müssen wir daher zunächst entscheiden, was wir dabei überhaupt testen möchten und dafür eine passende Art auswählen.

Der erste Schritt besteht in der Regel in einem *Modultest*, der auch als Komponententest bezeichnet wird. Außerdem ist die englischsprachige Bezeichnung unit test gebräuchlich. Dieser überprüft die kleinste abgeschlossene Einheit des Programms. In der Regel handelt es sich hierbei um eine einzelne Methode – beziehungsweise um eine Funktion, falls die entsprechende Programmiersprache mit Funktionen arbeitet. Damit das gesamte Programm richtig funktioniert, ist es notwendig, dass jedes darin enthaltene Modul seine Aufgabe korrekt erfüllt. Daher steht der Modultest in der Regel am Anfang jeder Testreihe. Er zeichnet sich durch eine relativ geringe Komplexität aus. Jede Methode hat eine klar definierte Aufgabe, die recht einfach zu überprüfen ist. Die Modultests führt in der Regel der Softwareentwickler, der das Programm gestaltet, selbst durch.

Der nächste Schritt besteht darin, einen *Integrationstest* durchzuführen. Das bedeutet, dass nun das Zusammenspiel mehrerer einzelner Module überprüft wird. Dabei ist es in erster Linie wichtig, die Interaktionen zwischen den einzelnen Elementen zu überprüfen. Diese Aufgabe ist bereits deutlich komplexer.

Wenn auch die Integrationstests erfolgreich verlaufen, besteht die nächste Aufgabe darin, einen *Systemtest* durchzuführen. Dieser überprüft die komplette Software. Hierfür wird eine spezielle Testumgebung erstellt, die den realen Anwendungsfall simuliert. Für diese Aufgabe kommen in der Regel speziell geschulte Softwaretester zum Einsatz, die nicht an der Erstellung des Programms beteiligt waren. Das ist zum einen sinnvoll, da für diese Tests eine hohe Expertise notwendig ist, sodass hierfür spezialisierte Fachkräfte erforderlich sind. Zum anderen sind die Entwickler häufig so stark auf die vorgesehenen Anwendungsfälle fokussiert, dass ihnen der Blick für weitere Möglichkeiten fehlt.

Nach einem erfolgreichen Systemtest kann die Software dem Anwender übergeben werden. Dieser führt dann in der Regel noch einen Abnahmetest durch. Das bedeutet, dass er selbst alle Funktionen der Software überprüft – häufig bereits in der endgültigen Produktionsumgebung und unter Verwendung realer Unternehmensdaten.

In diesem Buch befassen wir uns ausschließlich mit Modultests. Da der Entwickler diese Aufgabe normalerweise selbst übernimmt, ist es sehr wichtig, sich damit auseinanderzusetzen. Für die übrigen Arten der Softwaretests kommen hingegen spezialisierte Fachkräfte zum Einsatz. Daher ist es für einen Softwareentwickler in der Regel nicht notwendig, sich hiermit intensiver zu befassen.

Doch auch hinsichtlich der Modultests gibt es noch eine weitere Unterscheidungsmöglichkeit. Hierbei ist es zum einen möglich, einen Zustands-Test durchzuführen. Das bedeutet, dass wir einen Wert vorgeben und damit die entsprechende Methode aufrufen. Danach überprüfen wir, ob dabei das richtige Ergebnis erzeugt wurde. Darüber hinaus ist es möglich, einen Verhaltenstest durchzuführen. Das bedeutet, dass wir uns auf die Interaktion der Methoden konzentrieren. Wir überprüfen dabei nicht, ob die Werte richtig berechnet wurden. Stattdessen kontrollieren wir, ob andere Methoden auf die gewünschte Weise aufgerufen werden.

26.3 JUnit: Ein nützliches Framework für Software-Test

Es wurde bereits erwähnt, dass wir Softwaretests in der Regel automatisiert durchführen. Das bedeutet, dass wir ein weiteres Programm erstellen, das die entsprechende Methode aufruft und mit mehreren möglichen Werten ausführt. Dabei überprüft es das Ergebnis und zeigt uns abschließend an, ob der Test bestanden wurde oder nicht.

Selbstverständlich wäre es möglich, ein entsprechendes Testprogramm von Grund auf selbst zu erstellen. Das würde jedoch einen enormen Aufwand mit sich bringen. Daher ist es sinnvoll, hierfür ein spezielles Test-Framework zu verwenden. Dieses verfügt über zahlreiche vorgefertigte Funktionen, die uns das Testen unserer Programme deutlich erleichtern. Auf diese Weise können wir unsere Programme mit recht einfachen Mitteln testen.

Hierfür gibt es viele verschiedene Möglichkeiten. Bei der Auswahl müssen wir selbstverständlich zunächst darauf achten, ein Framework zu verwenden, das sich für Tests von Java-Programmen eignet. Doch auch in diesem Bereich ist die Vielfalt noch recht groß. Daher müssen wir uns für eine der verfügbaren Alternativen entscheiden. Für die Beispiele in diesem Buch nutzen wir das Framework JUnit. Dieses ist speziell auf Modultests in Java ausgelegt und entspricht daher hervorragend unseren Anforderungen. Hierbei handelt es sich um das am häufigsten verwendete Test-Programm für Javaprogramme. Eine weitere beliebte Alternative stellt TestNG dar. Dieses Test-Framework baut auf JUnit auf und erweitert dieses Programm um viele weitere Funktionen. Das mag zwar in einigen Situationen hilfreich sein. Allerdings erhöht das auch die Komplexität der Software. Aus diesem Grund entscheiden wir uns hier für JUnit. Das macht den Einstieg einfach und bietet dennoch alle notwendigen Funktionen, die wir für einen Test unserer Software benötigen.

26.4 Einen Test mit JUnit vorbereiten und durchführen

Nun werden wir unseren ersten Test in der Praxis durchführen. Dazu erstellen wir zunächst eine Klasse mit einer Methode, die das Quadrat des eingegebenen Werts zurückgibt. Dieses Modul ist eigentlich so einfach aufgebaut, dass eine Überprüfung nicht notwendig wäre. Dennoch dient dieses Beispiel dazu, zu veranschaulichen, wie wir einen Test mit JUnit durchführen können. Die Klasse, die wir hierfür erstellen, sieht so aus:

```
public class Rechner {
        public int quadrat(int a) {
            return a * a;
    }
}
```

Im nächsten Schritt erstellen wir eine neue Datei für unseren Test. Dazu klicken wir mit der rechten Maustaste auf unser Projekt und wählen dann den Begriff „New" aus. Jetzt erstellen wir jedoch keine gewöhnliche Klasse, sondern einen „JUnit Test". Falls wir diesen bereits einmal genutzt haben, erscheint er hier gleich in der Auswahlliste. Ist dies nicht der Fall, wählen wir den Begriff „Other" aus. Daraufhin öffnet sich ein neues Fenster. Hier wählen wir zunächst den Ordner `Unit Tests` und daraufhin die Option `JUnit Test` aus, so wie dies in Abbildung 26.1 zu sehen ist.

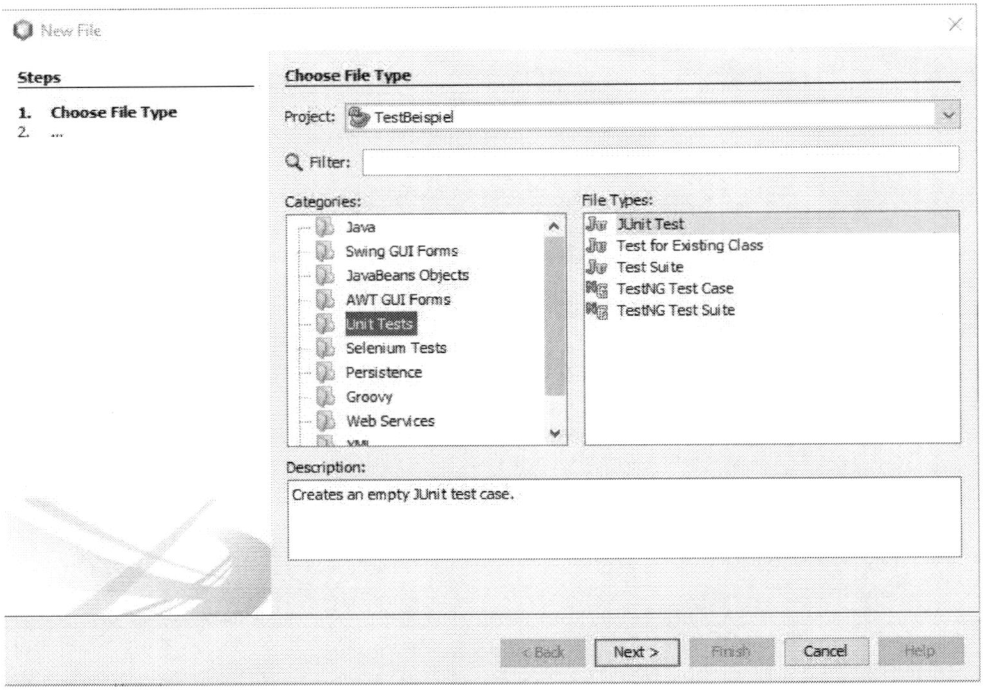

Abb. 26.1 Das Erstellen eines neuen Tests mit JUnit

Im nächsten Schritt müssen wir einen Namen für die Test-Datei vorgeben. Im Prinzip können wir hierbei die Bezeichnung wieder frei wählen. Allerdings sollten wir darauf verzichten, die naheliegende Option `Test` zu verwenden. Das liegt daran, dass in JUnit bereits eine gleichlautende Klasse vorhanden ist. Das kann zu Komplikationen mit unserem Programm führen. Aus diesem Grund nennen wir die Klasse und die zugehörige Datei `UnitTest`.

Nachdem wir die Eingaben mit einem Klick auf den Button „Finish" bestätigt haben, erstellt NetBeans die entsprechende Datei. Diese befindet sich jedoch nicht im Ordner `Source Packages`, wie unsere gewöhnlichen Programmdateien, sondern im Ordner `Test Packages`. Diesen öffnen wir nun und wählen die entsprechende Datei aus, wie in Abbildung 26.2 zu sehen.

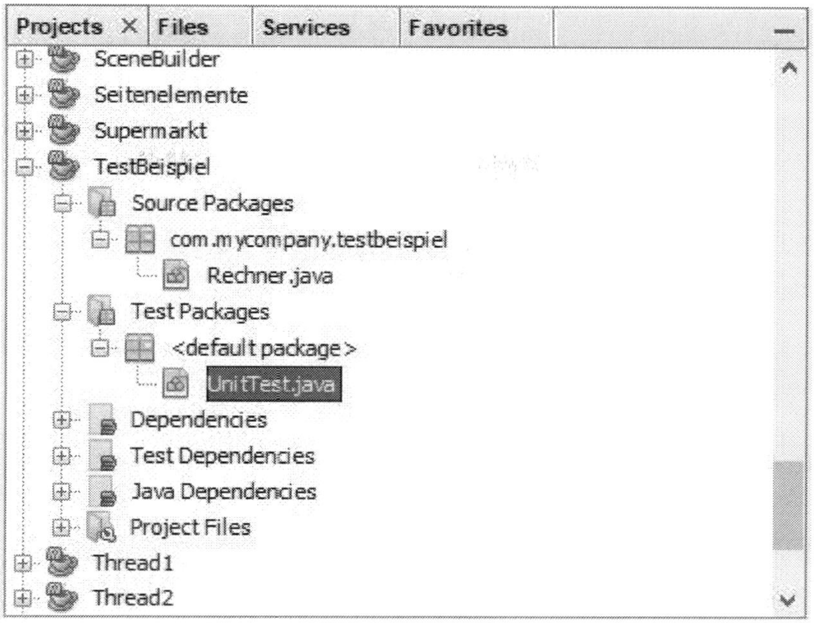

Abb. 26.2 Die Test-Datei befindet sich im Ordner Test Packages

Wenn wir diese Datei geöffnet haben, stellen wir fest, dass hier bereits automatisch die von uns vorgegebene Klasse `UnitTest` definiert und mit mehreren Inhalten versehen wurde. Abbildung 26.3 zeigt, wie diese Klasse aussieht.

```
 * @author PC
 */
public class UnitTest {

    public UnitTest() {
    }

    @BeforeAll
    public static void setUpClass() {
    }

    @AfterAll
    public static void tearDownClass() {
    }

    @BeforeEach
    public void setUp() {
    }

    @AfterEach
    public void tearDown() {
    }

    // TODO add test methods here.
    // The methods must be annotated with annotation @Test. For example:
    //
    // @Test
    // public void hello() {}
}
```

Abb.26.3 Der vorgefertigte Code für den Test

Die hier bereits enthaltenen Befehle haben für uns zunächst jedoch keine Bedeutung. Sie spielen erst bei umfassenderen Tests eine Rolle. Sie dienen beispielsweise dazu, vor dem Test externe Daten einzulesen, die wir für unseren Test benötigen und weitere Maßnahmen für die Vorbereitung der Testumgebung durchzuführen. Das ist jedoch für unseren einfachen Test nicht notwendig. Es wäre sogar möglich, die entsprechenden Einträge zu löschen. Es stört jedoch auch nicht, wenn wir sie einfach unverändert übernehmen.

Für unseren ersten Test bearbeiten wir lediglich den unteren Bereich, in dem bisher einige Kommentarzeilen erscheinen. Diese löschen wir und fügen an dieser Stelle zunächst den Ausdruck `@Test` ein. Dieser steht dafür, dass wir an dieser Stelle unseren Test einleiten.

Danach erstellen wir eine neue Methode, für die wir den Namen frei wählen können. Wir nennen sie `test()`. Darin erstellen wir zunächst ein Objekt der Klasse, die wir überprüfen wollen – in diesem Beispiel also der Klasse `Rechner`. Dabei müssen wir beachten, dass wir hierfür einen entsprechenden `import`-Befehl benötigen, da sich die entsprechende Klasse nicht im gleichen Ordner wie unsere Test-Datei befindet.

Danach verwenden wir die Methode `assertEquals()`, die uns JUnit bereitstellt. Diese dient dazu, das Ergebnis der Methode zu überprüfen. Der erste Übergabewert enthält dabei immer das Ergebnis, das wir bei unserem Test erwarten. Als zweiten Übergabewert müssen wir die Methode auf das eben erstellte Objekt anwenden und dabei den Wert, den wir überprüfen möchten, als Übergabewert vorgeben. In unserem Beispiel möchten wir überprüfen, ob unsere Methode das Quadrat der Zahl 2 richtig berechnet. Das Ergebnis sollte dabei 4 betragen. Daher sieht der Aufruf der Methode wie folgt aus:

```
assertEquals(4, rechner.quadrat(2));
```

Auch für diese Methode müssen wir noch einen passenden `import`-Befehl einfügen. Damit ist unser erster Test bereits abgeschlossen. Er sieht so aus:

```
import com.mycompany.testbeispiel.Rechner;
import org.junit.jupiter.api.AfterEach;
import org.junit.jupiter.api.AfterAll;
import static org.junit.jupiter.api.Assertions.assertEquals;
import org.junit.jupiter.api.BeforeEach;
import org.junit.jupiter.api.BeforeAll;
import org.junit.jupiter.api.Test;
public class UnitTest {
    public UnitTest() {
    }
    @BeforeAll
    public static void setUpClass() {
    }
    @AfterAll
    public static void tearDownClass() {
```

```
    }
    @BeforeEach
    public void setUp() {
    }
    @AfterEach
    public void tearDown() {
    }
    @Test
    void test(){
        Rechner rechner = new Rechner();
        assertEquals(4, rechner.quadrat(2));
    }
}
```

Um diesen auszuführen, müssen wir in der Menüleiste auf „Run" und anschließend auf „Test File" klicken. Alternativ dazu können wir die Tastenkombination Strg+F6 verwenden. Wenn wir dies ausprobieren, kommt es jedoch zunächst zu einem Fehler. Das liegt daran, dass wir noch die **pom.xml**-Datei bearbeiten müssen. Wenn wir diese aufrufen, erkennen wir, dass NetBeans bereits automatisch die notwendigen Abhängigkeiten für JUnit hinzugefügt hat. Allerdings fehlt noch das Plugin für den build-Prozess. Dazu fügen wir in der vorletzten Zeile – vor dem schließenden `project`-Tag – folgende Befehle hinzu:

```
<build>
    <plugins>
            <plugin>
                    <groupId>org.apache.maven.plugins</groupId>
                    <artifactId>maven-surefire-plugin</artifactId>
                    <version>3.0.0-M3</version>
                    <configuration>
                    <testFailureIgnore>true</testFailureIgnore>
                    <shutdown>kill</shutdown>
                    </configuration>
            </plugin>
    </plugins>
</build>
```

Nach dieser Maßnahme können wir den Test erneut durchführen. Nun sollte er ohne Fehler ablaufen. Abbildung 26.4. zeigt uns das Ergebnis. Hier erkennen wir, dass ein Test durchgeführt wurde. Dabei kam es zu keinem Fehler. Das bedeutet, dass unsere Methode in unserem Testfall das erwartete Ergebnis geliefert hat. Darüber hinaus wird die Zeit angezeigt, die für die Durchführung benötigt wurde. Dieser Wert ist wichtig, wenn wir die Effizienz unserer Methode überprüfen möchten.

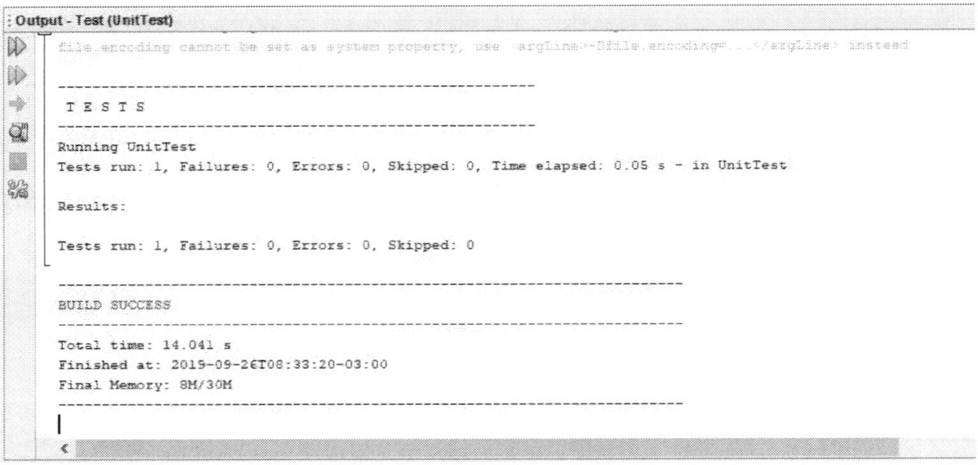

Abb. 26.4 Das Ergebnis unseres ersten Tests

Im nächsten Beispiel möchten wir ausprobieren, was passiert, wenn unsere Komponente einen Fehler enthält. Dazu ändern wir den Code der Methode so ab, dass als Rückgabewert nicht mehr `a * a` ausgegeben wird, sondern `a * 2`. Wenn wir unseren bisherigen Test ausführen, erhalten wir dabei wieder genau das gleiche Ergebnis, da wir auch hierbei die Zahl 4 erhalten. Das könnte auch der Grund dafür sein, dass ein derartiger Fehler zunächst nicht bemerkt wird, da er ja in einigen Anwendungsfällen das richtige Ergebnis liefert. Der Sinn eines automatisierten Tests besteht jedoch gerade darin, möglichst viele Anwendungsfälle abzufragen, um eine umfassende Überprüfung zu erzielen. Daher fügen wir nun zwei weitere Überprüfungen zu unserem Test hinzu:

```
assertEquals(9, rechner.quadrat(3));
assertEquals(25, rechner.quadrat(5));
```

Nun führen wir den Test erneut aus. Dabei öffnet sich im unteren Bereich der IDE ein neues Fenster, das uns darüber informiert, dass hierbei ein Fehler aufgetreten ist. Wenn wir am linken Rand auf das gelbe Symbol mit dem Ausrufezeichen klicken, erscheint neben der Benachrichtigung ein kleines Pluszeichen. Dieses klicken wir ebenfalls an. Daraufhin erhalten wir weitere Informationen zum Fehler, den unser Test entdeckt hat. Die Darstellung ist in Abbildung 26.5 zu sehen.

Abb. 26.5 Die Details des gefundenen Fehlers

Hier ist zum einen zu erkennen, welches Ergebnis wir eigentlich erwartet haben und welches Ergebnis der Test geliefert hat. Zum anderen wird angegeben, in welcher Zeile des Codes das entsprechende Problem aufgetaucht ist. Diese Informationen sind hilfreich, um den Fehler zu finden.

Wenn wir das Ergebnis genau betrachten, fällt auf, dass angegeben wird, dass kein Test erfolgreich bestanden wurde und dass ein Fehler auftrat. Das mag zunächst seltsam erscheinen, da unsere erste Überprüfung eigentlich positiv ausfallen müsste. Außerdem haben wir eine weitere Überprüfung eingefügt, die ebenfalls zu einem Fehler führen müsste. Das liegt daran, dass JUnit die gesamte Methode als einen einzigen Test betrachtet. Wenn bei einer Überprüfung ein Fehler auftritt, wird der gesamte Test als nicht bestanden gewertet. Außerdem fährt das Programm nicht mit den weiteren Überprüfungen fort, sodass der Fehler bei der dritten Überprüfung überhaupt nicht erscheint.

Um einzelne Tests für jeden Wert durchzuführen, müssen wir die Überprüfungen jeweils in eine eigene Methode schreiben. Jede einzelne von ihnen müssen wir mit dem Begriff `@Test` auszeichnen. Der entsprechende Bereich unseres Codes sieht dann so aus:

```
@Test
void test1(){
    Rechner rechner = new Rechner();
    assertEquals(4, rechner.quadrat(2));
}
@Test
void test2(){
    Rechner rechner = new Rechner();
    assertEquals(9, rechner.quadrat(3));
}
@Test
void test3(){
    Rechner rechner = new Rechner();
    assertEquals(25, rechner.quadrat(5));
}
```

Wenn wir nun den Test erneut durchführen, erscheint das Ergebnis, das in Abbildung 26.6 zu sehen ist. Daran wird deutlich, dass wir nun drei Tests durchgeführt haben, von denen jedoch zwei nicht bestanden wurden.

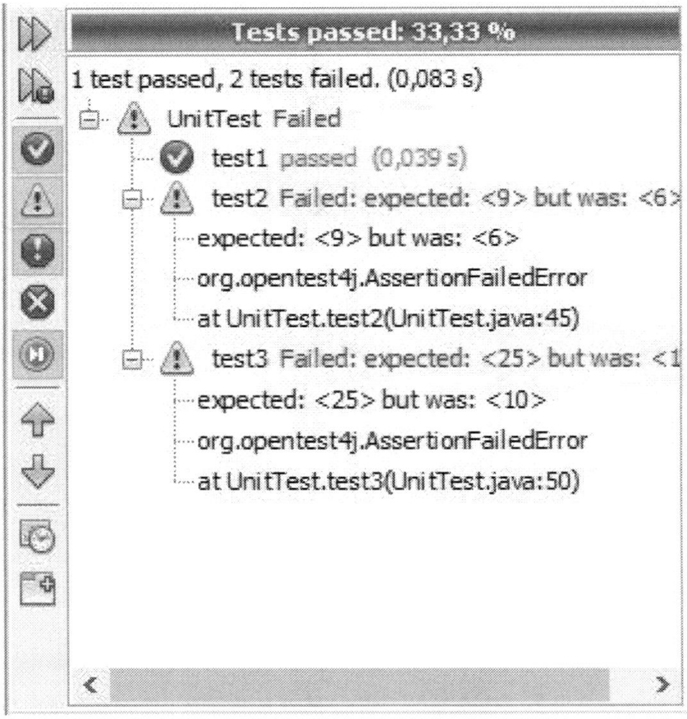

Abb. 26.6 Das Ergebnis der einzelnen Tests

26.5 Einen Test mit Parametern durchführen

Um ein Modul umfassend zu testen, ist es wichtig, möglichst viele Werte zu überprüfen. Bei unserer bisherigen Vorgehensweise wäre dafür jedoch ein erheblicher

Aufwand notwendig, da wir für jeden einzelnen Test eine eigene Methode schreiben mussten. Aus diesem Grund ist es bei umfangreichen Testreihen sinnvoll, einen Test mit Parametern zu erstellen.

Dafür öffnen wir über NetBeans zunächst eine neue Datei für einen JUnit Test. Für eine bessere Übersichtlichkeit löschen wir daraufhin alle vorhandenen Methoden, da wir diese nicht benötigen. Nun fügen wir zunächst den Begriff `@ParameterizedTest` ein. Dieser macht deutlich, dass wir nun einen Test mit Parametern durchführen. Danach müssen wir die Werte vorgeben, die wir als Quelle verwenden möchten. Dazu dient der Ausdruck `@CsvSource`. Da wir für den Test unserer Methode zwei Werte – den Test-Wert und das erwartete Ergebnis – benötigen, müssen wir für jeden Durchlauf diese beiden Werte durch ein Komma getrennt angeben. Sie stehen in Anführungszeichen, da die Parameter als Zeichenkette vorliegen müssen. Wenn wir beispielsweise den Wert 0 überprüfen möchten, sehen die hierfür notwendigen Parameter so aus: „`0,0`“. Wenn wir eine Methode mit mehreren Übergabewerten überprüfen möchten, können wir die zusätzlichen Werte einfach nach einem weiteren Komma hinzufügen.

Diese Vorgehensweise bietet den Vorteil, dass wir hierbei viele weitere Werte überprüfen können, indem wir sie einfach durch ein Komma getrennt hinzufügen. Der gesamte Ausdruck steht in einer geschweiften Klammer, die wiederum in einer runden Klammer steht. Wenn wir die Ergebnisse für die Werte 0, 1, 2 und 5 überprüfen wollen, sieht der entsprechende Befehl dann so aus:

```
@CsvSource({
                "0,0",
                "1,1",
                "2,4",
                "5,25"
})
```

Diese Parameter können wir dann in unserer eigentlichen Test-Methode verwenden. Diese müssen wir nun nicht mehr durch den Begriff `@Test` einführen. Wir stellen sie einfach hinter die bereits beschriebenen Befehle. Sie erhält zwei Übergabewerte. Der erste nimmt dabei automatisch den ersten Parameter und der zweite den zweiten Parameter auf. In der Methode erstellen wir wieder ein Objekt des Typs `Rechner` und wenden die `assertEquals()`-Methode an. Dafür verwenden wir nun die entsprechenden Übergabewerte:

```
void test(int ueberpruefterWert, int erwartetesErgebnis) {
        Rechner calculator = new Rechner();
        assertEquals(erwartetesErgebnis, calculator.quadrat(ueberpruefterWert));
}
```

Die Methode wird nun mit mehreren Durchläufen ausgeführt – einmal für jedes angegebene Wertepaar. Dabei erhält sie immer die aktuellen Parameter als Übergabewerte. Wenn wir das Programm nun ausführen, sehen wir, dass insgesamt vier Tests durchgeführt wurden. Zwei davon sind erfolgreich verlaufen, zwei haben jedoch zu einem Fehler geführt – so wie dies in Abbildung 26.7 zu sehen ist.

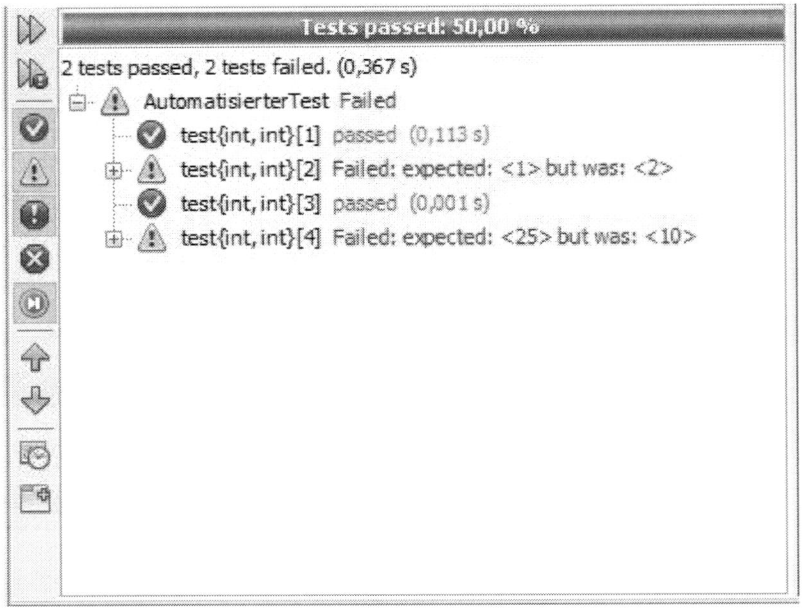

Abb. 26.7 Zwei von drei Tests sind erfolgreich verlaufen

Für einen besseren Überblick wird nun nochmals der gesamte Code der Test-Klasse angegeben:

```
import com.mycompany.testbeispiel.Rechner;
import static org.junit.jupiter.api.Assertions.*;
import org.junit.jupiter.params.ParameterizedTest;
import org.junit.jupiter.params.provider.CsvSource;
public class AutomatisierterTest {
    @ParameterizedTest
    @CsvSource({
                "0,0",
                "1,1",
                "2,4",
                "5,25"
    })
    void test(int ueberpruefterWert, int erwartetesErgebnis) {
            Rechner calculator = new Rechner();
            assertEquals(erwartetesErgebnis, calculator.quadrat
            (ueberpruefterWert));
    }
}
```

Mit dieser Technik ist es bereits deutlich einfacher, mehrere Tests durchzuführen. Für eine umfangreiche Testreihe sind jedoch häufig mehrere Hundert Überprüfungen sinnvoll. Die hierfür notwendigen Werte alle von Hand einzufügen, würde auch bei diesem Verfahren viel Zeit in Anspruch nehmen. Es gibt jedoch eine noch schnellere

Möglichkeit. Wir können auch eine Datei mit den entsprechenden Werten erstellen und diese automatisch einlesen.

Zu diesem Zweck öffnen wir einen Texteditor und fügen hier mehrere Wertepaare ein, bei denen die beiden Werte jeweils durch ein Komma voneinander getrennt sind. Jedes Paar steht in einer neuen Zeile. Nun speichern wir die Datei ab. Dazu begeben wir uns zunächst in den Ordner, der zu unserem aktuellen NetBeans-Projekt gehört. Dort öffnen wir dann das Verzeichnis `src` und danach `test`. Hier erstellen wir dann einen neuen Ordner mit der Bezeichnung `resources`. Daraufhin können wir die Datei darin abspeichern. Wir verwenden dafür die Bezeichnung `testwerte.csv`. Nun ersetzen wir in unserem Programm die Werte, die wir mit dem Begriff `@CsvSource` eingeführt haben, durch folgenden Befehl:

```
@CsvFileSource(resources = "/testwerte.csv")
```

Nun müssen wir noch den `import`-Befehl anpassen. Der Rest des Programms bleibt unverändert. Es sieht daraufhin wie folgt aus:

```
import com.mycompany.testbeispiel.Rechner;
import static org.junit.jupiter.api.Assertions.*;
import org.junit.jupiter.params.ParameterizedTest;
import org.junit.jupiter.params.provider.CsvFileSource;
public class AutomatisierterTest {
    @ParameterizedTest
    @CsvFileSource(resources = "/testwerte.csv")
    void test(int ueberpruefterWert, int erwartetesErgebnis) {
            Rechner calculator = new Rechner();
            assertEquals(erwartetesErgebnis, calculator.quadrat
                (ueberpruefterWert));
    }
}
```

Wenn wir es jetzt ausführen, liest das Programm die Werte aus der Datei ein. Wenn wir hierfür die gleichen Werte wie im vorherigen Beispiel verwenden, sollte der Test auch zum gleichen Ergebnis führen.

Auf den ersten Blick bringt diese Vorgehensweise keine Erleichterung mit sich. Der Arbeitsaufwand ist der gleiche. Allerdings können wir nun die Datei auch automatisch erstellen. Mit den bisherigen Kenntnissen sollte es beispielsweise kein Problem darstellen, die Werte von 0 bis 1000 mit ihrer jeweiligen Quadratzahl in die Datei einzufügen. Dazu verwenden wir eine gewöhnliche `for`-Schleife. Auf diese Weise können wir in Sekundenschnelle eine riesige Anzahl an Tests durchführen.

Außerdem ist es sinnvoll, das verwendete Dateiformat etwas genauer zu betrachten. CSV steht für Comma Separated Values. Dieses Format verwendet einzelne Werte, die durch ein Komma voneinander getrennt sind. Darüber hinaus kommen Zeilenumbrüche zum Einsatz, um zusammengehörige Gruppen voneinander zu trennen. Wir können dieses Dateiformat nicht nur mit einem Texteditor gestalten. Auch Tabellenkalkulationsprogramme wie Excel oder OpenOffice Calc sind dazu in der Lage, dieses Dateiformat zu interpretieren. Daher können wir die Datei auch mit diesen Softwareprodukten öffnen. Das gibt uns die Möglichkeit, die Werte über das Tabellenkalkulationsprogramm vorzugeben. Auf diese Weise können wir ebenfalls Regeln vorgeben, um die Werte automatisch auszufüllen – ganz ohne Programmierkenntnisse.

25.6 Übungsaufgabe: einen Softwaretest durchführen

1. Gestalten Sie eine Klasse mit einer Methode, die eine individualisierte Begrüßung erstellt. Dazu soll sie eine Begrüßungsfloskel mit einem Namen verbinden, den sie als Übergabewert erhält. Diesen neuen Ausdruck soll sie als Rückgabewert zurückgeben.

   Erstellen Sie im nächsten Schritt einen Test für dieses Modul. Dieser soll nur eine einzige Überprüfung für einen beliebigen Namen durchführen.

2. Gestalten Sie nun einen weiteren Test, der Parameter verwendet. Die entsprechenden Werte sollen innerhalb des Programms angegeben werden, ohne eine externe Datei dafür zu verwenden. Führen Sie Tests mit fünf verschiedenen Namen durch. Die zu überprüfende Methode bleibt dabei die gleiche wie in der vorherigen Aufgabe.

Lösungen:

1.

```
Klasse Begruessung:
public class Begruessung {
    public String persBegruessung(String name){
        return "Hallo " + name + "!";
    }
}
```

Klasse Aufgabe1Test:

```
import com.mycompany.kap26.Begruessung;
import org.junit.jupiter.api.Test;
import static org.junit.jupiter.api.Assertions.*;
public class Aufgabe1Test {
    @Test
    void test() {
            Begruessung begruessung = new Begruessung();
            assertEquals("Hallo Oliver!", begruessung.persBegruessung("Oliver"));
    }
}
```

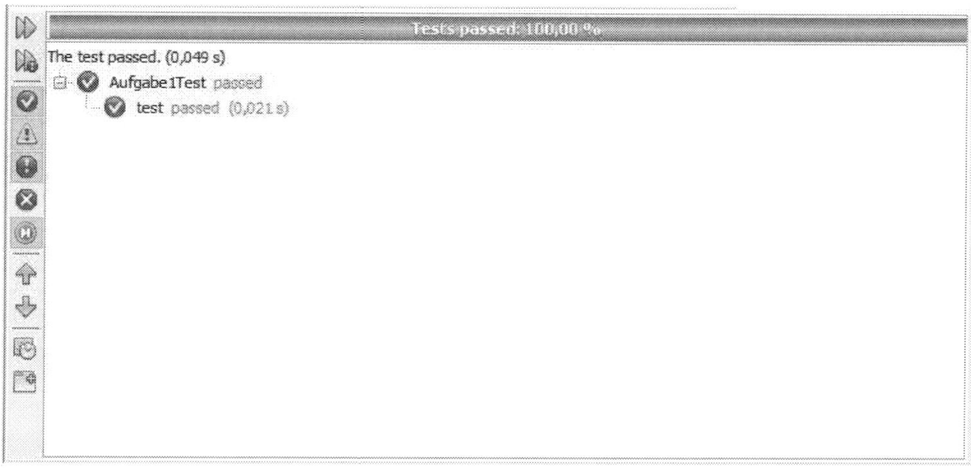

Abb. 26.8 Der Test erkennt keinen Fehler

2.

```
import com.mycompany.kap26.Begruessung;
import static org.junit.jupiter.api.Assertions.*;
import org.junit.jupiter.params.ParameterizedTest;
import org.junit.jupiter.params.provider.CsvSource;
public class Aufgabe2Test {
    @ParameterizedTest(name = "{0} + {1} = {2}")
    @CsvSource({
                "Oliver, Hallo Oliver!",
                "Susanne, Hallo Susanne!",
```

```
                    "Christine, Hallo Christine!",
                    "Sebastian, Hallo Sebastian!",
                    "Katharina, Hallo Katharina!"
    })
    void test(String ueberpruefterWert, String erwartetesErgebnis) {
        Begruessung begruessung = new Begruessung();
        assertEquals(erwartetesErgebnis, begruessung.persBegruessung
                (ueberpruefterWert));
    }
}
```

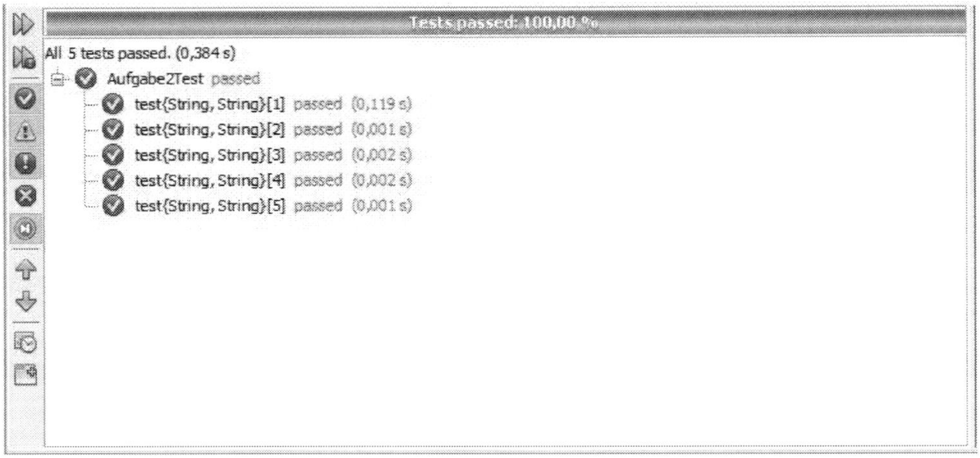

Abb. 26.9 Alle Tests wurden bestanden

Alle Programmcodes und Schaltpläne aus diesem Buch stehen kostenfrei zum Download bereit. Dadurch müssen Sie Code nicht abtippen.

Außerdem erhalten Sie die eBook Ausgabe zum Buch im PDF Format kostenlos auf unserer Website:

https://bmu-verlag.de/java-kompendium/
Downloadcode: siehe Kapitel 28

Kapitel 27

Professionelle Programmierung in der Praxis

In den letzten drei Kapitel haben wir einige Praktiken kennengelernt, die für die professionelle Tätigkeit als Programmierer sehr wichtig sind: die Versionsverwaltung mit Git, die Erstellung von Clean Code und Modultests mit JUnit. Diese Kenntnisse wollen wir nun mit einem Anwendungsbeispiel vertiefen.

Dafür wählen wir jedoch keine vollkommen neue Aufgabe. Stattdessen wenden wir die neuen Kenntnisse auf das Praxisbeispiel aus Kapitel 17 an. Auf diese Weise gestalten wir dieses etwas professioneller und lernen dabei, wie wir die entsprechenden Techniken anwenden.

27.1 Das Praxisprojekt in einer Versionsverwaltung ablegen

Bevor wir den Programmcode verändern, fügen wir unser bisheriges Projekt zur Versionsverwaltung mit Git hinzu. Das ermöglicht es uns bei Bedarf, jederzeit zur ursprünglichen Version zurückzukehren, falls wir bei unseren Anpassungen nicht zum Ziel kommen.

Dazu klicken wir zunächst das Projekt, das wir in Kapitel 17 erstellt haben, mit der rechten Maustaste an und klicken daraufhin auf „Versioning" und anschließend auf „Initialize Git Repository". Damit erstellen wir nicht nur das Git-Repository. Darüber hinaus fügen wir alle entsprechenden Dateien zu diesem hinzu.

Im nächsten Schritt erstellen wir ein Commit, um den aktuellen Stand unseres Projekts zu sichern. Da wir nicht nur eine einzelne Datei, sondern das komplette Projekt sichern möchten, klicken wir auch hierbei wieder die Projektmappe mit der rechten Maustaste an. Daraufhin wählen wir die Menüpunkte „Git" und „Commit" aus. Nun erscheint ein neues Fenster, das die Dateien für den Commit anzeigt und das es uns außerdem erlaubt, eine Nachricht hinzuzufügen. Wie dieses aussieht, ist in Abbildung 27.1 zu sehen.

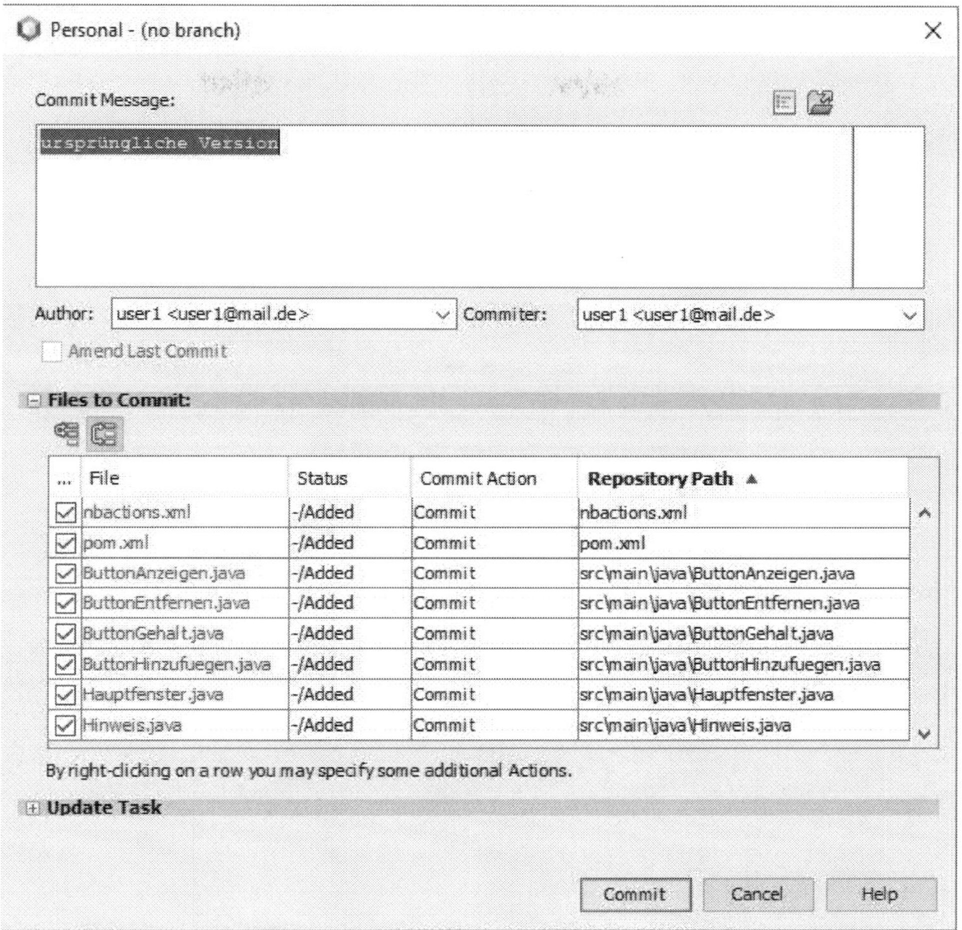

Abb. 27.1 Das Fenster für den Commit

Damit haben wir den Ausgangspunkt gelegt, um unser Projekt mit Git zu verwalten. Außerdem haben wir den aktuellen Stand abgesichert. Nun können wir uns der Optimierung des Programms widmen.

27.2 Den Code bereinigen

Die nächste Aufgabe besteht darin, den Code zu überprüfen und bei Bedarf zu bereinigen. Hierbei beginnen wir mit unserem Hauptprogramm. Wenn wir dieses durchsehen, stellen wir fest, dass dieses zwei vollkommen unterschiedliche Aufgaben erfüllt. Zum einen initialisiert es die Tabelle in unserer Datenbank, zum anderen erstellt es das Hauptfenster für unser Programm. Das widerspricht dem Single Responsibility Principle. Daher erstellen wir für die Datenbankabfrage nun eine eigene Klasse mit einer statischen Methode. Diese führt genau die gleichen Befehle durch, die bisher im Hauptprogramm enthalten waren:

```
import java.sql.Connection;
import java.sql.DriverManager;
import java.sql.SQLException;
import java.sql.Statement;
public class TabelleInitialisieren {
    public static void tabelleInitialisieren(){
        String host = "jdbc:derby://localhost:1527/Personal";
        String username = "user1";
        String password = "abc";
        try {
            Connection verbindung = DriverManager.getConnection(host, username,
                password);
            Statement befehl = verbindung.createStatement();
            String SQL = "CREATE TABLE Mitarbeiter (" +
                "    persnr INTEGER Primary Key Not Null," +
                "    name VARCHAR(30)," +
                "    vorname VARCHAR(30)," +
                "    gehalt DECIMAL(9,2)" +
                ")";
            befehl.executeUpdate(SQL);
        }
        catch ( SQLException err ) {
        }
    }
}
```

Im Hauptprogramm rufen wir dann lediglich diese Methode auf:

```
TabelleInitialisieren.tabelleInitialisieren();
```

In den folgenden Zeilen erstellt das Programm das Fenster. Diese Aufgabe können wir weiterhin im Hauptprogramm belassen. Wenn wir jedoch die Erstellung der vier Buttons für die entsprechenden Aktionen betrachten, stellen wir fest, dass wir hier viel Code wiederholen. Das widerspricht dem DRY-Prinzip. Daher erstellen wir hierfür nun eine Klasse mit einer statischen Methode, um diese Schaltflächen zu initialisieren.

Diese Methode benötigt als Übergabewert das `Stage`-Objekt für das Hauptfenster, das `GridPane`-Objekt, um die Buttons hier einzufügen sowie das jeweilige Objekt für den entsprechenden Button. Außerdem benötigen wir die Position innerhalb des `GridPane`-Objekts, um den Button an der richtigen Stelle einzufügen.

Wenn wir jedoch das Objekt, das wir für den Button übergeben, genau betrachten, stellen wir fest, dass dieses bei den vier Schaltflächen jeweils zu einer anderen Klasse gehört. Daher müssen wir hier eine generische Methode erstellen. Dafür verwenden wir den Platzhalter `T`.

```
public static <T> void buttonInitialisieren (Stage hauptfenster, GridPane
grid, T button, int posX, int posY)
```

Nun können wir den Button an der vorgegebenen Position in das `GridPane` einfügen und die gewünschte Größe vorgeben:

```
grid.add(button, posX, posY);
button.setPrefSize(200, 50);
```

Wenn wir diese Befehle einfügen, kommt es jedoch zu einer Fehlermeldung. Das liegt daran, dass wir bislang jedes beliebige Objekt als Übergabewert für den Button akzeptieren. Daher ist es möglich, das dieses über keine `add()`- oder `setPrefSize()`-Methode verfügt. Aus diesem Grund müssen wir eine Beschränkung für die akzeptierten Typen vorgeben. Deshalb fügen wir den Ausdruck `extends Button` zu unserem Platzhalter hinzu.

Im nächsten Schritt befassen wir uns mit dem `EventHandler`. Anstatt eine anonyme Methode zu verwenden, können wir diesen nun kurz und bündig mit einem Lambda-Ausdruck erstellen:

```
button.setOnAction(e -> {button.neuesFenster(hauptfenster);});
```

Doch auch hierbei kommt es zu einer Fehlermeldung. Wir haben bislang zwar sichergestellt, dass die hier übergebenen Objekte von der Klasse Button abgeleitet sind. Die Methode `neuesFenster()` haben wir jedoch nur für unsere vier abgeleiteten Klassen erstellt. Es gibt auch viele `Button`-Objekte, die nicht über diese Methode verfügen. Daher könnte es bei der Ausführung zu einem Fehler kommen.

Deshalb müssen wir sicherstellen, dass alle Objekte, die wir hier annehmen, über diese Methode verfügen. Zu diesem Zweck erstellen wir ein neues Interface mit der Bezeichnung `ButtonVorlage`. Dieses definiert lediglich diese Methode:

```
public interface ButtonVorlage {
    public void neuesFenster(Stage hauptfenster);
}
```

Nun fügen wir an jede einzelne unserer abgeleiteten `Button`-Klassen den Befehl `implements ButtonVorlage` an. Das bedeutet, dass wir dabei das entsprechende Interface implementieren. Das hat wiederum zur Folge, dass die Methode `neuesFenster()` darin enthalten sein muss. Das ist jedoch bereits in allen vier Klassen der Fall, sodass hier keine weiteren Änderungen notwendig sind.

Nun müssen wir diesen Ausdruck noch zu unserem Platzhalter hinzufügen. Dazu fügen wir nach dem Namen der Klasse `Button` das Ampersand-Zeichen und den Namen unseres Interfaces ein. Das bedeutet, dass wir hier nur Objekte akzeptieren, die sowohl von der Klasse `Button` abgeleitet sind als auch das Interface `ButtonVorlage` implementieren. Das stellt sicher, dass alle benötigten Methoden verfügbar sind. Die komplette Klasse sieht dann so aus:


```
import javafx.scene.control.Button;
import javafx.scene.layout.GridPane;
import javafx.stage.Stage;
public class ButtonInitialisieren {
```

```
    public static <T extends Button & ButtonVorlage> void buttonInitialisieren
        (Stage hauptfenster, GridPane grid, T button, int posX, int posY){
        grid.add(button, posX, posY);
        button.setPrefSize(200, 50);
        button.setOnAction(e -> {button.neuesFenster(hauptfenster);});
    }
}
```

Im Hauptfenster müssen wir dann nur noch die Objekte für die einzelnen Buttons erstellen und die entsprechende Methode aufrufen. Dabei stellen wir jedoch fest, dass Bezeichnungen wie `btn1` nur wenig Aussagekraft haben. Daher passen wir dabei gleich die Bezeichner an. Für den ersten Button könnten die entsprechenden Befehle dann so aussehen:

```
ButtonHinzufuegen buttonMitarbeiterHinzufuegen = new ButtonHinzufuegen
("Mitarbeiter hinzufügen");
ButtonInitialisieren.buttonInitialisieren(stage, grid,
buttonMitarbeiterHinzufuegen, 0, 1);
```

Für die übrigen Buttons wiederholen wir diese Anpassung. Beim fünften Button wählen wir lediglich einen aussagekräftigeren Bezeichner und ersetzen die anonyme Methode durch einen Lambda-Ausdruck. Damit ist die Überarbeitung des Hauptfensters abgeschlossen. Der Code sieht dann so aus:

```
import javafx.application.Application;
import javafx.geometry.Insets;
import javafx.geometry.Pos;
import javafx.scene.Scene;
import javafx.scene.control.Button;
import javafx.scene.layout.GridPane;
import javafx.scene.text.Font;
import javafx.scene.text.FontWeight;
import javafx.scene.text.Text;
import javafx.stage.Stage;
import javafx.geometry.HPos;
public class Hauptfenster extends Application {
    @Override
    public void start(Stage stage) {
        TabelleInitialisieren.tabelleInitialisieren();
        GridPane grid = new GridPane();
        grid.setAlignment(Pos.CENTER);
        grid.setHgap(30);
        grid.setVgap(50);
        grid.setPadding(new Insets(20, 20, 20, 20));
        stage.setTitle("Personalverwaltung");
        Text titel = new Text("Wählen Sie eine Aktion aus:");
        titel.setFont(Font.font("Arial", FontWeight.BOLD, 14));
        grid.add(titel, 0, 0, 2, 1);
        ButtonHinzufuegen buttonMitarbeiterHinzufuegen = new
                ButtonHinzufuegen("Mitarbeiter hinzufügen");
        ButtonInitialisieren.buttonInitialisieren(stage, grid,
                buttonMitarbeiterHinzufuegen, 0, 1);
        ButtonEntfernen buttonMitarbeiterEntfernen = new ButtonEntfernen
```

```
                ("Mitarbeiter entfernen");
        ButtonInitialisieren.buttonInitialisieren(stage, grid,
                buttonMitarbeiterEntfernen, 1, 1);
        ButtonGehalt buttonGehaltAnpassen = new ButtonGehalt("Gehalt anpassen");
        ButtonInitialisieren.buttonInitialisieren(stage, grid,
                buttonGehaltAnpassen, 0, 2);
        ButtonAnzeigen buttonPersonalAnzeigen = new ButtonAnzeigen
                ("Personal anzeigen");
        ButtonInitialisieren.buttonInitialisieren(stage, grid,
                buttonPersonalAnzeigen, 1, 2);
        Button buttonSchliessen = new Button("OK");
        grid.add(buttonSchliessen, 0, 3, 2, 1);
        buttonSchliessen.setPrefSize(100, 20);
        grid.setHalignment(buttonSchliessen, HPos.CENTER);
        buttonSchliessen.setOnAction(e -> {stage.close();});
        Scene scene = new Scene(grid, 600, 400);
        stage.setScene(scene);
        stage.show();
    }
    public static void main(String[] args) {
        launch(args);
    }
}
```

Daran wird bereits ersichtlich, dass der Code deutlich kompakter geworden ist. Außerdem vereinfachen aussagekräftige Bezeichner das Verständnis. Nachdem wir diesen Teil abgeschlossen haben, ist es sinnvoll, einen neuen Commit durchzuführen, um die Arbeiten zu sichern.

Im nächsten Schritt wenden wir uns dem Button zum Einfügen eines neuen Mitarbeiters zu. Hierbei sind die Bezeichner bereits aussagekräftig, sodass wir hier keine Änderungen vornehmen müssen. Allerdings erledigt diese Methode wieder zwei verschiedene Aufgaben. Daher erstellen wir für den Eintrag in die Datenbank eine neue Klasse. Dafür können wir den bisherigen Code einfach kopieren. Dann müssen wir lediglich bei den Übergabewerten darauf achten, die gleichen Bezeichner zu verwenden:

```
import java.sql.Connection;
import java.sql.DriverManager;
import java.sql.ResultSet;
import java.sql.SQLException;
import java.sql.Statement;
import javafx.scene.control.TextField;
import javafx.stage.Stage;
public class DatenbankMitarbeiterEinfuegen {
    public static void datenbankMitarbeiterEinfuegen (Stage hauptfenster,
            TextField eingabePersnr, TextField eingabeNachname,
            TextField eingabeVorname, TextField eingabeGehalt, Stage
            neuesFenster) {
        String vorname = "";
        String nachname = "";
        int persnr = -1;
        double gehalt = -1;
        boolean richtigeEingabe = false;
```

```
        try {
            vorname = eingabeVorname.getText();
            nachname = eingabeNachname.getText();
            persnr = Integer.parseInt(eingabePersnr.getText());
            gehalt = Double.parseDouble(eingabeGehalt.getText());
            richtigeEingabe = true;
        }
        catch(NumberFormatException Ausnahme){
            Hinweis.ausgeben(hauptfenster, "Fehlerhafte Eingabe.");
        }
        if (richtigeEingabe){
            String host = "jdbc:derby://localhost:1527/Personal";
            String username = "user1";
            String password = "abc";
            try {
                Connection verbindung = DriverManager.getConnection(host,
                        username, password);
                Statement befehl = verbindung.createStatement();
                String SQL = "SELECT name FROM Mitarbeiter WHERE persnr = "
                        + persnr;
                ResultSet rs = befehl.executeQuery(SQL);
                int zaehler = 0;
                while (rs.next()){
                    zaehler++;
                }
                if (zaehler == 0){
                    SQL = "INSERT INTO Mitarbeiter (persnr, name, vorname,"
                            +"gehalt) VALUES (" + persnr + ", '" +
                            nachname + "', '" + vorname +
                            "', " + gehalt + ")";
                    befehl.executeUpdate(SQL);
                    Hinweis.ausgeben(hauptfenster, "Mitarbeiter erfolgreich
                            hinzugefügt.");
                    neuesFenster.close();
                }
                else {
                    Hinweis.ausgeben(hauptfenster, "Personalnummer bereits
                            vergeben!");
                }
            }
            catch ( SQLException err ) {
                System.out.println(err.getMessage( ) );
            }
        }
    }
}
```

In der ursprünglichen Klasse rufen wir nun im EventHandler lediglich diese Klasse auf und übergeben ihr die notwendigen Übergabewerte. Dabei ersetzen wir die anonyme Klasse gleich durch einen kompakten Lambda-Ausdruck. Damit ist auch die Überarbeitung dieses Buttons abgeschlossen:

```
import javafx.geometry.Insets;
import javafx.geometry.Pos;
import javafx.scene.Scene;
```

```
import javafx.scene.control.Button;
import javafx.scene.control.Label;
import javafx.scene.control.TextField;
import javafx.scene.layout.GridPane;
import javafx.scene.text.Font;
import javafx.scene.text.FontWeight;
import javafx.scene.text.Text;
import javafx.stage.Modality;
import javafx.stage.Stage;
public class ButtonHinzufuegen extends Button implements ButtonVorlage{
    public ButtonHinzufuegen (String text){
        super(text);
    }
    public void neuesFenster (Stage hauptfenster){
        GridPane grid = new GridPane();
        grid.setAlignment(Pos.CENTER);
        grid.setHgap(10);
        grid.setVgap(10);
        grid.setPadding(new Insets(10, 10, 10, 10));
        Scene scene = new Scene(grid, 400, 300);
        Stage neuesFenster = new Stage();
        neuesFenster.setTitle("Mitarbeiter hinzufügen");
        neuesFenster.setScene(scene);
        neuesFenster.initModality(Modality.WINDOW_MODAL);
        neuesFenster.initOwner(hauptfenster);
        neuesFenster.setX(hauptfenster.getX() + 50);
        neuesFenster.setY(hauptfenster.getY() + 50);
        Text titel = new Text("Geben Sie die Daten des neuen Mitarbeiters ein:");
        titel.setFont(Font.font("Arial", FontWeight.NORMAL, 14));
        grid.add(titel, 0, 0, 2, 1);
        Label persnr = new Label("Personalnummer:");
        grid.add(persnr, 0, 1);
        TextField eingabePersnr = new TextField();
        grid.add(eingabePersnr, 1, 1);
        Label nachname = new Label("Nachname:");
        grid.add(nachname, 0, 2);
        TextField eingabeNachname = new TextField();
        grid.add(eingabeNachname, 1, 2);
        Label vorname = new Label("Vorname:");
        grid.add(vorname, 0, 3);
        TextField eingabeVorname = new TextField();
        grid.add(eingabeVorname, 1, 3);
        Label mail = new Label("Gehalt:");
        grid.add(mail, 0, 4);
        TextField eingabeGehalt = new TextField();
        grid.add(eingabeGehalt, 1, 4);
        Button btnEinf = new Button("Mitarbeiter hinzufügen");
        grid.add(btnEinf, 0, 5);
        neuesFenster.show();
        btnEinf.setOnAction(e -> {
            DatenbankMitarbeiterEinfuegen.datenbankMitarbeiterEinfuegen
                        (hauptfenster,
                eingabePersnr, eingabeNachname, eingabeVorname, eingabeGehalt,
                        neuesFenster);
        });
    }
}
```

Auch hier haben wir durch die Überarbeitung den Code für die Klasse deutlich kürzer und übersichtlicher gestaltet. Die Maßnahmen, die wir für die Klassen `ButtonEntfernen` und `ButtonGehalt` durchführen müssen, sind ganz ähnlich wie bei dieser Klasse. Daher ist der Leser an dieser Stelle dazu eingeladen, die entsprechenden Anpassungen selbst vorzunehmen.

Wir widmen uns abschließend der Klasse `ButtonAnzeigen`, da diese etwas anders aufgebaut ist, als die bisherigen Beispiele. Hier erledigen wir ebenfalls zwei verschiedene Aufgaben, die wir trennen sollten. Daher erstellen wir eine neue Klasse für die Datenbankabfrage. Auch hierbei können wir die Befehle aus dem bisherigen Programm übernehmen. Allerdings benötigen wir in diesem Fall keine Übergabewerte, da wir keine neuen Werte in die Datenbank einfügen. Stattdessen müssen wir den Inhalt an das Programm zurückgeben. Daher erstellen wir eine Methode mit Rückgabewert:

```
import java.sql.Connection;
import java.sql.DriverManager;
import java.sql.ResultSet;
import java.sql.SQLException;
import java.sql.Statement;
public class DatenbankMitarbeiterAbfragen {
    public static String datenbankMitarbeiterAbfragen(){
        String host = "jdbc:derby://localhost:1527/Personal";
        String username = "user1";
        String password = "abc";
        String inhalt = "";
        try {
            Connection verbindung = DriverManager.getConnection(host,
                username, password);
            Statement befehl = verbindung.createStatement();
            String SQL = "SELECT * FROM Mitarbeiter";
            ResultSet rs = befehl.executeQuery(SQL);
            int zaehler = 0;
            while (rs.next()){
                zaehler++;
                inhalt += "Personalnummer: " + rs.getString("persnr")+ "\n";
                inhalt += "Nachname: " + rs.getString("name")+ "\n";
                inhalt += "Vorname: " + rs.getString("vorname")+ "\n";
                inhalt += "Gehalt: " + rs.getString("gehalt")+ "\n\n";
            }
            if (zaehler == 0){
                inhalt = "Keine Mitarbeiter vorhanden.";
            }
        }
        catch ( SQLException err ) {
            System.out.println(err.getMessage( ) );
        }
        return inhalt;
    }
}
```

In der ursprünglichen Klasse entfernen wir daraufhin die Befehle für die Datenbankabfrage. Stattdessen rufen wir die neue Methode auf und weisen ihren Wert der Variablen `inhalt` zu:

```
import javafx.event.ActionEvent;
import javafx.event.EventHandler;
import javafx.geometry.Insets;
import javafx.scene.Scene;
import javafx.scene.control.Button;
import javafx.scene.text.Font;
import javafx.scene.text.FontWeight;
import javafx.scene.text.Text;
import javafx.stage.Modality;
import javafx.stage.Stage;
import javafx.scene.layout.VBox;
import javafx.scene.layout.BorderPane;
import javafx.scene.control.ScrollPane;
public class ButtonAnzeigen extends Button implements ButtonVorlage {
    public ButtonAnzeigen (String text){
        super(text);
    }
    public void neuesFenster (Stage hauptfenster){
        String inhalt = DatenbankMitarbeiterAbfragen.
             datenbankMitarbeiterAbfragen();
        VBox vbox = new VBox();
        Text titel = new Text("Ihr Personal:\n");
        titel.setFont(Font.font("Arial", FontWeight.NORMAL, 14));
        vbox.getChildren().add(titel);
        Text ausgabe = new Text(inhalt);
        vbox.getChildren().add(ausgabe);
        ScrollPane scrollPane = new ScrollPane(vbox);
        scrollPane.setFitToHeight(true);
        scrollPane.setPadding(new Insets(10));
        BorderPane root = new BorderPane(scrollPane);
        root.setPadding(new Insets(30));
        Button btn = new Button("OK");
        btn.setPadding(new Insets(5));
        VBox vbox2 = new VBox();
        vbox2.getChildren().add(btn);
        vbox2.setPadding(new Insets(10, 0, 0, 0));
        root.setBottom(vbox2);
        Stage neuesFenster = new Stage();
        neuesFenster.setTitle("Personal anzeigen");
        neuesFenster.initModality(Modality.WINDOW_MODAL);
        neuesFenster.initOwner(hauptfenster);
        neuesFenster.setX(hauptfenster.getX() + 50);
        neuesFenster.setY(hauptfenster.getY() + 50);
        Scene scene = new Scene(root, 400, 300);
        neuesFenster.setScene(scene);
        neuesFenster.show();
        btn.setOnAction(new EventHandler<ActionEvent>() {
            @Override
            public void handle(ActionEvent e) {
                neuesFenster.close();
            }
        });
```

```
        }
}
```

Nun fehlt nur noch die Klasse `Hinweis`. Hierbei sind jedoch keine Anpassungen notwendig. Mit diesen Maßnahmen wurde unser Code besser lesbar, sodass auch andere Programmierer die Funktionsweise einfacher nachvollziehen können. Beim Ausführen des Programms sollten jedoch genau die gleichen Fenster wie bisher erscheinen und auch deren Funktionen sollten unverändert geblieben sein.

27.3 Das Programm testen

Im letzten Schritt ist es erforderlich, das Programm zu testen. Dabei tritt jedoch ein Problem auf: Bisher haben wir nur gelernt, wie wir Methoden mit Rückgabewert testen können. Die Methoden, die wir in unserem Programm erstellt haben, haben jedoch zum größten Teil keine Rückgabewerte. Deshalb ist es mit unseren bisherigen Kenntnissen nicht möglich, sie zu testen. Zwar gibt es auch hierfür Möglichkeiten, doch sind hierfür umfangreiche weitere Kenntnisse notwendig, die den Rahmen dieses Buchs sprengen würden.

Aus diesem Grund beschränken wir uns darauf, die einzige Methode zu testen, die über einen Rückgabewert verfügt: `datenbankMitarbeiterAbfragen()`.

Zu diesem Zweck fügen wir zu unserem Projekt einen JUnit Test hinzu und entfernen die darin enthaltenen Code-Bausteine. Daraufhin erstellen wir eine neue Methode, die wir mit `@Test` auszeichnen. Außerdem passen wir wieder die **pom**-Datei an.

Diese zu überprüfende Methode soll eine Zeichenkette zurückgeben, die dem Inhalt der Datenbank entspricht. Da dieser unter Umständen recht umfangreich sein kann, ist es sinnvoll, diesen zunächst in einer eigenen Variablen abzuspeichern. Da es sich hierbei um eine statische Methode handelt, müssen wir kein Objekt erzeugen. Stattdessen können wir direkt die `assertEquals()`-Methode aufrufen, um sie mit dem erwarteten Ergebnis zu vergleichen:

```
public class DatenbankabfrageTest {
    @Test
    void test1(){
        String erwarteterInhalt = "Personalnummer: 1001\n" +
            "Nachname: Müller\n" +
            "Vorname: Herbert\n" +
            "Gehalt: 2900.00\n" +
            "\n" +
            "Personalnummer: 1002\n" +
            "Nachname: Thurn\n" +
            "Vorname: Anna\n" +
            "Gehalt: 2000.00\n" +
            "\n";
```

```
        assertEquals(erwarteterInhalt, DatenbankMitarbeiterAbfragen.
            datenbankMitarbeiterAbfragen());
    }
}
```

Wenn die Datenbank die hier angegebenen Einträge enthält, sollte der Test erfolgreich verlaufen – so wie in Abbildung 27.2 zu sehen. Wenn sie jedoch andere Mitarbeiter enthält, ist es notwendig, den Inhalt der Variablen entsprechend anzupassen.

Abb. 27.2 Der erfolgreich verlaufene Test

Alle Programmcodes und Schaltpläne aus diesem Buch stehen kostenfrei zum Download bereit. Dadurch müssen Sie Code nicht abtippen.

Außerdem erhalten Sie die eBook Ausgabe zum Buch im PDF Format kostenlos auf unserer Website:

https://bmu-verlag.de/java-kompendium/
Downloadcode: siehe Kapitel 28

Kapitel 28

Der Weg zum Java-Programmierer: Wie geht es weiter?

Dieses Buch hat einen umfangreichen Einstieg in das Programmieren mit Java geboten. Es hat die grundlegenden Elemente wie Variablen, Schleifen und if-Abfragen vorgestellt und daraufhin viele fortgeschrittene Techniken vermittelt – von der objektorientierten Programmierung bis hin zur Netzwerkprogrammierung.

Leser, die ohne jegliche Vorkenntnisse begonnen haben, dieses Buch zu lesen, sind von den umfangreichen Informationen, die darin vermittelt wurden, eventuell im Moment etwas überwältigt. Das ist jedoch ein ganz normaler Vorgang, den wohl jeder Programmierer bereits einmal erlebt hat. Das ist jedoch kein Grund zur Besorgnis und schon gar nicht, um die Flinte ins Korn zu werfen.

An dieser Stelle ist es sinnvoll, die bisherigen Kenntnisse zu vertiefen. Dazu ist es wichtig, eigene Programme zu erstellen. Nur wenn man regelmäßig selbst programmiert, können sich die hier vermittelten Techniken gut einprägen.

Eine Möglichkeit hierfür stellt es dar, mit dem Selbststudium fortzufahren. Mit etwas Einfallsreichtum kann man sich selbst viele verschiedene Aufgaben stellen und ein passendes Programm dazu schreiben. Wer keine neuen Ideen für eigene Programme hat, kann auch die hier vorgestellten Programmbeispiele um zusätzliche Funktionen erweitern.

Mit den hier vermittelten Kenntnissen ist es bereits möglich, sehr vielfältige Anwendungen zu schreiben. Allerdings wird man dabei immer wieder an einen Punkt kommen, an dem man selbst nicht weiter weiß. In diesem Fall ist es wichtig, an der richtigen Stelle nach Lösungen zu suchen. Dieses Buch stellt dabei ein wichtiges Nachschlagewerk dar, das zahlreiche Funktionen von Java leicht verständlich erklärt.

Allerdings gibt es auch viele Themen, die hier nicht aufgeführt sind. In diesen Fällen ist es sinnvoll, die offizielle Java-Dokumentation zurate zu ziehen. Diese enthält eine Beschreibung aller Klassen und Methoden der Java-Standardbibliothek und hilft daher in vielen Situationen weiter. Eine weitere Alternative stellt es dar, mit einer Suchmaschine im Internet nach Ratschlägen zu suchen. Es gibt unzählige Foren und Blogs, in denen Java-Entwickler ihre Probleme besprechen. Häufig findet man hier auch für die eigenen Programme eine Lösung. Sinnvoll ist es hierbei stets, die genaue Fehlermeldung als Suchbegriff zu verwenden. Auf diese Weise findet man in den meisten Fällen schnell eine Lösung.

Wenn man auch hiermit nicht weiter kommt, kann man in besagten Blogs und Foren auch selbst eine Frage stellen. Die Java-Community ist sehr aktiv. In der Regel findet man immer einen erfahrenen Programmierer, der einem bei der Ausgestaltung des Programms hilft.

Wer großen Gefallen am Programmieren mit Java gefunden hat und sich dieser Aufgabe beruflich widmen will, kann auch ein Studium oder eine Ausbildung in diesem Bereich aufnehmen. Das sorgt für umfassende Kenntnisse. Dabei müssen die Teilnehmer zahlreiche Programmieraufgaben selbstständig lösen, sodass die Programmierfähigkeiten schnell zunehmen. Die in diesem Buch vermittelten Kenntnisse stellen hierfür einen guten Einstieg dar. Ein Studium oder eine Ausbildung weitet das Fachwissen im Bereich der Informatik jedoch nochmals deutlich aus. Auf diese Weise ist es möglich, sich später beruflich dieser Aufgabe zu widmen.

https://bmu-verlag.de/java-kompendium/
Downloadcode: zcv83hga4

Besuchen Sie auch unsere Website:

Hier finden Sie alle unsere Programmierbücher und können sich Leseproben gratis downloaden:

www.bmu-verlag.de

Probleme? Fragen? Anregungen?

Sie können den Autor jederzeit unter neumann@bmu-verlag.de kontaktieren!

Hat Ihnen das Buch gefallen?

Helfen Sie anderen Lesern und bewerten Sie das Buch auf Amazon:

http://amazon.de/ryp

Glossar

Dateien

Bei einer Datei handelt es sich um einen Verbund aus zusammengehörigen Daten, die dauerhaft auf einem Datenträger gespeichert sind. Dieser besteht aus einer Aneinanderreihung einzelner Bits, die erst durch das Anwenderprogramm interpretiert wird.

Datenbanken

Eine Datenbank ist ein Verwaltungssystem für die Verarbeitung elektronischer Daten. Sie besteht aus dem eigentlichen Datensatz und dem Datenbank-Managementsystem, das für die Verwaltung zuständig ist.

XML

XML steht für Extensible Markup Language. Hierbei handelt es sich um eine Auszeichnungssprache, die durch die Verwendung spezieller Tags die Bedeutung der Inhalte deutlich macht. Diese Auszeichnung erleichtert die automatische Auswertung der Datensätze.

Datenbank-Managementsystem

Das Datenbank-Managementsystem dient der Verwaltung der Daten in einer Datenbank. Es führt eine Zugriffskontrolle durch und strukturiert die Daten. Darüber hinaus nimmt es Anfragen in einer Datenbanksprache entgegen und führt daraufhin die entsprechenden Befehle aus.

Grafische Benutzeroberfläche

Eine grafische Benutzeroberfläche (GUI – Graphical User Interface) stellt eine Schnittstelle eines Programms für die Interaktion mit dem Anwender dar. Im Gegensatz zu Konsolen-Anwendungen verwendet sie nicht nur Textausgaben, sondern Programmfenster, die eine grafische Aufbereitung der Inhalte ermöglichen.

Multithreading

Multithreading ist eine Technik, die ein Programm in mehrere Threads aufteilt. Das ermöglicht eine parallele Bearbeitung der einzelnen Aufgaben und kann dadurch die Effizienz eines Programms deutlich steigern.

Thread

Ein Thread ist ein einzelner Handlungsstrang eines Programms mit einem linearen Ablauf. Jedes Java-Programm erzeugt automatisch einen Thread für die Abarbeitung der Befehle. Es ist auch möglich, mehrere Threads für die parallele Bearbeitung der Aufgaben zu erstellen.

JSON

JSON steht für JavaScript Object Notation und bezeichnet ein Datenformat, das auf Auszeichnungen in Textform basiert. Es ist ausgesprochen kompakt, es begünstigt die maschinelle Verarbeitung und ist dennoch auch für menschliche Anwender lesbar.

Netzwerk

Ein Netzwerk bezeichnet in der IT einen Zusammenschluss mehrere unabhängiger Computer und anderer Geräte. Die Teilnehmer tauschen untereinander Daten aus. Um eine reibungslose Kommunikation zu gewährleisten, gibt es spezielle Netzwerkprotokolle, die Regeln für die Datenübertragung aufstellen.

Internet Protocol

Das Internet Protocol (oftmals auch als IP-Protokoll bezeichnet) ist eines der wichtigsten Netzwerkprotokolle. Es regelt die Datenübertragung über das Internet und in lokalen Netzwerken. Es unterteilt die Daten in einzelne Pakete und stattet sie mit einer Kopfzeile aus, die unter anderem die Zieladresse enthält.

Socket

Ein Socket ist eine Schnittstelle, die das Betriebssystem bereitstellt. Diese erlaubt es beispielsweise einem Java-Programm, Daten über das Internet auszutauschen.

RMI

RMI (Remote Method Invocation) ist eine Technik, die es einem Java-Programm erlaubt, eine Methode aufzurufen, die nicht direkt in das Programm eingebunden ist. Häufig kommt sie zum Einsatz, um einem Client-Programm Ressourcen auf einem Server bereitzustellen.

Funktionale Programmierung

Beim Programmierparadigma der funktionalen Programmierung stehen Funktionen im Mittelpunkt. Diese lassen sich hierbei nicht nur definieren und anwenden, sondern auch als Parameter verwenden, um während der Laufzeit Berechnungsvorschriften zu erstellen.

Objektorientierte Programmierung

Die objektorientierte Programmierung ist ein Programmierparadigma, bei dem sich das Programm an Objekten der realen Welt orientiert. Ein Objekt verfügt über spezifische Eigenschaften und es ist möglich, mehrere Objekte zu größeren Gruppen zusammenzufassen.

Lambda-Ausdrücke

Ein Lambda-Ausdruck beschreibt das Verhalten einer Funktion beziehungsweise Methode. Damit lässt sich nicht nur ein bestimmtes Ergebnis berechnen, darüber hinaus ist es möglich, dieses Verhalten an andere Methoden oder Klassen weiterzugeben. Die Einführung von Lambda-Ausdrücken führte dazu, dass Java nun auch die funktionelle Programmierung unterstützt.

Anonyme Klassen

Anonyme Klassen haben keinen Bezeichner, über den sie aufgerufen werden können. Sie werden direkt bei der Erzeugung des entsprechenden Objekts definiert. Da Sie über keinen Namen verfügen, lassen sie sich auch zu einem späteren Zeitpunkt nicht nochmals aufrufen, sodass man sie nur ein einziges Mal verwenden kann.

Gültigkeitsbereich

Der Gültigkeitsbereich gibt an, in welchen Programmteilen eine Variable verfügbar ist. Je nachdem, wo man diese deklariert, kann sich der Gültigkeitsbereich unterscheiden.

Generics

Generics ist eine Technik, die es erlaubt, Klassen und Methoden zu erstellen, die sich für die Aufnahme unterschiedlicher Datentypen eignen. Sie verwenden dabei einen Platzhalter, der erst zur Laufzeit mit einem bestimmten Datentyp verbunden wird.

CSS

CSS steht für Cascading Style Sheets und stellt eine Stylesheetsprache dar, mit der man Gestaltungsvorgaben für ein bestimmtes Objekt machen kann. CSS wurde für Internetanwendungen entwickelt, um HTML-Seiten optisch aufzuwerten und dabei die Inhalte von den Design-Vorgaben zu trennen. Mittlerweile unterstützt auch Java CSS, sodass man damit grafische Benutzeroberflächen gestalten kann.

Transformationen

Wenn man bei der GUI-Gestaltung eine Transformation durchführt, bedeutet das, dass ein bestimmtes Objekt nicht in seiner eigentlichen Form dargestellt wird. Die Transformationen können sich auf die Größe, die Position, auf eine Drehung und auf einige weitere Eigenschaften der Darstellung beziehen.

Animationen

Eine Animation stellt einen langsamen Übergang von einer Darstellungsweise zu einer anderen dar. Dabei bewegt sich das entsprechende Objekt so lange, bis es seine gewünschte Endposition erreicht hat.

Versionsverwaltung

Die Versionsverwaltung stellt ein Hilfsmittel bei der Gestaltung von Programmen dar. Sie speichert unterschiedliche Entwicklungsstadien ab und ermöglicht es bei Bedarf, zu einer früheren Version zurückzukehren. Auch parallele Versionen durch Verzweigungen sind hierbei möglich.

Clean Code

Clean Code bezeichnet eine Ansammlung verschiedener Vorgaben, die zu einem gut lesbaren und intuitiv verständlichen Programmcode führen sollen. Das ist insbesondere bei der Wartung eines Programms sehr hilfreich, wenn es notwendig ist, den bestehenden Code zu überarbeiten.

SOLID-Prinzip

Das SOLID-Prinzip beinhaltet fünf Regeln, die zu einem gut strukturierten und leicht verständlichen Programmcode beitragen. Diese Vorgaben helfen dabei, Clean Code zu erstellen.

Softwaretests

Als Softwaretest wird ein automatisiertes Testverfahren bezeichnet, das ein Programm oder einen Teilbereich davon mit vielen verschiedenen Werten ausführt. Es überprüft dabei die Ergebnisse und vergleicht diese mit den erwarteten Resultaten. Es dient dazu, Fehler im Programm zu finden.

Modultest

Ein Modultest gehört zu den Softwaretests und bezeichnet die Überprüfung der kleinsten Einheiten des Programms. Er bietet sich beispielsweise dazu an, die Funktionsweise einer Methode zu überprüfen.

Integrationstest

Der Integrationstest stellt eine Teilaufgabe bei einem Softwaretest dar. Er findet nach der Überprüfung der einzelnen Module statt und dient dazu, das Zusammenspiel zwischen diesen zu überprüfen.

Systemtest

Der Systemtest stellt bei einem Softwaretest die abschließende Überprüfung des gesamten Programms dar. Er findet normalerweise in einer speziellen Testumgebung statt, die reale Anwendungen simuliert.

Server

Der Begriff Server kann sich sowohl auf ein Computerprogramm als auch auf ein spezielles Gerät beziehen. In beiden Fällen dient der Server dazu, einem Client einen bestimmten Dienst zur Verfügung zu stellen – beispielsweise Speicherplatz, Rechenkapazitäten oder Informationen.

Client

Ein Client ist ein Gerät oder ein Programm, das für die Interaktion mit einem Server vorgesehen ist. Seine Funktionen sind speziell auf diese Aufgabe ausgerichtet. Um mit dem Server in Kontakt zu treten, kommt es meistens zu einer Anbindung über ein Netzwerk.

Index

Python 3 Programmieren für Einsteiger: Der leichte Weg zum Python-Experten (310 Seiten)

Das Buch ist als Taschenbuch und eBook auf Amazon erhältlich!

Python ist eine weit verbreitete, universell einsetzbare und leicht zu erlernende Programmiersprache und eignet sich daher bestens zum Programmieren lernen!

In diesem Buch wird das Programmieren in Python beginnend mit den Grundlagen leicht und verständlich erklärt, ohne dass dabei Vorkenntnisse vorausgesetzt werden. Ein besonderer Fokus wird dabei auf die Objektorientiere Programmierung (OOP) und das Erstellen von grafischen Oberflächen gelegt.

Jedes Kapitel beinhaltet Übungsaufgaben, durch die man das Gelernte direkt anwenden kann. Nach dem Durcharbeiten des Buches kann der Leser eigene komplexere Python Anwendungen inklusive grafischer Oberfläche programmieren.

2. Auflage: aktualisiert und erweitert

Hier informieren: http://bmu-verlag.de/python/

C# Programmieren für Einsteiger: Der leichte Weg zum C#-Experten (323 Seiten)

C# ist eine weit verbreitete, leicht zu erlernende plattformunabhängige Allzweckprogrammiersprache und eignet sich daher bestens zum Programmieren lernen!

In diesem Buch wird das Programmieren mit C# und Visual Studio 2017 beginnend mit den Grundlagen leicht und verständlich erklärt, ohne, dass dabei Vorkenntnisse vorausgesetzt werden. Ein besonderer Fokus wird dabei auf Objektorientiere Programmierung (OOP) und das Erstellen von grafischen Oberflächen mit Hilfe des modernen Windows Presentation Foundation gelegt.

Jedes Kapitel beinhaltet Übungsaufgaben, durch die man das Gelernte anhand praktischer Beispiele direkt anwenden kann.Nach dem Durcharbeiten des Buches kann der Leser eigene komplexere C# Anwendungen inklusive grafischer Oberfläche programmieren.

2. Auflage: aktualisiert und erweitert

Hier informieren: http://bmu-verlag.de/cs-programmieren/

C++ Programmieren für Einsteiger: Der leichte Weg zum C++- Experten (278 Seiten)

Das Buch ist als Taschenbuch und eBook auf Amazon erhältlich!

Beginnend mit den Grundlagen der Programmierung wird die Programmiersprache C++ vermittelt, ohne, dass dabei Vorkenntnisse vorausgesetzt werden. Besonderer Fokus liegt dabei auf Objektorientierter Programmierung und dem Erstellen grafischer Oberflächen mit Hilfe von MFC.

Auch auf C++ Besonderheiten, wie die Arbeit mit Zeigern und Referenzen, wird ausführlich eingegangen. Jedes Kapitel beinhaltet Übungsaufgaben, durch die man das Gelernte direkt anwenden kann. Nach dem Durcharbeiten des Buches kann der Leser eigene komplexe C++ Anwendungen inklusive grafischer Oberflächen erstellen.

2. Auflage: aktualisiert und erweitert

Hier informieren: http://bmu-verlag.de/cpp_programmieren/

JavaScript Programmieren für Einsteiger: Der leichte Weg zum JavaScript-Experten (374 Seiten)

JavaScript ist die wichtigste clientseitige Programmiersprache zur Erstellung moderner dynamischer Webseiten, und zudem überaus einfach zu erlernen. Mit diesem Buch lernen Sie das Programmieren mit JavaScript verständlich und praxisorientiert, ohne dass dabei Vorkenntnisse vonnöten wären. Aufbauend auf den Grundlagen werden fortgeschrittene Themen wie die objektorientierte Programmierung, Eventbehandlung, AJAX, CSS und jQuery behandelt, so dass Sie bald eigene anspruchsvolle, interaktive Webseiten mit JavaScript entwickeln können. Durch praxisnahe Erklärungen, Übungsaufgaben mit Lösungen nach jedem Kapitel und umfangreiche Praxisprojekte als Vorlage für eigene Projekte ist der nachhaltige Lernerfolg mit diesem Buch sicher!

Hier informieren: https://bmu-verlag.de/javascript

PHP und MySQL für Einsteiger: Dynamische Webseiten durch PHP 7, SQL und Objektorientierte Programmierung (224 Seiten)

PHP ist eine der wichtigsten serverseitigen Webprogrammiersprachen und in Kombination mit dem Datenbanksystem MySQL und der Datenbanksprache SQL eine einfach zu erlernende aber auch sehr leistungsfähige Programmiersprache, um dynamische Webseiten zu erstellen.

Mit diesem Buch lernen Sie beginnend mit den Grundlagen anhand vieler Praxisbeispiele, wie auch Sie eigene dynamische Webseiten mit PHP erstellen können. Dabei gibt es zu jedem Kapitel Übungsaufgaben mit ausführlichen Lösungen, um das Erlernte direkt selbst anwenden zu können.

2. Auflage: aktualisiert und erweitert

Hier informieren: http://bmu-verlag.de/php-mysql/

HTML5 und CSS3 für Einsteiger: Der leichte Weg zur eigenen Webseite (428 Seiten)

Mit diesem Buch lernen Sie HTML5 und CSS3 von Grund auf kennen, um eigene moderne Webseiten zu erstellen, ohne dass hierbei Vorkenntnisse nötig wären. Über die Grundlagen hinaus werden fortgeschrittene Techniken anschaulich erklärt, darunter beispielsweise das Erstellen von Formularen und Animationen, das Einbinden audiovisueller Elemente oder Responsive Design, für ein ansprechendes und nutzerfreundliches Seitenlayout auf PC, Tablet und Smartphone.

Inhalte des Buchs:

- Grundlegende Seitenstruktur mit HTML
- Listen und Tabellen, um Informationen übersichtlich darzustellen
- Bilder, Videos und Audiodateien, um Webseiten audiovisuell zu gestalten
- Formulare mit HTML5, um Daten vom Nutzer abzufragen
- Manipulation von HTML Elementen über CSS
- Text mit CSS ansprechend darstellen
- Seitenlayout und Hintergrund mit CSS festlegen
- Animationen und Spezialeffekte mit CSS umsetzen
- Responsive Design für ein optimales Layout auf PC, Tablet und Smartphone

Vorteile dieses Buchs

- Einfache und praxisnahe Erklärungen tragen zum leichten Verständnis bei
- Übungsaufgaben mit Lösungen nach jedem Kapitel sichern den Lernerfolg
- Umfangreiche Praxisprojekte zum Nachbauen dienen als Vorlage für eigene Projekte
- Quellcode zum Download zum schnellen Ausprobieren
- kostenfreie eBook-Ausgabe inklusive

Hier informieren: https://bmu-verlag.de/html-css-handbuch/

Arduino-Kompendium: Elektronik, Programmierung und Projekte (572 Seiten)

Die Arduino-Plattform bietet Bastlern die Möglichkeit auch ohne umfassende Elektronik- und Programmiervorkenntnisse eigene intelligente Mikrocontrollerprojekte umzusetzen. Mit diesem Buch lernen Sie praxisnah die notwendigen Grundlagen im Bereich des Programmierens und der Elektronik, um bald eigene spannende Projekte mit dem Arduino basteln zu können. Neben allen relevanten Zubehörteilen wie Sensoren, Aktoren, Displays und Shields werden auch fortgeschrittene Themen wie moderne MQTT Smart Home Systeme, Arduino-Roboter und die Datenverarbeitung und Steuerung über Processing-Programme am PC behandelt. So können Sie die Möglichkeiten des Arduino voll ausnutzen!

Inhalte des Buchs

- Grundlagen der Elektronik verständlich erklärt
- Alle wichtigen Sensoren, Aktoren, Displays, Shields und Zubehörteile umfassend vorgestellt
- Arduino-Programmierung über die Arduino IDE
- Datenverarbeitung und Steuerung über Processing-Programme am PC
- Arduino mit dem Internet verbinden, MQTT-Internetanwendungen
- Erstellung eigener Platinen, um Projekte für den professionellen Einsatz zu entwickeln
- Effizientes Debugging, um Fehler schnell zu beheben

Vorteile dieses Buchs

- Solides Hintergrundwissen für eigene Projekte durch Erläuterung aller Elektronik- und Programmiergrundlagen
- Einfache, praxisnahe Erklärungen tragen zum schnellen Verständnis bei
- Einsatzbeispiele helfen, das Gelernte anzuwenden und sichern den nachhaltigen Lernerfolg
- Umfangreiche Praxisprojekte wie Arduino-Roboter, Smart Home Anwendungen und Arduino-Wecker dienen als Vorlagen für eigene Projekte
- Alle Schaltpläne und Quellcodes kostenfrei zum Download verfügbar

Hier informieren: https://bmu-verlag.de/arduino-kompendium/

Printed in Poland
by Amazon Fulfillment
Poland Sp. z o.o., Wrocław

52510232R00282